# インターネット
# 判例要約集
― 附・日本著作権法の概要と最近の判例

大家　重夫

青山社

# はしがき

## 1. インターネット関係判例の要約

　インターネットという文明の利器——世界中のコンピュータを接続するという通信網——が一般に普及し始めてから、ほぼ20年になる。
　筆者には、それがどういう仕組みになっているのか分からないものの、メールのやりとりをし、このインターネットの中の「Web」によって、ニュース、サッカーやプロ野球の試合結果の情報、あるいは検索エンジンと呼ばれるウエブサイトを使って、著名な作家、画家の生年、没年月日、法律の条文、最高裁判例といった情報を瞬時に取り出している。航空便、ビジネスホテルを予約し、ときに、古書、新古書を「日本の古本屋」から入手している。
　ただ、筆者は、インターネットの原理などに全く無知の文系人間で、日本の法律や裁判の判決文とも長い間付き合っているが、これも十分に理解していないことをお断りしておく。
　本書は、インターネットに関係する事件の判決を集め、これを要約し、編集したものである。著作権法、不正競争防止法、特定電気通信役務提供者の損害賠償責任の制限及び発信者情報の開示に関する法律、民法（名誉毀損）、刑法（わいせつ物頒布・公然陳列）などの法律と関係するインターネット事件判決を収録した。
　気のついた判例を恣意的に集めたもので、重要な判例が抜けているかも知れない。また、要約が適切でないかも知れない。再版の機会があれば、判例を補充し、要約文をより正確な、そして読みやすいものにしたいと思う。ご指摘頂ければ幸いである。
　読者は、「最高裁判所」のホームページから判決原文を入手できるよう、「事件番号」(「東京地裁」、「平成〇〇年」「(ワ)1234号」)を明記した。「判例時報」、「判例タイムズ」掲載の判決は、判時、判タとして号数、頁を記した。

　1985年（昭和60年）、コンピュータ・プログラムを著作物に採り入れるという著作権法改正がなされた。
　これは、非常に大きな変革であった。

1997年(平成9年)著作権法改正で、インターネットを念頭に置いた「公衆送信」、「自動公衆送信」という言葉が著作権法に登場した。「著作者」、「実演家」、「レコード製作者」へ「送信可能化権」(インターネット等での送信に係る許諾権)が付与された。
　2002年(平成14年)、インターネットを通じてテレビ番組の送信が行われることを視野に入れて、「放送事業者」、「有線放送事業者」に対して、「送信可能化権」が与えられた。
　何故か、「インターネット」については、著作権法(1970年)、電気通信事業法(1984年)などに定義されていない。
　不正アクセス行為の禁止等に関する法律(1999年)は、「アクセス管理者」「特定電子計算機」「識別符号」「アクセス制御機能」を定義するが、「インターネット」はない。
　特定電気通信役務提供者の損害賠償責任の制限及び発信者情報の開示に関する法律(2001年)は、「特定電気通信」「特定電気通信設備」「特定電気通信役務提供者」「発信者」について定義したが、「インターネット」はない。
　特定電子メールの送信の適正化等に関する法律(2002年)は、「電子メール」「特定電子メール」「電子メールアドレス」「架空電子メールアドレス」「電子メール通信役務」について定義するが、「インターネット」はない。
　「広辞苑」には、「インターネット」がどう書かれているか。
　1998年発行の「広辞苑 第5版」は、「インターネット「Internet」」とは、「世界規模のコンピューター・ネットワーク。アメリカ国防総省が構築した実験的な軍事用ネットワークから発展し、大学、研究機関等のコンピュータの相互接続により、全世界を網羅するネットワークに成長。パソコン通信のように一台のホスト・コンピューターがサービスを提供するのではなく、全世界に分散するサーバーにより運用・管理される。」と記して、2008年発行の「広辞苑 第6版」は、第5版の記述をそのまま踏襲している。

## 2. インターネットとクラウド

　筆者は、サーバーの置き場所である「クラウド」という言葉を、インターネットの延長線上にある概念、インターネットに含まれるものと考えていたが、小池良次「クラウドの未来」(講談社現代新書・2012年)によれば、この2つは、

違うという。

　小池良次は、「インターネット」とは、「通信言語の標準化」であるという。

　1974年に生まれたTCP/IPプロトコルによって、「通信言語（アドレスと経路制御）の標準化」がなされたこと、通信に使う言葉が統一されたこと、インターネットとは、標準語であるとする。

　「クラウド」は、ビジネスモデルであるとする。「『脱パソコン時代』のビジネスモデル」「体にたとえれば、頭脳はクラウド・データ・センター」で、「パソコンや携帯電話などは全身の筋肉や感覚器官」で、「インターネットは、両者を結びつける神経回路」であるという（32頁以下）。

## 3. インターネットと著作権法

　名和小太郎「デジタル・ミレニアムの到来」（丸善株式会社・1999年）によると、インターネットについて、当時、米国は「出版メディアと同等」、欧州では「出版と通信とを同時に機能しているメディア」（欧州委員会）と定義し、日本の当時の郵政省は、「通信と放送との中間領域にある公然性のある通信」と定義したという。

　日本著作権法は、通信あるいは放送という2面性を認め、それまで使っていた「放送権」「有線放送権」という用語を改めて、「公衆送信権」「送信可能化権」という言葉で、放送、インターネットなどを統合して、インターネットに対処することにした。

　そこで、インターネットは、現行著作権法と次の(1)(2)のように関わる。

　著作物を、インターネットという通信手段で送ることがある。インターネットから、著作物を入手することもある。この2つに分けて考えてみる。

(1)インターネットから情報を入手する場合

　ネット画面により、個人が情報を見る、聞くことは自由で、著作権法とは関係しない。

　受信のとき、パソコンの内部で、「自動的にコピー（複製）される」が、これは、インターネットにより情報を発信する者が、「暗黙の同意」を与えているとされる。問題は、情報提供者からの情報を、プリンターによりコピーすること、あるいは、フロッピーへ蓄積することである。著作権法の権利制限規定により許される場合もあるだろうし、情報提供者が、そういう使い方は許さない、と

いう場合もあるとあると思われる。

ただ、情報を提供するインターネット画面を、他人、第三者を招いて見せることは、厳密に考えると、「上映」であり、権利制限規定により許されないとすれば、情報提供者である権利者の了解が必要という議論もあろう。

違法な手段で作成された音楽や映像と知りながら、インターネットから入手した違法配信をダウンロードすることは違法であるが、従来、刑事罰の対象ではなかった。

ところが、2012年（平成24年）著作権法改正で、「2年以下の懲役または200万円以下の罰金（または併科）」という刑事罰が規定された。個人使用の目的でも、違法複製・配信された音楽について、映像等が、a.販売又は有料配信され、b.違法配信されたものであることの事実を知りながら、自分のパソコンに録音、録画（ダウンロード）する行為は罰せられるのである（著作権法119条3項）。

(2) インターネットを通じて情報を発信する場合

情報が、著作権法に定める著作物であるとする。この情報を、他人が「アクセスすれば、ただちに送信できる状態に置く」こと、これを著作権法は、「送信可能化」と定義している（2条1項9の5）。サーバーにアップロードすることで、「いつでも送信できる状態」の「著作権のある情報」は、著作権者の了解を得ていなければならない。

通信、放送は、A点から発せられた情報が、B点へ直接到達するが、インターネットの場合、AからBの間において、いろいろな「機関」があって、情報が〈複製、貯蔵、加工〉あるいは、〈Cや、その他への発信、閲覧〉される特徴がある。

## 4. インターネットの特徴とその功罪

インターネットの出現で、葉書、封書の郵便物の取り扱い量は減少し、ネット通販による販売が多くなり、電気店、書店が大きな影響を受けているという。出版界は、電子書籍がこれから増えると予想し、対策を練っている。

梅田望夫『ウエブ進化論』を読むと、まず、ハードウエア価格の下落、ソフトウエアの無料化、検索エンジンの無償サービスなど、「チープ革命」が起こったこと、いままで新聞、雑誌に寄稿、発表できるのは、出版社、新聞社、映画会

社、テレビ局といった組織を頂点とするヒエラルキーに所属するか、それらの組織から認められる必要があったが、いまやインターネットという道具が普及し、大勢の者が表現能力をもつ時代になったと述べている。

インターネットの特徴は、「情報のデジタル化」ということと、「情報のネットワーク化」であると田中豊弁護士はいう（「著作権侵害とJASRACの対応」『JASRAC概論』（紋谷暢男編・日本評論社・2009年、183頁））。

情報のデジタル化ということは、ア、情報の複製、改変が容易である、イ、複製による劣化が少なく、ほぼ同一のものが作れる、ウ、複製のためのコストが少ない、ことを意味する。書籍にしたり、雑誌原稿で公表することは一部の人々に限られていたにせよ、「校正」の手が入り、取次、書店を経由して、一般読者の手に渡っていた。コストがかかっていた。これが、インターネットの場合、直接、読者に届く。宅配される全国紙を購読せず、インターネットで新聞を読む人が増えているのは当然である。

思いつけば気軽に文章を書き、発信する。感情が高ぶった状態で書けば、名誉毀損など他人の人格権侵害を起こしやすい。推敲や校正をすることが非常に少ない。

情報のネットワーク化ということは、ア、情報の大量の流通が可能ということ、イ、空間的移動が容易であること、ウ、匿名性が高い、ことを意味する。

なお、2015年の日本年金事業団の個人情報流出や、2013年のスノーデン（Edward Snowden, 米国人1983-）の内部告発的な機密文書の暴露事件を見ると、情報がいくら大量でもその流通は可能であること、従って、インターネットには、「大量情報の受容性」といった特徴があるといってよい。

## 5. 悪口、中傷、名誉毀損、信用毀損

インターネット上の電子掲示板などで、悪口、誹謗中傷がなされ、これにより傷つき、落ち込んでしまう人、営業、商売に影響が及び、怒り心頭となり、訴訟に及ぶ事例が多い。

一方、少々誹謗中傷されても、感情に影響がない、むしろ鈍感というべき人もいる。

ここに収録した2010年の「R学園長対電子掲示板事件」（2010-4）では、「気違いは、どうみてもライナス学園長」と書かれ、損害賠償求めた原告に対し、1

審は「違法性が強度で社会通念上許される限度を超えていない」とし、この程度の誹謗中傷を我慢せよ、許される範囲内という判決だが、2審は5万円の慰謝料を命じ、最高裁は損害賠償を認めた2審を廃棄し、1審の判決に戻っている。

勝間和代、堀江貴文、西村博之『そこまで言うか！』(青志社・2010年)では、悪口をネットで言われても実害とは思わず、どうでもいいとか、心が強い人と弱い人がいるとか、ネットでは実名制にすればいいとか、誹謗中傷する人は、ツイッターであろうが2ちゃんねるであろうが、どこでもする、と面白い議論がなされている。

インターネットにおける名誉毀損は、紙媒体や口頭で行われる場合と違う基準でいいという東京地裁平成20年2月29日判決(刑事)(ラーメン・チェーン店名誉毀損事件)(2010-2)がある。東京地裁地裁刑事3部波床昌則裁判長は、インターネットでの人々のやりとりは対等の立場であり、容易に反論できるマスメディアと違い、取材能力や綿密な情報収集ができないことを知悉しており、一般的に情報の信頼性が低いものと受け止めている。そこで、「加害者が、摘示した事実が真実でないことを知りながら発信したか、あるいは、インターネットの個人利用者に対して要求される水準を満たす調査を行わず、真実かどうか確かめないで発信したといえるときにはじめて、名誉毀損罪に問擬するのが相当である」として、無罪にしたのである。しかし、東京高裁、最高裁はともにこの1審判決を否定、認めなかった。

外資企業私用メール事件(東京地裁平成13年12月3日判決)(2001-8)では、会社でのメールのやりとりは電話ほど保護されない、見られてもしかたない、という口吻である。そういい切れるとは思えないが、インターネットという新しい文明機器を前に、裁判官や法律家達が困惑していることは確かである。

## 6. プロバイダ責任制限法

インターネット(ネット)上で、名誉毀損、著作権侵害等の他人の権利を侵害する情報が匿名で行われた場合、被害を被った者は、まず「加害者は誰か」とする、加害者の特定が必要である。一方、インターネットを通じた情報の流通は、プロバイダを経由して行われているため、プロバイダとしても知らないうちに被害者から責任を追及されるおそれがある。プロバイダ責任制限法と略称される「特定電気通信役務提供者の損害賠償責任の制限及び発信者情報の開示に関

する法律」(平成13年11月30日法律第137号)は、ネットの時代になって必要とされてできた法律である。

　ネットで悪口を書かれ、犯人は誰か教えて欲しいと伝えても、電気通信事業者や経由プロバイダは、簡単に教えなくていい、とこの法律は書き、「通信の秘密」を保護することを重視している(この法律は、いわゆる「六法」に掲載されるべきである)。

　JASRAC出身の堀之内清彦「メディアと著作権」(論創社・2015年)によれば、プロバイダとは、インターネット接続事業者(電気通信事業者、特定電気通信役務提供者)のことをいい、「日本の主なプロバイダには、NTTグループ、KDDIグループ、ソフトバンクグループ、鉄道会社グループ、電気メーカーグループ、ケーブルテレビ・有線ラジオ放送グループなどがあり、一般社団法人日本インターネットプロバイダー協会」(JAIPA＝JAPAN INTERNET PROVIDER ASSOCIATION)を作っているという。検索すると、正会員148、賛助会員6、会長渡辺武経(ディー・エヌ・エー)、副会長菊池優郎(ソネット)、大井貴(NTTコミュニケーションズ)、西山裕之(GMOインターネット)、立石聡明((有)マンダラネット)である(2015年6月現在)。

## 7. インターネットとオークション用の絵画カタログの複製

　インターネットで他人のマンガを無断掲載したり、音楽を流したりすれば、著作権侵害になる。

　税金の滞納者が高価な絵画を持っているとき、国税庁がインターネットで絵画を公開し、購入希望者が高い値をつけ買ってくれて、滞納している金額を払ってくれれば、国税庁は有難い。旧著作権法時代ならば「専ラ官庁ノ用ニ供スル為」ということで、無条件で、絵画を「複製すること」(ネット上に掲載すること)はできた(旧著作権法30条1項第9号)。

　ところが、現行著作権法42条により内部資料として必要と認められる場合しか、官庁・公務員は自由に複製できない。絵画の著作権者の承諾がなければ、ネット上に掲載できなかった。2009年(平成21年)の著作権法改正で「47条の2」が新設され、美術作品の原作品又は複製物の所有者が、その原作品又は複製物をオークション等へ出品する、譲渡しようとする場合、その申出の用に供するため、これらの絵画をカタログに複製したり絵画を写してインターネット

で公衆に送信することを一定の条件の下で自由にできるとした。それまでは、オークション業者などは、カタログに複製したりネットに載せるのに、使用料を美術著作権協会を通じて、画家へ支払っていたのである。

　日本美術家連盟など美術家側は、譲歩したのである。「オークションの案内ビラへ絵画を縮小し掲載（複製）」することを自由にし、オークション業者は、助かった。ところが早稲田大学の小川明子博士によれば、たしかにヨーロッパ諸国も、日本法47条の2と同様の規定を置いているが、それは、「追及権」制度（オークションの際、売買金額のたとえば3%を画家か遺族に還元する制度）を持っているからだ、はやく、追及権制度とセットにしなければならないと説かれている（「文化のための追及権——日本人の知らない著作権」集英社新書・2002年）。美術関係者は、オークション制度が普及していないから、追及権はまだ採り入れなくていいと言うが、小川博士の言うとおりで、美術家は「お人好し」だったかも知れない。美術館では、著作権法47条により、展示作品の解説又は紹介のため、作者に無断、無料で「小冊子」に掲載することを認めているが、紙媒体の「小冊子」だけでなく、電子端末にも認めてはどうか、という動きがある。美術関係者の意見が注目されている。

## 8．商標権とインターネット

　楽天市場などに、偽物、知的財産権侵害品が出店されたとき、商標権をもつ権利者が楽天市場の運営者を訴える。インターネットに載せる、それが「商標の使用」になるかどうかは、大問題である。継続して3年、登録商標の不使用状態が続けば、商標権が取り消される規定もある。ウエブサイトに、商標登録した商品が掲載されただけで、「商標の使用」になるだろうか。「アリカ事件」は、知財高裁が、「本件商標が使用されている」と判断したが、最高裁は、ウエブサイトで、自社のゲームソフトの紹介をしたに過ぎない、これは、「指定役務について本件商標の使用をしていない」と判決した（最高裁平成23年12月20日判決）(2011-6)。

　外国に本店があり、日本に主たる事務所や営業所をもたない外国企業が、日本国のインターネット上で商品の販売の宣伝をし、譲渡の申し出をしている。これをネットで見た日本企業が、その商品はわが社の商品の特許権侵害品であるとして、日本の裁判所に訴えたが、1審は裁判の管轄権がないとして却下し、

2審の知財高裁は、ウエブサイトの表示と仕掛けをもって外国企業が「譲渡の申出行為」をしていると見て、日本で外国企業が不法行為を行っている、日本が不法行為地であり、日本の裁判所に管轄権有り、という日本企業の主張を採用し、日本に国際裁判管轄を認めた事例がある（知財高裁平成22年9月15日判決（「モータ」ウエブ特許権侵害事件）(2010-9)）。

　「ミクシィ事件」(2015-1)、「ネット広告事件」(2015-3)、「スマートフォン事件」(2015-4) など、特許権の侵害ではないかとの訴訟事件も起こっている。

　インターネットをウイルスに感染させると、器物損壊罪に問われる(2011-3)。

## 9. 忘れられる権利

　佐々木俊尚「ネットがあれば履歴書はいらない」（宝島新書・2010年）は、取材をする際、前もって対象人物の個人情報を検索して、知っておくことは、有益という。

　佐々木氏はこの本で、インターネットによって自分のことを知って貰う、自分の意見、思想を述べ、同じ趣味の者とつながり、インターネットを駆使すれば、「自分をブランディング（自分の価値を広めること）ができる」、ネットを手段とすれば、誰でも世に出ることができるという。

　ただ、人は一度でも失敗すると、インターネットにその失敗履歴が残る、という問題がある。

　就職の求人側が採用時に、あるいは銀行がある人への融資をしようという時に、その人物が、3年前、盗撮行為を行っていたことが検索ででてきたとしよう。特に、その人物の姓が珍しい苗字であれば、容易に検索される。おそらく、求人側は採用せず、銀行も融資を断ると思われる。その人物は、検索された個人情報を抹消したい。そのことを「忘れられたい」と願う。神田知宏「ネット検索が怖い」（ポプラ新書・2015年）は、EU裁判所の判例、自身の扱われた事件を紹介している。本書でも2件収録した。

　紙媒体であるが、ある出版社発行の「交通事故民事判例集」に判決文が載り、実名で掲載され、その索引欄の「保険金詐欺事件」欄に分類、表示された原告が、出版社を訴えた事件がある。この原告は、「索引欄」の記載は刑事被告人と同視した取り扱いである、裁判は未確定である等を主張し、名誉・信用を毀損されたとして、出版社へ謝罪文の掲載と500万円の損害賠償を求めたが、長野地

裁飯田支部平成元年2月8日判決は、「原告の請求を棄却」している（判タ704号240頁、判時1322号134頁）。この判決は、今後、維持されるであろうし、図書館に置かれている大新聞の縮刷版に掲載の「事実」「人名」の抹消請求は起こらないし、抹消すべきではないと思う。

## 10. カラオケ法理

インターネット判例を整理していて、いくつかの判決が「カラオケ法理」に従ったことを知った。これは、カラオケ店では、客のみ又は客と女性従業員が唄うことが多く、店主は全く唄わず、あるいは店にはいない。「演奏権」（作詞作曲者のもつ、唄うという複製行為への許諾権）は、直接、唄う人間が支払うべきだとし、店主は音楽著作権使用料の支払い責任はないと主張したが、最高裁昭和63年3月15日判決（クラブキャッツアイ事件）(1988-1)では、店主の主張は通らず、店（あるいは店主）が支払う責任があるとした。

「ファイルローグ事件」(2005-5)、ロクラクⅡ事件(2012-2)などに大きな影響を与えた。なお、「ロクラクⅡ事件」の金築誠志最高裁判事意見を参照してほしい(2012-2)。

## 11. 参考文献・関係法律

参考文献に掲げた書籍は、筆者が知り得たものを掲載した。

関係法律については、「著作権法」に関係した要約判例が、32件、「不正競争防止法」関係が17件あった。著作権法は全文収録した。

次の法律はインターネットと関連があるが、紙幅の都合で省略した。

電気通信事業法（昭和59年12月25日法律第86号）

電波法（昭和25年5月2日法律第131号）

放送法（昭和25年5月2日法律第132号）

電気通信基盤充実臨時措置法（平成3年4月2日法律第27号）

公職選挙法（昭和25年4月15日第100号）(142条の3以下参照)

国立国会図書館法（昭和23年2月9日法律第5号）

## 12. 附録

巻末に附録として、「日本著作権法の概要と最近の判例」を掲載した。

ある団体から講師として依頼された 2015 年 7 月の研修会のための草稿で、判例が重複しているが、そのままにした。ご了承を乞う。

　本書が成るにあたって、桃井正典社長ほか(株)インタークロスの方々、書体デザイナー葛本京子さん、また青山社の野下弘子さんには「ウルトラマンと著作権」に引き続いて多大なご助力を頂いた。感謝する次第である。

　2015 年 11 月 1 日

株式会社インタークロス IT 企業法務研究所<br>客員研究員　　大家　重夫

# 凡　例

1. 判例要約について
    (1) 事件の判決について、編者が名前を附けた。(例「呪われしモザイク事件」)
    (2) その次に、簡単にその判例の結論を述べた。
    (3) 1審のみ、2審、3審まで、そのあと最高裁から差し戻された事件などあるが、最終の判決日を標準にした。
    (4) 判決月日、事件番号、出典(判時、判タ、民集など)を記した。
    刑事事件については、○○地裁平成○○年○月○○日判決 (刑事) というように、判決の後に(刑事)を付した。
    (5) 判例の要約文を書いた。
    (6) 次は、[キーワード]で、中には[根拠法]などを記した。
    (7) 「コメント」は、筆者の感想を書いた。
    (8) 「参考文献」
    (9) 最高裁のホームページを開き、判例欄で知的財産判例集をクリックして、「東京」地裁、事件番号「平成23年」、「(ワ)」「1234号」などと選択すれば、判決文の全文が読める。いくつかの判例は、そのアドレスを記した。

2. 略語表
    判時　＝　判例時報
    判タ　＝　判例タイムズ
    労判　＝　労働判例
    プロバイダ責任制限法　＝　特定電気通信役務提供者の損害賠償責任の制限及び発信者情報の開示に関する法律
    民集　＝　最高裁判所民事判例集
    刑集　＝　最高裁判所刑事判例集

3. 判例の事件記録の符号
    ○民事事件
    　ワ　地方裁判所が受け付けた通常訴訟事件
    　ヨ　地方裁判所が受け付けた保全命令事件
    　モ　地方裁判所が受け付けた民事雑事件

ネ　高等裁判所が受け付けた控訴事件
　　ラ　高等裁判所が受け付けた抗告事件
　　オ　最高裁判所が受け付けた上告事件
　　受　最高裁判所が受け付けた上告受理事件
　（平成13年最高裁判所規程1、平成13年1月31日施行）
○刑事事件
　　わ　地方裁判所が受け付けた公判請求事件
　　う　高等裁判所が受け付けた控訴事件
　　あ　最高裁判所が受け付けた上告事件
　（平成13年最高裁判所規程2、平成13年4月1日施行）
○行政事件
　　行ケ　高等裁判所が第1審として受け付けた行政訴訟事件
　（昭和38年最高裁判所規程3、昭和39年1月1日施行）

## 4. 用語

下記の文献から、殆どそのまま、あるいは多少加工した、あるいは筆者が考え構成したものもある。正確で、より適切な表現、代案をいただければ幸いである。

| | |
|---|---|
| アーキテクチャー | 「情報が処理されるしくみ」深見嘉明『ウエブは菩薩である』7頁。 |
| アクセス制御機能 | アクセス管理者が、利用権者に識別符号を入力させて、コンピュータ利用権の有無を自動的に識別するためのプログラムをいう。<br>「不正アクセス行為の禁止等に関する法律」2条3項。 |
| IOT<br>（アイ・オー・ティ） | Internet of Things の省略語。モノのインターネット。<br>「家や家電、クルマ、インフラ、工場など、私たちを取り巻くあらゆるモノをインターネットに接続することで、暮らしや産業をより豊かに、効率的にしていこうとする技術です。」(酒井崇匡) |
| アップロード | upload は「上に載せること」。パソコンで、予め作成したファイル（ディスクに保存していたファイル）を接続先のコンピュータに送信すること。 |
| インターネット | inter-netowork からきたと思われる。inter は「相互」。相互につながったネットワークのこと。 |

| | |
|---|---|
| | TCP/IPというプロトコル（通信規約）を用いて通信する世界規模のネットワークである。世界中のコンピュータを接続する通信網の全体を指す。 |
| ウエブ | インターネットの中で相互に文書ファイルなどを交換しあえるシステムを指す。ブラウザという閲覧ソフトでテキストや画像を見たりする仕組み（森健『グーグル・アマゾン化する社会』光文社新書・2006年）<br>Webとは、何か。webはクモの巣で、World Wide Web（世界中のホームページがクモの巣のようにつながっている状態）をいい、この略語がウエブという説もある。現在、ウエブあるいは、ウエブサイト（下記）は、インターネットと殆ど同義に用られる。例えば、「事業のアイデアをウエブサイトに投稿し、資金の出し手を募る手法は、クラウドファンディングと呼ばれる。」（日本経済新聞2015年6月7日社説）とあるが、ここは、「事業のアイデアをインターネットに投稿し…」とあっても構わない気がする。 |
| ウエブページ<br>（Webサイト） | 表紙のページでも中身のページでも1枚やページ全体を称していう。<br>「サイト」と同じ意味に使われる。例えば、「別紙ウエブページ目録記載1のURLにより表示されるウエブページ（以下「本件サイト」という）」。<br>（東京地裁平成26年11月26日判決平成26年（ワ）第7280号の[事案の概要]） |
| ウエブサイト<br>（Webサイト） | 1つのまとまった内容（表紙＋中身）、およびそれがある場所をいう。<br>サイト（site）は、場所、位置の意味である。 |
| web 2.0 | 「今までのウエブサービスよりも、さらにすごいウエブサービス」（荻上チキ『ウエブ炎上』（ちくま新書・2007年）17頁）という。 |
| SNS | Social Networking Service；交友関係を構築するWebサービスのひとつ。 |
| クラウド | サーバー群の存在場所。エリック・シュミット（グーグルの会長、当時CEO）が2006年8月9日、「サービスもアーキテクチャーも、どこかの『クラウド（雲）のなかにあるべきなのです』」といったという（奥野弘司『クラウド・コンピューティングとは何か』（小泉直樹ほか「クラウド時代の著作権 |

法」(勁草書房・2013年))1頁)。

| 検索サービス、検索エンジン、検索ロボット | ウエブ上で必要な情報を探し出す「検索サービス」は、「検索エンジン」ということが多い。英語でsearch engine (検索する動力)あるいは serchtool (検索する道具)という。検索エンジンは、人がホームページを選び、分類し、登録するが、「検索ロボット」といわれる情報収集プログラムが「自動的に世界中のウエブ・サーバーに次から次へと接続し、最新情報を収集する」。 |
|---|---|
| サーバー | サービスするコンピュータが語源。コンピュータ・ネットワークにおいて、情報を格納し提供するコンピュータである。server(サービスする人、奉仕する人)。<br>ウエブサーバー(Web sever)のWebは、「ホームページの情報網」で、「ホームページを格納し、発信するコンピュータ」。<br>メールサーバーは、mail (郵便)であり、「メールを格納し配信するコンピュータ」。 |
| ダウンロード | downloadとは、接続先のコンピュータからソフトやデータを受信し、手元のパソコンのディスクに保存すること。 |
| 電子メール | コンピュータ通信の郵便であることから、electronic mail(電子的郵便)を訳したもの。e-mail、Eメールともいう。 |
| ピア・ツー・ピア | peer；同等の地位の人、対等の者。<br>peer to peer (peer 2 peer)は、同等の者同士という意味である。<br>サーバーを中心として、各パソコンがぶら下がるような「放射線型」のネットワークを「クライアント・サーバー型」というのに対して、中心を経由せず端末と端末同士が直接つながる、すなわち、ネットワークに接続されるコンピュータがすべて同等であるネットワークを、「ピア・ツー・ピア型」という。 |
| ファイル交換サービス | インターネットで接続した端末と端末の間で、直接送信、受信する「ピア・ツー・ピア」技術により、複製物を大量に流通させること。<br>特に、違法にコピーした音楽著作物を流通させ、音楽著作権者に損害を与えることから、JASRACが交換サービス事業者を訴えた「ファイルローグ事件」(東京地裁平成15年1月29日判決、東京高裁平成17年3月31日判決)が重要である。東京地裁、東京高裁とも、私人間の行為であっても、 |

| | |
|---|---|
| | サービス提供者即ちサーバー管理者が、送信可能化権及び自動公衆送信権の侵害主体であるとし、カラオケ法理により JASRAC が勝訴した。 |
| フィッシング行為 | 実在のアクセス管理者になりすまし、フィッシングサイトを公開したり、フィッシングメールを送信したりして、利用権者に ID パスワードを入力させてだまし取る行為をいう。「不正アクセス行為の禁止等に関する法律」第7条を参照のこと。 |
| 不正アクセス行為 | 次のいずれかに該当する行為をいう。<br>1) 不正ログイン（他人の識別符号を無断入力することにより、本来アクセスする権限のないコンピュータを利用しうる状態にする行為）。<br>2) セキュリテイ・ホール攻撃（コンピュータ・プログラムの不備を衝いて本来アクセスする権限のないコンピュータを利用し得る状態にする行為）。「不正アクセス行為の禁止等に関する法律」2条4項。 |
| ブラウザー | browser で、browse（ブラウズ）は、本や雑誌を、「ぱらぱらめくって読む」「ざっと目を通す」という意味で、ブラウザーは、「ざっと目を通す人」からきた。「ブラウザー」は、ホームページを見るソフト。表紙を見て、中身をめくる役割をしている。ブラウザーは、「閲覧ソフト」と訳される。 |
| プラットホーム | platform アプリケーションが動作する環境のこと。<br>ハードウエアの場合はコンピュータ自体、ソフトウエアの場合は OS を指す。 |
| ブログ | ウエブログのこと。1990 年代は、個人が情報発信するのにホームページ作成ソフトを用い、「ホームページ」を作成した。現在、サービス提供に使われる「サーバー」の技術と、表示に使う「ウエブブラウザ」の技術が進歩したため、ブログを選ぶ人が多い。「日記的なホームページを簡単に更新できるようにするためのウエブアプリ」。以上、西田宗千佳『クラウド・コンピューティング』42 頁。<br>「web(ウエブ上の)」「log(日々の記録 ＝ 日記)」から「ウエブ上で作成する日記型簡易サイト」と説明されることが多いが、技術的定義として不十分、と深見嘉明（『ウエブは菩薩である』58 頁）はいう。<br>ブラウザーの対象である画面を指すことが多い。 |

| | |
|---|---|
| | ウエブ、ウエブサイト、ホームページと殆ど同義で使う例が多い。 |
| | 電子掲示板が公的な場所であるのに対し、個人の私的な発言場所を指すことが多い（荻上チキ『ウエブ炎上』40頁）。 |
| プロバイダー | 個人、会社のためにインターネット接続サービスを提供する（provide 供給する）業者で、パソコンをインターネットにつなぐ「窓口」である。 |
| | Internet Service Provider が正式の名称。 |
| プロトコル | protocol とは外交儀礼からきた言葉で、コンピュータ上の通信規約、又は通信の手順をいう。インターネットでは、TCP/IP というプロトコルを用いることが決められている。 |
| ホームページ | home page の home は、「大もと」、「起点」の意味で、「開始ページや最初のページ」という意味が、最初の意味。文章、写真、イラストを入れた雑誌の表紙のようなものをホームページといっている。 |
| ポータルサイト | ポータル（portal）は、英語で「玄関」「入り口」だが、宮殿の表玄関、格式高い入り口というニュアンスがあるらしい。 |
| メタデータ | メタとは、「上位の」という意味（深見嘉明『ウエブは菩薩である』19頁）。 |
| | 「データの意味について記述したデータのこと。例えばある本に関する著者名や刊行年月日、出版社など。動画や画像共有サイトにおいては、投稿者名、投稿日、分類に使用するタグなどがメタデータにあたる（高野明彦『検索の新地平』）」。 |
| URL | Uniform Resource Locator とは、Resource 資源の Locator 位置を表す、統一したもの。つまり、ある1つの情報を識別する記号で、情報の住所、通常、ホームページのアドレスを指す。 |
| リンク | link 連結のこと。A 会社のオンラインの記事について、関連する記事を記述している B 新聞社の記述箇所をマウスでクリックすれば、A 社の記事に到達する場合、B 社は、A 社にリンクを張っているという。リンクを張るために、リンク先から承諾を受ける必要はないとされている。 |

## 参考文献 （順不同）

名和小太郎「デジタル・ミレニアムの到来」丸善株式会社、1999 年 4 月 20 日、760 円 + 税

藤田英時「インターネット用語、語源で納得！」ナツメ社、2001 年 3 月 1 日、680 円 + 税

荻上チキ「ウエブ炎上」ちくま新書、2007 年 10 月 10 日、700 円 + 税

深見嘉明「ウエブは菩薩である―メタデータが世界を変える」NTT 出版、2008 年 7 月 8 日、1500 円 + 税

西田宗千佳「クラウド・コンピューティング―ウエブ 2.0 の先にくるもの」朝日新書、2009 年、740 円 + 税

アスキー書籍編集部・オフィス加減編「初・中級者のためのパソコン・IT・ネット用語事典基本 + 最新キーワード 1100」(株) アスキー・メディアワークス、2010 年 3 月 26 日、1680 円 + 税

小池良次「クラウドの未来―超集中と超分散の世界」講談社現代新書、2012 年 1 月 20 日、740 円 + 税

小泉直樹・奥邨弘司・駒田泰土・張睿暎・生貝直人・内田祐介「クラウド時代の著作権法―激動する世界の状況」勁草書房、2013 年、3500 円 + 税

小林弘人「ウエブとはすなわち現実世界の未来図である」PHP 新書、2014 年

高野明彦「検索の新地平」角川インターネット講座、2015 年 4 月 25 日、2500 円 + 税

酒井崇匡「自分のデータは自分で使う―マイビックデータの衝撃」星海社、2015 年 7 月 23 日、840 円 + 税

# 目　次

はしがき .................................................................................. iii
凡　例 ..................................................................................... xiv

## 第 1 部　インターネット判例要約集

### 2015 年（平成 27 年）に発出された判例

- 2015-1 　ミクシィ事件(大阪地裁平成 26 年 9 月 4 日判決) ......................... 3
  (知財高裁平成 27 年 1 月 22 日判決)
- 2015-2 　イケア事件(東京地裁平成 27 年 1 月 29 日判決) ........................... 4
- 2015-3 　ネット広告システム事件(東京地裁平成 26 年 9 月 25 日判決) ............ 6
  (知財高裁平成 27 年 2 月 26 日判決)
- 2015-4 　スマートフォン事件(東京地裁平成 27 年 2 月 27 日判決) .................. 7
- 2015-5 　イスラム教徒情報流出事件(東京地裁平成 26 年 1 月 15 日判決) .......... 9
  (東京高裁平成 27 年 4 月 15 日判決)
- 2015-6 　弁護士法人ウエブサイト写真無断使用事件 ................................. 13
  (東京地裁平成 27 年 4 月 15 日判決)
- 2015-7 　「為替相場」情報無断コピー提供事件(東京地裁平成 27 年 4 月 24 日判決) 14
- 2015-8 　肖像写真投稿者情報開示請求事件(東京地裁平成 27 年 4 月 27 日判決) ... 15
- 2015-9 　「爆サイ中傷被害者の会」事件(東京地裁平成 27 年 5 月 15 日判決) ....... 17
- 2015-10　風俗記事無断マンガ化事件(東京地裁平成 25 年 11 月 28 日判決) ........ 20
  (知財高裁平成 27 年 5 月 21 日判決)
- 2015-11　プロ野球ドリームナイン事件(東京地裁平成 25 年 11 月 29 日判決) ...... 23
  (知財高裁平成 27 年 6 月 24 日判決)

### 2014 年（平成 26 年）に発出された判例

- 2014-1 　出会い系サイト規制法違反事件(刑事) ....................................... 27
  (東京地裁平成 22 年 12 月 16 日判決)、(東京高裁平成 23 年 6 月 14 日判決)
  (最高裁平成 26 年 1 月 16 日判決)
- 2014-2 　漫画家発信者情報開示請求事件(東京地裁平成 26 年 1 月 17 日判決) ..... 28
- 2014-3 　カード情報流出事件(東京地裁平成 26 年 1 月 23 日判決) .................. 30
- 2014-4 　芸能人発信者情報開示請求事件(東京地裁平成 26 年 1 月 27 日判決) ..... 31
- 2014-5 　プラスチック自動車部品事件(東京地裁平成 25 年 7 月 18 日判決) ........ 33
  (知財高裁平成 26 年 2 月 19 日判決)

- 2014-6 呪われしモザイク事件(東京地裁平成26年3月14日判決) ...... 34
- 2014-7 山野草動画事件(東京地裁平成25年8月29日判決) ...... 35
  (知財高裁平成26年4月23日判決)
- 2014-8 「モーゲージプランナー」団体ドメイン事件 ...... 39
  (東京地裁平成26年5月23日判決)
- 2014-9 発信者情報開示請求事件(東京地裁平成26年1月16日判決) ...... 40
  (東京高裁平成26年5月28日判決)
- 2014-10 ソフトバンク対NTT東西事件(東京地裁平成26年6月19日判決) ...... 42
- 2014-11 レコード送信可能化KDDI事件(東京地裁平成26年6月25日判決) ...... 47
- 2014-12 レコード送信可能化ソフトバンクBB事件 ...... 48
  (東京地裁平成26年7月31日判決)
- 2014-13 「ネットワークおまかせサポート」事件 ...... 50
  (知財高裁平成26年8月6日判決)
- 2014-14 検索サイト表示差止請求事件(京都地裁平成26年8月7日判決) ...... 51
- 2014-15 小動物用サプリメント事件(東京地裁平成26年8月28日判決) ...... 53
- 2014-16 「食べログ」サイト事件(札幌地裁平成26年9月4日判決) ...... 54
- 2014-17 グーグル検索サイト削除決定事件(東京地裁平成26年10月9日決定) ...... 56
- 2014-18 塗装屋口コミランキング事件(東京地裁平成26年10月15日判決) ...... 57
- 2014-19 「自炊」事件(東京地裁平成25年9月30日判決) ...... 58
  (知財高裁平成26年10月22日判決)
- 2014-20 サイト構築作業請負事件(大阪地裁平成26年10月23日判決) ...... 61
- 2014-21 わいせつ動画事件(刑事)(東京地裁平成24年10月23日判決) ...... 63
  (東京高裁平成25年2月22日判決)
  (最高裁平成26年11月25日決定)
- 2014-22 色切り替えパッチ事件(東京地裁平成26年11月26日判決) ...... 65
- 2014-23 家庭用脱毛器事件(東京地裁平成26年12月18日判決) ...... 66

## 2013年(平成25年)に発出された判例

- 2013-1 シティバンク事件(東京地裁平成25年2月13日判決) ...... 68
- 2013-2 クリニック情報事件(東京地裁平成25年3月6日判決) ...... 69
- 2013-3 SEO債務不履行事件(大阪地裁平成25年3月5日判決) ...... 71
- 2013-4 メール著作物事件(東京地裁平成25年3月21日判決) ...... 73
- 2013-5 映像作品無断送信事件(東京地裁平成25年5月17日判決) ...... 74
- 2013-6 中村うさぎ「狂人失格」事件(大阪地裁堺支部平成25年5月30日判決) ...... 75
- 2013-7 「出会い系サイト」不法行為事件(横浜地裁平成24年6月11日判決) ...... 76
  (東京高裁平成25年6月19日判決)
- 2013-8 ニコニコ動画事件(大阪地裁平成25年6月20日判決) ...... 78
- 2013-9 苦情申告書ブログ掲載事件(東京地裁平成25年6月28日判決) ...... 80

- 2013-10　センチュリー21事件(東京地裁平成25年7月10日判決)..................81
- 2013-11　漫画家佐藤秀峰事件(東京地裁平成25年7月16日判決).................83
  　　　　(知財高裁平成25年12月11日判決)
- 2013-12　ナビキャスト事件(東京地裁平成25年9月12日判決)....................85
- 2013-13　弁護士対行政書士事件(東京地裁平成24年12月6日判決)..............87
  　　　　(知財高裁平成25年9月25日判決)
- 2013-14　取締役会決議ネット公表事件(東京地裁平成25年10月21日判決)......89
- 2013-15　動画無断使用事件(東京地裁平成25年10月22日判決)..................93
- 2013-16　LADY GAGA事件(知財高裁平成23年12月17日判決)....................94
- 2013-17　ウイッチーズキッチン事件(東京地裁平成25年6月27日判決)..........96
  　　　　(知財高裁平成25年12月26日判決)

## 2012年(平成24年)に発出された判例

- 2012-1　2ちゃんねる名誉毀損事件(東京地裁平成24年1月31日判決) .............99
- 2012-2　ロクラクⅡ事件(東京地裁平成20年5月28日判決)........................100
  　　　　(知財高裁平成21年1月27日判決)
  　　　　(最高裁平成23年1月20日判決)
  　　　　(知財高裁平成24年1月31日判決)
- 2012-3　「まねきテレビ」事件(東京地裁平成20年6月20日判決)...................104
  　　　　(知財高裁平成20年12月15日判決)
  　　　　(最高裁平成23年1月18日判決)
  　　　　(知財高裁平成24年1月31日判決)
- 2012-4　チュパチャプス対楽天市場事件(東京地裁平成22年8月31日判決).....108
  　　　　(知財高裁平成24年2月14日判決)
- 2012-5　iモードID事件(金沢地裁平成24年3月27日判決) ........................109
- 2012-6　「Shibuya Girls Collectipn」事件(東京地裁平成24年4月25日判決)...110
- 2012-7　「PLUS」発信者情報事件(東京地裁平成24年6月28日判決) .............112
- 2012-8　児童ポルノURL事件(刑事)(大阪地裁平成21年1月16日判決) .........113
  　　　　(大阪高裁平成21年10月23日判決)
  　　　　(最高裁平成24年7月9日判決)
- 2012-9　「釣りゲーム」事件(東京地裁平成24年2月23日判決) ....................114
  　　　　(知財高裁平成24年8月8日判決)
- 2012-10　「新聞販売黒書」事件(さいたま地裁平成21年10月16日判決) ...........116
  　　　　(東京高裁平成22年4月27日判決)
  　　　　(最高裁平成24年3月23日判決)
  　　　　(東京高裁平成24年8月29日判決)
- 2012-11　「夕暮れのナパリ海岸」事件(東京地裁平成24年12月21日判決) ........118
- 2012-12　「大道芸研究会」事件(東京地裁平成24年12月27日判決) ...............120

## 2011年(平成23年)に発出された判例

- 2011-1 公明党都議肖像写真事件(東京地裁平成23年2月9日判決) .................. 122
- 2011-2 データSOS事件(東京地裁平成22年12月10日判決) ........................... 123
  (知財高裁平成23年5月26日判決)
- 2011-3 イカタコウイルス事件(刑事)(東京地裁平成23年7月20日判決) ......... 125
- 2011-4 NHKテレビ海外インターネット送信事件 ................................................ 126
  (東京地裁平成23年9月5日判決)
- 2011-5 ウイニー事件(刑事)(京都地裁平成18年12月13日判決) ..................... 128
  (大阪高裁平成19年10月8日判決)
  (最高裁平成23年12月19日決定)
- 2011-6 アリカ商標事件(知財高裁平成21年3月24日判決) ............................... 129
  (最高裁平成23年12月20日決定)

## 2010年(平成22年)に発出された判例

- 2010-1 大学院教授対医博作家海堂尊事件(東京地裁平成22年1月18日判決).. 132
- 2010-2 ラーメン・チェーン店名誉毀損事件(刑事) ............................................... 133
  (東京地裁平成20年2月29日判決)
  (東京高裁平成21年1月30日判決)
  (最高裁平成22年3月15日決定)
- 2010-3 「しずちゃん」経由プロバイダ事件(東京地裁平成20年9月19日判決).. 136
  (東京高裁平成21年3月12日判決)
  (最高裁平成22年4月8日判決)
- 2010-4 R学園長対電子掲示板事件(東京地裁平成20年6月17日判決) ............. 138
  (東京高裁平成20年12月10日判決)
  (最高裁平成22年4月13日判決)
- 2010-5 「クラブハウス」商標事件(知財高裁平成22年4月14日判決) ................ 140
- 2010-6 「がん闘病記」医師ネット転載事件(東京地裁平成22年5月28日判決).. 141
- 2010-7 人材派遣会社対電子掲示板事件(東京地裁平成21年11月27日判決).... 143
  (東京高裁平成22年8月26日判決)
- 2010-8 TVブレイク事件(東京地裁平成21年11月13日判決) .......................... 145
  (知財高裁平成22年9月8日判決)
- 2010-9 「モータ」ウエブ特許権侵害事件(大阪地裁平成21年11月26日判決).... 148
  (知財高裁平成22年9月15日判決)
- 2010-10 学習塾登録商標事件(東京地裁平成22年11月25日判決) ...................... 152
- 2010-11 住宅ローン金利比較表事件(東京地裁平成22年12月21日判決) ........... 153

目 次　　　　　　　　xxv

## 2009年(平成21年)－1988年(昭和63年)に発出された判例

### 2009年(平成21年)
- 2009-1　電子掲示板書込名誉毀損事件(平成21年1月21日判決) ...................... 155
- 2009-2　アイディー商標事件(知財高裁平成21年9月8日判決) ......................... 156
- 2009-3　オークションカタログ事件(東京地裁平成21年11月26日判決) ........... 157

### 2008年(平成20年)
- 2008-1　社保庁LAN電子掲示板事件(東京地裁平成20年2月26日判決) ........... 159
- 2008-2　花画像デジタル写真集事件(東京地裁平成19年12月6日判決) ............ 160
  (知財高裁平成20年6月23日判決)
- 2008-3　発信者情報NTT請求事件(大阪地裁平成20年6月26日判決) ............. 162
- 2008-4　「海賊版」指摘名誉毀損事件(東京地裁平成20年8月29日判決) ......... 163
- 2008-5　医療法人社団対NTTドコモ請求事件(東京地裁平成20年9月9日判決).. 165
- 2008-6　産能ユニオン会議室事件(東京地裁平成20年10月1日判決) ................ 166

### 2007年(平成19年)
- 2007-1　エステティックサロン名簿流出事件(東京地裁平成19年2月8日判決).. 168
- 2007-2　ロックバンド「HEAT WAVE」事件 ........................................................ 170
  (東京地裁平成19年4月27日判決)
- 2007-3　MYUTA事件(東京地裁平成19年5月25日判決) ................................. 171
- 2007-4　マンガ無断ネット配信事件(東京地裁平成19年9月13日判決) ............. 173

### 2006年(平成18年)
- 2006-1　スメルゲット事件(横浜地裁平成17年5月17日判決) ............................. 174
  (知財高裁平成18年3月29日判決)
- 2006-2　個人情報流出事件(大阪地裁平成18年5月19日判決) ........................... 175
- 2006-3　ワットシステム対東京国税局事件(東京地裁平成18年6月6日判決).... 177
- 2006-4　有名ホスト電子掲示板名誉毀損事件 ......................................................... 178
  (大阪地裁平成18年6月23日判決)

### 2005年(平成17年)
- 2005-1　エステティックサロン対楽天仮処分事件 ................................................. 179
  (東京地裁平成16年9月22日決定)
  (東京地裁平成17年1月21日決定)
- 2005-2　マンション建設業者対電子掲示板事件 ..................................................... 181
  (名古屋地裁平成17年1月21日判決)
- 2005-3　2ちゃんねる削除義務放置事件(東京地裁平成16年3月11日判決) ....... 182
  (東京高裁平成17年3月3日判決)
- 2005-4　アクセス制御機能事件(刑事)(東京地裁平成17年3月25日判決) ......... 183
- 2005-5　ナップスター型音楽ファイル交換事件 ..................................................... 186
  (東京地裁平成14年4月11日決定)

　　　　　（東京地裁平成15年1月29日中間判決）
　　　　　（東京地裁平成15年12月17日判決）
　　　　　（東京高裁平成17年3月31日判決）
- 2005-6　IP FIRM商標事件（東京地裁平成17年6月21日判決）..................188
- 2005-7　弁護士発信者情報請求事件（東京地裁平成17年8月29日判決）..........190
- 2005-8　歩行女性無断撮影ウエブ掲載事件（東京地裁平成17年9月27日判決）..191
- 2005-9　YOLニュース見出し事件（東京地裁平成16年3月24日判決）...........192
　　　　　（知財高裁平成17年10月6日判決）
- 2005-10　「録画ネット」事件（東京地裁平成16年10月7日決定）..........................195
　　　　　（東京地裁平成17年5月31日決定）
　　　　　（知財高裁平成17年11月15日決定）

## 2004年（平成16年）
- 2004-1　ソニーコミュニケーションネットワーク事件 .......................................197
　　　　　（東京地裁平成16年1月14日判決）
- 2004-2　外務省デンバー元総領事肖像写真無断放送事件 ......................198
　　　　　（東京地裁平成16年6月11日判決）
- 2004-3　ヤフー電子掲示板発信者事件（東京地裁平成16年11月24日判決）........200

## 2003年（平成15年）
- 2003-1　眼科医対電子掲示板事件（東京地裁平成15年3月31日判決）.................202
- 2003-2　女流麻雀士対2ちゃんねる事件（東京地裁平成15年6月25日判決）.....203
- 2003-3　DHC名誉毀損事件（東京地裁平成15年7月17日判決）....................204
- 2003-4　パワードコム発信者情報開示事件（東京地裁平成15年9月12日判決）..206
- 2003-5　弁護士対経由プロバイダPRIN事件 ..........................................................207
　　　　　（東京地裁平成15年9月17日判決）
- 2003-6　「就職情報」著作物事件（東京地裁平成15年10月22日判決）...................209

## 2002年（平成14年）
- 2002-1　日経クイック情報事件（東京地裁平成14年2月26日判決）....................210
- 2002-2　「mp3.co.jp」事件（東京地裁平成14年7月15日判決）..............................213
- 2002-3　ホテル・ジャンキーズ事件（東京地裁平成14年4月15日判決）..............215
　　　　　（東京高裁平成14年10月29日判決）
- 2002-4　動物病院対電子掲示板事件（東京地裁平成14年6月26日判決）............217
　　　　　（東京高裁平成14年12月25日判決）

## 2001年（平成13年）
- 2001-1　ジェイフォン事件（東京地裁平成13年4月24日判決）........................219
- 2001-2　アルファネット事件（刑事）（京都地裁平成9年9月24日判決）...............220
　　　　　（大阪高裁平成11年8月26日判決）
　　　　　（最高裁平成13年7月16日判決）
- 2001-3　本と雑誌のフォーラム事件（東京地裁平成13年8月27日判決）...........221

- 2001-4 現代思想フォーラム事件(東京地裁平成9年5月26日判決) ................. 223
  (東京高裁平成13年9月5日判決)
- 2001-5 ジャックス事件(富山地裁平成12年12月6日判決) .................................. 224
  (名古屋高裁金沢支部平成13年9月10日判決)
- 2001-6 迷惑メール仮処分事件(横浜地裁平成13年10月29日決定) ................. 226
- 2001-7 速読本舗事件(東京地裁平成13年12月3日判決) ................................. 227
- 2001-8 外資企業私用メール事件(東京地裁平成13年12月3日判決) ............... 229

## 2000年(平成12年)
- 2000-1 会社従業員ネガ窃盗事件(東京地裁平成12年1月31日判決) ............... 232

## 1999年(平成11年)
- 1999-1 あまちゅあふぉーとぎゃらりー事件(刑事) .................................................. 233
  (大阪地裁平成11年3月19日判決)
- 1999-2 電話番号ネット掲示板公表事件(神戸地裁平成11年6月23日判決) ..... 234
- 1999-3 都立大学事件(東京地裁平成11年9月24日判決) ................................. 235

## 1997年(平成9年)
- 1997-1 天気予報画像消去事件(刑事)(大阪地裁平成9年10月3日判決) ......... 236
- 1997-2 わいせつ画像マスク処理事件(刑事)(岡山地裁平成9年12月15日判決) .. 237

## 1996年(平成8年)
- 1996-1 わいせつ画像蔵置事件(刑事)(東京地裁平成8年4月22日判決) .......... 238

## 1988年(昭和63年)
- 1988-1 クラブ・キャッツアイ事件(最高裁昭和63年3月15日判決) ................. 239

# 第2部 資 料

## 規約・準則
- JPドメイン名紛争処理方針 .................................................................................... 242
- 電子商取引及び情報財取引等に関する準則 ...................................................... 247

## 法 律
- 特定電気通信役務提供者の損害賠償責任の制限及び発信者情報の
  開示に関する法律 ................................................................................................ 248
- 不正アクセス行為の禁止等に関する法律 ............................................................. 251
- 特定電子メールの送信の適正化等に関する法律 ................................................ 257
- 高度情報通信ネットワーク社会形成基本法 ......................................................... 269
- 高度情報通信ネットワーク社会推進戦略本部令 ................................................. 276
- コンテンツの創造、保護及び活用の促進に関する法律 ...................................... 277

- ●インターネット異性紹介事業を利用して児童を誘引する行為の
  規制等に関する法律 ............................................................................. 284
- ●私事性的画像記録の提供等による被害の防止に関する法律 ................... 295
- ●犯罪捜査のための通信傍受に関する法律 ................................................ 297
- ●サイバーセキュリティ基本法 .................................................................. 310
- ●不正競争防止法(平成五年五月十九日法律第四十七号)(抄) ................ 319
- ●特許法(昭和三十四年四月十三日法律第百二十一号)(抄) ..................... 320
- ●商標法(昭和三十四年四月十三日法律第百二十七号)(抄) ..................... 322
- ●民法(明治二十九年四月二十七日法律第八十九号)(抄) ......................... 326
- ●刑法(明治四十年四月二十四日法律第四十五号)(抄) ............................ 327
- ●著作権法(昭和四十五年五月六日法律第四十八号) ................................. 328

参考文献 ............................................................................................................ 415

# 附　録　日本著作権法の概要と最近の判例

- ●第1章　江戸時代 ........................................................................................ 425
- ●第2章　明治維新と1899年著作権法の内容 ............................................. 429
  1. 出版条例 ................................................................................................ 429
  2. 1899年著作権法 .................................................................................. 430
  3. 浪花節「桃中軒雲右衛門」事件―大審院1914年7月4日判決 .......... 431
  4. 1931年および1934年の著作権法改正 ............................................... 431
  5. プラーゲ博士の事業を禁止し、大日本音楽著作権協会設立 ............ 432
- ●第3章　第二次世界大戦敗戦と著作権法 ................................................. 433
- ●第4章　1970年著作権法 ........................................................................... 434
  1. 1970年著作権法とその後の改正 ........................................................ 434
  2. 1970年著作権法の主要内容 ................................................................ 435
  3. 著作権等管理事業法 ............................................................................. 455
  4. 映画の盗撮の防止に関する法律(2007年) ......................................... 455
- ●第5章　最近の著作権判例 ........................................................................ 456

キーワード索引 ................................................................................................ 499
判例総索引 ........................................................................................................ 505

# 第1部

# インターネット判例要約集

事件名―内容、判決年月日、事件番号、判決要約文、「キーワード」「コメント」は、全ての事件に付し、いくつかの事件に「参考文献」を付した。

# 2015年(平成27年)に発出された判例

## ● 2015-1

**ミクシィ事件**：ソーシャル・ネットワーキング・サービス「ミクシィ」が、「アクセス制御システム、アクセス制御方法およびサーバー」という特許権に触れない、特許発明の技術的範囲に属さないという判決である。
大阪地裁平成26年9月4日判決(平成25年(ワ)第6185号)、知財高裁平成27年1月22日判決(平成26年(ネ)第10092号)

原告Xは、「アクセス制御システム、アクセス制御方法およびサーバ」の発明について特許をもつ特許権者である。

被告Y(株式会社ミクシィ)は、インターネットを用いたソーシャル・ネットワーキング・サービス(SNS)である「ミクシィ」を運営する株式会社である。

Xは、Yがサービスで提供し始めた「一緒にいる人とつながる」との名称の機能(本件機能)は、Xの特許に係る発明の実施に該当すると主張して、特許法184条の10第1項に基づく補償金の一部請求として495万円及び本件特許権侵害の不法行為に基づく損害賠償の一部請求として500万円、合計995万円及び遅延損害金の支払いを求め訴えた。

原審大阪地裁は、被告Yの本件機能を含むミクシィのコンピュータシステム(被告物件)及びコンピュータで用いられる方法(被告方法)は、原告Xの特許に係る発明の技術的範囲に属さない、として請求を棄却した。

Xは、これを不服として控訴した。

知財高裁第4部富田善範裁判長は、Xの明細書の記載事項を検討し、次のように判断し、控訴は理由がないとして、これを棄却した。

1) Y物件は、X発明1の構成要件Bの「所定の地理的エリア内にいる者によるコンタクト可能状態にするための同意がとれたことを確認するための確認手段」を備えているものと認められない。
2) Y物件の構成dは、構成要件Cの「コンタクト用共有ページ」を備えるも

のとは認められない。

3) Y物件は、構成要件Bの上記「確認手段」及び構成要件Cの「コンタクト用共有ページ」を構成に含む構成要件Dを充足しない。また、被告物件について、X主張の均等侵害も成立しない。従って、被告物件は本件発明1の技術的範囲に属さない。被告方法は、構成要件GないしIをいずれも充足しない。

**キーワード**：特許権、ミクシィ、アクセス制御システム、ソーシャル・ネットワーキング・サービス、SNS

**【コメント】**1審が大阪地裁の判決であるが、2審は大阪高裁でなく、東京の知的財産高等裁判所で審理、判決されている。民事訴訟法6条参照。

## ● 2015-2

**イケア事件**：世界的企業イケアに無断で、イケアの一部門か関係会社のような記号を用い、ネットによるイケア商品の購入代行業を行った会社が、記号の使用禁止、イケア製品写真のウエブ掲載、自動公衆送信、送信可能化禁止、データ破棄等を命ぜられた事件である。
東京地裁平成27年1月29日判決（平成24年（ワ）第21067号、判時2249号86頁）

原告Xは、オランダ国デルフトに本社を置くインター・イケア・システムズ・ビー・ヴィ（以下、イケアという）である。

当時、日本のイケアではネット販売せず、店頭販売のみ行い、また顧客が店頭で購入した商品の配送サービスをしていなかった。

イケア公式ウエブサイトに「IKEAと類似のブランド表示による通信販売サイトは、IKEAとは無関係です。イケア製品はイケアストアのみでの販売となります。」と記載していた。

被告は福岡市のYで、イケアの一部門か、関連会社とみられるようなインターネット上の記号を用い、勝手に購入代行業を行っていた。

Yはイケア製品の注文をネットで募り、これをイケアストアで購入し、梱包、発送し、注文者へ転売していた。

Yは、はじめサイトに「IKEASTORE」と名乗り、Xの製品写真を掲載した。2010年7月29日、被告サイトにタイトルタグとして、「〈title〉【IKEA】イケア通販〈title〉」と記載し、メタタグとして、「〈meta name＝"Description" content＝【IKEA STORE】IKEA〉通販です。カタログにあるスウェーデン製輸入家具・雑貨イケアの通販サイトです。」などと記載した。
　Yの行為により、検索エンジンで「IKEA」「イケア」と検索すると上記Yのタイトルがでた。
　Xは、Yのウエブサイトに、Xの製品写真等の掲載禁止などを求め、また、製品写真の著作権侵害、商標権侵害等で1373万7000円の損害賠償を求めて訴えた。
　東京地裁民事47部は、製品写真の著作物性を認め、次の判決を下した。
1) 別紙の製品写真データ及び別紙文章写真データをウエブに掲載することの禁止。
2) 別紙製品写真データ及び別紙文章写真データを自動公衆送信又は送信可能化することの禁止。
3) その占有する別紙製品データ、別紙文章写真データの廃棄。
4) インターネット上のウエブサイトのトップページ、htmlファイルに別紙標章をタイトルタグとして、また、メタタグとして使用することの禁止。
5) ウエブサイト（http://以下略）のhtmlファイルの〈title〉から、別紙の標章を、並びに〈meta name＝"Description" content＝から、別紙標章を、それぞれ除去せよ〉
6) 損害賠償24万円（著作物使用料相当額14万円、弁護士費用10万円）を命じた。
　メタタグ及びタイトルタグの記載が商標権侵害及び不正競争に該当するが、被告サイトに誘引された顧客の購入した原告製品は、イケアストアで購入したもので、原告に損害は発生していないとして、この方の損害額は認めなかった。

**キーワード**：製品写真、イケア、ネット販売、メタタグ、タイトルタグ、商標権、不正競争防止法

**【コメント】**その後イケアでは、2012年出店の福岡新宮店のみネット販売をし

た。2015 年 8 月 27 日付日経参照。

## ● 2015-3

**ネット広告システム事件**：「ネット広告システム」の特許権者の特許権が、「ZOZOTOWN」「ZOZOVILLA」「ZOZOOUTLET」には及ばず、損害賠償請求が棄却された事例である。
東京地裁平成 26 年 9 月 25 日判決（平成 25 年（ワ）第 23584 号）、知財高裁平成 27 年 2 月 26 日判決（平成 26 年（ネ）第 10114 号）

原告 X は、発明の名称を「ネット広告システム」とする特許権の特許権者である。

被告 Y（株式会社スタートトゥデイ）は、「ZOZOTOWN」「ZOZOVILLA」又は「ZOZOOUTLET」の名称のインターネットショッピングサイト（以下、併せて「被告ウエブサイト」という）を運営している。

X は、Y がインターネットショッピングサイトに係るシステムを使用する行為は、X の特許権侵害又は間接侵害（特許法 101 条 1 号、2 号）に当たるとして、Y に対し、特許権侵害の不法行為に基づく損害賠償 4 億 2680 万円の一部請求として、1 億円及び遅延損害金の支払を求めた。

東京地裁は、Y が Y ウエブサイトに係るシステムを使用する行為は、X の特許権を侵害するものとは認められず、また、本件特許権の間接侵害の成立も認められないとし、請求を棄却した。X は、控訴した。

知財高裁第 4 部富田善範裁判長は、次のように判断して、本件控訴を棄却した。

1. 被告システムが原告 X の発明の技術的範囲に属しているか。

   原告 X の特許権の明細書による構成要件 B の「参加企業のホームページ」とは、「商品の広告をネット上で紹介提供」する参加企業が運営又は管理する「Web サイト」又はそのトップページとしてのホームページを意味する。

   一方、被告のウエブサイトは、Y が多数のファッションブランドの商品を販売するインターネットショッピングサイトで、Y がブランド各社から納入を受け入れた商品を、Y のウエブサイトでユーザーがクリックす

ると、関連商品が表示されるリンク先のページは、Yの自社のページで、被告ウエブサイトで表示される他のページもいずれもの自社のページであり、被告ウエブサイトには、Y以外の他の企業が管理するホームページに誘導するバナー広告は存在しない。

Xのいう「参加企業のホームページ」は、被告システムに存在せず、また「参加企業のホームページ」を保管する「バナーサーバー」も存在しないと認定した。被告Yは、「ショップ」という名で販売しているが、Yが自社の名義でユーザーに商品を販売しており、Xの特許権の構成要件Bの「参加企業」に該当しない。

これらの理由で、被告システムは、Xの特許権侵害に当たらないとした。Xは、均等の要件を満たしており、構成要件BないしIの均等の主張をしたが、裁判所は理由がないとした。

2. 間接侵害か。Xは、間接侵害との主張をした。裁判所は、被告システムは、構成要件BないしIを充足しない。「ユーザーの端末と、このユーザーの端末からアクセスされる被告システムとで構成される」広告システムは、本件発明の構成要件を全て充足するものとはいえない。間接侵害の主張は、その前提を欠くもので理由がない。

キーワード：ネット広告、特許権、ウエブサイト

【コメント】Xの特許権はどこかの会社が使い、Xへ特許料が支払われているのだろうか。

## ● 2015-4

**スマートフォン事件**：KDDIのスマートフォン「REGZA Phone IS04」は、特許権を侵害していないという判例である。
東京地裁平成27年2月27日判決（平成26年(ワ)第65号）

原告（株式会社コアアプリ）は、名称を「入力支援コンピュータプログラム、入力支援コンピュータシステム」とする特許権について、これをもつ特許権者である。

被告（KDDI株式会社）は、移動通信及び固定通信を業とする法人である。

原告は、被告に対して「1)「REGZA Phone IS04」を生産、譲渡、輸入、輸出し、又は譲渡の申出をしてはならない。2) 被告は、その占有に係る前記記載の製品、及び前記記載の製品に搭載されたソフトウエアのソースコードとバイナリイメージを廃棄せよ。また被告は、前記記載の製品に搭載されたソフトウエアのソースコードとバイナリイメージの製造設備を除去せよ。3) 被告は、原告に対し、252万円及びこれに対する平成23年10月12日から支払済みまで年5分の割合による金員を支払え。」という請求の訴訟を提起した。

　被告が販売するスマートフォン「REGZA Phone IS04」、またはこれにインストールされている「ホーム」と呼ばれているソフトウエア(本件ホームアプリ)が、原告の特許権をとった発明の技術的範囲内に属し、特許権を侵害している、というのである。

　東京地裁民事29部の嶋末和秀裁判長は、「本件ホームアプリは、少なくとも構成要件Eを充足せず」、「本件発明1,3の技術的範囲に属しない。」「本件ホームアプリが、構成要件Eを充足しない以上、これをインストールした被告製品は、構成要件H、Iのうち」、「本特許の特許請求の範囲の請求項1,3を引用する態様を充足しているとはいえず、本件発明4,5のうちの上記態様の技術的範囲に属しない。」として、原告の請求はいずれも理由がないから、これらを棄却することとし、「1,原告の請求をいずれも棄却する。2,訴訟費用は原告の負担とする。」との判決を下した。

**キーワード**：KDDI、ソースコード、ソフトウエア、バイナリイメージ、アプリ

**【コメント】** バイナリイメージには、どういう訳語がいいのだろうか。バイナリ(Binary)は、数値の表し方の1つで、0と1からなる2進法のことをいう。アプリは、Applicationの省略で、ワープロ・ソフト、表計算ソフトなど作業の目的に応じて使うソフトウエア、プログラムを指す。これに対し、OS、ドライバー、ファームウエアなどコンピュータの制御に使われるソフトウエアをシステム・ソフトウエアという。

## ● 2015-5

**イスラム教徒情報流出事件**：警察により収集・保管されていたイスラム教徒の個人情報がインターネット上に流出、漏洩した事件において、原告イスラム教徒の個人情報を警察当局が収集・保管・利用したことは憲法20条等に違反しないが、警視庁の情報管理上の注意義務違反があったとされ、しかし警察庁の監査・監督上の責任は否定され、国家賠償法上、モロッコ、イラン、アルジェリア、チュニジアとの間に相互保証があり、被告東京都は、原告1人へ220万円、原告16人へそれぞれ550万円が支払うよう命じた1審判決が2審で支持された事例である。
東京地裁平成26年1月15日判決（平成23年（ワ）第15750号（第一事件）、第32072号（第二事件）、平成24年（ワ）第3266号（第三事件）、判時2215号30頁）、東京高裁平成27年4月15日判決

[東京地裁]

原告は、いずれもイスラム教徒で、日本国籍4名、チュニジア共和国国籍6名、アルジェリア民主人民共和国国籍3名、コロッコ人王国国籍3名、イラン・イスラム共和国国籍1名である。

平成22年10月28日頃、インターネット上に、114点のデータがファイル交換ソフト・ウイニーを通じて、掲出された。このデータは、同年11月25日時点で、20を超える国と地域の1万台以上のパソコンにダウンロードされた。データには、履歴書のような書面、モスクへの出入り状況、イスラム教徒との交友関係などがある。

原告等は、1) 警視庁、警察庁、国家公安員会は、モスクの監視など憲法上の人権を侵害し、個人情報を収集・保管・利用し、2) 個人情報を情報管理上の注意義務違反で、インターネット上に流出し、適切な損害拡大防止措置を執らなかったことは、国家賠償法上違法であると主張し、東京都（警視庁）、国（警察庁、国家公安員会）に対し、国家賠償法1条1項等に基づき、連帯してそれぞれ1100万円及び遅延損害金の支払いを求めた。

[東京地裁]

民事第41部の始関正光裁判長は、次のように判断した。

1) 平成22年流出のデータは、警察が作成したもので、警視庁公安部外事第3課が保有していた。警察の情報収集活動は、国際テロ防止のために必要やむを得ないもので憲法20条（信教の自由・国の宗教活動の禁止）、これを受けた宗教法人法84条に違反するものでない。憲法13条（個人の尊重、生命・自由・幸福追求の権利の尊重）でない。
2) 本件データは、4警察職員（おそらくは警視庁職員）によって外部記録媒体を用いて持ち出された。警視総監には情報管理上の注意義務を怠った過失がある。国家賠償法上の違法性があり、被告東京都に原告が被った損害賠償責任がある。

警察庁は流出事件の責任はなく、被告国にもない。
3) 本件で流出した原告の個人情報の種類・性質・内容、当該個人情報が、インターネットによって、広汎に伝播したことを考えると、原告等が受けたプライバシー侵害、名誉権侵害は大きく、原告16人へ、慰謝料各500万円（弁護士費用各50万円）、原告1名には、200万円（テロリストであるような表記をされた原告の妻として氏名、生年月日、住所のみが流出）（弁護士費用20万円）を東京都に命じた。
4) 原告モロッコ、イラン、アルジェリア、チュニジア間に国家賠償法6条（この法律は、外国人が被害者である場合には、相互の保証がある限り、これを適用する）があると認められ、東京都から損害賠償を受けることができる。

［東京高裁］
東京高裁は、3つの争点について、次のように判断した。
1)争点1、警視庁及び警察庁による個人情報の収集、保管、利用について
ア、これは、憲法20条1項の信教の自由の条項に違反しない。
イ、憲法14条の「法の下の平等」に違反しない。
ウ、憲法13条の「信仰内容・信仰活動に関する情報を収集・管理されない自由の侵害」に違反するものでない。
エ、警視庁及び警察庁による個人情報の保有が憲法に違反するか、について「本件情報活動は、もともと継続的に情報を収集し、それを分析、利用

することを目的とするものであり、このような情報の継続的収集、保管、分析、利用を一体のものとみて、それによる個人の私生活上の自由への影響を前提として前記の通り憲法適合性を判断したのであり、1審原告らの個人情報の保有等も憲法13条等に違反しない。」

オ、当審における1審原告らの主張（国際人権規約違反）について。

　市民的及び政治的権利に関する国際規約17条に定める個人の私生活上の自由の保護並びに同規約2条及び26条に定める宗教による差別的取り扱いの禁止は、その内容において憲法13条、14条1項において規定するところと異ならず、本件情報収集プログラム及び本件情報収集活動は、同規約17条並びに2条及び26条に違反しない。

カ、本件個人データの収集・保管・利用は、法律の留保原則、保護法、保護条例に違反しない。

2）争点2、国家賠償法上の違法性について

ア、1審被告東京都

　本件データは、警察職員、おそらくは警視庁職員によって外部記録媒体を用いて持ち出された。警視総監は、本件データが外部へ持ち出されれば、個人に多大な被害を与えるおそれがあることを十分予見可能であったから、情報管理上の注意義務を負っていた。外事3課内における管理体制は不十分なものであった。このことが、外部記録媒体を用いたデータの持出に繋がった。警視総監には、情報管理上の注意義務を怠った過失があり、1審被告東京都は、国家賠償法による責任を負う。

イ、1審被告国

　警察庁の監査責任者には本件流出事件について義務違反はなく、国に責任はない。

ウ、本件流出事件発生後の1審被告らの不作為の違法性

　警視庁と警察庁は、尽くすべき義務は尽くしており、損害拡大防止義務を怠ったということはできない。

3）争点3、損害について

　1審の判断は妥当である、とした。

高野伸裁判長は、次のように控訴棄却の判決を下した。
「判決主文」
1，1審原告ら及び1審被告東京都の控訴を棄却する。
2，控訴費用は、1審原告らの各控訴に係るものは1審原告らの負担とし、1審被告東京都の各控訴に係るものは1審被告東京都の負担とする。

**キーワード**：ウイニー、ファイル交換ソフト、宗教、宗教法人法、憲法、イスラム教徒、国際テロ、個人情報、国家賠償法、名簿流出

**【コメント】**原告に対し、500万円、200万円の慰謝料を認めた1審判決、2審判決は、妥当と言うべきである。裁判所は、警視庁外事3課の者がデータを外部記録媒体を用いて持ち出したと認定したが、1審被告である東京都（警視庁）は、本件データが警視庁が保有していた情報であると認めていない。1審判決は、（警視庁、警察庁の報告書が）「外部者によるハッキング等の可能性等については何ら触れられておらず、こうした可能性をうかがわせる特段の証拠もない。」としている。

イスラム過激派による国際テロにり、世界各国で警察当局の取締、犯罪の予防、公共の安全を図り、秩序維持に全力を挙げている。西尾幹二・川口マーン恵美「膨張するドイツの衝撃」は、テロ対策が厳重なヨーロッパに対し、日本が無防備であること、を指摘し、日本はイスラム教との確執がなかった珍しい国であるが、一面、「日本は孤独」であるとする。

アメリカ合衆国では、外国情報監視法裁判所（United States Foreign Intelligence Surveillance Court）は、2013年4月25日、大手のプロバイダベライゾンに対し、顧客の電話記録（電話メタデータ）を90日間、NSA（国家安全保障局）へ提出せよ、と命じている。

**参考文献**：中山代志子・自治研究91巻8号131頁（2015年7月）判時2215号30頁のコメント
ジュリアン・アングウィン著、三浦和子訳「ドラグネット監視網社会」祥伝社（2015年5月10日）
西尾幹二・川口マーン恵美「膨張するドイツの衝撃」ビジネス社、87頁（2015）
ルーク・ハーディング著、三木俊哉訳「スノーデンファイル」日経BP社、122頁（2014）
グレン・グリーンウォルド著、田口俊樹・濱野大道・武藤陽生訳「暴露」新潮社（2014）

柏原竜一「中国の情報機関」祥伝社新書(2013 年 3 月 10 日)
菅原出「ウイキリークスの衝撃」日経 BP 社(2011 年 3 月 7 日)
上杉隆「ウイキリークス以後の日本」光文社新書(2011 年 3 月 20 日)
原田武夫 「アメリカ秘密公電漏洩事件―ウイキリークスという対日最終戦争」講談社 (2011 年 10 月 27 日)
青柳武彦「サイバー監視社会―ユビキタス時代のプライバシー論」(財)電気通信振興会 (2006 年 5 月 1 日)
青柳武彦「個人情報『過』保護が日本を破壊する」ソフトバンク新書(2006 年 10 月 30 日)

## ● 2015-6

**弁護士法人ウエブサイト写真無断使用事件**：弁護士法人のウエブサイトが、写真を無断使用をしたため、写真の著作権管理団体と写真著作権者から不法行為として訴えられ、弁護士法人が損害賠償を支払った事件である。
東京地裁平成 27 年 4 月 15 日判決(平成 26 年(ワ)第 24391 号)

原告アマナイメージズは、ビジュアル・コミュニケーション事業、エンタテインメント映像事業等を行う株式会社で、写真、イラスト、映像機材など 2500 万点以上のコンテンツを揃え、利用者がこれらのコンテンツを購入、ダウンロードできるサービスを提供している。原告 A、原告 B、原告 C は、いずれも写真家である。

被告弁護士法人は、「ボストンローファーム」の名称でウエブサイトを運営していた。

被告は、そのウエブサイトに 6 枚の写真を、平成 25 年 7 月頃から平成 26 年 1 月頃まで掲載した。

この 6 作品は、原告アマナイメージズが著作権を、原告 A、B、C が著作権及び著作者人格権(氏名表示権)をもつものであった。

原告アマナイメージズは、被告へ 28 万 1440 円、原告 A は 22 万 1600 円、原告 B は 21 万 7280 円、原告 C は 21 万 7280 円を支払うよう被告に請求、訴訟を提起した。

東京地裁地裁民事 29 部嶋末和秀裁判長は、「1, 被告は、原告アマナイメージズに対し、19 万 6400 円、2, 被告は、原告 A に対し、4 万 6000 円、3, 被告は、原告 B に対し、2 万 9800 円、4, 被告は、原告 C に対し、1 万 1000 円の

支払い」を命じた。(5, 原告等のその余の請求を棄却した。6, 訴訟費用の負担(省略))

キーワード：弁護士法人、写真、著作権法、ウエブサイト

【コメント】弁護士法人の従業員が、写真について著作権等の調査確認の義務を怠った。

原告Cは、写真5について損害の立証をしなかった。裁判所はCの著作権又は独占的利用権の侵害を認めず、Cへは氏名表示権侵害1万円、弁護士費用1000円のみを認めた。

## ● 2015-7

「為替相場」情報無断コピー提供事件：原告会社のブログサイトの投資等の情報提供等をインターネットによる投資等の情報提供サービス等を行う被告会社が、そのブログに転載した。被告会社は297万円の損害賠償請求をされたが、被告会社は出廷せず、100万円の損害賠償が認められた事例。
東京地裁平成27年4月24日判決(平成26年(ワ)第30442号)

原告X((株)トレードトレード)は、FX・株式・海外投資など資産運用のコンテンツを提供する会社で、「川合美智子の為替相場と楽しく付き合う方法」というブログサイトを管理運営している。Xは、訴外A(ワカバヤシエフエックスアソシエイツの代表取締役川合美智子)との間で、記事作成、ブログ掲載し、毎月21万円をXは訴外Aに支払い、Xに著作権を帰属させる契約を結んでいた。

福岡県所在の被告Y1((株)Clara)は、インターネット上のブログサイト「アメーバブログ」を管理運営し、自社の記事を掲載していた。

被告Y2は、Y1の代表取締役で、投資に関するセミナー等を自ら行っている。

平成25年1月11日付け等5件の原告の記事が、被告アメーバブログに無断掲載された。

原告Xは、原告記事は「為替相場の動向を踏まえた値動きの予測に関する訴外川合美智子の思想感情を創作的に表現したもの」であるとして、297万円の損害賠償を求めて訴えた。

東京地裁民事40部東海林保裁判長は、被告らに対し、著作権侵害による損害額40万円、信用毀損による無形侵害50万円、弁護士費用10万円、合計100万円の支払いを命じた。

キーワード：為替相場情報、ブログ、コピー、著作権法

【コメント】被告会社は福岡県筑紫野市に所在し、送達場所は福岡市中央区である。口頭弁論期日に出頭せず、答弁書、準備書面も提出しなかった。原告主張の請求原因事実を認め、自白したものとして、297万円の損害賠償を命じてもよかったのではないか。

## ● 2015-8

**肖像写真投稿者情報開示請求事件**：池田大作名誉会長の写真の著作権者である原告創価学会が、インターネット上の電子掲示板「Yahoo! 知恵袋」に投稿された記事中の写真は、原告写真の複製ないし翻案であるとして、記事投稿行為は、原告の著作権（公衆送信権）侵害であり、損害賠償請求をするため、発信者情報が知りたいとして、経由プロバイダであるNTTにプロバイダ責任制限法4条1項に基づき、開示を求めた事案である。

東京地裁平成27年4月27日判決（平成26年（ワ）第26974号）

原告は、池田大作名誉会長の肖像写真の著作権者である宗教法人創価学会である。

被告は、エヌ・ティ・ティ・コミュニケーションズ株式会社（以下、NTT）である。

「Yahoo! 知恵袋」に、池田大作創価学会名誉会長の写真29枚（本件写真）と、名誉会長に関する記事が掲載された。

原告は、この記事を投稿した者に対し、著作権（公衆送信権）侵害の不法行為に基づき損害賠償を求めるため、NTTに対し、特定電気通信役務提供者の損害賠償責任の制限及び発信者情報の開示に関する法律（＝プロバイダ責任制限法）4条1項に基づいて、別紙発信者情報（発信者の氏名又は名称、発信者の住所、発信者の電子メールアドレス）の開示を請求した。

原告は、本件写真は、原告創価学会の1部門である聖教新聞所属の訴外B

の撮影したもので、著作権法15条により著作権は原告にあるとし、本件写真が名誉会長を揶揄し、名誉会長の容貌を晒すためだけに用いられたと主張した。

被告は、本件写真はすでに公表されたものであり、著作権法32条1項の引用に該当する可能性がある、「創価学会は永遠に不滅です。2014年も素晴らしく大活躍することは魔違いないでしょう」(筆者注)など「原告ないし名誉会長に対する意見、批評を記載したものということもできる記述があり、本件各写真は、意見、批評の対象を明示するために必要」として掲載、「引用としての利用に該当する余地もある」と主張した。

東京地裁民事29部嶋末和秀裁判長は、本件記事の投稿で、原告の権利侵害は明白であるとし、原告には発信者情報の開示を受けるべき正当な事由があるとし、「創価学会は永遠に不滅……」「……魔違いないでしょう」の記述は、意思、批評、引用に当たらないとした。原告には発信者情報の開示を受けるべき正当な事由があるとし、原告が、プロバイダ責任制限法4条1項の開示関係役務者に該当し、経由プロバイダとして発信者情報を保有する被告に対し、開示を求めることが出来るとし、原告の請求を認容し、「被告は、原告に対し、別紙発信者情報目録記載の情報を開示せよ」と判決した。

キーワード：経由プロバイダ、発信者情報、創価学会、宗教団体、NTT、ヤフー知恵袋、肖像写真、プロバイダ責任制限法

【コメント】記事は、創価学会と池田名誉会長に対する「褒め殺し」のような文章である。

創価学会池田大作名誉会長の肖像写真を無断で複製、印刷物に掲載した者に対する訴訟としては、他に東京地裁平成19年4月12日判決（平成18年（ワ）第5024号）などがある。

## ● 2015-9

> 「爆サイ中傷被害者の会」事件：原告の写真等が、LINE開設のブログ「爆サイ中傷被害者の会（仮）」に掲載され、著作権を侵害されたため、投稿者に損害賠償を求め訴えるべく、LINE社から開示された電子メールアドレスを管理し、インターネットメール事業を開設運営する被告へ、投稿者の発信者情報を求め、訴訟を起こし、東京地裁が「被告は原告に対し」、「発信者の住所」の開示を命じた事例である。
>
> 東京地裁平成27年5月15日判決（平成27年（ワ）第1107号）

　原告（株式会社アクトコミュニケーション）は、インターネット上における商業デザイン・工業デザインの企画、制作、販売、インターネットのホームページデザインのシステム設計及び計画等を主な目的とする会社である。

　被告（AOLオンライン・ジャパン株式会社）は、コンピュータ・ソフトウエアの開発、制作、販売及び保守管理等のサービスの提供、電気通信事業法に基づく第2種電気通信事業並びに付加価値情報通信網及び有償提供、インターネット接続等を主な目的として営業する株式会社で、無償でインターネットメールを開設・運営するサービスを行っている。

　原告は、平成25年1月頃、「求人おきなわ」を通じて求人募集を行う際、原告ロゴマーク、原告の社内風景等を撮影した写真（本件写真等）」を作成し、「求人おきなわ」のウエブサイトに掲載された。

　平成25年1月頃、本件写真等が、原告および「求人おきなわ」に無断で、LINEが開設、運営するlivedoorブログに開設された「爆サイ中傷被害者の会（仮）」というウエブログ（本件ブログ）に記事とともに掲載された。

　原告はLINE社を相手に、LINE社が開設管理するlivedoorブログ上で、本件発信者（投稿者）が本件ブログ開設時の電子メールアドレスの開示を求めて、東京地裁に訴訟を提起し（同裁判所平成26年（ワ）第13916号）、東京地裁は、平成26年7月23日、電子メールアドレスについて原告のLINE社に対する開示請求を認める判決を下した。LINE社は、この判決を受けて、原告に対し、7月30日付け書面で、本件発信者の電子メールアドレスが「○○＠○○」であることを開示した。

原告は本件メールアドレスのドメイン名登録情報から、被告が本件メールアドレスを管理していることを特定し、被告に対し、平成26年8月28日、発信者情報の開示請求を行った(筆者注：メールアドレスが(○○ @aol.com)だったと思われる)。

　被告は、本件発信者に対し、平成26年10月15日付け「発信者情報開示に係る意見照会書」を出して発信者の意見を照会したが、発信者の回答がなかった。

　平成27年、原告は、被告に対し「別紙記事目録記載の投稿記事に係る別紙発信者情報目録記載の情報を開示せよ」との請求の訴えを起こした。

　裁判で、次の点が争われた。

1) 被告が、「特定電気通信役務提供者の損害賠償責任の制限及び発信者情報の開示に関する法律」4条1項に該当するか。

　［原告の主張］本件ブログは、インターネットを通じて誰でも閲覧でき、「不特定の者によって、ア、受信されることを目的とする電気通信の送信」といえる。法2条1号の「特定電気通信」に該当する。

　イ、本件発信者は、被告を経由プロバイダとして本件ブログを投稿していると推認される。

　本件ブログが経由したリモートホスト、電気通新設部一式は「特定電気通信の用に供される電気通信設備」で、法2条2号の「特定電気通信設備」に該当する。

　ウ、被告は、イの「特定電気通信設備」を用い、本件ブログの投稿閲覧を媒介し、他人の通信の用に供しており、法2条3号の「特定電気通信役務提供者」に該当する。

　エ、以上により、被告は、法4条1項の「当該特定電気通信役務提供者」に該当する。

　［被告の主張］

　電子メール等の1対1の通信は、「特定電気通信」には含まれない。被告が「開示関係役務提供者」に該当する余地はない。

2) 権利侵害の明白性について。

　原告は、著作権侵害された。法4条1項1号に該当する。

被告は争う。
3) 発信者情報の開示を受けるべき正当な理由の有無。
原告は、正当な理由がある。
被告は、争う。

東京地裁民事29部の嶋末和秀裁判長は、次のように判断した。
(1) 電子掲示板等に係る特定電気通信設備の記録媒体に情報を記録するための当該特定電気通信設備を管理運営するコンテンツプロバイダと本件発信者との間の1対1の通信を媒介する、いわゆる経由プロバイダであっても、法4条1項にいう「開示関係役務提供者」に該当する。最高裁平成22年4月8日判決(「しずちゃん」経由プロバイダ事件)(2010-3)。被告は、経由プロバイダである。
(2) 本件記事に掲載された本件写真は、原告の職務著作でそのまま転載されたのであり、原告の著作権(複製権、公衆送信権)侵害は明らかである。
(3)「発信者情報目録」のうち、「発信者の住所」について開示を受けることが必要だが、「発信者の郵便番号」については、住所が開示されれば容易に調査できることから、郵便番号は不要とした。

[判決主文]
1, 被告は、原告に対し、別紙記事目録記載の投稿記事に係る、別紙発信者情報目録記載1の情報及び同目録記載2の情報のうち「発信者の住所」を開示せよ。
2, 原告のその余の請求を棄却する。
3, 訴訟費用は被告の負担とする。

**キーワード**：発信者情報、LINE、経由プロバイダ、AOL、プロバイダ責任制限法、写真、メールアドレス

**【コメント】** 最高裁平成22年4月8日判決(「しずちゃん」経由プロバイダ事件)(2010-3)を引用している。この事件の「本件記事」は、どういうものだったのであろうか。
原告は、約2年半、相当な努力を払って犯人(発信者)を捉えることができた。

## ● 2015-10

> **風俗記事無断マンガ化事件**：フリーライター執筆のブログ記事を無断でマンガ化し、これを雑誌に掲載した雑誌発行者と編集プロダクションを訴えたが、ライターがブログで雑誌社と編集プロダクションを名誉毀損したことで反訴され、55万円の損害賠償金を得たが、40万円の損害賠償金の支払いを命ぜられた事例である。
>
> 東京地裁平成25年11月28日判決（平成24年（ワ）第3677号、第7461号）、知財高裁平成27年5月21日判決（平成26年（ネ）第10003号）

　原告Xは、風俗記事を書くフリーのライターで、自分のブログ（以下、本件ブログ）を運営している。

　被告Y1（株式会社ジーオーティー）は、「実話大報」という雑誌を出版、販売している出版社である。

　被告Y2（有限会社ジップス・ファクトリー）は、Y1から依頼され「実話大報」の編集等を請け負っている編集プロダクションである。

　Xは、自分の本件ブログに「混浴乱交サークル」と題する記事を平成22年7月30日に、「生脱ぎパンティオークション乱交」と題する記事を平成22年1月10日に掲載した。

　Y2は、訴外Aに、これらXの記事に依拠して作画させ、漫画にし、「実話大報」平成23年1月号、同6月号に掲載した。

　Xは、平成22年1月6日頃からほぼ1年の間に、本件ブログに別紙目録記載の記事1ないし6を書き込み、Y1Y2らが著作権侵害をしたとし、Y1が著作権侵害をしたことについて「盗作行為をどう思う」などの投票を行い、投票プログラムを利用して別紙投票プログラム記載のとおりの投票を実施した。

　平成24年、Xは、Yらにより著作権侵害、著作者人格権侵害を受けたとして、Yらに連帯して131万円（著作権侵害16万円、著作者人格権侵害100万円、弁護士費用15万円）の支払いと、雑誌「実話大報」への謝罪広告1回掲載を求めて訴えを起こした。

　これに対して、Y1Y2は、(1) Xは、Y1Y2らに、それぞれ100万円支払え、(2) Xは、別紙目録記載の記事1ないし6の記事及び別紙ブログ記載のブログ

における別紙投票プログラム記載の投票プログラム及びその投票結果を抹消せよ、との反訴を提起した。投票の募集や投票プログラムの記載、投票の実施等が、Y1及びY2の名誉、信用の社会的評価の低下を招いたというのである。

［東京地裁］

民事47部の高野輝久裁判長は、次のように判断した。

(1) Y1Y2は、「実話大報」の2回の掲載によりXの記事の著作権（翻案権）を侵害したとした。

(2) また、Y1Y2が、Xの氏名表示権、同一性保持権を侵害したとした。

(3) 被告らは、原告Xの著作権侵害及び著作者人格権侵害につき、過失があるとした。

Aから漫画の提供を受けるに当たり、「三行広告」で検索し、調査すべきであったとする。

(4) Xが著作権行使で受けるべき金額は1万円とし、慰謝料として5万円、弁護士費用6000円、合計6万6000円が相当であるとした。

(5) Xの社会的声望名誉は毀損されていないとして、謝罪広告は認めなかった。

Y1Y2の起こした反訴について、次の判断をした。

(1) Y1は、Xの本件ブログの記事1, 3, 4により、名誉、信用等の社会的評価を低下させられた。

Y1は、Xの本件ブログの記事5, 6により、名誉、信用等の社会的評価を低下させられた。

Y1は、Xの本件ブログの投票プログラムにより、名誉、信用等の社会的評価を低下させられた。

Y2については、記事、投票プログラムによる名誉、信用等の社会的評価の低下を認めなかった。

(2) Xが、Y1の名誉、信用等を毀損したことについて、故意があるとした。

(3) Y1は、40万円の損害を被ったとした。

(4) Y1は、その名誉権に基づき、現に行われている侵害行為を排除するために、本件記事1, 3ないし6及び投票プログラム等の記載の削除を求めることができる、とした。

「判決主文」
1, 被告・反訴原告Y1、Y2は、原告・反訴被告Xに対し、連帯して6万6000円(財産権侵害1万円、慰謝料5万円、弁護士費用6000円)を支払え。
2, 原告・反訴被告Xは、被告・反訴原告Y1に対し、40万円及びこれに対する平成24年3月28日から支払い済みまで年5分の割合による金員を支払え。
3, 原告・反訴被告Xは、別紙ブログ目録記載のブログにおける別紙記事目録記載1,3ないし6の記事及び別紙ブログ目録記載のブログにおける別紙投票プログラム記載の投票プログラム及びその投票結果を抹消せよ。
4, 被告・反訴原告Y2の請求並びに原告・反訴被告X及び被告・反訴原告Y1のその余の請求をいずれも棄却する。
5, (訴訟費用の負担)省略。
6, この判決は、第1、第2項に限り、仮に執行することができる。

この判決に対し、Xは、控訴した。

「知財高裁」

第4部富田善範裁判長は、Y1Y2は、Xに対し、連帯して55万円(財産権侵害10万円)、慰謝料40万円、弁護士費用5万円)を支払えと、Xの著作権侵害の損害額を1審にくらべ、多額に評価した。

「判決主文」
1, 原判決を次のとおり変更する。
2, 1審被告らは、1審原告に対し、連帯して55万円を支払え。
3, 1審原告は、1審被告ジーオーティーに対し、40万円及びこれに対する平成24年3月28日から支払済みまで年5分の割合による金員を支払え。
4, 1審原告は、1審被告ジーオーティーに対し、原判決別紙ブログ目録記載のブログにおける原判決別紙記事目録記載1,3ないし6の各記事を抹消せよ。
5, 1審原告は、1審被告ジーオーティーに対し、原判決別紙ブログ目録記載のブログにおける原判決別紙投票プログラム記載1のタイトル、同記載2の選択肢及び同記載3の投票結果を抹消せよ。
6, 1審原告のその余の本訴請求、1審被告ジーオーティーのその余の反訴

請求及び1審被告ジップス・ファクトリーの反訴をいずれも棄却する。
7, （訴訟費用の負担）省略
8, この判決は、第2項及び第3項に限り、仮に執行することができる。

**キーワード**：マンガ化、名誉毀損、信用毀損、著作権侵害、翻案権侵害、著作者人格権侵害、著作権法、民法

**【コメント】** 原告が自分のブログに掲載した風俗記事が無断で漫画化され、著作権侵害等が認められ、55万円（1審は6万6000円）を得たが、ブログで著作権侵害者である出版社を誹謗、名誉権や信用を低下させたとして、40万円の支払いを命ぜられた。原稿料の相場が低いこと、慰藉料については、裁判官の裁量によるところが大きい。

## ● 2015-11

**プロ野球ドリームナイン事件**：「プロ野球ドリームナイン」というゲームをSNS上で提供・配信している控訴人が、「大熱狂!!プロ野球カード」というゲームを提供・配信している被控訴人に対し、著作権侵害、不正競争防止法に基づく等の請求をし、1審は全て棄却されたが、2審は被控訴人のカードの中で、中島選手とダルビッシュ選手のカードは、控訴人ゲームのカードを翻案したものとされ、被控訴人は控訴人へ32万3322円（うち、弁護士費用20万円）の支払いが命ぜられた事例である。
東京地裁平成25年11月29日判決（平成23年（ワ）第29184号）、知財高裁平成27年6月24日判決（平成26年（ネ）第10004号）

原告・控訴人Xは、株式会社コナミデジタルエンターテイメント。

被告・被控訴人Yは、株式会社gloopsである。

社会的交流をインターネット上で構築するサービスであるソーシャルネットワーキングサービス（SNS）上で提供され、他の利用者とコミュニケーションを取りながらプレイするオンラインゲームをソーシャルネットワーキングサービスゲーム（SNSゲーム）という。原告Xは、プロ野球カードを題材としたSNSゲームである原告ゲーム「プロ野球ドリームナイン」を制作し、グリー株式会社が運営している携帯電話等のプラットホームである「GREE」において、

原告ゲームを提供・配信している。

　被告Yは、プロ野球カードを題材としたSNSゲームである被告ゲーム「大熱狂!!プロ野球カード」を制作し、株式会社ディー・エヌ・エー（以下、DeNA）が運営する携帯電話等のプラットホームである「Mobage」において、被告ゲームを提供・配信している。

　原告ゲームは、平成23年3月30日オープンベータ版、4月18日、正式版が提供・配信が開始された。

　被告ゲームは、平成23年8月18日頃、提供・配信が開始された。

　同年9月20日、原告Xは、被告Yに対して、主位的に、1）YがXゲームを複製ないし翻案して自動公衆送信し、Xの著作権（複製権、翻案権、公衆送信権）を侵害している、2）Xゲームの影像や構成は周知又は著名な商品等表示若しくは形態であるとし、不正競争防止法の不正競争に当たるとし、3）Yに対し、著作権法112条1項又は不正競争防止法3条に基づき、Yゲームの配信（公衆送信、送信可能化）の差止を求め、4）著作権侵害による不法行為に基づく損害賠償請求、又は不正競争防止法4条に基づく損害賠償請求として5595万1875円及び遅延損害金の支払い、弁護士費用として260万円及び遅延損害金の支払いを求め、予備的に、5）Yが行うYゲームの提供・配信は、Xゲームを提供・配信することによって生じるXの営業活動上の利益を不法に侵害する一般不法行為に該当するとし、不法行為に基づく損害賠償請求として1716万4696円及び遅延損害金の支払いを求め、訴訟を提起した。

　[1審] 東京地裁民事第40部東海林保裁判長は、争点を審理し、判断し、原告の請求をすべて棄却した。

　1）争点(1) Yゲームの制作・配信行為はXの著作権を侵害するか。

　　1、著作物性、複製及び翻案について、

　　2、個別表現における著作権侵害の成否について、

　　選手カードについては、中島裕之選手、ダルビッシュ有選手、坂本勇人選手、今江敏晃選手について、Xはいずれも著作物性を認めるべきと主張し、判決は（被告の）「中島選手とダルビッシュ選手の選手カードのポーズや構図は、原告ゲームにおけるそれと酷似している」と認めたが、「原告ゲーム

と被告ゲーム」は『選手カード』において共通する点があるとはいえ、その共通する部分は、ありふれた表現にすぎないか又は創作性のない表現であり、そもそも翻案にあたらないと認めるのが相当である。」とした。

3、まとまった表現についての検討、

4、ゲーム全体の著作権侵害について、の順に審理し、

5、「以上の通り、原告ゲームと被告ゲームは、個別の表現においても、表現全体においても、アイデアなど表現それ自体でない部分又はありふれた表現において共通するにすぎないと認められるから、被告ゲームについて複製権を侵害した、または翻案権を侵害したということはできず、公衆送信権を侵害したということもできない。」とした。

2) 争点（2）被告ゲームの配信行為は、不正競争防止法2条1項1号又は2号の不正競争に該当するか。

原告ゲームは、「その影像が周知または著名な商品等表示」でないから、理由がない。

3) 争点（3）被告ゲームの配信行為は不正競争防止法2条1項3号の「不正競争」に該当するか。

Xが主張する原告ゲームの5つの要素における画面表示の展開の組合せといったものは、不正競争防止法2条1項3号「形態」に当たらない。

4) 争点（4）被告ゲームの配信行為は不法行為に該当するか。

最高裁平成23年12月8日判決（北朝鮮映画事件）を引用し、被告ゲーム配信行為が「著作権法の規律の対象とする著作物の利用若しくは不正競争防止法の定める不正競争行為の規制による利益とは異なる法的に保護された利益を侵害するなどの特段の事情は認められない」として、不法行為を構成しない、とした。

Xは、控訴した。

[2審] 知財高裁第1部設楽隆一裁判長は、「被控訴人Yゲームの選手カードのうち、中島選手及びダルビッシュ選手の選手カードについては、控訴人Xゲームの選手カードの著作権（翻案権、公衆送信権）侵害に基づく損害賠償請求が認められる。」とした。

損害額について。

　Yが選手カードの表現を変更するまでの9日間で、Yゲームにおけるレアパックの販売によりYが得た利益は、1541万5312円である。

　レアパックの販売利益の内、本件2選手カードによって得られた利益に相当する額のみが当該著作権侵害の行為によりYが受けている利益に当たる。「前記レアパックの販売利益のうち少なくとも8％が、本件2選手カードの販売によりYが受けた利益と認める。」

　したがって、著作権法114条2項によりXが受けた損害の額と推定される額は、123万3225円(1541万5312円×0.08)である。

　ところで、著作権法114条2項の「推定覆滅事由」がある。Yの著作権侵害がなかったとしても、XがXゲームのレアパック（選手カード）の販売により得たとは認められない。

　「XがXゲームのレアパックを販売することができたとは認められない割合は、少なくとも90％である。」

　「本件2選手のカードの著作権侵害により控訴人Xが被った損害は、12万3322円(123万3225円×10％)となる。」

　弁護士費用は、20万円が相当である。

　「判決主文」
　1,　原判決を次のとおり変更する。
　　（1）被控訴人は、控訴人に対し、32万3322円及びうち12万3322円に対する平成23年9月21日から、うち20万円に対する平成24年2月21日から支払済みまで年5分の割合による金員を支払え。
　　（2）控訴人のその余の主位的請求及び予備的請求をいずれも棄却する。
　2,　訴訟費用は、第1,2審を通じ、これを100分し、その1を被控訴人の負担とし、その余を控訴人の負担とする。

**キーワード**：コナミ、SNS、ゲーム、不正競争防止法、著作権法、公衆送信権、グリー、ディー・エヌ・エー、翻案権、ソーシャルネットワークサービスゲーム、Mobage

**【コメント】**1審判決の判決文は、A4判139頁、2審判決は、53頁である。
　ゲームについては、「2012-9」釣りゲーム事件がある。

# 2014年(平成26年)に発出された判例

● 2014-1

> 出会い系サイト規制法違反事件（刑事）：「インターネット異性紹介業を利用して児童を誘引する行為の規制等に関する法律（平成15年6月13日法律第83号）」は、インターネット異性紹介事業は、都道府県公安員会に届出をしないと行えないと規定し、届出をしないで行った被告人がこの法律違反で起訴され、被告人は無罪を主張したが50万円の罰金に処せられ、罰則を伴う届出制度が合憲とされた事例である。
> 東京地裁平成22年12月16日判決（刑集68巻1号59頁）、東京高裁平成23年6月14日判決（東高刑時報62巻1・12号52頁）、最高裁平成26年1月16日判決（平成23年（あ）第1343号、刑集68巻1号1頁、判時2225号144頁、判タ1402号54頁）

平成15年に「インターネット異性紹介業を利用して児童を誘引する行為の規制等に関する法律」が公布された。この法律は、インターネット異性紹介事業を利用して、児童（18才未満の者）を性交等の相手方となるように誘引する行為を禁止し、インターネット異性紹介事業にについて必要な規制を行うこと等により、インターネット異性紹介事業の利用に起因する児童買春その他の犯罪から児童を保護し、もって児童の健全な育成に資することを目的とした法律である。本書資料編に掲載している。

インターネット異性紹介事業を行う者は、都道府県公安員会に届け出ることを定め（7条）、広告宣伝で、児童は、当該インターネット異性紹介事業を利用してはならない旨を明示しなければならないこと（10条）、サイト利用者が児童でないことを確認し（11条）、禁止誘引行為が行われたことを知った時は、公衆が閲覧できないようにする措置をとらねばならない（12条）こと等が定められている。

また、都道府県公安委員会に無届けでインターネット異性紹介事業を行った

者（7条1項）は、「6月以下の懲役又は100万円以下の罰金に処する」（32条1号）と規定する。

被告人は、無届けで出会い系サイトを運営したとして、起訴された。

被告人は、その運営するサイトは趣味のサイトであること、届出制度は憲法の表現の自由、集会結社の自由を制約し、不当であると主張した。

東京地裁は、本件届出制度は憲法に違反しないとして、罰金50万円を命じた。

東京高裁も控訴を棄却した。

最高裁（山浦善樹裁判長、櫻井龍子、金築誠志、横田尤孝、白木勇裁判官）は、「本件届出制度は、上記の正当な立法目的を達成するための手段として必要かつ合理的なものというべきであって、憲法21条1項に違反するものではない。本法2条2号による『インターネット異性紹介事業』の定義は不明確とはいえないから、不明確であることによる憲法21条1項違反の主張は前提を欠く」として、裁判官全員一致で、上告を棄却した。

**キーワード**：インターネット異性紹介事業、インターネット異性紹介業を利用して児童を誘引する行為の規制等に関する法律

【コメント】50万円の罰金は低すぎると思う。

**参考文献**：曽我部真裕「ジュリスト別冊平成26年度重要判例解説」18頁

## ● 2014-2

**漫画家発信者情報開示請求事件**：漫画の著作権者である原告が、インターネット上のあるブログにより、原告漫画本が無断でアップロードされ、リンク先で本の表紙の画像とともに著作物が掲載され、著作権（公衆送信権）が侵害されたとし、発信者を特定するため、インターネットに接続していた者について、KDDI株式会社に発信者情報の開示を請求した事件。

東京地裁平成26年1月17日判決（平成25年（ワ）第20542号）

原告は、同人サークル「Art Jam」をたちあげ、「B」のペンネームで漫画原作等を行っている者で、「本件漫画1」「本件漫画2」の著作権者である。

被告（KDDI株式会社）は、電気通信事業者として、インターネット接続サー

ビスやサービスプロバイダ業等を行う株式会社である。

　原告は、訴外 LINE 株式会社が管理するライブドアブログに開設の「どーじんぐ娘」(以下、本件ブログ)があり、誰かが、原告の漫画を原告に無断でアップロードし、送信可能化したファイルに対するリンクが表紙の画像と共に掲載されていることを知った。

　原告は、債権者となり、債務者を LINE 株式会社として、発信者情報開示に関する仮処分決定を得て、

　1, 本件記事の発信者に係る IP アドレス及び、2, 本件記事が送信された年月日時刻の開示を受けた。IP アドレスは、被告が管理している。被告は、プロバイダ責任制限法 4 条 1 項の「開示関係役務提供者」に当たると主張し、原告の権利侵害をした発信者を訴えるためには被告による発信者情報の開示が必要として訴えた。

　すなわち原告は、本件 IP アドレス本件タイムスタンプの時刻に使用して、インターネットに接続していた者について、プロバイダ責任制限法 4 条 1 項に基づき、別紙発信者情報目録記載の発信者情報の開示を求めた。

［東京地裁民事 29 部判決］

　大須賀滋裁判長は、次のように判決した。

「主文」

1, 被告は、原告に対し、別紙インターネットプロトコルアドレス目録記載 1, 2 のインターネットプロトコルアドレスをそれぞれ同目録記載の送信年月日及び時刻に使用してインターネットに接続していた者について、別紙発信者情報目録記載の発信者情報を開示せよ。

2, 訴訟費用は被告の負担とする。

理由として、

① 被告は、本件 IP アドレスを管理する経由プロバイダで、法 4 条 1 項の「開示関係役務提供者」である。

② 本件記事に対応するダウンロードサーバーに本件漫画の電子ファイルをアップロードした者は、公衆の用に用に供されている電気通信回線に接続している自動公衆通信装置の公衆送信用記録媒体に本件漫画の情報

を記録（アップロード）して、原告の本件漫画を送信可能化し、自動公衆送信しうるようにしていた（パスワードは公開）ので、原告の公衆送信権侵害は明らかである。本件記事を投稿した発信者は、ダウンロードサーバーに本件漫画の電子ファイルをアップロードした者と同一人であると認めるのが相当であり、仮にそうでないとしても、少なくともアップロード者と共同して主体的に原告の公衆送信権を侵害したことは明らかである。

③ 原告は、発信者に対し損害賠償請求の予定があるので、発信者を特定するため、本件 IP アドレスを本件タイムスタンプの時刻に使用して、インターネットに接続していた者（発信者）の住所、氏名及びメールアドレスの開示を受けるべき正当な理由がある。

キーワード：漫画家、KDDI、LINE、経由プロバイダ、発信者情報、仮処分、プロバイダ責任制限法

【コメント】LINE については愼武宏・河鐘基「ヤバい LINE」（光文社新書・2015 年 5 月 20 日）がある。

## ● 2014-3

**カード情報流出事件**：ウエブサイトによる商品の受注システムを利用し、インテリア商材を販売している会社が、顧客のクレジットカード情報が流出したとして、システムの設計をし、保守等の委託契約をしたネットショップ運営業者へ、債務不履行であるとして、約 1 億円の損害賠償を求めたが、2262 万 3697 円の損害賠償が得られた事例である。
東京地裁平成 26 年 1 月 23 日判決（平成 23 年（ワ）第 32060 号、判時 2221 号 71 頁）

原告は、インテリア商材の卸小売、通信販売等を行う株式会社である。

被告は、情報処理システムの規格、保守受託及び顧客へのサポート業務、ホームページの製作、業務システムの開発、ネットショップの運営等を行う株式会社である。

原告と被告の間で、ウエブサイトにおける商品の受注システムの設計、製作、

保守等の基本契約、個別契約を結び、システムの完成後、平成21年4月、原告会社はシステムの稼働を開始した。

平成23年4月、顧客のクレジットカード情報の不正使用やサーバーへの外部からの不正アクセスが確認され、個人情報の流出が疑われる事態になった。

原告は、原因調査、顧客対応等を余儀なくされたため、受託業者である被告に対して債務不履行責任を問い、1億913万5528円の損害賠償を求めた。

東京地裁民事44部脇博人裁判長は、次のように判断した。両者間に、当時の技術水準に沿ったセキュリティ対策を施したプログラムを提供することが黙示的に合意されていた。被告は、本件システムで顧客の個人情報を本件データベースに保存する設定になっていたことからすれば、被告は個人情報の漏洩を防ぐために必要なセキュリティ対策を施したプログラムを提供すべき債務を負っていた。被告は、SQL（Structured Query Language）（データベースの管理プログラムを制御するための言語）インジェクション対策としてのバインド機構の使用およびエスケープ処理を施したプログラムを提供すべき債務を履行しなかった、として、被告の債務不履行を肯定した。原告のその他主張の債務不履行は否定した。原告の過失を3割とし、損害賠償として3231万9568円を認め、Xの過失を相殺して、2262万3697円及び平成23年10月15日から支払済みまでの年6分の金員の支払いを命じた。

キーワード：ウエブサイト、クレジットカード、SQL、名簿流出

【コメント】こういう事件は、今後、増加するであろう。

## ● 2014-4

**芸能人発信者情報開示請求事件**：芸能活動を行いブログを開設している芸能人が、インターネット上のあるブログにより、著作権侵害され、名誉感情が侵害されたとして、誰が投稿したか、NTTコミュニケーション株式会社に発信者情報の開示を請求した事件である。
東京地裁平成26年1月27日判決(平成25年(ワ)第18124号)

原告は、芸能活動を行っている者で、インターネット上にブログを開設して

いる。そのブログに平成23年4月、「やっぱりハッピーでぇ〜（※^0^※）」と題する記事（原告記事1）を、平成24年3月、「バーチャルで遊んで下さい!! 訂正、追記」と題する記事（原告記事2）を掲載した。

株式会社サイバーエージェントが提供するブログサービスを利用して、インターネット上に「嘘を暴く快感！嘘を見逃すな!!」というブログに平成25年1月20日付け投稿の記事（以下、本件記事）に、原告の顔写真が掲載されており、そこに原告の記事の一部が転載され、「妄想が激しく、嘘つき」「数々の嘘を暴き、真実を追求しております。」というサブタイトルもあった。

原告は、いわゆる経由プロバイダである被告NTTコミュニケーションズが、本件記事の発信者情報を保有しているとして、「特定電気通信役務提供者の損害賠償責任の制限及び発信者情報の開示に関する法律」第4条第1項に基づき、開示を求めて訴えた。

［東京地裁民事29部判決］

大須賀滋裁判長は、次のように判断し、「被告は、原告に対し、別紙発信者情報目録記載の各情報を開示せよ。」と判決した。

1，原告の文字によって記載された部分は、いずれも原告の著作物であると認め、原告は、作成者として著作権（複製権、公衆送信権）を有する。
2，被告は、「引用」を主張するが、本件記事1全文や本件記事2のうちの24行を引用する必要性があるとは認められないとして、著作権法32条1項の引用を認めなかった。
3，「本件記事」を本件ブログ上に投稿する行為は、原告著作権（複製権、公衆送信権）を侵害するものと認めた。
4，原告が本件記事発信者に対し、不法行為（著作権侵害）に基づく損害賠償請求権を行使するためには、被告の保有する本件発信者情報の開示を受けることが必要である。

**キーワード**：芸能人、NTTコミュニケーション、発信者情報、名誉感情、プロバイダ責任制限法

【コメント】芸能人も攻撃され、また、攻撃者に対して、芸能人が敢然と戦う、のである。

## ● 2014-5

> **プラスチック自動車部品事件**：被告らが著作、販売、インターネット上に掲載等をした「自動車プラスチック部品メーカー分析と需要予測」が、1審2審とも原告が著作した「プラスチック自動車部品」の著作権侵害ではない、とされた事例である。
> 東京地裁平成25年7月18日判決（平成24年（ワ）第25843号）、知財高裁平成26年2月19日判決（平成25年（ネ）第10070号）

　原告Xは、自動車用プラスチックの研究開発、企画、市場開発、営業及びコンサルティングを業としてきた者で、「プラスチック自動車部品」（以下、本件書籍）の著者である。

　被告Yは、「自動車プラスチック部品メーカー分析と需要予測」（以下、被告書籍）の著者の1人である。

　被告Y2(有限会社シーエムシー・リサーチ)は、被告書籍の発行元である。

　被告Y3(株式会社シーエムシー出版)は、被告書籍の発売元である。

　Xは、Y1Y2Y3らが共謀して、被告書籍を作成・販売し、被告書籍をインターネット上に掲載している行為は、原告の本件書籍に掲載されている14個の表についての著作権（複製権、譲渡権、公衆送信権）侵害及び著作者人格権（同一性保持権及び氏名表示権）の侵害であると主張し、(1) 著作権侵害の不法行為による損害賠償請求権に基づき、Yらに84万円、(2) 著作者人格権の不法行為による損害賠償請求権に基づき、Y1に対し100万円、Y2に対し、100万円、Y3に対し50万円、(3) 著作権法112条1項に基づき、Yらに対し、被告書籍の複製、譲渡、公衆送信の差止め禁止、(4) 同条2項に基づき、Yらに対し、被告書籍の廃棄及びその電子データを記憶した媒体の廃棄を、(5) 同法115条に基づき、Yらに対し、別紙告知文の掲載を求めた。

[東京地裁]

　民事46部の長谷川浩二裁判長は、原告Xの本件書籍の各表は、自動車に採用されているプラスチックに関する事実をごく一般的な形式に整理したものにすぎず、その表現自体は平凡かつありふれたもので、著作物性を認めることは

できない、として X の請求を棄却した。

[知財高裁]

第 2 部清水節裁判長は原判決の認定判断を支持し、控訴人 X の請求は理由がないとし、控訴を棄却した。2 審において、X は、本件書籍の各表が編集著作物であるとも主張したが、アイデアの独創性や記載事項の情報としての価値を述べたに過ぎず、著作権法上の保護対象ではないとした。

キーワード：書籍、著作権侵害、著作者人格権侵害、編集著作物、著作権法

【コメント】1 審、2 審とも、書籍及びその中の表は、著作物性がないとされている。

● 2014-6

> 呪われしモザイク事件：原告製作のビデオ映像がニコニコ動画にモザイクをかけられ、改変され無断掲載されたため、原告が発信者情報に係る情報の開示を求めた事件である。
> 東京地裁平成 26 年 3 月 14 日判決（平成 25 年 (ワ) 第 26251 号）

原告は、株式会社シナノ企画で、映画の著作物を製作した（以下、本件映像）。この本件映像の著作権は創価学会に譲渡したが、その著作者人格権は保有している。

被告は、ソフトバンク BB 株式会社である。

「takuya」と称する氏名不詳者が、株式会社ニワンゴが開設・運営する動画投稿サイト「ニコニコ動画」に「『チキ本さん』呪われしモザイク」と題する動画（以下、本件動画）を、被告の提供するインターネット接続サービスを経由して投稿した。

本件動画は、その後、本件サイトから削除された。

原告は、この本件動画は、原告が製作した映画の著作物である本件映像の無断複製物であり、原告が著作者であるとの表示がなく、また、無断でモザイクをかけるという改変をし、その内容も登場人物や創価学会の信仰を揶揄嘲笑するような、原告の意に反する改変をしていたとして、被告に対し、原告の権利

が侵害されたことが明らかで（「特定電気通信役務提供者の損害賠償責任の制限及び発信者情報の開示に関する法律」第4条第1項第1号）で、「当該発信者情報が当該開示の請求をする者の損害賠償請求権の行使のために必要である場合その他発信者情報の開示を受けるべき正当な理由があるとき」（同法4条第1項第2号）に該当するとして、発信者情報を開示するよう被告を訴えた。

被告は、本件動画が本件映像の複製物であること、本件発信者が原告の同一性保持権を侵害したこと等を否認し、発信者情報の開示を受けるべき正当事由につき争った。

[東京地裁判決] 民事29部の大須賀滋裁判長は、(1)本件ビデオ映像の著作物性を認め、(2)本件ビデオ映像の著作者は原告であるとし、(3)本件動画の5箇所について、本件ビデオ映像の本質的特徴を感得できるとし、(4)本件動画が原告の氏名表示権を侵害しているとし、(5)本件動画の利用に正当化事由がないとして、法4条1項1号の「権利侵害の明白性」があり、法4条1項2号にいう「当該発信者情報が当該開示の請求をする者の損害賠償請求権の行使のために必要である場合、その他発信者情報の開示を受けるべき正当な理由があるとき」の要件を充足するとして、原告の請求は理由があるとし、「被告は、原告に対し、別紙発信者情報目録記載の発信者情報を開示せよ。」と命じた。

キーワード：ニコニコ動画、動画、創価学会、宗教団体、映像の著作物、ソフトバンクBB、プロバイダ責任制限法、著作権法

【コメント】宗教団体を攻撃するような動画の投稿を知り、訴訟提起のため、発信者情報を求めてソフトバンクBBを訴えた事件である（2015-8参照）。

● 2014-7

**山野草動画事件**：フリーのカメラマンとパッケージソフト製作会社の間で、契約の解釈の相違から紛争が起こった事件である。
東京地裁平成25年8月29日判決（平成24年(ワ)第32409号、平成25年(ワ)第5163号）、知財高裁平成26年4月23日判決（平成25年(ネ)第10080号）

原告は、フリーのカメラマン。

被告は、音楽、教養、文芸等のパッケージソフト、デジタルコンテンツの企画、製作及び販売を業とする株式会社ポニーキャニオンである。

原告は被告の委嘱により、平成21年11月1日付で、「Virtual Trip 山野草（仮題）」に使用する録音録画物の製作業務を行い、被告が一時金150万円及び印税を支払うことを内容とする契約を行った。

(1) 契約の中に、「製作された原版」「及び原版を製作する過程で生じた中間成果物」に関する所有権並びに著作権法上の一切の権利（著作隣接権、並びに著作権法第27条、28条の権利を含む）、産業財産権及びその他一切の権利は甲（被告）に帰属するものとする」（1条2項）があった。

(2) 原告は、ソニーPCL株式会社運営の「高画質ビデオライブラリー」に映像動画（本件映像動画1）を提供し、ライブラリーにおいてこれらを販売し、株式会社アマナイメージズ運営の動画素材販売ウエブサイトにおいて映像動画（本件映像動画2）を販売した。

(3) 被告は、平成24年3月21日、原告が撮影した映像動画を収録した「Virtual Trip 花 Flowers 四季の山野草と高山植物」という題名のDVD及びBlu-rey（以下、本件作品）を発売した。本件作品は、春、夏、高山植物、秋、冬の5ブロックからなり、それぞれのブロックについて、風景の映像動画、山野草の映像動画、その山野草の映像動画の間に風景の映像動画（以下、本件風景映像動画）を収録し、山野草の映像動画等は448点、尺数58分4秒、本件風景映像動画は、点数52点、尺数9分8秒である。

(4) 被告は、本件映像動画1が、契約1条2項の本件成果物に当たることを理由に、10日以内に、ソニーPCL株式会社運営の「高画質ビデオ素材ライブラリー」への掲載と販売を中止し、被告へ引き渡すよう催告した。

被告は平成24年6月12日、本件契約を解除する旨の意思表示をした。

[訴訟の提起]

原告は、被告が本件作品に本件風景映像動画を使用しているが、その複製、頒布を許諾していない。本件作品から、「風景の映像動画」を全て即刻削除せよ、不法行為による損害賠償請求権に基づき、225万円及び遅延損害金の支払を求めた。

［反訴］

　被告は反訴を起こし、原告が契約の条項に違反したことを理由に、原告との間の製作委嘱契約を解除したとして、上記契約に基づき、原告撮影の山野草の映像動画について、被告が著作権を有することの確認、これらを収録した映像素材（原版）の引渡し並びに原告に対する既払金合計153万6465円、及びこれに対する遅延損害金の支払いを求めた。

［東京地裁］

　民事47部高野輝久裁判長は、次のように判断し、判決した。

(1) 原告は、「扉」について各季節を意味すると解し、4点の風景の映像動画の使用は承諾したが、風景の映像動画を収録することは承諾していない。

(2) 損害額は、9分8秒分に相当する23万5935円である。

(3) 削除請求は、前提である差止め請求をしていないから不適法である。

反訴について。

(1) 本件映像動画1,2の著作権確認請求、これらを収録した映像素材（原版）の引渡請求は理由がある。

(2) 原告は、既払金153万6465円及び遅延損害金を被告へ支払え。

判決は、

1, 被告は、原告へ23万5935円支払え。

2, 別紙映像動画について、被告が著作権を有することを確認する。

3, 原告は、被告に対し、各映像動画を収録した映像素材(原版)を引き渡せ。

4, 原告は、被告に153万6465円支払え。

5, 原告のその余の損害賠償請求を棄却し、原告のその余の請求に係る訴えを棄却する。

6, 被告のその余の請求を棄却する。(7, 8, 省略)

として、被告の反訴を全面的に認めた。

［知財高裁］

　原告・控訴人は、1, 被控訴人・被告が販売する後記「本件作品」中の「本件風景映像動画」部分が控訴人の著作権（複製権）を侵害するとして、不法行為に基づき、損害賠償金225万円及び附帯金の支払い、2, 本件風景映像動画の著作

権（複製権）に基づいて、本件作品から本件風景映像を削除することを求めた。

被告・被控訴人は、控訴人に対し、反訴として、3,控訴人が販売する「本件映像動画1」及び「本件映像動画2」は、録音録画物製作委託契約である「本件契約」に基づき被控訴人が著作権を取得したとし、著作権に基づいて、本件映像動画1及び本件映像動画2の著作権確認と、4,本件契約に基づいて、本件映像動画1及び本件映像動画2の映像素材の引渡しと、5,本件契約の解除に基づいて、既払金153万6465円の返還及び附帯金の支払を求めた。

控訴人は、本件作品を収録したDVD等の販売等の差止めと、本件作品を収録したDVD等の廃棄を申し立てた。被控訴人は、原判決主文1項の取り消しを求めた。

2部清水節裁判長は、次のように判断した。

1,控訴人は、本件風景映像動画を複製、頒布することの許諾をした。

2,本件映像動画1及び本件映像動画2,は、一体として、本件成果物である。

3,本件契約の解除の有効性。被控訴人のした本件契約の解約は、効力を有する。

4,本件契約の解除の効果について。

本件は、本件契約10条が本来的に想定する事例と異なるとして、契約の合理的解釈として、被控訴人は、控訴人に対し、本件作品を返還する必要はなく、本件映像動画1及び本件映像動画2の著作権等の取得も継続されるが、既払金の返還を求めることはできない、というべきである。（控訴人に既払金153万6465円の返還及び既払金の遅延金の支払を命じた原判決主文4項は不当であるからこれを取り消す）。

「主文」

1,本件控訴について

(1)原判決主文第4項を取り消す。

(2)前項の取消部分に係る被控訴人の請求を棄却する。

(3)その余の本件控訴を棄却する。

2,本件附帯控訴について

(1)原判決主文第1項を取り消す。

(2)前項の取消部分に係る控訴人の請求を棄却する。

3, 当審請求について
　　控訴人の当審における新たな請求を棄却する。
4, 訴訟費用は、第1、2審とも、本訴反訴を通じて、これを2分し、その1を控訴人の、その余を被控訴人の各負担とする。

**キーワード**：風景動画、動画、カメラマン、DVD
**【コメント】**原告・控訴人は弁護士を依頼せず、本人が訴訟を追行している。

## ● 2014-8

> **「モーゲージプランナー」団体ドメイン事件**：モーゲージプランナーの養成、認証を行う原告法人（日本モーゲージプランナーズ協会）が、被告日本資産証券化センター及び被告日本住宅ローン診断士協会が使用するドメイン名の使用差止め等を求めたが、原告の請求がすべて棄却された事例である。
> 東京地裁平成26年5月23日判決(平成24年(ワ)第19272号)

　原告X（特定非営利活動法人日本モーゲージプランナーズ協会）は、平成20年8月21日に設立されたモーゲージプランナーの養成、認証等を行う特定非営利活動法人である。

　被告Y1（特定非営利活動法人日本資産証券化センター）は、平成15年12月19日に設立された住宅ローン、不動産、知的財産等資産の証券化に関する調査研究、啓蒙普及活動を行う特定非営利活動法人である。

　被告Y2（一般社団法人日本住宅ローン診断士協会）は、平成24年5月18日に設立され、住宅ローン相談に際し、斡旋業務などを行う住宅ローン診断士やモーゲージプランナーを要請・認証・登録すること等を目的に掲げる一般社団法人である。

　原告、被告がいうモーゲージプランナー（Mortgage Planner）とは、アメリカ合衆国のモーゲージブローカー（Mortgage Brokers）（住宅ローン利用の消費者保護のため有益な助言、提案をする）を日本へ導入しようとする点で一致しているが、原告は、モーゲージプランナーの行う業務に住宅ローンの斡旋業務を含まず、被告らは斡旋業務を含むとしている。

Y1 は、平成 18 年 12 月 8 日、(社) 日本ネットワークインフォメーションセンターから「本件ドメイン名」を取得した。

　平成 20 年 8 月 21 日、X が設立された。X は、Y1 から本件ドメイン名の貸与を受け、「www.(略)」を広告用のウエブサイトのアドレスに用いるなどして使用した。

　平成 24 年 5 月 18 日、Y2 が設立された。

　平成 24 年 5 月 28 日、Y1 は X に対し、本件ドメイン名の返還を要求した。

　平成 24 年 5 月 31 日、X は、本件ドメイン名を使用できなくなった。

　Y2 は、平成 24 年 6 月 3 日以降、本件ドメイン名を使用し、「http://www.略」のアドレスに Y2 広告用ホームページを掲載、顧客問合せ用のメールアドレスとして、「info@ 略」を使用している。

　X は、「1, 被告らは、「略」のドメイン名を使用してはならない。2, Y2 は、社団法人日本ネットワークインフォメーションセンター平成 18 年 12 月 8 日受付の登録ドメイン名「略」の抹消登録手続きをせよ。3, Y2 は、「住宅ローン診断士補 (MP フェロー) 検定試験」を実施してはならず、かつその講座を開講する告知をしてはならない。」等を請求する訴訟を提起した。

　東京地裁民事第 40 部東海林保裁判長は、原告 X の請求は、いずれも理由がないとして、原告の請求をいずれも棄却した。

**キーワード**：ドメイン名、日本ネットワークインフォメーションセンター、ウエブサイト、アドレス

**【コメント】**この要約では省略したが、X の現在の代表者理事 B 氏と Y1 の監事 A との意見の相違、対立がこの事件の根底にある。

## ● 2014-9

**発信者情報開示請求事件**：ツイッターに投稿された記事によって名誉が毀損されたと主張する者から、IP アドレス保有者に対する発信者情報の開示が求められ、認められた事件である。

東京地裁平成 26 年 1 月 16 日判決 (平成 25(ワ) 第 26322 号)、東京高裁平成 26 年 5 月 28 日民事 12 部判決 (平成 26 年(ネ) 第 797 号、判時 2233 号 113 頁)

原告Xは、氏名不詳の者からツイッターに投稿された記事によって、名誉が毀損された、もしくは名誉感情が侵害されたとして、ツイッターの運営会社から開示されたIPアドレスの保有者である被告Y、ソフトバンクBB（株）に対して、特定電気通信役務提供者の損害賠償責任の制限及び発信者情報の開示に関する法律4条1項に基づき、発信者情報の開示を求めた事件である。

　原告は、ツイッターの運営会社に、誰が自分の名誉を毀損させたか特定すべく、IPアドレスを開示するよう仮処分の申立をした。ツイッター運営会社は、これに応じた。そこで、IPアドレスから、ソフトバンクBB(株)を経由してログインされていることが分かった。

　原告Xは、被告Yに対し、IPアドレスを、本件名誉侵害した記事を掲載された日時頃に使用した者に関する情報で、「1,氏名又は、名称、2,住所、3,電子メールアドレス」(以下、「本件発信者情報」という)の開示を求めて訴えた。

　Yは、開示を拒絶した。

　1審東京地裁は、開示を命じた。Yが控訴した。Yは、特定電気通信役務提供者の損害賠償責任の制限及び発信者情報の開示に関する法律4条1項の開示請求の対象となる発信者情報には、「本件発信者情報」は含まれない、法4条1項の開示請求の対象となる発信者情報は、侵害情報の流通があった場合における当該侵害情報の発信そのものについての発信者情報であり、その余の発信者情報は含まれない、と主張した。

　東京高裁民事12部は、

1) 法4条1項の趣旨からは、開示請求の対象が当該権利侵害情報そのものの発信者情報に限定するとまではいえない。
2) 総務省令によって、法4条1項に規定する「当該権利の侵害に係る発信者情報」が決まるわけではない。
3) ツイッターは、利用者がアカウント及びパスワードを入力することによりログインしなければ利用できないサービスであることに照らすと、ログインするのは当該アカウント使用者である蓋然性が高いと認められる、とし、「本件発信者情報は、当該侵害情報の発信者の特定に資する情報であり、法4条1項の開示請求の対象である『当該権利の侵害に係る発信

者情報』に当たると認める。」
とし、開示を命じた。

キーワード：プロバイダ責任制限法、ソフトバンク、発信者情報、名誉毀損

【コメント】この種の事件の多くは知財高裁が控訴審であるが、この事件では、「東京高裁」が担当している。知的財産高等裁判所設置法（平成16年6月18日法律第119号）は、平成17年4月1日から施行された。知財高裁は、東京高裁の「特別の支部」（上記設置法2条）である。本件やパブリシティ権など東京高裁で裁判されたものもある。

● 2014-10

> **ソフトバンク対NTT東西事件**：原告ソフトバンクテレコム（株）と原告ソフトバンクBB（株）が、被告東日本電信電話（株）及び被告西日本電信電話（株）のもつ光ファイバー設備を用いた戸建て住宅向け通信サービス（FTTH）の光回線設備の分岐端末回線への接続を請求したが、拒否されたので、独占禁止法24条に基づいて、被告に求める接続について、(1) 8分岐単位による接続を強要しないこと、(2) 1分岐単位の接続の申し込みを拒否しないこと、(3) 被告局舎内のOSU（光信号主端末回線収容装置）の共用に応じること、(4) 原告が希望する接続箇所における接続に応じること等を請求したが、東京地裁は、原告が電気通信事業法所定の認可を受けていないことを理由として、請求を棄却し、また却下した事件である。
> 
> 東京地裁平成26年6月19日民事8部判決（平成23年(ワ)第32660号、判時2232号102頁）

［原告と被告］

原告X1（ソフトバンクテレコム株式会社）は、音声伝送サービス、データ伝送サービス及び専用線サービス等の固定通信事業等を目的とする電気通信事業である。

原告X2（ソフトバンクBB株式会社）は、ADSLサービス、FTTHサービス及びIP電話サービス等を目的とする電気通信事業者である。

被告Y1（東日本電信電話株式会社）（以下、NTT東日本）は、日本電信電話

株式会社等に関する法律に基づき、東日本地域における地域電気通信用務及びこれに附帯する業務等を目的とする電気通信事業者である。

被告Y2（西日本電信電話株式会社）（以下、NTT西日本）は、日本電信電話株式会社等に関する法律に基づき、西日本地域における地域電気通信用務及びこれに附帯する業務等を目的とする電気通信事業者である。

[背景事実]

戸建て向けFTTH（Fiber to the Home）とは、本来は電話局から各家庭までの加入者線を結ぶアクセス網を光ファイバー化し、高速な通信環境を構築する計画の名称であるが、光ファイバーを使ったブロードバンド・サービスあるいは、光ファイバー設備を用いた戸建て住宅向け通信サービスをいう。

FTTHを提供するためには、FTTHの提供事業者は、構築したネットワークと利用者である戸建て住宅との間で、加入者光回線設備を設置する必要がある。

X1、X2は、自ら加入者光回線設備を設置するか、Y1、Y2など他のFTTH提供事業者の加入者光回線設備に接続する必要がある。

平成21年度末、Y1、Y2の収容局から通信回線が地中管から電柱にでる場所までの敷設割合は、約90％であった。

Yらの敷設する加入者光回線設備は、Yらの収容局に設置された終端装置（OLT）から利用者の住宅内に設置されている回線終端装置（ONU）までの設備である。OLTは光ファイバーが接続された光信号主端末回線収容装置（以下、OSU（Optical Subscriber Unit））を最大限16個収容している。光ファイバーは、収容局内の分岐装置（局内スプリッタ）を経由して、4つの光ファイバー（主端末回線）に分岐している。主端末回線は、地下トンネルを経て、地上に出、電柱に沿って配線され、電柱上にある分岐装置（局外スプリッタ）を経て8つの分岐端末回線に分岐し、それぞれの分岐端末回線が利用者の住宅内部でONUに接続している。

総務大臣は、電気通信事業法33条1項に基づき、Yらの加入者光回線設備を第1種指定電気通信設備に指定している。

Yらは、同条2項に基づき、「接続約款」を定めて、総務大臣の認可を受けて

いる。

「接続約款」は、FTTH の提供に用いる 1 本の光ファイバ回線を最大 32 ユーザーで共用する「シェアドアクセス方式」として、Y の OSU 及び局内スプリッタを利用する方式と、Y の OSU 等を利用しない方式のみを定め、これらの方式以外による接続方式を認めていない。

これら 2 つの接続方式は、Y の OSU、局内スプリッタ、主端末回線、局外スプリッタ、分岐端末回線の利用者は、当該接続事業者のみとすることを前提としており、当該接続業者と Y がこれらの設備を共用すること（それぞれの事業者の提供する FTTH の通信データの混在）を想定していない。

従って、X のような接続事業者が 1 分岐端末回線単位による接続を希望する場合においても、分岐端末回線 1 回線の接続料に加えて、前記のように 2 つの接続方式のそれぞれに応じた OSU1 台分（最大 8 の必要数の分岐端末回線利用料）及び主端末 1 回線分等に係る接続料（利用料）を Y に支払わねばならない。

［X の訴訟提起］

X らは、Y に対し、1 分岐端末回線単位での接続を求めたが、Y らは、これを拒絶した。

X は、次の請求の訴訟を提起した。

1）主位的請求

ア、Y らは、X らに対し、X らがシェドアクセス方式（FTTH サービスを提供するために用いる 1 本の光ファイバー回線を最大 32 ユーザーで共用する方式）で FTTH サービスを提供するために Y らに求める接続につき、8 分岐単位での接続を共用するな。

イ、Y らは、X らに対し、X らがシェアドアクセス方式で FTTH サービスを提供するために Y らに求める接続につき、1 分岐単位の接続の申込を拒否するな。

ウ、Y らは、X らに対し、X らがシェアドアクセス方式で FTTH サービスを提供するために Y らに求める接続につき、1 分岐単位の接続が可能となる Y ら局舎内の光信号主端末回線収容装置 OSU につき、X らと Y らの共用に応ぜよ。

エ、Yらは、Xらに対し、Xらがシェアドアクセス方式でFTTHサービスを提供するためにYらに求める接続に関し、別紙1記載の接続希望箇所A（予備的請求BCD）での請求に応ぜよ。

2) 予備的請求

ア、Yらは、Xらに対し、Xらがシェアドアクセス方式でFTTHサービスを提供するためにYらに求める接続につき、8分岐単位での接続を強要してはならないことを確認する。

イ、Yらは、Xらに対し、Xらがシェアドアクセス方式でFTTHサービスを提供するためにYらに求める接続につき、1分岐単位の接続の申込を拒否してはならないことを確認する。

ウ、Yらは、Xらに対し、Xらがシェアドアクセス方式でFTTHサービスを提供するためにYらに求める接続につき、1分岐単位の接続が可能となるYら局舎内のOSUにつきXらとYらの共用に応ずる義務があることを確認する。

エ、Yらは、Xらに対し、Xらがシェアドアクセス方式でFTTHサービスを提供するためにYらに求める接続につき、別紙1記載の接続希望箇所ABCDでの接続に応ずる義務があることを確認する。

Xは、主位的請求については独占禁止法24条を根拠に、予備的請求については独占禁止法19条、電気通信事業法32条、33条との関係をもとに、訴訟を提起した。

独占禁止法24条「第8条（筆者注、事業者団体の禁止行為）5号（事業者に不公正な取引方法に該当する行為をさせるようにすること）又は第19条（事業者は、不公正な取引方法を用いてはならない）の規定に違反する行為によってその利益を侵害され、又は侵害されるおそれがある者は、これにより著しい損害を生じ、又は生ずるおそれがあるときは、その利益を侵害する事業者若しくは事業者団体又は侵害するおそれがある事業者若しくは事業者団体に対し、その侵害の停止又は予防を請求することができる。」

［東京地裁］

民事8部氏本厚司裁判長（櫻井進、西澤健太郎裁判官）の判決。

「主文」
1, 原告Xらの主位的請求をいずれも棄却する。
2, 原告Xらの予備的請求に係る訴えをいずれも却下する。
3, 訴訟費用は原告Xらの負担とする。」

東京地裁は、次のように判断した。

(1) 主位的請求に係る作為命令が独占禁止法24条の対象となるか否かについて、不公正な取引方法に係る規制に違反する行為が不作為によるものである場合もあり得ることから差止請求の対象である「その侵害の停止又は予防」には、不作為による損害を停止又は予防するための作為を含むと解する。

すなわち、原告Xによる作為命令を内容とする差止請求を認めた。

(2) 戸建て向けFTTHサービスに係る第1種指定電気設備である加入者光回線設備に1分岐端末回線単位での方式による接続をしようとする電気通信事業者は、総務大臣による当該接続に係る接続約款の認可又は当該接続に関する協定の認可がなければ、独占禁止法24条に基づき、当該設備を設置する他の電気通信事業者に対し、当該接続を請求することができないとした。

すなわち、被告Yらは、総務大臣による接続約款の認可又は当該接続に関する協定の認可がないので、1分岐単位の接続は認められない、Xは、接続を請求することができないとした。

**キーワード**：光ファイバー、ソフトバンクテレコム、ソフトバンクBB、FTTH、OSU、ONU、OLT、接続約款、独占禁止法、電気通信事業者法

**【コメント】** 光ファイバー設備を用いた戸建て住宅向け通信サービス（FTTH）事業を行おうとしたソフトバンクテレコム株式会社とソフトバンクBB株式会社が、平成21年度末の時点で、全国的にFTTH事業を展開、加入者光回線設備を敷設、敷設割合の約90％を押さえている東西NTTに対し、1分岐端末単位による設備の共用による接続利用を申込んだが、拒絶され、独占禁止法を根拠に訴訟に及んだ事件である。Yの接続約款が、Xらの請求に応じられるような接続料、接続条件を定めていない、接続協定の締結に必要な総

務大臣の認可も得ていない、といった理由からXは敗訴している。

いままで、資金と労力を投下し、苦労してきた東西NTTに全部、ソフトバンクにも使わせよというのは、酷だが、後発の事業者にも合理的な料金を払えば、利用できる仕組みを作るべきである。

**参考文献**：判例時報2232号102頁のコメント。岡田直己「独占禁止法24条に基づく第1種指定電気通信設備の接続拒否に係る差止請求訴訟において電気通信事業法所定の認可を受けていないことを理由に請求を棄却・却下した事例」判例時報2250号138頁(判例評論675号28頁)。

## ● 2014-11

**レコード送信可能化KDDI事件**：原告レコード会社2社が、氏名不詳者によって、送信可能化権を有するレコードを無断複製され、被告のインターネット回線を経由して自動的に送信し得る状態に置かれたことにより、原告等の送信可能化権が侵害されたと主張し、被告に対しプロバイダ責任制限法4条1項に基づき、氏名不詳者に係る発信者情報の開示を求めた事例である。
東京地裁平成26年6月25日判決(平成26年(ワ)第3570号)

原告1は、キングレコード株式会社。

原告2は、ユニバーサルミュージック合同会社。いずれもレコードを製作、複製し、CD等にして発売している。

被告は、一般利用者に対し、インターネット接続プロバイダ事業等を行っているKDDI株式会社である。

原告1は、実演家AKB48が歌唱する楽曲「大声ダイヤモンド」を製作し、平成20年10月22日、商業用CDの1曲目に収録、発売した。

原告2は、実演家GreeeeNが歌唱する楽曲「道」を録音したレコードを製作し12センチ音楽CDの1曲目に収録し、平成19年1月24日発売した。

この原告1及び原告2のレコードの音は、mp3方式により圧縮され、コンピュータ内の記録媒体に記録・蔵置された上、そのコンピュータから被告のインターネットサービスを利用し、氏名不詳者等により、それぞれ、インターネットに接続され、それぞれ、平成25年7月11日及び平成25年7月23日、ファイル交換共有ソフトウエアであるGnutella交換ソフトウエアにより、イ

ンターネットに接続している不特定の、他の同じソフトウエア利用者からの求めに応じて、インターネット回線を通じて、自動的に送信しうる状態にされた。

原告1及び原告2は、被告に対し、氏名不詳者の氏名、住所、電子メールアドレスを開示せよ、と求めて訴えた。

すなわち、原告1は、平成25年7月11日午前9時51分33秒頃、「219.108.203.208」というインターネットプロトコルアドレスを使用してインターネットに接続した者、原告2は、平成25年7月23日午前9時54分42秒頃に、「219.108.203.208」というインターネットプロトコルアドレスを使用してインターネットに接続した者の発信者情報(氏名、住所、電子メールアドレス)の開示を求めた。

東京地裁民事40部東海林保裁判長、今井弘晃、実本滋裁判官は、原告1及び原告2の請求を認容し、被告に開示せよ、訴訟費用は被告の負担とする、との判決を下した。

キーワード：プロバイダ責任制限法、レコード製作者、送信可能化権、発信者情報、音楽、レコード

【コメント】音源が無断で送信可能に置かれた事例である。

## ● 2014-12

> **レコード送信可能化ソフトバンクBB事件**：各レコードについて送信可能化権をもつレコード会社が、氏名不詳者により、被告が提供するインターネット接続サービスを経由して、自動的に送信しうる状態におかれたため、氏名不詳者に対し、送信可能化権侵害で訴えるべく、被告に対しプロバイダ責任制限法4条1項に基づき、被告が保有する発信者情報の開示を求め、認容された事例である。
>
> 東京地裁平成26年7月31日判決(平成26年(ワ)第3577号)

原告は、(株)ジェイ・ストーム、(株)ランティス、ユニバーサルミュージック合同会社、(株)エピックレコードジャパン、(株)ポニーキャニオンの5社である。

被告(ソフトバンクBB(株))は、一般利用者に対するインターネット接続プ

ロバイダ事業等を行う株式会社で、プロバイダ責任制限法2条3号の「特定電気通信役務提供者」に当たる。

訴外(株)クロスワープは、インターネット上の著作権侵害を継続的に監視する会社であるが、原告5社へ、Gnutellaネットワークに接続されたパソコンに保存されて、ダウンロード可能な状態に置かれた音楽ファイルを検出し、各音楽ファイルをダウンロードしたとして、その旨を各音楽ファイルごとに対応する原告らに報告した。

原告等は、「P2P FINDER」というシステムがGnutella ネットワーク上を監視して検出したIPアドレスは、実験者が送信したファイル送信元のIPアドレスと完全に一致しており、このシステムによる各音楽ファイル及び各IPアドレスの検出は正確であり、氏名不詳の本件契約者は、原告等の送信可能化権を侵害している、と主張した。

被告は、ユーザーのIPアドレス、タイムスタンプ等の正確性を判断できない。本件発信者情報が本件各音楽ファイルの送信可能化権侵害者の情報であるか否か確認できない、と主張した。東京地裁民事46部長谷川浩二裁判長は、次のような判決を下した。

1) 本件システムは、当該ファイルを記録している端末のIPアドレスを正確に検出、当該ファイルをダウンロードするものと認められる。本件各契約者は、明らかに各原告の各レコードの送信可能化権を侵害している。2) 被告に対し、本件各発信者情報の開示を受けるべき正当な理由がある。

**キーワード**：レコード、レコード製作者、プロバイダ責任制限法、グヌーテラ、接続プロバイダ、P2P、音楽、ソフトバンクBB、(株)クロスワープ
【コメント】2014-11の事件に類似している。

## ● 2014-13

「ネットワークおまかせサポート」事件：「ネットワークおまかせサポート」という商標登録の申請を拒絶した特許庁の審決の判断は相当であるとして、審決を維持した事例である。

知財高裁平成26年8月6日判決(平成26年(行ケ)第10056号)

原告○○商事株式会社は、「ネットワークおまかせサポート」の文字を本願商標とする商標登録を得ようとして、特許庁に申請した。この文字は、横書き、赤色で、白色で縁取りし、太い文字で、陰影を付している。指定役務を第37類とするものである[注1]。

特許庁は、平成25年5月10日、拒絶査定した。原告は、拒絶査定に対する不服の審判請求をした。

特許庁は、平成26年1月20日、本件審判の請求は成り立たないとする審決を下した。

原告は、特許庁を被告に、本件審決の取り消しを求め、訴えた。

知財高裁第4部富田善範裁判長は、次のように述べて、本願商標は、商標法3条1項3号[注2]に該当し、登録を受けることができないとした審決は相当であるとして、審決を維持した。

すなわち、「ネットワークおまかせサポート」は、「コンピュータネットワークに関する相談や接続設定の代行など、顧客が自分で判断・選択せず、他人にまかせてサポートしてもらうサービス」といった役務の質(内容)を表示するもので、取引者、需要者によって一般に認識されるもので、「特定人によるその独占使用を認めるのは公益上適当でないとともに、自他役務の識別力を欠く」とし、「その役務の質を表示したものと認識・理解するにとどまる」「自他役務の識別標識の機能を果たし得ない」とし、商標法3条1項3号に該当する、とした。

**キーワード**：商標権、商標法、商標、ネットワーク

**【コメント】** ネットワークという言葉があれば、インターネットを連想する人は多いと思う。本書の2009-2 アイデー商標事件、2005-6 IP FIRM 商標事

件を参照。

注1) 37類「事務用機械器具の修理又は保守、電子応用機械器具の修理又は保守、電話機械器具の修理又は保守、ラジオ受信機又はテレビジョン受信機の修理、電気通信機械器具（電話機械器具・ラジオ受信機及びテレビジョン受信機を除く）の修理又は保守、民生電気機械器具の修理又は保守、電動機の修理又は保守、配電用機械器具の修理又は保守、発電機の修理又は保守」。

注2) 商標法3条（商標登録の要件）自己の業務に係る商品又は役務について使用をする商標については、次に掲げる商標を除き、商標登録を受けることができる。
一、二、（省略）
三、その商品の産地、販売地、品質、原材料、効能、用途、数量、形状（包装の形状を含む）、価格若しくは生産若しくは使用の方法若しくは時期又はその役務の提供の場所、質、提供の用に供する物、効能、用途、数量、態様、価格若しくは提供の方法若しくは時期を普通に用いられる方法で表示する標章のみからなる商標。

## ● 2014-14

**検索サイト表示差止請求事件**：ヤフー・ジャパンの検索サイトで自分の名前を検索すると、逮捕事実が表示されたとして、名誉毀損及びプライバシー侵害に基づく損害賠償及び差止めを求めたが、請求が認められなかった事例である。
京都地裁平成26年8月7日判決(毎日新聞2014年8月23日)

原告は、2012年11月、サンダルに小型カメラを装置し、女性を盗撮し、同年12月、京都府迷惑行為防止条例違反で逮捕され、2013年4月、執行猶予付の有罪判決を受けた者である。

原告が、ヤフー・ジャパンの検索サイトで自分の名前を検索したところ、逮捕された事実が表示された。

原告は、ヤフー・ジャパンに対して、名誉毀損、プライバシー侵害を理由として、差止めと損害賠償を求めた。

京都地裁は、1, 検索結果の表示によって、原告の名誉を毀損したとはいえないが、仮に、検索結果の表示の内、スニペット部分について、原告への名誉毀損が成立すると解し、違法性阻却を検討する。

原告の逮捕事実は、盗撮という特殊な行為態様の犯罪事実に関するもので、社会的関心の高い事柄で、原告逮捕からまだ1年半程度しか経過していないこ

とから、サイトの事実表示は公共の利害に関する事実に関する行為であり、違法性は阻却されないとした。プライバシー侵害については、違法性が阻却され、不法行為は成立しないとした。

損害賠償については、判断の必要なく、検索結果の表示により原告の人格権が違法に侵害されているとも認められないとして、差止めは理由がないとした。

**キーワード**：忘れられる権利、ヤフー・ジャパン、名誉毀損、プライバシー侵害

【**コメント**】いわゆる「忘れられる権利」の事件である。京都地裁は、これを認めなかった。原告が抹消して欲しいという事実から、「1年半」しか経過していないことが、大きな理由と思われる。

紙媒体の事例であるが、交通事故で傷害を負い、後遺症がある旨の虚偽申告し、誤信した保険会社から保険金の支払いを受け、そのことが発覚した被告が、原告出版社発行「交通事故民事判例集」に実名が載り、「保険金詐欺事件」なる索引により、詐欺被告人と同視した扱いをされ、掲載により名誉・信用が毀損されたとして、謝罪文の掲載と500万円の賠償を求めた事件で、長野地裁飯田支部平成元年2月8日判決（昭和63年（ワ）23号、判時1322号134頁、判タ704号240頁）がある。大手新聞社の縮刷版のことを考えると、「忘れられる権利」は、紙媒体には影響を及ぼすべきではない。

**参考文献**：中島美香「検索サイトに対して検索結果の表示と差止めを認めた地裁判決の紹介—京都地裁平成26年8月7日判決について」http://www.irc.co.jp/newsletter/law/2014/law201408.html

神田知宏「ネット検索が怖い—『忘れられる権利』の現状と活用」ポプラ新書（2015年5月7日発行）

福井健策編「インターネットビジネスの著作権ルール」著作権情報センター（2014年）252頁

「2014-17」参照

## ● 2014-15

> **小動物用サプリメント事件**：原告が著作権や独占的利用権を有する著作物を、被告らが無断でウエブサイトに掲載したとして、ウエブサイトへの表示等の差止めと削除、損害賠償を求めたが、被告らに対し、契約期間中、自由に使用することを許諾していたとして、原告の請求が棄却された事例である。
> 東京地裁平成26年8月28日判決（平成25年（ワ）第2695号）

　原告X（プラセンタ製薬(株)）は、小動物用のサプリメントを製造する会社である。

　被告Y1は、Xとの間に、平成23年10月18日、「小動物用プラセンタサプリメントの販売協定書」を結び、Y1の代表取締役であるY2は、Xに対し、Y1が本件契約に基づき負担する一切の債務について連帯して保証する旨、約束した。

　Xは、Y1へ、「動物病院でのプラセンタ療法」というパンフレット、「プラセンタとは…?」と題するポスターのデータ、「人生におけるプラセンタのはたらき」と題するポスターのデータなどを無償で交付した。

　Y1は、平成23年12月初旬頃から、Y1のホームページやY1が管理するウエブサイトに、Xから提供された記載内容に依拠し、これとほぼ同内容の記載を掲載した。

　Xは、平成25年、Yらに次のことを請求する訴訟を提起した。

1) Y1、Y2は、連帯して、300万円を支払え。
2) 被告らは、別紙目録記載の「被告著述」の内容をインターネットのウエブサイトに表示し、又は、紙媒体として印刷、頒布してはならない。
3) 被告らは、別紙目録記載の「被告著述」欄記載の内容をインターネットのウエブサイトから削除し、これを記載した紙媒体を廃棄せよ。

　東京地裁民事47部高野輝久裁判長は、次のように判断して、原告Xの請求を棄却した。

　「原告と被告会社の間で」「被告会社が本件各物件を複製したりホームページに掲載したりするなどして自由に利用することを当然の前提にしている。」「原告は、本件契約を締結するに当たり、被告会社に対し、本件契約期間中、本件

各物件等を複製したりホームページに掲載したりなどして自由に利用することを許諾していたものと認められる。」「本件各物件が著作物であり、これについて原告が著作権又は独占的利用権を有しているとしても」「被告らが本件各物件と同内容のものを被告サイトに掲載して公衆送信し、これらを複製して被告チラシ1及び2、被告ポスター及び被告パンフレット1及び2等に利用することが原告の著作権等（公衆送信権、複製権又は独占利用権）を侵害すると認められない。」

「原告の請求は、その余につき判断するまでもなく、全て理由がない。」

**キーワード**：ウエブサイト、ホームページ、著作権、公衆送信権、複製権

**【コメント】**プラセンタは「胎盤」の意で、美容や健康維持を目的に胎盤に含まれる成分の一部を皮下や筋肉に注射することをプラセンタ療法というようである。

原告と被告の間で、どういう「契約」をしたか、原告は、了解していなかった。

## ● 2014-16

「食べログ」サイト事件：飲食店の口コミ情報を掲載するグルメサイト「食べログ」に事実と異なる内容が投稿されたとして、札幌市の飲食店経営者が「食べログ」を運営するカカクコムに店舗情報の削除などを求めたが、請求が棄却された事例である。
札幌地裁平成26年9月4日判決（日本経済新聞、産業経済新聞等各紙の2014年9月4日のネット、夕刊、翌日の朝刊参照）

原告は、札幌市の飲食店経営会社である。

被告は、お客からの料理の感想などの声を掲載する「食べログ」を運営する東京のカカクコムである。

原告は、北海道北広島市に飲食店を経営していたところ、被告のグルメサイトに利用者からの声として、「おいしくない」「料理が出てくるのが遅い」などと書かれた。

2012年12月頃以降、投稿や店舗情報の削除を被告へ要請したが、カカクコム側は、これに応じなかった。

原告は、投稿は、事実と異なるとして、被告に対し、原告の店舗情報の削除を求めて訴えた。被告は、表現の自由を主張したと思われる。

[札幌地裁]

長谷川恭弘裁判長は、「原告の会社は法人であり、広く一般人を対象に飲食店を営業しているのであるから、自己の情報を『個人』と同じようにコントロールする権利はない。」「原告の請求を認めれば、情報が掲載される媒体を選択し、望まない場合は掲載を拒絶する自由を原告に与えることになる。他人の表現行為や得られる情報が恣意的に制限されることにもなり、容認できない。」

キーワード：カカクコム、食べログ、情報をコントロールする権利

【コメント】この判決は、原告の飲食店が個人経営であれば、飲食店の情報が掲載された場合、（人格的利益侵害等による）損害賠償請求は認められるが、法人である場合、（公共性が高い）あるいは（法人という有利な地位にある）ため、請求が制限されるか、請求ができない、と述べているようである。

筆者は、個人経営と法人経営で区別せず、この「投稿」記事について、事実に反していたり、その批評が、常軌を逸した非常に酷な表現であれば、削除を命じるべきと思う。

原告の反駁文を掲載させる、あるいは、「この程度の表現は、受忍すべきである」として、棄却すべきであった。

大阪でも、「秘密の隠れ家」をコンセプトにしたバーが、カカクコムに取り上げられ、当初は黙認していたが、悪評につながるコメントを利用者が書き込んだため、バー経営者がカカクコムに掲載情報の削除と330万円の損害賠償を求めたが、大阪地裁佐藤哲治裁判長は、被告には違法性が認められないとして、請求を棄却した。大阪地裁平成27年2月23日判決。

## ● 2014-17

**グーグル検索サイト削除決定事件**：グーグルの検索サイトにかつて不良グループに属していたことに関する情報が表示されていたため、グーグルに削除を求め、削除を求めた237件のうち、122件について削除の仮処分を決定した事件である。

東京地裁平成26年10月9日決定（朝日2014年10月10日1面、毎日2014年11月09日）（尾村洋介）（http://newsphere.jp/national/20141014-1/）

　グーグルの検索エンジンで自分の名前を検索すると、検索結果として表示される見出しと検索先の記事の一部を表示する「スニペット」に、かつて不良グループに属していたことに関する情報が表示され、すでにこのグループとは全く関係がないが、融資を申し込んだ銀行から「風評被害対策をしなければ融資できない」と指摘され、グーグルに対し、検索結果237件の削除を求めた。

　関述之裁判官は、「検索結果の一部はプライバシーの一部として保護されるべきで、人格権を否定している。検索サイトを管理するグーグルに削除義務がある」と認め、検索結果から『男性は素行が不適切な人物との印象を与え、実害も受けた』として男性側の請求を認め、237件のうち、およそ半数の122件の削除を命じた。

**キーワード**：忘れられる権利、グーグル、人格権、プライバシー侵害、EU司法裁判所

**【コメント】**朝日新聞は、1面トップで「グーグル検索結果削除命令」「名前入力で犯罪思わせる内容」との見出し、6段記事で報じた。

　この事件の弁護人神田知宏弁護士は、後掲「ネットが怖い」40頁以下で、EU司法裁判所2014年5月13日判決を知り、訴訟を提起し、5カ月後、この決定を得た、と述べている。

**参考文献**：神田知宏「ネット検索が怖い─『忘れられる権利』の現状と活用」ポプラ新書、45頁（2015年5月7日）
尾村洋介「http://mainichi.jp/feature/news/p20141109mog00m040005000c.html」
今岡尚子「調査と情報」国立国会図書館854号1頁（2015年3月10日）
中西優美子・自治研究90巻9号96頁（2014年9月10日）
宮下紘「忘れられる権利」時の法令1906号43頁（2014年5月30日号）
宮下紘「日本の『忘れられる権利』のゆくえ」時の法令1961号（2014年9月15日号）

宮下紘「『忘れられる権利』を認めた EU」時の法令 1955 号 43 頁（2014 年 6 月 15 日号）「2014-14」参照

## ● 2014-18

> **塗装屋口コミランキング事件**：ウエブページにおいて塗装業者の口コミランキングの記載があり、原告について、不正競争防止法 2 条 1 項 14 号もしくは 13 号の不正競争が行われ、また、原告への名誉権の侵害があったとして、プロバイダ責任制限法に基づき、ウエブページのサーバーを保有し管理する会社へ、発信者情報の開示を求めた原告塗装業者の開示請求が認められた事例である。
>
> 東京地裁平成 26 年 10 月 15 日判決（平成 26 年（ワ）第 11026 号）

原告（(株) PGS ホーム）は、住宅ペイント、一般住宅・マンション・ビルのトータルリフォーム等を業とする株式会社である。

被告（さくらインターネット株式会社）は、本件サーバーを保有・管理する法人である。

この事件での本件ウエブページは、「みんなのおすすめ、塗装屋さん」というもので、「口コミランキング」というウエブページへのリンクがある。

「口コミランキング」のウエブページには、「口コミランキング一覧」として、塗装業者のランキングが 10 位まで記載されているが、原告の名はない。

本件ウエブページは、「掲載業者一覧」のウエブページにリンクしており、平成 26 年 4 月 30 日当時、原告の名前はあったが、平成 26 年 6 月 5 日時点で削除されていた。

原告は、口コミランキングの記載により、不正競争防止法 2 条 1 項 14 号もしくは 13 号の不正競争が行われ、または原告の名誉権が侵害されたとして、被告に対し、サーバーの契約者の発信者情報をプロバイダ責任制限法に基づいて、開示請求をした。

裁判では、次の点で争われた。

1) 原告に対する口コミによる名誉権侵害について。

裁判所は、口コミ 1 について、「一般読者の普通の注意と読み方を基準に

すると、原告が、実際の壁面の2倍の面積で（それに単価を乗じた不当に高額の）見積書を作成し、足場代等を無料にすると言って（不当に高額な見積りから割り引いたように見せかけ）不当な営業行為を行っているとの事実を摘示するものであり、原告の社会的評価を低下させるものである。」とし、口コミ2についても、名誉権侵害を認めた。

これにより、プロバイダ責任制限法4条1項1号の「侵害情報の流通によって当該開示の請求をする者の権利が侵害されたことが明らかであるとき」の要件を充足するとした。

2) 発信者情報の開示を受けるべき正当な理由の有無について。

裁判所は、「本件口コミが本件サイトから既に削除されているとしても」「本件口コミによって過去に原告が被った損害の賠償請求をするため、原告に本件利用者に係る発信者情報の開示を受けるべき正当な理由が認められる。」と判断した。

キーワード：プロバイダ責任制限法、不正競争防止法、不正競争、比較広告、名誉権

【コメント】○○ランキングは、読者、視聴者が好むテーマであるが、劣位に置かれた方は面白くなく、問題を生じやすい。比較広告は、公正取引委員会の問題でもある。

● 2014-19

「自炊」事件：いわゆる自炊行為が違法とされ、株式会社サンドリームと有限会社ドライビバレッジジャパンが、書籍を電子的方法で複製することを禁止された事例である。
東京地裁平成25年9月30日判決（平成24年（ワ）第33525号、判時2212号86頁）、知財高裁平成26年10月22日判決（平成25年（ネ）第10089号、判時2246号92頁）

原告は、小説家の東野圭吾、浅田次郎、大沢在昌、林真理子、漫画家の永井豪、弘兼憲史、漫画原作者の武論尊である。

被告は、株式会社サンドリーム（以下、サンドリーム）とY1、有限会社ドラ

イビバレッジジャパン(以下、ドライビバレッジ)とY2である。

紙の書籍を裁断して、スキャナーで読み取り、電子ファイルを作成し、インターネット上のダウンロード用サイトからダウンロードするか、電子ファイルを収録したDVD、USBメモリ等の媒体を配送してもらい、利用者(依頼者)は、iPadやKindle等の機器で読む、このような利用者の、自分用の電子書籍をつくる「自炊」の代行業者が出現した。「自炊」代金は、サービス料金として1冊100円から500円という。

原告らは、2011年、代行業者約100社に、「自己(原告ら)の作品をスキャンして電子ファイルを作成することは、著作権侵害になる旨」の警告文、質問書を送付したが、被告サンドリームは回答をせず、被告ドライビバレッジは、スキャン事業を行わないと回答したが、注文を受けて、原告作品のスキャンニングを行った。

そこで、原告らは、この2社に対し、原告らが著作権を有する別紙作品目録1～7の作品が多数含まれている蓋然性が高く、今後注文を受ける書籍にも含まれるであろうという蓋然性が高いとして、原告らの著作権(複製権)が侵害されるおそれがあるなど主張し、被告サンドリームと被告Y1(サンドリームの代表取締役)、被告ドライビバレッジと被告Y2(ドライビバレッジの代表取締役)を相手に訴えた。すなわち、

1, 著作権法112条1項に基づく差止請求として、法人被告らそれぞれに対し、第三者から委託を受けて、原告作品が印刷された書籍を電子的方法により複製することの禁止を求めるとともに、

2, 不法行為に基づく損害賠償として、ア、被告サンドリーム、Y1に対し、弁護士費用相当額として原告1名につき21万円(附帯請求として遅延損害金)、イ、被告ドライビバレッジ、Y2に対し、弁護士費用相当額として原告1名につき21万円(附帯請求として遅延損害金)の連帯支払いを求めた。

[東京地裁]
民事29部の大須賀滋裁判長は、

1, (1) ロクラクⅡ事件最高裁平成23年1月20日判決(第一小法廷判決・民

集65巻1号399頁)を引用し、本件における複製は、書籍を電子ファイル化する点に特色があり、電子ファイル化の作業が複製における枢要な行為で、その枢要な行為は、法人被告らが行っていて、利用者でないとし、法人被告らを複製の主体とした。(2)被告側の、複製物は増加していないとの主張に対し、著作権法上の「複製」は、有形的再製それ自体をいうとし、有形的再製後の著作物及び複製物の個数によって、複製の有無が左右されないとした。(3)法人被告らが、原告らの著作権を侵害するおそれがあると認めるとし、原告らの著作権侵害112条1項に基づく差止請求は理由があるとした。

2, 損害賠償について。ア、被告サンドリーム、Y1に対し、弁護士費用相当額として原告1名につき10万円（附帯請求として遅延損害金）、イ、被告ドライビバレッジ、Y2に対し、弁護士費用相当額として原告1名につき10万円（附帯請求として遅延損害金）の連帯支払いを求める限度で理由がある、とした。

ドライビバレッジジャパンとY2が控訴した。

[知財高裁]

4部富田善範裁判長は、「1, 本件各控訴をいずれも棄却する。2 控訴費用は控訴人らの負担とする。」とした。

判決は、次のようなものであった。

(1)一審とおなじく、複製する主体が利用者でなく、被告・控訴人である、とした。すなわち、ドライビバレッジは、独立した事業者として、営利を目的としたサービスの内容を自ら決定し、スキャン複製に必要な機器及び事務所を準備・確保した上で、インターネットで宣伝広告を行うことにより不特定多数の一般顧客である利用者を誘引し、その管理・支配の下で、利用者から送付された書籍を裁断し、スキャナで読み込んで電子ファイルを作成することにより書籍を複製し、当該電子ファイルの検品を行って利用者に納品し、利用者から対価を得るサービスを行っている。ドライビバレッジは、利用者と対等な契約主体で、営利を目的とする独立した事業主体として、サービスにおける複製行為を行っているか

ら、サービスにおける複製行為の主体である、とした。
(2) ドライビバレッジを利用者の「補助者」ないし「手足」と認めることもできないとし、著作権法30条1項の適用を否定した。
(3) 差止めの必要性があるとした。
(4) 損害賠償請求の成否と損害額について。原告・被控訴人は訴訟提起を余儀なくされ、訴訟追行を弁護士に委任したと認められ、ドライビバレッジは、少なくとも過失がある。Y2と共同不法行為責任を負う。諸事情を勘案し、被控訴人1名につき10万円が相当であり、ドライビレッジとY2は、連帯して、上記金額につき損害賠償の責任を負う。

**キーワード**：自炊行為、漫画家、小説家、電子書籍、著作権法

**【コメント】** 利用者がそこへ行けば、スキャン複製の器具が完備し、利用者が自分で電子ファイルを作成し、電子書籍化できる。そういう事業所があり、複製の主体が利用者であると認められれば、現行法下で「自炊」が可能である。

**参考文献**：横山久芳「自炊代行訴訟判決をめぐって」ジュリスト1463号36頁(2014年2月号)
週刊新潮2012年1月5・12日合併号52頁
読売新聞2012年1月10日朝刊(多葉田聰記者)
島並良・法学教室2011年3月号(366号)2頁
生田哲郎・森本晋「『自炊』代行サービスを著作権侵害と判断した事例」発明2013年12月号41頁
青木大也・ジュリスト2015年7月号96頁

● 2014-20

**サイト構築作業請負事件**：サイト構築作業の請負契約により、原告が代金の支払を求めたところ、被告は、不正競争行為による損害賠償請求権を自働債権とする相殺の抗弁をしたが、相殺の抗弁が認められず、原告の請求がそのまま認められた事例である。
大阪地裁平成26年10月23日判決(平成25年(ワ)第3058号)

原告X((株)グリームデザイン)は、ホームページ及びインターネットシステムの企画、研究、開発、制作、デザイン及び保守管理業務等を目的とする株式

会社である。

被告Y（(株)デジタルマックス）は、販売促進に関する宣伝用ツールの作成及び販売等を目的とする株式会社である。

原告Xの代表者Aは、平成21年10月1日までYの代表取締役、平成23年5月31日までYの取締役、平成23年6月1日、Yとコンサルティング業務委託契約を締結、1年間Yの顧問をし、Aは平成23年12月28日、Xを設立した。

Yは、平成24年2月1日、日本事務器（株）との間で、コンピュータシステムに関する業務の委託に関し、「ソフトウエア基本契約書」を作成した。

Yは、平成24年9月30日、日本事務器に対し、［(株)大阪村上楽器が日本事務器に依頼した、TSUTAYAのウエブサイト上で楽譜の販売等をすることのできるサイトを構築する業務］に関し、代金合計577万5000円のソフトウエアを納品した。

原告は、被告が日本事務器から受注したこの業務を、代金約560万円（見積書の記載は557万5500円）で請け負う契約をし、平成24年9月末、業務を完成しYに引渡したとし、約560万円から保守費用、及びYが行った作業部分の費用を差し引いた代金額321万5034円の支払いを求めた。

被告Yは、原告Xとの間に請負契約を締結していないと主張し、仮にYの支払義務があるとしても、Xは、Yの元取締役であったAが持ち出した営業秘密（不正競争防止法2条6項）を不正に使用する不正競争行為をしている（同法2条1項7号）ので、不正競争防止法4条に基づく損害賠償請求権で相殺する、という抗弁を主張した。

大阪地裁第21民事部谷有恒裁判長は、原告の請求のとおり、「321万5034円及びこれに対する平成24年12月1日から支払済みまで年6分の割合による金員」の支払いを被告に命じた。被告の「営業秘密」についての抗弁に対しては、被告はシステムの「発想」を使用した主張をするのみで、抽象化した「発想」がどのように秘密として管理されていたか等具体的に主張せず、営業秘密といえないとし、相殺の抗弁を認めなかった。

キーワード：インターネットシステム、ホームページ、不正競争防止法、営

業秘密

【コメント】ホームページやサイトを構築する事業者が、単独では行わず、請負契約で下請けさせたり、その際の金額等がよくわかる事件である。被告側は、不正競争防止法の定義する「営業秘密」を勉強するべきであった。

## ● 2014-21

> わいせつ動画事件（刑事）：顧客のダウンロード操作に応じて、自動的にデータを送信する機能を備えた配信サイトを利用してわいせつな動画等のデータファイルを同人の記録媒体上に記録、保存させる行為は、刑法175条1項後段の「わいせつな電磁的記録の『頒布』にあたるとし、」刑法175条1項後段の「頒布」の意義を明らかにした事例である。
> 東京地裁平成24年10月23日判決（平成24年刑（わ）第1356号）、東京高裁平成25年2月22日判決（平成24年（う）第2197号）、最高裁平成26年11月25日決定（平成25年（あ）第510号、判時2251号112頁）

刑法175条1項は、「わいせつな文書、図画、電磁的記録に係る記録媒体その他の物を頒布し、又は公然と陳列した者は、2年以下の懲役若しくは250万円以下の罰金若しくは科料に処し、又は懲役及び罰金を併科する。電気通信の送信によりわいせつな電磁的記録その他の記録を頒布した者も、同様とする。」とある。

同条2項「有償で頒布する目的で、前項の物を所持し、又は同項の電磁的記録を保管した者も、同項と同様とする。」

日本在住の被告人は、日本とアメリカ合衆国在住の共犯者らとともに日本国内で作成したわいせつな動画のデータファイルをアメリカ合衆国在住の共犯者に送り、共犯者がアメリカ国内に設置したサーバーコンピュータにそのデータファイルを記録、保存し、日本人など不特定かつ多数の顧客にインターネットを操作させ、データファイルをダウンロードさせる方法で有料配信する日本語のウエブサイトを運営していた。

(1) 日本国内の顧客Aが、平成23年7月及び12月、この配信サイトを利用し、わいせつ動画等のデータをダウンロードし、Aのパソコンに記録、保存した。

(2) 被告人等は、平成24年5月、有料配信の実施を予想し、バックアップ等のために、東京都内の事務所にDVDやハードディスクにわいせつ動画等のデータを保管した。

被告人は、刑法175条1項の、「わいせつ電磁的記録等送信頒布罪」および2項「わいせつ電磁的記録有償頒布目的保管罪」に当たるとして起訴された。

被告人は、サーバーコンピュータから顧客Aのパソコンへのデータ転送は顧客Aの行為であり、被告人らの頒布行為には当たらないと主張した。また、被告人は、配信サイトの開設、運用は日本国外でなされており、被告人等は、刑法1条「日本国内において罪を犯したすべての者に適用する。」とあるが、これに当たらない、と主張した。

最高裁（大谷剛彦裁判長、岡部喜代子、大橋正春、木内道祥、山崎敏充裁判官）は、「顧客による操作は、被告人らが意図していた送信の契機となるものにすぎず、被告人らは、これに応じてサーバーコンピュータから顧客のパーソナルコンピュータへデータを送信したというべきである」とし、「不特定の者である顧客によるダウンロード操作を契機とするものであっても、その操作に応じて自動的にデータを送信する機能を備えた配信サイトを利用して送信する方法によってわいせつな動画等のデータファイルを当該顧客のパーソナルコンピュータ等の記録媒体上に記録、保存させることは、刑法175条1項後段にいうわいせつな電磁的記録の『頒布』に当たる。」とした。また、「前記の事実関係の下では、被告人らが、同項後段の罪を日本国内において犯した者に当たることも、同条2項所定の目的を有していたことも明らか」とし、「わいせつ電磁的記録等送信頒布罪」及び「わいせつ電磁的記録有償頒布目的保管罪」の成立を認めた原判断は正当である、とし、上告を棄却した。

キーワード：刑法175条、わいせつ電磁的記録等送信頒布罪、わいせつ電磁的記録有償頒布目的保管罪

【コメント】刑法175条の「頒布」の意義を明確にした。

参考文献：判例時報2251号112頁のコメント

## ● 2014-22

**色切り替えパッチ事件**：氏名不詳者がアップロードしたファイルに含まれるプログラムとされる制作物は、原告創作に係るプログラムとされる制作物（パッチ）の複製又は翻案であるとし、プロバイダ責任制限法により、特定電気通信役務提供者へ発信者情報の開示を求め、開示が認められた事例である。

東京地裁平成 26 年 11 月 26 日判決（平成 26 年（ワ）第 7280 号）

　パッチとは、オペレーティングシステムやアプリケーションプログラムの不具合などを修正するためのファイルをいう。

　原告は、本件パッチを制作した者である。

　被告（ビッグローブ株式会社）は、インターネット等のネットワークを利用した情報通信サービス、情報提供サービスその他情報サービスの提供を業とする株式会社で、プロバイダ責任制限法の「特定電気通信役務者」である。

　別紙ウエブページの URL により表示されるウエブページに、氏名不詳の者がアップロードしたプログラムとされる制作物があり、これは、原告の制作物（本件パッチ）の複製物ないし翻案物であり、この発信者の行為は、原告の複製権又は翻案権及び公衆送信権の侵害であるから、発信者に対し、損害賠償請求権を行使するため、原告は、被告に対し、プロバイダ責任制限法 4 条 1 項に基づいて、発信者情報の開示を求めて訴えた。

　原告は、本件パッチは、平成 7 年（株）バンダイ発売の家庭用ゲーム機「スーパーファミコン」用のゲーム「SD ガンダム　GNEXT」に関して原告がそのバグ等を改善するために作成したプログラムであり、本件色替えパッチに創作性がある、プログラムの著作物と主張した。

　被告は、原告の本件パッチ自体は「バンダイプログラムを改変するためのデータ列」で、「原告の困難かつ多大な努力と、それらの創意工夫は、原告の個性による創作・創造というよりは、専らバンダイプログラム自体の原状に規定・拘束された、ある種の必然的な制作作業というべきもの」で、「著作物における、制作者の個性の表現ともいわれる創作性とはおよそ異なる」と主張した。

　東京地裁民事 29 部嶋末和秀裁判長は、次のように判断した。

1) 本件パッチは、「著作権法 2 条 1 項 10 の 2」の「プログラム」に該当する。
2) 本件パッチ中、少なくとも本件色替えパッチは、「プログラムの著作物」である。
3) 発信者プログラムのうち、少なくとも本件色替えパッチに対応する部分は、本件パッチの複製物である。
4) 本件発信者の行為は、原告の複製権及び公衆送信権を侵害するものである。
5) 原告は、本件発信者に対し、損害賠償請求権の行使のため、本件発信者情報の開示を受けるべき正当な理由がある。

「判決主文」
1．被告は、原告に対し、別紙発信者情報目録記載の各情報を開示せよ。
2．訴訟費用は被告の負担とする。

キーワード：プログラム、複製権、翻案権、発信者情報、公衆送信権、バンダイプログラム

【コメント】このあと、「色替えパッチのプログラム著作物」について、著作権侵害あるいは翻案権侵害の訴訟が行われるのであろうか。

## ● 2014-23

**家庭用脱毛器事件**：インターネット上に公開されているウエブページにおいて、家庭用脱毛器を販売している原告の商品「ケノン」に類似の「ケノン.asia」を使う者がおり、原告商品は高価だが、訴外他社商品の方に比べると劣る等の品質誤認させるような記載をし、不正競争防止法違反行為で原告の権利を侵害されているとして、原告がその発信者情報の開示を求め、認容された事例である。
東京地裁平成 26 年 12 月 18 日判決（平成 26 年（ワ）第 18199 号）

原告（(株)エムロック）は、インターネットの「ケノン公式ショップ」等において、家庭用脱毛器に「ケノン」との特定商品表示を付して、これを販売している。

被告は、ウエブページが蔵置されたレンタルサーバーを保有、管理している「さくらインターネット株式会社」である。

原告は、ネット上のウエブページにおいて、権利を侵害されたとして、不正競争防止法2条1項12号又は同項13号の不正競争を行った者に対する損害賠償請求を行うため、被告に対し、プロバイダ責任制限法4条1項に基づき、被告のサイトのウエブページが蔵置されたサーバー領域利用者である契約者の、住所氏名等の発信者情報の開示を求めた。

　東京地裁民事第47部高野輝久裁判長は、次のように判断し、被告が開示関係役務者であるとし、被告へ、別紙発信者情報目録記載の各情報の開示を命じた。

1) サイトの契約者は、不正の利益を得る目的で、原告の特定商品表示である「ケノン」と類似の「ケノン.asia」とのドメインを使用するもので、これは、不正競争防止法2条1項12号の不正競争に該当する。

2) サイトにおいて、訴外他社の商品は、「78ジュールの出力は業界ナンバー1」「業界1の高出力」であるとし、「みんなの評価」の見出しのもとで、訴外他社の総合評価を3.7ポイント、原告商品を3.3ポイントなどと表示したことは、不正競争防止法2条1項13号に該当する。

　これらの侵害情報の流通によって、原告の権利が侵害されたことは明らかであるとした。

**キーワード**：不正競争防止法、プロバイダ責任制限法、ドメイン、発信者情報、ウエブページ、比較広告

**【コメント】**家庭用脱毛器を販売する業者間の競争が激しいこと、商品の性質上、インターネットにおいて広告することが有効であることが窺える。

# 2013年（平成25年）に発出された判例

## ● 2013-1

> **シティバンク事件**：ドメイン名を日本レジストリーサービス（JPRS）に登録している原告が、そのドメイン名を被告（シティバンク銀行株式会社）へ移転せよ、との裁定がでたため、被告に対し、本件各商標に基づく本件ドメイン名の使用差止請求権の不存在確認を求め、訴えが却下された事件である。
> 東京地裁平成25年2月13日判決（平成24年（ワ）第2303号）

　原告は、日本ユナイテッド・システムズ株式会社である。平成13年3月26日、登録者名を「moving.citibank.jp」として「CITIBANK.jp」を登録した会社である。

　被告は、シティバンク銀行株式会社で、米国法人 Citibank.N.A. のグループ会社である。米国シティバンク日本支店の銀行業務に係る事業を譲り受け、平成19年7月以降、当該業務のほか米国シティバンクの外国銀行として日本における業務を代理している。

　原告は、ドメイン名「CITIBANK.JP」（以下、本件ドメイン名）を株式会社日本レジストリーサービス（JRPS）へ登録している。（平成14年4月までは（社）日本ネットワークインフォメーションサービスセンター JPNIC が登録事務を行っていた。）

　JPNIC は、平成12年7月、「JP ドメイン名紛争処理方針」を定め、これにより、被告は、平成23年10月28日、日本知的財産仲裁センターに対し、原告を相手方として、本件ドメイン名の登録を被告に移転せよとの裁定を求めて、本件紛争処理方針に基づく申し立てを行った。日本知的財産仲裁センター紛争処理パネルは、「本件ドメイン名の登録を被告に移転せよ。」とする裁定をした。そのため、被告に対し訴を起こした。

　米国法人 Citibank N.A. は、商標登録第1447343号など5件の商標権を有し

ている。

　原告は、被告に対し、本件各商標に基づく本件ドメイン名の使用差止請求権の不存在確認を求めて訴えた。

　東京地裁民事29部は、仮にこの訴訟で、被告に本件各商標の商標法上の使用差止請求権が存在しないことを確認しても、被告が本件各商標について米国シティバンクから許諾を得ているという事実関係が、本件ドメイン名の登録の移転を基礎づけ得るものである以上、原告の本件ドメイン名の登録に関するJPRSとの間の契約関係に基づく地位についての不安、危険は除去されない。原告と被告の間に商標権に基づくドメイン名の使用差止という紛争は存在しない。確認の利益は認められない。本件訴えは、確認の利益なく不適法で、却下する、とした。

キーワード：シティバンク、ドメイン名、日本レジストリサービス、日本ネットワークインフォメーションサービスセンター、日本知的財産仲裁センター、商標権

【コメント】原告「日本ユナイテッド・システムズ株式会社」は、弁護人なしで訴訟を提起している。判決文からはどういう会社かわからない。

● 2013-2

> **クリニック情報事件**：原告である医師は、被告が運営するウエブページ掲載のクリニックについての情報が誤っており、原告の人格権および業務遂行権（財産権）を侵害しているとして、不正競争防止法2条1項14号（不実記載）であるとして、ウエブページの表示の抹消、損害賠償200万円を求めたが、原告の請求がすべて棄却された事例である。
> 東京地裁平成25年3月6日判決（平成22年（ワ）第13704号）

　原告は、「Aクリニック」という名称の診療所（以下、「本件クリニック」という。）を開設する医師である。

　被告（(株)チューン）は、ホームページの作成等を主な業務とする株式会社で、(株)メディアラインから委託を受けて、インターネット上のアドレスにおいて、「Aクリニック」の名前を標榜するウエブサイトを開設している。

平成17年12月、本件クリニックが管理者原告で開設された。

本件クリニックの開設に当たり、メディアラインが経費等を負担、原告が医療知識等を提供する契約が締結された。

被告は、原告の了解を得た医薬品販売等を行う株式会社メディアラインから、本件クリニックのホームページ制作及び開設の委託を受けて、これを運営している。

平成18年9月27日、原告とメディアライン、被告らと協力関係が破綻し、原告は、メディアラインの関与なしに、本件クリニックを運営した。

被告代表者は、平成19年9月11日設立の医療法人社団スペクトラムの理事に就任した。この団体は、Aクリニックから1キロ離れた場所に、「Bクリニック」を開設した。

原告は、
1) 被告に対し、本件ウエブサイトの運営をすることは原告の人格権等を侵害する不法行為である、
2) 被告による本件ウエブサイトの運営が不正競争防止法2条1項14号の「不正競争」にあたる、

と主張した。

東京地裁民事40部東海林裁判長は、本件クリニックの事業主体は原告ではなく、訴外の「組合契約または組合類似の契約」に基づく「組合」であるとして、被告が、この組合から委託を受けて、クリニックのウエブサイトを運営していることは、原告の権利を侵害するものではない、不正競争についても、原告被告間に競業関係はない、とし、原告の主張を退け、原告の請求をすべて棄却した。

**キーワード**：不正競争、クリニック、ウエブページ、組合

【コメント】原告は本件クリニックを運営しているつもりだったが、判決は、訴外の「組合」であったと認定した。原告は、まったく自力で運営していると思っていたのだろうか。経費を負担していたメディアラインが脱退した後、「組合」が負担したようだが、原告は知らなかったのだろうか。

## ● 2013-3

> **SEO 債務不履行事件**：ウエブサイトで検索結果が上位に表示されるようにする義務の不履行により損害を被った等とする債務不履行又は不法行為に基づく損害賠償請求及び不当利得返還請求が棄却され、その反訴であるリース料金及び割賦販売代金の請求が認容された事例である。
> 大阪地裁平成 25 年 3 月 5 日判決 (判時 2198 号 113 頁)

　SEO (Search Engine Optimization) とは、検索エンジンの検索結果ページにおいて、あるホームページ (以下、HP) が表示される順位を上げる手法をいう。この、表示される順位を上げるということが実現できるのかは別として、そういう契約がなされた。

　この事件は、その契約がなされたのに、実際に達成できなかったとして、原告会社 X1 が、HP の制作を請負った被告会社 Y1 などを訴えた事件である。

　原告 X1 は、療養術、整骨院の経営、整体師の育成、専門学校の経営等を目的とする会社 (前身は小林整骨院) で、原告 X2 は、その代表取締役である。

　被告 Y1 ((株) アール・エム) は、インターネットプロバイダ業、インターネット HP の企画、立案、制作等を業とする株式会社である。

　X1 は、傘下に整骨院などを置いているが、それらのために、Y1 と、平成 18 年 11 月 15 日から平成 20 年 5 月 8 日までの間に、コンピュータ・ソフト等の「供給契約」を結び、その際、X1 は、次の会社とリース契約若しくは割賦販売契約を締結し、X2 がその保証人になった。リースの年数は、それぞれ 4 年、5 年とまちまちである。

　被告 Y2 (三井住友ファイナンス＆リース (株))、被告 Y3 (NEC キャピタルソリューション (株))、被告 Y4 (イデアカード (株))、被告 Y5 ((株) ビジネスパートナー)。

　X1 は、平成 22 年 11 月の支払日以降のリース代及び割賦販売代を支払わなくなった。

　X1 は、Y らに対し、X1 のウエブサイトが、検索エンジンにおいて、検索結果ページの順位が上がるように工夫するという SEO 対策を行うとの供給契約に基づき、その債務を負っているのにこれを怠ったこと、これにより損害を

受けたとして、債務不履行、不法行為（共同不法行為等）に基づく損害賠償を請求した。予備的に本件各供給契約が公序良俗違反、錯誤、詐欺取消又は心裡留保により無効であることを前提に、既払金等の不当利得返還を請求する本訴を起こした。

Y2ないしY5は、X1及びX2に対し、リース契約及び保証契約等に基づき、期限の利益喪失を前提に、残りのリース代金等の支払いを求める反訴請求を提起した。

［争点］
(1) 被告Y1が「継続的かつ効果的なSEO対策」を行う債務を負うか、について、契約書には、原告会社と被告アール・エムとの間で原告の主張するような『継続的かつ効果的なSEO対策』を実施する具体的な債務を負うことを裏付ける記載は見当たらない。本件各供給契約に至る経緯、契約前後の当事者間の交渉状況、契約後の被告Y1の対応状況、その他本件における一切の事情に照らしても、被告Y1が、原告会社に対し、『継続的かつ効果的なSEO対策』を行う手段債務を負っていたとまでは認められない。
(2) 被告Y1が「継続的かつ効果的なSEO対策」を行う債務を負わない場合に不法行為が成立するか。被告Y1に不法行為は成立しない。

［大阪地裁の判断］

「判決主文」

1, 原告らの請求をいずれも棄却する。
2, 原告らは、Y2へ連帯して87万7060円及びうち86万6250円に対する平成22年12月27日から支払済みまでの年14.6％の金員の支払を命ずる。
3, 原告らは、Y3へ連帯して316万1970円及びうち別紙1の金員に対する別紙1の遅延損害金起算日欄記載の各日から支払い済みまでの年14.6％の金員の支払を命ずる。
4, 原告らは、Y4へ連帯して55万0500円及びこれに対する平成22年12月28日から支払い済みまでの年14.6％の金員の支払を命ずる。
5, 被告Y3のその余の反訴請求をいずれも棄却する。

6，訴訟費用は、本訴反訴を通じ、原告らの負担とする。

7，この判決は、第 2、3、4 項に限り、仮に執行することができる。

キーワード：SEO、検索エンジン、契約、民法

【コメント】判決文において、「SEO 対策、特に原告の主張するような HP 制作後の継続的かつ効果的な SEO 対策の実施は、HP 制作とは別個の商品的価値を有し、また、その具体的な実施態様・程度についても、当事者が想定する獲得目標等に照らして様々なパターンが考えられる」とし、かかる SEO 対策の実施が、本件各供給契約において HP 制作等と同時に、具体的に合意されたか否か、慎重に検討する必要があるとし、検討している。

そもそも検索エンジンの検索結果ページにおいて、順位を上げることが可能であろうか、それがよく分からない。

参考文献：佐野正弘「SEO 対策のウソ・ホント」毎日コミュニケーションズ（2010 年 5 月 30 日）

● 2013-4

メール著作物事件：ウエブ上の記事により、著作権、著作者人格権が侵害されたとして、本件記事を掲載した者に対して、損害賠償請求権の行使のために、プロバイダ責任制限法 4 条 1 項に基づき、被告経由プロバイダに対し、発信者情報の開示を求めた原告が勝訴した事件である。
東京地裁平成 25 年 3 月 21 日判決（平成 24 年（ワ）第 16391 号）

原告は、宗教団体「ワールドメイド」の会員で、同団体の親睦団体関東エンゼル会の議長を務めている。

被告は、イー・アクセス株式会社である。

原告は、「やっと『人形ムード』になった方も多いのではないでしょうか？」「B 先生が『伊勢神業』のお取次ぎをしてくださるまでの貴重なこの時間は、私たちに『人形形代』をもっともっと書かせて頂くための時間ではないでしょうか？」などと書いた。

氏名不詳の誰かが、訴外会社が提供するレンタルサーバーを利用したイン

ターネット上のウエブサイト「ワールドメイトの実態」に、本件メールの全文をほぼそのまま1年3カ月間掲載された。

原告の本件メールの複製権、公衆送信権が侵害されたとして、被告イー・アクセス(株)に対し発信者情報を保有しており、原告は発信者情報の開示を受けるべき正当な理由があるとして訴えた。被告は、著作物性を争った。

民事47部高野輝久裁判長は開示を命じた。

「判決主文」

被告は、原告に対し、別紙アクセスログ目録記載17ないし22の各日時頃に、同目録記載のIPアドレスを使用して、同目録記載のアクセス先に接続していた者の氏名及び住所を開示せよ。訴訟費用は被告の負担とする。

キーワード：宗教団体、著作物、プロバイダ責任制限法、発信者情報、経由プロバイダ、イー・アクセス

【コメント】「人形形代」についての文章を、短いが著作物と認めた判決である。

## ● 2013-5

> **映像作品無断送信事件**：総合格闘競技のを大会を撮影・編集した映像作品をウエブサイトにアップロードする行為が、上記映像作品に係る公衆送信権侵害であるとして1000万円の損害賠償を命じられた事例である。
> 東京地裁平成25年5月17日判決(判タ1395号319頁)

原告は、ズッファエルエルシー(代表者代表執行役員X)で、総合格闘競技である「Ultimate Fighting Championship」(UFC)の大会の試合を撮影・編集した映像作品(本件各作品)の著作権を有する。

被告は、本件各作品を、ウエブサイト「ニコニコ動画」に合計84回、アップロードした。原告は、著作権(公衆送信権)を侵害したと主張し、被告へ上記著作権侵害の不法行為により、原告の被った損害の一部である1000万円及び遅延損害金の支払いを求めた。

東京地裁民事29部大須賀滋裁判長は、

(1)本件各作品のうち、原告が一部請求の根拠とした作品合計3点の著作物

性を検討、これらの作品がUFC大会の試合を撮影した動画映像で、被写体の選択、被写体の撮影方法に工夫がこらされ、編集や加工により構成が工夫され、映画の著作物で、原告が上記作品の著作権者であるとした。

(2) 被告が、「ニコニコ動画」の運営のために設置管理されているサーバーコンピュータ内の記録媒体に、これらの動画のデータを記録・保存し、インターネットを利用する不特定多数の者に対し、自動公衆送信し得るようにしたことは、これら作品を送信可能化するもので、原告の公衆送信権を侵害する、とした。

(3) 損害額、配信料相当額である500円に再生回数（3作品合計3万4008回）を乗じ、更に60%を乗じた金額に相当する額を原告の損害（著作権法114条3項）とする。

とし、原告の請求1000万円及び遅延損害金の支払い請求を全部認容した。

**キーワード**：ニコニコ動画、映画の著作物、公衆送信権侵害、著作権法

**【コメント】**映画の著作物であるとすれば、この判決の結論は正しいと思う。

## ● 2013-6

**中村うさぎ「狂人失格」事件**：ネットで知り合った女性をモデルにして、小説「狂人失格」を出版した作家中村うさぎが名誉毀損、プライバシー権侵害で訴えられ、100万円の損害賠償が命ぜられた事例である。
大阪地裁堺支部平成25年5月30日判決（平成23年（ワ）第1731号）

作家Y（中村うさぎ）は、ネットで原告Xと知り合い、その後、面談し、共著の本を出そうかという話もあったが、その計画は中止になった。

Yは、A出版社のPR誌に小説を連載ののち、平成22年2月、A出版社から「狂人失格」を5000部発行した。この小説は、女性作家が、一人の有名になりたい女性と知り合い、その女性との交流を通して、その女性の中に自己顕示欲や作家自身の姿があることを剔抉し、哲学的自問自答を描いた作品である。

Xは、当初は、この小説の出版に異議を唱えず、かえってA出版社に自らの著作の出版や著名人との対談企画を提案したり、みずから自己が管理するウ

エブサイトに、Yの「狂人失格」のモデルは自分であるとの宣伝活動をした。

平成23年、Xは、本件小説により名誉を毀損され、プライバシー権を侵害されたとして、Yへ1000万円の損害賠償を請求した。

大阪地裁堺支部中村哲裁判長は、プライバシー権侵害、名誉毀損を認め、原告の被った精神的苦痛を金銭的に評価し、100万円の損害賠償の支払いを命じた。

**キーワード**：モデル小説、小説家、名誉毀損、プライバシー権侵害、民法

**【コメント】**この判例は、インターネットに直接関係していないともいえるが、インターネットによって、原告と被告は、知り合いになり、原告は自分のホームページで、被告小説のモデルは自分であると告白し、むしろ宣伝し、インターネットが重要な役割を果たしている。原告は、一旦はモデルを承諾していること、対談や共著の話が実現しなかったこと、原告は（有名になるなら）自己のプライバシーや名誉を犠牲にしてもかまわない、と思われること、原告被告は同じ作家という「部分社会」に住む人間であること、以上の理由で、私は、請求棄却ないし原告から被告へ5万円程度の損害賠償金の支払いでいいと考える。

**参考文献**：大家重夫「中村うさぎ『狂人失格』事件を読む」マーチャンダイジングライツレポート52頁(2013年7月号)

## ● 2013-7

> **「出会い系サイト」不法行為事件**：多くの有料メール交換サイトを運営する会社Yが、サクラ（回し者）を使い、利用者をサイトに誘い込み、サイト利用者Xから代金名目で2031万3000円を詐取したとして、有料メール交換サイトの運営会社の不法行為責任が認められ、Xへ2234万4300円を支払うよう命ぜられた事例である。
>
> 横浜地裁平成24年6月11日判決（平成23年（ワ）第5174号）、東京高裁平成25年6月19日判決（平成24年（ネ）第4873号、判時2206号83頁）

被告のY会社は、インターネット上で多数の有料メール交換サイトを運営している。

原告Xは、被告Y会社が運営する出会い系サイトに入り、会員登録をした。Xは、その後、指示に従えば数百万円ないし数千万円の多額の金員を供与する、面談や実験対象になってくれれば相当の対価を支払うとのサクラからのメールに応じ、Xは面談に赴くが会えず、その都度、サイトの利用代金がかさみ、合計2031万3000円になった。

Xは、Yがサクラを用いて、利用代金の名目で多額の金員を支払わせ、金員を騙し取ったとして、利用代金を損害とする損害賠償請求訴訟を提起した。

1審の横浜地裁は、Yの不法行為の日時、内容等、Xの誤信内容、錯誤に基づくYへの送金ないしポイント購入の時期及び金額について特定がなく、サクラとYの関係等が主張上明確でないとして、請求を棄却した。Xは、控訴した。

2審の東京高裁瀧澤泉裁判長は、「被控訴人は、本件各サイトにおいて、サクラを使用して、かつサクラであることを秘して、資金援助や連絡先交換又は待合せ等、役務ないし利益の提供をする意思もないのに、それがあるように虚偽のメールを送信させて、それらが一定程度実現する可能性があると控訴人を誤信させ、控訴人に役務ないし利益の取得のため、送受信等を多数回繰り返させたり、上記資金援助等の目的達成のためには虚偽の暗号送信等の手続きが必要であるとの虚偽の事実を申し向けて、その旨控訴人を誤信させ、利用料金名下に多額の金員を支払わせた、詐欺に該当するものというべきである。被控訴人は、控訴人に対する不法行為責任を免れることはできない。」とした。

利用代金2031万3000円と弁護士費用203万1300円（上記損害の1割）の合計2234万4300円を損害とし、原判決を取り消して、控訴人の請求（2審で拡張した分を含む）を全部認容した。

キーワード：出会い系サイト、虚偽メール、不法行為、民法、詐欺

【コメント】出会い系サイトに引っかかり、2031万円も支払った原告が、2審判決により、取り戻したという事件である。2審判決を是としたい。

## ● 2013-8

**ニコニコ動画事件**：ニコニコプレミアム会員Xが、自分が大阪市内のマクドナルド店に入店する様子や警察官と対応する様子を撮影し、動画にし、動画共有サイト「ニコニコ動画」にアップロードし、サイトへアクセスする者が視聴できるようにしたところ、「ロケットニュース24」というウェブサイトが掲載し、記事を書込み、会員を誹謗中傷する書込みをし、この動画を視聴できるようにし、この記事の末尾に「参照元ニコニコ動画」とした。Xは、ウェブサイト運営者を訴えたが、Xが敗訴した事件である。
大阪地裁平成25年6月20日判決（平成23年（ワ）第15245号、判時2218号112頁）

　原告Xは、平成23年6月当時、株式会社ニワンゴが提供するインターネット上の動画共有などのサービスのニコニコプレミアム会員として、「ニコニコ生放送」による動画のライブストリーミング配信等を行っていた。

　被告Yは、情報提供サービスなどを目的とし、「ロケットニュース24」というウェブサイトを運営している株式会社ソシオコーポレーションである。

　原告Xは、Xが著作者である動画を、被告Yが被告運営の「ロケットニュース24」に無断で掲載し、これに原告を誹謗中傷する記事を掲載し、コメント欄に読者としてコメント欄に原告を誹謗中傷する書込みをさせ、これを削除しなかったことをXの名誉毀損と主張した。また、Xの著作権（公衆送信権）及び著作者人格権（公表権、氏名表示権）を侵害するものであるとして、被告に対し、名誉権に基づき、本件ウェブサイトに掲載された本件記事及び本件コメント欄記載の削除を求めると共に、著作権及び著作者人格権侵害の不法行為に基づく名誉回復措置として別紙1記載の謝罪文を、名誉毀損の不法行為に基づく名誉回復措置として別紙2記載の謝罪文を本件ウェブサイトに掲載するよう求めた。

　併せて、主位的に著作権及び著作者人格権の不法行為に基づく損害賠償の一部として30万円と遅延損害金並びに名誉毀損の不法行為に基づく損害賠償の一部として30万円及び遅延損害金を請求し、予備的に被告の上記行為は、原告の肖像権を侵害するとし、被告に対し、肖像権侵害の不法行為に基づく損害賠償の一部として10万円、及び遅延損害金並びに名誉毀損の不法行為に基づ

く損害賠償の1部として50万円、及び遅延損害金を請求した。
　大阪地裁第21民事部谷有恒裁判長は、次のように判断し、原告の請求を棄却した。
1, 本件動画は映画の著作物で、著作者は原告である。
2, 被告は、本件動画へのリンクを貼ったにとどまり、被告Yが本件動画を自動公衆送信による不法行為をしたり、送信可能化による不法行為も認められない。公衆送信権侵害の幇助による不法行為は成立しない。
3, 著作者人格権（公表権、氏名表示権）侵害について。
　原告Xは、被告Yによる本件動画のリンクに先立ち、生放送をライブストリーミング配信しており、公表権侵害は成立しない。本件記事自体に原告Xの実名、変名の表示はなく、氏名表示権侵害の前提を欠き、ウエブサイト上の表示が原告の氏名表示権侵害になるとは認められない。
4, 本件動画及び本件記事の名誉毀損該当性、違法性阻却事由の有無について。
　本件記事及び本件動画の本件ウエブサイトへの掲載が原告の名誉を毀損するとの主張は、違法性阻却事由があり、また、記事中の「非常識な行動」は、人身攻撃に及んでなく、意見や論評の域を逸脱してない。被告が、本件ウエブサイトに本件記事を掲載し、併せて本件動画へのリンクを貼ったことに違法性はない。
5, 本件コメント欄記載の削除義務の有無について。
　被告は、平成23年6月27日に原告から抗議を受け、直ちに本件動画へのリンクを削除し、原告の社会的評価が低下することを防止するための対応を適時とっている。被告は、本件コメント欄記載を削除すべき義務を負う状況になく、削除義務を負うものでない。
6, 肖像権侵害の有無について。
　被告が本件ウエブサイト上で、本件動画へリンクを貼ったことが原告Xの肖像権を違法に侵害したとはいえない。第三者による肖像権侵害につき、故意又は過失があったともいえず、不法行為が成立するとは認められない。

キーワード：ニコニコ動画、リンク、著作権、著作者人格権、名誉権、肖像権、ウエブサイト、映画の著作物、名誉毀損

【コメント】大阪地裁判決を支持する。

## ● 2013-9

**苦情申告書ブログ掲載事件**：原告弁護士と被告行政書士2人との間に紛争がある中で、被告行政書士らが、それぞれのウエブサイトに原告の苦情申告書、原告の懲戒請求に対する原告答弁書を掲載したことは、被告らが著作物である申告書、答弁書の著作権（公衆送信権及び公表権）の侵害であるとし、使用の差止を認めた事件である。

東京地裁平成25年6月28日判決（平成24年（ワ）第13494号）

原告Xは、東京都千代田区岩本町に「神田のカメさん法律事務所」を開業する弁護士。

被告Y1は、清瀬市内で「かなめ行政書士事務所」を開設する行政書士で、インターネット上、「かなめ行政書士事務所」のタイトルでブログを公開している。

被告Y2は、インターネット上で「NEWS　RAGTAG」のタイトルで、ブログを公開している。

Xは、

1) Y1に対して、原告文書1（XがY1にあてた通知書で、Y1がインターネットで公開する記事の削除を求める等を記載）及び別紙URL目録記載のURLを掲載してはならない。

2) Y2は、原告文書1、原告文書2（Xが東京行政書士会長に提出した苦情申告書）、原告文書3（Y1が東京弁護士会に提出したXの懲戒請求に対するXの答弁書、懲戒請求の棄却を求めるXの理由を述べた文書）を、ブログに掲載してはならない。

3) Y1、Y2は、それぞれ150万円及び支払済みまでの年5分の金員を支払うよう求めた。

なお、Y1は、原告文書1を掲載し、原告文書3のpdfファイルをアップロードし、pdfファイルをアップロードしたURLをY1ブログ1の記事内に

表示。記事を閲覧した者が、URL から pdf を閲覧できる仕組みにした。

Y2 は、原告文書 1 ないし 3 を、それぞれのブログ内の記事において掲載した。

東京地裁民事 29 部大須賀滋裁判長は、原告文書 1 の著作物性を否定した。原告文書 2 及び 3 の著作物性は肯定した。Y1 の、これらの pdf ファイル掲載行為、被告 Y2 の原告文書 2 及び 3 の公衆送信権侵害、公表権侵害を認めた。URL の掲載は、X の公衆送信権侵害を引き起こす行為であり、それらを掲載し、使用する行為の差止を認めた。慰謝料請求は、精神的苦痛が生じたと認められないとした。

「判決主文」
1，被告 Y1 は、別紙ウエブサイト目録記載 1 のウエブサイトにおいて、別紙掲載記事目録記載 4 及び 5 の各記事に含まれている別紙 URL 目録記載の URL を掲載してはならない。
2，被告 Y2 は、別紙ウエブサイト目録記載 2 のウエブサイトにおいて、別紙掲載記事目録 3 の記事に含まれている別紙原告文書目録記載 2 の文書及び別紙掲載記事目録記載 6 の記事に含まれている別紙原告文書目録記載 3 の文書を掲載して使用してはならない。
3，原告のその余の請求をいずれも棄却する。
4，（訴訟費用は、省略する）

キーワード：弁護士、行政書士、著作物、苦情申告書、著作権法
【コメント】2013-13 と同じ当事者間の事件である。

## ● 2013-10

センチュリー21 事件：「CENTURY21」の名称で、フランチャイズチェーンを営む原告が、「CENTURY21.CO.JP」のドメイン登録をした被告に対し、フランチャイズ契約違反、不正競争防止法違反に基づき、被告ドメインの使用差止、登録抹消および損害賠償を求め、また被告に対し、被告の法人格は権利濫用で A 社と同視すべきで、原告が A 社に有する未払いの債権 5532 万 9175 円の支払いを求め、原告の請求を認容した事件である。

東京地裁平成 25 年 7 月 10 日判決（平成 24 年（ワ）第 7616 号）

原告Xは、「CENTURY21」の名前で、不動産業者向けのフランチャイズチェーン事業本部であり、加盟店に対する営業支援等を主とする株式会社センチュリー21・ジャパンである。

被告Yは、原告のフランチャイジーであった不動産業者センチュリー住宅販売株式会社である。

原告Xと被告Yは、平成23年6月21日、フランチャイズ契約を結んだ。

原告Xのフランチャイジーであった訴外A社（横浜不動産）は、遅くとも平成10年頃、「CENTURY21.CO.JP」（本件ドメイン）を登録し、平成23年6月21日、Aは、これを被告Yへ譲渡した。

Xは、Yに対し、1）フランチャイズ契約又は不正競争防止法2条1項12号、3条、4条に基づき、本件ドメインの使用差止、登録抹消及び損害賠償を求めた。2）被告Yは、形式上はA社と別法人だが、法人格の濫用であり、A社と同一視されるべきで、XはA社への債権5532万9175円を有しており、その支払いを求めた。

東京地裁民事29部大須賀滋裁判長は、原告Xの請求をほぼ全部認容した。

「判決主文」

1. 被告は、建物の賃貸の媒介、建物の売買の媒介、土地の賃貸の媒介、土地の売買の媒介の各役務の提供に関し、「CENTURY21」を含むドメインを使用してはならない。
2. 被告は、別紙ドメイン名目録のドメインの登録を抹消せよ。
3. 被告は、原告に対し、平成23年12月28日から別紙ドメイン名目録記載のドメインの登録抹消済みに至るまで、月5万円の割合による金員を支払え。
4. 被告は、原告に対し、5162万2641円及びこれに対する平成23年3月31日から支払済みまで年6分の割合による金員を支払え。
5. 被告は、原告に対し、370万6534円及びこれに対する平成24年3月31日から支払済みまで年6分の割合による金員を支払え。
6. 訴訟費用は被告の負担とする。
7. この判決は、第2項を除き、仮に執行することができる。

キーワード：不正競争防止法、ドメイン、フランチャイズ契約、法人格濫用
【コメント】判決文において、多くの場合、遅延利息は「年5分」であるが、この事件は商人同士であり、「年6分」である。横浜不動産による法人格の濫用であるとされ、法人格否認の法理により、原告の請求はすべて認められた。

## ● 2013-11

**漫画家佐藤秀峰事件**：漫画家佐藤秀峰の描いた天皇の似顔絵を、無断で画像投稿サイトに投稿したことが著作権侵害及び著作者人格権侵害とされ、50万円の損害賠償が命ぜられた事例である。
東京地裁平成25年7月16日判決（平成24年（ワ）第24571号）、知財高裁平成25年12月11日判決（平成25年（ネ）第24571号）

原告X（佐藤秀峰）は著名な漫画家であるが、2012年9月、「ブラックジャックによろしく」の二次使用を商用、非商用を問わずフリーにしたことで話題になった。

訴外A（有限会社佐藤漫画製作所）は、Xが制作した作品の著作権の管理等を行う特例有限会社である。

Aは、「漫画 on Web」というウエブサイトを運営しているが、販売促進活動の一環として、同サイトでXの作品を購入した顧客に対し、その希望する人物の似顔絵をXが色紙に描き、これを贈与するというサービスを提供した。

被告Yは、平成24年3月20日頃、このサイトを通じて、Xの「特攻の島」3巻及び4巻を購入すると共に、Aに対し、Xが描いた昭和天皇及び今上天皇の似顔絵を各1枚贈るよう申し入れ、Xはこれに応じ、AがYに送付した。

平成24年3月24日、Yはツイッターのサイト（以下、本件サイト）に、「天皇陛下にみんなでありがとうを伝えたい。陛下の似顔絵を描いてくれるプロのクリエータさん。お願いします。クールJAPANなう、です。」と投稿し、その後、似顔絵のうちの1枚を撮影した写真をTwitpicという画像投稿サイトにアップロードした上、本件サイトに「陛下プロジェクトエントリーナンバー1,X．海猿、ブラックジャックによろしく、特攻の島」と投稿し、上記画像投稿サイトへのリンク先を掲示した。また、Yは、残る1枚の似顔絵についても、

上記画像投稿サイトにアップロードし、本件サイトに「はい、応募も早速三通目！…なんとまたＸさんの作品だ！なんか萌えますな。萌え陛下。」と投稿し、上記画像投稿サイトへのリンク先を掲示した（以下、本件行為１）。

これに対しＸは、「お客様のリクエストには極力お応えするのですが、政治的、思想的に利用するのはご遠慮ください。あくまで個人的利用の範囲でお応えしたイラストです。」と投稿したところ、Ｙは、「あ、はいゴメンなさい。賛同していただけるかと思ったのですが、届きませんでしたか…ごめんなさい。消します。」と投稿し、その後、本件似顔絵の写真を上記画像投稿サイトから削除した。

しかし、Ｙは、本件サイトに、平成24年3月25日「毒をもって毒を制すということで、大手マスコミと同じ手法を取ってみた。」、翌26日「どんな手を使っても注目を集めて伝えたいことがあるんです。」「Ｘさんにも○害予告されましたし、あちこちから狙われてますのでＷ 俺の交友範囲は右から左、官から暴、聖から貧まで幅広いですが、危険情報ばかり流しているので…アブナイJAPANというのに少しまとめてあります…（以下省略）」と投稿した（以下、本件行為２）。

本件サイト及び画像投稿サイトにおけるＹの投稿内容は、Ｙがブロックした者以外の者に自由に閲覧できた。

Ｘは、(1)本件行為１について、Ｘの著作権（公衆送信権）侵害である。また、本件行為１は、原告Ｘの名誉声望を害する方法で著作物を利用する行為であり、著作者人格権侵害である（著作権法113条6項）、(2)本件行為２の中で、「○害予告」は「殺人予告」を意味する。ＸがＹに対し殺害予告をしたとの事実を摘示することは、Ｘの社会的評価を低下させるもので、Ｘへの名誉毀損であると主張し、平成24年9月、Ｙを相手に400万円の損害賠償を求め提訴した。

［東京地裁］

民事46部の長谷川浩二裁判長は、本件行為１の著作権侵害による損害額20万円、本件行為１による著作者人格権侵害、及び本件行為２のＸへの名誉毀損について、それぞれ15万円（合計30万円）と認定し、Ｙは、Ｘへ50万円を支払うよう命じた。

Ｙは控訴し、Ｘは自らの作品について、著作権フリーの姿勢をみせており、

Yには著作権侵害の故意はない、と主張。これに対しXは、「自ら制作した特定の作品のみ他人による自由な二次利用を許諾したにすぎない」と反論した。

[知財高裁]

第3部の設楽隆一裁判長は、原判決が認容した限度で、理由がある、と1審判決を支持し、本件控訴を棄却した。

キーワード：漫画家、名誉毀損、著作権侵害、著作者人格権侵害、名誉声望、著作権法、民法

【コメント】佐藤秀峰氏は、マンガの二次利用は、フリーにしたいという気持ちを持っていたと思われるが、自分と違う思想の人の手にかかると、このように「悪用」されるので、考えを改めたかも知れない。「著作権法113条6項」という条文の有用性が証明された。

参考文献：判例評釈として、小泉直樹「著作者の名誉声望の侵害」『ジュリスト』2013年10月号6頁、大家重夫「入手した天皇似顔絵を政治・思想目的でウエブサイトに掲載利用した事件」日本マンガ学会ニューズレター36号8頁(2014年1月)

● 2013-12

**ナビキャスト事件**：入力フォーム紹介の資料は著作物であり、類似サービスの資料が著作権侵害とされ、10万円の損害賠償が命ぜられた事例である。

東京地裁平成25年9月12日判決(平成24年(ワ)第36678号)

原告X((株)ショーケース・ティービー)は、その業務に関連して、ウエブサイトの入力フォームのアシスト機能に係るサービスである「ナビキャスト」の内容を説明する資料を作成し、ネット上、あるいは紙媒体で、Xの著作の名義で公表した。

ところが、同様の事業を行っている被告Y((株)コミクス)が、COMIX Inc.の著作名義で「EFO CUBEによる入力フォーム改善・最適化〜入力フォームでの離脱を改善します」という資料をネット上で、あるいは紙媒体の印刷物で公表した。

Xは、Yに対し、

1，上記「EFO CUBEによる入力フォーム改善・最適化〜入力フォームでの

離脱を改善」の営業資料を記録した電磁的記録媒体の記録抹消、又は同資料印刷パンフレット、レジメ等の印刷物の廃棄を求め、
2, 被告Yは、原告Xへ、1680万円及び訴状到達日翌日から支払済みまでの年5分の金員の支払を求める、

として訴訟になった。

　原告は、原告各資料は、全体として著作者の個性が発揮され、思想を創作的に表現し、文芸及び学術の範囲に属する言語及び美術の著作物に当たると主張した。

　被告は、原告資料は特徴的言い回しがなく、表現が平凡でありふれている、創作的表現はない、と反論した。

［東京地裁判決］

　民事47部の高野輝久裁判長は、次のように述べて、原告の請求を一部認容した。

1, 差止め及び廃棄等の請求について。

　被告Yは、平成21年8月頃から「EFO CUBE」のサービスを開始し、上記営業資料を作成し、顧客に頒布、上映していたが、平成24年1月15日、本件訴状の送達を受けて被告資料の使用を中止し、記録した電磁的記録媒体や被告資料を印刷した印刷物を保有している証拠はないので、「原告の差止め及び廃棄等の請求」は理由がないとした。

2, 損害賠償の請求について。

　(1) 原告各資料が著作物に当たるか否か

　　「『ナビキャスト』の内容を効率的に顧客に伝えて購買意欲を喚起することを目的として、『ナビキャスト』の具体的な画面やその機能を説明するために相関図等の図や文章の内容を要領よく選択し、これを顧客に分かりやすいように配置したもので」「全体として筆者の個性が発揮され」「創作的な表現を含むから、著作物に当たる」とした。

　　また、原告Xが、平成20年、訴外A（インターネット広告代理店事業（株）フルスピード）に、ナビキャストフォームアシストの供給の委託等をしたこと、被告Yは、Aから「〈入力フォーム最適化ツール〉フルスピードEFO」資料の送付を受け、被告Y従業員がこれを修正

し、被告資料が完成したことを認め、原告資料に「依拠」したと認定、被告Yは、原告Xの著作権（複製権及び翻案権）を侵害したとし、顧客に対し被告資料の頒布上映は、原告の著作権（上映権又は著作権法28条に基づく上映権及び譲渡権又は著作権法28条に基づく譲渡権）を侵害するとした。

(2) 被告の代表者は、原告ナビキャスト担当者の訪問を受けて原告資料を入手している。原告資料と被告資料の記載が同一のものがあると知ることができたのに、しなかった被告には過失がある。

(3) 被告資料が「EFO CUBE」の営業で補助的役割であること、著作権侵害部分は、被告資料の38.8％相当にすぎないこと等の理由で、原告損害額は10万円とした。

キーワード：営業資料、著作物、印刷物、著作権侵害、著作権法

【コメント】ウエブページに載せる機能的、説明的な機械や道具の使い方といった文章の著作物性が認められた事例である。

## ● 2013-13

**弁護士対行政書士事件**：控訴人（一審被告、行政書士）が自らのブログに掲載した被控訴人（一審原告、弁護士）に関する記事の内容は、控訴人の意見ないし論評にすぎないか、事実の摘示に当たる部分も虚偽とは認められないとして、一審は被控訴人（弁護士）の請求を一部認めたが、二審は、かかる記事の掲載は不正競争防止法の違反にならないとして、被控訴人の請求を棄却した事例である。
東京地裁平成24年12月6日判決（平成24年（ワ）第11119号）、知財高裁平成25年9月25日判決（平成25年（ネ）第10004号）

原告は、東京都千代田区で「神田のカメさん法律事務所」を開設している弁護士である。

被告は清瀬市内で「かなめ行政書士事務所」を開設している行政書士である。

被告は、モバイル用URLを開設し、そのブログで、平成23年6月9日、「南洋株式会社」と題する記事を書き、「この会社も社債を募集していますが、

どうなんでしょう？」、南洋株式会社の有価証券を購入すれば、これを担保に先物取引で被った損失を取り戻せるという電話を受けた相談者への回答として「被害回復型の詐欺だと思います…損失を取り戻すと言って釣っておいて、南洋株式会社の社債を買わせようとしているんだと思います」などと書いた。

原告は、南洋株式会社から記事の削除を依頼され、被告へ記事の削除を求めたが、被告は拒否した。原告は、平成23年10月17日、東京都行政書士会長へ、被告は行政書士法12条（秘密を守る義務）違反などの行為をしている、ブログの削除等の指導や対応を求めた。

被告も同月31日、東京弁護士会に、原告への懲戒を求めた。

南洋株式会社は、原告を代理人として、被告のブログが掲載されているニフティ株式会社に対し、人格権に基づき本件各先行記事等の削除を求める仮処分命令を申し立て、平成23年12月25日、本件第二先行記事の削除を命じる判決を得た。

被告は、原告への懲戒請求手続きにおいて、原告が提出した答弁書を被告のブログなどに掲載した。原告は、著作権に基づき、答弁書の削除を求める仮処分命令を出すよう東京地裁へ申し立てた。

平成24年5月、原告は、不正競争防止法2条1項14号及び3条を根拠に、訴訟を提起した。

1, 被告は、インターネット上の「かなめ行政書士事務所」ブログ、モバイル用URLその他のブログ、電子掲示板等へ別紙記事目録の記事を掲載してはならない。

2, 被告は、インターネット上の「かなめ行政書士事務所」ブログ、モバイル用URLに掲載している別紙目録の請求欄記載の記事を削除せよ。

3, 被告は、原告に対し、744万円及びこれに対する平成24年5月2日から支払済みまで年5分の割合の金員を支払え。

1審の東京地裁17部（高野輝久、志賀勝、小川卓逸）は、次の判決を下した。

1, 被告は、インターネット上の「かなめ行政書士事務所」ブログ、モバイル用URLその他のブログ、電子掲示板等へ別紙記事目録の記事を掲載してはならない。

2, 被告は、インターネット上の「かなめ行政書士事務所」ブログ、モバイル用 URL に掲載している別紙目録の主文欄記載の記事を削除せよ。

3, 被告は、原告に対し、50 万円及びこれに対する平成 24 年 5 月 2 日から支払済みまで年 5 分の割合の金員を支払え。(以下省略)

すなわち、一審判決は、原告が虚偽の記事であると主張する 12 件の記事の内、9 件の記事について、原告の営業上の信用を害する虚偽の事実の流布に当たる部分があるとして、その掲載の禁止及び削除並びに損害賠償を命じた。

2 審判決(設楽隆一、田中正哉、神谷厚毅)は、被控訴人の請求はいずれも理由がないとし、原判決が、被控訴人の請求の一部と認めていた部分を取り消して、被控訴人の請求をいずれも棄却した。

「主文」

1, 原判決中控訴人敗訴部分を取り消す。

2, 上記部分につき、被控訴人の請求をいずれも棄却する。

3, 訴訟費用は、第 1、2 審を通じて、被控訴人の負担とする。

キーワード：不正競争防止法、ブログ、弁護士、行政書士

【コメント】1 審判決と 2 審判決が全く違っている。難しい事件(2013-9 参照)。

● 2013-14

**取締役会決議ネット公表事件**：原告 X1 社の完全子会社である訴外 A 社は、保有する訴外 B 社の持ち分 50% をネバダ州法人被告 Y1 社に出資、Y1 の株主であったところ、平成 24 年 2 月 18 日、Y1 社の役員 Y2 らは、C 法律事務所の調査報告書に基づき、A 社、X1 社、X3 を取締役等の不適格者と認定し、A 社保有の Y1 会社の株式を強制償還することを、Y1 社の取締役が、X3 を除く全員で、決定した。Y1 社は、翌日、そのホームページ上にプレスリリースとして、掲載した。X1 社及び X3 は、本件調査依頼行為、本件取締役会決議、本件プレスリリース掲載行為によって、X3 及び X1 社の名誉・信用毀損であるとし、また X2 社は、名誉・信用毀損の結果、X1 社の株価が下落し、X2 社に損害が発生したとし、不法行為に基づく損害賠償を Y らに請求したが、訴え却下とされた事例である。

東京地裁平成 25 年 10 月 21 日判決(平成 24 年(ワ)第 24610 号)

以下、中村知里氏、種村佑介氏の要約文を参考に事実の概要を述べる。

原告X1社（ユニバーサルエンタテインメント）は、パチスロ機、パチンコ機の開発製造販売を行う資本金9800万円の株式会社で、東京証券取引所ジャスダック市場に上場している。

X2社は、日本法を設立準拠法とし、日本を本店所在地とする会社で、X1社の株式を保有している。

X3（岡田和生）は、X1社の取締役会長である。X3は、X2の完全親会社である香港法人訴外会社の持ち分すべてを親族と共に保有している。

Y1社（ウイン・リゾーツ）は、米国ネバダ州と中国マカオにおいて、5000億円近くを売り上げる世界有数のカジノ運営会社である。

Y2（スティーブ・ウイン、ネバダ州在住）は、Y1社の取締役会会長兼最高経営責任者である。

A社とは、ネバダ州法を根拠法とする法人、アルゼUSAで、X1の子会社である。

Y1社は、平成17年3月24日、ネバダ州の規制委員会によりゲーミングの免許登録が承認された。

ネバダ州にはゲーミングに関する法令があり、犯罪その他の好ましくない事柄に関係するなど、不適格と認定されると、免許が剥奪される、

Y1社は、不適格者と会社が関わることを防止するため、取締役等に対する調査の実施を含むコンプライアンス委員会の設置を内容とするゲーミング規制遵守プログラムを策定し、定款において、取締役会がその裁量に基づき不適格者と判断した株主の株式償還に関する規定を置いている。

平成23年10月、Y2ら3名は、コンプライアンス委員会を使って、X3およびその関係者の違法行為の調査を訴外C法律事務所へ依頼した。

平成24年2月18日、Y2ら取締役11名は、取締役会を開き、本件調査依頼行為に基づくC法律事務所の調査結果を受けて、Y1の発行済み株式の19.66%を保有していた訴外A社（ネバダ州法を設立準拠法とするX1社の完全子会社）、X1社およびX3を定款にいう「不適格」該当と認定し、A保有のY1株式2454万9222株を強制償還することを決定した。翌2月19日、Y1は、

そのホームページ上に、取締役会決議の内容を記載した英語のプレスリリースを掲載した。

プレスリリースには、1) C法律事務所報告書がX3及びその関係者の違法行為、及びY1社の行動基準を著しく無視するやりかたで不適切な活動を反復していたことを立証したこと、2) 本件取締役会決議の内容を英語で記載していた。

同日2月19日、Y1社は、ネバダ州クラーク郡地方裁判所に、X1社、X3及びA社を被告として、Y1社が合法的かつ定款等に忠実に行動したことの確認請求、X3の信認義務違反に対する損害賠償請求を提起した。

一方、X1社、X2社、X3は、Y1社ほか12名に対し、日本の東京地裁に訴訟を提起した。すなわち、プレスリリース公表直前のX1社の株価は、時価総額約1536億円であったが、公表直後約1216億円となった。原告X2社は、本件プレスリリース掲載当時、X1社の株式5445万2500株を保有していたため、217億円損失した。

X1社及びX3は、Yらの本件調査依頼行為、本件取締役会決議、本件プレスリリース掲載行為によって、X3およびX1の名誉・信用を毀損し、その結果、X1の株価が下落し、X1の株式を保有していたX2に損害を与えたと主張して、X1、X2、X3は、Yらに対し、民法709条、719条（共同不法行為者の責任）及び会社法350条（代表者の行為についての株式会社の損害賠償責任）に基づき損害賠償を求めた。

Yらは、本件各訴えは、日本の国際裁判管轄に属さないと抗弁し、その却下を求めた。

[東京地裁]

1. 本件プレスリリースは、X3及びX1社の名誉・信用毀損結果が日本国内で発生したといえる。

   Y1社がした本件プレスリリースの掲載によって、X3及びX1社の名誉・信用毀損という直接の結果が、日本において発生したと解する。「なお、本件のように、インターネット上の表現が名誉毀損に該当する場合については、名誉毀損の結果が、当該表現が発信された地と異なる地において発生したとしても、上記ののように、当該地において名誉毀損の結果

が発生し得ることが、客観的事情に照らして予見可能であった場合には、名誉毀損の結果発生地をもって、不法行為の直接の結果が発生したものと解することは妨げられない。」

2, (筆者注、日本の民事訴訟法3条の3の8号は、「不法行為に関する訴え」について「不法行為があった地が日本国内にあるとき（外国で行われた加害行為の結果の発生が通常予見することのできないものであったときを除く。）」とあり、日本の裁判所に管轄権がある。また、平成23年改正で、3条の9（特別の事情による訴えの却下）が規定された。「裁判所は、訴えについて日本の裁判所が管轄権を有することとなる場合（日本の裁判所にのみ訴えを提起することができる旨の合意に基づき訴えが提起された場合を除く。）においても、事案の性質、応訴による被告の負担の程度、証拠の所在地その他の事情を考慮して、日本の裁判所が審理及び裁判をすることが当事者間の衡平を害し、又は適正かつ迅速な審理の実現を妨げることとなる特別の事情があると認めるときは、その訴えの全部又は一部を却下することができる。）

東京地裁は、「本件における諸事情の下では、当事者間の衡平や適正迅速な審理の実現のために、我が国における審理及び裁判をすることが相当でない」「したがって、X1社及びX3のY1社に対する訴えについては、民訴法3条の9にいう『特別な事情』があると認められるから、当該訴えを却下することが相当である。」として、訴えを却下した。

**キーワード**：国際管轄、名誉毀損、信用毀損、プレスリリース、民事訴訟法、会社法、不法行為

**【コメント】**世界有数のカジノ運営会社「ウイン・リゾーツ」は、スティーブ・ウインと日本人岡田和生ユニバーサルエンタテインメント会長の2人が創業し、2人は円滑な関係あったが、亀裂が入り、このような訴訟合戦が行われている。

種村佑介氏、中村知里氏の論文により、この訴訟事件の大要は把握できる。岡田和生氏の立場に立てば、ステファン・ウイン氏は、コンプライアンス委員会、米国の海外腐敗防止法という大義名分で、岡田氏、ユニバーサル

エンタテインメント社のもつ株式を割安で没収した事件ということになる。

**参考文献**：種村佑介「インターネット上の名誉・信用毀損と国際裁判管轄」平成26年度重要判例解説、ジュリスト1479号308頁
中村知里「インターネット上の名誉毀損の不法行為地管轄と特別の事情」ジュリスト7月号(1482号)116頁(2015年)
内藤順也・松尾剛行「国際訴訟競合」ジュリスト増刊「実務に効く国際ビジネス判例精選」146頁(2015年8月)

## ● 2013-15

**動画無断使用事件**：誰が投稿したか、インターネット会社に発信者情報の開示を請求した事件である。
東京地裁平成25年10月22日判決(平成25年(ワ)第15365号)

原告は、宗教法人創価学会である。被告は、電気通信事業を営むGMOインターネット株式会社である。

平成24年11月29日、被告GMOインターネット株式会社の提供するインターネット接続サービスを利用し、被告のサーバーを経由して、氏名不詳の者が本件動画を投稿し、不特定多数の者が閲覧できる状態になった。

本件動画は、芸能人であり、原告の信者である久本雅美らに対するインタビューを中心とするものであった。

投稿されたものは、原告動画の無断複製であるとし、原告は被告に対し、氏名不詳の者などの発信者情報の開示を請求した。なお、この本件動画は、原告が訴訟を提起した平成25年6月12日までに削除されている。

「インターネット上の文章を誰が書いたか、氏名、アドレスを教えよ」と述べても、「特定電気通信役務者」は、(通信の秘密)を保護する見地から、拒絶できる。

ただ、「1,権利侵害の流通によって、当該開示の請求をする者の権利が侵害されたことが明らかであるとき、2,当該発信情報が当該開示の請求をする者の損害賠償請求権の行使のために必要である場合、その他発信者情報の開示を受けるべき正当な理由があるとき」の2要件を備えていれば、この事件の被告のような特定電気通信役務者は、開示しなければならない（プロバイダ責任制

限法4条1項)。

[東京地裁判決]

民事46部長谷川浩二裁判長は、(1) 少なくとも、原告動画の部分1及び部分4を、被告の本件動画は無断複製し、原告の著作権が侵害されたことは明らかであるとし、著作権侵害を認定、(2) 原告が、「著作権侵害者」である氏名不詳の者に対し損害賠償を請求するには、発信者情報（本件動画の発信者、その他本件動画の送信に係る者の氏名又は名称、住所、電子メールアドレス）を取得する必要が有り、原告には、これら発信者情報の開示を受けるべき正当な理由がある、とし、「被告は、原告に対し、別紙発信者情報目録記載の情報を開示せよ。」と判決した。

キーワード：動画、創価学会、宗教法人、発信者情報、プロバイダ責任制限法

【コメント】東京地裁平成15年(2003年)3月31日判決(判時1817号83頁)(錦糸眼科事件)参照。亀井弘泰・JUCC通信179号5頁。

● 2013-16

LADY GAGA事件：「LADY GAGA」の文字を、標準文字で「レコード、インターネットを利用して受信し及び保存することができる音楽ファイル…」を指定商品とする本願商標は、商標登録が拒絶査定され、不服不成立の審決が出されたが、この審決が維持された事例である。

知財高裁平成25年12月17日判決(平成25年(行ケ)第10158号)

原告は、エイト・マイ・ハート・イン・コーポレイテッド。

被告は、特許庁長官。

原告は、「LADY GAGA」の文字を標準文字で表しており、第3類、第9類、第14類、第16類、第18類、第25類、第41類に属する商品及び役務を指定商品及び指定役務とし、平成22年4月12日登録出願された商願2010-28913号に係る商標法10条1項の規定による商標登録出願の分割として平成23年3月28日、第9類「レコード、インターネットを利用して受信し及び保存することができる音楽ファイル、映写フィルム、録画済みビデオディスク及びビデ

オテープ」を指定商品とする本願商標について、商標登録出願をした。

特許庁は、拒絶査定とした。

原告は、これに対する不服の審判請求をした。

特許庁は、商標法3条1項3号及び4条1項16号に該当するとして、不服不成立の審決をした。

原告は、知財高裁に本件審決の取り消しを求めた。

知財高裁第2部清水節裁判長は、「原告の請求を棄却する。」とした。

次のように判断している。

1) 「LADY GAGA」は、世界的に広く知られた歌手で、「LADY GAGA」の商標に接する者は、歌手名を表示したものと容易に認識する。

2) 本願商標を、その指定商品中、本件商品である「レコード、インターネットを利用して受信し、及び保存することができる音楽ファイル、録画済みビデオディスク及びビデオテープ」に使用した場合、これに接する取引者・需要者は、当該商品に係る収録曲を歌唱する者、又は映像に出演し歌唱している者を表示したもの、すなわち、その商品の品質（内容）を表示したものと認識するから、本願商標は、自他商品の識別標識としての機能を果たし得ない。したがって、本願商標は、商標法の3条1項3号に該当する。

3) 本願商標を、本件商品である「レコード、インターネットを利用して受信し、及び保存することができる音楽ファイル、録画済みビデオディスク及びビデオテープ」のうち、LADY GAGAが歌唱しない品質（内容）の商品に使用した場合、LADY GAGAが歌唱しているとの誤解を与える可能性があり、商品の品質について誤認を生ずるおそれがある。従って、商標法4条1項16号に該当する。

4) 歌手名が現実に自他商品の識別標識として機能している、との原告の主張に対し、取引される商品によっては、人の名称やグループ名が当該商品に表示された場合に出所表示機能を有することは否定できないが、本件商品については、商品に表示された人の名称やグループ名を、取引者・需要者が商品の品質（内容）と、まず認識する。そして、表示された

人の名称やグループ名が、著名な歌手名・音楽グループ名である場合には、取引者・需要者は、これを商品の品質（内容）とのみ認識し、それとは別に、当該商品の出所を表示したものと理解することは通常困難であると認められる。

キーワード：商標権、歌手、商標法、自他識別機能、出所表示機能

【コメント】「レディ・ガガ」をこういう指定商品について商標登録を認めない結論は正しいと思う。

## ● 2013-17

> ウイッチーズキッチン事件：インターネットショッピングモール「楽天市場」に出店して、商品を販売している原告が、被告Yが運営するウエブサイト上で、Yが宣伝、販売するY商品は、訴外Aにより中国で、X商品に依拠して、X商品の形態を模倣して製造され、YがA社に注文したもので、これが不正競争防止法2条1項3号の不正競争行為にあたるとして、XのYへの差止請求と損害賠償が認められた事例である。
> 東京地裁平成25年6月27日判決（平成24年（ワ）第4229号）、知財高裁平成25年12月26日判決（平成25年（ネ）第10062号、同10083号）

原告Xは、ウイッチーズキッチンという商号でステンドグラスのランプシェード、パイン材の家具、ドールハウスなどを製造、販売を営む者である。

被告Y(有限会社ジャパンリンク貿易)は、日用品雑貨、インテリア用品、家具の輸入、販売等を営む会社である。

Xは、インターネットショッピングモール「楽天市場」に「ウイッチーズキッチン」において、ステンドグラスのランプシェードなどの商品を販売している。

訴外のメーカーAは、インターネットでXの各製品を見て、これらに依拠し、サンプルのデザインをし、被告Yにサンプル画像を添付したメールを送信して受注活動をした。

Yは、Aに各商品を発注し、A製造の各商品を購入し、輸入し、業者向けに販売した。

Xは、Yに対して、Xの販売するステンドグラスのランプシェードの形態

を模倣した商品を販売していると主張し、不正競争防止法2条1項3号に当たるとして、同法3条に基づいて、被告Yが販売する商品の一部の製造、販売又は販売の差止め並びに同商品とその金型及び治具の廃棄を求めると共に、同法4条に基づき、損害賠償金1320万円及びこれに対する訴状送達の翌日から支払済みまで年5分の遅延損害金の支払いを求めた。

Yは、Aから商品を購入し、輸入し、日本国内で販売したが、XやX各商品を知らず、Y商品がX商品の形態模倣であることも知らなかったと主張し、不正競争防止法19条1項5号（他人の商品の形態を模倣した商品を譲り受けた者（その譲り受けた時に、その商品が他人の商品の形態を模倣した商品であることを知らず、かつ、知らないことにつき重大な過失がない者に限る）が、その商品を譲渡し、貸し渡し、譲渡若しくは貸し渡しのために展示し、輸出し、又は輸入する行為）に該当し、不正競争防止法3条（差止請求権）、4条（損害賠償）は適用されない、と主張した。

東京地裁民事第47部の高野輝久裁判長は、次のように判断した。

被告Yは、訴外Aから被告各商品を購入し、日本に輸入するに当たって、原告X商品の形態を模倣したものかどうか調査すべき注意義務が有り、調査を行わなかったというのであるから、被告Y商品が、原告X商品の形態を模倣したものであることを知らなかったとしても、知らなかったことについて、重大な過失があるとした。

「判決主文」

1, 被告は、別紙目録記載1及び4ないし6の商品の製造、販売、又は販売の申し出（被告ホームページにおける販売の申し出及び販売のための展示を含む）をしてはならない。
2, 被告は、その占有に係る別紙被告商品目録記載1及び4ないし6の商品の廃棄をせよ。
3, 被告は、原告に対し、374万5337円及びこれに対する平成24年2月23日から支払済みまで年5分の割合による金員を支払え。
4, 原告のその余の請求をいずれも棄却する。
   (5, 6, 省略)

Yは、損害賠償請求に関する部分の敗訴部分のみを不服として控訴した。
Xは、損害賠償請求に関する部分の敗訴部分について、付帯控訴した。
[知財高裁]
冨田善範裁判長は、次のように判決した。
「判決主文」
1，本件控訴及び本件付帯控訴をいずれも棄却する。
2，控訴費用は、控訴人兼附帯控訴人の負担とし、附帯控訴費用は被控訴人兼附帯控訴人の負担とする。
3，原判決主文第3項は、当審において、被控訴人兼付帯控訴人が附帯請求について請求の一部を減縮したことにより、「控訴人兼附帯被控訴人は、被控訴人兼附帯控訴人に対し、374万5337円及び内金322万6779円に対する平成24年2月23日から、内金5万1496円に対する同年3月31日から、内金12万7062円に対する同年12月29日から各支払済みまで年5分の割合による金員を支払え」と変更された。

キーワード：形態模倣、不正競争、楽天市場、不正競争防止法

【コメント】訴外メーカーAは、Yの手足であり、1、2審判決を支持する。
2012-4(チュパチャプス対楽天市場事件)参照

参考文献：小泉直樹・ジュリスト4月号6頁(2014年)

# 2012年(平成24年)に発出された判例

## ● 2012-1

> **2ちゃんねる名誉毀損事件**：インターネットのウエブサイトにおける書き込みが名誉毀損の不法行為に当たるとして、書込みの発信者に慰謝料100万円、弁護士費用10万円、書き込みの発信者の調査費用63万円、合計173万円の損害賠償が認められた事例である。
> 東京地裁平成24年1月31日判決(平成23年(ワ)第5572号、判時2154号80頁)

　原告Xは、システムエンジニアを行う個人事業主である。
　被告Y1は、電気通信機器の販売、工事および保守等を行う株式会社である。被告Y2は、被告Y1の従業員である。
　Xは、Y1会社との間で、包括的な業務委託契約を締結し、それに基づいて、株式会社戊田(以下、戊田社)において、システム担当として働いている。
　不特定多数の者が閲覧可能な「2ちゃんねる」と題するウエブサイト内の「戊田社総合スレッド」というスレッドにおいて、Xの実名、風貌等に言及、「女子トイレに入るのを見た」、Xらしい人物が盗撮をしたとうかがわせる「会社の女子トイレの盗撮映像がネットにながれているがいいんか」などと書かれていた。Xは、戊田社の役員から書き込みの事実を指摘され、来期は契約がないかも知れないと言われた。Xは、書き込みの主体を特定するため、弁護士に依頼し、調査費用63万円をかけて、Y1会社の従業員Y2が書き込みの犯人であると突き止めた。
　XはY1、Y2に対し連帯し、名誉毀損の不法行為として慰謝料400万円、弁護士費用100万円、調査費用63万円の合計503万円の損害賠償を請求した。
　東京地裁杉本宏之裁判官は、Y2が、Y1の職務執行中でなく、休暇中に、Y2の携帯電話ドコモの「F904i」から投稿されたと認定し、次の判決を下した。
　「主文」

1, 被告Y2は、Xに対し、173万円（慰謝料100万円、弁護士費用10万円、書き込み発信者の調査費用63万円）及びそれに対する平成22年6月25日から支払い済みまで年5分の割合の金員を支払え。
2, 原告のその余の請求を棄却する。
3, 訴訟費用(省略)。
4, 1項に限り、仮に執行することができる。

キーワード：2ちゃんねる、スレッド、名誉毀損、発信者情報、調査費用

【コメント】本件書き込みは、携帯電話からなされている。Y2は、Xへ恨みがあったのであろうか。Y2は、分からないと思っていたのであろうか。民法710条により、Y1会社にも責任があると、Xは主張したが、就業時間外であるとし、使用者責任が否定されている。Y1会社とXは、どういう関係だったか、Xの存在がY、会社にとって不都合なことがあったのではないか調査すべきである。

● 2012-2

> ロクラクⅡ事件：インターネット通信によるTY番組ネット送信サービスは、著作権侵害、著作隣接権侵害か、という事件である。
> 東京地裁平成20年5月28日判決（判時2029号125頁、判タ1289号234頁）、知財高裁平成21年1月27日判決（平成20年（ネ）第10055号、10069号）、最高裁第一小法廷平成23年1月20日判決（民集65巻1号399頁、判時2103号128頁、判タ1342号100頁）、知財高裁平成24年1月31日判決（判時2141号117頁）

［東京地裁］

原告は、日本放送協会、日本テレビ放送網(株)、(株)静岡第一テレビ、(株)東京放送、静岡放送(株)、(株)フジテレビ、(株)テレビ静岡、(株)テレビ朝日、(株)静岡朝日テレビ、(株)テレビ東京である。

被告は、(株)日本デジタル家電である。

被告は、「ロクラクⅡビデオデッキレンタル」という名称の事業を始めようとした。

日本国内で放送されるテレビ番組を複製し、被告のそのサービスの利用者が海外で視聴できるようにしたものである。

すなわち、ハードディスクレコーダー2台のうち、1台（親機）を日本国内に置き、受信するテレビ放送の放送波を親機に入力するとともに、これに対応するもう1台（子機）を利用者に貸与又は譲渡することにより、当該利用者をして子機を操作する。

親機ロクラクは、インターネット通信機能付き地上アナログ放送用TVチューナー内蔵ビデオ録画装置をもち、テレビ番組を複製、複製した番組データを子機ロクラクに送信し、子機ロクラクは、インターネット上、親機ロクラクに録画を指示し、親機ロクラクから録画データの送信を受け、これを再生する。利用者は、子機ロクラクで、番組データを再生して、テレビ番組を視聴する。

原告であるNHKや放送各社は、この被告の行為は、原告らが著作権を有する番組を複製し、又は原告らが著作隣接権を有する放送に係る音又は映像を複製する行為に当たるから、原告らの著作権（複製権＝法21条）、又は著作隣接権（複製権＝法98条）を侵害するとして、対象番組の複製等の差止、本件対象サービスに供されているハードディスクレコーダーの廃棄及び逸失利益等の損害賠償を求めた。

東京地裁民事29部清水節裁判長は、「クラブキャッツアイ事件最高裁判決等を踏まえ」（筆者注、本稿、「クラブキャッツアイ事件」最高裁1988年3月15日判決参照）、被告の提供するサービスの性質に基づき、支配管理性、利益の帰属等の諸点を総合考慮し、被告が本件番組等の複製行為を管理支配しており、それによる利益も得ているとして、被告の侵害主体性を肯定し、原告の著作権又は著作隣接権を侵害しているとし、対象番組の著作物の複製禁止、対象番組の放送に係る音又は影像を録音又は録画の禁止、別紙目録記載の器具の廃棄、NHKへ226万円、静岡第一テレビへ88万円、日本テレビへ33万円などの判決を下した。被告が控訴し、原告らが附帯控訴した。

[知財高裁]

知財高裁田中信義裁判長は、1審判決と異なる判断を下した。被告（控訴人）は、利用者が私的複製を行う環境を提供しているに過ぎず、主体性はないとした。

知財高裁は、1,本件サービスの目的、2,機器の設置・管理、3,親機ロクラクと子機ロクラクとの間の通信の管理、4,複製可能なテレビ放送及びテレビ番組の範囲、5,複製のための環境整備、6,被告が得ている経済的利益を総合すれば、被告が本件複製を行っていることは明らかである旨を主張する原告らの主張に即して、検討の上、「本件サービスにおける録画行為の実施主体は、利用者自身が親機ロクラクを自己管理する場合と何ら異ならず、被告が提供するサービスは、利用者の自由な意思に基づいて行われる適法な複製行為の実施を容易ならしめるための環境、条件等を提供しているにすぎない。」として、被告の侵害主体性を否定した。

　クラブキャッツアイ事件最高裁判決については、「上記判例は、本件とは事案を異にする。」とした。第1審判決中、被告(控訴人)敗訴部分を取り消し、原告らの請求をすべて棄却した。原告らが上告、及び上告受理申立をした。

[最高裁]

　最高裁(金築誠志裁判長、宮川光治、櫻井龍子、横田尤孝、白木勇裁判官)は、次のように述べて、原審の判断と異なる判断をし、知財高裁に差し戻した。

　「放送番組等の複製物を取得することを可能にするサービスにおいて、サービスを提供する者が、その管理、支配下において、テレビアンテナで受信した放送を複製の機能を有する機器に入力していて、当該機器に録画の指示がされると放送番組等の複製が自動的に行われる場合、その録画の指示を当該サービスの利用者がするものであっても、当該サービスを提供する者はその複製の主体と解すべきである。」と述べて、テレビ番組の録画転送サービスにおいて、一定の状況があれば、サービス提供者は複製の主体となることを示し、本件サービスにおける親機ロクラクの管理状況等を認定することなく、テレビ番組等の複製をしているのは、被告ではない、とした原審の判断には、判決に影響を及ぼすことが明らかな法令の違反があるとして、本件を知財高裁に差し戻した。

「金築誠志裁判官の補足意見」

　金築裁判官は、「カラオケ法理」は、「法概念の規範的解釈として、一般的な法解釈の手法の一つにすぎず、特殊な法理論でなく、考慮されるべき要素も行為類型により変わりうる。録画の指示が利用者によってなされるという点にの

み、重点を置くのは相当でない。本件システムを単なる私的使用の集積とみることは、実態に沿わない。著作権侵害者の認定に当たっては、総合的視点に立って行うことが著作権法の合理的解釈である。」とした。

[知財高裁]

知財高裁第3部(飯村敏明裁判長、八木貴美子、知野明裁判官)は、上告審において示された判断基準に基づいて、詳細な事実認定を行った。

その上で、インターネット通信による親子機能を有する機器を利用して、海外等において、日本国内の放送番組等の複製又は視聴を可能にするサービスについて、被告であるサービス提供者が、放送番組等の複製の主体であるとした。

放送事業者の著作権及び著作隣接権の侵害をしているとして、原告らの放送番組等の放送回数、平均視聴率、本件サービスの契約数等を斟酌し、著作権法114条の5により、「相当な損害額」を認定した。著作権侵害の損害額は、1番組当たり3万円から24万円。

著作隣接権侵害の損害額は、1社当たり、80万円から400万円と認めた。

**キーワード**：テレビ番組、カラオケ法理、著作権侵害、著作隣接権侵害、侵害主体、著作権法

**【コメント】** 知財高裁平成21年1月27日判決は、このサービスの利用者が録画の指示をださなければ、録画が実行されることはないので、利用者を複製の主体とし、この判決は注目された。しかし、最高裁は、この判決を認めなかった。

**参考文献**：『ジュリスト』1423号、特集まねきTV・ロクラクⅡ最判のインパクト(2011年6月1日号)

小泉直樹「まねきTV・ロクラクⅡ最判の論理構造とインパクト」『ジュリスト』1423号6頁

田中豊「利用(侵害)主体判定の論理―要件事実論による評価」『ジュリスト』1423号12頁

上原伸一「放送事業者の著作隣接権と最高裁判決のインパクト」『ジュリスト』1423号19頁

奥邨弘司「米国における関連事例の紹介―番組リモート録画サービスとロッカーサービスの場合」『ジュリスト』1423号25頁

「ロクラクⅡ最高裁判決の解説及び全文」『ジュリスト』1423号38頁

横山久芳「自炊代行訴訟判決をめぐって」『ジュリスト』1463号36頁

城所岩生「著作権法がソーシャルメディアを殺す」PHP研究所(2013年)77頁以下

## ● 2012-3

> 「まねきテレビ」事件：日本のテレビ番組をインターネットにより、海外の日本人は視聴できるか。
> 東京地裁平成 20 年 6 月 20 日判決（平成 19 年（ワ）第 5765 号）、知財高裁平成 20 年 12 月 15 日判決（平成 20 年（ネ）第 10059 号、判時 2038 号 110 頁）、最高裁平成 23 年 1 月 18 日判決（民集 65 巻 1 号 121 頁、判時 2103 号 124 頁、判タ 1342 号 05 頁）、知財高裁平成 24 年 1 月 31 日判決（平成 23 年（ネ）第 10009 号）

　海外の日本人がインターネット回線を通じて、日本のテレビ番組を鑑賞できるよう日本に居住する A が事業を始めた。

　A（永野商店）は、コンピュータ、その付属機器の製造販売、電気通信事業法に基づく一般第 2 種電気通信事業等を目的とする会社である。

　A は、「まねき TV」という名の、インターネット回線を通じてテレビ番組が視聴できるサービスを、入会金 3 万 1500 円、毎月 5040 円で、提供しようとした。サービスとは、利用者が購入したソニー製の「ロケーション・フリー」という機器を A の事務所に置いて、インターネット回線に常時接続する専用モニター又はパソコンで、海外の利用者が、インターネット回線を通じてテレビ番組を視聴できるようにするものである。

　ロケーションフリーという機器は、地上波アナログ放送のテレビチューナーを内蔵し、受信する放送をデジタル化し、このデータを自動的に送信する機能を有する機器(ベースステーション)を中核的なものとした機器である。

　原告 B（NHK、TBS など）は、放送局である。B は、A の事業は、放送局（放送事業者）に無断で、そのテレビ番組を放送する権利、すなわち公衆送信権又は送信可能化権を侵害するとして、訴えた。

　[東京地裁]

　1 審の東京地裁は、B の請求を棄却し、A は勝訴した。理由は、次の通りである。

1，ベースステーションが自動公衆装置に該当すれば、送信可能化権侵害になるが、そのためには、送信者にとって当該送信行為の相手方が不特定

または、特定多数の者に対する送信をする機能を有する装置が必要である。ところで、ベースステーションの所有者が利用者であり、サービスを構成する機器類は汎用品で、特別なソフトウエアは用いられていない。従って、ベースステーションによる送信行為は、各利用者によってなされるものである。ベースステーションは、1対1の送信をする機能で、自動公衆送信装置に該当しない、送信可能化権侵害は認められない。
2，自動公衆送信しうるのは、デジタル化された放送で、アナログ放送のままではインターネット回線で送信できない。アナログ放送をベースステーションに入力することは、自動公衆送信し得るようにしたものでない。アンテナから利用者までの送信全体が公衆送信（自動公衆送信）に当たらず、公衆送信権侵害は認められないとし、原告の請求を棄却した。

[知財高裁]
2審の知財高裁は、以下の判決を下し、1審判決を是認した。
1，送信可能化とは、自動公衆送信装置の使用を前提とする。本件では、各ベースステーションは、あらかじめ設定の単一の機器あてに送信する1対1の送信を行う機能を有するに過ぎない、自動公衆送信装置とはいえない。利用者がベースステーションに放送を入力するなどして、放送を視聴しうる状態に置くことは、放送の送信可能化に当たらない、送信可能化権侵害は認められない。
2，ベースステーションが自動公衆送信装置に当たらないとすれば、本件サービスにおけるベースステーションからの送信が自動公衆送信としての公衆送信行為にも該当せず、ベースステーションについても送信可能化行為がなされているともいえない。公衆送信権侵害も認められない。

[最高裁]
最高裁は、次のように述べて、事件を知財高裁へ差し戻した。
1，公衆の用に供されている電気通信回線に接続することにより、当該装置に入力される情報を受信者からの求めに応じ自動的に送信する機能を有する装置は、これがあらかじめ設定された単一の機器宛てに送信する機能しか有しない場合であっても、当該装置を用いて行われる送信が自動

公衆送信であるといえるときは、自動公衆送信装置に当たる。
2，自動公衆送信は、当該装置に入力される情報を、受信者からの求めに応じ自動的に送信する機能を有する装置の使用を前提としているが、当該装置が受信者からの求めに応じて情報を自動的に送信することができる状態を作り出す行為を行う者が、その主体である。

当該装置が公衆の用に供されている電気通信回線に接続しており、これに継続的に情報が入力されている場合には、当該装置に情報を入力する者が送信の主体である。

2審では、次のような判決を下した。
1，ベースステーションを自動公衆送信装置と認めなかったが、最高裁は自動公衆送信装置と認めた。
2，1審では、利用者が主体であるとしたが、最高裁はベースステーションをその事務所に置き、管理し、ベースステーションに放送の入力をしているAを主体とした。

[知財高裁]

差戻しされた知財高裁は、本件放送の送信可能化及び本件番組の公衆送信行為の各差止を求める原告（NHK、日本テレビ、TBS、フジテレビ、テレビ朝日、テレビ東京）らの請求には理由があり、被告に対し、著作権及び著作隣接権侵害による損害賠償の支払いを求める原告らの請求も一部理由があるとし、次の判決を下した。

「主文」
1，原判決を取り消す。
2，被告は、別紙目録記載のサービス（まねきTV）において、別紙放送目録記載の放送（NHKなどが放送波を送信して行う地上波テレビ放送）を送信可能化してはならない。
3，被告は、別紙サービス目録記載のサービスにおいて、別紙放送番組目録記載の番組（NHK「バラエティー生活百科」など）を公衆送信してはならない。
4，被告は、原告NHKへ50万9204円支払え。

5, 被告は、原告日本テレビ、原告 TBS、原告テレビ朝日、原告テレビ東京へ、それぞれ 24 万 663 円支払え。

6, 被告は、原告フジテレビへ、20 万 6517 円支払え。

7, 原告らのその余の請求をいずれも棄却する。

　知財高裁は、ベースステーションに本件放送の入力をしている者は被告であり、ベースステーションを用いて行われる送信の主体は被告であり、本件放送の送信可能化の主体は被告である。被告の本件サービスによる本件放送の送信可能化は、原告らの送信可能化（著作隣接権）侵害、本件番組の公衆送信は、原告らの公衆送信権（著作権）侵害であるとした。

**キーワード**：テレビ番組、著作隣接権侵害、著作権侵害、公衆送信権、送信可能化権、侵害主体、著作権法

**【コメント】** 重要な判決で、多くの判例批評がある。小池良次「クラウドの未来」（講談社現代新書・2012 年）は、永野商店を狙い撃ちにした「いじめ訴訟」という。

**参考文献**：島並良「自動公衆送信の主体」、「平成 23 年度重要判例解説」281 頁

『ジュリスト』1423 号（2011 年 6 月 1 日号）（特集まねき TV・ロクラクⅡ最判のインパクト）小泉直樹「まねき TV・ロクラクⅡ最判の論理構造とインパクト」『ジュリスト』1423 号 6 頁

田中豊「利用（侵害）主体判定の論理—要件事実論による評価」『ジュリスト』1423 号 12 頁

上原伸一「放送事業者の著作隣接権と最高裁判決のインパクト」『ジュリスト』1423 号 19 頁

奥邨弘司「米国における関連事例の紹介—番組リモート録画サービスとロッカーサービスの場合」『ジュリスト』423 号 25 頁

「まねき TV 最高裁判決の解説及び全文」『ジュリスト』1423 号 32 頁

最高裁判決について、岡邦俊「ロケーションフリー」テレビへの入力者は送信可能化権の侵害主体である。」『JCA ジャーナル』4 月号 62 頁（2011 年）

山田真紀最高裁調査官・Law & Technology 51 号 95 頁

## ● 2012-4

> **チュパチャプス対楽天市場事件**：インターネット・ショッピングモールの運営者は、同モールの出店者による商標権侵害行為について責任を負わない、とされた事例である。
> 東京地裁平成22年8月31日判決（平成21年（ワ）第33872号、判時2127号87頁、判タ1396号311頁）、知財高裁平成24年2月14日判決（平成22年（ネ）第10076号、判時2161号86頁）

原告Xは、イタリア法人であるペルフェッティ・ヴァン・メッレ・ソシエタ・ペルアチオニ（Perfetti Van Melle S.p.A）で、商標「Chupa Chups」に関する登録商標を有している。

被告Yは楽天株式会社で、自らインターネットショッピングモール「楽天市場」を運営している。

原告は、被告が運営する「楽天市場」というインターネットショッピングモールにおいて、被告が主体となって出店者を介し、あるいは出店者と共同で、あるいは幇助して、原告の商品の周知または著名表示若しくは原告の登録商標に類似する標章を付した各商品を展示又は販売（譲渡）する行為は、1,商標権侵害であり、2,不正競争防止法2条1項1号又は2号違反であると主張して、被告に対し、商標法36条1項及び不正競争防止法3条1項に基づき、上記の類似した標章を付した商品の譲渡等の差止めと民法709条、及び不正競争防止法4条に基づく損害賠償金の支払いを求め提訴した。

［東京地裁］

民事46部の大鷹一郎裁判長は、本件各出店者の出店ページに登録された各商品の展示及び販売について、当該出店ページの出店者が当該商品の「譲渡」の主体で、被告Yはその主体でない。Yの行為は、商標法2条3項2号の「譲渡のための展示」又は「譲渡」に該当しない、不正競争防止法2条1項1号及び2号の「譲渡のための展示」又は「譲渡」についても、商標法2条3項2号と同様に解するのが相当である、として請求を棄却した。

［知財高裁］

第一部中野哲弘裁判長は、次のように述べ、控訴を棄却した。

この被告のようなサイトの運営者は、単に出店者によるウエブページの開設のための環境等を整備するだけでなく、運営システムの提供・出店者からの出店申し込みの拒否・出店者へのサービスの一時停止や出店停止等の管理・支配を行い、出店者からの基本出店料やシステム利用料の受領等の利益を受けている。

このような事例で、ある出店者による商標権侵害があることを、サイト運営者が知ったとき又は知ることができたと認めるに足りる相当の理由があるに至ったときは、その後の合理的期間内に侵害内容のウエブページからの削除がなされない限り、右期間経過後から、商標権者はサイトの運営者に対し、商標権侵害を理由に、出店者に対するのと同様の差止請求と損害賠償請求をすることができると解する。

本件において、商標権者からの指摘又は出訴等をきっかけとして、「楽天市場」運営者は、その8日以内に本件商標権侵害品の展示を削除しており、商標権侵害の事実を知り又は知ることができたと認めるに足りる相当の理由があるときから合理的期間内にこれを是正した。「楽天市場」の運営が、商標権者の本件商標権を違法に侵害したとまではいえない。原判決は結論において誤りがない。控訴を棄却するとした。

**キーワード**：楽天市場、商標権侵害、登録商標、商標法、不正競争防止法、民法

**【コメント】**楽天市場というインターネットのショッピングモールの運営者に、あまりに厳格な注意義務を課せば、運営者になろうとする者がいなくなるだろう。控訴審判決のいうように、合理的な期間内に是正したならばよし、とするべきであろう。

**参考文献**：水谷直樹・発明11月号37頁(2010年)

## ● 2012-5

**iモードID事件**：インターネット上の電子掲示板で名誉を毀損された者が、接続サービス会社に対し発信者情報の開示請求と損害賠償請求をおこなったが、損害賠償請求は棄却された事例である。

金沢地裁平成24年3月27日判決（平成22年(ワ)第559号、判時2152号62頁）

原告Xは、インターネット上の電子掲示板における氏名不詳の発信者によるスレッドの立ち上げ及び投稿により名誉を毀損され又はプライバシー権を侵害されたとして、プロバイダーであるY会社（エヌ・ティ・ティ・ドコモ）に対して、プロバイダ責任制限法4条1項所定の発信者情報開示請求権に基づき、本件発信者が使用した電気通信回線に係る識別番号（iモードIDほか）によって特定される電話番号の契約者の氏名又は名称及び住所の開示を求めるとともに、Y会社が本件IDに係る契約者の情報を保存しなかったために精神的苦痛を被ったとして慰謝料50万円と遅延損害金の支払いを求めて訴えた。

Xは、投稿の中で浮気・不倫をしたなど誹謗中傷されていた。

金沢地裁は、1,「被告は、原告に対し、別紙アクセスログ記録7記載の投稿に使用された電気通信回線に係る識別番号（iモードID:05E0…）によって特定される契約者の氏名又は名称及び住所を開示せよ。」として、発信者情報の開示は認めた。

しかし、損害賠償請求については、Y会社が、iモードIDによって特定される契約者の氏名住所等が「発信者情報」に該当する旨の司法判断が未だ示されてなく、Y会社に特定された契約者の情報が発信者情報に該当するとの認識がなく、認識が容易であったとまでいえない、として、Y会社に故意又は重大な過失はないとした。

キーワード：iモード、名誉毀損、スレッド、プロバイダ責任制限法、NTTドコモ、発信者情報

【コメント】Xは、浮気、不倫をしていると書かれ、傷ついたと思うが、金沢地裁は、NTTドコモに故意過失なく、慰謝料なしでいいと考えた。

● 2012-6

「Shibuya Girls Collection」事件：原告主張のShibuya Girls Collectionの商標権侵害及び不正競争防止法違反による損害賠償責任を認め、被告標章の使用差止、Webサイトその他からの抹消と1100万円の支払いを裁判所に出頭しなかった被告が命ぜられた事例である。
東京地裁平成24年4月25日判決（平成23年（ワ）第35691号）

原告は、(株)T-Garden。

被告は、アジムット株式会社ことX。

原告は、ファッションショーの企画・運営又は開催、ファッション情報の提供を指定役務とする「Shibuya Girls Collection」の商標権を有している。欧文字を赤色で横書き、各文字を白色で縁取りし、その外側を黒色線で縁取りし、「i」の黒点及び「o」の内側の円が星形に図案化されている。

被告は、Webページに、「SHIBUMO GIRLS COLLECTION」「シブモガールズコレクション」等の標章を使用した。

原告は、被告の行為は、1) 商標法37条1号の商標法違反、2) 不正競争防止法2条1項1号の「不正行為」であり、商標法36条及び不正競争防止法3条に基づき、3) 被告各標章の使用の差し止め、及び4) Webページその他営業物件からの被告各標章の抹消を求め、5) 商標権侵害の不法行為責任(民法709条、710条)または不正競争防止法4条に基づき、1100万円の支払いを求めた。

被告は、呼び出しを受けながら口頭弁論期日に出頭せず、答弁書、準備書面等を提出しなかった。訴訟代理人はいない。

東京地裁地裁民事29部大須賀滋裁判長は、原告の請求通り、「1, 被告の営業上の施設又は活動に被告標章を使用することの禁止、2, 被告標章を、別紙Webページ目録記載のインターネット上のWebサイトその他の営業表示物件から抹消せよ。3, 被告は、原告へ1100万円及び平成24年3月8日から支払済みまで年5分の金員を支払え」との判決を下した。

**キーワード**：商標権、商標法、不正競争防止法、不正競争、ウエブページ

**【コメント】**原告は、被告から、実際に1100万円の支払いを受けたであろうか。

## ● 2012-7

> 「PLUS」発信者情報事件：被告のレンタルサーバーに記録されたウエブページによって、商標権侵害及び不正競争防止法の営業上の利益を侵害された原告が、プロバイダ責任制限法に基づき、被告が保有する発信者情報の開示を求め、認容された事件である。
>
> 東京地裁平成24年6月28日判決（平成23年(ワ)第37057号）

原告は、オフィス家具、オフィスインテリア用品、文具、事務用品等の製造、販売等を行う株式会社で、「プラス株式会社」という。

被告は、インターネットを利用した情報提供、ドメイン取得サービス、レンタルサーバーの提供等を行う株式会社 paperboy&co. で、インターネット上で不特定多数の者に対する送信をすることを目的とするレンタルサーバーを保有している。

平成23年8月迄に、被告のレンタルサーバーに、「＋人材派遣プラスPLUS」「人材派遣プラス＋」および「Plus」なる標章が記載されたウエブページの情報が記録された。

原告は、このウエブページの記録は、1) 原告の商標権侵害である、2) 不正競争防止法2条1項1号の不正競争行為である、3) 不正競争防止法2条1項2号の不正競争行為である、と主張し、発信者情報の情報開示を求めた。

東京地裁民事47部高野輝久裁判長は、2) の主張を採り、原告の「PLUS」の表示（商品等表示）は、需要者の間に広く認識されていたと認め、被告が、ウエブページ上でその営業を表示するものとして、本件各標章を使用する行為は、不正競争防止法2条1項1号に該当し、原告の営業と混同を生じさせるもので、原告の営業上の利益が侵害された、とし、原告が、損害賠償請求権を行使するため、発信者情報が必要で、その開示を受けるべき正当な理由がある、とし、被告は原告へ、「別紙発信者情報目録記載の情報を開示せよ」と命じた。

キーワード：商標権、商標法、不正競争防止法、不正行為、ウエブページ、プロバイダ責任制限法、発信者情報

【コメント】原告の「PLUS」が「周知の表示」と認められたため、開示を受けるべき正当な理由があるとされた。商品等の名前を有名にするため宣伝費を

惜しんではならない。

## ● 2012-8

児童ポルノ URL 事件（刑事）：児童ポルノの URL をホームページ上に明らかにした行為は、「児童買春、児童ポルノに係る行為等の処罰及び児童の保護等に関する法律」第 7 条 4 項（現行法 6 項）「公然と陳列した」に当たる、という多数意見で、被告人は有罪とされたが、反対意見が付された事例である。
大阪地裁平成 21 年 1 月 16 日判決（平成 19 年（わ）第 2291 号）、大阪高裁平成 21 年 10 月 23 日判決（平成 21 年（う）第 241 号）、最高裁平成 24 年 7 月 9 日決定（判時 2166 号 140 頁）

この事件は、第三者が開設しているインターネット上の掲示板に記憶、蔵置されている児童ポルノを、被告人が、共犯者が管理運営するホームページ上にURL（識別番号）を記し、不特定多数の利用者が閲覧可能な状況にすることは、「児童ポルノを公然と陳列した」に当たるか、という事案である。

「児童買春、児童ポルノに係る行為等の処罰及び児童の保護等に関する法律」（平成 11 年 5 月 26 日法律第 52 号）第 7 条 4 項（平成 26 年改正法により現在 6 項）は、「児童ポルノを不特定若しくは多数の者に提供し、又は公然と陳列した者」には、5 年以下の懲役若しくは 500 万円以下の罰金に処し、又はこれを併科する。（以下略）」と定める。

1 審の大阪地裁は、「公然と陳列した」と解し、被告人を懲役 8 月、執行猶予 3 年及び罰金 30 万円に処した。

2 審の大阪高裁も「被告人 B が開設したウエブページに本件児童ポルノの URL を明らかにする情報を掲載した行為は、当該ウエブページの閲覧者がその情報を用いれば特段複雑困難な操作を経ることなく本件児童ポルノを閲覧することができ、かつ、その行為又はそれに付随する行為が全体としてその閲覧者に対して当該児童ポルノの閲覧を積極的に誘引するものである」「児童ポルノ公然陳列に該当する。」とし、控訴を棄却した。

最高裁（岡田喜代子裁判長、田原睦夫、大谷剛彦、寺田逸郎、大橋正春）は、適法な上告理由には当たらないとして上告を棄却した。

大橋正春裁判官の反対意見は、「公然と陳列」とは、「所在場所の情報を単に示すだけでは不十分」であるとし、被告人の行為は幇助犯の成立の余地があり、その余地につき検討すべきで、正犯として処罰することはない、とした。

**キーワード**：児童ポルノ、URL、公然陳列、児童買春、児童ポルノに係る行為等の処罰及び児童の保護等に関する法律

**【コメント】**大橋正春最高裁判事（著作権法学者、弁護士出身）は、反対意見を述べた。

**参考文献**：石井徹哉・ジュリスト1453号165頁

## ● 2012-9

「釣りゲーム」事件：携帯電話用ゲームの画面表示の類似はどこまで許されるか、という事件で、1審は、侵害とし、2審は、問題なしとした。
東京地裁平成24年2月23日判決（平成21年(ワ)34012号）、知財高裁平成24年8月8日判決（平成24年(ネ)第10027号、判時2165号42頁）

　原告X（グリー株式会社）は、インターネットを利用した情報サービス等を提供する株式会社である。インターネット上で、ソーシャル・ネットワーキング・サービス（コミュニティ型サービス）を提供するインターネット・ウエブサイト「GREE」を携帯電話向け及びパソコン向けに運営している。

　被告Y1（株式会社ディー・エヌ・エー）は、インターネットを利用した各種情報処理サービス及び情報提供サービス、ソフトウエアの企画、開発等及びその代理業等を業とする会社である。携帯電話向け及びパソコン向けにインターネット・ウエブサイト「モバゲータウン」を運営している。

　被告Y2（株式会社ORSO）は、インターネット、コンピュータ、携帯電話、テレビゲーム機器等のシステム開発、コンサルタント業務、ゲームソフトの企画制作、製造販売等の業務を業とする株式会社である。

　Xは、2007年、携帯電話向けGREEに、その会員に対し、釣りのゲームの作品「釣り★スタ」（X作品）を公衆送信によって配信した。このX作品は、トップ画面、釣り場選択画面、キャスティング画面、魚の引き寄せ画面、魚を釣り

上げた釣果画面が存在する。

2009年、Y1およびY2は、「釣りゲータウン」という携帯電話機用の釣りのインターネット・ゲーム（Y作品）を共同で製作し、携帯電話機向けのモバゲータウンにおいて、その会員一般に、公衆送信による配信を開始した。このY作品にも、トップ画面、釣り場選択画面、キャスティング画面、魚の引き寄せ画面、釣果画面が存在する。

Y1のモバゲータウンや、Y2のホームページには、Y作品が掲載されている。

Xは、1, YらによるY作品の製作及び公衆送信は、X作品の著作権（翻案権、公衆送信権）および著作者人格権の侵害である、Y作品の公衆送信の差止およびモバゲータウンなどウエブサイトからY作品を抹消すること、2, Yらが、Y作品をウエブページに「魚の引き寄せ画面」のY影像を掲載することは、不正競争防止法2条1項1号所定の周知な商品等表示の混同惹起行為に当たるとして、Y影像の抹消を求め、3, YらがY作品を製作し、公衆に送信する行為は、Xの法的保護に値する利益を侵害する民法の不法行為に当たる、と主張し、著作権侵害、不正競争防止法2条1項1号違反、共同不法行為に基づく損害賠償として9億4020万円、4, 著作権法等に基づく謝罪広告を求めて訴えた。

東京地裁平成24年2月23日判決は、Y作品の「魚の引き寄せ画面」が、X作品の「魚の引き寄せ画面」を翻案したものである、X作品にかかるXの著作権及び著作者人格権を侵害するとして、Y作品の公衆送信の差止、ウエブサイトの抹消、損害賠償の一部約2億3500万円の支払いを認めた。

この判決に不服のYらは控訴した。

知財高裁平成24年8月8日判決は、「魚の引き寄せ画面」はたしかに共通しているが、「ありふれた表現である」か、（魚を引き寄せる決定キーを押すタイミングを魚影が同心円の一定の位置にきたときにする）ことにした点は、「アイデア」にすぎない、として、翻案権侵害を否定した。また、「魚の引き寄せ画面」は、不正競争防止法2条1項1号に該当せず、著作権侵害、不正競争行為に該当せず、民法の不法行為も構成しないとした。

東京地裁判決は、携帯電話向け釣りゲームのX作品は、従来にない新しいも

のとし、著作権法で保護しようとしたが、知財高裁は、X作品はありふれている、又は著作権法で保護するに値しない単なるアイデアであると判断した。

最高裁第三小法廷は、平成25年4月16日、X側の上告を棄却する決定をした。

**キーワード**：ゲーム、ディー・エヌ・エー、グリー、携帯電話、著作権侵害、著作者人格権侵害、著作権法、不正競争防止法

**【コメント】** 非常に難しい問題である。今後、この2審判決を研究し、多少、類似したゲームを創作する者が出るだろう。

**参考文献**：横山久芳「翻案の判断方法」、「平成24年度重要判例解説」267頁

● 2012-10

> **「新聞販売黒書」事件**：フリージャーナリストがインターネット上において掲載した記事が、読売新聞社から名誉毀損で訴えられ、1審、2審は、名誉毀損による不法行為請求が棄却されたが、最高裁では名誉毀損とされ、東京高裁も名誉毀損とし、ウエブサイトにより名誉毀損された被害者の損害額が、名誉毀損の内容、表現の方法と態様等により算定された事例である。
>
> さいたま地裁平成21年10月16日判決（平成20年（ワ）第613号）、東京高裁平成22年4月27日判決（平成21年（ネ）第5834号）、最高裁平成24年3月23日判決（判タ1369号121頁）、東京高裁平成24年8月29日判決（判時2189号63頁）

フリージャーナリストYは、「新聞販売黒書」と題するインターネット上のウエブサイトに、「X1新聞西部本社は、○日、○県○市にある○○文化センター前のA所長に対して、明日○日から新聞の商取引を中止すると通告した。現地の関係者からの情報によると、○日の午後4時ごろ、西部本社のX2法務室長、X3担当の3名が事前の連絡なしに同店を訪問し、A所長に取引の中止を伝えたという。その上で、明日の朝刊に折り込む予定になっていたチラシ類を持ち去った。これは窃盗に該当し、刑事告訴の対象になる。」という記事を掲載した。Xらは、記事の第2文により名誉を毀損されたとして、Yに対し、不法行為による損害賠償請求をした。

1審のさいたま地裁は、名誉毀損による不法行為を否定した。

2審の東京高裁も、最高裁昭和31年7月20日判決（民集10巻8号1059頁）を引用し、一般の読者の普通の注意と読み方を基準として判断すべきであるとし、第1文は、事実の摘示で、第2文は、被告の法的見解の表明で、直ちに原告社員らが「窃盗」に該当する行為を行ったものと理解する可能性は乏しいとし、本件記載部分によって原告等の社会的評価が低下したということを否定して、原告等の請求を棄却した。

最高裁第二小法廷（古田佑紀裁判長、竹内行夫、須藤正彦、千葉勝美）は、「インターネット上のウエブサイトに掲載された記事が、それ自体として一般の閲覧者がおよそ信用性を有しないと認識し、評価するようなものではなく、会社の業務の一環として取引先を訪問した従業員が取引先の所持していた物を、その了解なく持ち去った旨の事実を摘示するものと理解されるのが通常であるなど、判示の事情の下では、その記事を掲載した行為は、上記の会社及び従業員の名誉を毀損するものとして不法行為を構成する。」(要旨)とし、東京高裁へ差し戻した。

東京高裁平成24年8月29日判決は、1, 本件記事の内容は、X2らがチラシ類を持ち去った行為が、窃盗に該当し、刑事告訴の対象になる旨の虚偽の事実を摘示し、X2らの名誉を毀損するもので、Xらの損害につき慰謝料の請求を認めるのが相当であるとした。

また、X2らの行為が、X1会社が窃盗を行わせるような会社と誤信されるから、X1会社も無形損害として賠償請求ができるとした。損害額について、名誉毀損の内容、表現の方法と態様、流布された範囲と態様、流布されるに至った経緯、加害者の属性、被害者の属性、被害者の被った不利益の内容・程度、名誉回復の可能性などの事情を考慮して算定することが相当であるとした。訴権の濫用に当たるとみるべき事情は見い出せないとした。

加藤新太郎裁判長は、控訴人会社X1への賠償額40万円、控訴人X2、X3、X4に対しそれぞれ20万円、弁護士費用X1につき4万円、控訴人X2らにつきそれぞれ2万円、合計110万円の支払いをYに命じた。

キーワード：ウエブサイト、名誉毀損、読売新聞社、不法行為、民法

【コメント】ウエブサイトの記事を1審、2審が名誉毀損にならない、と判決したのに、3審の最高裁が名誉毀損になると判断し、東京高裁へ差し戻した、という点が注意を引く。

## ● 2012-11

「夕暮れのナパリ海岸」事件：ハワイの写真家の写真が、日本の旅行業者のブログに無断転載された事件である。
東京地裁平成24年12月21日判決（平成23年（ワ）第32584号）

原告X1は、米国国籍のハワイ州在住の職業写真家である。

原告X2は、ハワイの美術品販売のほか、写真のライセンス事業を業務とするハワイ州の法律に基づく有限責任会社である。

X1は、「夕暮れのナパリ海岸」（写真1）と、「たそがれ時のサーファー」（写真2）の写真を米国で最初に発行した。

被告Yは、東京都に住み旅行業を営み、ブログも運営している。

Yは、平成23年1月10日および同年2月4日、その運営する「旅の料理人、…」と題するブログにおいて、インターネットからダウンロードした写真1と写真2を掲載した。

X1は、Yに対し、X1の写真1が許諾していないのに使用されているとして、甲弁護士を通じて、写真1の削除と10万円の支払いを求めた。Yは、1万円を送付し、経営体力がなく10万円は払えないという文書を送付した。甲弁護士は、Yへ、1万円では和解に応じられない、写真2の存在も判明したので、写真2の削除と損害金残額の19万円の支払いを求め、著作権（複製権、公衆送信権）侵害の訴訟を提起した。

被告Yは、ヤフーサイトで「画像ハワイ」と入力し検索し、検索結果の画面（乙4）が出てきたので、NO PICTUREや著作権者のサインの記載があるものを除き、2枚の写真を選択した。その出典元は、壁紙Linkの「世界遺産と世界の風景デザイナーズ壁紙」というカテゴリーで、その中には「サイトで海外のショップでフリーの素材として販売していたもの」「無料でダウンロードした壁

紙は、デスクトップピクチャーとして、あなたの生活に憩いを与えてくれるでしょう。また、ホームページ素材としてお使いください」との記載があった。Y は、写真をブログに掲載した手順は、「ヤフーのハワイ検索から本件写真をピックアップ」「1 つを画面上でクリックすると写真が現れる、下のリンクをクリックすると写真が現れる。出典元の確認をするため画面（写真の上で）をクリックすると写真が現れる。この壁紙 Link で消費者の被告がフリー素材であると『誤認』するような記載があった。次に、写真の上にカーソルを合わせ、名前を付けて画像を保存した。最後に、自分のブログに画像をアップした」と述べた。

東京地裁民事 29 部大須賀滋裁判長は、次のように判断した。

1) 準拠法は、法の適用に関する通則法 17 条（不法行為）により、日本法である。
2) 本件写真は著作物性があり、X1 が著作者で、著作権者である。X2 は、独占的利用許諾権を付与され、ウエブに掲載したり、不正使用した侵害者から損害賠償を徴収している。
3) 被告は、検索サイトヤフーで「ハワイ」を入力、クリックしているうちに、壁紙 Link サイトの記載により、フリー素材、無料と誤信したと主張したが、認めることができないとし、「被告は壁紙 Link の記載を閲覧することなく、Yahoo! の画像検索結果から本件写真をダウンロードした蓋然性が高い」とした。
4) Y は、写真の利用について、利用権原の有無について確認を怠り、写真をダウンロードし、複製し、アップロードしブログに掲載し、公衆送信したことに過失がある。
5) Y は、X1 に対し、金 7 万 8704 円（本来 8 万 8704 円だが 1 万円控除）と支払済みまでの年 5 分の金員の支払を命じた。X2 へは、写真 1 について 99 米ドル、写真 2 について 178.2 ドルの手数料相当額の損害が生じたとして、1 ドル 80 円として 2 万 2176 円とし、弁護士費用 5 万円とし、X2 に対し金 7 万 2176 円と支払い済みまでの年 5 分に金員の支払いを命じた。

キーワード：写真の著作物、ホームページ、法の適用に関する通則法、ヤフー、複製権、公衆送信権

【コメント】被告 Y が、本件写真はフリーであると誤信した、との主張も面白いが、これを裁判官が採用しなかった。この判決当時、1ドル 80 円である。

## ● 2012-12

「大道芸研究会」事件：大道芸研究会の元会員 X は、ウエブサイトの画面およびソースコードを作成し、管理し、大道芸研究会の情報を発信したが、退会し、のちウエブサイト画面とそのソースコードは X の著作物であるとし、会員の被告 Y が作成し、自己の管理するウエブサイトに掲載した行為は、X の著作物の同一性保持権侵害あるいは一般不法行為に当たると主張した。X の請求が棄却された事例である。
東京地裁平成 24 年 12 月 27 日判決（平成 22 年（ワ）第 47569 号）

原告 X は、昭和 60 年に大道芸研究会の会員になり、平成 22 年 3 月末、退会した。

被告 Y は、大道芸研究会会員である。

X は、会員であった平成 12 年頃、「大道芸研究会」という本件ウエブサイトを開設し、「画面」及びその「ソースコード」（HTML）を作成し、X は、X 個人の著作した著作物としていた。

被告 Y は、平成 22 年 2 月 1 日、本件ウエブサイトのソースコードを取り込み、新たな情報を追加するなどして、「大道芸研究会」と題する被告ウエブサイトを開設し、管理した。

原告 X は、被告 Y が、別紙被告画面目録 1 ないし 7 記載の各画面（被告画面）を作成し、自己の管理するウエブサイトに掲載した行為は、1) X の有する同一性保持権侵害行為である、2) 仮にそうでないとしても、被告 Y の一連の行為は、原告の法的保護に値する利益を侵害する一般不法行為であるとし、Y に対し、損害賠償 160 万円を求めて訴えた。

東京地裁民事第 46 部大鷹一郎裁判長は、次のように判断し、原告 X の請求をいずれも棄却した。

1) 原告 X は、各画面は、画面構成(デザイン・レイアウト)において、X の思想感情を創作的に表現した著作物と主張したが、画面構成のうち、創作性があると挙げている点は、いずれもありふれた表現である、X の各画面には原告主張の表現上の創作性が認められない、とし、各画面が全体として著作物に該当するとの原告の主張は理由がないとした。
2) X のソースコードの著作物性について、「本件ソースコードは、原告がフロントページエクスプレスを使用して本件画面を作成するに伴ってそのソフトウエアの機能により自動的に生成された HTML ソースコードであって、原告自らが本件ソースコードそれ自体を記述したものではないことからすると、本件ソースコードの具体的記述に原告の思想又は感情が創作的に表現され、その個性が現れているものとは認められない。」とした。
3) 一般不法行為に当たるか、について、北朝鮮映画事件(最高裁平成 23 年 12 月 8 日判決)を引用し、著作権法の著作物に該当しないものの、利用行為は同法が規律の対象とする著作物の独占的な利用による利益とは異なる法的に保護された利益を侵害するなどの特段の事情がない限り不法行為を構成しない、とし、X の請求を否定した。

キーワード：ウエブサイト、著作物、HTML、ソースコード

**【コメント】** 大道芸研究会の内紛がなければ、原告は会に留まっていたであろう。原告は、研究会のウエブサイトに愛着があった。

# 2011年(平成23年)に発出された判例

## ● 2011-1

**公明党都議肖像写真事件**：公明党都会議員のホームページから、肖像写真の電子データをダウンロードして、ビラやブログ等に写真を掲載した行為に対して、著作権侵害および著作者人格権侵害が認められ、ビラの頒布禁止、廃棄、送信可能化等の差止めと損害賠償78万5000円の損害賠償が認められた事例である。

東京地裁平成23年2月9日判決（平成21年（ワ）第25767号、反訴平成21年（ワ）第36771号）

原告Xは、職業カメラマンで、公明党都議の肖像写真（本件写真）を撮影した者である。

被告Yは、「A調査会」ないし「A1調査会」の名称で、政治活動を行っている者である。

被告Yは、公明党都議Bのウエブサイトから本件写真の電子データをダウンロードし、これを利用して、別紙写真（カラーからモノクロ、縦横の比率を変更）を作成し、1)ビラに掲載し、通行人に頒布し、2)自ら管理するインターネット上のウエブサイトにアップロードし、自己のブログに掲載し、3)また別紙写真を街宣車の車体上部に設置された看板に掲載した。

この被告行為を知った原告は、著作権（複製権、譲渡権、公衆送信権）侵害、著作者人格権（同一性保持権）侵害であるとして、著作権法112条に基づき、1)本件写真掲載のビラ頒布の差止めと廃棄、2)写真をインターネット上のウエブサイトで送信可能化することの差止めを求め、不法行為による損害賠償請求権に基づき、損害賠償金400万円（著作権（財産権）侵害200万円、著作者人格権侵害による精神的損害150万円、弁護士費用50万円）及び遅延金の支払いを求めた。

東京地裁民事40部の岡本岳裁判長は、損害賠償金78万5000円（財産権侵

害 58 万 5000 円、著作者人格権侵害 10 万円、弁護士費用 10 万円）とし、これ以外の原告の請求をすべて認容した。

**キーワード**：ホームページ、写真の著作物、肖像写真、公明党、ウエブサイト

**【コメント】**裁判所は、写真の著作物性について、「職業写真家である原告の思想、感情が創作的に表現された著作権法上の著作物であることは明白である。」としている。被告は、訴訟代理人をつけず争い、「引用」であると主張したが認められなかった。

被告は、原告による刑事告訴及び本訴提起が不法行為であるとして不法行為による損害賠償請求権に基づき、刑事告訴による慰謝料 100 万円及び本訴提起による逸失利益 500 万円の合計 600 万円の内金 100 万円の支払いを求める反訴を提起したが、棄却された。

## ● 2011-2

**データ SOS 事件**：ウエブサイトの文章が類似するが、著作権侵害に当たらない、とされた事件である。
東京地裁平成 22 年 12 月 10 日判決（平成 20 年（ワ）第 27432 号）、知財高裁平成 23 年 5 月 26 日判決（平成 23 年（ネ）第 10006 号、判時 2136 号 116 頁、判タ 1386 号 322 頁）

[東京地裁判決]

原告は、コンピュータの保守、管理、コンピュータにおいてバックアップされていないデータがコンピュータ上で出力できなくなった場合、そのデータをコンピュータ等から取り出して復元するサービスの請負などを行う会社である。

原告は、2006 年 10 月から 12 月にかけて、データ復旧サービスを一般に周知させ、顧客を誘引するためウエブページを創作し、これを自社のウエブサイトに「データ SOS」の題名で掲載し、その後も文章を推敲、改良し、2007 年 4 月 28 日、データ復旧サービスに関するウエブページを完成させた。

被告は、コンピュータ機器開発販売会社である。被告も、被告のウエブサイトにデータ復旧サービスに関する文章を掲載した。

原告は、被告の文章は、原告の文章の著作権侵害であるとして訴えた。

すなわち、原告は、1,主位的に、被告の行為は、原告のウエブページにコンテンツ又は広告用の文章の複製又は翻案であるとして、原告の著作権侵害（複製権、翻案権、公衆送信権、二次的著作物に係る利用）及び著作者人格権（氏名表示権、著作権法113条6項のみなし侵害）を侵害する行為であるとして、損害賠償1650万3562円及び遅延損害金、著作権法115条に基づく謝罪広告を求め、2,予備的に、被告行為は、一般不法行為に当たるとして、1,と同額の損害賠償金及び遅延損害金、民法723条に基づく謝罪広告を求めた。

東京地裁民事40部岡本岳裁判長は、次のように述べて、原告の請求を棄却した。

(1)原告は、被告が(原告の)どの部分の著作権を侵害したか主張していない。

(2)原告の広告用の文章作成者の個性が現れておらず、原告の文章の創作性がない部分において、被告の文書と同一であるにすぎない。

(3)被告文章が著作権侵害でなく、翻案権侵害でない以上、著作者人格権の侵害もない。

(4)一般不法行為について、被告文章が原告文章に依拠して作成されたとしても、被告の行為は、公正な競争として社会的に許容される限度を逸脱した不正な競争行為として不法行為を構成すると認められない、とした。

[知財高裁判決]

知財高裁第4部は、次のように判断し、控訴を棄却した。

(1)被控訴人がウエブサイトに掲載したデータ復旧サービスに関する文章が、控訴人がウエブサイトに掲載したコンテンツ又は広告用文章に係る控訴人の著作権（複製権、翻案権、二次的著作物に係る公衆送信権）及び著作者人格権（氏名表示権）の侵害にも、著作権法113条6項のみなし侵害にも当たらない。

(2)被控訴人が控訴人の広告と同一ないし類似の広告をしたからといって、被控訴人の広告について著作権侵害が成立せず、他に控訴人の具体的な権利ないし利益の侵害が認められない以上、不法行為が成立する余地はない。

キーワード：ウエブサイトの文章、データ復旧、著作権侵害、著作者人格権侵害、著作権法

【コメント】平成25年のナビキャスト事件（東京地裁平成25年9月12日判決）2013-12は、入力フォームのアシスト機能に係るサービスの説明資料が類似しているという事件で、原告資料が著作物であるとされ、原告が勝訴している。この事件で、原告は、「個性が現れている文章」、「創作性がある文章」にすべきであった。ウエブサイト上の図表について、著作物の主張をしたが、図形の著作物、編集著作物、データベースの著作物でもないとされた東京地裁平成22年12月21日判決（2010-11）がある。

## ● 2011-3

**イカタコウイルス事件（刑事）**：コンピュータウイルスを受信、実行させるなどの行為がパソコンのハードディスクの効用を害したとされ、器物損壊罪に当たるとされた事例である。
東京地裁平成23年7月20日判決（平成22年刑（わ）第2150号、平成22年刑（わ）第2651号、判タ1393号366頁）

本件は、いわゆるイカタコウイルス（又はタコイカウイルス）と呼ばれるコンピュータウイルスをインターネット上に公開して被害者に受信、実行させた行為が器物損壊罪に問われたものである。

器物損壊罪の「損壊」が物の物理的破壊に限らず、効用喪失を含むとしている（飲食用のすき焼き鍋や徳利に放尿する行為を器物損壊罪にした大審院明治42年4月16日刑録15巻452頁）。本判決は、1, 効用侵害の有無につき、ハードディスクは、読み出し機能と書き込み機能の2つが本来的効用で、ウイルスの感染により2つの機能が失われたこと、2, いずれの効用も一般人には容易に現状回復できないとして、器物損壊罪の成立を認め、刑事第3部岡部豪裁判長は、被告人を懲役2年6月に処した。「刑法第261条　前3条に規定するもののほか、他人の物を損壊し、又は傷害した者は、3年以下の懲役又は30万円以下の罰金若しくは科料に処する。」

キーワード：ウイルス、器物損壊罪、刑法

【コメント】コンピュータ・ウイルスを「感染」させる行為が、器物損壊罪に当たる、という判例である。

## ● 2011-4

**NHK テレビ海外インターネット送信事件**：テレビ番組を海外居住者向けにインターネット配信する事業者に対し、NHK が著作隣接権（送信可能化権、複製権）に基づき、訴訟し、被告が 1257 万 2459 円の損害賠償を命ぜられた事例である。
東京地裁平成 23 年 9 月 5 日判決（平成 22 年（ワ）第 7213 号）

原告は、日本放送協会（NHK）。

被告は、インターネット事業等を業とするジェーネットワークサービスインターナショナル非公開株式会社（本店所在地タイ王国バンコック市）の代表者である。

被告は、平成 18 年頃、「ジェーネットワークサービス」の名称で、海外居住者向けに日本国内でテレビ放送された番組を有料でインターネット配信する事業を始めた。

被告は、平成 18 年頃、㈱スフィアの代表者 B と同社従業員 C と協議、次のような配信システムを完成させた。

1) ケーブルテレビ等の配線から、テレビ番組の映像（音及び影像）を受信し、チューナーを通してサーバー機に入力し、コンピュータが処理できるようデータ変換し、「Windows Media サービス」を使用して、利用者に対し、テレビ映像データをストリーミング配信する。利用者がサーバー機からファイルをダウンロードすることなく、リアルタイムで画像と音が視聴できる動画配信方式である。

2) ケーブルテレビ等の配線から、テレビ番組の映像（音及び影像）を受信し、チューナーを通してサーバー機に入力し、動画ファイル形式へとデータ変換を行い、この動画ファイルデータを記録媒体に記録し、録画用サーバー機に記録された動画ファイルデータをウエブサイト用ソフトウエアがインストールされたサーバー機の記録媒体に複製又は移動させ、利用

者からの求めに応じて、利用者が上記動画ファイルデータをダウンロードすることを可能とした。

被告は、平成18年11月30日、タイ現地人を代表者とするジェーネット合資会社を設立、同年12月8日、東京都に同社の日本支店を置いた。

被告は、千葉県市原市内にサーバー機を複数台設置し、被告本人を契約者として、ケーブルテレビ契約、光ファイバーケーブルによるインターネット回線契約、インターネットサービスプロバイダ契約をそれぞれ締結した。(株)スフィアとの間で、配信システム等のメンテナンス契約及びサーバー機の維持管理契約を結んだ。

平成18年12月、本件サービスの提供を開始した。

NHKは、このサービスは、1)ストリーミング配信システム、2)動画ファイル形式による記録及び配信システムに拠るものであるが、原告NHKの送信可能化権及び複製権を侵害するとし、損害賠償金1463万8450円を求めて訴えた。

被告は、サーバー機に自動公衆送信機能があるとの点、及び利用者が送信側の機器を操作するものでない、とする点を否認し、本件サービスの利用は、各利用者による機器の操作が不可欠であり、「契約者から個々の機械を預かる代わりに高額なソフトを導入し、個々の契約者に仮想PCを割り当て各契約者に機器の操作を可能ならしめることにより、本件サービスが著作権法に違反することはないと考えていた」と述べた。

東京地裁民事29部大須賀滋裁判長は、1)のストリーミング配信システム、2)の動画ファイル形式による記録及び配信システムにおいて、原告の送信可能化権侵害を認め、2)の動画ファイル形式による記録及び配信システムにおいて、原告の複製権を侵害していると認定した。なお、損害賠償については、被告の得た利益から他社のテレビ放送に係る部分や衛星放送に係る部分を控除して損害額を算定し、原告の請求を一部認容、1257万2459円の支払いを命じた。

キーワード：放送、著作隣接権、テレビ番組、公衆送信権、複製権

【コメント】ロクラクⅡ事件(2012-2)、「まねきテレビ」事件(2012-3)と同種の事件である。

## ● 2011-5

**ウイニー事件（刑事）**：京都地裁平成18年12月13日判決（平成16年（わ）第726号、判タ1229号105頁）、大阪高裁平成19年10月8日判決（平成19年（う）第461号）、最高裁平成23年12月19日決定（平成21年（あ）第1900号、刑集65巻9号1380頁、判時2141号35頁、判タ1366号103頁）

　元・東大助手X（金子勇）は、平成14年5月、ファイル交換ソフト・ウイニーを開発し、ネット上に公開し、配布した。平成15年11月、AおよびBは、このウイニーを用いて、米国映画、ゲームソフトを違法にコピーし、ABはそれぞれ、著作権法違反で逮捕され、懲役1年、執行猶予3年の判決を受けた。開発者Xも逮捕された。

　［京都地裁］

　平成18年判決は、Xを有罪とした。

　Xは、1,ウイニーによって、著作権侵害がインターネット上に蔓延することを積極的に企図したとまでは認められないが、2,著作権侵害が起こることを認識しながら不特定多数の者が入手できるようにホームページで公開しており、幇助罪に当たる。3,社会に生じる弊害を十分知りつつ、ウイニーを公開しており、独善的かつ無責任で非難は免れない、として罰金150万に処した。幇助罪の成立要件として「ウイニーの現実の利用状況やそれに対する認識、提供する際の主観的態様がどうかということになる」との基準をあげて、幇助犯成立とした。

　「主文」

　「被告人を罰金150万円に処する。その罰金を完納することができないときは、金1万円を1日に換算した期間、被告人を労役場に留置する。訴訟費用は被告人の負担とする。」Xは控訴した。

　［大阪高裁］

　平成19年、Xを無罪とした。大阪高裁は、1,著作権侵害の幇助犯の成立は、侵害する者が出る可能性があると認識していただけでなく、ソフトを侵害の用途で使用するようインターネット上で勧めていることが必要であるとし、2,被告人Xは、侵害の可能性を認識していたが、ネット上での発言を見ても著

作権侵害の用途で使うよう勧めていたとはいえない。3, 原審のように認めると、ソフトが存在する限り、無限に刑事責任を問われることになり、罪刑法定主義の観点から慎重に判断することが必要、とした。

[最高裁]

最高裁第3小法廷は、検察からの上告を棄却した。

被告人において、本件ウイニーを公開、提供した場合に、例外的とはいえない範囲の者がそれを著作権侵害に利用する蓋然性が高いことを認識、認容していたとまで認めることは困難である。したがって、被告人は著作権法違反罪の幇助犯の故意を欠く、とした。

言い換えれば、ウイニーは中立価値のソフトであり、入手者のうち例外的といえない範囲の人が著作権侵害に使う可能性を認容して提供した場合に限って幇助に当たる、とした。4人の裁判官のうち1人の裁判官（大谷剛彦）は、幇助犯が成立すると反対意見を述べた。

キーワード：ウイルス、ファイル交換ソフト、幇助犯、刑法

【コメント】非常に難しい事件である。

参考文献：林幹人「ファイル共有ソフトWinnyの公開・提供と著作権法違反幇助罪の成否」（「平成24年度重要判例解説」152頁）
城所岩生「著作権法がソーシャルメディアを殺す」（PHP研究所・2013年）113頁

● 2011-6

アリカ商標事件：登録商標の使用をしているかどうかが争われ、最高裁が「指定役務についての本件商標の使用をしていない」と判決した事例。
知財高裁平成21年3月24日判決（平成20年（行ケ）第10414号）、最高裁平成23年12月20日判決（民集65巻9号3568頁、判時2143号119頁）

日本の商標法は、継続して3年以上、日本国内において、商標権者、専用又は通常使用権者が指定商品又は指定役務について登録している登録商標を使用していないとき、何人もその登録商標を取り消すよう、特許庁に審判を請求することができる（50条1項）。ゲームソフトの企画、制作、販売等を業とするX（株式会社アリカ）は、平成13年1月22日、本件商標登録出願をし、平成

14年3月1日、設定登録を受けた。

　Y（株式会社 ARICA）は、貸別荘や貸しビルなど不動産業者のようである。

　Yは、平成19年3月15日、本件商標につき、商標法50条1項に基づき、指定役務のうち第35類に属する役務についての不使用を理由に、それらの役務に係る商標登録の取り消しの審判を請求し、同年4月4日、その旨の予告登録がなされた。

　特許庁は、平成20年9月26日、本件商標の「指定役務中、第35類『広告、経営の診断及び指導、市場調査、商品の販売に関する情報の提供、ホテルの事業の管理、広告用具の貸与』については、その登録を取り消す」旨の審決をした。

　理由は、原告の提出した「会社案内」の「インターネットのホームページ」は、いずれも自社の商品ないし自社の開発した商品の広告にすぎない、本件商標を「商品の販売に関する情報の提供」の役務について使用していると認められない、というものであった。

　Xは、この審決の取り消しを求め訴えを起こした。審決に対する訴えは、東京高等裁判所の専属管轄である（商標法63条）。知的財産高等裁判所法（平成16年6月18日法律第119号）により、東京高等裁判所内に知的財産高等裁判所が置かれ、ここで、知的財産権に関する訴訟が取り扱われる。

［知財高裁］

　Xは自社のウエブサイトで、自社が開発したゲームソフトを紹介するとともに、本件各商品を販売するA社、B社の各ウエブサイトを閲覧し、同ウエブサイトから利用者が本件商品が購入できるなど、「本件商標が使用されている」と主張した。

　知財高裁平成21年3月24日判決は、本件各行為により、前記予告登録前3年以内に日本国内で本件指定役務について「本件商標の使用をしていた」と判断し、Xが勝訴した。

　これに不服のYは、最高裁へ上告した。

［最高裁］

　最高裁第3小法廷（大谷剛彦裁判長、那須弘平、田原睦夫、岡部喜代子、寺田逸郎裁判官）は、「原判決を破棄する。被上告人の請求を棄却する。」との判決

を下した。

　理由は、1, 本件指定役務は、「商業等に従事する企業に対して、その管理、運営等を援助するための情報を提供する役務をいう」とし、2, Xの各行為は、Xのウエブサイトで、Xが開発したゲームソフトを紹介するとともに、他社の販売する本件各商品を紹介するに過ぎない、「商業等に従事する企業に対して、その管理、運営等を援助するための情報を提供するものとはいえない」とし、本件各行為により、Xが本件指定役務についての本件商標の使用をしていたといえない、とした。

**キーワード**：商標、登録商標、ゲームソフト、登録商標の使用、商標法

**【コメント】**最高裁は、知財高裁の「本件商標の使用をしていた」との判断を覆し、「本件商標の使用をしていない」とした。商標権に関連して 2009-2、2005-6 などがある。

**参考文献**：西村雅子・判例評論 647 号 17 頁（判時 2166 号 163 頁）

# 2010年(平成22年)に発出された判例

● 2010-1

**大学院教授対医博作家海堂尊事件**：医学博士で作家である海堂尊がインターネット上で記事を掲載し、大学院教授から名誉毀損で訴えられ、110万円の損害賠償が命じられた事例である。
東京地裁平成22年1月18日判決（平成20年（ワ）第29905号、判時2087号93頁）

原告Xは、T大学大学院教授で日本病理学会副理事長である。

被告Yは、独立行政法人放射線医学総合研究所重粒子医科学センター病院勤務の病理専門の医学博士で、海堂尊のペンネームをもつ作家でもある。

Xは、社団法人内科学会が平成17年9月1日から厚生労働省補助事業として実施の「診療行為に関連した死亡の調査分析モデル事業」に関与していたが、平成20年度科学研究費補助金で、研究課題「『診療行為に関連した死亡の調査分析』における解剖を補助する死因究明手法の検証に関する研究」の募集に応じ、採択された。応募はXのみであった。

Yは、海堂尊の名前で、(株)日経ビーピー社が運営する「日経メディカルオンライン」というサイト（医師限定のサイト）内で、「Aiをめぐる生臭い話」などの記事を掲載した。

また、Yは、(株)宝島社が運営する「『このミス』大賞受賞作家・海堂尊のホームページ・宝島社」サイト内に「学会上層部と官僚の癒着による学術業績剽窃事件」と題する記事を掲載した。

Xは、Yに対して、これらの記事によりXの名誉を毀損されたとして、330万円(慰謝料300万円、弁護士費用30万円)を求めて訴えた。

Yは、記事の摘示した事実は真実であり、また公正な論評であると主張し、争った。

東京地裁民事5部(畠山稔裁判長、熊谷光喜、折田恭子裁判官)は、日経ビー

ピーのサイトの記事1と宝島社のサイトの記事2を合わせて、これを別紙とし、「№1」部分を「本件記述1」とし、本件記述12までを順に主張を並記し、検討した。

(1) 本件記述1, 2, 4, 5, 6, 7, 8, 9, はXの社会的評価を低下させるとした。
(2) 本件記述3, 4の摘示事実は真実かどうかについて、真実と認める証拠はない、とした。
(3) 本件記述10, 11, 12は、公正な論評でないとした。
(4) 原告は精神的苦痛を被っており、本件記事1は、閲覧記事ランキング1位になり、多数の目にふれたこと、Xの社会的地位その他本件に現れた一切の事情を総合考慮し、慰謝料100万円、弁護士費用10万円、合計110万円の支払いをYに命じた。

キーワード：医師、名誉毀損、公正な論評

【コメント】学者間の争いである。問題の記事について裁判官は、両者の主張を並記し、丁寧に審理している（判例時報2087号93頁参照）。内部告発的な記事である。控訴審判決は入手できなかった。

● 2010-2

ラーメン・チェーン店名誉毀損事件（刑事）：インターネット上の名誉毀損行為には、インターネットの特殊性を反映した独自の判断基準が適用されるのか—1審は無罪、2・3審は有罪とされた事例である。
東京地裁平成20年2月29日判決（判時2009号151頁、判タ1277号46頁）、東京高裁平成21年1月30日第12刑事部判決（判タ1309号91頁）、最高裁平成22年3月15日第一小法廷決定（平成21年（あ）第360号、刑集64巻2号1頁、判時2075号160頁、判タ1321号93頁）

[東京地裁判決]

被告人は米国の大学中退後、平成8年7月頃からプログラマーとして数社に勤務し、現在に至っている。

被告人は、自己の開設するホームページにラーメン店チェーンの経営会社である株式会社甲野食品（のち乙山株式会社に商号変更）について、「インチキ

FC甲野粉砕」「貴方が『甲野』で食事をすると、飲食代の4～5%がカルト集団の収入になります。」などと甲野食品がカルト集団である旨の虚偽の内容を記載した文章や同社が会社説明会の広告に虚偽の記載をしている旨の文章を掲載し、不特定多数の者に閲覧させたとして、名誉毀損罪に問われ、検事は罰金30万円を求刑した。

東京地裁刑事3部(波床昌則裁判長、柴田誠、牛島武人裁判官)は、無罪を言い渡した。

日本の名誉毀損罪は、真実を述べた場合も成立するとされ、表現の自由よりも個人の名誉を優先保護していると批評されていた。戦後占領下の昭和22年の刑法改正で、刑法230条の2が追加され、名誉毀損的表現が、1,公共の利害に関係し、2,公益目的でなされたとき、3,摘示された事実が真実であると証明されたときは、これを罰しないと規定した。しかし、真実の証明は困難であることが多いため、最高裁昭和44年6月25日判決刑集23巻7号975頁(「夕刊和歌山時事」事件)は、「真実であることの証明がない場合でも、行為者がその事実を真実だと誤信し、その誤信したことについて、確実な資料、根拠に照らして相当の理由があるときは、故意がなく、名誉毀損罪は成立しない。」とし、言論の表現者に有利な判例変更を行った。

このインターネットの名誉毀損事件で判決は、1,公共の利害に関係し、2,公益目的であることは肯定し、3,摘示された事実が、真実であるとの証明がなされていない、しかし、4,真実であると誤信したことについて、確実な資料、根拠に照らして相当な理由があったかどうか、として、インターネット上の表現行為について、新たな基準を提示し、名誉毀損罪に当たらないとした。

すなわち、(1)インターネットにおける個人利用者の表現行為については、従前のマスメディアと個人の関係と異なり、相互に情報の発受信に対し対等の地位に立ち、言論を応酬し合え、容易に加害者に反論することができる、(2)インターネット利用の個人利用者は、マスメディアのような高い取材能力や綿密な情報収集、分析活動が期待できないことについて、利用者一般が知悉しており、個人利用者がインターネット上で発信した情報の信頼性は一般的に低いものと受け止められていることに鑑みると、確実な資料、証拠に基づいて真実

と誤信したと認めなければ名誉毀損罪に問擬する、とするのは相当ではなく、「加害者が、摘示した事実が真実でないことを知りながら発信したか、あるいは、インターネットの個人利用者に対して要求される水準を満たす調査を行わず真実かどうか確かめないで発信したといえるときにはじめて同罪に問擬するのが相当」とした。

このように解することによって「インターネットを使った個人利用者による真実の表現行為が、いわゆる自己検閲により萎縮するという事態が生ぜず、ひいては憲法21条によって要請される情報や思想の自由な流通が確保される、という結果がもたらされることにもなると思われる。」とする。

[東京高裁判決]

東京高裁は1審判決を否定、「原判決を破棄」「被告人を罰金30万円に処する」とした。

高裁判決は、

(1) 被告人は、公益を図る目的で表現行為に及んだ（検察官は疑問であると主張）、という1審の判断は是認した。
(2) 被告人に、名誉毀損罪を問えないとした1審判決は間違いで、刑法230条の2第1項の解釈・適用の誤りがある、という検察官の点については同調した。
(3) 被告人の表現は、重要な部分が真実であることが証明されていないとした。
(4) 仮に証明不十分であったとしても、被告人は必要な調査義務は尽くしたかについて、「被告人は、乙山株式会社の関係者に事実関係を確認することを一切していないこと等に照らして」、「摘示された事実が真実であると信じたことについて」「『確実な資料、根拠に照らして相当な理由があった』とは到底いえない」とした。

「結局のところ、個人利用者によるインターネット上での表現行為について、名誉毀損罪の成否に関する独自の基準を定立し、これに基づき被告人に名誉毀損罪は成立しないとした原判決は、刑法230条の2第1項の解釈適用を誤ったもの」とした。

[最高裁判決]（判例要約）

インターネットのホームページにおいて、被害会社の名誉を毀損する虚偽の事実を掲載した場合、個人利用者が公益を図る目的であったとしても、一律に他の表現手段と区別して、より緩やかな要件で名誉毀損罪の成立を否定すべきでなく、犯人が当該事実を真実であると誤信したことについて確実な資料や根拠が認められず、相当の理由がないときには、同罪が成立する。

**キーワード**：名誉毀損罪、憲法21条、情報、思想の自由、刑法、憲法

**【コメント】**1審判決が出たことは、非常に興味深い。

**参考文献**：西土彰一郎「インターネット上の表現について名誉毀損罪の成否」平成22年度重要判例解説23頁
丸山雅夫「インターネット上の個人利用者による名誉毀損と真実性の誤信についての相当の理由」平成22年度重要判例解説210頁
岡田好史「インターネット上における名誉毀損について」専修大学法学100号143頁
永井善之「インターネットと名誉・わいせつ犯罪」刑事法ジャーナル15号10頁
鈴木秀美・ジュリスト2010年11月15日号22頁
小島慎司・ジャーナリズム2010年7月号48頁
西野吾一「最高裁刑事破棄判決等の実情（中）平成22年度」判時2132号3頁

## ● 2010-3

**「しずちゃん」経由プロバイダ事件**：経由プロバイダが、特定電気通信役務提供者の損害賠償責任の制限及び発信者情報の開示に関する法律」（以下、法）2条3項にいう「特定電気通信役務提供者」に該当するとした判例である。

東京地裁平成20年9月19日判決、東京高裁平成21年3月12日判決、最高裁平成22年4月8日判決（平成21年（受）第1049号、民集64巻3号676頁）

被告Yは、株式会社NTTドコモである。

原告X1は、土木工事事業等を目的とする株式会社である。原告X2は、X1の代表取締役である。原告X3は、X2の妻である。原告X4は、X1の従業員である。

ウエブサイト「しずちゃん」内の電子掲示板に、原告X1ではいじめがはげしい、X2は不貞行為をしている、X3は従業員と不貞行為をしている、X4は暴力団と関係がある、などという事実無根の記事が、複数の氏名等不詳の者（本

件発信者）によって書かれた。

　Xらは、名誉毀損、プライバシー権等の人格権が侵害されているとして、原告等は静岡地方裁判所浜松支部に対し、「しずちゃん」管理者から委託を受けたホスティング業者（複数のユーザーが利用するサーバーを提供する業者）を相手に仮処分命令を申し立てて、投稿した者のIPアドレス及びタイムスタンプ等の情報を得、これにより、本件発信者らは、被告Yの管理するサービスのユーザーで、Y経営の携帯電話からの発信と判明、X等は東京地裁へ、Yを相手に発信者情報の消去の禁止を求める仮処分命令申立をしたが、自動消去されていたので、同地裁から却下決定がなされた。

　原告等は、コンテンツプロバイダ「しずちゃん」管理者に発信者の携帯端末機の機種、シリアルナンバー及びFOMAカード個体識別子がアクセスログとして記録されているので、被告Yに発信者等の情報を特定することが可能であるとして、経由プロバイダである被告Yへ、発信者情報の開示を求めて訴えた。

　被告Yは、被告は経由プロバイダであるから、法4条1項、法2条3号にいう「特定電気通信役務提供者」に該当しないと主張した。

　1審の東京地裁民事第37部は、1, 被告は、「特定電気通信役務提供者」（法4条1項、2条3号）に該当しない、2, 原告主張のFOMAカード個体識別子による情報は、法4条1項所定の「権利の侵害に係る発信者情報」ではなく、被告は発信者情報を保有していない、原告らの本件請求はいずれも理由がない、とし、原告らの各請求をいずれも棄却した。

　2審の東京高裁第24民事部は、解釈を変えた。
「判決主文」
1, 原判決を次の通り変更する。
2,「被控訴人は、控訴人X1に対し、原判決別紙アクセスログ目録（1）の表の2, 3及び5, の「投稿日」及び「時間」欄記載の日時における、これに対応する同表の「icc」欄記載のFOMAカード個体識別子によって特定されるFOMAカードに係るFOMAサービス契約の相手方の住所及び氏名又は名称をそれぞれ開示せよ。」とし、被控訴人は、控訴人X2、X3、X4に対しても、同様の開示をせよと命じ、控訴人らのその余の請求は棄却した。

最高裁（金築誠志裁判長、宮川光治、櫻井龍子、横田尤孝、白木勇）は、上告を棄却した。

［判決要旨］

「最終的に不特定多数の者に受信されることを目的として特定電気通信設備の記録媒体に情報を記録するためにする発信者とコンテンツプロバイダとの間の通信を媒介する経由プロバイダは、特定電気通信役務提供者の損害賠償責任の制限及び発信者情報の開示に関する法律2条3項にいう「特定電気通信役務提供者」に該当する。

キーワード：経由プロバイダ、NTTドコモ、電子掲示板、携帯電話、プロバイダ責任制限法

【コメント】東京地裁平成15年9月17日判決（平成15年（ワ）第3992号判タ1152号276頁）は、経由プロバイダについて同旨の判断をしていた。

## ● 2010-4

> R学園長対電子掲示板事件：1,「特定電気通信役務提供者の損害賠償責任の制限及び発信者情報の開示に関する法律」（以下、プロバイダ責任制限法）4条1項に基づく発信者情報の開示請求に応じなかった特定電気通信役務提供者は、当該開示請求が同項各号所定の要件のいずれにも該当することを認識し、又は上記要件のいずれにも該当することが一見明白であり、その旨認識することができなかったことにつき重大な過失がある場合にのみ損害賠償責任を負うとされ、2, インターネット上の電子掲示板にされた書き込みの発信者情報の開示請求を受けた特定電気通信役務提供者が、請求者の権利が侵害されたことが明らかでないとして開示請求に応じなかったことにつき、重大な過失があったとはいえないとされた事例である。
>
> 東京地裁平成20年6月17日判決（平成19年（ワ）第27647号、民集64巻3号769頁）、東京高裁平成20年12月10日判決（平成20年（ネ）第3598号、民集64巻3号782頁）、最高裁平成22年4月13日判決（平成21年（受）第609号、判時2082号59頁、民集64巻3号758頁）

原告Xは、学校法人R学園（湘南ライナス学園）の学園長兼理事である。R学

園は、小学校1年生から高校3年生までの発達障害児のための学校である。

被告Yは、電気通信事業を営む株式会社で、DIONの名称でインターネット接続サービスを運営している。

平成18年9月頃、電子掲示板サイト「2ちゃんねる」において、X及びXが勤務する学園に関する書き込みがなされた。「なにこのまともなスレ　気違いはどう見てもライナス学長」などである。Xは、プロバイダ責任制限法に基づき、2ちゃんねるに対して、発信者情報開示の仮処分を申し立て、開示を命ずる仮処分決定を得た。その結果、2ちゃんねる側からXに対し、本件書き込みの発信者情報としてのIPアドレスが開示された。これにより、本件書き込みは、被告Yが運営するインターネット接続サービスDION経由と判明した。

Xは、Yへ、平成19年2月27日、発信者の情報を開示するよう依頼した。

Yは、平成19年6月6日書面で、権利侵害の明白性が認められないと回答した。

Xは、Yを訴えた。

［東京地裁］

民事26部は、次のように判断した。

1. 本件書き込みは、違法性が強度で社会通念上許される限度を超える表現ではない。原告の権利が侵害されたことが明らかであるといえない。
2. 原告による発信者情報の開示請求は理由がない、としてXの請求を棄却した。

［東京高裁］

第12民事部は、「気違い」という表現はきわめて強い侮辱的表現で、差別用語で、名誉感情を侵害した。控訴人Xには、発信者情報の開示を受けるべき正当な理由があるとして、

1. 別紙目録記載の時刻頃に目録記載の書き込みを送信した者の氏名又は名称住所、電子メールアドレスを開示せよ。
2. Yが開示請求に応じなかったのは重大な過失で、これによるXの精神的苦痛に対する慰謝料として10万円、弁護士費用5万円とし、これをXへ支払うようYへ命じた。

[最高裁]

第3小法廷（田原睦夫裁判長、藤田宙靖、堀籠幸男、那須弘平、近藤崇晴裁判官）は、東京高裁の判決中、損害賠償請求を認めた部分を廃棄し、同請求を棄却すべきものとした。発信者情報開示請求に関する上告は、上告受理申立理由が上告受理の決定において排除されたので、棄却された。

キーワード：電子掲示板、2ちゃんねる、発信者情報、名誉感情、プロバイダ責任制限法

【コメント】最高裁の結論を冒頭に掲げたが、1審と3審最高裁が同じ判断をした。

● 2010-5

「クラブハウス」商標事件：原告Xが第32類の「加工食料品」等を指定商品として、「クラブハウス」を商標登録をし、原告のメールマガジンにおいて使用していたが、特許庁は、その表示使用行為は「商標の使用」とは認めず、取り消しの審決を下したが、知財高裁で、メールマガジン、Web版の使用は「商標の使用」と認め、審決が取り消された事例である。
知財高裁平成22年4月14日判決（平成21年(行ケ)第10354号）

原告X（ハウス食品株式会社）は、「CLUBHOUSE」の欧文字と「クラブハウス」の片仮名文字とを上下2段に横書きしたものを、昭和62年2月9日登録出願し、第32類「加工食料品、その他本類に属する商品」を指定商品として、平成2年5月31日に設定登録がなされ、平成12年2月1日、平成22年2月2日にそれぞれ商標権の更新登録がなされ、商標権は有効に存続していた。

被告Yは、平成21年3月2日、商標法50条1項の「継続して3年以上日本国内において」商標権者等が指定商品、指定役務について、「登録商標の使用」をしていないならば、何人もその商標登録を取り消すことについて審判を請求できる、との規定に基づいて、不使用による取消審判を請求した。

特許庁は、審理し、平成21年9月25日、「登録第2230404号商標の商標登録は取り消す」との審決を下した。審決の理由は、Xのメールマガジンにおける「クラブハウス」標章の表示行為は、商標法2条3項8号に該当せず、本件

審判の請求の登録前3年以内に日本国内で、商標権者等がその請求に係る指定商品についての「本件商標の使用」をしていない、というものであった。

Xは、特許庁の審決の取り消しを求め、知的財産高等裁判所に提訴した。

[知財高裁]

第4部滝澤孝臣裁判長は、「原告Xは、本件審判の請求の登録前3年以内に日本国内において、加工食品を中心とする原告商品に関する広告又は原告商品を内容とする情報であるメールマガジン及びWeb版に、本件商標と社会通念上同一と認められる商標を付し、これを電磁的方法により提供したものである。」とした。この行為は、「商標法2条3項8号に該当する」とし、特許庁が「平成21年9月25日に下した審決を取り消す。」との判決を下した。

[商標法2条3項]

この法律で標章について「使用」とは、次に掲げる行為をいう。

一、商品又は商品の包装に標章を付する行為

　（省略）

八、商品若しくは役務に関する広告、価格表若しくは取引書類に標章を付して展示し、若しくは頒布し、又はこれらを内容とする情報に標章を付して電磁的方法により提供する行為

キーワード：商標、登録商標の使用、商標法

【コメント】アリカ事件（2011-6）は、登録商標の使用をしていないとした。2005-6(IP事件)、2009-2(ID事件)参照

● 2010-6

「がん闘病記」医師ネット転載事件：患者が月刊誌に掲載したがん闘病記事を、患者に無断で、医師がクリニックのホームページに掲載し、医師が著作権（複製権、公衆送信権）侵害及び著作者人格権（氏名表示権、同一性保持権）侵害に問われた事例である。

東京地裁平成22年5月28日判決(平成21年(ワ)第12854号)

原告Xは、平成14年、末期の子宮頸がんを宣告されたが、化学療法、外科療法等により治癒した者である。

被告Yは、平成16年4月21日から平成20年3月18日まで、Xを診療、治療を実施したYクリニックを経営する医師である。

Xは、平成18年1月頃から、体験を基に「がん闘病マニュアル」の執筆をはじめて、月刊誌「がん治療最前線」に平成18年10月号（8月発売）から20回にわたって連載し、のち単行本にした。

Yは、平成17年に、Yクリニックのホームページを開設していたが、Xの記事の4回目（平成19年1月号）から10回目連載分及び18回連載分の本文部分を、ホームページの「漢方コラム」欄に転載した。

Xは、Yへ平成20年9月16日、Yの転載中止を求め、Yは、同年9月末日までに転載記事を削除した。

平成21年、XはYに対し、著作権侵害、著作者人格権侵害、プライバシー権侵害及び名誉権侵害で、1250万円の損害賠償を求めて提訴した。

［東京地裁］

民事40部の岡本岳裁判長は、次のように判断した。

1, Yは、Xの文章をインターネット、ホームページに転載するについて、Xの許諾を得たと主張しているが、転載についてXが許諾した事実は認めることができないとした。

2, Yは、本件転載は、著作権法32条1項の「引用」に当たる、と主張したが、これを認めなかった。著作権（複製権、公衆送信権）侵害を認めた。

3, Yは、Xに無断でXを「子パンダ」と表示したことはXの氏名表示権の侵害で、Xの文章を転載の際、リード文を切除し本文のみを転載したが、これは同一性保持権の侵害であるとした。

4, Xは、プライバシー権侵害を主張したが、Yの転載記事は、Xが公開した事実の範囲内であり、認めなかった。Xは、Yの転載によりXの名誉権が侵害されたと主張したが、名誉権侵害は認められないとした。

5, Xの著作権（複製権、公衆送信権）侵害による財産的損害額について、損害額は利用許諾料の額とし、21万6000円（1頁12000円×18頁）とした。著作者人格権（氏名表示権、同一性保持権）侵害を慰藉する額として、15万円、弁護士費用5万円とした。

「判決主文」
1, 被告は、原告に対し、41万6000円及びこれに対する平成21年4月25日から支払い済みまで年5分の割合の金員を支払え。（以下、省略)」

キーワード：著作権侵害、著作者人格権侵害、引用、プライバシー権侵害、名誉権侵害、著作権法、民法

【コメント】患者に無断で医師が患者の著作物を転載し、訴えられたということは、相互の信頼関係が失われていたということである。

● 2010-7

**人材派遣会社対電子掲示板事件**：人材派遣会社がウエブサイトの電子掲示板に自社への名誉毀損、信用毀損の投稿があることを知った。速やかに削除しなかったとしてサイトの運営管理者に対して、会社が不法行為に基づく損害賠償と謝罪文掲載要求を行ったが、否定された事例である。
東京地裁平成21年11月27日判決（平成19年（ワ）第26700号）、東京高裁平成22年8月26日判決（判時2101号39頁）

　原告X1は、英語指導助手の人材派遣業務等を営む会社で、X2は、その代表者である。
　被告Yは、インターネットを利用した各種情報提供サービス等を行う会社で、英語総合情報サイト「GaijinPot.com」というフォーラムを運営している。
　X1とX2は、Yに対して、民法709条の不法行為にあたるとして、X1会社へは信用の無形損害、弁護士費用の損害賠償と本件サイトへの謝罪文の掲載、X2に対しては、慰謝料と弁護士費用の損害賠償を請求し、訴えた。
　X1とX2は、サイトに、Xらへの誹謗中傷の書き込みがなされたが、1, Yがこの書き込みを行った（主位的主張）、2, そうでなくても、本件サイト管理に当たって、意図的にXらにとって不利な書き込みを行った者の格付けを上げる処分をし、Xらにとって有利な書き込みを行った者には、以後の書き込みを禁止する処分を行うことにより、Xらを誹謗中傷する書き込みを誘導した（予備的主張）。3, Xらからの削除要請に応じず、第三者がXらを誹謗中傷する書き込みを行っていることを知りながらこれを放置し、削除する義務を

怠った、と主張した。

［東京地裁判決］

1審は、

1, 主位的主張の事実は認められない。

2, 投稿者の格付けは、投稿数に応じて、機械的にランク付けする仕組みで、Yが意図的に格付けを引き上げたりしたものは認められず、不適切な書き込み者への書き込み禁止処分も予め公表されたルールに従ってなされ、YがXらを不当に攻撃する書き込み者に対して、書き込み禁止処分もしていて、Xに有利な書き込み者を意図的に書き込み禁止処分をして、Xらを誹謗中傷する書き込みを誘導したとは認められない。

3, Xらの書き込み削除要請にYが不当に応じないという対応をしたことや、本件サイトへの広告掲載を削除の条件として要求したことは認められない。

として、Xらの請求をいずれも棄却した。

［東京高裁判決］

東京高裁は、原審判決を支持して、控訴を棄却した。Xらに有利な書き込みを行う者を閉め出す意図がYにあったとは認められず、Yが、削除要請があったときに要請者と対話の機会を設けるような運営を行っていることは不合理、不当でなく、Xらの削除要請を広告掲載の交換条件として、事実上削除処理を拒絶したことは認められない、とした。

**キーワード**：電子掲示板、誹謗中傷、名誉毀損、信用毀損、民法

**【コメント】** サイト運営者が公平に運営しているのに、インターネット利用者が不当に取り扱われ、名誉毀損、信用毀損の権利侵害を受けたと思い込んだ事例のようである。

## ● 2010-8

> **TV ブレイク事件**：無許諾の音楽付き動画ファイル視聴サービスが音楽著作権者の公衆送信権等を侵害するとされた事例である。
> 東京地裁平成 21 年 11 月 13 日判決（判時 2076 号 93 頁、判タ 1329 号 226 頁）、知財高裁平成 22 年 9 月 8 日判決（平成 21 年（ネ）第 10078 号、判時 2115 号 103 頁）

(1) 東京地裁平成 21 年 11 月 13 日判決

　被告 Y1（ジャストオンライン社）は、インターネット上で、動画投稿・共有サービスを運営する会社で、旧商号を株式会社パンドラ TV といい、平成 17 年 11 月 10 日、インターネット等の通信ネットワークを利用した映像コンテンツ配信事業等を目的として設立された株式会社である。

　被告 Y2 は、Y1 の代表者である。

　原告 X（日本音楽著作権協会 JASRAC）は、音楽著作物の著作権等の管理事業者である。

　原告 X は、被告 Y1 が主体となって、そのサーバーに原告 X の管理著作物の複製物を含む動画ファイルを蔵置し、これを各ユーザーのパソコンに送信しているとして、

① 被告 Y1 に対して著作権（複製権及び公衆送信権）に基づいて、それらの行為の差止を求めると共に、

② 被告 Y1 及被告 Y1 代表者 Y2 に対して、不法行為（著作権侵害）に基づいて過去の侵害に対する損害賠償金及びこれに対する遅延損害金、並びに将来の侵害に対する損害賠償金の連帯支払いを求めた。

すなわち、音楽著作権者である X が、

1, 別紙記載の音楽著作物を、被告 Y1 のサーバーの記録媒体に複製し、又は公衆送信することの禁止、

2, 被告 Y1、Y2 各自が、原告 X へ 1 億 2817 万 4888 円支払え、

3,（1）被告 Y らは、原告 X に対し、各自平成 20 年 4 月 25 日から同年 11 月 4 日まで 1 カ月当たり 944 万円支払え、（2）被告らは、各自、平成 20 年 11 月 5 日から、被告 Y1 が別紙サービスにおいて、別紙記載音楽著作

物の複製及び公衆送信（送信可能化を含む）を停止するに至るまで1カ月当たり504万円支払え、
との請求の訴訟を提起した。

被告Yらは、本件サービスにおいて、著作権侵害の主体はユーザーであると主張した。

被告Yらは、原告Xは、本件管理著作物を示すことはしても、権利侵害コンテンツとする具体的な権利侵害情報の特定をしないまま漠然と権利侵害通知をしたのみであるから、被告Y会社は具体的な権利侵害の認識はない。放置したことをもって、被告Y1が著作権侵害の主体という結論は導くことはできない等の反論を行った。

［東京地裁判決］

民事40部の岡本岳裁判長は、次のように述べて、音楽著作権者の公衆送信権等を侵害するとして差止請求を認容するとともに、約9000万円の損害賠償を命じた。

「著作権法上の侵害主体を決するについては、当該侵害行為を物理的、外形的な観点のみから見るべきではなく、これらの観点を踏まえた上で、実態に即して、著作権を侵害する主体として責任を負わせるべき者と評価することができるか否かを法律的な観点から検討すべきである。」「この検討に当たっては、問題とされる行為の内容・性質・侵害の過程における支配管理の程度、当該行為により生じた利益の帰属等の諸点を総合考慮し、侵害主体と目されるべき者が自らコントロール可能な行為により当該侵害結果を招来させて、そこから利得を得た者として、侵害行為を直接に行う者と同視できるか否か、との点から判断すべきである。」とし、「被告Y1は、著作権侵害行為を支配管理できる地位にありながら著作権侵害行為を誘引、招来、拡大させて、これにより利得を得る者であって、侵害行為を直接に行う者と同視できるから、本件サイトにおける複製及び公衆送信（送信可能化を含む）に係る著作権侵害の主体というべきである。」とした。

「主文」

1, 被告Y1は、別紙記載の音楽著作物を、原告のサーバーの記録媒体に複

製し、又は公衆送信することをしてはならない。
2, 被告各自が、原告へ各自8993万円及びうち5748万円に対する平成20年4月24日から支払い済みまで年5分の割合の金員を支払え。
3, 請求の趣旨第3項(2)に係る訴え中、被告らに平成21年9月12日以後に生ずべき損害賠償金の支払いを求める部分を却下する。
4, 原告のその余の請求(訴え却下部分を除く)をいずれも棄却する。
5, (省略)
6, (省略)

[知財高裁判決]
知財高裁第4部滝澤孝臣裁判長は、原判決の文章を基にして加除あるいは、改変し、その上で、「原判決は相当であって、本件控訴は棄却」とした。
著作権侵害主体について、次のように述べている。
「控訴人会社が、本件サービスを提供し、それにより経済的利益を得るために、その支配管理する本件サイトにおいて、ユーザーの複製行為を誘引し、実際に本件サーバーに本件管理著作物の複製権を侵害する動画が多数投稿されることを認識しながら、侵害防止装置を講じることなくこれを容認し、蔵置する行為は、ユーザーによる複製行為を利用して、自ら複製行為を行ったと評価することができるものである。よって、控訴人会社は、本件サーバーに著作権侵害の動画ファイルを蔵置することによって、当該著作物の複製権を侵害する主体であると認められる。また、本件サーバーに蔵置した上記動画ファイルを送信可能化して閲覧の機会を提供している以上、公衆送信(送信可能化を含む)を行う権利を侵害する主体と認めるべきことはいうまでもない。以上からすると、本件サイトに投稿された本件管理著作物に係る動画ファイルについて、控訴人会社がその複製権及び公衆送信(送信可能化を含む)を行う権利を侵害する主体であるとして、控訴人会社に対してその複製又は公衆送信(送信可能化を含む)の差止めを求める請求は理由がある。」

キーワード：音楽、公衆送信権、送信可能化権、JASRAC、侵害主体、動画投稿サイト、著作権法

【コメント】この知財高裁判決は、一定の条件下、動画投稿サイト自身が複製

の主体に当たると認めている、とされる。小泉直樹教授は、「クラウド時代の著作権法」において、「このようなサービスにおいて、動画投稿サイトが投稿された違法著作物のファイル形式の統一を行う場合、当該統一行為自体については47条の9の適用を受けるが、形式を統一したファイルを著作権者に無断でサーバーに蔵置する行為自体は、『準備に必要』とはいえないので違法であることに変わりはない。」とされる。

平成24年著作権法改正により、情報通信技術を利用した情報提供の場合(各種動画投稿サイト、SNSなど)、「記録媒体への記録または翻案」など、準備に必要な情報処理のための利用を著作権侵害にしない、という「47条の9」が設けられた。このことと、当該情報自体が著作権侵害物であることは別で、47条の9によって影響を受けないことが小泉直樹教授、池村聰弁護士の問答(ジュリスト1449号17頁)で明らかにされている。また、サーバーへの蔵置が、「準備」にあたる(当該提供を円滑かつ効率的に行うための「準備」に必要な電子計算機による情報処理を行うための必要な限度であること)とされば、47条の9により合法である。

この判決は、クラウド・コンピューティングに関連して、重要な判決となった。

**参考文献**：岡村久道「プロバイダ責任制限法上の発信概念と著作権の侵害主体」(堀部政男監修「プロバイダ責任制限法実務と理論」(商事法務・2012年)116頁)
田中豊編「判例で見る音楽著作権訴訟の論点60講」184頁(市村直也執筆)
小泉直樹、池村聰、高杉健二「平成24年著作権法改正と今後の展望」ジュリスト1449号12頁
小泉直樹「日本におけるクラウド・コンピューティングと著作権」(小泉直樹、奥邨弘司、駒田泰土ほか「クラウド時代の著作権法」勁草書房・2013)25頁

● **2010-9**

「モータ」ウエブ特許権侵害事件：発明の名称を「モータ」とする日本国特許権をもつ日本企業は、被告の韓国企業がその侵害をした物件の譲渡の申し出をしているとし、その差止請求及び損害賠償請求を行ったが、被告企業は、そのウエブサイトで被告物件の譲渡の申し出をしたと認められず、日本に国際裁判管轄がないとして、1審では訴えが却下されたが、2審で原判決が取

り消され、大阪地裁に差し戻された事例である。
　大阪地裁平成21年11月26日判決（平成20年（ワ）第9732号、判時2081号131頁）、知財高裁平成22年9月15日判決（平成22年（ネ）第10001号、第10002号、第10003号）

　原告X（日本電産株式会社）は、「モータ」という名称の特許権を有している。
　被告Y（三星株式会社）は、サムスングループに所属する韓国法人で、日本に主たる事務所又は営業所を持たない（2008年当時、売上高4兆2845億ウォン、従業員24000名）。
　Xは、被告Y（三星電機株式会社）のY物件は、X発明の技術的的範囲に属するもので特許権を侵害しているとし、(1) Yは、特許法100条1項に基づく被告物件の譲渡の申出の差止め、及び(2) 不法行為に基づく損害賠償金300万円及び遅延損害金の支払いを求めて、訴えた。
　すなわち、Xは、Yが日本国内で閲覧可能なウエブサイトで、被告Y物件を紹介するとともに、被告物件の販売の申出を行っている、と主張した。
　「譲渡の申出」とは、TRIPS協定28条で、特許により与えられる排他的権利として、販売の申出が規定されたことを受けて、平成6年特許法改正で特許法2条3項に、特許発明の実施として規定されたもので、発明に係る物を譲渡のために展示する行為、カタログ、パンフレットの配布行為などを指す。Xは、Yの「譲渡の申出」行為を差止目及び損害賠償を求めた。
　Yは、日本に於けるY物件の譲渡の申出又はそのおそれにつき証明がされていないとし、日本に国際裁判管轄がないと主張した。
［大阪地裁］
民事21部田中俊次裁判長は、次のように判断した。
1．国際裁判管轄の判断基準について
　日本の裁判所に提起された訴訟の被告が、外国に本店を有する外国法人の場合、当該法人が進んで服する場合のほかは、日本の裁判権が及ばないのが原則である。例外として、当事者間の公平や裁判の適正・迅速の理念により、条理にしたがって日本の国際裁判管轄を肯定しうる（最高裁

昭和56年10月16日判決)。

そして、日本の民訴法の裁判籍のいずれかが日本国内にあるときは、原則として、被告を日本国の裁判籍に服させるのが相当だが、日本で裁判を行うことが当事者間の公平、裁判の適正・迅速の理念を期するという理念に反する特段の事情があると認められる場合には、日本の国際裁判管轄を否定すべきである(最高裁平成9年11月11日判決)。

2, 民訴法5条9号の不法行為地の裁判籍の規定に依拠して、日本の国際裁判管轄を肯定するためには、原則として、Yが日本においてした行為によりXの法益について損害が生じたことの客観的事情が証明されることを要し、かつそれで足りる（最高裁平成13年6月8日判決（ウルトラマン事件判決))。日本において損害が発生したことが証明されるのみでは足りず、不法行為の基礎となる客観的事実としてXが主張する事実、すなわち、本件においては、日本国特許権である本件特許権の侵害事実としての、日本におけるY物件の譲渡の申出の事実が証明される必要がある。

3, Yのウエブサイトの表示、営業部長の陳述書、日本語で「経営顧問」と標記されたYの経営顧問の名刺、送達の経緯等を考慮しても、Yが日本において、Y物件の譲渡の申出を行った事実を認めることはできない。不法行為に基づく日本の国際裁判管轄を否定した。

4, 特許権侵害差止請求の国際裁判管轄について、日本における譲渡の申出の事実が証明されなくても、そのおそれを具体的に基礎づける事実(抽象的なおそれでは足りず、具体的であること)が証明された場合、条理により、日本の国際裁判管轄を肯定する余地もあるが、本件では、Y物件の譲渡の申出をする具体的なおそれがあると推認することはできないとし、特許権侵害の差止請求についても日本の国際裁判管轄を否定した。

「判決主文」

1, 本件訴えを却下する。
2, 訴訟費用は原告の負担とする。

1審原告日本電産株式会社が控訴した。

[知財高裁]

第2部中野哲弘裁判長は、「主文　1,原判決を取り消す。2,本件を大阪地裁に差し戻す。」と判決した。理由は、以下の通り。

(1)「特許権に基づく差止請求は」「民訴法5条9号にいう『不法行為に関する訴え』に含まれる」(最高裁平成16年4月8日判決)。不法行為地は、加害行為地と結果発生地の双方が含まれる。「Yによる『譲渡の申出行為』について、申出の発信行為又はその受領という結果の発生が客観的事実関係として日本国内においてなされたか否かにより、日本の国際裁判管轄の有無が決せられる」とした。

(2)「Yが、英語表記のウエブサイトを開設し、製品として被告物件の1つを掲載」「『Sales Inquiry』(販売問合せ)として『Japan』(日本)を掲げ、『Sales Headquarter』(販売本部)として、日本の拠点(東京都港区)の住所、電話、Fax番号が記載されていること、日本語表記のウエブサイトにおいても、『Slim ODD Motor』を紹介するウエブページが存在し、同ページの『購買に関するお問合せ』の項目を選択すると、『Slim ODD Motor』の販売に係る問合せフォームを作成することが可能であること…(以下省略)」「などを総合的に評価すれば、Xが不法行為と主張する被告物件の譲渡の申出行為について、Yによる申出の発信行為又はその受領という結果が、我が国において生じたものと認めるのが相当である。」「我が国における当該サイトの閲覧者は、英語表記のウエブサイトにより、少なくとも被告物件の1つについての製品の仕様内容を認識し、日本所在の販売本部の住所等を知りうるだけでなく、日本語表記のウエブサイトにおいても、『Slim ODD Motor』の製品紹介を見て、『購買に関するお問合せ』の項目を選択し、『Slim ODD Motor』の販売に係る問合せフォームを作成することが可能なのであるから、これらのウエブサイトの開設自体がYによる『譲渡の申出行為』と解する余地がある。」

キーワード：ウエブサイト、裁判管轄、国際裁判管轄、特許権侵害

【コメント】インターネット上の知的財産権侵害について、その国際裁判管轄が問題とされた事例である。1審は、裁判管轄権はないとし、2審は認めた。

特許法 2 条 3 項の「譲渡の申出」は、平成 6 年改正で追加された。「申出」には、発明に係る物を譲渡のために展示する行為が含まれる。1 審で、原告は、インターネット上で「譲渡の申出」があったと主張したが、認められなかった。2 審は、ウエブサイトの態様等を理由に、不法行為地に基づく日本の国際裁判管轄を認め、大阪地裁に差し戻した。

最高裁平成 13 年 6 月 8 日判決(ウルトラマン事件判決)については、上松盛明・大家重夫「ウルトラマンと著作権」(青山社・2015 年 2 月)に判決文が掲載されている。

**参考文献**：1 審判決につき、道垣内正人・Law &Technology 50 号 80 頁(2011 年 1 月)。2 審判決につき、横溝大「特許権被疑侵害製品のウエブサイトへの掲載と国際裁判管轄」ジュリスト 1417 号(2011 年 3 月 1 日号)172 頁

● 2010-10

**学習塾登録商標事件**：被告学習塾が、「塾なのに家庭教師」という標章をチラシやウエブサイトで使用したことが、原告学習塾の登録商標の侵害ないし商標的使用であるとして訴えられ、その請求が棄却された事例である。
東京地裁平成 22 年 11 月 25 日判決(平成 20 年(ワ)第 34852 号)

原告(株式会社名学館)は、学習塾の経営並びにこれに関するノウハウの販売、経営指導及び業務受託等を行う、直営校 15、フランチャイズ契約校 142 を擁する会社である。

被告(株式会社東京個別指導学院)は、学習塾及び文化教室の経営並びにこれに関するノウハウの販売、経営指導及び業務受託等を行う会社で、直営学習塾 192 を経営している。

原告は、平成 14 年 4 月 9 日、指定役務第 41 類「学習塾における教授」に商標登録を出願し、平成 15 年 6 月 20 日設定登録された。本件登録商標は、「塾なのに家庭教師」の文字列と 2 つの感嘆符とを黄色に着色し、これに青色の縁取りが施された標章である。

原告は、被告が「塾なのに家庭教師」という標章をチラシやウエブサイトで使用したことが、原告学習塾の登録商標の侵害ないし商標的使用であるとして、

被告が生徒募集、従業員募集等の折り込み広告に被告標章目録1ないし4、ウエブサイト上の広告に被告標章目録5の標章を付して提供することの禁止、1億7100万円の損害賠償を求め、また予備的請求も加えて提訴した。

原告は、被告各標章は原告の登録商標と同一又は類似の商標と主張し、被告がチラシやウエブサイトで、「塾なのに家庭教師」を使用することは商標的使用と主張した。

被告は、「塾なのに家庭教師」は、広く用いられて自他識別力がない、黄色の文字列、青色の縁取りの組合せ、文字列の工部の2つの感嘆符もないから、本件登録商標と類似していない、「塾なのに家庭教師」というフレーズを、チラシや被告ウエブサイトで使用する際、被告の出所を表示する「東京個別指導学院」「関西個別指導学院」又は「TKG」を付した。被告による被告チラシ及び被告ウエブサイトにおける被告標章の使用は、商標的使用でないと主張した。

[東京地裁]
民事46部の大鷹一郎裁判長は、「被告による被告チラシ及び被告ウエブサイトにおける被告各標章の使用は、本来の商標としての使用（商標的使用）に当たらないから、その余の点について判断するまでもなく、本件商標権の侵害行為又は侵害行為とみなす行為のいずれにも該当しない」として、原告の請求を棄却した。

**キーワード**：商標、登録商標、商標的使用、商標権侵害、商標法

**【コメント】**「塾なのに家庭教師」をチラシ、ウエブサイトに使うことは、商標的使用に当たらないとした。アリカ商標事件（2011-6）参照。

● 2010-11

**住宅ローン金利比較表事件**：被告である（財）住宅金融普及協会のホームページ中の「住宅ローン商品金利情報」が、原告ウエブサイトの「図表」あるいは「編集著作物」、「データベースの著作物」の著作権侵害であると主張し、被告の当該ウエブページの閉鎖と706万4000円の損害賠償を求めたが、請求を棄却された事例である。

東京地裁平成22年12月21日判決（平成22年（ワ）第12322号）

原告は、平成20年4月から「銀行商品コム」という名称のウエブサイトに住宅ローン金利の比較表と図表部分を掲載した（これを「本件図表」という）。図表の金利情報は、随時更新されている。

　被告は(財)住宅金融協会で、平成20年頃から「住まいのポータルサイト」という名のウエブサイトを運営し、ここに「住宅ローン商品　金利情報」を掲載している。金利情報は随時更新されている。

　原告は、1)本件図表は、「図表の著作物」（著作権法10条1項6号）である。2)本件図表は、「編集著作物」（同法12条1項）である。3)本件図表は「データベース」の著作物である、と主張し、被告により複製権及び公衆送信権が侵害されたとして、706万4000円（バナー広告料収入相当額の損害570万円、有料会員会員料金相当額4カ月分136万4000円）の損害賠償と当該ウエブページの閉鎖を求めた。

　被告は、本件図表の著作物性を争い、また、被告は独自に被告図表を作成し、原告の本件図表に依拠していない、59箇所の相違点がある、本件図表は「一般的にありふれたもの」と主張した。東京地裁民事第46部大鷹一郎裁判長は、「本件図表が『図形の著作物』『編集著作物』又は『データベースの著作物』であることを認めることはできない。」として、原告の請求を棄却した。

**キーワード**：金利情報、ウエブサイト、ウエブページ、図形の著作物、編集著作物、データベースの著作物

**【コメント】**原告には、訴訟代理人がついていない。

# 2009年(平成21年)— 1988年(昭和63年)に発出された判例

## ● 2009-1

**電子掲示板書込名誉毀損事件**：ネット掲示板に原告配偶者氏名・住所等を書いて、プライバシー侵害とされた事例である。
東京地裁平成21年1月21日判決（平20(ワ)22306号、判タ1296号235頁）

原告X1は、インターネット上で消費者問題に関する電子掲示板「悪徳商法？マニアックス」を管理、運営している者である。原告X2は、X1の妻である。

被告Yは、インターネット上のトラブル解決を業とすると自称する者である。

インターネット上の掲示板「2ちゃんねる」に、平成19年1月24日、「悪マニ管理人、X1が企業恐喝？」と題するスレッドに、原告X2の氏名・住所、原告等の親族の氏名、親族の経営する会社の本支店の所在地・電話番号が書き込まれた。この書き込みは、掲示板管理人により、平成19年5月8日削除された。

原告X等は、発信者情報開示訴訟をNTTコミュニケーションズ株式会社に提訴し、平成20年7月4日判決で勝訴、開示を受けた。

Xらは、Yに対し、Xらのプライバシーを侵害する書き込みを行い、3カ月余の間、第三者が閲覧可能な状況に置いたこと、プライバシー侵害であると主張して、不法行為に基づく損害賠償をX1に対し550万円、X2に対し440万円を、それぞれ平成19年1月24日から支払済みまで、年5分の割合による金利の金員を支払うよう求めた。

東京地裁民事32部高部眞規子裁判長は、次の判決を下した。

1, 被告Yは、原告X1に対し、12万円及びこれに対する平成19年1月24日から支払済みまで年5分の割合による金員を支払え。
2, 被告Yは、原告X2に対し、12万円及びこれに対する平成19年1月24日から支払済みまで年5分の割合による金員を支払え。
3, 原告らのその余の請求をいずれも棄却する。

4，（省略）

5，（省略）

**キーワード**：電子掲示板、名誉毀損、プライバシー権侵害、NTTコミュニケーションズ、2ちゃんねる、発信者情報、民法

【コメント】発信者情報の開示を受けた後、当該人物を訴え、500万円の請求に12万円の損害賠償金であった。約3カ月間強、ネット上でプライバシー権を侵害された代償の相場は、この程度が妥当であろうか。

## ● 2009-2

**アイディー商標事件**：「アイディー」という商標は許されるか、許されない、という判決例である。

知財高裁平成21年9月8日判決（判時2076号89頁）

IDは、Identificationの略語で、システムの利用者を識別するための符号であり、一般には、数字や英字を組み合わせる。インターネットやサーバーにアクセスする場合、パスワードやユーザーを入力し、サーバーはこれにより正当な利用者であると認知し、識別する。このIDを商標登録しようとしたが、特許庁、知財高裁は拒絶した。

原告X（(株)インフォメーション・デベロプメント）は、「アイディー」の片仮名文字を標準文字で書して成る商標を、指定商品：第9類「加工ガラス（建築用のものを除く）、自動販売機…（省略）スロットマシン、レコード、メトロノーム、電子楽器用自動演奏プログラムを記憶させた電子回路及びCD-ROM」に平成17年3月22日、出願した。

特許庁は、平成19年3月28日、拒絶査定をした。

原告Xは、平成19年4月16日、特許庁へ拒絶査定不服審判の請求をした。

特許庁は、平成20年12月26日、「本件審決の結論として『本件審判の請求は成り立たない。』」とした。審決理由として、「指定商品中の、例えば『システム・情報等のセキュリティに関する商品を含む電子応用機械器具及びその部品並びに電気通信機械器具（テレビジョン受信機・ラジオ受信機…を除く）』」に使用しても、これに接する取引者・需要者は、「識別子。ネットワークシステム

などの利用者を識別するための符号」を意味する語、さらには、「コンピュータ、情報セキュリティに関する1用語である「ID」の表音と理解・認識するにとどまり、自他商品の識別標識として認識し得ないものであるから、本願商標は商標法3条1項6号所定の「需要者が何人かの業務に係る商品…であることを認識することができない商標」に該当する、とした。

Xは、これを不服とし、商標法63条に基づき、上訴した。

知財高裁は、「本願商標は、需要者が何人かの業務に係る商品であることを認識することができない商標であり、本願商標が商標法3条1項6号に該当するとした本件審決の判断に誤りはない。」として、原告の請求を棄却した。

商標法3条1項

自己の業務に係る商品又は役務について使用をする商標については、次に掲げる商標を除き、商標登録を受けることができる。

一、その商品又は役務の普通名称を普通に用いられる方法で表示する標章のみからなる商標

（省略）

六、前各号に掲げるものの外、需要者が何人かの業務に係る商品又は役務であることを認識することができない商標

キーワード：商標、商標権、ID、商標法

【コメント】東京地裁平成17年6月21日判決(2005-6)は、「IP FIRM」なる商標は、商標法3条1項6号に該当、商標権者に基づく商標権行使を許さなかった。2009-2(IT事件)参照。

● 2009-3

**オークションカタログ事件**：絵画・絵画カタログをインターネットで自由に送信できるか。
東京地裁平成21年11月26日判決(平成20年(ワ)第31480号)

原告等は現代美術の作家で、絵画等の作品(本件著作物)の著作権者である。

被告は、オークション等を業とする株式会社エスト・ウエストオークションズである。

被告は、原告の著作物の画像をフリーペーパー、パンフレット、冊子カタログに掲載し、その一部をインターネットで公開した。

原告らは、原告等の複製権及び原告Xの公衆送信権を侵害したとして不法行為に基づく損害賠償を請求した。

被告は、次のように主張した。a、引用（32条）である。b、展示に伴う複製であるから47条の「小冊子」である。c、被告は、オークションは香港で開催され、これは「時事の事件の報道」に当たる。d、オークションに先立ち著作権者に無断でカタログが作成されることは国際慣行である、原告の著作権行使は権利濫用である。

民事47部阿部正幸裁判長は、a、原告著作物をフリーペーパー等に掲載し、文字の部分は資料的事項を箇条書きにしているが、32条の「引用」に当たらない。b、47条は観覧者のためのものであることが必要で、フリーペーパー等への掲載は、観覧者に限らない多数人に配布するから、「小冊子」に当たらない。c、本件パンフレットはオークションの広告で、「時事の事件の報道」に当たらない。d、原告の著作権行使は、権利濫用に当たらない、とし、(1)被告は、原告Aに対し20万円。(2)被告は、原告Bに対し9万円。(3)被告は、原告Cに対し14万円。(4)被告は、原告Dに対し9万円。(5)原告のその余の請求をいずれも棄却する、とした。

**キーワード**：絵画カタログ、美術の著作物、引用、公衆送信権、オークションカタログ、著作権法

**【コメント】** この判決の約1カ月後の平成22年1月1日施行の改正著作権法により、一定の要件を満たせば、権利者の許諾なしに美術品、写真の譲渡等をしようとする場合、その画像を、その申出のための複製又は自動公衆送信を行えることになった(47条の2)。

フランス美術著作権団体とピカソの相続人が、毎日オークションに対し、オークションカタログに無断転載したとして訴え、損害賠償金を得た事件（東京地裁平成25年12月20日判決平成24年（ワ）第268号）があるが、これはインターネット送信は行っていないので本書に収録しなかった。

**参考文献**：茶園成樹「知的財産法判例の動き」『ジュリスト』1420号（平成22年度重要判

例解説)320 頁
種村佑介『ジュリスト』1422 号 153 頁
福王寺一彦・大家重夫「美術作家の著作権」19 頁、231 頁

## 2008 年(平成 20 年)

● 2008-1

**社保庁 LAN 電子掲示板事件**：ジャーナリストが週刊現代に掲載した記事を社会保険庁の職員が、社会保険庁の LAN システムの中の新聞報道等掲示板にそのまま掲載し、ジャーナリストから訴えられた事件である。
東京地裁平成 20 年 2 月 26 日判決(平成 19 年(ワ)第 15231 号)

原告はジャーナリストで、社会保険庁に関する記事(本件著作物)を株式会社講談社発行の「週刊現代」に掲載した。

社会保険庁は、社会保険庁 LAN システムを管理運営しているが、その電子掲示板に、社会保険庁の職員が、平成 19 年 3 月 19 日、同年 4 月 2 日、同年 4 月 9 日、同年 4 月 16 日に原告の本件著作物を掲載した。同年 6 月 8 日、本件掲示板を一旦閉鎖した。

原告は、被告国に対して、複製権および公衆送信権の侵害であるとして、本件 LAN システムからの本件著作物の削除と掲載の差止めと、374 万円の損害賠償を求めて訴えた。

被告国は、著作権法 42 条 1 項「行政の目的のために内部資料として必要と認められる場合」にあたり、複製権侵害でない、その後の複製物の利用行為である公衆送信行為は、その内容を職員に周知させるという行政目的を達するためのもので、著作権法 49 条 1 項 1 号により、複製権侵害とみなされるべきでなく、著作権法 42 条の目的達成の行為であるから公衆送信権侵害でない、と主張した。

「東京地裁判決」民事 46 部設楽隆一裁判長は、社会保険庁職員による本件著作物の複製は、公衆送信権侵害であると判断し、次のように判決した。

将来の掲載行為の予防的差止請求は、理由があるとして、

1, 被告は、社会保険庁が運営する社会保険庁 LAN システムの電子掲示板

用記録媒体に別紙目録記載の著作物を記録し、又は当該著作物を公衆の求めに応じ自動送信させてはならない。
2，被告は、原告に対し、42万500円及びこれに対する平成19年4月17日から支払い済みまで年5分の割合による金員を支払え。

本件著作物の公衆送信権侵害行為により、原告が被った損害額は、22万500円とし、弁護士費用20万円、合計42万500円としたのである。

**キーワード**：電子掲示板、複製権、公衆送信権、著作権法

**【コメント】**明治32年から昭和45年末まで施行された旧著作権法30条第9は、「専ラ官庁ノ用ニ供スル為複製スルコト」は、著作権侵害にならないと規定していた。

社会保険庁の職員は、原告の本件記事は、有益であり、職員全員に読ませたいと考えたのであろう。執筆したジャーナリストは、多くの人に読まれることを望む。事前にジャーナリストへ連絡をとり、承諾をとっていれば、おそらく無料か5万円程度の謝金で済み、42万500円にはならなかったと思う。

**参考文献**：岡邦俊・JCAジャーナル55巻5号54頁

● 2008-2

**花画像デジタル写真集事件**：携帯電話の待受画面用に1日1枚1年分として、花の画像を365枚集めたデジタル写真集について、その著作権の譲渡を受けた者が、週1回1枚ずつその画像を携帯電話の待受画面として配信した行為は、編集著作物としてのデジタル写真集の同一性保持権を侵害するものではない、とした事例である。
東京地裁平成19年12月6日判決（平成18年（ワ）第29460号）、知財高裁平成20年6月23日判決（平成20年（ネ）第10008号、判時2027号129頁）

原告Xは、主として四季の風景、野花などの自然写真の撮影、発表を専門とする写真家で、「四季の肖像」(1994年)等の写真集を出版している。

被告Yは、通信システム等の製造・販売等を業とする富士通株式会社で、インターネット上に同社製造のiモード対応携帯電話利用者のための「@Fケー

タイ応援団」というサイト（本件サイト）を開設している。

Xは、1日1枚、日めくりカレンダー用に、花の写真365枚を画像データにした、デジタル写真集（本件写真集）を作成した。

2003年、Yは、子会社の富士通パレックスを通じて、この携帯電話向け画像について、画像に関する権利をXから237万7500円で譲渡を受けた（1枚7500円×365＝237万7500円）。

Yは、平成15年6月27日から、週1回、1枚の割合で、本件写真集の写真の配信を行い、平成17年7月15日にすべての配信を終了した。

平成20年、Xは、Yに対し、毎日である各配信日に、対応する写真を用いなかったことは、編集著作物である本件写真集の同一性保持権等の侵害であるとして、不法行為による損害賠償額として慰藉料273万7500円と遅延損害金の支払いを求めて訴訟を提起した。

［東京地裁］
(1) 本件写真集は、著作権法12条の編集著作物か。
(2) 週1回の配信行為は、著作権法20条1項の同一性保持権の侵害か。
(3) 週1回の配信方法に、Xは明示又は黙示の同意があったか。

以上の争点について、原被告の主張が行われた。

東京地裁は、(3)についてのみ判断し、花の写真が毎週1回の割合で更新してYが配信することに、XはYに対して黙示の同意を与えていたとして、Xの請求を棄却した。

［知財高裁］
次のように判断した。
(1) 本件画集は、編集著作物である。(2) 編集著作権の譲渡を受けたYが、概ね7枚に1枚の割合で、X指定の応当日前後に配信していて、いわば編集著作物たる本件写真集について、公衆送信の方法でその一部を使用するもので、Xから提供を受けた写真の内容に変更を加えていない。著作権法20条1項の「変更、切除その他の改変」の文理的意味からして、配信行為が同一性保持権を侵害していない。本件控訴を棄却するとした。

キーワード：編集著作物、携帯電話、写真、同一性保持権、黙示の同意、著

作権法

【コメント】編集著作物かどうか、そうだとしてもこのような使い方は、侵害でない、という結論が正しいと思う。

**参考文献**：井関涼子・Law &Technology49 号 40 頁（2010 年 10 月）
堀江亜以子・発明 2009 年 5 月号 52 頁
平澤卓人・知的財産法政策学研究 24 号 259 頁（2009 年 9 月）

## ● 2008-3

**発信者情報 NTT 請求事件**：ネットのチャットルームにおける書込みがプライバシー侵害、名誉毀損に該当する等として、発信者情報開示請求が認められたが、プロバイダーによる情報開示請求の拒否につき重過失がないとして、損害賠償請求が棄却された事例である。

大阪地裁平成 20 年 6 月 26 日判決（平成 20 年（ワ）第 461 号、判タ 1289 号 294 頁）

X は、私人である。

Y は、エヌ・ティ・ティ・コミュニケーションズ株式会社である。

インターネットのチャットルームにおいて、A が、原告 X について、その住所、氏名を公開し、「郵便局の配達員クビになった」、「誰もが認める人格障害」「引き籠もり 40 歳」などと記載した。

X は、プロバイダ責任制限法 4 条 1 項に基づいて、A の住所、氏名の開示を求めたが、拒否された。X は、「別紙アクセスログ記載の参加日時から退出日時までの間に同目録記載の IP アドレスを使用してインターネットに接続していた者の氏名及び住所を開示せよ」、および 100 万円の損害賠償を請求して訴訟を提起した。

［大阪地裁］

第 17 民事部の西岡繁靖裁判官は、X のプライバシー権が侵害されたことが明白で、名誉を毀損されたことも明白で、開示を受ける正当な理由があるとして、A の住所、氏名の開示請求を認めた。

しかし、損害賠償請求については、被告 Y に、故意、重過失を認めず、原告 X の損害賠償請求は理由がない、とした。

Aは、原告Xから、(弁護士が発信者の住所を調べ、判明したら原告が極道をAの下に送るから待ってろよ)、との脅迫を度々受けており、被告Yとしては、Aの意見を尊重して、原告の開示請求に応じることはできないと判断した事情があった。

**キーワード**：NTTコミュニケーションズ、発信者情報、プライバシー侵害、名誉毀損、プロバイダ責任制限法、民法

【コメント】発信者情報開示請求について、被告側にもいろいろな事情がある。

● **2008-4**

「海賊版」指摘名誉毀損事件：被告が、原告発行の書籍が他の出版社の発行する書籍の「海賊版」である旨を指摘する電子メールの内容及び被告のホームページの記事内容が、原告の名誉毀損及び信用毀損であるとして、不法行為に基づき、損害賠償と名誉回復のための措置として、上記ホームページに謝罪文の掲載を求めた事例である。
東京地裁平成20年8月29日判決(平成19年(ワ)第4777号)

　原告は、韓国に本店を置き、韓国法によって設立された出版等を業とする会社である。
　被告は、朝鮮民主主義人民共和国の図書等を専門的に扱う小売商人である。被告は、ホームページを管理している。ここで、関係する書籍は、ア、朝鮮総督府政務総監大野緑一郎関係文書、イ、友邦文庫文書、ウ、不二出版書籍、エ、龍渓書籍、オ、原告の「日帝下戦時体制期政策史料叢書」である。被告は、無断複製販売を続けている業者から無断複製本を購入した学校を訪問したこと、「このならずものの業者はどこか」と聞かれるので、これ以上日本の図書館に海賊版を入れさせてはいけないと思い、実名を出した。被告は、また「韓国・民族問題研究所出版『日帝下戦時体制期政策史料叢書』も海賊版」「間違いなく無許可でコピー販売しているものと思われます」という内容の電子メールを作成し、不特定多数人に送信した。また、被告ホームページに、「民族問題研究所編・韓国学術情報発行『日帝下戦時体制期政策史料叢書』は海賊版、復刻許可申請の記録なし、との2005年9月ハーバート大学図書館」らの指摘に対し、韓国学術

情報代表理事F氏は、「1ページでも無断複製があれば、『日帝下戦時体制期政策史料叢書』は海賊版と語る」（表現3）と掲載した。原告は、被告を名誉毀損で訴えた。

東京地裁民事40部市川正巳裁判長は、次のように述べて、原告の請求を棄却した。

1, 「被告による表現の全体を一般読者の普通の注意と読み方とを基準として読めば、史料集の復刻版の無断複写物も海賊版の一種であると考えている被告が、史料集の復刻版の無断複写を海賊版になぞらえて非難していることを読み取るにすぎない。」

2, （表現3の名誉毀損性）「これを一般読者の普通の注意と読み方とを基準として読めば、Fが仮に一部でも無断複製があったとすれば原告書籍は海賊版となることを述べたものと理解され、『原告書籍は無断複製されたものである』と理解されるものではないと認められる。」として、理由がない、とした。

原告代表者Fが「仮に一部でも無断複製があったとすれば、原告書籍は海賊版となる」との発言自体、何ら原告の名誉や信用を毀損するものでない。

3, （「海賊版」の真実性—原告の版面権侵害行為）
原告は、龍渓書舎の版面を複写したこと、不二出版の書籍については「タイプ印刷」で補ったこと等を認定し、本件表現1及び2で摘示の事実の重要部分につき真実であるとの証明があり、被告の真実性の抗弁は理由がある、とし、原告の請求を棄却した。

キーワード：海賊版、名誉毀損、版面権、民法、著作権法

【コメント】龍渓書舎といえば、東京高裁昭和57年4月22日判決（無体集14巻1号193頁）が有名である。

## ● 2008-5

**医療法人社団対 NTT ドコモ請求事件**：携帯電話から接続サービスを利用してインターネットのブログになされた書き込みにより名誉、信用を毀損された者から携帯電話会社 NTT ドコモに対する発信者情報開示請求が認められた事例である。

東京地裁平成 20 年 9 月 9 日判決（判時 2049 号 40 頁）

　被告 Y は、NTT ドコモである。

　原告 X は、医療法人社団で、診療所を開設し、化粧品（本件化粧品）も販売している。

　X は、芸能人だった訴外 A へ本件化粧品を贈呈した。A は、訴外 B 会社が提供しているブログのシステムを利用してインターネット上にブログ（本件ブログ）を開設していたが、平成 19 年 8 月 15 日午前 10 時 20 分頃、本件ブログに本件化粧品のカラー画像を掲載し、「嬉しき頂き物」などと書き込んだ。ところが、同日午後 9 時 37 分ころ、「肌悲しい子」の名前の者から、「その化粧品でひどく肌が赤くただれて、大学病院の皮膚科で治るまで 3 ケ月かかると言われました」などの書き込み（本件書き込み）がなされた。X の求めに応じて、B 会社は同年 9 月 20 日、X に、IP アドレスと、この IP アドレスを割当てられた携帯電話等から B の電気通信設備に送信された年月日及び時刻の情報を任意に開示した。

　X は、本件 IP アドレスは Y が所有しており、本件発信者が本件ブログに本件書き込みをした際、インターネット接続サービスを提供したのは Y であると知った。

　X は、Y の通信回線を利用し、本件書き込みをした者（「肌悲しい子」）の住所、氏名の情報開示を請求をしたが、Y は拒否した。

　民事 23 部須藤典明裁判長は、原告は、本件発信者によって、その名誉や信用を侵害されている。本件書き込みは、携帯電話等から被告の通信回線を経由して本件ブログに書き込まれたもので、被告は「特定電気通信役務提供者の損害賠償責任の制限及び発信者情報の開示に関する法律」（平成 13 年法律第 137 号）4 条 1 項にいう「開示関係役務提供者」に該当するとし、原告に対し、本件

発信者の氏名、住所、電子メールアドレス等の情報を開示せよ、と命じた。
**キーワード**：NTT ドコモ、医療法人社団、携帯電話、発信者情報、名誉毀損、信用毀損、プロバイダ責任制限法
【コメント】2005-1 エステティックサロン事件と類似する事件である。

## ● 2008-6

> **産能ユニオン会議室事件**：インターネット上の掲示板会議室の管理者が、他人の名誉を毀損する投稿を知ったときの削除義務等が議論された事例である。
> 東京地裁平成 20 年 10 月 1 日判決（平成 18 年（ワ）第 23518 号、判時 2034 号 60 頁）

原告 X は、S 大学を設置する学校法人である。

被告 Y は、もと S 大学助教授を務めていたが、裁判上の和解により平成 17 年 3 月 31 日退職し、同年 10 月以降、S 大学の教職員組合（産能ユニオン）代表者兼執行委員長を務めている。産能ユニオンは、インターネット上に「産能ユニオン　会議室」（本件掲示板）を設置していたが、平成 16 年 9 月 17 日から平成 18 年 6 月 1 日までの間に、投稿（1 ないし 15 を総称して「本件各投稿」）がなされた。

原告 X は、この投稿は被告 Y が行ったとし、ア、本件各投稿が名誉毀損又は業務妨害に当たる、被告が全てを投稿していないとしても、予備的に掲示板管理者である Y が本件掲示板の削除義務を怠ったこと、又は本件投稿（9,13,14）を公開したことを理由とする損害賠償 5850 万円、イ、名誉毀損行為及び被告原告敷地に立ち入ったことが和解の債務不履行に当たり、和解解除に基づく原状回復請求権として、500 万円の支払いを求めて訴えた。

民事 32 部の高部眞規子裁判長は、次のように判断した。

1. まず、本件投稿について、Y の投稿は、7, 8, 10, 11, 12, 15 とした。

   掲示板の管理者の責任について、インターネット上掲示板に第三者による投稿が、自動的に公開される管理体制が採られている場合、一見して第三者に対する誹謗中傷を含むなど第三者の名誉を毀損することが明ら

かな内容の投稿については、右内容の投稿を具体的に知ったときは、第三者による削除要求がなくても削除義務を負う。これに至らない内容の投稿については、第三者から削除を求める投稿を特定した削除要求があって初めて削除義務を負う、とした。
2, インターネット上の掲示板が、管理者による投稿内容の確認を経て公開される体制の下において、掲示板に第三者の名誉を毀損する投稿がなされた場合、掲示板管理者は、当該投稿を公開しない条理上の義務を負い、これに反して当該投稿を公開した場合には、速やかにこれを削除すべき条理上の義務を負う、とした。

これにより、被告Yは、第三者の名誉を毀損する本件投稿9, 13, 14につき、自ら投稿した者と共に共同不法行為責任を負うべきであるとした。
3, 本件投稿7, 8, 10ないし15は、原告Xの名誉毀損とした。これについて、真実と信じるにつき、相当の理由があるとは認めなかった。
4, 被告は、原告は言論による対抗で名誉回復を図ることが可能であったことを理由として、本件投稿7, 8, 10ないし15の違法性は、対抗言論の法理により違法性が阻却されるべきだ、と主張したが、この主張も採用されなかった。
5, 使用者であるXに関する表現行為である上記投稿が名誉毀損に当たる場合、被告Yの行為は団結権に基づく正当な組合活動とはいえず、その範囲を逸脱しており、違法性が阻却されないとした。

以上により、高部眞規子裁判長は、(7, 8, 10ないし15の) 名誉毀損行為によって原告Xの被った損害を400万円、弁護士費用50万円とし、「1, 被告は、原告に対し、450万円及びこれに対する平成18年11月3日から支払済みまで年5分の割合による金員を支払え。2, 原告のその余の請求を棄却する。(3, 4省略)」と判決した。和解の債務不履行についての500万円は、和解条項において違反の場合の違約金の定めが明示されておらず、Xの主張は理由がないとした。

キーワード：名誉毀損、業務妨害、電子掲示板、削除義務、条理上の義務、民法

【コメント】ネット上の名誉毀損等の背景には、学校法人とその労働組合委員長との紛争、対立がある。

# 2007年(平成19年)

## ● 2007-1

> **エステティックサロン名簿流出事件**：エステティックサロン経営社の管理するウエブサイトに送信した個人の氏名、住所、職業、電話番号等が流出し、プライバシー侵害で、経営者が敗訴した事件である。
> 東京地裁平成19年2月8日判決(平成14年(ワ)第7790号、平成15年(ワ)第7975号、平成16年(ワ)第8051号、1部認容、1部棄却(控訴)、判時1964号127頁)

被告Yは、エステティックサロンを経営する会社である。Yは、インターネット上にウエブサイト等を開設することにし、訴外A社((株)ネオナジー)とサーバーコンピュータのレンタル契約などを締結した。平成11年頃、Yは、ホームページの制作、保守についてもAと契約し、Yはホームページの閲覧者から質問に対する回答を集めるなどして、そのサイトに送信した個人の氏名、住所、職業、電話番号、メールアドレス等の個人情報を保管し、蓄積していた。集積した個人情報は、サーバー内の特定の電子ファイル(本件電子ファイル)に格納され、本件電子ファイルへの第三者からのアクセスを拒否する設定がなされた状態で保管された。Yは、本件電子ファイルにアクセスし、これに格納された個人情報を被告の社内のパソコンに転送し、それを保管していた。

平成14年3月、年々アクセス数が増加し、サーバーの容量が十分ではなくなったため、Aは、Yの同意を得て、本件ウエブサイトをY専用のサーバーに移設する作業を行った。

その際、本件電子ファイルは、インターネット上の一般の利用者が特定のURLを入力することで自由にアクセスし、閲覧することのできる状態に置かれた。

同年5月26日頃、インターネット上に開設された掲示板「2ちゃんねる」に、「大量流出！TBCのずさんな個人情報管理」との表題のもとに5種類のURL

と「おなごの個人情報とかスリーサイズが丸見えじゃん」といった書き込みがなされた。AもYもそれまで全く知らなかった。

X1からX14までの14人が、個人情報の流出によるプライバシー権侵害でYを訴えた。

原告X1からX14までの者が、それぞれ115万円（慰謝料100万円、弁護士費用15万円）を請求し、それぞれ訴訟提起の日から支払済みまでの年5分の金員の支払いを求めた。

民事15部(阿部潤裁判長、中里敦、丹下友華裁判官)は、
1) 本件ウエブサイトからインターネット上に流出したことは、原告X等のプライバシーを侵害する。
2) Aが民法709条の不法行為責任を負う。
3) 被告Yは、Aに対し実質的な指揮、監督関係にあり、民法715条の使用者責任を負う。
4) 原告Xらは、情報流出事故で精神的苦痛を受けている。
5) 原告X10を除く各被告は2次的被害を受けており、各3万円の慰謝料が相当である。
6) 原告X10は、慰謝料1万7000円が相当である。
7) 弁護士費用として、各原告あたり5000円が相当である。

とした。

判決は、Yは、1) X1からX9までは3万5000円、2) X10に対し2万2000円、3) X11からX13までに対し各3万5000円、4) X14に対し、3万5000円、それぞれ訴訟提起日から支払済みまでの年5分の金員を支払うよう命じた。

**キーワード**：情報流出、使用者責任、2ちゃんねる、プライバシー侵害、名簿、名簿流出

**【コメント】** 少なくとも平成14年3月から平成14年5月26日頃まで、第三者の閲覧可能な状態に置かれ、原告のうち、早い者は、平成15年早々に訴訟を提起している。

この判決は、事件発覚後、被告Yが謝罪のメールを発し、全国紙に謝罪の広告をだし、発信者情報開示請求訴訟を提起し、保全処分事件の申立を行っ

たことを評価し、原告1人当たり3万円としたと考えられる。筆者としては、このプライバシー侵害に対し、3万円はやや低すぎると思う。

● 2007-2

> **ロックバンド「HEAT WAVE」事件**：1997年著作権法改正で規定された「実演家の送信可能化権」は、ロックミュージシャンがもっているか、レコード会社へ譲渡されていたかが争われ、ミュージシャン原告Xが原始的に取得し、同時に訴外Aレコード会社へ譲渡され、のちその地位を承継した被告Yレコード会社に承継された、と判断した事例である。
> 東京地裁平成19年4月27日判決（平成18年（ワ）第8752号、平成18年（ワ）第16229号）

原告X1、X2、X3はロックミュージシャンで、1979年から2001年まで、X1がリーダーだった「HEAT WAVE」という名称のロックバンドのメンバーであった。

被告Y（（株）エピックレコードジャパン）は、著作権及び著作隣接権の取得、管理等を目的とするレコード会社である。

1989年9月1日、Xら3人は、Xらが所属するマネジメント会社Aの代表者とレコード会社Bの三者の間で、（Xらが、Bの専属実演家になる）という「専属実演家契約」を結んだ。この契約の中に「4条　本契約に基づく原盤に係る一切の権利（原告等の著作隣接権を含む）は、何らの制限なく原始的且つ独占的にBに帰属する。」とあった。

この契約の後、1997年、インターネットに対応した著作権法が改正され（平成9年法律第86号）、実演家には新たに送信可能化権が認められた（92条の2）。

2001年10月1日、Bの上記契約上の地位が、新設のYへ移転した。

Xらは上記契約により、Bに帰属する権利の中に「送信可能化権」は含まれていない、Yに承継されていない、と主張し、Yへ「各音源について、実演家の送信可能化権を有することを確認する」との訴えを起こした。

東京地裁民事第40部市川正巳裁判長は、「本件音源についての実演家の送信可能化権も、本件契約4条柱書きの『一切の権利（Xらの著作隣接権を含む）』

に含まれ、平成10年1月1日に著作権法92条の2が施行された時点で、Xらが原始的に取得すると同時に、Bに対して譲渡され、その後、Yに承継されたものというべきである。」とした。

**キーワード**：音楽、実演家、送信可能化権、レコード製作者、著作隣接権、著作隣接権譲渡契約

【コメント】法律や契約書に関心を持たない実演家が多い中で、自分の音楽がパソコン向けに配信されたことを知り、ネット音源配信については許諾していない、と気づき、Xらが権利主張をしたことは、勝敗は別として、非常に素晴らしい。

**参考文献**：升本喜郎「譲渡契約の解釈(1)」著作権判例百選[第4版]140頁
田中豊・コピライト561号23頁
藤野忠「知的財産法政策学研究」19号313頁

## ● 2007-3

**MYUTA事件**：CD等の楽曲を自己の携帯電話で聞くことのできる「MYUTA」という名称のサービスの提供は、許されるか。
東京地裁平成19年5月25日判決（平成18年（ワ）第10166号、判タ1251号319頁、判時1979号100頁）

原告は、携帯電話向けストレージサービス等を業とする会社で、au WIN端末のユーザーを対象として、CD等の楽曲を自己の携帯電話で聴くことのできる「MYUTA」という名前のサービスを始めようと考えた。

そこで、原告の行おうとする事業が円滑に行えるように、音楽著作権を多数管理している日本音楽著作権協会を被告として、被告（日本音楽著作権協会）が、「作詞者、作曲者、音楽出版者その他著作権を有する者から委託されて管理する音楽著作物の著作権に基づき、これを差し止める請求権を有しないことを確認する」との訴えを提起した。

主要な争点は、次の通り。

(1) 複製権侵害の主体（本件サーバーにおける3G2ファイル（携帯向け動画音声ファイルの形式）の複製行為の主体）は、原告か、ユーザーか。

(2) 公衆送信、自動公衆送信がなされているか。なされているとして、その

主体は誰か、である。原告は、管理著作物が複製されていることは認めるが、行為主体はユーザーで、公衆送信に当たらないと主張した。

すなわち、本件サーバーからユーザーの携帯電話に向けた 3G2 ファイルを送信（ダウンロード）しているのは原告か、ユーザーか。自動公衆送信行為がなされたか、である。

東京地裁民事 47 部高部眞規子裁判長は、次のように判決した。
1. 本件サーバーにおける 3G2 ファイルの複製行為の主体は、原告である。
2. 本件サーバーからユーザーの携帯電話に向けた 3G2 ファイルを送信（ダウンロード）している主体は、複製と同様、原告である。
3. 本件サービスを担う本件サーバーは、ユーザーの携帯電話からの求めに応じ、自動的に音源データの 3G2 ファイルを送信する機能を有している。ユーザーによって、直接受信されることを目的として自動的に行われるから、自動公衆送信に当たり、その主体は原告である。
4. 本件サーバーにおける音楽著作物の複製及びユーザーの携帯電話への自動公衆送信も原告が行っている。

これらの原告の行為は、被告の承諾がなければ、被告の著作権を侵害するものである。

本件サーバーにおける音楽著作物の蔵置及びユーザーの携帯電話に向けた送信につき、被告は差止請求権を有する。よって、原告の請求は棄却する。

キーワード：携帯電話、音楽、JASRAC、複製権侵害主体、カラオケ法理、著作権法

【コメント】この事件は、CD 等の楽曲を携帯電話で聴くことができるように音楽データのストレージサービス提供事業というビジネスモデルが、適法であるかどうかを、事業開始前に裁判所の判断を仰いだ訴訟という点で、田中豊弁護士は原告を高く評価している。同感である。

参考文献：田中豊「著作権侵害と JASRAC の対応—司法救済による権利の実効性確保」（紋谷暢男編「JASRAC 概論—音楽著作権の法と管理」（日本評論社・2009 年）151 頁、特に 188 頁）

相澤英孝「知的財産法判例の動き」『ジュリスト』1354 号「平成 19 年度重要判例解説」286 頁

## ● 2007-4

**マンガ無断ネット配信事件**：マンガを著作者に無断で配信した事件である。

東京地裁平成19年9月13日判決（平成19年（ワ）第6415号、判時1991号142頁）

さいとうたかお、永井豪、井上雄彦ら11人の漫画家が、それぞれのマンガを無断で配信されたとして、インターネットコンテンツ企画制作等を行うA会社及びインターネットカフェ経営のB会社等を訴えた。

被告らは、原告等の漫画単行本を裁断し、スキャナーで読み取った画像ファイルを、サーバーを用いてウエブサイトPを通じて、インターネットを利用する不特定多数の者に自動公衆送信が可能な状態にし、実際に自動公衆送信が行われた。

原告は、これらの行為をした被告らに対し、著作権侵害（公衆送信権侵害）に基づいて、損害賠償を求めた。被告は、インターネットコンテンツの企画制作等を目的とするA会社、インターネットカフェ経営のB会社、C（元A会社及び元B会社の代表者）、D（現在のA会社代表者）である。

東京地裁民事46部設楽隆一裁判長は、(1) ABCDの被告は、原告10人それぞれに対し、連帯して金200万円及び平成18年2月1日から支払い済みまでの年5分の金員を支払え、(2) 被告は、原告丙川竹夫こと丙川二郎（筆者注、「家栽の人」「斗馬TOMA」著者）に対し、金32万2560円を平成18年2月1日から支払い済みまでの年5分の金員を支払え、(3) その余の請求を棄却する、とした。

A社には、侵害行為の幇助、Dには故意があり、共同不法行為を認め、B社も本件侵害行為を幇助、Cには故意があるとして、不法行為責任を認めた。

裁判所による損害額は、各漫画単行本を電子書籍化した場合の想定販売価格に、相当する使用料率を乗じ、ウエブサイトPの利用者の閲覧総数を乗じた金額を損害額とし、使用料相当額の算定について、ヤフーブックや有限責任中間法人出版物貸与権管理センター使用料規程によることをしなかった。

**キーワード**：マンガ、漫画家、公衆送信、電子書籍、著作権法

【コメント】電子書籍とマンガは、親和性があるという。
参考文献：JUCC 通信 126 号 4 頁に亀井弘泰弁護士の判例紹介がある。

# 2006年(平成 18 年)

## ● 2006-1

> スメルゲット事件：ホームページ上の広告販売用商品写真について、1審は著作物性を認めず、2審は著作物性を認め、1万円の損害賠償を認めた事例である。
> 横浜地裁平成 17 年 5 月 17 日判決(平成 16 年(ワ)第 2788 号)、知財高裁平成 18 年 3 月 29 日判決(平成 17 年(ネ)第 10094 号、判タ 1234 号 295 頁)

平成 13 年頃、A は、シックハウス症候群対策品である「スメルゲット」及び「ホルムゲット」の広告販売をインターネット上で行っていて、ホームページにおいて、その商品の写真(本件写真)を掲載し、「川崎市に住む K さん一家は、県営住宅に当選し、新築の団地に引っ越ししました。すると間もなく 6 歳の娘がアトピー性皮膚炎にかかり、極度のアレルギー体質となってしまいました」といった文章を掲載した。

インターネット上で商品販売を行う Y1 (株式会社プラスマークス) 及び被告 Y2 (有限会社) は、平成 14 年 11 月から平成 15 年 6 月 27 日まで、本件写真を文章とともに A に無断で、自社のホームページに掲載した。

平成 16 年、A は、X(有限会社トライアル)へ営業権を譲渡した。

X は、Y らに対し、本件写真と文章について、複製権ないし翻案権を侵害したとして、損害賠償 60 万円及び慰藉料 150 万円を求めて訴えた。

[横浜地裁]

1 審は、本件写真の著作物性および文章の著作物性を認めず、請求を棄却した。

[知財高裁]

2 審の塚原朋一裁判長は、1, 本件写真の著作物性を認め、2, 文章については、創作性がない部分について同一性があるが、各文章について、複製権ないし翻

案権について侵害はないとし、YらはXへ、連帯して1万円及びこれに対する平成15年6月28日から支払済みまでの年5分の金員を支払え、との判決を下した。

**キーワード**：写真の著作物、複製権侵害、翻案権侵害、著作権法
【コメント】1審と2審の判断が異なった事例である。
**参考文献**：三浦正広・コピライト2006年9月号43頁

● 2006-2

> **個人情報流出事件**：インターネット接続サービスの加入者の個人情報が外部に流出したことにつき、サービス業者に不正アクセス防止について過失があるとして、会員のサービス業者に対する慰謝料請求が認容された事例である。
> 大阪地裁平成18年5月19日判決（平成16年(ワ)第5597号(甲事件)・同17年(ワ)第4441号(乙事件)、判時1948号122頁）

原告は、甲事件3名、乙事件2名で、いずれも「Yahoo!BB」という非対称加入者線電送（ADSL）方式等を用いたインターネット接続サービス、及びこれに付随するメールサーバーのレンタル等の総合電気通信サービス（以下、本件サービス）の会員である。

被告Y1は、BBテクノロジー株式会社（旧商号ソフトバンクBB株式会社）である。

被告Y2は、ヤフー株式会社である。

Y1とY2は、「Yahoo! BB」の統一名称を用いて、電気通信事業法にいう電気通信事業にあたる本件サービスを顧客に提供している。

原告等は、いずれも平成16年1月までに、被告らそれぞれと本件サービスに係る契約を締結し、本件サービスに入会した。

Bは、Y1へ業務委託先から派遣され、顧客データベースのメンテナンスやY1会社のサーバー群の管理業務に従事していたが、Bの知人Cと共に、顧客データベースに含まれる顧客情報を外部に転送し、Cのハードディスクに保存して不正に取得、この不正取得された顧客情報は、Cを通じて恐喝の実行犯で

あるDに渡った。

原告等は、Y1及びY2が個人情報の適切な管理を怠った過失等により、自己の情報をコントロールする権利を侵害されたとして、被告らは、甲事件原告らにそれぞれ各自10万円、被告らは乙事件原告等にそれぞれ各自10万円を支払うよう求めて訴訟を提起した。

［大阪地裁］

民事11部山下郁夫裁判長は、次のように判断した。

(1) Y1は、リモートメインテナンスサーバーを設置し、リモートアクセスを可能にしたが、情報漏洩の危険性に鑑み、必要な範囲に限り、相当な措置を講じてアクセスを許すべきであったこと、Y1は、Bが退職後に知り得た情報を悪用しないように、ユーザー名の削除、パスワードの変更をすべきであったのに、Bの退職後も長期間これを放置したこと、本件不正取得について、Y1は予見が可能で、結果回避の可能性があった、とした。

(2) しかし、Y2は、Y1と管理している情報の範囲が異なり、利用料の徴収業務、クレジットカード番号の決済情報の保有であって、その管理している顧客情報は、他に流失していないこと、Y2が、Y1の顧客情報を適切に管理監督する義務もないので、Y2は、Xらに対する不法行為責任はない、とした。

(3) 判決は、Y1は、甲事件原告等それぞれに対し、各自6000円及び遅延利息を支払うよう命じた。また、判決は、Y1は、乙事件原告等それぞれに対し、各自6000円及び遅延利息を支払うよう命じた。6000円の内訳は、各原告等の精神的苦痛に対する慰謝料として、1人当たり5000円、弁護士費用1人当たり1000円である。

キーワード：個人情報、ヤフー、顧客情報、情報漏洩、民法、ADSL、名簿流出

【コメント】判決の慰謝料の金額は、低すぎる。

## ● 2006-3

> ワットシステム対東京国税局事件：東京国税局がそのホームページに、原告株式会社のホームページの記載は、事実に反する部分があるとの注意文書を掲載し公表したことは、公務員による適切な職務行為であり、名誉毀損、信用毀損による不法行為の成立が否定された事例である。
>
> 東京地裁平成18年6月6日判決（平成17年（ワ）第11648号（第一事件）・第27297号（第二事件）、判時1948号100頁）

　原告X1（株式会社ワット）は、平成11年8月設立の株式会社で、1,視聴覚機器、文具事務機器の販売及び輸入、2,情報通信、情報処理機器の販売、輸入等、及びこれらに附帯する一切のレンタル事業等を目的としている。

　原告X2は、X1の代表取締役である。

　X2は、償却資産すべてを対象とした全企業向けのサービスを展開するビジネスモデル（ワットシステム）を考案し、X1において、この事業を取り扱うことを考えた。

　X1X2は、この事業が、法人税法、所得税法でどのように取り扱われるか、東京国税局に行き、課税第1部審理課を訪問したり、文書で照会したりした。

　X1は、そのホームページに、東京国税局が事前照会に対する回答により、ワットシステムの税務面での効果を承認しているかのような内容の記載を行った。

　この記載を見て、東京国税局は、X1又はX2へ、X1のホームページの内容の削除又は訂正を要求するなどし、また、東京国税局のホームページにおいて、「誤解を招くホームページにご注意ください」との見出しで、X1X2の実名を挙げて、X1のホームページの記載中に事実に反する部分があるとの内容の注意文書を掲載し、公表した。

　平成17年、X1及びX2は、この公表がXらの名誉・信用を毀損する不法行為であるとし、これにより無形の損害を被ったとして損害賠償を求め、訴えた。

　東京地裁民事48部（水野邦夫裁判長）は、1,本件注意文書の掲載行為について、法律上の根拠は要しない、2,X1のホームページの記載内容の真実性について、広く国民に情報提供するという目的は正当である。東京国税局は、一般納税者がX1ホームページ記載内容を真実と誤信、不測の損害発生を防ぐため、

X1のホームページの内容が真実に反するとの情報提供の必要があった。3, 本件注意文書の内容が摘示する事実について真実性がある。4, 本件注意文書を国税局がそのホームページにおいて公表することは、手続保障の精神がみたされ、公務員による適切な職務行為であり、違法性が阻却されるとして、X1及びX2の請求を棄却した。

キーワード：東京国税局、名誉毀損、信用毀損、適切な職務行為、民法

【コメント】ホームページ同士のやりとりで、東京国税局を相手に訴訟提起した珍しい事例である。

## ● 2006-4

**有名ホスト電子掲示板名誉毀損事件**：有名ホストが電子掲示板になされた書き込みが名誉毀損に当たるとして、携帯電話事業会社が発信者情報の開示を命ぜられたが、損害賠償請求は棄却された事例である。
　大阪地裁平成18年6月23日判決（平成17年（ワ）第4861号、判タ1222号207頁）

　原告Xは、ホストクラブAにおいて飲食接待等の、いわゆるホストをしている者である。

　被告Yは、携帯電話事業を業とするボーダフォン株式会社である。

　訴外Aの運営するホームページは、ホストクラブ情報交換を目的とする電子掲示板を包含しているが、ここに、「Xさんは、性病でした。花子うつされた〜」などの書き込みがなされた。Xは、Aを相手に平成17年1月27日、大阪地裁に対し、発信者のIPアドレス及び書き込みがなされた日時の情報を開示を求める旨の仮処分を申し立て、同年2月10日、仮処分決定を得て、同年3月16日に情報の開示を受けた。この開示で、Xは、書き込みに利用された端末が「j-phoneV402SH」で、IPアドレスは、被告Yが管理しているサーバーであることを知り、平成17年3月17日、Yに対し、書き込みについての発信者情報の開示及び開示までの保存を請求した。

　平成17年5月20日、YはXに対し、その発信者情報開示請求が、プロバイダ責任制限法4条1項の要件を充足していると判断できず、請求に応じられ

ないと回答した。

Xは、名誉毀損及びプライバシー権侵害であるとして、プロバイダ責任制限法4条1項に基づき、発信者情報の開示を求めると共に、Yが開示しなかったことによる精神的損害100万円の損害賠償支払いを求めて提訴した。

［大阪地裁］

第9民事部の深見敏正裁判長は、本件書き込みは、Xが性病に罹患しながら、女性と交渉に及ぶとの印象を読み手に与える表現で名誉を毀損し、公共性も公益目的も違法性阻却事由もなく、権利侵害の明白性要件を満たしているとし、発信者情報の開示を命じた。Yの損害賠償責任については、Yに故意や重過失はないとし、これを否定した。

［判決主文］

1，被告は、原告に対し、別紙書込目録1及び2記載の各書込の発信者に係る住所及びメールアドレスを開示せよ。

2，原告のその余の請求を棄却する。

3，（省略）

キーワード：携帯電話、電子掲示板、名誉毀損、プライバシー権侵害、発信者情報、仮処分、プロバイダ責任制限法

【コメント】有名ホストが原告として、発信者情報を求めて訴訟するという珍しい事例。

# 2005年(平成17年)

## ● 2005-1

エステティックサロン対楽天仮処分事件：発信者情報開示請求権を被保全権利とする発信者情報の開示を命ずる断行の仮処分が認められた事例である。

東京地裁平成16年9月22日決定（平成16年（ヨ）第2963号、判時1894号40頁）、東京地裁平成17年1月21日決定（平成16年（モ）第54824号、判時1894号35頁）

債権者Xは、A又はエステキューズ及びBの名称でエステティックサロンの経営等を業とする株式会社である。

債務者Y（楽天株式会社）は、各種マーケティング業務の遂行及びコンサルティング等を業とし、インフォシークレンタル掲示板という電子掲示板を開設、インターネットサービスを提供している。

インフォシークレンタル掲示板に、「ベルボーというサポーターが、全部で20万円もするにかかわらず、開封してみると紙1枚だけでどういう仕組みで痩せられるのか等について全く掲載されておらず、グルメッツという食品に至っては詳しい成分の記載もなく、こんな怪しい商品は今まで見たことがない」といった記事が掲載された（ベルボーもグルメッツもXが販売している商品である）。

Xは、Yに対して、Yの電子掲示板に対する投稿により名誉を毀損されたとして、特定電気通信役務提供者の損害賠償責任の制限及び発信者情報開示に関する法律4条1項の発信者情報開示請求権を被保全権利として、同投稿にかかるIPアドレス等の開示を求めた。

[平成16年原決定]

平成16年9月22日、東京地裁は、Xの申立のうち別紙記事目録1記載番号15（タイトル、返品について）、97（まとめて返事）、143（Aやめました）、178（現社員です）、別紙記事目録2記載番号14（最悪でした）については、理由があるとして、これを認容し、その余の申立は被保全権利の疎明を欠くとして、これを却下した。債務者Yが保全異議を申し立てた。

[平成17年本決定]

民事9部大橋寛明裁判長は、別紙記事目録1掲載番号178及び同目録2掲載番号14に係る発信者情報の開示を命じた部分については、被保全権利の疎明があるとはいえず、不当であるから、これを取り消し、その余の部分は正当であるからこれを認可し、債権者の仮処分命令申立は、上記取消に係る部分につきこれを却下した。

**キーワード**：楽天、電子掲示板、発信者情報、仮処分、プロバイダ責任制限法

**【コメント】**電子掲示板においては、化粧品、健康食品などの商品、サービス

への悪口、非難、批評があり、これに対し、信用毀損、名誉毀損で対抗する事例が多い。

## ● 2005-2

> **マンション建設業者対電子掲示板事件**：マンション建設業者が、電子掲示板の書き込みにより名誉等の権利を侵害されたとして、ネット運営会社に不法行為に基づく損害賠償請求、書き込みの削除請求、発信者の情報開示請求をし、いずれも棄却された事例である。
> 名古屋地裁平成17年1月21日判決（平成16年（ワ）第3336号、判時1893号75頁）

原告Xは、木材防腐処理業等を目的とする甲野木材防腐株式会社である。

被告Yは、インターネットの運営等を目的とする株式会社である。

Xは、東京都豊島区にマンションを建設することを計画しているが、附近住民により反対運動がなされていた。このような状況下で、Yの運営する電子掲示板に、①投稿日、2004/6/15/7:32、②投稿者 kounomokuzai-shaco-otsuyama、③題名　なめとんか？　④今更、ワンルームマンション、誤った新規事業、最低。」と書き込まれていた。

Xは、1）不法行為に基づく損害賠償請求、2）条理上の削除請求権に基づく書き込みの削除請求、3）プロバイダ責任制限法4条に基づく発信者情報の開示を請求した。

［名古屋地裁］

民事8部の黒岩巳敏裁判長は、「1,原告の請求をいずれも棄却する。2,訴訟費用は原告の負担とする。」と判決した。

この電子掲示板の投稿者は、kounoで、原告の名を冒用しているが、内容から通常の一般人は、この書き込みの主体がXの代表者であると誤認することはない。本件書き込みがXの名誉、信用、プライバシー権及び人格権を侵害したと評価できない。したがって、本件書き込みがXの権利を侵害するとは認められず、その余の点を判断するまでもなく、理由がないとした。

**キーワード**：電子掲示板、発信者情報、名誉毀損、信用毀損、プライバシー

権侵害、条理上の削除請求権、プロバイダ責任制限法

【コメント】この事件は、珍しく、発信者情報を求めた原告が敗訴している。裁判所は、書き込みの主体と被冒用者とが同一人物と一般人が誤認し得る程度に必要であると判断したのである。

● 2005-3

**2ちゃんねる削除義務放置事件**：インターネットの運営者はどんな責任があるかが論ぜられた事件である。
東京地裁平成16年3月11日判決（平成15年（ワ）第15526号）、東京高裁平成17年3月3日判決（平成16(ネ)第2067号、判時1893号126頁）

インターネットの運営者は、どういう責任を負うか、という事件である。

書籍に掲載された対談記事（原告ら2名が著作権共有）が、ある利用者によりそのまま「2ちゃんねる」に転載され、送信可能化され、アクセスした者に自動公衆送信された。

対談者の1人が、「2ちゃんねる」の運営者に対し、「運営者は著作権侵害を行っている」との警告をし、対談記事の削除を求めて、訴えた。

原告は、対談記事の発言者、被告は、「2ちゃんねる」の運営者である。

[東京地裁]

(1) 裁判所は、自動公衆送信又は送信可能化差止請求について、相手方が、現に侵害行為を行う主体となっているか、あるいは侵害行為を主体として行うおそれのある者に限られる。被告は、書き込みの内容をチェックしたり、改変したりすることはできず、運営者である被告は、侵害行為を行う主体でない、とした。

(2) 発言者から削除要請があるにも拘わらず、ことさら電子掲示板設置者が要請を拒絶したりすれば、著作権侵害の主体と観念され、差止請求も許容されようが、本件ではその事情はない。プロバイダー責任制限法に照らし、本件では、被告が送信防止装置を講じた場合、同法による発信者に対する損害賠償責任が免責される場合に当たらず、発信者から責任追及されるおそれがあり、また被告に送信可能化又は自動公衆送信を止め

る義務なしとした。

　原告敗訴。原告控訴。

［東京高裁］2審では逆転し、原告が勝訴した。

（1）電子掲示板の設置者は、書き込まれた発言が著作権侵害（公衆送信権侵害）に当たるとき、侵害行為を放置しているときは、放置自体が著作権侵害行為と評価すべき場合がある。電子掲示板の運営者は、著作権侵害となる書き込みがあったと認識した場合、適切な是正措置を速やかにとる義務がある。著作権侵害が極めて明白な場合、ただちに削除するなど、速やかに対処すべきである。本件の場合、被告は、本件発言がデッドコピーで、著作権侵害と容易に理解し得た。発言者に照会もせず、是正措置をとらなかった。被告は、故意過失により著作権侵害に加担したと評価できる。原告著作権者が、著作権侵害者の実名、メールアドレス等発信者情報を得ることはできず、削除要請が容易であるとは到底言えない。被告は著作権の侵害者である、とした。

**キーワード**：2ちゃんねる、削除義務、公衆送信権、送信可能化権、電子掲示板、侵害主体、著作権法

**【コメント】**山本隆司「コピライト」2004年8月号20頁は、1審東京地裁判決に対して、17頁にわたり批判的に判例紹介をしている。田中豊も「コピライト」同号7頁（講演録）において、東京地裁平成16年3月11日判決に批判的である。草地邦晴・知財管理55巻13号2007頁は、2審東京高裁判決を「貴重な事例を提供するもの」として、好意的である。

## ● 2005-4

**アクセス制御機能事件（刑事）**：不正アクセス行為に当たるか否か争われた事件である。プログラムの瑕疵や不備のため識別符号を入力する以外の方法によってもこれを入力したときと同じ特定利用できることをもって、直ちに識別符号の入力により特定利用の制限を解除する機能がアクセス制御機能に該当しなくなり、合法というわけではないとし、執行猶予付8カ月の懲役に処せられたという事例である。

　東京地裁平成17年3月25日判決（平成16年特（わ）第752号、判時1899号155頁）

「不正アクセス行為の禁止等に関する法律」とは、1) 不正アクセス行為を禁止し、2) 電気通信回線を通じて行われる電子計算機に係る犯罪の防止、3) アクセス制御機能により実現される電気通信に関する秩序維持を図り、もって高度情報通信社会の健全な発展に寄与することを目的とする法律である(1条)。

この法律は、「アクセス制御機能」を次のように定義している(2条3項)。

(特定電子計算機の特定利用を自動的に制御するために当該特定利用に係るアクセス管理者によって当該特定電子計算機又は当該特定電子計算機に電気通信回線を介して接続された他の特定電子計算機に付加されている機能であって、当該特定利用をしようとする者により当該機能を有する特定電子計算機に入力された符号が当該特定利用に係る識別符号であることを確認して、当該特定利用の制限の全部又は一部を解除するものをいう)、と定義してる(条文中の括弧書きを省略した)。この法律は、不正アクセス行為をしてはならない(3条1項)、として2項に3類型を掲げる。

1号) アクセス制御機能を有する特定電子計算機に電気通信回線を通じて当該アクセス制御機能に係る他人の識別符号を入力して当該特定電子計算機を作動させ、当該アクセス制御機能により制限されている特定利用をし得る状態にさせる行為。

2号) アクセス制御機能を有する特定電子計算機に電気通信回線を通じて当該アクセス制御機能による特定利用の制限を免れることができる情報又は指令を入力して当該特定電子計算機を作動させ、その制限されている特定利用をし得る状態にさせる行為。

3号) 電気通信回線を介して接続された他の特定電子計算機が有するアクセス制御機能によりその特定利用を制限されている特定電子計算機に電気通信回線を通じてその制限を免れることができる情報又は指令を入力して当該特定電子計算機を作動させ、その制限されれている特定利用をし得る状態にさせる行為。

被告人は、平成15年11月6日午後11時23分55秒頃から同月8日午後3時47分50秒頃まで、合計7回にわたり、京都市内ほか数ヵ所において、パーソナルコンピュータから電気通信回線を通じて、アクセス管理権者である大阪

市中央区安土町甲野ビル3階乙山株式会社が大阪市内に設置した「アクセス制御機能を有する特定電子計算機であるサーバーコンピュータ」に当該アクセス制御機能による特定利用の制限を免れることができる指令を入力して上記特定電子計算機を作動させ、上記アクセス制御機能により制限されている特定利用をし得る状態にさせた。

これは、「不正アクセス行為の禁止等に関する法律」3条2項2号違反に当たるとして、起訴された。被告人はコンピュータシステムなどで、本来の手順を踏まずにアクセスが可能になるような保護設計上の欠陥を利用したのであった。

弁護人は、1, 被告人のアクセス行為は、「アクセス制御機能」のない電子計算機に対するものであったから、不正アクセス禁止法3条2項2号の「不正アクセス行為」に当たらない。2, 被告人が、本件アクセスに及んだのは、コンピュータの脆弱性について、ボランティア的問題提起であって、違法性は阻却される、3, 仮にアクセス制御機能が存在していたとしても、被告人はそれを知らず、アクセス行為が禁止行為との認識もなかったとして、無罪を主張した。

東京地裁刑事10部青柳勤裁判長は、次のように被告人の行為を違法と判断した。

1) 「アクセス制御機能」の有無は、プロトコル(コンピュータ間のデータ通信の規約)ごとでなく、特定電子計算機ごとに判断すべきである。特定電子計算機の特定利用のうち一部がアクセス制御機能によって制限されている場合であっても、その特定電子計算機はアクセス制御機能があると解すべきである、とした。
2) 本件の各特定利用ができたのは、プログラムないし設定上の瑕疵があったためで、アクセス管理者が本件アクセス行為のような特定利用を誰にでも認めていたとはいえない。
3) 被告人のアクセス行為が、サーバーの脆弱性に関する正当な問題指摘活動には当たらない、とした。

「判決主文」

被告人を懲役8月に処する。この裁判が確定した日から3年間その刑の執行を猶予する。訴訟費用は全部被告人の負担とする。

キーワード：不正アクセス行為の禁止等に関する法律、不正アクセス、アクセス制御機能

【コメント】山本隆司「コンテンツ・セキュリテイと法」(商事法務・2015年) 120 頁に、「アクセス制御機能」に関する判例がこの判例のほか4件掲載されている。

● 2005-5

> **ナップスター型音楽ファイル交換事件**：インターネットを使って音楽を送受信してもかまわないか。
> 東京地裁平成 14 年 4 月 11 日決定（判夕 1092 号 110 頁、判時 1780 号 25 頁）、東京地裁平成 15 年 1 月 29 日中間判決（平成 14 年（ワ）第 4237 号、判時 1810 号 29 頁、判夕 1113 号 113 頁）、東京地裁平成 15 年 12 月 17 日判決（終局判決、判夕 1145 号 102 頁、判時 1845 号 36 頁）、東京高裁平成 17 年 3 月 31 日判決（判例集未登載）

インターネット上のピア・ツー・ピア(P2P)方式の電子ファイル交換サービスにおいて、ユーザーの間で、音楽著作物を複製して電子ファイルの送受信が行われる。

これによる著作権侵害が起きる場合において、このサービスの提供者は、どういう責任を負うか。

被告 Y1 は、ピア・ツー・ピア技術を用い、中央サーバー（セントラルポイント、P2P ネットワークの方式の 1 つで、P2P ネットワークを見つけやすくするための入り口として働くホストのこと）を設置し、インターネットを経由して、利用者のパソコンに蔵置されている電子ファイルから他の利用者が好みの音楽を選択して、無料でダウンロードできる「ファイルローグ」事業を行っている業者である。

被告 Y2 は、Y1 の代表者。

原告 X は、日本音楽著作権協会（JASRAC）である。

原告 X は、被告らに、原告の管理著作物を複製した MP3 ファイルを本件サービスにおける送受信の対象とすることの差止めを求めるとともに、Y ら 2

名に対して2億1000万余円の損害賠償金の連帯支払いを求めて訴えた。（これに先行して、XはY1に対し、ファイルローグ事業の差止めの仮処分を申請し、東京地裁は、平成14年4月11日、認容する決定を下している。）


[東京地裁]
次の点が争われた。
1，ハイブリッド型P2Pファイル交換サービスのセンターサーバーの提供者が、ユーザーのパソコン間で直接行われる電子ファイルの送受信の「主体」であるか。
2，差止めの対象となる行為の特定方法。
3，著作権侵害の主体とプロバイダ責任制限法3条1項「情報の発信者」の関係。
4，損害賠償額の認定。

東京地裁平成15年1月29日中間判決及び平成15年12月17日判決の結果は、次の通りである。

(1) 1審被告Y1が運営する本件サービスにおいて、Xに無断でXの管理著作物を複製した電子ファイルをユーザーのパソコンの共有フォルダに蔵置した状態で、本件サーバーに接続させる行為は、Xへの著作権侵害であり、Y1がその著作権侵害の主体である。

(2)「送信型パソコンから被告サーバーに送信されたファイル情報のうち、ファイル名または、フォルダ名のいずれかに本件管理著作物の『原題名』を表示する文字及び『アーテイスト』を表示する文字（漢字、ひらがな、片仮名並びにアルファベットの大文字、小文字等の表記方法を問わない。姓又は名についてはいずれか一方のみの表記を含む）の双方が表記されたファイル情報に関連づけて、当該ファイル情報に係るMP3ファイルの送受信行為として特定するのが、最も実効性のある方法である。」

(3) Yらは、自らがプロバイダ責任制限法上のプロバイダに該当するので、損害賠償責任を免れると主張したが、Y1は、同法2条4号所定の「発信者」に該当し、同法3条1項による損害賠償責任の免責は適用されない。

(4) 本件サービスにおいて、本件各 MP3 ファイルが送信可能化ないし自動公衆送信されることによって、原告の受けた使用料相当額の損害額については、特段の事情のないかぎり、本件使用料規程の定める額を参酌して算定するのが合理的である。

しかし、諸事情を考慮し、著作権法 114 条の 4 により、2 億 7932 万 8000 円の概ね 10 分の 1 に相当する 3000 万円（平成 3 年 11 月 1 日から平成 14 年 2 月 28 日までについては概ね 10 分の 1 に相当する 2200 万円）を使用料相当損害額とした。

裁判所は、JASRAC 等のもつ「自動公衆送信権」「送信可能化権」の侵害であるとして、損害賠償を命じている。

このように、被告のようなファイル交換サービス事業者は、単に電子ファイルの送受信に必要なファイル情報を提供しているに過ぎないが、管理性があり、営業上の利益を得ていることから、著作権、著作隣接権の侵害行為の主体であるとした。

**キーワード**：ファイル交換サービス、音楽、JASRAC、侵害主体、著作権法、ピア・ツー・ピア、プロバイダ責任制限法、ファイルローグ、自動公衆送信権、送信可能化権、MP3

**【コメント】**関係者にとって重要な判例である。

**参考文献**：平嶋竜太・ファイルローグ事件（中間判決）「サイバー判例解説」（商事法務・2003 年）60 頁。富岡英次・判タ 1154 号 188 頁

田中豊編「判例で見る音楽著作権訴訟の論点 60 講」（日本評論社・2010 年）209 頁、356 頁、176 頁（市村直也執筆）

紋谷暢男編「JASRAC 概論」151 頁以下、特に 185 頁（執筆田中豊）

## ● 2005-6

**IP FIRM 商標事件**：「IP FIRM」なる商標は、商標法 3 条 1 項 6 号に該当するとされた事例である。

東京地裁平成 17 年 6 月 21 日判決（平成 17 年（ワ）第 768 号、判時 1913 号 146 頁）（控訴されたが控訴後和解）

「IP アドレス」といえば、Internet Protocol address のことであるが、IP は

Intellectual Property 知的財産権のことだと連想する人も多い。

原告Xは、IP国際技術特許事務所を経営する弁理士で、登録商標「IP FIRM」(指定役務 第42類「工業所有権に関する手続の代理又は鑑定その他の事務、訴訟事件その他に関する法律事務、著作権の利用に関する契約の代理又は媒介」)の商標権者である。

被告Yは、東京IP特許事務所を経営する弁理士である。XYは平成15年11月迄、共同で特許事務所を経営し、同年12月、共同経営を解消した。

平成15年12月、Yは、「東京IP特許事務所」として新たな事務所を開き、「TOKYO IP FIRM」の欧文字、横書きで、IPの文字はデフォルメ化した標章(以下、被告標章1)を付した英文レターヘッドの使用を開始し、平成16年11月頃から、「TOKYO IP FIRM」の欧文字を通常の書体で、横書きにしたもの(以下、被告標章2)をネットの事務所のホームページにおいて掲載した。

Xは、Yが被告標章1、2を広告等に付して使用する行為は、Xの有する商標権侵害であると主張、Y標章1、2の使用差止め及びY標章を付した名刺等の廃棄を求め訴えた。

［東京地裁］

民事46部の設楽隆一裁判長は、原告の請求をいずれも棄却した。

Xの商標は、第42類「工業所有権に関する手続の代理又は鑑定その他の事務、訴訟事件その他に関する法律事務、著作権の利用に関する契約の代理又は媒介」の指定役務を提供する事務所であることを一般的に説明しているにすぎず、需要者等において、指定役務について、他人の指定役務と識別するための標識であるとは認識し得ないものであるから、商標法3条1項6号に該当し、Xの、Yに対するX商標権に基づく権利行使は、商標法39条が準用する特許法104条の3の規定により許されないとし、Xの請求を棄却した。

キーワード：商標権侵害、登録商標、商標法

【コメント】本来、商標登録を受けるべきでない、「需要者が何人かの業務に係る商品又は役務であることを認識することができない商標」であった。そのため、権利行使できない、としたのである。知財高裁平成21年9月8日判決(アイディー事件)も商標法3条1項6号に当たるとしている。2009-2参照。

## ● 2005-7

**弁護士発信者情報請求事件**：弁護士の名誉を毀損する情報がホームページに掲載され、インターネット・サービス・プロバイダへ発信者情報の開示請求をし、認められた事件である。

東京地裁平成17年8月29日判決（平成17年（ワ）第1876号、判タ1200号286頁）

原告Xは、第2東京弁護士会に所属する弁護士である。

被告Y（ヤフー株式会社）は、プロバイダ業等を営む株式会社である。

(1) 平成16年11月1日から同月26日の間、Yのサーバー上に開設しているホームページに、「私たちにとってXらは、お金のために、何の関係もない私たちを利用し、沢山の幸せを奪い取るという精神的な虐待をした、恐喝犯でしかありません」等の文章（本件各侵害情報）が掲載された。

(2) Xは、平成16年11月5日付けで、Yに対し、発信者情報の開示を求めた。

(3) Yは、本件ホームページの開設者に、平成16年11月16日、本件発信者情報をXへ開示することについて意見照会をした。同年11月23日、開設者はXへ、同意しないと返答した。

(4) Yは、平成16年11月27日、本件ホームページの掲載を一時的に停止し、同月30日、Xに対し、直ちに開示請求に応じられない、と返答した。

平成17年2月2日、XはYへ、発信者情報を開示せよと訴えた。

[東京地裁]

第31民事部金子順一裁判長は、次のように判断した。

(1) Yは、別紙発信者情報のうち、別紙発信者情報目録記載の3、4、5の各情報のみを保有している。

(2) 本件各侵害情報は、プロバイダ責任制限法4条1項1号の権利侵害要件を具備している。

(3) 原告Xには、同法4条1項2号所定の本件各侵害情報の開示を受けるべき正当な理由がある。

「判決主文」

1, 被告は、原告に対し、別紙発信者情報目録記載3ないし5の各情報を開示せよ。
2, 原告のその余の請求を棄却する。
3, （省略）

キーワード：ヤフー株式会社、発信者情報、名誉毀損、弁護士、プロバイダ責任制限法

【コメント】原告弁護士が、発信者の侵害情報を誰が書いたか知りたい、という気持ちもわかる。

● 2005-8

**歩行女性無断撮影ウエブ掲載事件**：公道を歩行中の最先端ファッション着用女性を無断撮影し、ウエブサイトに無断掲載した行為は、肖像権侵害である。
東京地裁平成17年9月27日判決（平成17年（ワ）第18202号、判時1917号101頁）

原告女性Xは、著名なデザイナー、ドルチェ・アンド・ガッパーナによる、胸部に「SEX」と大きい赤い文字のある上着を着て、銀座界隈を歩行していた。

被告Y1会社は、通信ネットワークを利用した衣料品の製造、販売、リサイクル輸出入に関する各種情報を提供する会社。

被告Y2会社は、日本のファッション向上のため調査研究等を目的とする財団法人。

Y1会社の従業員が、歩行中のXを無断撮影し、Y1とY2が共同で開設しているウエブページに掲載した。しばらくして、2ちゃんねるの掲示板サイトへ、Xへの誹謗中傷が書き込まれ、被告らのサイトへリンクが張られた。XはYらに抗議し、サイトは削除されたが、別の第三者により写真が複製され、リンクが張られ、Xへの誹謗中傷が続いた。

Xは、Yらを訴え、
(1)写真撮影とサイトへの掲載行為は、肖像権侵害である。
(2)Yらの行為には、表現の自由の行使としての違法性阻却事由がない。

(3) 訴外第三者による誹謗中傷行為による X の損害との間に因果関係がある。と主張した。

東京地裁は、(1)(2) を認め、慰謝料 30 万円、弁護士費用 5 万円、合計 35 万円の支払いを Y らに命じた。判決中、「原告が公道上を歩いているとしても、その周囲の人に一時的に認識され得るにすぎないが、本件写真が撮影されることにより原告の容貌等が記録され、これが本件サイトに掲載されることにより、上記の限られた範囲を超えて人々に知られることになる。」と述べている。

キーワード：肖像権、2 ちゃんねる、誹謗中傷、ファッション、民法

【コメント】肖像権の問題であるが、天下の公道を歩いているからといって、撮影とそのネット配信が自由であるとはいえないという判決である。

参考文献：大家重夫「肖像権　改訂新版」(太田出版・2011 年)122 頁、177 頁

● 2005-9

YOL ニュース見出し事件：インターネット用のニュース記事の見出しは、無断でインターネットに転載できるかということを論じた判決で、1 審、2 審の判断が分かれた事件である。

東京地裁平成 16 年 3 月 24 日判決 (平成 14 年 (ワ) 第 28035 号、判時 1857 号 108 頁、判タ 1175 号 281 頁)、知財高裁平成 17 年 10 月 6 日判決 (平成 17 年 (ネ) 第 10049 号)

原告 X (読売新聞) は、日刊紙発行を業とする新聞社であるが、ホームページ (Yomiuri On-Line) も運営し、ニュース記事 (YOL 記事) を載せ、記事に見出しを付している。

被告は、デジタルコンテンツの企画・制作等を業とする有限会社で、インターネット上で、「ライントピックス」というサービスを提供している。

「ライントピックス」とは、自ら運営するウエブサイト上に、ヤフー株式会社の開設するウエブサイト「Yahoo! Japan」上のニュース記事の見出しと同一の見出しを掲載し、その見出しをクリックすると、見出しに対応するニュース記事本文が表示されるというサービスが提供される。このサービス希望者は、Y サイトにユーザー登録し、指定された手続きを経て Y サイトからデータをダ

ウンロードし、自己の管理するウエブサイトにライントピックスを表示させることができる仕組みになっている。

　Xとヤフー株式会社は、Yomiuri On-Line 上の主要なニュースの使用を許諾するとの内容の契約を結んでおり、「Yahoo! ニュース」には、YOL 見出しと同一の記事見出しが表示され、同記事見出しをリンクすると YOL 記事と同一の記事が表示される。

　Yは、「Yahoo! ニュース」の記事の中から、重要度関心度の高いニュースを選択し、1, Y のライントピックスにおいて、「Yahoo! ニュース」へリンクを張り、リンクボタンを当該記事見出し（その中に YOL 見出しが含まれる）と同一又は実質的に同一の語句とし、2, ライントピックス登録ユーザーに LT リンク見出し及びリンク先データを送信して、ユーザーのホームページ上にも、「Yahoo! ニュース」にリンクした LT リンク見出しが表示されるようにし、定期的に更新していた。Yは、Xには無断で、YOL 見出しを利用したことになった。

　Xは、主位的に、Yの行為はXの著作権侵害、予備的に、仮にXの記事見出しに著作物性が認められないとしても、その無断複製等の行為は、不法行為であるとし、Yに対し、記事見出しの複製等の差止等及び損害賠償を求めて訴えた。

［東京地裁判決］
東京地裁民事 29 部飯村敏明裁判長は、
1, YOL 見出しは、ありふれたもので、創作性が認められず、YOL 記事で記載された事実を抜き出して記述したもので、著作権法 10 条 2 項の「事実の伝達にすぎない雑報及び時事の報道」に当たるとして、著作物性を否定、著作権侵害を否定した。
2, 著作権法等によって排他的な権利が認められない以上、第三者が利用することは自由で、不正に自らの利益を図る目的により利用した場合、あるいはXに損害を加える目的により利用する等の特段の事情のない限り、インターネット上に公開された情報を利用することは合法であるとし、不法行為を構成しないとして、Xの請求を棄却した。

[知財高裁判決]

控訴審において、控訴人Xは、(1) 著作権侵害（YOL見出しの複製権侵害及び公衆送信権侵害、並びにYOL記事の複製権侵害）を理由とする差止請求及び損害賠償請求（使用料相当額480万円）、(2) 不正競争防止法2条1項3号の不正競争行為を理由とする差止請求及び損害賠償請求（使用料相当額480万円）、(3) 不法行為を理由とする差止請求及び損害賠償請求（使用料相当額480万円のほか無形侵害1000万円、弁護士費用1000万円、合計2480万円）の請求をした。

知財高裁4部塚原朋一裁判長は、(1) YOL見出しの著作物性について、おおむね原審と同一の判断をした。

(2)不法行為について、これを肯定し、次のように述べた。

「本件YOL見出しは、控訴人の多大の労力、費用をかけた報道機関としての一連の活動が結実したものといえること、著作権法による保護の下にあるとまでは認められないものの、相応の苦労・工夫により作成されたものであって、簡潔な表現により、それ自体から報道される事件等のニュースの概要について、簡潔な表現により、それ自体から報道される事件等のニュースの概要について一応の理解ができるようになっていること、YOL見出しのみでも有料での取引対象とされるなど独立した価値を有するものとして扱われている実情があることなどに照らせば、YOL見出しは、法的保護に値する利益となり得るものというべきである。」

そう述べた上で、「一方、前認定の事実によれば、被控訴人は、控訴人に無断で、営利の目的をもって、かつ反復継続して、しかも、YOL見出しが作成されて間もない、いわば情報の鮮度が高い時期に、YOL見出し及びYOL記事に依拠して、特段の労力を要することもなくこれらをデッドコピーないし実質的にデッドコピーしてLTリンク見出しを作成し、これらを自らのホームページ上のLT表示部分のみならず、2万サイト程度にも及ぶ設置登録ユーザーのホームページ上のLT表示部分に表示させるなど、実質的にLTリンク見出しを配信しているものであって、このようなライントピックスが控訴人のYOL見出しに関する業務と競合する面があることも否定できないものである。

そうすると、被控訴人のライントピックスサービスとしての一連の行為は、社会的に許容される限度を超えたものであって、控訴人の法的保護に値する利益を違法に侵害したものとして不法行為を構成する。」

**キーワード**：読売新聞社、著作物、ニュース、見出し、複製権侵害、公衆送信権侵害、著作権法、不正競争防止法

**【コメント】**非常に難しい問題であるが、筆者は2審判決を支持したい。

北朝鮮映画事件（最高裁平成23年12月8日判決）で最高裁は、一般不法行為法による補完を否定するような判決を下したため、今後本件知財高裁判決のような判決はでないと思われる。

**参考文献**：前田哲男・著作権判例百選「第4版」10頁
茶園成樹・知財管理56巻7号1063頁
蘆立順美・コピライト521号60頁
奥邨弘司・著作権研究31号81頁

## ● 2005-10

「**録画ネット**」**事件**：日本のテレビ番組をインターネットにより、海外の日本人が視聴できる仕組みが、著作隣接権侵害とされた事例である。
東京地裁平成16年10月7日決定（平成16年（モ）第15793号、判時1895号120頁、判タ1187号335頁）、東京地裁平成17年5月31日決定（判タ1187号335頁）、知財高裁平成17年11月15日決定（平成17年（ラ）第10007号）

海外諸国へ転勤し、その外国で働く日本人は、日本で放映されている日本のテレビ番組をどうしても観たいと思っている。その希望を叶えたいと、Aという事業者が考えた。

A（有限会社エフエービジョン）は、「録画ネット」の名称で、インターネット回線を通じて、テレビ番組の受信・録画機能を有するパソコンを操作して、日本で録画されたファイルを、海外の邦人の自宅等のパソコンに転送できる環境を提供する方法により、海外など遠隔地居住の日本人が日本のテレビ番組を視聴できるサービスを提供しようとした。

サービスとは、次の通りである。

(1) Aが利用者ごとに1台づつ販売したテレビチューナー付きのパソコンを

Aの事務所内に設置し、テレビアンテナを接続するなどして、放送番組を受信可能な状態にする。

(2) 各利用者はインターネットを通じて、テレビパソコンを操作して録画予約し、録画されたファイルを海外の自宅のパソコンへ転送して貰う。

放送事業者（NHKなど）は、Aの行為はNHKなどの放送を複製するもので、放送事業者の有する著作隣接権侵害（放送に係る音又は映像の複製権）（著作権法98条）であるとして、本件サービスによる放送の複製の差止を求める仮処分を求めた。

争点は、次の通り。

1) 放送事業者側の主張。

ア 本件サービスは、専ら利用者に放送番組をその無断複製物により視聴させるものだ。

イ 放送番組の複製は、Aの管理・支配下で行われている。

ウ このサービスで、Aは直接利益を得ている。複製主体は、Aと評価すべきである。

2) Aの主張。

ア 本件サービスは、テレビパソコンの販売とそのハウジングサービス（寄託、インターネット接続、保守）であり、利用者は、自己のパソコンで適法な私的複製（著作権法30条）をしている。

イ 本件サービスにおける放送番組の複製行為は、Aの管理・支配下で行われていない。

ウ Aが得ているのは、テレビパソコンの対価とその保守管理費用で、複製のサービスによる対価でない。要するに、複製主体は利用者であるとした。

東京地方裁判所民事40部頼晋一裁判官は、平成16年10月7日、NHKの請求を認容する仮処分決定をした。

「本件サービスにおける複製は、債務者の強い管理・支配下において行われており、利用者が管理・支配する程度はきわめて弱い」「より具体的にいえば、本件サービスは、解約時にテレビパソコンのハードウエアの返還を受けられる

という点を除き、実質的に、債務者による録画代行サービスと何ら変わりがない。債務者が主張する、テレビパソコンの販売とその保守管理というのは、本件サービスの一部を捉えたものにすぎず、サービス全体の本質とはいえない。」「本件サービスにおいて、複製の主体は債務者であると評価すべきである。」とした。

Aは、この決定に対し異議を申し立てたが、上級審はこの仮処分を認可する決定を行い、東京地裁は平成16年10月7日決定を是認した。カラオケ法理（ア　管理支配の帰属、イ　利用による利益の帰属）によって、A（抗告人）は敗訴した。

**キーワード**：著作隣接権、放送局、テレビ番組、仮処分、カラオケ法理、私的複製、複製主体、著作権法

**【コメント】**この一連の判決は重要なものである。

**参考文献**：相澤英孝「知的財産法判例の動き」(『ジュリスト』1313号) 276頁は、「特定の記録媒体から利用者の機器への送信は公衆送信とはいえないので、記録媒体を管理している者の行為を複製権の侵害とすることによって著作隣接権の効力を及ぼしたものと理解される。」とする。

# 2004年(平成16年)

## ● 2004-1

**ソニーコミュニケーションネットワーク事件**：送信者側プロバイダが、「開示関係役務提供者」に該当するとされ、同プロバイダにより第三者に対し、権利侵害情報を送信した者の住所、氏名の開示請求を認容した事例である。
東京地裁平成16年1月14日判決（平成15年(ワ)第354号発信者情報開示事件、金融・商事判例1196号39頁）

WinMxプログラム（ピア・ツー・ピア方式による電子ファイルの交換をするソフト）における送信側プロバイダが、プロバイダ責任制限法4条1項にいう「開示関係役務提供者」に該当するかどうか争われたが、該当するとして、同プログラムにより、第三者に対し、権利侵害情報を送信した者の住所及び氏名の開示請求を認容した。

原告は、X1、及びX2である。X1らのプライバシーを侵害する情報が第三者の送信要求により、受信可能な状態になった。被告Yは、ソニーコミュニケーションネットワーク株式会社である。

「判決主文」

1，被告は、原告等に対し、平成14年12月27日21時54分ころに、「218,41.21.155」というインターネットプロトコルアドレスを使用して、インターネットに接続していた者に関する氏名および住所を開示せよ。

2，訴訟費用は、被告の負担とする。

キーワード：プロバイダ責任制限法、発信者情報、開示関係役務提供者、ピア・ツー・ピア

【コメント】この判例は、「金融・商事判例」という雑誌に掲載されている。

● 2004-2

**外務省デンバー元総領事肖像写真無断放送事件**：被告Y（日本テレビ）が、原告X作成のウエブサイト掲載のA元デンバー総領事の写真を、X及びAに無断で放送し、Yへの100万円の損害賠償が認められ、複製及び公衆送信が禁止された事件である。
東京地裁平成16年6月11日判決（平成15年（ワ）11889号、判時1898号106頁）

原告Xは、アメリカ合衆国コロラド州デンバー市において、在米邦人向けの日本語新聞を発行する新聞社を経営し、ホームページを開設し、また写真家としても活動している。

被告Y（日本テレビ）は、放送法に基づき、一般放送事業、放送番組の企画、制作、販売等を行う株式会社で、キー局と言われる大放送局である。

Yは、平成13年7月当時、外務省の不祥事に関連する報道の一環として、その制作した報道番組において、原告X作成のウエブサイト上に掲載の、Xの友人である元デンバー総領事であったAの肖像写真を、XおよびAに無断でウエブサイトから採り、放送した。

Xは、Aの肖像写真は著作物であるとし、Xの著作権侵害であるとし、損

害賠償等を求めて訴えた。すなわち、XはYに対し、写真の著作権（著作権法21条の複製権、同23条の公衆送信権）及び著作者人格権（同法19条の氏名表示権、同法20条の同一性性保持権）を侵害されたとして、

1) 4521万円の損害賠償、
2) 上記写真の複製・公衆送信の差止め（同法112条1項）、
3) 上記写真及び上記写真が撮影された録画テープの廃棄（同法112条1項）、
4) 被害回復措置としての謝罪放送及び謝罪広告（同法115条）を求めた。

東京地裁（三村量一裁判長、松岡千帆、大須賀寛之裁判官）は、次のように判断した。

1) 被告が本件著作物（Aの同意を得て撮影されたAの肖像写真）が使用された各番組を、原告Xの同意を得ずに公衆送信する行為は、公衆送信権の侵害である。
2) 侵害による損害額は、キー局となる被告Yが1回公衆送信（放送）し、ネット局である各地方ネットワーク局が同時に公衆送信（放送）するに当たり、5万円を著作権法114条3項の損害額とする。5万円×12回＝60万円
3) 被告Yの公衆送信及び地方ネットワーク局の公衆送信におけるXの著作者人格権（氏名表示権、同一性保持権）侵害による損害額（慰謝料）は、10万円である。
4) 弁護士費用は、30万円である。合計100万円の損害賠償を命じた。
   Aの写真を複製し、又は公衆送信してはならない。原告のその余の請求を棄却する。

キーワード：肖像写真、放送、ホームページ、写真、著作権侵害、著作権法

【コメント】米国在住の原告であるからか4521万円の請求を行った。だが判決は、100万円であった。Aは外務省の一連の汚職事件で懲戒免職になった者である。被告は著作権法41条時事の事件の報道である、との主張をもっと強くすべきであった。

## ● 2004-3

> **ヤフー電子掲示板発信者事件**：インターネット上の掲示板に記載された情報で、名誉、プライバシー、名誉感情を傷つけられたとして、プロバイダ責任制限法により発信者情報開示が認容され、損害賠償請求は棄却された事例。
>
> 東京地裁平成16年11月24日判決（平成15年（ワ）第6540号、判タ1205号265頁）

　原告Xは、田中次郎である。被告Yは、ヤフー株式会社である。

　Yは、電気通信事業法に基づく一般第2種電気通信事業等を行う株式会社で、インターネット上で「Yahoo!掲示板」を設営している。この掲示板に投稿するには、利用者はYに対して、住所氏名と「Yhoo!JAPAN　ID」とパスワードを申告、YからIDが付与されることが必要である。利用者が掲示板に投稿しても、申告した住所氏名は表示されない。IDを取得した利用者は、プロフィールを公開することが可能で、これに本名真実の住所などを公開する必要もない。

　Xは、何者かによって、自己の名前のイニシャルJとXの苗字のローマ字記載を連結した（j.tanaka.仮名）を取得され、同IDを使用してYが提供するサービスの1つ、公開プロフィールに、Xが持っている携帯電話番号が記載され、職業欄に知的障害者、住所欄には、精神病院隔離病棟などと記載され、Yが運営する掲示板にも、同IDを使用して携帯電話番号が書き込まれていた。さらに、他のID（bu）を使用して、掲示板にj.tanakaを侮辱する投稿がなされ、buから自己のIDに侮辱的な電子メールが送付された。

　そこで、Xは、各ID（j.tanaka,bu）を使用して、投稿等を行った者の発信者情報の開示を請求し、Yが、Xから前記投稿等の削除要求を受けながらこれを放置したとして、不法行為に基づく損害賠償請求をした（Yは、1週間後削除した）。

　Yは、電子メールは、プロバイダ責任制限法4条1項の特定電気通信による情報に該当しない、前記投稿の1部は、Y運営の掲示板へのものでない、j.tanakaは、個人として特定できないからXの名誉を毀損をしない、携帯電話番号は一般に公開されていないから、プライバシー侵害は不成立と主張した。

[東京地裁]

民事第5部の長秀之裁判長は、次のように判断した。

1. 本件投稿等及び本件メールは、「特定電気通信による」情報にあたるか、について。
   プロバイダ責任制限法2条1号「特定電気通信」とは、不特定多数の者によって、受信されることを目的とする電気通信をいうから、「投稿」は、特定電気通信に当たるが、電子メールは、当たらない。

2. 各投稿は、いずれもYが運営する掲示板に投稿されたものであり、職業欄に知的障害者、住所欄に精神病院隔離病棟などと記載するのは、Xへの名誉毀損であるとした。

3. 上記掲示板に、個人名、携帯電話の電話番号、またj.tanakaと携帯電話番号を併記したことは、プライバシー侵害に当たるとした。これにより、上記各投稿の発信者情報の開示を命じた。

4. 損害賠償請求については、Yが、Xからの削除請求があってから1週間後に削除しており、遅きに失したと言えない、として棄却した。

「判決主文」

1. 被告は、原告に対し、別紙侵害情報目録記載1の1、1の5の各公開プロフィール並びに同目録記載1の2、1の3の1、1の4の1及び2、1の6、2の1の1、2の1の3ないし6、2の2の2及び3の各投稿に係る者の氏名又は名称、住所、発信者の電子メールアドレス、上記各公開プロフィール及び上記投稿に係るIPアドレス、同IPアドレスを割り当てられた電気通信設備から被告の用いる特定電気通信設備に、上記各公開プロフィール及び上記各投稿が送信された年月日及び時刻の発信者情報を開示せよ。

2. 原告のその余の請求を棄却する。

3. （訴訟費用は省略）

キーワード：ヤフー株式会社、電子掲示板、名誉毀損、プライバシー権侵害、携帯電話、プロバイダ責任制限法

【コメント】電子掲示板への投稿、電子メールは「特定電気通信」に当たるかど

うかの議論は別として、名誉棄損行為が行われたことは確かである。

# 2003年(平成15年)

## ● 2003-1

> **眼科医対電子掲示板事件**：電子掲示板に医療法人の名誉信用を毀損する書き込みがなされ、医療法人が発信者情報の一部を把握している場合に、プロバイダ責任制限法4条の要件が肯定された事例。
> 東京地裁平成15年3月31日判決（平成14年（ワ）第11665号、判時1817号、84頁、金判1168号18頁）

原告は、E眼科という名称で全国に眼科病院を運営する医療法人である。

被告は、インターネット上で、電子掲示板を管理運営する者である。

訴外のAが、平成14年2月16日、ハンドルネームBを名乗って、本件掲示板に、「E眼科のセミナーにいってきた。投稿者B。あのヤロー他院の批判ばかりだよ。Mが裁判かかえてるて。お前のところは、去年3人失明させてるだろうが！」というメッセージを書き込んだ。

原告は、少なくともこの情報により1名の患者が手術取消をし、営業利益を侵害されたこと、平成13年に患者が3人失明した事実はないこと。原告は、訴外Aと面談し、同人の住所氏名を入手したこと。これは、名誉毀損、信用毀損であり、損害賠償請求権を行使するため、発信者情報の開示を求めるとし、「特定電気通信役務提供者の損害賠償責任の制限及び発信者情報の開示に関する法律」（プロバイダ責任制限法）4条の正当な理由があると主張し、被告に開示を求めた。また、原告はすでに訴外Aと面談しているが、Aが、原告と競業関係にある病院を運営する医療法人の理事長が経営する会社の正社員であったことから、医療法人へも損害賠償請求を検討中で、そのため本件発信情報が訴外人の個人のパソコンから発信されたか、勤務先のパソコンからの発信からか知る必要があるとして、発信者情報の開示を求めて訴えた。

[東京地裁判決]

東京地裁民事6部の高橋利文裁判長は、原告(被害者)が発信者情報の一部を

把握し、送信行為自体をおこなった者が特定されているような場合であっても、その余の発信者情報の開示を受けることにより、当該侵害情報を流通過程に置く意思を有していた者、すなわち当該送信行為自体を行った者以外の「発信者」の存在が明らかになる可能性がある、として、発信者情報の開示を受けるべき必要性があるとし、原告の請求を認容した。

**キーワード**：電子掲示板、発信者情報、名誉毀損、信用毀損、医療法人、プロバイダ責任制限法

**【コメント】**平成13年11月22日成立し、平成14年5月27日施行の「特定電気通信役務提供者の損害賠償責任の制限及び発信者情報の開示に関する法律」（平成13年法律第137号）の4条をめぐる初めての裁判例である。動画無断使用事件（東京地裁平成25年10月22日判決(2013-14)）参照。

**参考文献**：長谷部由紀子「プロバイダ責任制限法による開示命令(1)」『別冊ジュリスト』「メディア判例百選」179号230頁

## ● 2003-2

**女流麻雀士対2ちゃんねる事件**：インターネット上の電子掲示板に書き込まれた発言により名誉毀損された者が、その発言の削除を掲示板運営者に求め、削除しなかったことが不法行為とされ、損害賠償が認められ、また、その発言の削除請求が認容され、しかし、当該発言の発信者情報の開示請求は棄却された事例である。

東京地裁平成15年6月25日判決（平成14年（ワ）第13983号、判時1869号46頁）

原告は、日本プロ麻雀連盟所属の20代の未婚のプロ麻雀士である。

被告は、インターネット上で、閲覧及び書き込みが可能な電子掲示板「2ちゃんねる」の開設者、管理運営者である。

平成14年1月、掲示板に、原告について、「整形しすぎ」「年いくつ誤魔化してんの？」「○兄弟（筆者改変）たくさんいるよ」などの書き込みがなされた。

原告は、①原告の名誉を毀損する発言等が書き込まれたのに、被告がこれら発言の送信防止措置を講じる義務を怠り、原告の名誉が毀損されるのを放置

し、原告が損害を被ったなどとして、原告が被告に対し、民法709条に基づき、706万1000円の損害賠償を求め、②プロバイダ責任制限法に基づき、掲示板に原告の名誉を毀損する発言等の書き込みをした者の情報の開示を求めて訴えた。

［東京地裁］
民事24部の大橋寛明裁判長は、次のように判断した。
1, 掲示板への各発言は、名誉毀損にあたる。
2, 被告が当該発言の送信防止措置を講ずる条理上の作為義務を負う。送信防止措置を講じなかったことは作為義務違反で、原告に対して不法行為になる。
3, 被告は、本件発信者の氏名、住所及び電子メールアドレス、発言に係るIPアドレスを保有している証拠はない。従って、原告の本件発信者の情報の開示請求は理由がない。
4, 被告が、発言を削除せず、送信を継続し、原告の名誉を毀損し、名誉感情を侵害した不法行為について、精神的損害を慰藉する賠償金額は、90万円が相当で、弁護士費用10万が相当である、とした。

キーワード：電子掲示板、発信者情報、2ちゃんねる、名誉毀損、名誉感情、プロバイダ責任制限法、民法

【コメント】発信者情報の開示請求は棄却され、当該発言の削除が認められた事例である。

● 2003-3

DHC名誉毀損事件：インターネットの電子掲示板に書き込まれた発言によって、名誉を毀損されたという化粧品会社と、その代表取締役が掲示板の管理運営者に対して求めた当該発言を削除しなかったことを理由とする、不法行為に基づく損害賠償請求が一部認容された事例である。
東京地裁平成15年7月17日判決（平成14年（ワ）第8603号、判時1869号46頁）

原告X1は、化粧品の輸出及び製造販売等を目的とする会社ディーエイチ

シーである。

原告 X2 は、X1 の代表者代表取締役である。

被告 Y は、インターネット上で、閲覧及び書き込みが可能な電子掲示板である本件ホームページを開設し、これを管理運営する者である。

平成 13 年 3 月 12 日から同年 7 月 7 日までの間、本件ホームページに、「私が DHC を辞めた訳」「DHC の苦情！」「DHC の秘密」(以下、本件発言)などが掲載された。

X らは、本件発言は、X2 の人格等を誹謗中傷し、その名誉を毀損する違法な発言で、また、化粧品会社 X1 の品位を貶め、取り扱い商品を誹謗中傷し、その名誉及び信用を毀損する違法な発言であるとして、Y は、(1) X1 に対し 5 億円、(2) X2 に対し 1 億円、(3) 被告 Y は、X1 に対し、2 ちゃんねるにおける別紙 4 発言目録 4 記載と同一の発言の削除をせよ、(4) 被告 Y は、X2 に対し、2 ちゃんねるにおける別紙 3 発言目録記載の発言と同一の発言を削除せよ、と請求し、提訴した。

［東京地裁］
民事 49 部の齋藤隆裁判長は、次のように判決した。
1．被告は、原告 X1 に対し、金 300 万円及びこれに対する平成 14 年 5 月 12 日から支払い済みまで年 5 分の割合による金員を支払え。
2．被告は、原告 X2 に対し、金 100 万円及びこれに対する平成 14 年 5 月 12 日から支払い済みまで年 5 分の割合による金員を支払え。
3．原告らのその余の請求をいずれも棄却する。(4, 以下省略)

キーワード：名誉毀損、電子掲示板、2 ちゃんねる、信用毀損、民法

【コメント】DHC という最近有名になった化粧品会社が、誹謗中傷された事件である。賠償額は比較的高額である。2015-5 参照。

## ● 2003-4

> **パワードコム発信者情報開示事件**：WinMXによるファイル送信は、「特定電気通信」＝（不特定多数の者によって受信されることを目的とする電気通信の送信）に当たり、特定電気通信の始点は、特定電気通信役務提供者でなくてもよいから、本件ファイル送信が「特定電気通信」に該当し、被告（株）パワードコムへ、発信者情報開示が命ぜられた事例である。
> 東京地裁平成15年9月12日判決（平成14年（ワ）第28169号）

原告Xは、ネット上、名誉毀損された者である。

被告Yは、株式会社パワードコムである。

原告Xは、コンピュータプログラムWinMXを利用して行われた方法で、インターネットを経由した情報の流通で、（ユーザー942）という者が、Xのプライバシーを侵害した文章を書いていることを知った。

ユーザー942は、被告Y提供の通信装置を利用し、Yによってインターネットプロトコルが付与され、Yはユーザー942の住所、氏名に関する情報を保有している。

Yは、Xらから本件発信者情報の開示を請求されたので、ユーザー942に対し、開示を問い合わせたところ、「勘弁してもらいたい」と回答した。YはXへ開示しなかった。

Xは、インターネット接続を提供したプロバイダであるYを被告として、発信者の住所氏名の開示を求めて訴えた。

裁判で、WinMXによる電子ファイルの送信が「特定電気通信」か、特定電気通信は特定電気通信役務提供者が始点に立つものである必要があるか、について論ぜられた。

［東京地裁］

民事第38部菅野博之裁判長は、次のように判断した。

1, WinMXによるファイル送信は、プロバイダ責任制限法2条の「特定電気通信」の定義である「不特定の者によって受信されることを目的とする電気通信の送信」に当たる。

2, 特定電気通信は、特定電気通信役務者が、その始点に立つものであるこ

とを要しない。

［判決主文］
1，被告は原告等に対し、平成14年12月6日22時48分ころに「61.204.152.48というインターネットプロトコルアドレスを使用してインターネットに接続していた者の氏名及び住所を開示せよ。
2，訴訟費用は被告の負担とする。

**キーワード**：発信者情報、名誉毀損、プライバシー権侵害、プロバイダ、プロバイダ責任制限法

【コメント】被告が東京地裁平成15年4月24日判決平成14年（ワ）第18428号（羽田タートルサービス事件）を援用したが、東京地裁は別件判決であり、そもそもプロバイダ責任制限法のインターネット適用のない事案で斟酌することはできない、と述べている。ナップ型音楽ファイル交換事件（東京高裁平成17年3月31日判決、東京地裁平成15年1月30日中間判決）は、送信者側コンピュータから受信者側コンピュータに対する電子ファイルの送信において、受信者側ユーザーが、アイディーやインターネットプロトコルアドレスにより特定されていたとしても、送信側ユーザーから見て「不特定の者」に当たる、とする。

プロバイダについては、一般社団法人日本インターネットプロバイダー協会があり、正会員148、賛助会員6という（2015年6月）。なお、堀之内清彦「メディアと著作権」（論創社・2015年）256頁

**参考文献**：森亮二・NBL771号（2003年10月15日）6頁

## ● 2003-5

**弁護士対経由プロバイダPRIN事件**：氏名不詳者により電子掲示板「2ちゃんねる」に名誉毀損の書き込みがなされた弁護士が、プロバイダ責任制限法に基づき、経由プロバイダに対してした発信者情報の開示請求が認容された事例である。

東京地裁平成15年9月17日判決（平成15年（ワ）第3992号、判タ1152号276頁）

原告は、航空旅客手荷物運搬等を行う訴外B会社の顧問を務める弁護士である。

被告は、「PRIN」の名称で、インターネット接続サービス等の通信事業を営む株式会社である。

氏名不詳の本件発信者は、被告にインターネットでアクセスし、ウエブサイト「2ちゃんねる」内の電子掲示板に、「最悪のアルバイト会社　Part 7」という名前のスレッドに対し、原告を中傷する内容の記事（合計11本）を投稿した。

訴外B会社は、「2ちゃんねる」の訴外管理者Cを仮処分で訴えた。B会社のCに対する仮処分命令申立事件は和解となり、和解条項により、Cは本件各記事に関するアクセスログの情報を開示した。しかし、掲示板への投稿は匿名で行えるため、Cは、投稿した者につきIPアドレス以外の情報を保有していない。

原告は、上記アクセスログを被告に提出し、本件発信者の個人情報の開示を求めたが、被告は、拒否した。原告は、本件発信者に対して、名誉毀損の損害賠償請求訴訟をするためには、本件発信者の氏名、住所が必要である。そこで、原告は、被告に対し、本件発信者へインターネット接続を提供していること、被告は、プロバイダ責任制限法4条1項の「開示関係役務提供者」に該当する、とし同項に基づいて、発信者情報の開示を求め提訴した。

[東京地裁]

民事第32部井上哲男裁判長は、「したがって、発信者からウエブサーバーへの情報の送信とウエブサーバーから不特定多数の者への情報の送信を、それぞれ別個独立の通信であると考えるべきではなく、両者は一体不可分であり、全体として1個の通信を構成すると考えるのが相当である。」「両者が一体となって構成された1個の通信は、発信者から不特定多数の者に対する情報の送信にほかならないものであるから、これが『不特定の者によって受信されることを目的とする電気通信』であることは明らかである。」

「発信者からウエブサーバーへの情報の送信は、発信者から不特定多数への情報の送信という『特定電気通信』の一部となると解する。」とする。

経由プロバイダである被告は交換機などの特定電気通信設備を用いて、発信

者と不特定多数の者の間で行われる通信を媒介した者で、「特定電気通信役務提供者」に当たるとした。

　原告は、記事11本について名誉毀損を主張したが、裁判長は、2本は、原告の社会的地位を低下させるものでないとし、次のように判決した。

「主文」
1, 被告は、原告に対し、別紙アクセスログ目録記載1ないし6、同9ないし11の各日時ころにおいて、各IPアドレスを割当てられた電気通信設備を管理する者の氏名及び住所を開示せよ。
2, 原告のその余の請求を棄却する。
3, 訴訟費用は被告の負担とする。

**キーワード**：発信者情報、弁護士、電子掲示板、経由プロバイダ、2ちゃんねる、仮処分、個人情報、プロバイダ責任制限法

**【コメント】**経由プロバイダについて、最高裁平成22年4月8日判決(2010-3)もプロバイダ責任制限法2条3項の「特定電気通信役務提供者」とした。

## ● 2003-6

**「就職情報」著作物事件**：ウエブサイトに掲載の就職情報は、著作物であるとされた事例。
東京地裁平成15年10月22日判決（平成15年（ワ）第3188号、判時1850号123頁）

　原告(エン・ジャパン株式会社)は、株式会社シャンテリーから同社の転職情報に関する広告の作成及びウエブサイトへの送信可能化について注文を受けて、転職情報を作成し、平成15年1月7日から原告が開設するウエブサイトに掲載した。

　被告(イーキャリア株式会社)も、株式会社シャンテリーから、同社の転職情報に関する広告の作成及びウエブサイトへの掲載について注文を受けて、転職情報を作成、平成15年1月8日、被告が開設するウエブサイトに掲載した。掲載時期について争いがある。

　被告Yがインターネット上に開設したウエブサイトに掲載した転職情報に

ついて、これは、原告Xが創作し、そのウエブサイトに掲載した転職情報を無断で複製ないし翻案したものであるとして、Xが著作権（複製権、翻案権、公衆送信権）及び著作者人格権（同一性保持権）の侵害であると主張し、掲載行為の差止及び損害賠償5720万円を求めた。

民事29部飯村敏明裁判長は、原告作成の転職情報について、著作物性を認め、被告が、原告の著作権（複製権、翻案権、送信可能化権）を侵害したとして、1,被告は、原告に対し、金65万円及び平成15年2月27日から支払済みまで年5分の金員の支払を命じ、2,原告のその余の請求をいずれも棄却する、との判決を下した。

**キーワード**：著作物、複製権侵害、翻案権侵害、公衆送信権侵害、送信可能化権侵害、著作権法

**【コメント】**2011年（平成23年）の「データSOS事件」（原告敗訴）のように、同業者の間で広告の文章が同じか酷似とし、著作権侵害事件になるケースが多い。本件は原告勝訴である。（ありふれた文章）でなく、著作物であるという注目すべき判例。

# 2002年（平成14年）

## ● 2002-1

**日経クイック情報事件**：会社が従業員のパソコン等を調査し、入手した個人データを返却せず、多数人に閲覧させた等を理由として、従業員がプライバシー侵害等で会社を訴えたが請求棄却となった事例である。
東京地裁平成14年2月26日判決（平成12年（ワ）第11282号、労判825号50頁）

(1)原告Xは、被告Y1に平成9年10月から平成12年3月1日まで雇用されていた。

被告Y1は、経済情報及び関連情報をコンピュータ処理し、販売を業とする会社。

被告Y2は、Y1の管理部部長。被告Y3は、Y1の経営企画グループ部

長。被告Y4は、同グループ員で社内システム委員会の委員。被告Y5は、Y1の取締役営業第一部長であった者。

Xは、平成10年頃からY1の営業第一部に勤務し、社内システム委員会の委員であった。

平成11年12月上旬頃、営業第2部の訴外AからY1のシステム委員会委員の訴外Bに、平成11年6月頃から、日経新聞社電子メディア局管理部長の訴外Cの名前でAを誹謗中傷する電子メールが複数回送られ迷惑であるという苦情があった。内容は、Aと営業部所属の契約社員訴外Dが接近することを阻止する目的でAを非難するものであった（以下、誹謗中傷メールという）。

(2) Y1が調査したところ、誹謗中傷メールが、Y1の営業部が共有する端末からフリーメールアドレスを使ってAに送信されたこと、同時に共有端末を使用してフリーメールアドレスからXの社内アドレスへ6通の電子メール、Xの個人の電子メールアドレスへ2通の電子メールが送信され、Xの机上の端末を使用して、Xの社内アドレスからフリーメールサーバーに1通の電子メールが送信されていた。

(3) Y1は、平成11年12月17日、Xへ第1回事情聴取を実施した。Xは、誹謗中傷メールの発信者であることを否定した。しかし、調査過程でXの「個人使用」の領域からXの私用メールが多数発見された。Y1は、その一部を印刷、Y1の社長、Y2、Bが閲覧した。

平成12年1月13日、第2回事情聴取が行われ、Xは、誹謗中傷メールの発信者であることを否定した。翌日1月14日、Xは、退職日を3月1日とする退職願をY5へ提出した。同日、Y1は、経営会議を開催し、Xに対し、私用メールが就業規則に該当するとして譴責処分を決定し、1月17日、Xに伝達し、Y1は社員告知板に告知した。Y1は、Y2を通じて1月20日、同月21日から出社停止、同月31日付けで退職するようXへ申し入れたが、Xが抗議し、Xは、3月1日退職した。

(4) Xは、①Y2、Y3、Y5による第1回事情聴取が名誉毀損等に当たる、②Y2、Y3、Y4、Y5によるX使用のパソコン等の調査、その際入手のX

の個人データをその後も返還せず、印刷物にし、閲覧し、多数の者に閲覧させたことは、Xの個人情報に対する所有権及びプライバシーの侵害に当たる、③Y2、Y3、Y4、Y5による第2回事情聴取がXの名誉毀損等に当たる、④Y2、Y5が、Xの退職日を1月31日に繰り上げること及び出社停止を求めたことは、強要、脅迫であるとして、Y2、Y3、Y4、Y5に対して民法709条、719条、Y1に対して民法715条1項、719条に基づいて慰謝料500万円及び弁護士費用50万円の支払いと前記データの交付と削除及び印刷物の交付を請求した。

[民事第11部]
多見谷寿郎裁判官は、「原告の本訴請求は理由がない」として、主文「1、原告の請求をいずれも棄却する。2, 訴訟費用は原告の負担とする。」との判決を下した。

多見谷寿郎裁判官は、次のように判断した。
1, 企業が行う調査及び命令は、企業の円滑な運営上必要かつ合理的なものであること、方法、態様が労働者の人格や自由に対する行過ぎた支配や拘束ではないことを要する。
2, 社内における誹謗中傷メールの送信という企業秩序違反事件の調査を目的とし、その送信者と疑われる合理的理由がある以上、原告に対して事情聴取を行う必要性と合理性が認められる。
3, 2回にわたる事情聴取は、社会的に許容しうる限界を超えて原告の精神的自由を侵害した違法な行為ではない。
4, 原告のメールファイルの点検は、行う必要のあるものであったし、その内容は業務に必要な情報を保存する目的で会社が所有し管理するファイルサーバー上のデータ調査であることから、社会的に許容しうる限界を超えて原告の精神的自由を侵害した違法な行為とはいえない。
5, 処分を相当とする事案に関して、必要な範囲で関係者がその対象となる行為の内容を知ることは当然で、私用メールであっても違法な行為でない。
6, 処分事案に関する調査記録を、削除しないとしても違法でなく、原告が

具体的に必要とする事情が認められない以上、返還義務はない。
7, 会社は、退職の日付けを早めようとしたが、社会的に許容しうる限界を超えて原告の精神的自由を侵害した違法な行為とはいえない。
8, 私用メールは、送信者が文書を考え作成し送信することにより、その間、職務専念義務に違反し、私用で会社の施設を使用する企業秩序違反行為になるだけでなく、私用メールを読ませることにより受信者の就労を阻害し、受信者からの返信メールの求めに応じてメール作成、送信すれば、そのことにより受信者に職務専念義務違反と私用企業施設使用の企業秩序違反を行わせることになる、とした。

**キーワード**：誹謗中傷、私用メール、名誉毀損、プライバシー権侵害、所有権侵害、企業秩序、就業規則、労働法、民法

**【コメント】** この判決には、異論もあると思われる。

**参考文献**：砂押以久子・労働判例 827 号 29 頁
http://www.zenkiren.com/jinji/syoshi/07916.htm

## ● 2002-2

「mp3.co.jp」事件：MP3（音声圧縮技術の国際規格）形式で配信サービスを行うアメリカ合衆国法人に対して、「mp3.co.jp」ドメインをもつ原告が不正競争防止法 3 条 1 項に基づく使用差止請求権を有しない、「不正競争行為」に当たらないとの判決を得た事例である。

東京地裁平成 14 年 7 月 15 日判決（平成 13 年（ワ）第 12318 号、判時 1796 号 145 頁）

MP3 は、MPEG（動画や音声を圧縮・伸張する規格）によって策定された音声圧縮規格の 1 つで、音声圧縮の国際規格を意味する普通名詞である。

原告 X（有限会社システム・ケイジェイ）（代表取締役 李知娟）は、パソコン周辺機器の開発、輸入、販売等を目的とする会社で、平成 11 年 7 月、（社）日本ネットワークインフォメーションセンター（JPNIC）へ、ドメイン名「mp3.co.jp」を登録した。

被告 Y（エムピー 3・ドット・コム・インコーポレイテッド）は、アメリカ合

衆国において設立され、「mp3.com」の営業表示及び標章を用い、MP3形式によって圧縮処理した音声データを、インターネットを通じて配信するサービスを行う会社で、世界的に著名である。日本へ進出したYは、平成13年3月5日、日本知的財産仲裁センターに対し、Xを相手方に、原告ドメイン名を被告へ移転登録するよう紛争処理の申立をした。仲裁センター紛争処理パネルは、平成13年5月29日、原告ドメイン名を被告へ移転すべき旨の裁定をした。

原告Xは、Yを相手方として、「ドメイン名『MP3.CO.JP』について、不正競争防止法3条1項に基づく使用差止請求権を有しないことを確認する。」旨の訴訟を提起した。裁判では、Xの行為は、不正競争防止法2条1項12号(「不正の利益を得る目的で、又は他人に損害を加える目的で、他人の特定商品表示」「と同一若しくは類似のドメイン名を使用する権利を取得し、若しくは保有し、又はそのドメイン名を使用する行為」)に当たるか、であった。Yは、Xがドメイン名を全く利用していないこと、Yの顧客吸引力等を利用する意図があること、Xのサイトが不正確な情報を掲示し、Yの名誉を毀損していると主張した。

東京地裁民事29部飯村敏明裁判長は、Xに「不正の利益を得る目的」も「他人に損害を加える目的」もなかったとし、不正競争防止法2条1項12号所定の不正競争行為にあたらないとして、原告の請求どおり、被告は、原告に対し、ドメイン名『MP3.CO.JP』について、不正競争防止法3条1項に基づく使用差止請求権を有しないことを確認する。」とした。

**キーワード**：不正競争防止法、不正競争行為、ドメイン、日本知的財産仲裁センター、日本ネットワークインフォメーションセンター、JPNIC、MP3

**【コメント】**ドメイン名が、原則として先着順であること、登録に際し、実質的な内容に立ち入った審査はないため、そのドメイン名を取得した者よりも、そのドメイン名がもっと相応しい企業等は多いと思われる。平成13年の改正不正競争防止法が対応し、これを適用した判例である。2001-1、2001-5参照。

**参考文献**：松尾和子・佐藤恵太「ドメインネーム紛争」弘文堂・2001年

## ● 2002-3

> **ホテル・ジャンキーズ事件**：被告が、インターネットの掲示板への書き込みをした者の著作権を侵害したことは認められたが、2審で賠償額が減額された事例である。
> 東京地裁平成14年4月15日判決（平成13年（ワ）第22066号、判時1792号129頁）、東京高裁平成14年10月29日判決（平成14年（ネ）第2887号、第4580号）

Y1（株式会社森拓之事務所）は、情報産業に関連する事業を営む会社で、「ホテル・ジャンキーズ」というホームページを設置、管理し、掲示板を設置し、書き込みをさせていた。

Y2は、ホテルに関する執筆活動をしているジャーナリストで、Y1の取締役である。

Y3（株式会社光文社）は、図書、雑誌の出版を業とする株式会社で、Y1、Y2が執筆した書籍を出版、販売、頒布し、その宣伝広告をしている。

原告X1から原告X11までの11人は、Y1のホームページに文章を書き込んだ。被告らは、原告の文章を複製したとし、この行為は、著作権侵害であるとして、書籍の出版の中止を求め、また被告らに、X1らは13万円から40万円までの損害賠償請求をした。

［東京地裁］

民事29部飯村敏明裁判長は、原告の書き込みに著作物性を認め、被告らが複製権侵害をしたとした。被告Y3の過失を認定し、次の判決を下した。

1, 書籍の出版、発行、販売、頒布、頒布のための広告及び宣伝の禁止。
2, Y3（光文社）は、書籍並びにこれに関する印刷用紙型、亜鉛版、印刷用原板（フィルムを含む）の破棄。
3, 被告らは、連帯して、X1、X2に対して10万3300円、X10に対して10万7700円、X4に対して10万8800円、X7に対して13万7400円、X8に対して10万2200円、X3に対して11万7600円、X6に対して10万2200円、X5に10万1100円、X9に対し10万3300円、X11に対して5万2200円の支払いを命じた。

[東京高裁]

Yらは控訴し、インターネットの特質を主張し、インターネットの書き込みの著作物性の基準は、厳密な基準にすべし、と主張した。

民事第6部山下和明裁判長は、「創作性の高いものについては、少々表現に改変を加えても複製行為と評価すべき場合がある」「創作性の低いものについては、複製行為と評価できるのはいわゆるデッドコピーについてのみ」で、「少し表現が変えられれば、もはや複製行為とは評価できない場合がある」というように、「著作物性の判断に当たっては、これを広く認めた上で、表現者以外の者の行為に対する評価において、表現内容に応じて著作権法上の保護を受け得るか否かを判断する手法をとることが、できうる限り恣意を廃し、判断の客観性を保つという観点から妥当」とする。

原判決では、各記述について、一部分が省略された形で転載されているため、転載された部分毎に分けてそれぞれについて著作物性の判断をし、一部分についてその著作物性を否定したが、「著作物性の有無の判断は、まず、これらそれぞれの記述全体について行われるべきである」とし、全体として一個の転載行為がなされた「原告各記述部分は、それ自体としてみても、原判決が著作物性を否定した部分を含め、いずれも程度の差はあれ、記述者の個性が発揮されていると評価することができるから、著作物性を認めるのが相当である。この点において、当裁判所は、原判決と判断を異にする。」とし、判決した。

「判決主文」

一、原判決中、金員請求に関する部分(主文3、4項)を次の通りに変更する。

1, 控訴人らは、連帯して、被控訴人X3に対し5500円、被控訴人X11に対し1100円、被控訴人X5に対し1100円、被控訴人X9に対し1万2100円、被控訴人X9に対し2200円、被控訴人X4に対し8800円、被控訴人X12に対し2200円及びこれらに対する平成13年10月26日から各支払い済みまで年5分の割合による金員を支払え。

2, 被控訴人X2、同X7、同X6、同X10の各請求及び被控訴人X3、同X11、同X5、同X9、同X9、同X4、同X11のその余の請求をいずれも棄却する。

二、その余の本件控訴及びその余の本件附帯控訴をいずれも棄却する。

三、（省略）、四、（省略）

**キーワード**：著作物、複製権侵害、電子掲示板、著作権法

**【コメント】** ネットの文章を紙媒体にしたところ、著作権侵害に問われた事件である。

**参考文献**：光野文子・時の法令 1678 号 48 頁
上野達弘・別冊ジュリスト 179 号「メディア判例百選」238 頁(2005 年)

● **2002-4**

**動物病院対電子掲示板事件**：名誉毀損の書き込みを放置した管理者責任が問われた事件である。
東京地裁平成 14 年 6 月 26 日判決（判時 1810 号 78 頁）、東京高裁平成 14 年 12 月 25 日判決（平成 14 年(ネ)第 4083 号、判時 1816 号 52 頁）

原告 X1（動物病院）および原告 X2（同院院長）は、被告 Y が設置しているインターネット上の無料電子掲示板「Y2 ちゃんねる」の「ペット大好き掲示板」に、X1 を「悪徳病院」として批判、非難する発言が書き込まれていることを知った。

X2 は、名誉毀損発言の箇所を削除するよう求めたが、インターネットに不馴れなため、所定の削除依頼の方法に従っておらず、一部の削除にとどまった。

X1、X2 は、平成 13 年 1 月、訴訟を起こし、掲示板に X らの名誉毀損発言が掲載されたにもかかわらず、Y がこれらを削除するなどの義務を怠り、X らの名誉が毀損されるのを放置したことにより、X1 及び X2 らそれぞれに対し、不法行為に基づき、損害賠償 250 万円を支払うよう、また、掲示板の名誉毀損発言の削除を求めた。

［東京地裁判決］

原告の請求のうち、損害賠償金額の一部を認容し、名誉毀損発言の削除を命じ、X 側が勝訴した。「Y は、遅くとも本件掲示板において他人の名誉を毀損する発言がなされていることを知り、又は、知り得た場合には、直ちに削除するなどの措置を講ずべき条理上の義務を負っているものというべきである」と述べ、Y が、書き込まれた各発言を具体的に知っていたにもかかわらず、削除

するなどの措置を講じなかったことから、Yの作為義務違反を認め、Xらへそれぞれ、200万円支払うことと、掲示板上の発言番号を特定し、その部分を削除するよう命じた。

[東京高裁判決]

Yは、控訴した。

控訴審は、それぞれ200万円、合計400万円の損害賠償及び特定した掲示板上の発言の削除を命じる1審判決を支持し、控訴を棄却した。控訴審は、次の点を指摘した。

本件掲示板で被害を受けた者が、その発言者を特定し、その責任を追及することは事実上不可能で、本件掲示板に書き込まれた発言を削除しうるのは、本件掲示板を開設し、これを管理運営する控訴人のみである。控訴人は、本件掲示板に他人の権利を侵害する発言が書き込まれないようにするとともに、書き込まれたときには、被害者の被害が拡大しないようするため、直ちにこれを削除する義務がある。「被害者自らが発言者に対して被害回復の措置を講じ得ないような本件掲示板を開設し、管理運営している以上、その開設者たる控訴人自身が被害の発生を防止すべき責任を負うのはやむを得ない。」と。また、名誉毀損の要件である公共性、公益目的、真実性・相当性について、1審同様、被害者の相手方が主張立証すべきであるとした。

キーワード：電子掲示板、2ちゃんねる、名誉毀損、削除義務、民法

【コメント】この控訴審判決は、プロバイダ責任制限法（平成13年11月30日法137号）が制定施行前に出された。

参考文献：新保史生・別冊ジュリスト179号「メディア判例百選」228頁（2005年）
潮見佳男・コピライト499号27頁
町村泰貴・判タ1104号85頁。同・NBL742号6頁。同・2ちゃんねる動物病院事件（第1審判決）・（岡村久道編「サイバー判例解説」42頁）。同・2ちゃんねる動物病院事件（控訴審判決）・（岡村久道編「サイバー判例解説」58頁）

# 2001年(平成13年)

### ● 2001-1

**ジェイフォン事件**：著名な営業表示を含むドメイン名の使用を、不正競争防止法2条1項2号に基づいて、差し止め及び損害賠償を求め、いずれも認められた事例である。
東京地裁平成13年4月24日判決(平成12年(ワ)第3545号、判時1755号43頁)

原告X(ジェイフォン東日本株式会社)は、携帯電話による通信サービスを主たる目的とする会社で、グループ企業8社とともに、平成9年2月頃から、「J-PHONE」というサービス名称を使用している。

被告Y(株式会社大行通商)は、水産物、海産物及び食品等の輸入販売を主たる目的とする株式会社である。

Yは、平成9年8月29日、社団法人日本ネットワークインフォメーションセンター(JPNIC)から、「j-phone.co.jp」のドメイン名(以下、本件ドメイン名)の割り当てを受け、「http://www.j-phone.co.jp」のアドレスにおいて、ウエブサイトを開設し、そこにおいて、「J-PHONE」「ジェイフォン」「J-フォン」を横書きにした表示(以下、本件表示)をし、レッスンビデオ、携帯電話機、酵母食品等の販売を行っていた。

Xは、Yに対して、1, 本件ドメイン名の使用の禁止、2, インターネット上のアドレスにおいて開設するウエブサイトから、本件表示を削除すること、及び3, 損害賠償950万円を求めて訴えた。根拠は、不正競争防止法2条1項1号、2号である。

[東京地裁]
民事46部の三村量一裁判長は、次のように判断した。
1, 被告Yの本件ドメイン名の使用は、不正競争防止法2条1項1号、2号にいう「商品等表示」の使用に該当する。
2, 「J-PHONE」の本件サービス名称は、同法2条1項2号にいう「著名な商品等表示」である。

3, Yに対し、Xが本件ドメイン名及び本件表示の使用の差し止め、本件ウエブサイトからの本件表示の抹消を求める請求は理由がある。

4, 被告Yは、本件ウエブサイト内で、いわゆる大人の玩具販売広告、特定企業を誹謗中傷する文章等の表示をし、原告Xの信用毀損行為を故意に行った。

その損害額は200万円、弁護士費用100万円である。

「判決主文」

1, 被告は、その営業に関し、別紙目録記載の表示及び「j-phone.co.jp」のドメイン名を使用してはならない。

2, 被告は、インターネット上のアドレス「http://www.j-phone.co.jp」において開設するウエブサイトから、別紙目録記載の表示を抹消せよ。

3, 被告は原告に対し、300万円及びこれに対する平成12年4月24日から支払い済みまで年5分の割合による金員を支払え。

(4, 5, 6) 省略。

キーワード：携帯電話、ドメイン、信用毀損、不正競争防止法、日本ネットワークインフォメーションセンター

【コメント】原告の損害額200万円、弁護士費用100万円が注目される。ジャックス事件（名古屋高裁金沢支部平成13年9月10日判決、富山地裁平成12年12月6日判決）参照。

● 2001-2

> アルファネット事件（刑事）：被告人がわいせつな画像データを記憶、蔵置させたホストコンピュータのハードディスクは、刑法175条のわいせつ物に当たる、とした刑事判例である。
>
> 京都地裁平成9年9月24日判決（平成7年(わ)第820号、判時1638号160頁）、大阪高裁平成11年8月26日判決（平成9年(う)第1052号、判時1692号148頁、高刑集52巻42頁）、最高裁平成13年7月16日判決（平成11年(あ)第1221号、判時1762号150頁、刑集55巻5号317頁）

自らパソコン通信「アルファネット」を開設、運営していた被告人は、ホスト

コンピュータのハードディスクにわいせつな画像データを記憶、蔵置させて、不特定多数の会員が自己のパソコンを操作して、電話回線を通じホストコンピュータにアクセスして、わいせつな画像データをダウンロードし、画像表示ソフトを使用してパソコン画面にわいせつな画像を現出させ、これを観覧することができる状態にした。

1審及び2審は、会員の再生閲覧を可能な状態に設定したことが、「公然陳列」に当たるとして、刑法175条の公然陳列罪にあたるとした。

被告人は上告し、会員が再生閲覧するのは、自分のパソコンにダウンロードされたわいせつな画像データで、ホストコンピュータに記憶蔵置された画像データは不可視なままで、わいせつ性は顕在化しておらず、わいせつ物公然陳列罪は成立しない、と主張した。

最高裁第3小法廷(奥田昌道裁判長、千種秀夫、金谷利廣、濱田邦夫裁判官)は、被告人がわいせつな画像データを記憶、蔵置させたホストコンピュータのハードディスクは、刑法175条のわいせつ物に当たるとした。同条のわいせつ物を「公然と陳列した」とは、その物のわいせつな内容を不特定又は多数の者が認識できる状態に置くことをいうとした。

原判決は、同旨の判断をしているとして、上告を棄却した。

キーワード：わいせつ、公然陳列、刑法

【コメント】この結論は、正しいと思う。

参考文献：園田寿「ダウンロードとわいせつ物陳列罪」『別冊ジュリスト・メディア判例百選』(№179)(2005年12月)242頁

● 2001-3

**本と雑誌のフォーラム事件**：ニフティサーブ「本と雑誌のフォーラム」での名誉毀損事件である。
東京地裁平成13年8月27日判決(平成11年(ワ)第2404号、判時1778号90頁、判タ1086号181頁)

Yは、インターネット上の電子掲示板の運営会社。

Xは、Yが提供するニフティサーブの会員として、「本と雑誌のフォーラム」

において、ID番号とハンドル名で意見表明をしていた。匿名で参加してきたAの第三者宛コメントに対し、Xが「私に対する個人的侮辱だ」と発言し、Aが「やれやれ、妄想系ばっかりかい、この会議室は(笑)?」と応じ、言論による20通の書き込みの応酬がつづいた。

Xは、Yに対し、1)YがAの不法行為に対し適切な措置をとらなかったため、Xが精神的苦痛を被ったとして、債務不履行ないし不法行為により損害賠償を請求し、2)Yが発信者Aの契約者情報(氏名、住所)の情報を開示せず、Xの名誉権回復を妨害しているとして、人格権による差止請求権及び不法行為に基づく妨害排除請求権を根拠に、Aの契約者情報(氏名、住所)を請求した。

[東京地裁判決]

原告の請求を棄却した。

(1) 言論による侵害に対し、言論で対抗するというのが表現の自由の基本原理であり、被害者が加害者へ十分な反論をし、それが功を奏した場合、被害者の社会的評価は低下していないから、このような場合、不法行為責任を認めることは、表現の自由を萎縮させるおそれがあり、相当と言えない。

(2) 本件において、「会員であれば、自由に発言することが可能であるから、被害者が、加害者に対し、必要かつ十分な反論をすることが容易な媒体であると認められる。」
「被害者の反論が十分な効果を挙げているとみられるような場合には、社会的評価が低下する危険性が認められず、名誉ないし名誉感情毀損は成立しない。」

(3) 「被害者が、加害者に対し、相当性を欠く発言をし、それに誘発される形で、加害者が、被害者に対し、問題となる発言をしたような場合には、その発言が、対抗言論として許された範囲内のものと認められる限り、違法性を欠く。」

(4) 「Aは、Xに対し、不法行為責任を負わない。よって、Aに不法行為が成立することを前提としたXのYに対する本件請求は」「理由がない。」

**キーワード**：電子掲示板、言論の応酬、名誉毀損、名誉感情、対抗言論、表

現の自由、ニフティサーブ、民法

**【コメント】**書き込みがXの挑発的発言に対する反論、対抗的言論で許されるという法理から、不法行為(名誉毀損)にならないとした点が興味を引く。

**参考文献：**山口成樹・別冊ジュリスト179号「メディア判例百選」226頁(2005年)
　　大須賀寛之・ニフティサーブ「本と雑誌のフォーラム」事件・(岡村久道編「サイバー判例解説」96頁)
　　参考:http://www.law.co.jp/cases/fbook2.htm

## ● 2001-4

> **現代思想フォーラム事件：**パソコン通信の電子会議室における発言が名誉毀損とされ、50万円の支払いを命じられたが、会議室主宰者とシステムオペレーターは、発言削除義務違反等の責任がなく、損害賠償を負わなかった事例である。
>
> 東京地裁平成9年5月26日判決（判時1610号22頁）、東京高裁平成13年9月5日判決（平成9年(ネ)第2631号・第2633号・第2668号・第5633号、判タ1088号94頁、判時1786号80頁）

　パソコン通信ニフティサーブの主宰者Y1(被告・控訴人)は、ニフティサーブ上に、「現代思想フォーラム」を開設し、Y2(被告・控訴人)をシステムオペレーター(以下、シスオペ)にし、その管理運営に当たらせていた。X(原告・被控訴人)及びY3(被告・控訴人)は、ニフティサーブの会員である。平成5年11月から平成6年3月にかけて、Y3は、Xが名誉毀損等に当たると主張する発言を書き込んだ。

　シスオペのY2は、問題点を指摘したが、削除はしなかった。その後、平成6年2月15日、Y2は、Xの訴訟代理人から発言番号を特定し、削除要請を受けたため削除した。

　同年4月、Xは、1) Y3に対し、名誉毀損等の不法行為に基づき、2) Y2に対し、名誉毀損等の発言を直ちに削除する作為義務の懈怠による名誉毀損を放置した不法行為に対し、3) Y1に対しては、Y2の使用者責任等の債務不履行責任に基づき、各自1,000万円及びこれに対する遅延損害金の支払い及び謝罪広告を求め、訴訟になった。

［東京地裁］

Y3 の発言は名誉毀損に当たる、Y2 は、本件各発言を知ったときから条理上の削除義務を負うとし、本件各発言の一部につき削除義務を怠った過失があるとし、Y1 は使用者責任を負うとし、Y らについて各自 10 万円、Y3 についてはさらに 40 万円の支払いを命じ、謝罪広告掲載要求は棄却した。

［東京高裁］

控訴審は、Y3 の発言の一部が、名誉毀損・侮辱に当たると認め、Y3 へは 50 万円の支払いを命じた。Y2 及び Y1 については、発言削除義務違反等の責任が認められないとし、原判決を取り消して、Y2、Y1 に対する X の請求を棄却した。

キーワード：電子掲示板、名誉毀損、侮辱、削除義務、条理上の削除義務、民法

【コメント】地裁と高裁の意見が異なる点が興味を引く。

参考文献：橋本佳幸・判例時報 1809 号 178 頁（判例評論 530 号 16 頁）
　　大谷和子・ニフティーサーブ「現代思想フォーラム」事件・（岡村久道編「サイバー判例解説」98 頁）
　　西土彰一郎・別冊ジュリスト 179 号「メディア判例百選」224 頁（2005 年）
　　牧野二郎「ネット関連訴訟の現状について」自由と正義 2002 年 6 月号 68 頁
　　参考：http://www.law.co.jp/cases/gendai2.htm

## ● 2001-5

**ジャックス事件**：著名な営業表示と類似の部分を含むドメイン名の使用を、不正競争防止法 2 条 1 項 2 号に基づいて差し止めた事例である。
富山地裁平成 12 年 12 月 6 日判決（平成 10 年（ワ）第 323 号、判時 1734 号 3 頁）、名古屋高裁金沢支部平成 13 年 9 月 10 日判決

原告は、株式会社ジャックスといい、割賦購入斡旋等を主たる事業とする会社で、英文では「JACCS CO.LTD.」と表記している。肉太のアルファベットである JACCS を、指定役務「36　債務の保証、金銭債権の取得及び譲渡…」で、スリムな書体のアルファベットで、指定役務「35　広告用具の貸与…」、「38　電話機・ファクシミリその他の通信機器の貸与…」「42　電子計算機のプログ

ラム設計・作成または保守。電子計算機の貸与」についてそれぞれ、商標登録を受けている。1部上場の会社である。

被告は、有限会社日本海パクトで、簡易組み立てトレイの販売及びリース等を事業とする有限会社である。

平成10年5月26日、被告は、社団法人日本ネットワークインフォメーションセンター（JPNIC）から、「http://www.jaccs.co.jp」というドメイン名の割り当てを受け登録した。同年9月からホームページを開設し、「ようこそJACCSのホームページへ」というタイトルで、「取扱商品」等を表示し、そのリンク先に被告の扱う簡易組立トイレや携帯電話などの商品の販売広告をし、のち、ホームページのJACCSの下に、「ジェイエイシーシーエス」と振り仮名をつけた。

原告は、不正競争防止法2条1項1号及び2号を根拠に、被告に対し、1, ホームページによる営業活動に「JACCS」の表示を使用しないこと、2, 被告は、社団法人日本ネットワークインフォメーションセンター（JPNIC）、平成10年5月26日受付の「http://www.jaccs.co.jp」を使用しないこと、を求めて訴訟を提起した。

［富山地裁］

民事部徳永幸蔵裁判長は、不正競争防止法2条1項2号に当たるとして、原告の請求を全て認容した。

［名古屋高裁金沢支部］

控訴を棄却した。「本件ドメイン名」を「jaccs.co.jp」を略称するものとした。控訴審で、原告は付帯控訴により「http://www.」を除いた「jaccs.co.jp」の差止めを求めるよう、請求の趣旨を変更、高裁は認めた。

キーワード：ドメイン、著名な営業表示、商標登録、不正競争防止法、日本ネットワークインフォメーションセンター

【コメント】2001-1 東京地裁平成13年4月24日判決、ジェイフォン事件参照。

参考文献：満田重昭・判例時報1764号184頁（判例評論515号30頁）
　土肥一史・法律のひろば2001年5月号
　土肥一史・発明2001年10月号
　岡村久道・NBL706号14頁、同707号54頁

桐原和典・CIPIC ジャーナル 109 号（2001 年 2 月号）44 頁
小野昌延・芹田幸子「ジャックス事件」（岡村久道編「サイバー法判例解説」（商事法務・2003 年）14 頁

## ● 2001-6

> **迷惑メール仮処分事件**：携帯電話利用者あてに「迷惑メール」を無差別に送信する業者に対し、その送信行為の差止めが認められた事例である。
> 横浜地裁平成 13 年 10 月 29 日決定（平成 13 年（ヨ）第 560 号）

仮処分命令の申立事件であるため、原告、被告でなく、債権者、債務者である。

債権者 X は、第 1 種電気通信事業者である株式会社エヌ・ティ・ティ・ドコモ。

債務者 Y は、情報処理及び情報提供の各サービス業、移動体通信機器の販売等を目的として平成 10 年 9 月 11 日設立の有限会社グローバルネットワークであるが、平成 13 年 9 月 4 日、社員総会の決議で解散、清算人菊池越を代表者とする清算法人である。

X は、i モードの名前のパケット通信サービスを提供する義務を負っている。

Y は、X のパケット通信サービス契約者を、不特定多数の男女の交際の仲介をする「出会い系サイト」というインターネットサイトの紹介を内容とする電子メール（本件メール）に勧誘するとともに、同契約者をして、有料インターネットにアクセスさせることにより収益を図ることを計画した。

Y は、本件電子メールを発信する際に、宛先となる電子メールアドレス（090 に 8 桁の数字を付したものに続けて @dokomo.ne.jp）の 8 桁の数字部分にランダムな数字を当てはめる等の方法で、遅くとも平成 13 年 5 月、不特定多数の同サービス契約者宛ての電子メールアドレス及び同サービス契約者の存在しない多数の架空の電子メールアドレス宛てに、本件電子メールを大量かつ継続的に送信した。

この、Y の大量かつ継続的な本件電子メールの送信行為等に起因し、X の電気通信設備等に機能障害が生じた。

そこで、Xは、Yに対して、送信行為の中止とその旨の誓約書の提出を求めたが、Yは、依然として本件電子メールを大量かつ継続的に送信し続けた。

Xは、Xの電気通信設備に対する所有権侵害を理由に、Yの送信行為の差止を求める仮処分の申立を行った。

［横浜地裁］
民事9部は、X請求を認容し、次の決定をした。
「主文」
1．債務者は、この決定送達の日から1年間、宛先となる電子メールアドレス（「090」に8桁の数字を付したものに続けて「@dokomo.ne.jp」を付したもの）の8桁の数字部分にランダムな数字を当てはめる等の方法により、債権者の所有する電気通信設備を利用して行われるパケット通信サービスを通じて、同サービスの契約者の存在しない多数の電子メールアドレス（「090」に8桁の数字を付したものに続けて「@dokomo.ne.jp」を付したもの）宛てに、営利目的の電子メールを送信する等して、債権者の所有する電気通信設備の機能の低下もしくは停止をもたらすような行為をしてはならない。
2．（省略）

**キーワード**：出会い系サイト、仮処分、所有権侵害、迷惑メール、NTTドコモ、民法
【コメント】この決定は、当然である。

● 2001-7

**速読本舗事件**：書籍の要約文を掲載するウエブサイトは、許されるか。
東京地裁平成13年12月3日判決（平成13年（ワ）第22067号、判時1768号116頁）

平成8年頃、Y（有限会社コメットハンター、本社福井市）は、インターネット・プロバイダAとサーバースペース提供に関する契約を締結し、Yのホームページを開設、そこに、ビジネス書の要約文を紹介するサイト「速読本舗」を置いた。

Yは、毎月4冊のビジネス書を選び、その要約文を作成し、会費を支払った個人、法人の会員に、メールサービスによって書籍要約文を送信した。また、毎月前記4冊のうちの1冊の書籍要約文をホームページ上に無料で公開し、新規にこのサービスに加入する会員を募集した。

Yは、要約した書籍の著者には全く無断で、報酬も支払わず、連絡もしなかった。

江口克彦、竹村健一、田原総一朗ら9名の著名な評論家、文化人、経営者である書籍の著者X1～X9らが原告となって、Yに対し、複製権、翻案権、公衆送信権、送信可能化権及び著作者人格権(同一性保持権)を侵害するものとして、その差止めと損害賠償を請求して訴えた。X1らは、インターネット・プロバイダAへも著作権侵害で訴えた。

［東京地裁］

被告Yは、答弁書、準備書面を提出せず、口頭弁論期日にも出頭しなかった。民事29部飯村敏明裁判長は、Yが請求原因事実を認め、自白(民事訴訟法159条、179条)したものとみなし、原告の請求をすべて認容したものとした。

「判決主文」
1. 被告は別紙書籍要約文を自動公衆送信又は自動公衆送信可能化してはならない。
2. 被告は、被告の開設するウエブサイトから別紙各書籍要約文を削除せよ。
3. 被告は、各原告に対し、それぞれ金110万円(うち10万円は弁護士費用)及びこれに対する平成13年10月28日から各支払済みまで年5分の金員を支払え。

なお、Xらは、Aの行為も著作権侵害であると主張、Aに対し差止及び損害賠償を求めたが、XA間で、裁判上の和解が成立した(和解条項は判時1768号118頁に掲載。)

キーワード：要約、複製権、翻案権、公衆送信権、送信可能化権、著作者人格権、著作権法、ウエブサイト

【コメント】被告は、著者、出版社の承諾をとり掲載を行うか、被告が読み、褒めるなり、批判するなりして、文章を前後に書き、「引用」の形式で試み

る方法があった。

**参考文献**：山本順一「速読本舗事件」「サイバー法判例解説」(商事法務・2003年)26頁

## ● 2001-8

**外資企業私用メール事件**：外資系企業の従業員の私用メール、セクハラ、パワハラの紛争事件である。
東京地裁平成13年12月3日判決(平成12年(ワ)第12081号、第16791号(反訴請求)、労判826号76頁、労経速報1814号3頁)

(1) 原告(反訴被告)X1は、甲野A子で、平成9年10月からF株式会社Z事業部に勤務している。事件当時、Z事業部営業部長Dの直属アシスタントである。

原告(反訴被告)X2は、甲野B夫で、X1の夫である。

被告(反訴原告)Yは、乙川C男で、他社を退職後、平成11年4月、F株式会社に入社し、5月取締役に就任、平成12年11月までZ事業部の事業部長である。

(2) Yは、平成12年2月中旬、X1へ、「仕事や上司の話など聞きたい」といって、飲食の誘いの電子メールを送っていた。平成12年3月1日、X1は、この勧誘のメールを快く思わず、むしろ反感をいだき、Yを批判する内容のメール「(Yは)細かい上に女性同士の人間関係にまで口を出す」といったメールを、夫であるX2へ送信するつもりで、操作を誤り、Yあてに送ってしまった。Yはこれを読み、X1及び訴外のX1の友人Eの電子メールを監視しはじめた。F社では電子メールアドレスが公開され、パスワードも各自の氏名で構成されていたため、Yは、監視でき、YをセクシュアルハラスメントⅠ行為で告発しようとするX1らの動きを知った。同年3月6日、X1がパスワードを変更したため、Yは、F社のIT部にX1及びE宛ての電子メールをY宛てに自動送信するよう依頼し、その後、この方法で監視した。

(3) 同年3月2日までに、夫であるX2は、YがX1にホテルへの誘いかけをしたこと、宴会の場で抱きつき行為をしたこと、頻繁な飲食の誘いか

けをしたこと等の行為を指摘し、Yをセクシュアル・ハラスメント行為で告発することも辞さないという警告の電子メール（以下、警告メール）を作成し、X1へ送信した。この動きを知ったYは、飲食の誘いは、個人的な付き合いを意図したものではなかったこと、誤送信メールはなかったことにするという内容の電子メールをX1へ送信し、口頭でも同様のことをX1へ述べた。

(4) 同月7日、X2はYへ、X1、X2の代理人を明示した警告メールを送信した。同月9日、YはX1の直属上司Dを呼び出し、警告メール作成に協力したのでないかと詰問し、Dは否定した。Dは、このことをX1、X2へ知らせた。Yは、これらの状況をX1の電子メール監視で把握した。

(5) 同月22日、Yは、X1を多摩川工場の事務要員に配置転換することを検討中であるとDへ伝えた。Dから知らされたX1は、代理人へ連絡を取って欲しいと、X2へ電子メールで伝えた。Yは、X1の電子メールを監視していたからこれを知り、未決定の人事を直接本人に伝えたDに不信感をもった。

(6) 同年4月7日、X1X2らの代理人は、Yへセクシャル・ハラスメント行為を行っているとして、書面で回答を求める趣旨の内容証明郵便を出した。X1への配置転換はなかった。同年5月、Dは、Z事業部アジア総括責任者Fへ以上の状況を伝えたが、FはYを支持し、のち（同年12月27日）、Dは営業部長から降格処分を受けた。

(7) 同年6月14日、X1がYからセクシャル・ハラスメント行為を受けたこと、YがX1の私的な電子メールをX1らの許可なしに閲覧したことを理由として、不法行為に基づく損害賠償を求めて訴えた。

Yは反訴を起こし、X1らがセクシュアル・ハラスメントを捏造し、会社内外の者へ送信したことに対し、名誉毀損であるとし損害賠償を求めた。

[東京地裁判決]

民事40部綱島公彦裁判官は、次のように述べて、原告の請求を棄却した。

(1) 社内ネットワークシステムを用いた私的電子メールの送受信につき、日常の社会生活を営む上で、通常必要な外部との連絡の着信先として用い

ること、更に、職務遂行の妨げとならず、会社の経済負担もきわめて軽微なものである場合には、外部からの連絡に適宜即応するために必要かつ合理的な限度の範囲内において、発信に用いることも社会通念上許容されていると解すべきである。

(2) 従業員が、社内ネットワークシステムを用いて電子メールを私的に使用する場合に期待し得るプライバシーの保護の範囲は、通常の電話装置の場合よりも相当程度低減されることを甘受すべきであり、監視の目的、手段およびその態様等を総合考慮し、監視される側に生じた不利益とを比較衡量のうえ、社会通念上相当な範囲を逸脱した監視がなされた場合に限り、プライバシー権の侵害となると解するのが相当であるとされた。

(3) 原告 X1 が、社内ネットワークシステムを用いて、被告 Y のセクシャル・ハラスメント行為等について、送受信を行った被告 X2 らとの私的な電子メールを X1 らの許可なしに閲覧したことを理由として、被告 Y が閲読したことを理由とする損害賠償請求につき、原告らの電子メールは私的使用の程度は限度を超えており、被告 Y による監視という事態を招いた原告 X1 の責任、監視された電子メールの内容、事実経過を総合すると、被告 Y の監視行為は、社会通念上相当な範囲を逸脱していない、原告らが法的保護（損害賠償）に値する重大なプライバシー侵害を受けたとはいえないとし、請求を棄却した。

(4) 被告 Y による、X1 らがセクシャル・ハラスメントの事実を捏造し、会社内外の者へ送信したことに対し、名誉毀損による損害賠償を求めた反訴についてはこれを棄却した。

キーワード：私用メール、セクハラ、名誉毀損、プライバシー権侵害、民法、労働法

【コメント】上記 (2) にあるように、電子メールが私用電話に比べ、プライバシー保護の範囲が相当程度低減される―電話ほど保護されない、見られても仕方ない、と述べているのが注目される。いわゆるセクハラは事実認定が困難であるが、この事件は、原告を勝訴させるべき事例のように思われる。

参考文献：砂押以久子「従業員の電子メール私的利用をめぐる法的問題」（労働判例 827

号 29 頁

真嶋理恵子「東京地裁、使用者による従業員の E メールの無断モニタリングとプライバシー侵害につき、使用者側に軍配(平成 12 年(ワ)第 12081 号)」NBL734 号 6 頁

荒木尚志・別冊ジュリスト 179 号「メディア判例百選」238 頁(2005 年)

永野仁美・ジュリスト 1243 号 153 頁(2003 年 4 月 15 日)

小畑史子・労働判例百選〈第 7 版〉(別冊ジュリスト 165 号)46 頁

藤内和公・法律時報 75 巻 5 号 100 頁(2003 年)

# 2000 年(平成 12 年)

## ● 2000-1

**会社従業員ネガ窃盗事件**：Y1 会社の従業員 Y2 が同僚の女性 X の事務机の引き出しからネガ・フィルムを盗みだし、焼付けて、無断で Y1 会社のホームページ（以下、HP）に掲載した行為について、会社の事業の執行につきなされたものとは認められず、Y1 会社の使用者責任は認められなかった事例である。

東京地裁平成 12 年 1 月 31 日判決(判タ 1046 号 187 頁、控訴和解)

Y1 会社は、電子機器等の輸出入業務を行う会社で、Y2 は情報技術部のシニアマネージャー、X も平成 7 年から平成 10 年 8 月まで従業員であった。平成 10 年 4 月頃、Y2 は、Y1 会社内の X の事務机の引出しに保管されていた X 撮影の写真のネガフィルム数葉を盗み出し、X に無断でこれを焼付け、そのうちの 3 葉を Y1 会社の HP に掲載した。

X は、Y2 のネガフィルムの盗み出しと HP への掲載は、不法行為に当たるとし、民法 709 条に基づき、また、右不法行為が Y1 会社の事業の執行につきなされたものであるとして、民法 715 条に基づき、Y1 会社と Y2 に対し、それぞれ 3000 万円の慰謝料を求めて訴えた。

東京地裁民事 40 部の都築裁判官は、(1) Y1 の HP の管理等が Y2 の職務行為の範囲内に属しない、Y2 の右不法行為が Y1 会社の事業の執行につきなされたとはいえないと判断し、X が Y1 に対して行った請求は棄却した。(2) Y2 のネガフィルムの盗み出しと Y1 の HP への掲載については、不法行為として、Y2 の損害賠償責任のみを認め、X へ 200 万円の慰謝料の支払いを命じた。

キーワード：窃盗、使用者責任、不法行為、民法、刑法、労働法］
【コメント】会社の事務机の引き出しから盗んでおり、Y1会社にも監督責任があり、責任を問うべきである。

# 1999年(平成11年)

## ● 1999-1

> あまちゅあふぉーとぎゃらりー事件(刑事)：(1)画像処理ソフトによるマスク処理の画像データを記憶蔵置したコンピュータのディスクアレイが、「わいせつ図画」に該当し、(2)この画像データをサーバーコンピュータに送信、記憶蔵置させた行為が「公然と陳列した」に該当し、(3)日本国内から国外の海外プロバイダーのサーバーコンピュータへわいせつ画像を送信し記憶蔵置させる行為にも、刑法を適用させることができるとされた事例である。
> 大阪地裁平成11年3月19日判決（平成9年（わ）第637号、判タ1034号283頁）

被告人は、インターネット上に、男女の性器、性交場面を露骨に撮影したわいせつ画像にマスク処理した画像データ18画像分を東京都港区赤坂のプロバイダのサーバーコンピュータに送信、その記憶装置であるディスクアレイ内に記憶蔵置していた。被告人は、このマスクを外すことのできる「エフ・エル・マスク」と称する画像処理ソフトの利用方法等に関するホームページにアクセスできるリンク情報データを、被告人の滋賀県の自宅からサーバーコンピュータに送信し、被告人開設のホームページにアクセスした不特定多数のインターネット利用者が、電話回線を使用し、マスクを外してわいせつ画像を復元閲覧することが可能な状況を設定した。

被告人は、わいせつ画像データ合計102画像分を米国のレンタルサーバー会社のコンピュータに送信、同コンピュータの記憶装置であるディスクアレイ内に記憶、蔵置させ、被告人開設のホームページにアクセスして会員登録した日本国内の不特定多数の利用者がわいせつ画像を再生閲覧できるようにした。

［大阪地裁］

第7刑事部湯川哲嗣裁判長は、

1. 画像処理ソフトによるマスク処理の画像データを記憶蔵置したコンピュータのディスクアレイ自体が、刑法175条の「わいせつ図画」に該当するとした。
2. わいせつ画像データをサーバーコンピュータに送信し、ディスクアレイに記憶、蔵置させ、不特定多数の者がダウンロードして、これを閲覧可能な状況においた被告人の行為が、刑法175条1項「公然と陳列した」に該当する。
3. 日本国内から国外の海外プロバイダーのサーバーコンピュータへわいせつ画像を送信し記憶蔵置させる行為にも、刑法を適用させることができるとした。

キーワード：わいせつ、画像処理ソフト、公然陳列、刑法]

【コメント】わいせつ図画公然陳列罪にあたる刑事事件が、案外多い。

参考文献：高山佳奈子「別冊ジュリスト　メディア判例百選」(堀部政男・長谷部恭男編・2005年) 246頁

● 1999-2

**電話番号ネット掲示板公表事件**：電話帳に記載されている実名、電話番号等をパソコン通信に無断で公開したことがプライバシーの侵害にあたるとして、20万2380円の損害賠償が命ぜられた事例である。
神戸地裁平成11年6月23日判決(判時1700号99頁)

原告Xは、個人で診療所を開業している眼科医で、ニフティ（株）の会員である。

被告Yも、ニフティ(株)の会員である。

XYともに、ニフティの運営する掲示板を利用していた。

Yは、平成9年5月17日未明、Xの氏名、職業、Xが開設する診療所の住所及び電話番号等の個人情報をニフティの掲示板に掲載した。

Xの氏名、職業等の個人情報は、医師会名簿には掲載されていても、ネットの参加者には公開されていなかった。Xは、個人情報をネットの掲示板シ

ステムに掲載されて、自己のプライバシーを侵害され、その結果、原告 X は数名の者から無言電話のいやがらせの電話を受け、眼科の診療を妨害され、信用を毀損され被害を被ったとして、Y に対し、不法行為に基づく損害賠償 181 万 360 円（内訳、1, 営業損害 30 万 7980 円、2, 治療費 2380 円、信用毀損による損害 50 万円、4, 慰謝料 100 万円）を請求した。

竹中省吾裁判長は、Y の本件表示はプライバシー侵害に当たるとして、20 万 2380 円（治療費 2380 円、慰謝料 20 万円）および遅延損害金を支払うよう Y へ命じた。

**キーワード**：電子掲示板、電話番号、プライバシー権侵害、ニフティ、個人情報、信用毀損、民法

**【コメント】** インターネット掲示板で、プライバシーが暴露された者が勝訴した事件である。慰謝料 20 万円は低く、50 万円程度にしてもよかったのではないか。

**参考文献**：新保史生「サイバー法判例解説」（岡村久道編・商事法務・2003 年）92 頁
牧野二郎「ニフティ・プライバシー事件」（岡村久道編「インターネット訴訟 2000」（ソフトバンク・パブリッシング・2000 年）222 頁）

## ● 1999-3

> **都立大学事件**：大学内に 2 つのグループがあり、一方の学生が、他方の学生等が傷害事件を起こしたという印象を与える文書を、大学管理下のコンピュータ、ホームページに掲載し、掲載した学生に名誉毀損による損害賠償が命じられたが、大学は文書の削除義務を負わないとされた事例である。
> 東京地裁平成 11 年 9 月 24 日判決（平成 10 年（ワ）第 23171 号、判時 1707 号 139 頁、判タ 1054 号 228 頁）

原告 X1、X2、X3 と被告 Y1 は、ともに被告 Y2 が設置する大学の学生で、X1、X2、X3 と Y1 は、学生の自治組織をめぐり、対立するグループに属していた。

Y1 は、Y2 が学内に設置し、管理しているサーバーに、Y1 が委員長をつとめるホームページを開設しており、ここに Y1 は、平成 10 年の新入生入学手

続きの際に起こった両派の衝突事件で、複数の学生が傷害を負ったこと、その事件顛末を記載した文書を公開した。文書は、Xらが傷害事件を起こし、刑事事件になったという印象を与えるものであった。

X1、X2、X3は、Y1に対し、名誉毀損であるとし、Y1に対し、ホームページからの本件文書の削除、ホームページへの謝罪広告掲載と損害賠償（各33万円）を求め、Y2に対しては、名誉毀損文書の掲載を知った場合、速やかに削除すべき義務が条理上認められ、Y2は掲載を知った後も放置し、削除義務の不履行（故意又は過失による不法行為）をしたとし、ホームページからの本件文書の削除・謝罪広告掲載と損害賠償（各33万円）を求め訴訟を提起した。なお、この訴えが報道されると、Y2は本件ホームページの問題部分を閉鎖した。

［東京地裁］

民事第25部の野山宏裁判長は、Y1に対しXらに各3000円の支払いを命じ、Y1に対するそのほかの請求とY2に対する請求を全部、棄却した。

キーワード：名誉毀損、条理上の削除義務、ホームページ、民法］

【コメント】当時、学生紛争があったこと及びインターネットのホームページが惹起した事件ということで注目された。

参考文献：森亮二「サイバー法判例解説」（岡村久道編・商事法務・2003年）4頁

# 1997年（平成9年）

## ● 1997-1

**天気予報画像消去事件（刑事）**：朝日放送が、インターネット利用者に提供するため開設したホームページ内の天気予報画像を消去してわいせつ画像等に置き換え、不特定多数の者に閲覧させた者が、電子計算機損壊等業務妨害罪及びわいせつ図画公然陳列罪に問われた事例。

大阪地裁平成9年10月3日判決（平成9年（わ）第2305号、判タ980号286頁）

被告人は、朝日放送が開設した天気情報提供ホームページのサーバーコンピュータ内に記憶、蔵置されていた画像データファイルを消去し、代わりに、

わいせつな画像のデータファイルを送信するなどし、ハードディスク内に記憶、蔵置させ、利用者がわいせつ画像を受信し、再生閲覧することができる状況を設定し、不特定多数の者に再生閲覧させた。

被告人は、刑法234条の2の電子計算機損壊等業務妨害罪及び同法175条1項前段のわいせつ図画公然陳列罪に当たるとし、懲役1年6月、執行猶予3年の判決を受けた。

キーワード：わいせつ画像、電子計算機損壊等業務妨害罪、わいせつ図画公然陳列罪刑法]

【コメント】1999-1、1997-2、1996-1、2014-21…と、わいせつ図画公然陳列罪、わいせつ電磁的記録等送信頒布罪などの刑事事件が多い。

参考文献：渡辺卓也「別冊ジュリスト　メディア判例百選」(堀部政男・長谷部恭男編・2005年)244頁

岡村久道・南石知哉「サイバー法判例解説」(岡村久道編・商事法務・2003年)64頁

## ● 1997-2

**わいせつ画像マスク処理事件（刑事）**：画像をマスク処理したが、わいせつ物公然陳列罪に問われた事件である。
岡山地裁平成9年12月15日判決（平成9年（わ）第220号、判時1641号158頁）

被告人2人は、わいせつ画像を不特定多数のネット利用者へ有料で閲覧させようと意図して、女性の性器部分等を撮影した画像に、画像処理ソフトで、マスク処理したものをプロバイダーのサーバーコンピュータに送信し、同時に取り外し機能のソフトを付して送信し、その記憶装置内に記憶、蔵置させた。不特定多数のインターネット利用者において受信した画像データを、同じソフトを利用することにより、マスクを取り外した状態のわいせつ画像を復元閲覧することができた。これが、わいせつ物公然陳列罪に問われた。

被告人側は、1,サーバーコンピュータの記憶装置内に記憶、蔵置させた画像は、性器部分が画像処理ソフトによりマスク処理され見えないようにされているからわいせつ性はない、2,被告人らが送信し記憶、蔵置させたものは情報である画像データであり、有体物であるべきわいせつ図画は存在せず、わいせ

つ図画陳列罪に該当しないと主張した。

裁判所は、1, 画像にマスクがなされていても、マスクを外すことが誰にでも、その場で、直ちに、容易にできる場合には、その画像はマスクをかけられていないものと同視することできるとし、2, 陳列された図画は、サーバーコンピュータではなく、情報としての画像データであると解すべきであるとし、情報としてのデータもわいせつ物の概念に含ませることは、刑法の解釈として許されるとし、被告人らの行為は、刑法175条わいせつ図画公然陳列罪に当たるとした。

**キーワード**：わいせつ画像、公然陳列、刑法

**【コメント】**当然の結論と思われる。

**参考文献**：山本光英・判例評論487号59頁(判時1679号237頁)

# 1996年(平成8年)

## ● 1996-1

> **わいせつ画像蔵置事件（刑事）**：インターネット接続専門会社の会員が、サーバーコンピュータ内にわいせつ画像のデータを記憶、蔵置させて、インターネットの不特定多数の利用者に右わいせつ画像が再生閲覧可能な状態を設定したことが、わいせつ図画の公然陳列に当たるとされた事例。
> 東京地裁平成8年4月22日判決(平成8年(わ)第302号、判時1597号51頁)

被告人は、インターネット接続専門会社である(株)甲野・インターネットの会員である。インターネットの不特定多数の利用者にわいせつ画像を送信し、再生閲覧させて、わいせつ画像を公然陳列しようと企て、平成8年1月28日頃から同月31日頃までの間、東京都墨田区の(株)甲野・インターネット所有・管理するサーバーコンピュータのサン・マイクロ・システム製ディスクアレイ内に男女の性器・性交場面等を露骨に撮影したわいせつ画像のデータ合計67画像分を記憶・蔵置させて、一般の電話回線を使用し、インターネット対応パソコンを有する不特定多数の利用者に右わいせつ画像が再生閲覧可能な状況を設定し、もって、わいせつ図画を公然と陳列したものである。

東京地裁刑事2部の小川正持裁判官は、刑法175条前段を適用し、「被告人を懲役1年6月に処」し、「裁判確定の日から3年間右刑の執行を猶予」との判決を下した。

**キーワード**：わいせつ画像、公然陳列、刑法

**【コメント】**被告人に執行猶予がついて、刑の執行が猶予された。1, 本件犯行は、無制約な情報発信を事実上放置している商用プロバイダの存在によって可能になった面があること、2, インターネットにおいて、他にもわいせつ画像データ発信が野放し状態で、被告人は誘発された面があること、3, 営利目的で犯行に及んでいないこと、4, 被告人は深く反省し、自宅所有のパソコンを処分、パソコン通信ネットの会員を退会した等を斟酌したと判決文は述べている。

# 1988年(昭和63年)

## ● 1988-1

### クラブ・キャッツアイ事件
最高裁昭和63年3月15日判決(民集42巻3号199頁、判時1270号34頁)

　音楽家を雇い、音楽の生演奏をさせていたクラブ・キャッツアイというバーが、それをやめカラオケ装置を置いて、客がカラオケで歌うようになった。

　作詞家作曲家からその著作権を信託的譲渡されている日本音楽著作権協会は、演奏権に基いて、著作権使用料を請求、経営者であるバーを訴えた。

　バー経営者はバーにおいて、カラオケで歌唱しているのは、客か客と従業員であって、経営者は音痴で歌わないし、店にいないといい、責任主体はバーの経営者でないと主張した。

　最高裁は、1. 客が歌っていたとしても、バーの管理下にあること、2. バーはカラオケスナックとしての雰囲気を醸成し、客の来集を図り、営業上の利益の増大を意図していることを理由に、客による歌唱も、著作権法上の規律の観点から、バーの経営者による歌唱と同視しうるとした。

キーワード：カラオケ法理、責任主体、侵害主体、音楽、演奏権、著作権法】
【コメント】著作権侵害について、侵害者と思われる者が直接、侵害していないとしても、その行為のなされる状況において、1,その仕組みが侵害者の管理下にあること、2,侵害者が利得している場合、侵害とされる。この判例法理は「カラオケ法理」と呼ばれる。

最高裁平成23年1月27日判決（ロクラクⅡ事件）、知財高裁平成22年4月28日判決（TVブレイク事件）、東京地裁平成19年5月25日判決（MYUTA事件）、東京地裁17年10月7日決定（録画ネット事件）など、このカラオケ法理に拠ると思われる判決は多い。

**参考文献**：井上由里子「著作権判例百選（第二版）」16頁（1994年）
大淵哲也「著作権判例百選（第4版）」190頁（2009年）
市村直也・田中豊編「判例で見る音楽著作権訴訟の論点60講」日本評論社、166頁（2010年）
上野達弘「著作権法における『間接侵害』」ジュリスト1326号75頁（2007年）
上野達弘「いわゆる『カラオケ法理』の再検討」「知的財産法と競争法の現代的展開―紋谷暢男先生古稀記念」発明協会、781頁（2006年）
田中豊「著作権侵害とJASRACの対応」（紋谷暢男編「JASRAC概論」日本評論社、151頁（2009年）
城所岩生「著作憲法がソーシャルメディアを殺す」PHP研究所、77頁以下（2013年）
大家重夫「著作権制度回顧―九州人「著作権」に遭遇する」マーチャンダイジングライツレポート11月号48頁（2011年）

# 第 2 部

# 資　料

## 資　料　目　次

**規約・準則**
- ●JPドメイン名紛争処理方針
- ●電子商取引及び情報財取引等に関する準則

**法律**
- ●特定電気通信役務提供者の損害賠償責任の制限及び発信者情報の開示に関する法律（平成13年11月30日法律第137号）
- ●不正アクセス行為の禁止等に関する法律（平成11年8月13日法律第128号）
- ●特定電子メールの送信の適正化等に関する法律（平成14年4月17日法律第26号）
- ●高度情報通信ネットワーク社会形成基本法（平成12年12月6日法律第144号）
- ●高度情報通信ネットワーク社会推進戦略本部令（平成12年12月27日政令第555号）
- ●コンテンツの創造、保護及び活用の促進に関する法律（平成16年6月4日法律第81号）
- ●インターネット異性紹介事業を利用した児童を誘引する行為の規制等に関する法律（平成15年6月13日法律第83号）
- ●私事性的画像記録の提供等による被害の防止に関する法律（平成26年11月27日法律第126号）
- ●犯罪捜査のための通信傍受に関する法律（平成11年8月18日法律第137号）
- ●サイバーセキュリテイ基本法（平成26年法律第104号）
- ●不正競争防止法（平成5年5月19日法律第47号）その他（省略）
- ●著作権法（昭和45年5月6日法律第48号）

**参考文献**

## 規約・準則

### ●JPドメイン名紛争処理方針

社団法人　日本ネットワーク
インフォメーションセンター
公開：2000年7月19日
改訂：2000年10月10日
実施：2000年11月10日

#### 第1条　目的

　この「JPドメイン名紛争処理方針」（以下「本方針」という）は、社団法人日本ネットワークインフォメーションセンター（以下「当センター」という）により採択されたものであり、当センターにドメイン名の登録をした者（以下「登録者」という）が従う「属性型（組織種別型）・地域型JPドメイン名登録等に関する規則」および「汎用JPドメイン名登録等に関する規則」（以下「登録規則」という）からの参照により、それと一体になるものであって、登録者が登録したドメイン名の登録と使用から発生する、登録者と第三者との間のドメイン名に係わる紛争処理に関する規約を定めたものである。本方針の第4条で定めるJPドメイン名紛争処理手続は、「JPドメイン名紛争処理方針のための手続規則」（以下「手続規則」という）、および当センターにより認定された紛争処理機関（以下「紛争処理機関」という）が別途定める補則に従って、実施されるものとする。

#### 第2条　登録者による告知および告知義務違反

登録者は、ドメイン名の登録申請に際し、またはその維持・更新にあたり、当センターに対し以下のことを告知する。

(a) 登録申請書に記載した陳述内容が、完全かつ正確であること
(b) 登録者が知る限りにおいて、当該ドメイン名の登録が、第三者の権利または利益を侵害するものではないこと
(c) 不正の目的（不正の利益を得る目的、他人に損害を加える目的その他の不正の目的をいう。以下同じ。）で、当該ドメイン名を登録または使用していないこと
(d) 当該ドメイン名の使用が、関係法令・規則のいずれかに違反することを知りながら、それを使用するものではないこと

上記いずれかの事項が事実でなかった場合、登録者は本方針に従って当該ドメイン名の移転または取消を受ける場合があることに同意する。

## 第3条　ドメイン名登録の移転および取消

当センターは、下記のいずれかに該当する場合には、当該ドメイン名登録の移転または取消の手続を行う。

a. 第8条の規定に従う限りにおいて、登録者またはその権限ある代理人から、その旨の書面による指示を当センターが受領したとき
b. 適法な管轄権を有する裁判所または仲裁機関によって下された、その旨の判決または裁定の正本（事情により、写しをもってかえることができる）を、当センターが受領したとき
c. 当センターが採択した本方針またはその改訂版に基づいて実施され、登録者が当事者となっているJPドメイン名紛争処理手続において、紛争処理機関におけるパネルが下したその旨の裁定を、当センターが受領したとき（本方針第4条i項とk項を参照）

当センターは、さらに登録規則または他の法律上の要請に基づいて、ドメイン名登録の取消、移転の手続を行うことができる。ただし、移転がなされても、登録規則で定める登録資格・要件等が満たされないときには、当センターは当該ドメイン名のネームサーバ設定を行わない。

## 第4条　JPドメイン名紛争処理手続

本条は、登録者が、このJPドメイン名紛争処理手続に応じなければならない紛争を定めたものである。このJPドメイン名紛争処理手続は、当センターのウェブサイトに列挙されている紛争処理機関のいずれか一つの紛争処理機関により実施される。

a． 適用対象となる紛争

第三者（以下「申立人」という）から、手続規則に従って紛争処理機関に対し、以下の申立があったときには、登録者はこのJPドメイン名紛争処理手続に従うものとする。

(i) 登録者のドメイン名が、申立人が権利または正当な利益を有する商標その他表示と同一または混同を引き起こすほど類似していること
(ii) 登録者が、当該ドメイン名の登録についての権利または正当な利益を有していないこと
(iii) 登録者の当該ドメイン名が、不正の目的で登録または使用されていること

このJPドメイン名紛争処理手続において、申立人はこれら三項目のすべてを申立書において主張しなければならない。

b． 不正の目的で登録または使用していることの証明

紛争処理機関のパネルが、本条a項(iii)号の事実の存否を認定するに際し、特に以下のような事情がある場合には、当該ドメイン名の登録または使用は、不正の目的であると認めることができる。ただし、これらの事情に限定されない。

(i) 登録者が、申立人または申立人の競業者に対して、当該ドメイン名に直接かかった金額（書面で確認できる金額）を超える対価を得るために、当該ドメイン名を販売、貸与または移転することを主たる目的として、当該ドメイン名を登録または取得しているとき
　　　(ii) 申立人が権利を有する商標その他表示をドメイン名として使用できないように妨害するために、登録者が当該ドメイン名を登録し、当該登録者がそのような妨害行為を複数回行っているとき
　　　(iii) 登録者が、競業者の事業を混乱させることを主たる目的として、当該ドメイン名を登録しているとき
　　　(iv) 登録者が、商業上の利得を得る目的で、そのウェブサイトもしくはその他のオンラインロケーション、またはそれらに登場する商品およびサービスの出所、スポンサーシップ、取引提携関係、推奨関係などについて誤認混同を生ぜしめることを意図して、インターネット上のユーザーを、そのウェブサイトまたはその他のオンラインロケーションに誘引するために、当該ドメイン名を使用しているとき

c．　登録者がドメイン名に関する権利または正当な利益を有していることの証明
　申立書を受領した登録者は、手続規則第5条を参照し、答弁書を紛争処理機関に対して提出しなければならない。パネルが、申立人および登録者の双方から提出されたすべての証拠を検討し、本条a項(ii)号の事実の存否を認定するに際し、特に以下のような事情がある場合には、登録者は当該ドメイン名についての権利または正当な利益を有していると認めることができる。ただし、これらの事情に限定されない。
　　　(i) 登録者が、当該ドメイン名に係わる紛争に関し、第三者または紛争処理機関から通知を受ける前に、何ら不正の目的を有することなく、商品またはサービスの提供を行うために、当該ドメイン名またはこれに対応する名称を使用していたとき、または明らかにその使用の準備をしていたとき
　　　(ii) 登録者が、商標その他表示の登録等をしているか否かにかかわらず、当該ドメイン名の名称で一般に認識されていたとき
　　　(iii) 登録者が、申立人の商標その他表示を利用して消費者の誤認を惹き起こすことにより商業上の利得を得る意図、または、申立人の商標その他表示の価値を毀損する意図を有することなく、当該ドメイン名を非商業的目的に使用し、または公正に使用しているとき

d．　紛争処理機関の選択
　申立人は、申立書を提出することにより、当センターが認定した紛争処理機関の中から一つの紛争処理機関を選択しなければならない。申立人により選択された当該紛争処理機関が、本条f項に規定する併合審理の場合を除き、このJPドメイン名紛争処理手続を管理し、実施するものとする。

e． 手続の開始とパネルの指名

　手続の開始および実施の手順、ならびに紛争処理の裁定を下すパネルの指名手続は、手続規則の定めによる。

f． 併合審理

　同一の登録者と申立人との間に複数のドメイン名についての紛争があるとき、いずれかの当事者は、単一の紛争処理パネルでの併合審理を申請することができる。この申請は、当事者間で係属中の紛争事件を担当している最初のパネルに対してなされなければならない。当該申請を受けたパネルは、もし当該紛争事件が当センターにより採択された本方針またはその改訂版の適用対象となる紛争事件であるならば、その裁量により、その一部または全部について併合審理を行うことができる。

g． 料金

　本方針に基づいてパネルが扱う紛争事件に関係して紛争処理機関が請求するすべての料金は、申立人の負担とする。ただし、登録者が、手続規則第5条により、パネリストの数を一名から三名に増員することを答弁書において選択したときには、両当事者がすべての料金を折半により均等に負担する。

h． JPドメイン名紛争処理手続への当センターの関与

　当センターは、パネルによる手続の管理またはその実施には一切関与しない。また、当センターは、パネルが下すいかなる裁定結果にも、その責任を負わない。

i． 救済

　パネルの手続による申立人に対する救済は、登録者のドメイン名登録の取消請求または当該ドメイン名登録の申立人への移転請求に限られる。

j． 通知と公表

　紛争処理機関は当センターに対し、当該ドメイン名に関するパネルのすべての裁定を通知しなければならない。すべての裁定は、パネルが例外的な事件として部分的に変更修正して公表すると決定した場合を除き、その全文がインターネットで公表されるものとする。

k． 裁判所への出訴

　いずれの当事者も、このJPドメイン名紛争処理手続の開始前、係属中または終結後のいずれの段階においても、当該ドメイン名の登録に関して裁判所に出訴することができる。本条に定めるいかなる要件も、本項による当事者の出訴を妨げるものではない。パネルが、登録者のドメイン名登録の取消または移転の裁定を下した場合には、当センターはパネルの裁定の実施を、紛争処理機関からの裁定の通知後10日間（当センターの主たる事務所所在地の営業日で計算）の間、保留する。もしこの10日間の間に、当センターに対し、登録者から申立人を被告として手続規則第3条(b)(xii)に基づいて申立人が合意している管轄裁判所に出訴したとの文書（裁判所受領印のある訴状等）の正本の提出がなければ、当センターはその裁定を実施する。（この合意裁判管轄は、東京地方

裁判所または当センターのドメイン名登録原簿に記載されている登録者の住所における管轄裁判所とする。手続規則第1条および第3条(b)(xii)を参照。）もしこの10日間の間に、登録者から出訴したとの文書の正本の提出があったときには、当センターはその裁定結果の実施を見送る。また、(i)公正証書による当事者間での和解契約書の正本、(ii)登録者が提訴した当該訴訟についての訴えの取下書および申立人の同意書の正本、または(iii)当該訴訟を棄却する、あるいは登録者は当該ドメイン名を継続して使用する権利がないとの裁判所による確定判決またはそれと同一の効力を有する文書の正本を、申立人または登録者から当センターが受領するまで、当センターはパネルの裁定の実施に関わるいかなる手続も行わない。なお、上記の正本にかえ、写しを提出することができる。

第5条 他のすべての紛争と訴訟
第4条のJPドメイン名紛争処理手続の対象とならない登録者と申立人の間のドメイン名登録に係わるすべての他の紛争については、両当事者間で、利用可能な裁判所、仲裁機関またはその他の紛争処理手段によって処理されなければならない。

第6条 当センターの紛争への関与
当センターは、登録者と第三者との間でのドメイン名の登録と使用に関するいかなる紛争にも関与しない。登録者は、当センターを紛争当事者に指名したり、そのような手続に参加させてはならない。もし、当センターが紛争当事者として指名された場合には、当センターは適切と思われるあらゆる手段を講じ、または当センターを防御するのに必要な他のあらゆる対抗手続をとる一切の権利を留保する。

第7条 現状の維持
当センターは、本方針のもとでは、第3条の規定および登録規則に定めのある場合を除き、ドメイン名登録の移転、取消、またはその他のドメイン名登録の現状を変更する手続を行わない。

第8条 紛争中におけるドメイン名の移転
登録者は、次のいずれかの場合、当該ドメイン名登録を他の者に移転することができない。
- (i) 第4条によるJPドメイン名紛争処理手続の係属中または終結後15日間（当センターの主たる事務所所在地の営業日で計算）
- (ii) 裁判所または仲裁機関による審理手続が係属中であって、移転を受ける者が、その裁判所または仲裁機関の判決または裁定に従う旨を書面で同意していない場合

当センターは、本条の規定に反するドメイン名移転手続を取り消すことができる権利を

留保する。

#### 第9条　本方針の改訂

当センターは、いつでも本方針を改訂する権利を留保する。当センターは、その改訂された本方針を当センターのウェブサイトにおいて、発効する少なくとも30日（暦日）前に公開するものとする。申立書の紛争処理機関への提出により本方針による手続が開始された場合、その開始時に有効であった本方針が、その手続の終結まで継続して適用されるものとする。本方針による手続が開始されていないときには、紛争発生がその改訂内容の発効前、発効当日または発効後であるとを問わず、その改訂内容がすべてのJPドメイン名紛争処理手続に適用されるものとする。その改訂内容に異議があるとき、登録者が当センターに対して求めることができるのは、当該ドメイン名登録の廃止のみである。この場合、支払い済みの料金は一切返還されない。改訂された本方針は、登録者により当該ドメイン名登録の廃止手続が完了するまで、適用される。

#### 第10条　本方針における準拠法

本方針における全ての条項の解釈は、日本法に従うものとする。また、本方針に基づいて紛争を処理する紛争処理機関のパネルは、日本法に準拠してその裁定を行うものとする。

## ●電子商取引及び情報財取引等に関する準則

　経済産業省は、平成14年3月、インターネットショッピング等の電子商取引、ソフトウエアやデジタルコンテンツ等の情報財に関する法的問題点について、公正な商取引の基準・ガイドラインを示した「電子商取引及び情報財取引等に関する準則」を公表した。以来、ほぼ毎年のようにこの「準則」を改訂しているが、平成26年の著作権法改正により著作権法79条（出版権の設定）、80条（出版権の内容）等が改正されたことに伴い、この「準則」も改訂された。
　産業構造審議会商務流通情報分科会情報経済省委員会IT利活用ビジネスに関するルール整備ワーキンググループにおける検討結果を踏まえたとされる。

(経済産業省のホームページ、コピライト2015年7月号60頁)

## 法　律

### ●特定電気通信役務提供者の損害賠償責任の制限及び発信者情報の開示に関する法律

（平成一三年一一月三十日法律第一三七号）
最終改正：平成二五年四月二六日法律第一〇号

（趣旨）
第一条　この法律は、特定電気通信による情報の流通によって権利の侵害があった場合について、特定電気通信役務提供者の損害賠償責任の制限及び発信者情報の開示を請求する権利につき定めるものとする。

（定義）
第二条　この法律において、次の各号に掲げる用語の意義は、当該各号に定めるところによる。
一　特定電気通信　不特定の者によって受信されることを目的とする電気通信（電気通信事業法（昭和五十九年法律第八十六号）第二条第一号 に規定する電気通信をいう。以下この号において同じ。）の送信（公衆によって直接受信されることを目的とする電気通信の送信を除く。）をいう。
二　特定電気通信設備　特定電気通信の用に供される電気通信設備（電気通信事業法第二条第二号 に規定する電気通信設備をいう。）をいう。
三　特定電気通信役務提供者　特定電気通信設備を用いて他人の通信を媒介し、その他特定電気通信設備を他人の通信の用に供する者をいう。
四　発信者　特定電気通信役務提供者の用いる特定電気通信設備の記録媒体（当該記録媒体に記録された情報が不特定の者に送信されるものに限る。）に情報を記録し、又は当該特定電気通信設備の送信装置（当該送信装置に入力された情報が不特定の者に送信されるものに限る。）に情報を入力した者をいう。

（損害賠償責任の制限）
第三条　特定電気通信による情報の流通により他人の権利が侵害されたときは、当該特定電気通信の用に供される特定電気通信設備を用いる特定電気通信役務提供者（以下この項において「関係役務提供者」という。）は、これによって生じた損害については、権利を侵害した情報の不特定の者に対する送信を防止する措置を講ずることが技術的に可能な場合であって、次の各号のいずれかに該当するときでなければ、賠償の責めに任じない。ただし、当該関係役務提供者が当該権利を侵害した情報の発信者である場合は、この限りでない。
一　当該関係役務提供者が当該特定電気通信による情報の流通によって他人の権利が

侵害されていることを知っていたとき。
二　当該関係役務提供者が、当該特定電気通信による情報の流通を知っていた場合であって、当該特定電気通信による情報の流通によって他人の権利が侵害されていることを知ることができたと認めるに足りる相当の理由があるとき。
2　特定電気通信役務提供者は、特定電気通信による情報の送信を防止する措置を講じた場合において、当該措置により送信を防止された情報の発信者に生じた損害については、当該措置が当該情報の不特定の者に対する送信を防止するために必要な限度において行われたものである場合であって、次の各号のいずれかに該当するときは、賠償の責めに任じない。
一　当該特定電気通信役務提供者が当該特定電気通信による情報の流通によって他人の権利が不当に侵害されていると信じるに足りる相当の理由があったとき。
二　特定電気通信による情報の流通によって自己の権利を侵害されたとする者から、当該権利を侵害したとする情報(以下この号及び第四条において「侵害情報」という。)、侵害されたとする権利及び権利が侵害されたとする理由 (以下この号において「侵害情報等」という。) を示して当該特定電気通信役務提供者に対し侵害情報の送信を防止する措置 (以下この号において「送信防止措置」という。) を講ずるよう申出があった場合に、当該特定電気通信役務提供者が、当該侵害情報の発信者に対し当該侵害情報等を示して当該送信防止措置を講ずることに同意するかどうかを照会した場合において、当該発信者が当該照会を受けた日から七日を経過しても当該発信者から当該送信防止措置を講ずることに同意しない旨の申出がなかったとき。

（公職の候補者等に係る特例）

**第三条の二**　前条第二項の場合のほか、特定電気通信役務提供者は、特定電気通信による情報 (選挙運動の期間中に頒布された文書図画に係る情報に限る。以下この条において同じ。) の送信を防止する措置を講じた場合において、当該措置により送信を防止された情報の発信者に生じた損害については、当該措置が当該情報の不特定の者に対する送信を防止するために必要な限度において行われたものである場合であって、次の各号のいずれかに該当するときは、賠償の責めに任じない。
一　特定電気通信による情報であって、選挙運動のために使用し、又は当選を得させないための活動に使用する文書図画 (以下「特定文書図画」という。) に係るものの流通によって自己の名誉を侵害されたとする公職の候補者等 (公職の候補者又は候補者届出政党 (公職選挙法 (昭和二十五年法律第百号) 第八十六条第一項又は第八項の規定による届出をした政党その他の政治団体をいう。) 若しくは衆議院名簿届出政党等 (同法第八十六条の二第一項の規定による届出をした政党その他の政治団体をいう。) 若しくは参議院名簿届出政党等 (同法第八十六条の三第一項の規定による届出をした政党その他の政治団体をいう。) をいう。以下同じ。) から、当該名誉を侵害

したとする情報(以下「名誉侵害情報」という。)、名誉 が侵害された旨、名誉が侵害されたとする理由及び当該名誉侵害情報が特定文書図画に係るものである旨（以下「名誉侵害情報等」という。)を示して当該特定 電気通信役務提供者に対し名誉侵害情報の送信を防止する措置（以下「名誉侵害情報送信防止措置」という。）を講ずるよう申出があった場合に、当該特定電気 通信役務提供者が、当該名誉侵害情報の発信者に対し当該名誉侵害情報等を示して当該名誉侵害情報送信防止措置を講ずることに同意するかどうかを照会した場 合において、当該発信者が当該照会を受けた日から二日を経過しても当該発信者から当該名誉侵害情報送信防止措置を講ずることに同意しない旨の申出がなかっ たとき。

二 特定電気通信による情報であって、特定文書図画に係るものの流通によって自己の名誉を侵害されたとする公職の候補者等から、名誉侵害情報等及び名誉侵害情報の発信者の電子メールアドレス等（公職選挙法第百四十二条の三第三項 に規定する電子メールアドレス等をいう。以下同じ。)が同項 又は同法第百四十二条の五第一項の規定に違反して表示されていない旨を示して当該特定電気通信役務提供者に対し名誉侵害情報送信防止措置を講ずるよう申出があった場合であって、当該情報 の発信者の電子メールアドレス等が当該情報に係る特定電気通信の受信をする者が使用する通信端末機器(入出力装置を含む。)の映像面に正しく表示されてい ないとき。

（発信者情報の開示請求等）

第四条 特定電気通信による情報の流通によって自己の権利を侵害されたとする者は、次の各号のいずれにも該当するときに限り、当該特定電気通信の用に供される特定電気通信設備を用いる特定電気通信役務提供者（以下「開示関係役務提供者」という。)に対し、当該開示関係役務提供者が保有する当該権利の侵害に係る発 信者情報（氏名、住所その他の侵害情報の発信者の特定に資する情報であって総務省令で定めるものをいう。以下同じ。)の開示を請求することができる。

一 侵害情報の流通によって当該開示の請求をする者の権利が侵害されたことが明らかであるとき。

二 当該発信者情報が当該開示の請求をする者の損害賠償請求権の行使のために必要である場合その他発信者情報の開示を受けるべき正当な理由があるとき。

2 開示関係役務提供者は、前項の規定による開示の請求を受けたときは、当該開示の請求に係る侵害情報の発信者と連絡することができない場合その他特別の事情がある場合を除き、開示するかどうかについて当該発信者の意見を聴かなければならない。

3 第一項の規定により発信者情報の開示を受けた者は、当該発信者情報をみだりに用いて、不当に当該発信者の名誉又は生活の平穏を害する行為をしてはならない。

4 開示関係役務提供者は、第一項の規定による開示の請求に応じないことにより当該

開示の請求をした者に生じた損害については、故意又は重大な過失がある場合でなければ、賠償の責めに任じない。ただし、当該開示関係役務提供者が当該開示の請求に係る侵害情報の発信者である場合は、この限りでない。

附　則
　　この法律は、公布の日から起算して六月を超えない範囲内において政令で定める日から施行する。

附　則　（平成二五年四月二六日法律第一〇号）抄
（施行期日）
第一条　この法律は、公布の日から起算して一月を経過した日から施行する。


## ●不正アクセス行為の禁止等に関する法律

（平成十一年八月十三日法律第百二十八号）
最終改正：平成二五年五月三一日法律第二八号

（目的）
第一条　この法律は、不正アクセス行為を禁止するとともに、これについての罰則及びその再発防止のための都道府県公安委員会による援助措置等を定めることにより、電気通信回線を通じて行われる電子計算機に係る犯罪の防止及びアクセス制御機能により実現される電気通信に関する秩序の維持を図り、もって高度情報通信社会の健全な発展に寄与することを目的とする。
（定義）
第二条　この法律において「アクセス管理者」とは、電気通信回線に接続している電子計算機（以下「特定電子計算機」という。）の利用（当該電気通信回線を通じて行うものに限る。以下「特定利用」という。）につき当該特定電子計算機の動作を管理する者をいう。
2　この法律において「識別符号」とは、特定電子計算機の特定利用をすることについて当該特定利用に係るアクセス管理者の許諾を得た者（以下「利用権者」という。）及び当該アクセス管理者（以下この項において「利用権者等」という。）に、当該アクセス管理者において当該利用権者等を他の利用権者等と区別して識別することができるように付される符号であって、次のいずれかに該当するもの又は次のいずれかに該当する符号とその他の符号を組み合わせたものをいう。
一　当該アクセス管理者によってその内容をみだりに第三者に知らせてはならないものとされている符号
二　当該利用権者等の身体の全部若しくは一部の影像又は音声を用いて当該アクセス管理者が定める方法により作成される符号

三　当該利用権者等の署名を用いて当該アクセス管理者が定める方法により作成される符号

3　この法律において「アクセス制御機能」とは、特定電子計算機の特定利用を自動的に制御するために当該特定利用に係るアクセス管理者によって当該特定電子計算機又は当該特定電子計算機に電気通信回線を介して接続された他の特定電子計算機に付加されている機能であって、当該特定利用をしようとする者により当該機能を有する特定電子計算機に入力された符号が当該特定利用に係る識別符号（識別符号を用いて当該アクセス管理者の定める方法により作成される符号と当該識別符号の一部を組み合わせた符号を含む。次項第一号及び第二号において同じ。）であることを確認して、当該特定利用の制限の全部又は一部を解除するものをいう。

4　この法律において「不正アクセス行為」とは、次の各号のいずれかに該当する行為をいう。

一　アクセス制御機能を有する特定電子計算機に電気通信回線を通じて当該アクセス制御機能に係る他人の識別符号を入力して当該特定電子計算機を作動させ、当該アクセス制御機能により制限されている特定利用をし得る状態にさせる行為（当該アクセス制御機能を付加したアクセス管理者がするもの及び当該アクセス管理者又は当該識別符号に係る利用権者の承諾を得てするものを除く。）

二　アクセス制御機能を有する特定電子計算機に電気通信回線を通じて当該アクセス制御機能による特定利用の制限を免れることができる情報（識別符号であるものを除く。）又は指令を入力して当該特定電子計算機を作動させ、その制限されている特定利用をし得る状態にさせる行為（当該アクセス制御機能を付加したアクセス管理者がするもの及び当該アクセス管理者の承諾を得てするものを除く。次号において同じ。）

三　電気通信回線を介して接続された他の特定電子計算機が有するアクセス制御機能によりその特定利用を制限されている特定電子計算機に電気通信回線を通じてその制限を免れることができる情報又は指令を入力して当該特定電子計算機を作動させ、その制限されている特定利用をし得る状態にさせる行為

　　（不正アクセス行為の禁止）

第三条　何人も、不正アクセス行為をしてはならない。

　　（他人の識別符号を不正に取得する行為の禁止）

第四条　何人も、不正アクセス行為（第二条第四項第一号に該当するものに限る。第六条及び第十二条第二号において同じ。）の用に供する目的で、アクセス制御機能に係る他人の識別符号を取得してはならない。

　　（不正アクセス行為を助長する行為の禁止）

第五条　何人も、業務その他正当な理由による場合を除いては、アクセス制御機能に係る他人の識別符号を、当該アクセス制御機能に係るアクセス管理者及び当該識別符号に係る利用権者以外の者に提供してはならない。

（他人の識別符号を不正に保管する行為の禁止）

第六条　何人も、不正アクセス行為の用に供する目的で、不正に取得されたアクセス制御機能に係る他人の識別符号を保管してはならない。

（識別符号の入力を不正に要求する行為の禁止）

第七条　何人も、アクセス制御機能を特定電子計算機に付加したアクセス管理者になりすまし、その他当該アクセス管理者であると誤認させて、次に掲げる行為をしてはならない。ただし、当該アクセス管理者の承諾を得てする場合は、この限りでない。

一　当該アクセス管理者が当該アクセス制御機能に係る識別符号を付された利用権者に対し当該識別符号を特定電子計算機に入力することを求める旨の情報を、電気通信回線に接続して行う自動公衆送信（公衆によって直接受信されることを目的として公衆からの求めに応じ自動的に送信を行うことをいい、放送又は有線放送に該当するものを除く。）を利用して公衆が閲覧することができる状態に置く行為

二　当該アクセス管理者が当該アクセス制御機能に係る識別符号を付された利用権者に対し当該識別符号を特定電子計算機に入力することを求める旨の情報を、電子メール（特定電子メールの送信の適正化等に関する法律（平成十四年法律第二十六号）第二条第一号に規定する電子メールをいう。）により当該利用権者に送信する行為

（アクセス管理者による防御措置）

第八条　アクセス制御機能を特定電子計算機に付加したアクセス管理者は、当該アクセス制御機能に係る識別符号又はこれを当該アクセス制御機能により確認するために用いる符号の適正な管理に努めるとともに、常に当該アクセス制御機能の有効性を検証し、必要があると認めるときは速やかにその機能の高度化その他当該特定電子計算機を不正アクセス行為から防御するため必要な措置を講ずるよう努めるものとする。

（都道府県公安委員会による援助等）

第九条　都道府県公安委員会（道警察本部の所在地を包括する方面（警察法（昭和二十九年法律第百六十二号）第五十一条第一項本文に規定する方面をいう。以下この項において同じ。）を除く方面にあっては、方面公安委員会。以下この条において同じ。）は、不正アクセス行為が行われたと認められる場合において、当該不正アクセス行為に係る特定電子計算機に係るアクセス管理者から、その再発を防止するため、当該不正アクセス行為が行われた際の当該特定電子計算機の作動状況及び管理状況その他の参考となるべき事項に関する書類その他の物件を添えて、援助を受けたい旨の申出があり、その申出を相当と認めるときは、当該アクセス管理者に対し、当該不正アクセス行為の手口又はこれが行われた原因に応じ当該特定電子計算機を不正アクセス行為から防御するため必要な応急の措置が的確に講じられるよう、必要な資料の提供、助言、指導その他の援助を行うものとする。

2　都道府県公安委員会は、前項の規定による援助を行うため必要な事例分析（当該援助に係る不正アクセス行為の手口、それが行われた原因等に関する技術的な調査及び分

析を行うことをいう。次項において同じ。）の実施の事務の全部又は一部を国家公安委員会規則で定める者に委託することができる。
3 前項の規定により都道府県公安委員会が委託した事例分析の実施の事務に従事した者は、その実施に関して知り得た秘密を漏らしてはならない。
4 前三項に定めるもののほか、第一項の規定による援助に関し必要な事項は、国家公安委員会規則で定める。
5 第一項に定めるもののほか、都道府県公安委員会は、アクセス制御機能を有する特定電子計算機の不正アクセス行為からの防御に関する啓発及び知識の普及に努めなければならない。

**第十条** 国家公安委員会、総務大臣及び経済産業大臣は、アクセス制御機能を有する特定電子計算機の不正アクセス行為からの防御に資するため、毎年少なくとも一回、不正アクセス行為の発生状況及びアクセス制御機能に関する技術の研究開発の状況を公表するものとする。
2 国家公安委員会、総務大臣及び経済産業大臣は、アクセス制御機能を有する特定電子計算機の不正アクセス行為からの防御に資するため、アクセス制御機能を特定電子計算機に付加したアクセス管理者が第八条の規定により講ずる措置を支援することを目的としてアクセス制御機能の高度化に係る事業を行う者が組織する団体であって、当該支援を適正かつ効果的に行うことができると認められるものに対し、必要な情報の提供その他の援助を行うよう努めなければならない。
3 前二項に定めるもののほか、国は、アクセス制御機能を有する特定電子計算機の不正アクセス行為からの防御に関する啓発及び知識の普及に努めなければならない。
（罰則）

**第十一条** 第三条の規定に違反した者は、三年以下の懲役又は百万円以下の罰金に処する。

**第十二条** 次の各号のいずれかに該当する者は、一年以下の懲役又は五十万円以下の罰金に処する。
一 第四条の規定に違反した者
二 第五条の規定に違反して、相手方に不正アクセス行為の用に供する目的があることの情を知ってアクセス制御機能に係る他人の識別符号を提供した者
三 第六条の規定に違反した者
四 第七条の規定に違反した者
五 第九条第三項の規定に違反した者

**第十三条** 第五条の規定に違反した者（前条第二号に該当する者を除く。）は、三十万円以下の罰金に処する。

**第十四条** 第十一条及び第十二条第一号から第三号までの罪は、刑法（明治四十年法律第四十五号）第四条の二の例に従う。

附　則

　　この法律は、公布の日から起算して六月を経過した日から施行する。ただし、第六条及び第八条第二号の規定は、公布の日から起算して一年を超えない範囲内において政令で定める日から施行する。

附　則　（平成一一年一二月二二日法律第一六〇号）　抄

（施行期日）

第一条　この法律(第二条及び第三条を除く。)は、平成十三年一月六日から施行する。

附　則　（平成二三年六月二四日法律第七四号）抄

（施行期日）

第一条　この法律は、公布の日から起算して二十日を経過した日から施行する。ただし、次の各号に掲げる規定は、当該各号に定める日から施行する。

二　第六条の規定　サイバー犯罪に関する条約が日本国について効力を生ずる日

第七条　第六条の規定による改正後の不正アクセス行為の禁止等に関する法律第十四条の規定は、附則第一条第二号に掲げる規定の施行の日以後に日本国について効力を生ずる条約により日本国外において犯したときであっても罰すべきものとされている罪に限り、適用する。

附　則　（平成二四年三月三一日法律第一二号）抄

（施行期日）

第一条　この法律は、公布の日から起算して一月を経過した日から施行する。

（調整規定）

第四条　この法律の施行の日が情報処理の高度化等に対処するための刑法等の一部を改正する法律附則第一条第二号に掲げる規定の施行の日以後である場合には、前条の規定は適用せず、この法律のうち次の表の上欄に掲げる不正アクセス行為の禁止等に関する法律の改正規定中同表の中欄に掲げる字句は、それぞれ同表の下欄に掲げる字句とする。

| 第九条の改正規定及び同条を第十三条とする改正規定 | 同条を第十三条とする。 | 同条を第十三条とし、同条の次に次の一条を加える。<br>第十四条　第十一条及び第十二条第一号から第三号までの罪は、刑法(明治四十年法律第四十五号)第四条の二の例に従う。 |

| 第八条の改正規定 | 同条中「一に」を「いずれかに」に改め、同条第一号中「第三条第一項」を「第四条」に改め、同条第二号中「第六条第三項」を「第九条第三項」に改め、同号を同条第五号とし、同条第一号の次に次の三号を加える | 同条第一項第一号中「第三条第一項」を「第四条」に改め、同項第二号中「第六条第三項」を「第九条第三項」に改め、同号を同項第五号とし、同項第一号の次に次の三号を加える |
|---|---|---|
| 第八条を第十二条とする改正規定 | 第八条を第十二条とする | 第八条第二項を削り、同条を第十二条とする |

2 前項の場合において、この法律による改正後の不正アクセス行為の禁止等に関する法律（以下この項において「新法」という。）第十四条の規定（新法第十一条の罪に係る部分に限る。）は情報処理の高度化等に対処するための刑法等の一部を改正する法律附則第一条第二号に掲げる規定の施行の日以後に日本国について効力を生ずる条約により、新法第十四条の規定（新法第十一条の罪に係る部分を除く。）はサイバー犯罪に関する条約及びこの法律の施行の日以後に日本国について効力を生ずる条約により日本国外において犯したときであっても罰すべきものとされている罪に限り、適用する。

## 附　則　（平成二五年五月三一日法律第二八号）抄

　この法律は、番号利用法の施行の日から施行する。ただし、次の各号に掲げる規定は、当該各号に定める日から施行する。

一　第三十三条から第四十二条まで、第四十四条（内閣府設置法第四条第三項第四十一号の次に一号を加える改正規定に限る。）及び第五十条の規定　公布の日

## ●特定電子メールの送信の適正化等に関する法律

（平成十四年四月十七日法律第二十六号）
最終改正：平成二三年六月二四日法律第七四号

第一章　総則(第一条・第二条)
第二章　特定電子メールの送信の適正化のための措置等(第三条—第十三条)
第三章　登録送信適正化機関(第十四条—第二十七条)
第四章　雑則(第二十八条—第三十二条)
第五章　罰則(第三十三条—第三十八条)
附則

### 第一章　総則

（目的）

第一条　この法律は、一時に多数の者に対してされる特定電子メールの送信等による電子メールの送受信上の支障を防止する必要性が生じていることにかんがみ、特定電子メールの送信の適正化のための措置等を定めることにより、電子メールの利用についての良好な環境の整備を図り、もって高度情報通信社会の健全な発展に寄与することを目的とする。

（定義）

第二条　この法律において、次の各号に掲げる用語の意義は、当該各号に定めるところによる。

一　電子メール　特定の者に対し通信文その他の情報をその使用する通信端末機器（入出力装置を含む。以下同じ。）の映像面に表示されるようにすることにより伝達するための電気通信（電気通信事業法（昭和五十九年法律第八十六号）第二条第一号に規定する電気通信をいう。）であって、総務省令で定める通信方式を用いるものをいう。

二　特定電子メール　電子メールの送信（国内にある電気通信設備（電気通信事業法第二条第二号に規定する電気通信設備をいう。以下同じ。）からの送信又は国内にある電気通信設備への送信に限る。以下同じ。）をする者（営利を目的とする団体及び営業を営む場合における個人に限る。以下「送信者」という。）が自己又は他人の営業につき広告又は宣伝を行うための手段として送信をする電子メールをいう。

三　電子メールアドレス　電子メールの利用者を識別するための文字、番号、記号その他の符号をいう。

四　架空電子メールアドレス　次のいずれにも該当する電子メールアドレスをいう。

イ　多数の電子メールアドレスを自動的に作成する機能を有するプログラム（電子計算機に対する指令であって、一の結果を得ることができるように組み合わされたものをいう。）を用いて作成したものであること。

ロ　現に電子メールアドレスとして利用する者がないものであること。
五　電子メール通信役務　電子メールに係る電気通信事業法第二条第三号に規定する電気通信役務をいう。

## 第二章　特定電子メールの送信の適正化のための措置等
（特定電子メールの送信の制限）
第三条　送信者は、次に掲げる者以外の者に対し、特定電子メールの送信をしてはならない。
一　あらかじめ、特定電子メールの送信をするように求める旨又は送信をすることに同意する旨を送信者又は送信委託者（電子メールの送信を委託した者（営利を目的とする団体及び営業を営む場合における個人に限る。）をいう。以下同じ。）に対し通知した者
二　前号に掲げるもののほか、総務省令・内閣府令で定めるところにより自己の電子メールアドレスを送信者又は送信委託者に対し通知した者
三　前二号に掲げるもののほか、当該特定電子メールを手段とする広告又は宣伝に係る営業を営む者と取引関係にある者
四　前三号に掲げるもののほか、総務省令・内閣府令で定めるところにより自己の電子メールアドレスを公表している団体又は個人（個人にあっては、営業を営む者に限る。）
2　前項第一号の通知を受けた者は、総務省令・内閣府令で定めるところにより特定電子メールの送信をするように求めがあったこと又は送信をすることに同意があったことを証する記録を保存しなければならない。
3　送信者は、第一項各号に掲げる者から総務省令・内閣府令で定めるところにより特定電子メールの送信をしないように求める旨（一定の事項に係る特定電子メールの送信をしないように求める場合にあっては、その旨）の通知を受けたとき（送信委託者がその通知を受けたときを含む。）は、その通知に示された意思に反して、特定電子メールの送信をしてはならない。ただし、電子メールの受信をする者の意思に基づき広告又は宣伝以外の行為を主たる目的として送信される電子メールにおいて広告又は宣伝が付随的に行われる場合その他のこれに類する場合として総務省令・内閣府令で定める場合は、この限りでない。

（表示義務）
第四条　送信者は、特定電子メールの送信に当たっては、総務省令・内閣府令で定めるところにより、その受信をする者が使用する通信端末機器の映像面に次に掲げる事項（前条第三項ただし書の総務省令・内閣府令で定める場合においては、第二号に掲げる事項を除く。）が正しく表示されるようにしなければならない。
一　当該送信者（当該電子メールの送信につき送信委託者がいる場合は、当該送信者又は

当該送信委託者のうち当該送信に責任を有する者)の氏名又は名称
二　前条第三項本文の通知を受けるための電子メールアドレス又は電気通信設備を識別するための文字、番号、記号その他の符号であって総務省令・内閣府令で定めるもの
三　その他総務省令・内閣府令で定める事項
　　（送信者情報を偽った送信の禁止）
第五条　送信者は、電子メールの送受信のために用いられる情報のうち送信者に関するものであって次に掲げるもの（以下「送信者情報」という。）を偽って特定電子メールの送信をしてはならない。
一　当該電子メールの送信に用いた電子メールアドレス
二　当該電子メールの送信に用いた電気通信設備を識別するための文字、番号、記号その他の符号
　　（架空電子メールアドレスによる送信の禁止）
第六条　送信者は、自己又は他人の営業のために多数の電子メールの送信をする目的で、架空電子メールアドレスをそのあて先とする電子メールの送信をしてはならない。
　　（措置命令）
第七条　総務大臣及び内閣総理大臣（架空電子メールアドレスをそのあて先とする電子メールの送信に係る場合にあっては、総務大臣）は、送信者が一時に多数の者に対してする特定電子メールの送信その他の電子メールの送信につき、第三条若しくは第四条の規定を遵守していないと認める場合又は送信者情報を偽った電子メール若しくは架空電子メールアドレスをそのあて先とする電子メールの送信をしたと認める場合において、電子メールの送受信上の支障を防止するため必要があると認めるときは、当該送信者（これらの電子メールに係る送信委託者が当該電子メールの送信に係る第三条第一項第一号又は第二号の通知の受領、同条第二項の記録の保存その他の当該電子メールの送信に係る業務の一部を行った場合であって、当該電子メールの送信につき、当該送信委託者の責めに帰すべき事由があると認められるときは、当該送信者及び当該送信委託者）に対し、電子メールの送信の方法の改善に関し必要な措置をとるべきことを命ずることができる。
　　（総務大臣又は内閣総理大臣に対する申出）
第八条　特定電子メールの受信をした者は、第三条から第五条までの規定に違反して特定電子メールの送信がされたと認めるときは、総務大臣又は内閣総理大臣に対し、適当な措置をとるべきことを申し出ることができる。
2　次の各号に掲げる大臣は、前項の規定による申出を受けたとき（当該申出が総務大臣及び内閣総理大臣に対するものであるときを除く。）は、速やかに、その旨をそれぞれ当該各号に定める大臣に通知するものとする。
一　総務大臣　内閣総理大臣
二　内閣総理大臣　総務大臣

3 電子メール通信役務を提供する者は、第六条の規定に違反して架空電子メールアドレスをそのあて先とする電子メールの送信がされたと認めるときは、総務大臣に対し、適当な措置をとるべきことを申し出ることができる。
4 総務大臣又は内閣総理大臣は、第一項の規定による申出を受けたときは、必要な調査を行い、その結果に基づき必要があると認めるときは、この法律に基づく措置その他適当な措置をとらなければならない。
5 総務大臣は、第三項の規定による申出を受けたときは、必要な調査を行い、その結果に基づき必要があると認めるときは、この法律に基づく措置その他適当な措置をとらなければならない。
（苦情等の処理）
第九条 特定電子メールの送信者は、その特定電子メールの送信についての苦情、問合せ等については、誠意をもって、これを処理しなければならない。
（電気通信事業者による情報の提供及び技術の開発等）
第十条 電子メール通信役務を提供する電気通信事業者（電気通信事業法第二条第五号に規定する電気通信事業者をいう。以下同じ。）は、その役務の利用者に対し、特定電子メール、送信者情報を偽った電子メール又は架空電子メールアドレスをそのあて先とする電子メール（以下「特定電子メール等」という。）による電子メールの送受信上の支障の防止に資するその役務に関する情報の提供を行うように努めなければならない。
2 電子メール通信役務を提供する電気通信事業者は、特定電子メール等による電子メールの送受信上の支障の防止に資する技術の開発又は導入に努めなければならない。
（電気通信役務の提供の拒否）
第十一条 電気通信事業者は、送信者情報を偽った電子メールの送信がされた場合において自己の電子メール通信役務の円滑な提供に支障を生じ、又はその利用者における電子メールの送受信上の支障を生ずるおそれがあると認められるとき、一時に多数の架空電子メールアドレスをそのあて先とする電子メールの送信がされた場合において自己の電子メール通信役務の円滑な提供に支障を生ずるおそれがあると認められるとき、その他電子メールの送受信上の支障を防止するため電子メール通信役務の提供を拒むことについて正当な理由があると認められる場合には、当該支障を防止するために必要な範囲内において、当該支障を生じさせるおそれのある電子メールの送信をする者に対し、電子メール通信役務の提供を拒むことができる。
（電気通信事業者の団体に対する指導及び助言）
第十二条 総務大臣は、一般社団法人であって、その社員である電気通信事業者に対して情報の提供その他の特定電子メール等による電子メールの送受信上の支障の防止に資する業務を行うものに対し、その業務に関し必要な指導及び助言を行うように努めるものとする。
（研究開発等の状況の公表）

第十三条　総務大臣は、毎年少なくとも一回、特定電子メール等による電子メールの送受信上の支障の防止に資する技術の研究開発及び電子メール通信役務を提供する電気通信事業者によるその導入の状況を公表するものとする。

## 第三章　登録送信適正化機関
（登録送信適正化機関の登録）
第十四条　総務大臣及び内閣総理大臣は、その登録を受けた者（以下「登録送信適正化機関」という。）に、次に掲げる業務（以下「特定電子メール等送信適正化業務」という。）を行わせることができる。
一　第八条第一項の規定による総務大臣若しくは内閣総理大臣に対する申出又は同条第三項の規定による総務大臣に対する申出をしようとする者に対し指導又は助言を行うこと。
二　総務大臣又は内閣総理大臣から求められた場合において、第八条第四項又は第五項の申出に係る事実関係につき調査を行うこと。
三　特定電子メール等に関する情報又は資料を収集し、及び提供すること。
2　前項の登録は、特定電子メール等送信適正化業務を行おうとする者の申請により行う。
（欠格条項）
第十五条　次の各号のいずれかに該当する者は、前条第一項の登録を受けることができない。
一　この法律又はこの法律に基づく命令に違反し、罰金以上の刑に処せられ、その執行を終わり、又は執行を受けることがなくなった日から二年を経過しない者
二　第二十五条の規定により登録を取り消され、その取消しの日から二年を経過しない者
三　法人であって、その業務を行う役員のうちに前二号のいずれかに該当する者があるもの
（登録基準）
第十六条　総務大臣及び内閣総理大臣は、第十四条第二項の規定により登録を申請した者が次に掲げる要件のすべてに適合しているときは、その登録をしなければならない。この場合において、登録に関して必要な手続は、総務省令・内閣府令で定める。
一　学校教育法（昭和二十二年法律第二十六号）による大学若しくは高等専門学校において電気通信に関する科目を修めて卒業した者でその後一年以上電子メール通信役務に関する実務に従事した経験を有するもの又はこれと同等以上の知識経験を有する者が特定電子メール等送信適正化業務に従事するものであること。
二　次に掲げる特定電子メール等送信適正化業務を適正に行うための措置がとられていること。
イ　特定電子メール等送信適正化業務を行う部門に専任の管理者を置くこと。

ロ 特定電子メール等送信適正化業務の管理及び適正な実施の確保に関する文書が作成されていること。
ハ ロに掲げる文書に記載されたところに従い特定電子メール等送信適正化業務の管理及び適正な実施の確保を行う専任の部門を置くこと。
2 登録は、登録送信適正化機関登録簿に次に掲げる事項を記載してするものとする。
一 登録年月日及び登録番号
二 登録送信適正化機関の氏名又は名称及び住所並びに法人にあっては、その代表者の氏名
三 登録送信適正化機関が特定電子メール等送信適正化業務を行う事務所の名称及び所在地
（登録の更新）

第十七条　第十四条第一項の登録は、三年ごとにその更新を受けなければ、その期間の経過によって、その効力を失う。
2 第十四条第二項及び前二条の規定は、前項の登録の更新について準用する。
（特定電子メール等送信適正化業務の実施に係る義務）

第十八条　登録送信適正化機関は、公正に、かつ、第十六条第一項各号に掲げる要件及び総務省令・内閣府令で定める基準に適合する方法により特定電子メール等送信適正化業務を行わなければならない。
（変更の届出）

第十九条　登録送信適正化機関は、第十六条第二項第二号又は第三号に掲げる事項を変更しようとするときは、変更しようとする日の二週間前までに、その旨を総務大臣及び内閣総理大臣に届け出なければならない。
（業務規程）

第二十条　登録送信適正化機関は、特定電子メール等送信適正化業務に関する規程（次項において「業務規程」という。）を定め、特定電子メール等送信適正化業務の開始前に、総務大臣及び内閣総理大臣に届け出なければならない。これを変更しようとするときも、同様とする。
2 業務規程には、特定電子メール等送信適正化業務の実施の方法その他の総務省令・内閣府令で定める事項を定めておかなければならない。
（業務の休廃止）

第二十一条　登録送信適正化機関は、特定電子メール等送信適正化業務の全部又は一部を休止し、又は廃止しようとするときは、総務省令・内閣府令で定めるところにより、あらかじめ、その旨を総務大臣及び内閣総理大臣に届け出なければならない。
（財務諸表等の備付け及び閲覧等）

第二十二条　登録送信適正化機関は、毎事業年度経過後三月以内に、その事業年度の財産目録、貸借対照表及び損益計算書又は収支計算書並びに事業報告書（その作成に代

えて電磁的記録（電子的方式、磁気的方式その他の人の知覚によっては認識することができない方式で作られる記録であって、電子計算機による情報処理の用に供されるものをいう。以下この条において同じ。）の作成がされている場合における当該電磁的記録を含む。次項及び第三十八条において「財務諸表等」という。）を作成し、五年間事務所に備えて置かなければならない。

2　特定電子メールの受信をした者その他の利害関係人は、登録送信適正化機関の業務時間内は、いつでも、次に掲げる請求をすることができる。ただし、第二号又は第四号の請求をするには、登録送信適正化機関の定めた費用を支払わなければならない。

一　財務諸表等が書面をもって作成されているときは、当該書面の閲覧又は謄写の請求
二　前号の書面の謄本又は抄本の請求
三　財務諸表等が電磁的記録をもって作成されているときは、当該電磁的記録に記録された事項を総務省令・内閣府令で定める方法により表示したものの閲覧又は謄写の請求
四　前号の電磁的記録に記録された事項を電磁的方法であって総務省令・内閣府令で定めるものにより提供することの請求又は当該事項を記載した書面の交付の請求

（適合命令）

第二十三条　総務大臣及び内閣総理大臣は、登録送信適正化機関が第十六条第一項各号のいずれかに適合しなくなったと認めるときは、その登録送信適正化機関に対し、これらの規定に適合するため必要な措置をとるべきことを命ずることができる。

（改善命令）

第二十四条　総務大臣及び内閣総理大臣は、登録送信適正化機関が第十八条の規定に違反していると認めるときは、その登録送信適正化機関に対し、同条の規定による特定電子メール等送信適正化業務を行うべきこと又は特定電子メール等送信適正化業務の方法の改善に関し必要な措置をとるべきことを命ずることができる。

（登録の取消し等）

第二十五条　総務大臣及び内閣総理大臣は、登録送信適正化機関が次の各号のいずれかに該当するときは、その登録を取り消し、又は期間を定めて特定電子メール等送信適正化業務の全部若しくは一部の停止を命ずることができる。

一　第十五条第一号又は第三号に該当するに至ったとき。
二　第十九条から第二十一条まで、第二十二条第一項又は次条の規定に違反したとき。
三　正当な理由がないのに第二十二条第二項各号の規定による請求を拒んだとき。
四　前二条の規定による命令に違反したとき。
五　不正の手段により第十四条第一項の登録を受けたとき。

（帳簿の記載）

第二十六条　登録送信適正化機関は、総務省令・内閣府令で定めるところにより、帳簿を備え、特定電子メール等送信適正化業務に関し総務省令・内閣府令で定める事項

を記載し、これを保存しなければならない。
(公示)
第二十七条　総務大臣及び内閣総理大臣は、次に掲げる場合には、その旨を官報に公示しなければならない。
一　第十四条第一項の登録をしたとき。
二　第十九条の規定による届出があったとき。
三　第二十一条の規定による届出があったとき。
四　第二十五条の規定により第十四条第一項の登録を取り消し、又は特定電子メール等送信適正化業務の停止を命じたとき。

## 第四章　雑則

(報告及び立入検査)
第二十八条　総務大臣又は内閣総理大臣は、この法律の施行に必要な限度において、特定電子メール等の送信者若しくは送信委託者に対し、これらの送信に関し必要な報告をさせ、又はその職員に、これらの送信者若しくは送信委託者の事業所に立ち入り、帳簿、書類その他の物件を検査させることができる。
2　総務大臣及び内閣総理大臣は、特定電子メール等送信適正化業務の適正な運営を確保するために必要な限度において、登録送信適正化機関に対し、特定電子メール等送信適正化業務若しくは資産の状況に関し必要な報告をさせ、又はその職員に、登録送信適正化機関の事務所に立ち入り、特定電子メール等送信適正化業務の状況若しくは帳簿、書類その他の物件を検査させることができる。
3　前二項の規定により立入検査をする職員は、その身分を示す証明書を携帯し、関係人に提示しなければならない。
4　第一項又は第二項の規定による立入検査の権限は、犯罪捜査のために認められたものと解釈してはならない。
5　次の各号に掲げる大臣は、第一項の規定による権限を単独で行使したときは、速やかに、その結果をそれぞれ当該各号に定める大臣に通知するものとする。
一　総務大臣　内閣総理大臣
二　内閣総理大臣　総務大臣
(送信者に関する情報の提供の求め)
第二十九条　総務大臣は、この法律の施行に必要な限度において、電気通信事業者その他の者であって、電子メールアドレス又は電気通信設備を識別するための文字、番号、記号その他の符号(特定電子メール等の受信をする者が使用する通信端末機器の映像面に表示されたもの又は特定電子メール等の送受信のために用いられたもののうち送信者に関するものに限る。)を使用する権利を付与したものから、当該権利を付与された者の氏名又は名称、住所その他の当該権利を付与された者を特定するために

必要な情報の提供を求めることができる。

（外国執行当局への情報提供）

第三十条　総務大臣は、この法律に相当する外国の法令を執行する外国の当局（以下この条において「外国執行当局」という。）に対し、その職務（この法律に規定する職務に相当するものに限る。次項において同じ。）の遂行に資すると認める情報の提供を行うことができる。

2　前項の規定による情報の提供については、当該情報が当該外国執行当局の職務の遂行以外に使用されず、かつ、次項の規定による同意がなければ外国の刑事事件の捜査（その対象たる犯罪事実が特定された後のものに限る。）又は審判（同項において「捜査等」という。）に使用されないよう適切な措置がとられなければならない。

3　総務大臣は、外国執行当局からの要請があったときは、次の各号のいずれかに該当する場合を除き、第一項の規定により提供した情報を当該要請に係る外国の刑事事件の捜査等に使用することについて同意をすることができる。

一　当該要請に係る刑事事件の捜査等の対象とされている犯罪が政治犯罪であるとき、又は当該要請が政治犯罪について捜査等を行う目的で行われたものと認められるとき。

二　当該要請に係る刑事事件の捜査等の対象とされている犯罪に係る行為が日本国内において行われたとした場合において、その行為が日本国の法令によれば罪に当たるものでないとき。

三　日本国が行う同種の要請に応ずる旨の要請国の保証がないとき。

4　総務大臣は、前項の同意をする場合においては、あらかじめ、同項第一号及び第二号に該当しないことについて法務大臣の確認を、同項第三号に該当しないことについて外務大臣の確認を、それぞれ受けなければならない。

（権限の委任等）

第三十一条　内閣総理大臣は、この法律の規定による権限（政令で定めるものを除く。）を消費者庁長官に委任する。

2　この法律に規定する総務大臣の権限及び前項の規定により消費者庁長官に委任された権限に属する事務の一部は、政令で定めるところにより、都道府県知事が行うこととすることができる。

（経過措置）

第三十二条　この法律の規定に基づき命令を制定し、又は改廃するときは、その命令で、その制定又は改廃に伴い合理的に必要と判断される範囲内において、所要の経過措置（罰則に関する経過措置を含む。）を定めることができる。

# 第五章　罰則

第三十三条　第二十五条の規定による業務の停止の命令に違反した者は、一年以下の懲

役若しくは百万円以下の罰金に処し、又はこれを併科する。

第三十四条　次の各号のいずれかに該当する者は、一年以下の懲役又は百万円以下の罰金に処する。
一　第五条の規定に違反した者
二　第七条の規定による命令（第三条第二項の規定による記録の保存に係るものを除く。）に違反した者

第三十五条　次の各号のいずれかに該当する者は、百万円以下の罰金に処する。
一　第七条の規定による命令（第三条第二項の規定による記録の保存に係るものに限る。）に違反した者
二　第二十八条第一項の規定による報告をせず、若しくは虚偽の報告をし、又は同項の規定による検査を拒み、妨げ、若しくは忌避した者

第三十六条　次の各号のいずれかに該当する者は、三十万円以下の罰金に処する。
一　第二十一条の規定による届出をせず、又は虚偽の届出をした者
二　第二十六条の規定に違反して同条に規定する事項の記載をせず、若しくは虚偽の記載をし、又は帳簿を保存しなかった者
三　第二十八条第二項の規定による報告をせず、若しくは虚偽の報告をし、又は同項の規定による検査を拒み、妨げ、若しくは忌避した者

第三十七条　法人の代表者又は法人若しくは人の代理人、使用人その他の従業者が、その法人又は人の業務に関し、次の各号に掲げる規定の違反行為をしたときは、行為者を罰するほか、その法人に対して当該各号に定める罰金刑を、その人に対して各本条の罰金刑を科する。
一　第三十四条　三千万円以下の罰金刑
二　第三十三条、第三十五条又は前条　各本条の罰金刑

第三十八条　第二十二条第一項の規定に違反して財務諸表等を備えて置かず、財務諸表等に記載すべき事項を記載せず、若しくは虚偽の記載をし、又は正当な理由がないのに同条第二項各号の規定による請求を拒んだ者は、二十万円以下の過料に処する。


附　則

（施行期日）
1　この法律は、公布の日から起算して六月を超えない範囲内において政令で定める日から施行する。
（検討）
2　政府は、この法律の施行後三年以内に、電気通信に係る技術の水準その他の事情を勘案しつつ、この法律の施行の状況について検討を加え、その結果に基づいて必要な措置を講ずるものとする。

附　則　（平成一五年七月二四日法律第一二五号）抄

(施行期日)
第一条　この法律は、公布の日から起算して九月を超えない範囲内において政令で定める日から施行する。ただし、次の各号に掲げる規定は、それぞれ当該各号に定める日から施行する。
三　第二条の規定、第三条中会社法第十一条第二項の改正規定並びに附則第六条から附則第十五条まで、附則第二十一条から附則第三十一条まで、附則第三十四条から附則第四十一条まで及び附則第四十四条から附則第四十八条までの規定　公布の日から起算して一年を超えない範囲内において政令で定める日

附　則　（平成一七年五月二〇日法律第四六号）抄

(施行期日)
第一条　この法律は、公布の日から起算して六月を超えない範囲内において政令で定める日から施行する。ただし、次条及び附則第六条の規定は、公布の日から施行する。
(経過措置)
第二条　この法律による改正後の特定電子メールの送信の適正化等に関する法律（以下「新法」という。）第十四条第一項の登録を受けようとする者は、この法律の施行前においても、その申請を行うことができる。新法第二十条第一項の規定による業務規程の届出についても、同様とする。
第三条　この法律の施行の際現にこの法律による改正前の特定電子メールの送信の適正化等に関する法律（次条において「旧法」という。）第十三条第一項の規定により指定を受けている者は、この法律の施行の日から起算して六月を経過する日までの間は、新法第十四条第一項の登録を受けているものとみなす。
第四条　前条に規定するもののほか、この法律の施行前に旧法の規定（これに基づく命令を含む。）によってした処分、手続その他の行為であって、新法中相当する規定があるものは、これらの規定によってした処分、手続その他の行為とみなす。
(罰則に関する経過措置)
第五条　この法律の施行前にした行為に対する罰則の適用については、なお従前の例による。
(政令への委任)
第六条　附則第二条から前条までに定めるもののほか、この法律の施行に関し必要となる経過措置（罰則に関する経過措置を含む。）は、政令で定める。
(検討)
第七条　政府は、この法律の施行後三年以内に、電気通信に係る技術の水準その他の事情を勘案しつつ、この法律の施行の状況について検討を加え、その結果に基づいて必要な措置を講ずるものとする。

附　則　（平成一七年七月二六日法律第八七号）抄

　この法律は、会社法の施行の日から施行する。

附　則　（平成一八年六月二日法律第五〇号）

　この法律は、一般社団・財団法人法の施行の日から施行する。

附　則　（平成二〇年六月六日法律第五四号）

（施行期日）

第一条　この法律は、公布の日から起算して六月を超えない範囲内において政令で定める日から施行する。ただし、附則第五条の規定は、公布の日から施行する。

（特定電子メールの送信についての同意等に関する経過措置）

第二条　この法律の施行の際既に特定電子メール（この法律による改正後の特定電子メールの送信の適正化等に関する法律（以下この条及び次条において「新法」という。）第二条第二号に規定する特定電子メールをいう。以下この条において同じ。）の送信者（新法第二条第二号に規定する送信者をいう。以下この条において同じ。）又は送信委託者（新法第三条第一項第一号に規定する送信委託者をいう。以下この条において同じ。）に対し、その送信を求める旨又はその送信をすることに同意する旨の通知をしている者は、新法第三条第一項第一号に掲げる者とみなす。

２　この法律の施行の際既に自己の電子メールアドレス（新法第二条第三号に規定する電子メールアドレスをいう。）を送信者又は送信委託者に対し通知している者は、新法第三条第一項第二号に掲げる者とみなす。

３　この法律の施行の際既に送信者又は送信委託者にされている通知であって特定電子メールの送信をしないように求める旨（一定の事項に係る特定電子メールの送信をしないように求める場合にあっては、その旨）のものは、新法第三条第三項に規定する通知とみなす。

（措置命令に関する経過措置）

第三条　この法律の施行前にこの法律による改正前の特定電子メールの送信の適正化等に関する法律（以下この条において「旧法」という。）第七条の規定によりした命令（新法中相当する規定のある旧法の規定に係るものに限る。）は、新法第七条の規定によりした命令とみなす。

（罰則に関する経過措置）

第四条　この法律の施行前にした行為に対する罰則の適用については、なお従前の例による。

（政令への委任）

第五条　前三条に定めるもののほか、この法律の施行に関し必要となる経過措置（罰則に関する経過措置を含む。）は、政令で定める。

(検討)
第六条　政府は、この法律の施行後三年以内に、電気通信に係る技術の水準その他の事情を勘案しつつ、この法律の施行の状況について検討を加え、その結果に基づいて必要な措置を講ずるものとする。

附　則　（平成二一年六月五日法律第四九号）抄
(施行期日)
第一条　この法律は、消費者庁及び消費者委員会設置法（平成二十一年法律第四十八号）の施行の日から施行する。ただし、次の各号に掲げる規定は、当該各号に定める日から施行する。
一　附則第九条の規定　この法律の公布の日
(罰則の適用に関する経過措置)
第八条　この法律の施行前にした行為及びこの法律の附則においてなお従前の例によることとされる場合におけるこの法律の施行後にした行為に対する罰則の適用については、なお従前の例による。
(政令への委任)
第九条　附則第二条から前条までに定めるもののほか、この法律の施行に関し必要な経過措置（罰則に関する経過措置を含む。）は、政令で定める。

附　則　（平成二三年六月二四日法律第七四号）抄
(施行期日)
第一条　この法律は、公布の日から起算して二十日を経過した日から施行する。

## ●高度情報通信ネットワーク社会形成基本法
（平成十二年十二月六日法律第百四十四号）
最終改正：平成二六年一一月一二日法律第一〇四号

第一章　総則（第一条―第十五条）
第二章　施策の策定に係る基本方針（第十六条―第二十四条）
第三章　高度情報通信ネットワーク社会推進戦略本部（第二十五条―第三十五条）
第四章　高度情報通信ネットワーク社会の形成に関する重点計画（第三十六条）
附則

第一章　総則
(目的)
第一条　この法律は、情報通信技術の活用により世界的規模で生じている急激かつ大幅な

社会経済構造の変化に適確に対応することの緊要性にかんがみ、高度情報通信ネットワーク社会の形成に関し、基本理念及び施策の策定に係る基本方針を定め、国及び地方公共団体の責務を明らかにし、並びに高度情報通信ネットワーク社会推進戦略本部を設置するとともに、高度情報通信ネットワーク社会の形成に関する重点計画の作成について定めることにより、高度情報通信ネットワーク社会の形成に関する施策を迅速かつ重点的に推進することを目的とする。
（定義）

第二条　この法律において「高度情報通信ネットワーク社会」とは、インターネットその他の高度情報通信ネットワークを通じて自由かつ安全に多様な情報又は知識を世界的規模で入手し、共有し、又は発信することにより、あらゆる分野における創造的かつ活力ある発展が可能となる社会をいう。
（すべての国民が情報通信技術の恵沢を享受できる社会の実現）

第三条　高度情報通信ネットワーク社会の形成は、すべての国民が、インターネットその他の高度情報通信ネットワークを容易にかつ主体的に利用する機会を有し、その利用の機会を通じて個々の能力を創造的かつ最大限に発揮することが可能となり、もって情報通信技術の恵沢をあまねく享受できる社会が実現されることを旨として、行われなければならない。
（経済構造改革の推進及び産業国際競争力の強化）

第四条　高度情報通信ネットワーク社会の形成は、電子商取引その他の高度情報通信ネットワークを利用した経済活動（以下「電子商取引等」という。）の促進、中小企業者その他の事業者の経営の能率及び生産性の向上、新たな事業の創出並びに就業の機会の増大をもたらし、もって経済構造改革の推進及び産業の国際競争力の強化に寄与するものでなければならない。
（ゆとりと豊かさを実感できる国民生活の実現）

第五条　高度情報通信ネットワーク社会の形成は、インターネットその他の高度情報通信ネットワークを通じた、国民生活の全般にわたる質の高い情報の流通及び低廉な料金による多様なサービスの提供により、生活の利便性の向上、生活様式の多様化の促進及び消費者の主体的かつ合理的選択の機会の拡大が図られ、もってゆとりと豊かさを実感できる国民生活の実現に寄与するものでなければならない。
（活力ある地域社会の実現及び住民福祉の向上）

第六条　高度情報通信ネットワーク社会の形成は、情報通信技術の活用による、地域経済の活性化、地域における魅力ある就業の機会の創出並びに地域内及び地域間の多様な交流の機会の増大による住民生活の充実及び利便性の向上を通じて、個性豊かで活力に満ちた地域社会の実現及び地域住民の福祉の向上に寄与するものでなければならない。
（国及び地方公共団体と民間との役割分担）

第七条　高度情報通信ネットワーク社会の形成に当たっては、民間が主導的役割を担うことを原則とし、国及び地方公共団体は、公正な競争の促進、規制の見直し等高度情報通信ネットワーク社会の形成を阻害する要因の解消その他の民間の活力が十分に発揮されるための環境整備等を中心とした施策を行うものとする。
（利用の機会等の格差の是正）
第八条　高度情報通信ネットワーク社会の形成に当たっては、地理的な制約、年齢、身体的な条件その他の要因に基づく情報通信技術の利用の機会又は活用のための能力における格差が、高度情報通信ネットワーク社会の円滑かつ一体的な形成を著しく阻害するおそれがあることにかんがみ、その是正が積極的に図られなければならない。
（社会経済構造の変化に伴う新たな課題への対応）
第九条　高度情報通信ネットワーク社会の形成に当たっては、情報通信技術の活用により生ずる社会経済構造の変化に伴う雇用その他の分野における各般の新たな課題について、適確かつ積極的に対応しなければならない。
（国及び地方公共団体の責務）
第十条　国は、第三条から前条までに定める高度情報通信ネットワーク社会の形成についての基本理念（以下「基本理念」という。）にのっとり、高度情報通信ネットワーク社会の形成に関する施策を策定し、及び実施する責務を有する。
第十一条　地方公共団体は、基本理念にのっとり、高度情報通信ネットワーク社会の形成に関し、国との適切な役割分担を踏まえて、その地方公共団体の区域の特性を生かした自主的な施策を策定し、及び実施する責務を有する。
第十二条　国及び地方公共団体は、高度情報通信ネットワーク社会の形成に関する施策が迅速かつ重点的に実施されるよう、相互に連携を図らなければならない。
（法制上の措置等）
第十三条　政府は、高度情報通信ネットワーク社会の形成に関する施策を実施するため必要な法制上又は財政上の措置その他の措置を講じなければならない。
（統計等の作成及び公表）
第十四条　政府は、高度情報通信ネットワーク社会に関する統計その他の高度情報通信ネットワーク社会の形成に資する資料を作成し、インターネットの利用その他適切な方法により随時公表しなければならない。
（国民の理解を深めるための措置）
第十五条　政府は、広報活動等を通じて、高度情報通信ネットワーク社会の形成に関する国民の理解を深めるよう必要な措置を講ずるものとする。

## 第二章　施策の策定に係る基本方針

（高度情報通信ネットワークの一層の拡充等の一体的な推進）
第十六条　高度情報通信ネットワーク社会の形成に関する施策の策定に当たっては、高

度情報通信ネットワークの一層の拡充、高度情報通信ネットワークを通じて提供される文字、音声、映像その他の情報の充実及び情報通信技術の活用のために必要な能力の習得が不可欠であり、かつ、相互に密接な関連を有することにかんがみ、これらが一体的に推進されなければならない。

（世界最高水準の高度情報通信ネットワークの形成）

第十七条　高度情報通信ネットワーク社会の形成に関する施策の策定に当たっては、広く国民が低廉な料金で利用することができる世界最高水準の高度情報通信ネットワークの形成を促進するため、事業者間の公正な競争の促進その他の必要な措置が講じられなければならない。

（教育及び学習の振興並びに人材の育成）

第十八条　高度情報通信ネットワーク社会の形成に関する施策の策定に当たっては、すべての国民が情報通信技術を活用することができるようにするための教育及び学習を振興するとともに、高度情報通信ネットワーク社会の発展を担う専門的な知識又は技術を有する創造的な人材を育成するために必要な措置が講じられなければならない。

（電子商取引等の促進）

第十九条　高度情報通信ネットワーク社会の形成に関する施策の策定に当たっては、規制の見直し、新たな準則の整備、知的財産権の適正な保護及び利用、消費者の保護その他の電子商取引等の促進を図るために必要な措置が講じられなければならない。

（行政の情報化）

第二十条　高度情報通信ネットワーク社会の形成に関する施策の策定に当たっては、国民の利便性の向上を図るとともに、行政運営の簡素化、効率化及び透明性の向上に資するため、国及び地方公共団体の事務におけるインターネットその他の高度情報通信ネットワークの利用の拡大等行政の情報化を積極的に推進するために必要な措置が講じられなければならない。

（公共分野における情報通信技術の活用）

第二十一条　高度情報通信ネットワーク社会の形成に関する施策の策定に当たっては、国民の利便性の向上を図るため、情報通信技術の活用による公共分野におけるサービスの多様化及び質の向上のために必要な措置が講じられなければならない。

（高度情報通信ネットワークの安全性の確保等）

第二十二条　高度情報通信ネットワーク社会の形成に関する施策の策定に当たっては、高度情報通信ネットワークの安全性及び信頼性の確保、個人情報の保護その他国民が高度情報通信ネットワークを安心して利用することができるようにするために必要な措置が講じられなければならない。

（研究開発の推進）

第二十三条　高度情報通信ネットワーク社会の形成に関する施策の策定に当たっては、急

速な技術の革新が、今後の高度情報通信ネットワーク社会の発展の基盤であるとともに、我が国産業の国際競争力の強化をもたらす源泉であることにかんがみ、情報通信技術について、国、地方公共団体、大学、事業者等の相互の密接な連携の下に、創造性のある研究開発が推進されるよう必要な措置が講じられなければならない。

（国際的な協調及び貢献）

第二十四条　高度情報通信ネットワーク社会の形成に関する施策の策定に当たっては、高度情報通信ネットワークが世界的規模で展開していることにかんがみ、高度情報通信ネットワーク及びこれを利用した電子商取引その他の社会経済活動に関する、国際的な規格、準則等の整備に向けた取組、研究開発のための国際的な連携及び開発途上地域に対する技術協力その他の国際協力を積極的に行うために必要な措置が講じられなければならない。

## 第三章　高度情報通信ネットワーク社会推進戦略本部

（設置）

第二十五条　高度情報通信ネットワーク社会の形成に関する施策を迅速かつ重点的に推進するため、内閣に、高度情報通信ネットワーク社会推進戦略本部（以下「本部」という。）を置く。

（所掌事務等）

第二十六条　本部は、次に掲げる事務（サイバーセキュリティ基本法（平成二十六年法律第百四号）第二十五条第一項に掲げる事務のうちサイバーセキュリティに関する施策で重要なものの実施の推進に関するものを除く。）をつかさどる。

一　高度情報通信ネットワーク社会の形成に関する重点計画（以下「重点計画」という。）を作成し、及びその実施を推進すること。

二　前号に掲げるもののほか、高度情報通信ネットワーク社会の形成に関する施策で重要なものの企画に関して審議し、及びその施策の実施を推進すること。

2　第二十八条第一項に規定する本部長は、前項に規定する事務（高度情報通信ネットワーク社会の形成に関する施策で重要なものの実施の推進に限る。）のうち次に掲げる事項に係るもの及び第三十一条第一項に規定する協力の求めに係る事務を第三十条第二項第二号に掲げる者をもって充てる同条第一項に規定する本部員に行わせることができる。

一　府省横断的な計画の作成
二　関係行政機関の経費の見積りの方針の作成
三　施策の実施に関する指針の作成
四　施策の評価

3　前項に規定する本部員は、同項に規定する事務を行う場合において、必要があると認めるときは、第二十八条第一項に規定する本部長に対し、当該事務に関し意見を

述べることができる。
（組織）
第二十七条　本部は、高度情報通信ネットワーク社会推進戦略本部長、高度情報通信ネットワーク社会推進戦略副本部長及び高度情報通信ネットワーク社会推進戦略本部員をもって組織する。
（高度情報通信ネットワーク社会推進戦略本部長）
第二十八条　本部の長は、高度情報通信ネットワーク社会推進戦略本部長（以下「本部長」という。）とし、内閣総理大臣をもって充てる。
2　本部長は、本部の事務を総括し、所部の職員を指揮監督する。
3　本部長は、第二十六条第二項に規定する本部員が同項に規定する事務を行う場合において、当該事務の適切な実施を図るため必要があると認めるときは、当該本部員に対し、当該事務の実施状況その他必要な事項の報告を求めることができる。
4　本部長は、第二十六条第三項の意見及び前項の報告に基づき、必要があると認めるときは、関係行政機関の長に対し、勧告することができる。
（高度情報通信ネットワーク社会推進戦略副本部長）
第二十九条　本部に、高度情報通信ネットワーク社会推進戦略副本部長（以下「副本部長」という。）を置き、国務大臣をもって充てる。
2　副本部長は、本部長の職務を助ける。
（高度情報通信ネットワーク社会推進戦略本部員）
第三十条　本部に、高度情報通信ネットワーク社会推進戦略本部員（以下「本部員」という。）を置く。
2　本部員は、次に掲げる者をもって充てる。
一　本部長及び副本部長以外の全ての国務大臣
二　内閣情報通信政策監
三　高度情報通信ネットワーク社会の形成に関し優れた識見を有する者のうちから、内閣総理大臣が任命する者
（資料の提出その他の協力）
第三十一条　本部は、その所掌事務を遂行するため必要があると認めるときは、関係行政機関、地方公共団体及び独立行政法人（独立行政法人通則法（平成十一年法律第百三号）第二条第一項に規定する独立行政法人をいう。）の長並びに特殊法人（法律により直接に設立された法人又は特別の法律により特別の設立行為をもって設立された法人であって、総務省設置法（平成十一年法律第九十一号）第四条第十五号の規定の適用を受けるものをいう。）の代表者に対して、資料の提出、意見の開陳、説明その他必要な協力を求めることができる。
2　本部は、その所掌事務を遂行するため特に必要があると認めるときは、前項に規定する者以外の者に対しても、必要な協力を依頼することができる。

(地方公共団体への協力)

第三十二条　地方公共団体は、第十一条に規定する施策の策定又は実施のために必要があると認めるときは、本部に対し、情報の提供その他の協力を求めることができる。

2　本部は、前項の規定による協力を求められたときは、その求めに応じるよう努めるものとする。

(事務)

第三十三条　本部に関する事務は、内閣官房において処理し、命を受けて内閣官房副長官補が掌理する。

(主任の大臣)

第三十四条　本部に係る事項については、内閣法(昭和二十二年法律第五号)にいう主任の大臣は、内閣総理大臣とする。

(政令への委任)

第三十五条　この法律に定めるもののほか、本部に関し必要な事項は、政令で定める。

## 第四章　高度情報通信ネットワーク社会の形成に関する重点計画

第三十六条　本部は、この章の定めるところにより、重点計画を作成しなければならない。

2　重点計画は、次に掲げる事項について定めるものとする。

一　高度情報通信ネットワーク社会の形成のために政府が迅速かつ重点的に実施すべき施策に関する基本的な方針

二　世界最高水準の高度情報通信ネットワークの形成の促進に関し政府が迅速かつ重点的に講ずべき施策

三　教育及び学習の振興並びに人材の育成に関し政府が迅速かつ重点的に講ずべき施策

四　電子商取引等の促進に関し政府が迅速かつ重点的に講ずべき施策

五　行政の情報化及び公共分野における情報通信技術の活用の推進に関し政府が迅速かつ重点的に講ずべき施策

六　高度情報通信ネットワークの安全性及び信頼性の確保に関し政府が迅速かつ重点的に講ずべき施策

七　前各号に定めるもののほか、高度情報通信ネットワーク社会の形成に関する施策を政府が迅速かつ重点的に推進するために必要な事項

3　重点計画に定める施策については、原則として、当該施策の具体的な目標及びその達成の期間を定めるものとする。

4　本部は、第一項の規定により重点計画を作成したときは、遅滞なく、これをインターネットの利用その他適切な方法により公表しなければならない。

5　本部は、適時に、第三項の規定により定める目標の達成状況を調査し、その結果をインターネットの利用その他適切な方法により公表しなければならない。

6　第四項の規定は、重点計画の変更について準用する。

附　則

(施行期日)
1　この法律は、平成十三年一月六日から施行する。
(検討)
2　政府は、この法律の施行後三年以内に、この法律の施行の状況について検討を加え、その結果に基づいて必要な措置を講ずるものとする。

附　則　(平成二五年五月三一日法律第二二号)抄

(施行期日)
1　この法律は、公布の日から施行する。

附　則　(平成二六年一一月一二日法律第一〇四号)抄

(施行期日)
第一条　この法律は、公布の日から施行する。ただし、第二章及び第四章の規定並びに附則第四条の規定は、公布の日から起算して一年を超えない範囲内において政令で定める日から施行する。

## ●高度情報通信ネットワーク社会推進戦略本部令

(平成十二年十二月二十七日政令第五百五十五号)
最終改正：平成二五年五月三一日政令第一六〇号

　　内閣は、高度情報通信ネットワーク社会形成基本法(平成十二年法律第百四十四号)第三十四条の規定に基づき、この政令を制定する。
(国務大臣以外の本部員の定数等)
第一条　高度情報通信ネットワーク社会推進戦略本部員(以下「本部員」という。)のうち、高度情報通信ネットワーク社会形成基本法第三十条第二項第三号に掲げる本部員の定数は、十人以内とする。
2　前項の本部員の任期は、二年とする。ただし、補欠の本部員の任期は、前任者の残任期間とする。
3　第一項の本部員は、再任されることができる。
4　第一項の本部員は、非常勤とする。
(専門調査会)
第二条　高度情報通信ネットワーク社会推進戦略本部(以下「本部」という。)は、専門の事項を調査させるため必要があるときは、その議決により、専門調査会を置くことができる。
2　専門調査会の委員は、当該専門の事項に関し学識経験を有する者のうちから、内閣

総理大臣が任命する。
3　専門調査会の委員は、非常勤とする。
4　専門調査会は、その設置に係る調査が終了したときは、廃止されるものとする。
　（専門調査会に属する本部員）
第三条　高度情報通信ネットワーク社会推進戦略本部長（以下「本部長」という。）は、必要があると認める場合は、専門調査会に属すべき者として本部員を指名することができる。
　（雑則）
第四条　この政令に定めるもののほか、本部の運営に関し必要な事項は、本部長が本部に諮って定める。

　　附　則
　　この政令は、平成十三年一月六日から施行する。

　　附　則　（平成二五年五月三一日政令第一六〇号）
　　この政令は、公布の日から施行する。

# ●コンテンツの創造、保護及び活用の促進に関する法律
（平成十六年六月四日法律第八十一号）

　第一章　総則（第一条―第八条）
　第二章　基本的施策（第九条―第十六条）
　第三章　コンテンツ事業の振興に必要な施策等（第十七条―第二十二条）
　第四章　行政機関の措置等（第二十三条―第二十七条）
　附則

第一章　総則
　（目的）
第一条　この法律は、知的財産基本法（平成十四年法律第百二十二号）の基本理念にのっとり、コンテンツの創造、保護及び活用の促進に関し、基本理念を定め、並びに国、地方公共団体及びコンテンツ制作等を行う者の責務等を明らかにするとともに、コンテンツの創造、保護及び活用の促進に関する施策の基本となる事項並びにコンテンツ事業の振興に必要な事項を定めること等により、コンテンツの創造、保護及び活用の促進に関する施策を総合的かつ効果的に推進し、もって国民生活の向上及び国民経済の健全な発展に寄与することを目的とする。
　（定義）

第二条　この法律において「コンテンツ」とは、映画、音楽、演劇、文芸、写真、漫画、アニメーション、コンピュータゲームその他の文字、図形、色彩、音声、動作若しくは映像若しくはこれらを組み合わせたもの又はこれらに係る情報を電子計算機を介して提供するためのプログラム（電子計算機に対する指令であって、一の結果を得ることができるように組み合わせたものをいう。）であって、人間の創造的活動により生み出されるもののうち、教養又は娯楽の範囲に属するものをいう。

2　この法律において「コンテンツ制作等」とは、次の各号のいずれかに該当する行為をいう。

一　コンテンツの制作

二　コンテンツの複製、上映、公演、公衆送信その他の利用（コンテンツの複製物の譲渡、貸与及び展示を含む。）

三　コンテンツに係る知的財産権（知的財産基本法第二条第二項に規定する知的財産権をいう。以下同じ。）の管理

3　この法律において「コンテンツ事業」とは、コンテンツ制作等を業として行うことをいい、「コンテンツ事業者」とは、コンテンツ事業を主たる事業として行う者をいう。

（基本理念）

第三条　コンテンツの創造、保護及び活用の促進に関する施策の推進は、情報記録物、高度情報通信ネットワークその他の手段を介して提供されるコンテンツが国民の生活に豊かさと潤いを与えるものであり、かつ、海外における我が国の文化等に対する理解の増進に資するものであることにかんがみ、コンテンツの制作者の創造性が十分に発揮されること、コンテンツに係る知的財産権が国内外において適正に保護されること、コンテンツの円滑な流通が促進されること等を通じて、コンテンツの恵沢を享受し、文化的活動を行う機会の拡大等が図られ、もって国民生活の向上に寄与し、あわせて多様な文化の創造に資することを基本として行われなければならない。

2　コンテンツの創造、保護及び活用の促進に関する施策の推進は、コンテンツ事業が将来において成長発展が期待される分野の事業であることにかんがみ、コンテンツ事業者の自律的発展が促されること等を通じて、多様なコンテンツ事業の創出及び健全な発展、コンテンツ事業の効率化及び高度化並びに国際競争力の強化等が図られ、もって経済社会の活力の向上及び持続的な発展に寄与することを基本として行われなければならない。

3　コンテンツの創造、保護及び活用の促進に関する施策の推進は、高度情報通信ネットワーク社会形成基本法（平成十二年法律第百四十四号）、文化芸術振興基本法（平成十三年法律第百四十八号）及び消費者基本法（昭和四十三年法律第七十八号）の基本理念に配慮して行われなければならない。

（国の責務）

第四条　国は、前条のコンテンツの創造、保護及び活用の促進についての基本理念（以下

「基本理念」という。)にのっとり、コンテンツの創造、保護及び活用の促進に関する施策を策定し、及び実施する責務を有する。
　　(地方公共団体の責務)
**第五条**　地方公共団体は、基本理念にのっとり、コンテンツの創造、保護及び活用の促進に関し、国との適切な役割分担を踏まえて、その地方公共団体の区域の特性を生かした自主的な施策を策定し、及び実施する責務を有する。
　　(コンテンツ制作等を行う者の責務)
**第六条**　コンテンツ制作等を行う者は、コンテンツに係る知的財産権に関し知識と理解を深めること等を通じて、そのコンテンツ制作等に当たっては、これを尊重するよう努めるものとする。
２　コンテンツ制作等を行う者は、そのコンテンツ制作等に当たっては、コンテンツが青少年等に及ぼす影響について十分配慮するよう努めるものとする。
　　(連携の強化)
**第七条**　国は、国、地方公共団体及びコンテンツ制作等に関係する者が相互に連携を図りながら協力することにより、コンテンツの効果的な創造、保護及び活用の促進が図られることにかんがみ、これらの者の間の連携の強化に必要な施策を講ずるものとする。
　　(法制上の措置等)
**第八条**　政府は、コンテンツの創造、保護及び活用の促進に関する施策を実施するため必要な法制上、財政上又は金融上の措置その他の措置を講じなければならない。

## 第二章　基本的施策

　　(人材の育成等)
**第九条**　国は、魅力あるコンテンツを生み出し、又はそれを有効に活用することができる人材の育成、資質の向上及び確保を図るため、高等教育を行う機関によるコンテンツ制作等に関する教育の振興、国内外のコンテンツ制作等を行う者の相互の交流の促進、コンテンツの展示会又は品評会その他これらに類するものの開催その他の必要な施策を講ずるものとする。
　　(先端的な技術に関する研究開発の推進等)
**第十条**　国は、映像の制作、上映又は送受信等の分野における技術革新の進展に即応した高度な技術を用いた良質なコンテンツが生み出されるよう、先端的な技術に関する研究開発の推進及び教育の振興その他の必要な施策を講ずるものとする。
　　(コンテンツに係る知的財産権の適正な保護)
**第十一条**　国は、インターネットの普及その他社会経済情勢の変化に伴うコンテンツの利用方法の多様化に的確に対応したコンテンツに係る知的財産権の適正な保護が図られるよう、コンテンツの公正な利用に配慮しつつ、権利の内容の見直しその他の必要な施策を講ずるものとする。

（円滑な流通の促進等）

第十二条　国は、インターネットその他の高度情報通信ネットワークの利便性が向上し、並びにその安全性及び信頼性が確保されることにより、多様な手段を活用したコンテンツの円滑な流通が促進されるよう、インターネット等により提供されるコンテンツに係る認証の技術、インターネット等に関する技術的保護手段、インターネットにおいて高速度でかつ安定的な電気通信を可能とする技術その他のコンテンツの流通に係る技術の開発及び利用に対する支援その他の必要な施策を講ずるものとする。

2　国は、コンテンツの利用の円滑化を図るため、個人及び法人の権利利益の保護に配慮しつつ、コンテンツに係る知的財産権を有する者に関する情報、コンテンツの内容に関する情報等に係るデータベースの整備に対する支援その他の必要な施策を講ずるものとする。

（適切な保存の促進等）

第十三条　国及び地方公共団体は、インターネットその他の高度情報通信ネットワークの利用を通じてコンテンツが適切かつ有効に発信されるよう、コンテンツの制作、収集、保存若しくは発信又は既存のコンテンツのデジタル化を行う体制の整備その他の必要な施策を講ずるものとする。

（活用の機会等の格差の是正）

第十四条　国及び地方公共団体は、広く国民がコンテンツの恵沢を享受できるよう、年齢、身体的な条件その他の要因に基づくコンテンツの活用の機会又は活用のための能力における格差の是正を図るために必要な施策を講ずるものとする。

（個性豊かな地域社会の実現）

第十五条　国及び地方公共団体は、地域の特性を生かしたコンテンツの創造、保護及び活用の促進を通じて個性豊かで活力に満ちた地域社会が実現されるよう、地域の魅力あるコンテンツを生み出すための活動に対する支援、地域における映画等のコンテンツの制作の円滑化を図るための活動に対する支援その他の必要な施策を講ずるものとする。

（国民の理解及び関心の増進）

第十六条　国及び地方公共団体は、コンテンツの創造、保護及び活用の促進並びにこれらにおいてコンテンツの制作者が果たす役割の重要性に関する国民の理解と関心を深めるよう、コンテンツに関する広報活動の充実及び教育の振興その他の必要な施策を講ずるものとする。

## 第三章　コンテンツ事業の振興に必要な施策等

（多様な方法により資金調達を図るための制度の構築）

第十七条　国は、コンテンツ事業者のうちコンテンツの制作を業として行うもの（以下「制作事業者」という。）がコンテンツの制作に必要な資金を円滑に調達することが困難で

あることにかんがみ、制作事業者がその資金を安定的に調達することができるよう、多様な方法により資金調達を図るための制度の構築その他の必要な施策を講ずるものとする。

（権利侵害への措置）

第十八条　国は、国内外におけるコンテンツの違法な複製その他のコンテンツに係る知的財産権を侵害する行為について、コンテンツ事業者の利益が適正に確保されるよう、コンテンツ事業者又は関係団体との緊密な連携協力体制の下、コンテンツに係る知的財産権を侵害する事犯の取締り、海外におけるコンテンツに係る知的財産権の侵害に対処するための体制の整備その他の必要な措置を講ずるものとする。

（海外における事業展開の促進）

第十九条　国は、コンテンツ事業の事業規模の拡大を図るとともに、海外における我が国のコンテンツの普及を通じて我が国の文化等に対する理解の増進を図ることができるよう、我が国の魅力あるコンテンツの海外への紹介、コンテンツの取引の活性化を図るための国際的な催しの実施又はこれへの参加に対する支援、コンテンツに係る海外市場に関する情報の収集及び提供その他の必要な施策を講ずるものとする。

（公正な取引関係の構築）

第二十条　国は、制作事業者の大部分が中小企業者によって占められており、かつ、その業務の大部分が受託又は請負により行われていることにかんがみ、コンテンツの制作を委託し、又は請け負わせる者との公正な取引関係が構築されることにより制作事業者の利益が適正に確保されるよう、取引に関する指針の策定その他の必要な施策を講ずるものとする。

（中小企業者等への配慮）

第二十一条　国は、コンテンツ事業の振興に関する施策を講ずるに当たっては、コンテンツ事業の成長発展において中小企業者が果たす役割の重要性にかんがみ、中小企業者によるコンテンツ事業の円滑な実施が図られるよう特別の配慮をしなければならない。

2　国は、コンテンツ事業の振興に関する施策を講ずるに当たっては、消費者の利益の擁護及び増進が図られるよう配慮をしなければならない。

（コンテンツ事業者の講ずる措置）

第二十二条　コンテンツ事業者は、その事業活動を行うに当たっては、基本理念にのっとり、自律的にその事業を運営し、かつ、その能力を最も有効に発揮することにより事業の効率化及び高度化を図るとともに、その有するコンテンツが広く活用されるようコンテンツの流通の円滑化に資する措置を講じ、及び国内外におけるコンテンツに係る知的財産権の侵害に関する情報の収集その他のその有するコンテンツの適切な管理のために必要な措置を講ずるよう努めるものとする。

2　制作事業者は、そのコンテンツの制作の事業に従事する者（請負契約等に基づき制作

事業者のために出演その他のコンテンツの制作に係る役務の提供を行う者を含む。以下この項において「制作事業従事者」という。)の職務がその重要性にふさわしい魅力あるものとなるよう、制作事業従事者の適切な処遇の確保に努めるものとする。

## 第四章　行政機関の措置等

(関係行政機関等の相互の密接な連携)
第二十三条　コンテンツの創造、保護及び活用の促進に関する施策の推進に当たっては、コンテンツの創造、保護及び活用の促進に必要な措置が適切に講じられるよう、関係行政機関の相互の密接な連携の下に、これが行われなければならない。
2　知的財産戦略本部(以下「本部」という。)及び関係行政機関の長は、知的財産基本法第二十三条第一項に規定する推進計画(以下「推進計画」という。)においてコンテンツの創造、保護及び活用の促進に関して講じようとする施策の充実が図られるよう、相互に密接な連携を図りながら協力しなければならない。

(国等によるコンテンツの提供)
第二十四条　国及び地方公共団体は、その有する良質なコンテンツが社会全体において利用されることがコンテンツの創造、保護及び活用の促進に資することにかんがみ、広く国民が当該コンテンツを利用することができるよう、当該コンテンツの積極的な提供その他の必要な施策を講ずるものとする。
2　独立行政法人(独立行政法人通則法(平成十一年法律第百三号)第二条第一項に規定する独立行政法人をいう。)、特殊法人(法律により直接に設立された法人又は特別の法律により特別の設立行為をもって設立された法人であって、総務省設置法(平成十一年法律第九十一号)第四条第十五号の規定の適用を受けるものをいう。)、国立大学法人(国立大学法人法(平成十五年法律第百十二号)第二条第一項に規定する国立大学法人をいう。)及び大学共同利用機関法人(同条第三項に規定する大学共同利用機関法人をいう。)は、その有する良質なコンテンツを広く国民が利用することができるよう、当該コンテンツの積極的な提供その他の必要な措置を講ずるよう努めるものとする。

(国の委託等に係るコンテンツに係る知的財産権の取扱い)
第二十五条　国は、コンテンツの制作を他の者に委託し又は請け負わせるに際して当該委託又は請負に係るコンテンツが有効に活用されることを促進するため、当該コンテンツに係る知的財産権について、次の各号のいずれにも該当する場合には、その知的財産権を受託者又は請負者(以下この条において「受託者等」という。)から譲り受けないことができる。
一　当該コンテンツに係る知的財産権については、その種類その他の情報を国に報告することを受託者等が約すること。
二　国が公共の利益のために特に必要があるとしてその理由を明らかにして求める場合には、無償で当該コンテンツを利用する権利を国に許諾することを受託者等が約す

三　当該コンテンツを相当期間活用していないと認められ、かつ、当該コンテンツを相当期間活用していないことについて正当な理由が認められない場合において、国が当該コンテンツの活用を促進するために特に必要があるとしてその理由を明らかにして求めるときは、当該コンテンツを利用する権利を第三者に許諾することを受託者等が約すること。

2　前項の規定は、国が資金を提供して他の法人にコンテンツの制作を行わせ、かつ、当該法人がその制作の全部又は一部を委託し又は請け負わせる場合における当該法人とその制作の受託者等との関係に準用する。

3　前項の法人は、同項において準用する第一項第二号又は第三号の許諾を求めようとするときは、国の要請に応じて行うものとする。

（本部への報告）

第二十六条　本部は、推進計画においてコンテンツの創造、保護及び活用の促進に関して講じようとする施策の充実が図られるよう、関係行政機関の長に対し、当該関係行政機関が第九条から第二十条まで及び第二十四条の規定により講じようとする施策又は措置について、報告を求めることができる。

（推進計画への反映）

第二十七条　本部は、前条の規定に基づく報告の内容について検討を加え、その結果を推進計画においてコンテンツの創造、保護及び活用の促進に関して講じようとする施策に十分に反映させなければならない。

附　則

（施行期日）

第一条　この法律は、公布の日から施行する。ただし、第二十五条の規定は、公布の日から起算して三月を経過した日から施行する。

（経過措置）

第二条　消費者保護基本法の一部を改正する法律（平成十六年法律第七十号）の施行の日がこの法律の施行の日後となる場合には、消費者保護基本法の一部を改正する法律の施行の日の前日までの間における第三条第三項の規定の適用については、同項中「、文化芸術振興基本法（平成十三年法律第百四十八号）及び消費者基本法（昭和四十三年法律第七十八号）」とあるのは、「及び文化芸術振興基本法（平成十三年法律第百四十八号）」とする。

## ●インターネット異性紹介事業を利用して児童を誘引する行為の規制等に関する法律

(平成十五年六月十三日法律第八十三号)
最終改正:平成二六年六月二五日法律第七九号

第一章　総則(第一条—第五条)
第二章　児童に係る誘引の禁止(第六条)
第三章　インターネット異性紹介事業の規制(第七条—第十七条)
第四章　登録誘引情報提供機関(第十八条—第二十七条)
第五章　雑則(第二十八条—第三十条)
第六章　罰則(第三十一条—第三十七条)
附則

### 第一章　総則

(目的)

第一条　この法律は、インターネット異性紹介事業を利用して児童を性交等の相手方となるように誘引する行為等を禁止するとともに、インターネット異性紹介事業について必要な規制を行うこと等により、インターネット異性紹介事業の利用に起因する児童買春その他の犯罪から児童を保護し、もって児童の健全な育成に資することを目的とする。

(定義)

第二条　この法律において、次の各号に掲げる用語の意義は、それぞれ当該各号に定めるところによる。

一　児童　十八歳に満たない者をいう。

二　インターネット異性紹介事業　異性交際(面識のない異性との交際をいう。以下同じ。)を希望する者(以下「異性交際希望者」という。)の求めに応じ、その異性交際に関する情報をインターネットを利用して公衆が閲覧することができる状態に置いてこれに伝達し、かつ、当該情報の伝達を受けた異性交際希望者が電子メールその他の電気通信(電気通信事業法(昭和五十九年法律第八十六号)第二条第一号に規定する電気通信をいう。以下同じ。)を利用して当該情報に係る異性交際希望者と相互に連絡することができるようにする役務を提供する事業をいう。

三　インターネット異性紹介事業者　インターネット異性紹介事業を行う者をいう。

四　登録誘引情報提供機関　第十八条第一項の登録を受けた者をいう。

(インターネット異性紹介事業者等の責務)

第三条　インターネット異性紹介事業者は、その行うインターネット異性紹介事業に関しこの法律その他の法令の規定を遵守するとともに、児童によるインターネット異性紹

介事業の利用の防止に努めなければならない。
2 インターネット異性紹介事業に必要な電気通信役務（電気通信事業法第二条第三号に規定する電気通信役務をいう。）を提供する事業者（次項において「役務提供事業者」という。）は、児童の使用に係る通信端末機器による電気通信についてインターネット異性紹介事業を利用するための電気通信の自動利用制限（電気通信を自動的に選別して制限することをいう。以下この項及び次条において同じ。）を行う役務又は当該電気通信の自動利用制限を行う機能を有するソフトウェアを提供することその他の措置により児童によるインターネット異性紹介事業の利用の防止に資するよう努めなければならない。
3 前二項に定めるもののほか、インターネット異性紹介事業者及び役務提供事業者は、児童の健全な育成に配慮するよう努めなければならない。
（保護者の責務）
第四条 児童の保護者（親権を行う者又は後見人をいう。）は、児童の使用に係る通信端末機器による電気通信についてインターネット異性紹介事業を利用するための電気通信の自動利用制限を行う役務又は当該電気通信の自動利用制限を行う機能を有するソフトウェアを利用することその他の児童によるインターネット異性紹介事業の利用を防止するために必要な措置を講ずるよう努めなければならない。
（国及び地方公共団体の責務）
第五条 国及び地方公共団体は、児童によるインターネット異性紹介事業の利用の防止に関する国民の理解を深めるための教育及び啓発に努めるとともに、児童によるインターネット異性紹介事業の利用の防止に資する技術の開発及び普及を推進するよう努めるものとする。
2 国及び地方公共団体は、事業者、国民又はこれらの者が組織する民間の団体が自発的に行うインターネット異性紹介事業に係る活動であって、児童の健全な育成に障害を及ぼす行為を防止するためのものが促進されるよう必要な施策を講ずるものとする。

## 第二章 児童に係る誘引の禁止

第六条 何人も、インターネット異性紹介事業を利用して、次に掲げる行為（以下「禁止誘引行為」という。）をしてはならない。
一 児童を性交等（性交若しくは性交類似行為をし、又は自己の性的好奇心を満たす目的で、他人の性器等（性器、肛門又は乳首をいう。以下同じ。）を触り、若しくは他人に自己の性器等を触らせることをいう。以下同じ。）の相手方となるように誘引すること。
二 人（児童を除く。第五号において同じ。）を児童との性交等の相手方となるように誘引すること。
三 対償を供与することを示して、児童を異性交際（性交等を除く。次号において同じ。）の相手方となるように誘引すること。

四　対償を受けることを示して、人を児童との異性交際の相手方となるように誘引すること。
五　前各号に掲げるもののほか、児童を異性交際の相手方となるように誘引し、又は人を児童との異性交際の相手方となるように誘引すること。

## 第三章　インターネット異性紹介事業の規制
（インターネット異性紹介事業の届出）
第七条　インターネット異性紹介事業を行おうとする者は、国家公安委員会規則で定めるところにより、次に掲げる事項を事業の本拠となる事務所（事務所のない者にあっては、住居。第三号を除き、以下「事務所」という。）の所在地を管轄する都道府県公安委員会（以下「公安委員会」という。）に届け出なければならない。この場合において、届出には、国家公安委員会規則で定める書類を添付しなければならない。
一　氏名又は名称及び住所並びに法人にあっては、その代表者の氏名
二　当該事業につき広告又は宣伝をする場合に当該事業を示すものとして使用する呼称（当該呼称が二以上ある場合にあっては、それら全部の呼称）
三　事業の本拠となる事務所の所在地
四　事務所の電話番号その他の連絡先であって国家公安委員会規則で定めるもの
五　法人にあっては、その役員の氏名及び住所
六　第十一条の規定による異性交際希望者が児童でないことの確認の実施の方法その他の業務の実施の方法に関する事項で国家公安委員会規則で定めるもの
２　前項の規定による届出をした者は、当該インターネット異性紹介事業を廃止したとき、又は同項各号に掲げる事項に変更があったときは、国家公安委員会規則で定めるところにより、その旨を公安委員会（公安委員会の管轄区域を異にして事務所を変更したときは、変更した後の事務所の所在地を管轄する公安委員会）に届け出なければならない。この場合において、届出には、国家公安委員会規則で定める書類を添付しなければならない。
（欠格事由）
第八条　次の各号のいずれかに該当する者は、インターネット異性紹介事業を行ってはならない。
一　成年被後見人若しくは被保佐人又は破産手続開始の決定を受け復権を得ない者
二　禁錮以上の刑に処せられ、又はこの法律、児童福祉法（昭和二十二年法律第百六十四号）第六十条第一項若しくは児童買春、児童ポルノに係る行為等の規制及び処罰並びに児童の保護等に関する法律（平成十一年法律第五十二号）に規定する罪を犯して罰金の刑に処せられ、その執行を終わり、又は執行を受けることがなくなった日から起算して五年を経過しない者
三　最近五年間に第十四条又は第十五条第二項第二号の規定による命令に違反した者

四　暴力団員による不当な行為の防止等に関する法律(平成三年法律第七十七号)第二条第六号に規定する暴力団員(以下この号において単に「暴力団員」という。)である者又は暴力団員でなくなった日から五年を経過しない者

五　未成年者(児童でない未成年者にあっては、営業に関し成年者と同一の行為能力を有する者並びにインターネット異性紹介事業者の相続人でその法定代理人が前各号及び次号のいずれにも該当しないものを除く。)

六　法人で、その役員のうちに次のいずれかに該当する者のあるもの
　　イ　第一号から第四号までに掲げる者
　　ロ　児童

（名義貸しの禁止）

第九条　第七条第一項の規定による届出をした者は、自己の名義をもって、他人にインターネット異性紹介事業を行わせてはならない。

（利用の禁止の明示等）

第十条　インターネット異性紹介事業者は、その行うインターネット異性紹介事業について広告又は宣伝をするときは、国家公安委員会規則で定めるところにより、児童が当該インターネット異性紹介事業を利用してはならない旨を明らかにしなければならない。

2　前項に規定するもののほか、インターネット異性紹介事業者は、国家公安委員会規則で定めるところにより、その行うインターネット異性紹介事業を利用しようとする者に対し、児童がこれを利用してはならない旨を伝達しなければならない。

（児童でないことの確認）

第十一条　インターネット異性紹介事業者は、次に掲げる場合は、国家公安委員会規則で定めるところにより、あらかじめ、これらの異性交際希望者が児童でないことを確認しなければならない。ただし、第二号に掲げる場合にあっては、第一号に規定する異性交際希望者が当該インターネット異性紹介事業者の行う氏名、年齢その他の本人を特定する事項の確認（国家公安委員会規則で定める方法により行うものに限る。）を受けているときは、この限りでない。

一　異性交際希望者の求めに応じ、その異性交際に関する情報をインターネットを利用して公衆が閲覧することができる状態に置いて、これに伝達するとき。

二　他の異性交際希望者の求めに応じ、前号に規定する異性交際希望者からの異性交際に関する情報をインターネットを利用して公衆が閲覧することができる状態に置いて、当該他の異性交際希望者に伝達するとき。

三　前二号の規定によりその異性交際に関する情報の伝達を受けた他の異性交際希望者が、電子メールその他の電気通信を利用して、当該情報に係る第一号に規定する異性交際希望者と連絡することができるようにするとき。

四　第一号に規定する異性交際希望者が、電子メールその他の電気通信を利用して、第一

号又は第二号の規定によりその異性交際に関する情報の伝達を受けた他の異性交際希望者と連絡することができるようにするとき。
（児童の健全な育成に障害を及ぼす行為の防止措置）
第十二条　インターネット異性紹介事業者は、その行うインターネット異性紹介事業を利用して禁止誘引行為が行われていることを知ったときは、速やかに、当該禁止誘引行為に係る異性交際に関する情報をインターネットを利用して公衆が閲覧することができないようにするための措置をとらなければならない。
2　前項に定めるもののほか、インターネット異性紹介事業者は、その行うインターネット異性紹介事業を利用して行われる禁止誘引行為その他の児童の健全な育成に障害を及ぼす行為を防止するための措置を講ずるよう努めなければならない。
（指示）
第十三条　インターネット異性紹介事業者がその行うインターネット異性紹介事業に関しこの法律若しくはこの法律に基づく命令又は他の法令の規定に違反したと認める場合において、当該違反行為が児童の健全な育成に障害を及ぼすおそれがあると認めるときは、当該違反行為が行われた時における当該インターネット異性紹介事業者の事務所の所在地を管轄する公安委員会は、当該インターネット異性紹介事業者に対し、児童の健全な育成に障害を及ぼす行為を防止するため必要な指示をすることができる。
（事業の停止等）
第十四条　インターネット異性紹介事業者がその行うインターネット異性紹介事業に関し第八条第二号に規定する罪（この法律に規定する罪にあっては、第三十一条の罪及び同条の罪に係る第三十五条の罪を除く。）その他児童の健全な育成に障害を及ぼす罪で政令で定めるものに当たる行為をしたと認めるときは、当該行為が行われた時における当該インターネット異性紹介事業者の事務所の所在地を管轄する公安委員会は、当該インターネット異性紹介事業者に対し、六月を超えない範囲内で期間を定めて、当該インターネット異性紹介事業の全部又は一部の停止を命ずることができる。
2　インターネット異性紹介事業者が第八条各号のいずれかに該当することが判明したときは、当該インターネット異性紹介事業者の事務所の所在地を管轄する公安委員会は、当該インターネット異性紹介事業者に対し、当該インターネット異性紹介事業の廃止を命ずることができる。
（処分移送通知）
第十五条　公安委員会は、インターネット異性紹介事業者に対し第十三条の規定による指示又は前条第一項の規定による命令をしようとする場合において、当該インターネット異性紹介事業者がその事務所を他の公安委員会の管轄区域内に変更していたときは、当該処分に係る事案に関する弁明の機会の付与又は聴聞を終了している場合を除き、速やかに、現に当該インターネット異性紹介事業者の事務所の所在地を管轄する公安委員会に国家公安委員会規則で定める処分移送通知書を送付しなければならない。

2　前項（次項において準用する場合を含む。）の規定により処分移送通知書が送付されたときは、当該処分移送通知書の送付を受けた公安委員会は、次の各号に掲げる場合の区分に従い、それぞれ当該各号に定める処分をすることができるものとし、当該処分移送通知書を送付した公安委員会は、第十三条及び前条第一項の規定にかかわらず、当該事案について、これらの規定による処分をすることができないものとする。

一　当該インターネット異性紹介事業者がその行うインターネット異性紹介事業に関しこの法律若しくはこの法律に基づく命令又は他の法令の規定に違反したと認める場合において、当該違反行為が児童の健全な育成に障害を及ぼすおそれがあると認めるとき　児童の健全な育成に障害を及ぼす行為を防止するため必要な指示をすること。

二　当該インターネット異性紹介事業者がその行うインターネット異性紹介事業に関し前条第一項に規定する行為をしたと認めるとき　六月を超えない範囲内で期間を定めて、当該インターネット異性紹介事業の全部又は一部の停止を命ずること。

3　第一項の規定は、公安委員会が前項の規定により処分をしようとする場合について準用する。

（報告又は資料の提出）

第十六条　公安委員会は、第七条から前条まで（第十二条第二項を除く。）の規定の施行に必要な限度において、インターネット異性紹介事業者に対し、その行うインターネット異性紹介事業に関し報告又は資料の提出を求めることができる。

（国家公安委員会への報告等）

第十七条　公安委員会は、次の各号のいずれかに該当するときは、国家公安委員会規則で定める事項を国家公安委員会に報告しなければならない。この場合において、国家公安委員会は、当該報告に係る事項を各公安委員会に通報するものとする。

一　第七条の規定による届出を受けた場合

二　第十三条、第十四条第一項又は第十五条第二項の規定による処分をした場合

2　公安委員会は、インターネット異性紹介事業者が前項第二号に規定する処分の事由となる違反行為をしたと認めるとき、又は同号に規定する処分に違反したと認めるときは、当該違反行為が行われた時における当該インターネット異性紹介事業者の事務所の所在地を管轄する公安委員会に対し、国家公安委員会規則で定める事項を通報しなければならない。

## 第四章　登録誘引情報提供機関

（登録誘引情報提供機関の登録）

第十八条　インターネット異性紹介事業者による第十二条第一項に規定する措置の実施の確保を目的としてインターネット異性紹介事業を利用して行われる禁止誘引行為に係る異性交際に関する情報を収集し、これを当該インターネット異性紹介事業者に提供する業務（以下「誘引情報提供業務」という。）を行う者は、国家公安委員会の登録を受

けることができる。

2　前項の登録(以下単に「登録」という。)を受けようとする者は、国家公安委員会規則で定めるところにより、国家公安委員会に申請をしなければならない。

3　次の各号のいずれかに該当する者は、登録を受けることができない。

一　禁錮以上の刑に処せられ、又はこの法律、児童福祉法第六十条第一項若しくは児童買春、児童ポルノに係る行為等の規制及び処罰並びに児童の保護等に関する法律に規定する罪を犯して罰金の刑に処せられ、その執行を終わり、又は執行を受けることがなくなった日から起算して二年を経過しない者

二　第二十五条の規定により登録を取り消され、その取消しの日から起算して二年を経過しない者

三　法人で、その役員のうちに前二号のいずれかに該当する者があるもの

4　国家公安委員会は、第二項の申請をした者が次に掲げる要件のすべてに適合しているときは、登録をしなければならない。

一　インターネットの利用を可能とする機能を有する通信端末機器を有し、かつ、次のいずれかに該当する二人以上の者が誘引情報提供業務を行うものであること。

　　イ　学校教育法(昭和二十二年法律第二十六号)による大学において学士の学位を得るのに必要な一般教養科目の単位を修得した者又は同法による短期大学若しくは高等専門学校を卒業した者であって、誘引情報提供業務に通算して六月以上従事した経験を有するもの

　　ロ　イに掲げる者と同等以上の知識及び経験を有する者

二　誘引情報提供業務を適正に行うための次に掲げる措置がとられていること。

　　イ　誘引情報提供業務を行う部門に専任の管理者が置かれていること。

　　ロ　誘引情報提供業務の適正な実施の確保に関する業務方法書その他の文書が作成されていること。

5　登録は、登録誘引情報提供機関登録簿に次に掲げる事項を記載してするものとする。

一　登録年月日及び登録番号

二　登録誘引情報提供機関の氏名又は名称及び住所並びに法人にあっては、その代表者の氏名

三　登録誘引情報提供機関が誘引情報提供業務を行う事務所の所在地

6　登録誘引情報提供機関は、前項第二号又は第三号に掲げる事項を変更しようとするときは、国家公安委員会規則で定めるところにより、その旨を国家公安委員会に届け出なければならない。

　　(表示の制限)

**第十九条**　登録誘引情報提供機関でない者は、誘引情報提供業務を行うに際し、登録を受けている旨の表示又はこれと紛らわしい表示をしてはならない。

　　(情報提供)

第二十条　国家公安委員会又は公安委員会は、登録誘引情報提供機関の求めに応じ、登録誘引情報提供機関が誘引情報提供業務を適正に行うために必要な限度において、当該登録誘引情報提供機関に対し、インターネット異性紹介事業者に係る第七条第一項第一号から第四号までに掲げる事項に関する情報を提供することができる。
　（誘引情報提供業務の方法）
第二十一条　登録誘引情報提供機関は、第十八条第四項各号に掲げる要件及び誘引情報提供業務を適正に行うための国家公安委員会規則で定める基準に適合する方法により誘引情報提供業務を行わなければならない。
　（秘密保持義務）
第二十二条　登録誘引情報提供機関の役員若しくは職員又はこれらの職にあった者は、誘引情報提供業務に関して知り得た秘密を漏らしてはならない。
　（業務の休廃止）
第二十三条　登録誘引情報提供機関は、誘引情報提供業務を休止し、又は廃止したときは、国家公安委員会規則で定めるところにより、その旨を国家公安委員会に届け出なければならない。
２　前項の規定により誘引情報提供業務を廃止した旨の届出があったときは、当該登録誘引情報提供機関に係る登録は、その効力を失う。
　（改善命令）
第二十四条　国家公安委員会は、登録誘引情報提供機関が第二十一条の規定に違反していると認めるときは、当該登録誘引情報提供機関に対し、誘引情報提供業務の方法を改善するため必要な措置をとるべきことを命ずることができる。
　（登録の取消し）
第二十五条　国家公安委員会は、登録誘引情報提供機関が次の各号のいずれかに該当するときは、登録を取り消すことができる。
一　第十八条第三項第一号又は第三号に該当するに至ったとき。
二　第十八条第六項又は第二十三条第一項の規定に違反したとき。
三　前条の規定による命令に違反したとき。
四　不正の手段により登録を受けたとき。
五　次条の規定による報告若しくは資料の提出をせず、又は虚偽の報告若しくは資料の提出をしたとき。
　（報告又は資料の提出）
第二十六条　国家公安委員会は、誘引情報提供業務の適正な運営を確保するために必要な限度において、登録誘引情報提供機関に対し、その業務の状況に関し報告又は資料の提出を求めることができる。
　（公示等）
第二十七条　国家公安委員会は、次に掲げる場合には、その旨を官報に公示しなければな

らない。
一　登録をしたとき。
二　第十八条第六項の規定による届出があったとき。
三　第二十三条第一項の規定による届出があったとき。
四　第二十五条の規定により登録を取り消したとき。
2　国家公安委員会は、前項の規定による公示をしたときは、当該公示の日付及び内容をインターネットの利用その他の方法により公表するものとする。

　　　第五章　雑則

（方面公安委員会への権限の委任）

**第二十八条**　この法律の規定により道公安委員会の権限に属する事務は、政令で定めるところにより、方面公安委員会に委任することができる。

（経過措置）

**第二十九条**　この法律の規定に基づき政令又は国家公安委員会規則を制定し、又は改廃する場合においては、それぞれ政令又は国家公安委員会規則で、その制定又は改廃に伴い合理的に必要とされる範囲内において、所要の経過措置（罰則に関する経過措置を含む。）を定めることができる。

（国家公安委員会規則への委任）

**第三十条**　この法律に定めるもののほか、この法律の実施のための手続その他この法律の施行に関し必要な事項は、国家公安委員会規則で定める。

　　　第六章　罰則

**第三十一条**　第十四条又は第十五条第二項第二号の規定による命令に違反した者は、一年以下の懲役若しくは百万円以下の罰金に処し、又はこれを併科する。

**第三十二条**　次の各号のいずれかに該当する者は、六月以下の懲役又は百万円以下の罰金に処する。
一　第七条第一項の規定による届出をしないでインターネット異性紹介事業を行った者
二　第九条の規定に違反した者
三　第十三条又は第十五条第二項第一号の規定による指示に違反した者

**第三十三条**　第六条（第五号を除く。）の規定に違反した者は、百万円以下の罰金に処する。

**第三十四条**　次の各号のいずれかに該当する者は、三十万円以下の罰金に処する。
一　第七条第一項の規定による届出に関し虚偽の届出をし、又は同項の添付書類であって虚偽の記載のあるものを提出した者
二　第七条第二項の規定に違反して届出をせず、若しくは虚偽の届出をし、又は同項の添付書類であって虚偽の記載のあるものを提出した者
三　第十六条の規定による報告若しくは資料の提出をせず、又は虚偽の報告若しくは資料の提出をした者

第三十五条　法人の代表者又は法人若しくは人の代理人、使用人その他の従業者が、その法人又は人の業務に関し、第三十一条、第三十二条又は前条の違反行為をしたときは、行為者を罰するほか、その法人又は人に対しても、各本条の罰金刑を科する。

第三十六条　第二十二条の規定に違反した者は、二十万円以下の過料に処する。

第三十七条　第十九条の規定に違反した者は、十万円以下の過料に処する。

附　則

（施行期日）

第一条　この法律は、公布の日から起算して三月を経過した日から施行する。ただし、第七条、第八条、第十条から第十二条まで、第十五条、第十七条及び第十八条の規定は、公布の日から起算して六月を超えない範囲内において政令で定める日から施行する。

（検討）

第二条　政府は、第七条及び第八条の規定の施行後三年を経過した場合において、これらの規定の施行の状況について検討を加え、必要があると認めるときは、その結果に基づいて所要の措置を講ずるものとする。

附　則　（平成二〇年六月六日法律第五二号）抄

（施行期日）

第一条　この法律は、公布の日から起算して六月を超えない範囲内において政令で定める日から施行する。ただし、次の各号に掲げる規定は、当該各号に定める日から施行する。

一　目次の改正規定（「規制」を「禁止」に改める部分に限る。）、第三条の改正規定、第四条の改正規定、第二章の章名の改正規定及び第六条の改正規定（「掲げる行為」の下に「（以下「禁止誘引行為」という。）」を加える部分を除く。）並びに附則第六条の規定　公布の日から起算して三月を経過した日

（経過措置）

第二条　この法律の施行の際現にこの法律による改正後のインターネット異性紹介事業を利用して児童を誘引する行為の規制等に関する法律（以下「新法」という。）第二条第二号に規定するインターネット異性紹介事業を行っている者の当該事業に対する新法第七条第一項の規定の適用については、同項前段中「国家公安委員会規則」とあるのは、「インターネット異性紹介事業を利用して児童を誘引する行為の規制等に関する法律の一部を改正する法律（平成二十年法律第五十二号）の施行の日から起算して一月を経過する日までに、国家公安委員会規則」とする。

第三条　新法第十三条、第十四条第一項及び第十五条第二項の規定は、この法律の施行後にした行為について適用する。

第四条　この法律による改正前のインターネット異性紹介事業を利用して児童を誘引する

行為の規制等に関する法律(以下「旧法」という。)の規定によってした処分、手続その他の行為は、新法の相当規定によってした処分、手続その他の行為とみなす。

第五条　この法律の施行前にした行為に対する罰則の適用については、なお従前の例による。

第六条　附則第一条第一号に掲げる規定の施行の日からこの法律の施行の日の前日までの間における旧法第十六条の規定の適用については、同条中「第六条」とあるのは、「第六条(第五号を除く。)」とする。

（政令への委任）

第七条　附則第二条から前条までに定めるもののほか、この法律の施行に関し必要な経過措置は、政令で定める。

（検討）

第八条　政府は、この法律の施行後五年を経過した場合において、新法第三章及び第四章の規定の施行の状況について検討を加え、必要があると認めるときは、その結果に基づいて所要の措置を講ずるものとする。

（調整規定）

第十一条　この法律の施行の日が暴力団員による不当な行為の防止等に関する法律の一部を改正する法律附則第一条第二号に掲げる規定の施行の日前である場合には、同日の前日までの間における暴力団員による不当な行為の防止等に関する法律の規定の適用については、新法第六章に規定する罪は、暴力団員による不当な行為の防止等に関する法律別表に掲げる罪とみなす。

　　　附　　則　（平成二三年六月三日法律第六一号）抄

（施行期日）

第一条　この法律は、公布の日から起算して一年を超えない範囲内において政令で定める日(以下「施行日」という。)から施行する。

　　　附　　則　（平成二六年六月二五日法律第七九号）抄

（施行期日等）

第一条　この法律は、公布の日から起算して二十日を経過した日から施行する。

## ●私事性的画像記録の提供等による被害の防止に関する法律
（平成二十六年十一月二十七日法律第百二十六号）

（目的）
第一条　この法律は、私事性的画像記録の提供等により私生活の平穏を侵害する行為を処罰するとともに、私事性的画像記録に係る情報の流通によって名誉又は私生活の平穏の侵害があった場合における特定電気通信役務提供者の損害賠償責任の制限及び発信者情報の開示に関する法律（平成十三年法律第百三十七号）の特例及び当該提供等による被害者に対する支援体制の整備等について定めることにより、個人の名誉及び私生活の平穏の侵害による被害の発生又はその拡大を防止することを目的とする。

（定義）
第二条　この法律において「私事性的画像記録」とは、次の各号のいずれかに掲げる人の姿態が撮影された画像（撮影の対象とされた者（以下「撮影対象者」という。）において、撮影をした者、撮影対象者及び撮影対象者から提供を受けた者以外の者（次条第一項において「第三者」という。）が閲覧することを認識した上で、任意に撮影を承諾し又は撮影をしたものを除く。次項において同じ。）に係る電磁的記録（電子的方式、磁気的方式その他人の知覚によっては認識することができない方式で作られる記録であって、電子計算機による情報処理の用に供されるものをいう。同項において同じ。）その他の記録をいう。

一　性交又は性交類似行為に係る人の姿態
二　他人が人の性器等（性器、肛門又は乳首をいう。以下この号及び次号において同じ。）を触る行為又は人が他人の性器等を触る行為に係る人の姿態であって性欲を興奮させ又は刺激するもの
三　衣服の全部又は一部を着けない人の姿態であって、殊更に人の性的な部位（性器等若しくはその周辺部、臀部又は胸部をいう。）が露出され又は強調されているものであり、かつ、性欲を興奮させ又は刺激するもの

2　この法律において「私事性的画像記録物」とは、写真、電磁的記録に係る記録媒体その他の物であって、前項各号のいずれかに掲げる人の姿態が撮影された画像を記録したものをいう。

（私事性的画像記録提供等）
第三条　第三者が撮影対象者を特定することができる方法で、電気通信回線を通じて私事性的画像記録を不特定又は多数の者に提供した者は、三年以下の懲役又は五十万円以下の罰金に処する。

2　前項の方法で、私事性的画像記録物を不特定若しくは多数の者に提供し、又は公然と陳列した者も、同項と同様とする。

3 前二項の行為をさせる目的で、電気通信回線を通じて私事性的画像記録を提供し、又は私事性的画像記録物を提供した者は、一年以下の懲役又は三十万円以下の罰金に処する。
4 前三項の罪は、告訴がなければ公訴を提起することができない。
5 第一項から第三項までの罪は、刑法(明治四十年法律第四十五号)第三条の例に従う。
(特定電気通信役務提供者の損害賠償責任の制限及び発信者情報の開示に関する法律の特例)
第四条 特定電気通信役務提供者の損害賠償責任の制限及び発信者情報の開示に関する法律第三条第二項及び第三条の二第一号の場合のほか、特定電気通信役務提供者(同法第二条第三号に規定する特定電気通信役務提供者をいう。以下この条において同じ。)は、特定電気通信(同条第一号に規定する特定電気通信をいう。以下この条において同じ。)による情報の送信を防止する措置を講じた場合において、当該措置により送信を防止された情報の発信者(同条第四号に規定する発信者をいう。以下この条において同じ。)に生じた損害については、当該措置が当該情報の不特定の者に対する送信を防止するために必要な限度において行われたものである場合であって、次の各号のいずれにも該当するときは、賠償の責めに任じない。
一 特定電気通信による情報であって私事性的画像記録に係るものの流通によって自己の名誉又は私生活の平穏(以下この号において「名誉等」という。)を侵害されたとする者(撮影対象者(当該撮影対象者が死亡している場合にあっては、その配偶者、直系の親族又は兄弟姉妹)に限る。)から、当該名誉等を侵害したとする情報(以下この号及び次号において「私事性的画像侵害情報」という。)、名誉等が侵害された旨、名誉等が侵害されたとする理由及び当該私事性的画像侵害情報が私事性的画像記録に係るものである旨(次号において「私事性的画像侵害情報等」という。)を示して当該特定電気通信役務提供者に対し私事性的画像侵害情報の送信を防止する措置(以下「私事性的画像侵害情報送信防止措置」という。)を講ずるよう申出があったとき。
二 当該特定電気通信役務提供者が、当該私事性的画像侵害情報の発信者に対し当該私事性的画像侵害情報等を示して当該私事性的画像侵害情報送信防止措置を講ずることに同意するかどうかを照会したとき。
三 当該発信者が当該照会を受けた日から二日を経過しても当該発信者から当該私事性的画像侵害情報送信防止措置を講ずることに同意しない旨の申出がなかったとき。
(支援体制の整備等)
第五条 国及び地方公共団体は、私事性的画像記録の提供等による被害者の適切かつ迅速な保護及びその負担の軽減に資するよう、被害者が当該提供等に係る犯罪事実の届出を行いやすくするために必要な捜査機関における体制の充実、私事性的画像侵害情報送信防止措置の申出を行う場合の申出先、申出方法等についての周知を図るための広報活動等の充実、被害者に関する各般の問題について一元的にその相談に応じ、適切

に対応するために必要な体制の整備その他必要な措置を講ずるものとする。
(被害の発生を未然に防止するための教育及び啓発)
第六条　国及び地方公共団体は、私事性的画像記録等が拡散した場合においてはその被害の回復を図ることが著しく困難となることに鑑み、学校をはじめ、地域、家庭、職域その他の様々な場を通じて、自己に係る私事性的画像記録等に係る姿態の撮影をさせないこと、自ら記録した自己に係る私事性的画像記録等を他人に提供しないこと、これらの撮影、提供等の要求をしないこと等私事性的画像記録の提供等による被害の発生を未然に防止するために必要な事項に関する国民の十分な理解と関心を深めるために必要な教育活動及び啓発活動の充実を図るものとする。

附　則
(施行期日)
第一条　この法律は、公布の日から施行する。ただし、第三条の規定は公布の日から起算して二十日を経過した日から、第四条の規定は公布の日から起算して一月を経過した日から施行する。
(被害回復及び処罰の確保に資する国際協力の在り方等に関する検討)
第二条　政府は、インターネットを利用した私事性的画像記録の提供等に係る被害回復及び処罰の確保に資するため、この法律の施行後二年以内に、外国のサーバーを経由するなどした私事性的画像記録の提供に関する行為者の把握及び証拠の保全等を迅速に行うための国際協力の在り方について検討するとともに、関係事業者における通信履歴等の保存の在り方について検討を加え、その結果に基づいて必要な措置を講ずるものとする。
(検討)
第三条　この法律の規定については、この法律の施行後三年を目途として、この法律の施行状況等を勘案し、検討が加えられ、その結果に基づいて必要な措置が講ぜられるものとする。

## ●犯罪捜査のための通信傍受に関する法律

(平成十一年八月十八日法律第百三十七号)

最終改正：平成二三年六月二四日法律第七四号

第一章　総則(第一条・第二条)
第二章　通信傍受の要件及び実施の手続(第三条―第十八条)
第三章　通信傍受の記録等(第十九条―第二十七条)
第四章　通信の秘密の尊重等(第二十八条―第三十条)
第五章　補則(第三十一条・第三十二条)

附則

# 第一章　総則

(目的)

**第一条**　この法律は、組織的な犯罪が平穏かつ健全な社会生活を著しく害していることにかんがみ、数人の共謀によって実行される組織的な殺人、薬物及び銃器の不正取引に係る犯罪等の重大犯罪において、犯人間の相互連絡等に用いられる電話その他の電気通信の傍受を行わなければ事案の真相を解明することが著しく困難な場合が増加する状況にあることを踏まえ、これに適切に対処するため必要な刑事訴訟法（昭和二十三年法律第百三十一号）に規定する電気通信の傍受を行う強制の処分に関し、通信の秘密を不当に侵害することなく事案の真相の的確な解明に資するよう、その要件、手続その他必要な事項を定めることを目的とする。

(定義)

**第二条**　この法律において「通信」とは、電話その他の電気通信であって、その伝送路の全部若しくは一部が有線（有線以外の方式で電波その他の電磁波を送り、又は受けるための電気的設備に附属する有線を除く。）であるもの又はその伝送路に交換設備があるものをいう。

2　この法律において「傍受」とは、現に行われている他人間の通信について、その内容を知るため、当該通信の当事者のいずれの同意も得ないで、これを受けることをいう。

3　この法律において「通信事業者等」とは、電気通信を行うための設備（以下「電気通信設備」という。）を用いて他人の通信を媒介し、その他電気通信設備を他人の通信の用に供する事業を営む者及びそれ以外の者であって自己の業務のために不特定又は多数の者の通信を媒介することのできる電気通信設備を設置している者をいう。

# 第二章　通信傍受の要件及び実施の手続

(傍受令状)

**第三条**　検察官又は司法警察員は、次の各号のいずれかに該当する場合において、当該各号に規定する犯罪（第二号及び第三号にあっては、その一連の犯罪をいう。）の実行、準備又は証拠隠滅等の事後措置に関する謀議、指示その他の相互連絡その他当該犯罪の実行に関連する事項を内容とする通信（以下この項において「犯罪関連通信」という。）が行われると疑うに足りる状況があり、かつ、他の方法によっては、犯人を特定し、又は犯行の状況若しくは内容を明らかにすることが著しく困難であるときは、裁判官の発する傍受令状により、電話番号その他発信元又は発信先を識別するための番号又は符号（以下「電話番号等」という。）によって特定された通信の手段（以下「通信手段」という。）であって、被疑者が通信事業者等との間の契約に基づいて使用しているもの（犯人による犯罪関連通信に用いられる疑いがないと認められるものを除く。）又

は犯人による犯罪関連通信に用いられると疑うに足りるものについて、これを用いて行われた犯罪関連通信の傍受をすることができる。
一 別表に掲げる罪が犯されたと疑うに足りる十分な理由がある場合において、当該犯罪が数人の共謀によるものであると疑うに足りる状況があるとき。
二 別表に掲げる罪が犯され、かつ、引き続き次に掲げる罪が犯されると疑うに足りる十分な理由がある場合において、これらの犯罪が数人の共謀によるものであると疑うに足りる状況があるとき。
　　イ　当該犯罪と同様の態様で犯されるこれと同一又は同種の別表に掲げる罪
　　ロ　当該犯罪の実行を含む一連の犯行の計画に基づいて犯される別表に掲げる罪
三 死刑又は無期若しくは長期二年以上の懲役若しくは禁錮に当たる罪が別表に掲げる罪と一体のものとしてその実行に必要な準備のために犯され、かつ、引き続き当該別表に掲げる罪が犯されると疑うに足りる十分な理由がある場合において、当該犯罪が数人の共謀によるものであると疑うに足りる状況があるとき。
2 　別表に掲げる罪であって、譲渡し、譲受け、貸付け、借受け又は交付の行為を罰するものについては、前項の規定にかかわらず、数人の共謀によるものであると疑うに足りる状況があることを要しない。
3 　前二項の規定による傍受は、通信事業者等の看守する場所で行う場合を除き、人の住居又は人の看守する邸宅、建造物若しくは船舶内においては、これをすることができない。ただし、住居主若しくは看守者又はこれらの者に代わるべき者の承諾がある場合は、この限りでない。
　　（令状請求の手続）
第四条　傍受令状の請求は、検察官（検事総長が指定する検事に限る。次項及び第七条において同じ。）又は司法警察員（国家公安委員会又は都道府県公安委員会が指定する警視以上の警察官、厚生労働大臣が指定する麻薬取締官及び海上保安庁長官が指定する海上保安官に限る。同項及び同条において同じ。）から地方裁判所の裁判官にこれをしなければならない。
2 　検察官又は司法警察員は、前項の請求をする場合において、当該請求に係る被疑事実の全部又は一部と同一の被疑事実について、前に同一の通信手段を対象とする傍受令状の請求又はその発付があったときは、その旨を裁判官に通知しなければならない。
　　（傍受令状の発付）
第五条　前条第一項の請求を受けた裁判官は、同項の請求を理由があると認めるときは、傍受ができる期間として十日以内の期間を定めて、傍受令状を発する。
2 　裁判官は、傍受令状を発する場合において、傍受の実施（通信の傍受をすること及び通信手段について直ちに傍受をすることができる状態で通信の状況を監視することをいう。以下同じ。）に関し、適当と認める条件を付することができる。
　　（傍受令状の記載事項）

第六条　傍受令状には、被疑者の氏名、被疑事実の要旨、罪名、罰条、傍受すべき通信、傍受の実施の対象とすべき通信手段、傍受の実施の方法及び場所、傍受ができる期間、傍受の実施に関する条件、有効期間及びその期間経過後は傍受の処分に着手することができず傍受令状はこれを返還しなければならない旨並びに発付の年月日その他最高裁判所規則で定める事項を記載し、裁判官が、これに記名押印しなければならない。ただし、被疑者の氏名については、これが明らかでないときは、その旨を記載すれば足りる。

（傍受ができる期間の延長）

第七条　地方裁判所の裁判官は、必要があると認めるときは、検察官又は司法警察員の請求により、十日以内の期間を定めて、傍受ができる期間を延長することができる。ただし、傍受ができる期間は、通じて三十日を超えることができない。

2　前項の延長は、傍受令状に延長する期間及び理由を記載し記名押印してこれをしなければならない。

（同一事実に関する傍受令状の発付）

第八条　裁判官は、傍受令状の請求があった場合において、当該請求に係る被疑事実に前に発付された傍受令状の被疑事実と同一のものが含まれるときは、同一の通信手段については、更に傍受をすることを必要とする特別の事情があると認めるときに限り、これを発付することができる。

（傍受令状の提示）

第九条　傍受令状は、通信手段の傍受の実施をする部分を管理する者（会社その他の法人又は団体にあっては、その役職員。以下同じ。）又はこれに代わるべき者に示さなければならない。ただし、被疑事実の要旨については、この限りでない。

2　傍受ができる期間が延長されたときも、前項と同様とする。

（必要な処分等）

第十条　傍受の実施については、電気通信設備に傍受のための機器を接続することその他の必要な処分をすることができる。

2　検察官又は司法警察員は、検察事務官又は司法警察職員に前項の処分をさせることができる。

（通信事業者等の協力義務）

第十一条　検察官又は司法警察員は、通信事業者等に対して、傍受の実施に関し、傍受のための機器の接続その他の必要な協力を求めることができる。この場合においては、通信事業者等は、正当な理由がないのに、これを拒んではならない。

（立会い）

第十二条　傍受の実施をするときは、通信手段の傍受の実施をする部分を管理する者又はこれに代わるべき者を立ち会わせなければならない。これらの者を立ち会わせることができないときは、地方公共団体の職員を立ち会わせなければならない。

2　立会人は、検察官又は司法警察員に対し、当該傍受の実施に関し意見を述べることができる。
（該当性判断のための傍受）
第十三条　検察官又は司法警察員は、傍受の実施をしている間に行われた通信であって、傍受令状に記載された傍受すべき通信（以下単に「傍受すべき通信」という。）に該当するかどうか明らかでないものについては、傍受すべき通信に該当するかどうかを判断するため、これに必要な最小限度の範囲に限り、当該通信の傍受をすることができる。
2　外国語による通信又は暗号その他その内容を即時に復元することができない方法を用いた通信であって、傍受の時にその内容を知ることが困難なため、傍受すべき通信に該当するかどうかを判断することができないものについては、その全部の傍受をすることができる。この場合においては、速やかに、傍受すべき通信に該当するかどうかの判断を行わなければならない。
（他の犯罪の実行を内容とする通信の傍受）
第十四条　検察官又は司法警察員は、傍受の実施をしている間に、傍受令状に被疑事実として記載されている犯罪以外の犯罪であって、別表に掲げるもの又は死刑若しくは無期若しくは短期一年以上の懲役若しくは禁錮に当たるものを実行したこと、実行していること又は実行することを内容とするものと明らかに認められる通信が行われたときは、当該通信の傍受をすることができる。
（医師等の業務に関する通信の傍受の禁止）
第十五条　医師、歯科医師、助産師、看護師、弁護士（外国法事務弁護士を含む。）、弁理士、公証人又は宗教の職にある者（傍受令状に被疑者として記載されている者を除く。）との間の通信については、他人の依頼を受けて行うその業務に関するものと認められるときは、傍受をしてはならない。
（相手方の電話番号等の探知）
第十六条　検察官又は司法警察員は、傍受の実施をしている間に行われた通信について、これが傍受すべき通信若しくは第十四条の規定により傍受をすることができる通信に該当するものであるとき、又は第十三条の規定による傍受すべき通信に該当するかどうかの判断に資すると認めるときは、傍受の実施の場所において、当該通信の相手方の電話番号等の探知をすることができる。この場合においては、別に令状を必要としない。
2　検察官又は司法警察員は、通信事業者等に対して、前項の処分に関し、必要な協力を求めることができる。この場合においては、通信事業者等は、正当な理由がないのに、これを拒んではならない。
3　検察官又は司法警察員は、傍受の実施の場所以外の場所において第一項の探知のための措置を必要とする場合には、当該措置を執ることができる通信事業者等に対し、同項の規定により行う探知である旨を告知して、当該措置を執ることを要請することが

できる。この場合においては、前項後段の規定を準用する。
（傍受の実施を中断し又は終了すべき時の措置）
第十七条　傍受令状の記載するところに従い傍受の実施を中断し又は終了すべき時に現に通信が行われているときは、その通信手段の使用（以下「通話」という。）が終了するまで傍受の実施を継続することができる。
（傍受の実施の終了）
第十八条　傍受の実施は、傍受の理由又は必要がなくなったときは、傍受令状に記載された傍受ができる期間内であっても、これを終了しなければならない。

## 第三章　通信傍受の記録等

（傍受をした通信の記録）
第十九条　傍受をした通信については、すべて、録音その他通信の性質に応じた適切な方法により記録媒体に記録しなければならない。この場合においては、第二十二条第二項の手続の用に供するため、同時に、同一の方法により他の記録媒体に記録することができる。
2　傍受の実施を中断し又は終了するときは、その時に使用している記録媒体に対する記録を終了しなければならない。
（記録媒体の封印等）
第二十条　前条第一項前段の規定により記録をした記録媒体については、傍受の実施を中断し又は終了したときは、速やかに、立会人にその封印を求めなければならない。傍受の実施をしている間に記録媒体の交換をしたときその他記録媒体に対する記録が終了したときも、同様とする。
2　前項の記録媒体については、前条第一項後段の規定により記録をした記録媒体がある場合を除き、立会人にその封印を求める前に、第二十二条第二項の手続の用に供するための複製を作成することができる。
3　立会人が封印をした記録媒体は、遅滞なく、傍受令状を発付した裁判官が所属する裁判所の裁判官に提出しなければならない。
（傍受の実施の状況を記載した書面の提出等）
第二十一条　検察官又は司法警察員は、傍受の実施の終了後、遅滞なく、次に掲げる事項を記載した書面を、前条第三項に規定する裁判官に提出しなければならない。第七条の規定により傍受ができる期間の延長を請求する時も、同様とする。
一　傍受の実施の開始、中断及び終了の年月日時
二　立会人の氏名及び職業
三　第十二条第二項の規定により立会人が述べた意見
四　傍受の実施をしている間における通話の開始及び終了の年月日時
五　傍受をした通信については、傍受の根拠となった条項、その開始及び終了の年月日時

並びに通信の当事者の氏名その他その特定に資する事項
六 第十四条に規定する通信については、当該通信に係る犯罪の罪名及び罰条並びに当該通信が同条に規定する通信に該当すると認めた理由
七 記録媒体の交換をした年月日時
八 前条第一項の規定による封印の年月日時及び封印をした立会人の氏名
九 その他傍受の実施の状況に関し最高裁判所規則で定める事項
2 前項に規定する書面の提出を受けた裁判官は、同項第六号の通信については、これが第十四条に規定する通信に該当するかどうかを審査し、これに該当しないと認めるときは、当該通信の傍受の処分を取り消すものとする。この場合においては、第二十六条第三項、第五項及び第六項の規定を準用する。

（傍受記録の作成）

第二十二条　検察官又は司法警察員は、傍受の実施を中断し又は終了したときは、その都度、速やかに、傍受をした通信の内容を刑事手続において使用するための記録（以下「傍受記録」という。）一通を作成しなければならない。傍受の実施をしている間に記録媒体の交換をしたときその他記録媒体に対する記録が終了したときも、同様とする。
2 傍受記録は、第十九条第一項後段の規定により記録をした記録媒体又は第二十条第二項の規定により作成した複製から、次に掲げる通信以外の通信の記録を消去して作成するものとする。
一 傍受すべき通信に該当する通信
二 第十三条第二項の規定により傍受をした通信であって、なおその内容を復元するための措置を要するもの
三 第十四条の規定により傍受をした通信及び第十三条第二項の規定により傍受をした通信であって第十四条に規定する通信に該当すると認められるに至ったもの
四 前三号に掲げる通信と同一の通話の機会に行われた通信
3 前項第二号に掲げる通信の記録については、当該通信が傍受すべき通信及び第十四条に規定する通信に該当しないことが判明したときは、傍受記録から当該通信の記録及び当該通信に係る同項第四号に掲げる通信の記録を消去しなければならない。ただし、当該通信と同一の通話の機会に行われた同項第一号から第三号までに掲げる通信があるときは、この限りでない。
4 検察官又は司法警察員は、傍受記録を作成した場合において、他に第二十条第三項の規定により裁判官に提出した記録媒体（以下「傍受の原記録」という。）以外の傍受をした通信の記録をした記録媒体又はその複製等（複製その他記録の内容の全部又は一部をそのまま記録した物及び書面をいう。以下同じ。）があるときは、その記録の全部を消去しなければならない。前項の規定により傍受記録から記録を消去した場合において、他に当該記録の複製等があるときも、同様とする。
5 検察官又は司法警察員は、傍受をした通信であって、傍受記録に記録されたもの以外

のものについては、その内容を他人に知らせ、又は使用してはならない。その職を退いた後も、同様とする。
(通信の当事者に対する通知)
第二十三条　検察官又は司法警察員は、傍受記録に記録されている通信の当事者に対し、傍受記録を作成した旨及び次に掲げる事項を書面で通知しなければならない。
一　当該通信の開始及び終了の年月日時並びに相手方の氏名(判明している場合に限る。)
二　傍受令状の発付の年月日
三　傍受の実施の開始及び終了の年月日
四　傍受の実施の対象とした通信手段
五　傍受令状に記載された罪名及び罰条
六　第十四条に規定する通信については、その旨並びに当該通信に係る犯罪の罪名及び罰条
2　前項の通知は、通信の当事者が特定できない場合又はその所在が明らかでない場合を除き、傍受の実施が終了した後三十日以内にこれを発しなければならない。ただし、地方裁判所の裁判官は、捜査が妨げられるおそれがあると認めるときは、検察官又は司法警察員の請求により、六十日以内の期間を定めて、この項の規定により通知を発しなければならない期間を延長することができる。
3　検察官又は司法警察員は、前項本文に規定する期間が経過した後に、通信の当事者が特定された場合又はその所在が明らかになった場合には、当該通信の当事者に対し、速やかに、第一項の通知を発しなければならない。この場合においては、前項ただし書の規定を準用する。
(傍受記録の聴取及び閲覧等)
第二十四条　前条第一項の通知を受けた通信の当事者は、傍受記録のうち当該通信に係る部分を聴取し、若しくは閲覧し、又はその複製を作成することができる。
(傍受の原記録の聴取及び閲覧等)
第二十五条　傍受の原記録を保管する裁判官(以下「原記録保管裁判官」という。)は、傍受記録に記録されている通信の当事者が、前条の規定により、傍受記録のうち当該通信に係る部分を聴取し、若しくは閲覧し、又はその複製を作成した場合において、傍受記録の正確性の確認のために必要があると認めるときその他正当な理由があると認めるときは、当該通信の当事者の請求により、傍受の原記録のうち当該通信に相当する部分を聴取し、若しくは閲覧し、又はその複製を作成することを許可しなければならない。
2　原記録保管裁判官は、傍受をされた通信の内容の確認のために必要があると認めるときその他正当な理由があると認めるときは、傍受記録に記録されている通信以外の通信の当事者の請求により、傍受の原記録のうち当該通信に係る部分を聴取し、若しくは閲覧し、又はその複製を作成することを許可しなければならない。

3 原記録保管裁判官は、傍受が行われた事件に関し、犯罪事実の存否の証明又は傍受記録の正確性の確認のために必要があると認めるときその他正当な理由があると認めるときは、検察官又は司法警察員の請求により、傍受の原記録のうち必要と認める部分を聴取し、若しくは閲覧し、又はその複製を作成することを許可することができる。ただし、複製の作成については、次に掲げる通信（傍受記録に記録されているものを除く。）に係る部分に限る。
一　傍受すべき通信に該当する通信
二　犯罪事実の存否の証明に必要な証拠となる通信（前号に掲げる通信を除く。）
三　前二号に掲げる通信と同一の通話の機会に行われた通信
4 次条第三項（第二十一条第二項において準用する場合を含む。以下この項において同じ。）の規定により記録の消去を命じた裁判がある場合においては、前項の規定による複製を作成することの許可の請求は、同項の規定にかかわらず、当該裁判により消去を命じられた記録に係る通信が新たに同項第一号又は第二号に掲げる通信であって他にこれに代わるべき適当な証明方法がないものであることが判明するに至った場合に限り、傍受の原記録のうち当該通信及びこれと同一の通話の機会に行われた通信に係る部分について、することができる。ただし、当該裁判が次条第三項第二号に該当するとしてこれらの通信の記録の消去を命じたものであるときは、この請求をすることができない。
5 原記録保管裁判官は、検察官により傍受記録又はその複製等の取調べの請求があった被告事件に関し、被告人の防御又は傍受記録の正確性の確認のために必要があると認めるときその他正当な理由があると認めるときは、被告人又はその弁護人の請求により、傍受の原記録のうち必要と認める部分を聴取し、若しくは閲覧し、又はその複製を作成することを許可することができる。ただし、被告人が当事者でない通信に係る部分の複製の作成については、当該通信の当事者のいずれかの同意がある場合に限る。
6 検察官又は司法警察員が第三項の規定により作成した複製は、傍受記録とみなす。この場合において、第二十三条の規定の適用については、同条第一項中「次に掲げる事項」とあるのは「次に掲げる事項並びに第二十五条第三項の複製を作成することの許可があった旨及びその年月日」とし、同条第二項中「傍受の実施が終了した後」とあるのは「複製を作成した後」とする。
7 傍受の原記録については、第一項から第五項までの規定による場合のほか、これを聴取させ、若しくは閲覧させ、又はその複製を作成させてはならない。ただし、裁判所又は裁判官が、刑事訴訟法の定めるところにより、検察官により傍受記録若しくはその複製等の取調べの請求があった被告事件又は傍受に関する刑事の事件の審理又は裁判のために必要があると認めて、傍受の原記録のうち必要と認める部分を取り調べる場合においては、この限りでない。
（不服申立て）

第二十六条　裁判官がした通信の傍受に関する裁判に不服がある者は、その裁判官が所属する裁判所に、その裁判の取消し又は変更を請求することができる。

2　検察官又は検察事務官がした通信の傍受に関する処分に不服がある者はその検察官又は検察事務官が所属する検察庁の所在地を管轄する地方裁判所に、司法警察職員がした通信の傍受に関する処分に不服がある者はその職務執行地を管轄する地方裁判所に、その処分の取消し又は変更(傍受の実施の終了を含む。)を請求することができる。

3　裁判所は、前項の請求により傍受の処分を取り消す場合において、次の各号のいずれかに該当すると認めるときは、検察官又は司法警察員に対し、その保管する傍受記録(前条第六項の規定により傍受記録とみなされたものを除く。以下この項において同じ。)及びその複製等のうち当該傍受の処分に係る通信及びこれと同一の通話の機会に行われた通信の記録の消去を命じなければならない。ただし、第三号に該当すると認める場合において、当該記録の消去を命ずることが相当でないと認めるときは、この限りでない。

一　当該傍受に係る通信が、第二十二条第二項各号に掲げる通信のいずれにも当たらないとき。

二　当該傍受において、通信の当事者の利益を保護するための手続に重大な違法があるとき。

三　前二号に該当する場合を除き、当該傍受の手続に違法があるとき。

4　前条第三項の複製を作成することの許可が取り消されたときは、検察官又は司法警察員は、その保管する同条第六項の規定によりみなされた傍受記録(その複製等を含む。)のうち当該取り消された許可に係る部分を消去しなければならない。

5　第三項に規定する記録の消去を命ずる裁判又は前項に規定する複製を作成することの許可の取消しの裁判は、当該傍受記録又はその複製等について既に被告事件において証拠調べがされているときは、証拠から排除する決定がない限り、これを当該被告事件に関する手続において証拠として用いることを妨げるものではない。

6　前項に規定する裁判があった場合において、当該傍受記録について既に被告事件において証拠調べがされているときは、当該被告事件に関する手続においてその内容を他人に知らせ又は使用する場合以外の場合においては、当該傍受記録について第三項の裁判又は第四項の規定による消去がされたものとみなして、第二十二条第五項の規定を適用する。

7　第一項及び第二項の規定による不服申立てに関する手続については、この法律に定めるもののほか、刑事訴訟法第四百二十九条第一項及び第四百三十条第一項の請求に係る手続の例による。

(傍受の原記録の保管期間)

第二十七条　傍受の原記録は、第二十条第三項の規定による提出の日から五年を経過する日又は傍受記録若しくはその複製等が証拠として取り調べられた被告事件若しくは傍

受に関する刑事の事件の終結の日から六月を経過する日のうち最も遅い日まで保管するものとする。
2　原記録保管裁判官は、必要があると認めるときは、前項の保管の期間を延長することができる。

## 第四章　通信の秘密の尊重等

（関係者による通信の秘密の尊重等）
第二十八条　検察官、検察事務官及び司法警察職員並びに弁護人その他通信の傍受に関与し、又はその状況若しくは傍受をした通信の内容を職務上知り得た者は、通信の秘密を不当に害しないように注意し、かつ、捜査の妨げとならないように注意しなければならない。
（国会への報告等）
第二十九条　政府は、毎年、傍受令状の請求及び発付の件数、その請求及び発付に係る罪名、傍受の対象とした通信手段の種類、傍受の実施をした期間、傍受の実施をしている間における通話の回数、このうち第二十二条第二項第一号又は第三号に掲げる通信が行われたものの数並びに傍受が行われた事件に関して逮捕した人員数を国会に報告するとともに、公表するものとする。ただし、罪名については、捜査に支障を生ずるおそれがあるときは、その支障がなくなった後においてこれらの措置を執るものとする。
（通信の秘密を侵す行為の処罰等）
第三十条　捜査又は調査の権限を有する公務員が、その捜査又は調査の職務に関し、電気通信事業法（昭和五十九年法律第八十六号）第百七十九条第一項又は有線電気通信法（昭和二十八年法律第九十六号）第十四条第一項の罪を犯したときは、三年以下の懲役又は百万円以下の罰金に処する。
2　前項の罪の未遂は、罰する。
3　前二項の罪について告訴又は告発をした者は、検察官の公訴を提起しない処分に不服があるときは、刑事訴訟法第二百六十二条第一項の請求をすることができる。

## 第五章　補則

（刑事訴訟法との関係）
第三十一条　通信の傍受に関する手続については、この法律に特別の定めがあるもののほか、刑事訴訟法による。
（最高裁判所規則）
第三十二条　この法律に定めるもののほか、傍受令状の発付、傍受ができる期間の延長、記録媒体の封印及び提出、傍受の原記録の保管その他の取扱い、傍受の実施の状況を記載した書面の提出、第十四条に規定する通信に該当するかどうかの審査、通信の当事者に対する通知を発しなければならない期間の延長、裁判所が保管する傍受記録の

聴取及び閲覧並びにその複製の作成並びに不服申立てに関する手続について必要な事項は、最高裁判所規則で定める。

附　則　抄
（施行期日）
1　この法律は、公布の日から起算して一年を超えない範囲内において政令で定める日から施行する。

附　則　（平成一一年一二月二二日法律第一六〇号）抄
（施行期日）
第一条　この法律(第二条及び第三条を除く。)は、平成十三年一月六日から施行する。

附　則　（平成一三年一二月一二日法律第一五三号）抄
（施行期日）
第一条　この法律は、公布の日から起算して六月を超えない範囲内において政令で定める日から施行する。
（処分、手続等に関する経過措置）
第四十二条　この法律の施行前に改正前のそれぞれの法律（これに基づく命令を含む。以下この条において同じ。）の規定によってした処分、手続その他の行為であって、改正後のそれぞれの法律の規定に相当の規定があるものは、この附則に別段の定めがあるものを除き、改正後のそれぞれの法律の相当の規定によってしたものとみなす。
（罰則に関する経過措置）
第四十三条　この法律の施行前にした行為及びこの附則の規定によりなお従前の例によることとされる場合におけるこの法律の施行後にした行為に対する罰則の適用については、なお従前の例による。
（経過措置の政令への委任）
第四十四条　この附則に規定するもののほか、この法律の施行に関し必要な経過措置は、政令で定める。

附　則　（平成一五年七月二四日法律第一二五号）抄
（施行期日）
第一条　この法律は、公布の日から起算して九月を超えない範囲内において政令で定める日から施行する。ただし、次の各号に掲げる規定は、それぞれ当該各号に定める日から施行する。
三　第二条の規定、第三条中会社法第十一条第二項の改正規定並びに附則第六条から附則第十五条まで、附則第二十一条から附則第三十一条まで、附則第三十四条から附則第

四十一条まで及び附則第四十四条から附則第四十八条までの規定　公布の日から起算して一年を超えない範囲内において政令で定める日

附　則　（平成一九年一一月三〇日法律第一二〇号）抄
（施行期日）
第一条　この法律は、公布の日から起算して一月を経過した日から施行する。

附　則　（平成二三年六月二四日法律第七四号）抄
（施行期日）
第一条　この法律は、公布の日から起算して二十日を経過した日から施行する。

別　表　（第三条、第十四条関係）

一　大麻取締法(昭和二十三年法律第百二十四号)第二十四条(栽培、輸入等)又は第二十四条の二(所持、譲渡し等)の罪
二　覚せい剤取締法（昭和二十六年法律第二百五十二号）第四十一条（輸入等）若しくは第四十一条の二（所持、譲渡し等）の罪、同法第四十一条の三第一項第三号（覚せい剤原料の輸入等）若しくは第四号（覚せい剤原料の製造）の罪若しくはこれらの罪に係る同条第二項(営利目的の覚せい剤原料の輸入等)の罪若しくはこれらの罪の未遂罪又は同法第四十一条の四第一項第三号（覚せい剤原料の所持）若しくは第四号（覚せい剤原料の譲渡し等）の罪若しくはこれらの罪に係る同条第二項(営利目的の覚せい剤原料の所持、譲渡し等)の罪若しくはこれらの罪の未遂罪
三　出入国管理及び難民認定法（昭和二十六年政令第三百十九号）第七十四条（集団密航者を不法入国させる行為等）、第七十四条の二（集団密航者の輸送）又は第七十四条の四（集団密航者の収受等）の罪
四　麻薬及び向精神薬取締法（昭和二十八年法律第十四号）第六十四条（ジアセチルモルヒネ等の輸入等）、第六十四条の二（ジアセチルモルヒネ等の譲渡し、所持等）、第六十五条（ジアセチルモルヒネ等以外の麻薬の輸入等）、第六十六条（ジアセチルモルヒネ等以外の麻薬の譲渡し、所持等）、第六十六条の三（向精神薬の輸入等）又は第六十六条の四(向精神薬の譲渡し等)の罪
五　武器等製造法（昭和二十八年法律第百四十五号）第三十一条（銃砲の無許可製造）、第三十一条の二（銃砲弾の無許可製造）又は第三十一条の三第一号（銃砲及び銃砲弾以外の武器の無許可製造）の罪
六　あへん法(昭和二十九年法律第七十一号)第五十一条(けしの栽培、あへんの輸入等)又は第五十二条(あへん等の譲渡し、所持等)の罪
七　銃砲刀剣類所持等取締法(昭和三十三年法律第六号)第三十一条から第三十一条の四ま

で(けん銃等の発射、輸入、所持、譲渡し等)、第三十一条の七から第三十一条の九まで(けん銃実包の輸入、所持、譲渡し等)、第三十一条の十一第一項第二号(けん銃部品の輸入)若しくは第二項(未遂罪)又は第三十一条の十六第一項第二号(けん銃部品の所持)若しくは第三号(けん銃部品の譲渡し等)若しくは第二項(未遂罪)の罪

八 国際的な協力の下に規制薬物に係る不正行為を助長する行為等の防止を図るための麻薬及び向精神薬取締法等の特例等に関する法律(平成三年法律第九十四号)第五条(業として行う不法輸入等)の罪

九 組織的な犯罪の処罰及び犯罪収益の規制等に関する法律(平成十一年法律第百三十六号)第三条第一項第七号に掲げる罪に係る同条(組織的な殺人)の罪又はその未遂罪

# ●サイバーセキュリティ基本法
(平成二十六年十一月十二日法律第百四号)

目次
　第一章　総則(第一条－第十一条)
　第二章　サイバーセキュリティ戦略(第十二条)
　第三章　基本的施策(第十三条－第二十三条)
　第四章　サイバーセキュリティ戦略本部(第二十四条－第三十五条)
　附則

**第一章　総則**
(目的)
第一条　この法律は、インターネットその他の高度情報通信ネットワークの整備及び情報通信技術の活用の進展に伴って世界的規模で生じているサイバーセキュリティに対する脅威の深刻化その他の内外の諸情勢の変化に伴い、情報の自由な流通を確保しつつ、サイバーセキュリティの確保を図ることが喫緊の課題となっている状況に鑑み、我が国のサイバーセキュリティに関する施策に関し、基本理念を定め、国及び地方公共団体の責務等を明らかにし、並びにサイバーセキュリティ戦略の策定その他サイバーセキュリティに関する施策の基本となる事項を定めるとともに、サイバーセキュリティ戦略本部を設置すること等により、高度情報通信ネットワーク社会形成基本法(平成十二年法律第百四十四号)と相まって、サイバーセキュリティに関する施策を総合的かつ効果的に推進し、もって経済社会の活力の向上及び持続的発展並びに国民が安全で安心して暮らせる社会の実現を図るとともに、国際社会の平和及び安全の確保並びに我が国の安全保障に寄与することを目的とする。
(定義)

第二条　この法律において「サイバーセキュリティ」とは、電子的方式、磁気的方式その他人の知覚によっては認識することができない方式（以下この条において「電磁的方式」という。）により記録され、又は発信され、伝送され、若しくは受信される情報の漏えい、滅失又は毀損の防止その他の当該情報の安全管理のために必要な措置並びに情報システム及び情報通信ネットワークの安全性及び信頼性の確保のために必要な措置（情報通信ネットワーク又は電磁的方式で作られた記録に係る記録媒体（以下「電磁的記録媒体」という。）を通じた電子計算機に対する不正な活動による被害の防止のために必要な措置を含む。）が講じられ、その状態が適切に維持管理されていることをいう。

（基本理念）

第三条　サイバーセキュリティに関する施策の推進は、インターネットその他の高度情報通信ネットワークの整備及び情報通信技術の活用による情報の自由な流通の確保が、これを通じた表現の自由の享有、イノベーションの創出、経済社会の活力の向上等にとって重要であることに鑑み、サイバーセキュリティに対する脅威に対して、国、地方公共団体、重要社会基盤事業者（国民生活及び経済活動の基盤であって、その機能が停止し、又は低下した場合に国民生活又は経済活動に多大な影響を及ぼすおそれが生ずるものに関する事業を行う者をいう。以下同じ。）等の多様な主体の連携により、積極的に対応することを旨として、行われなければならない。

2　サイバーセキュリティに関する施策の推進は、国民一人一人のサイバーセキュリティに関する認識を深め、自発的に対応することを促すとともに、サイバーセキュリティに対する脅威による被害を防ぎ、かつ、被害から迅速に復旧できる強靱な体制を構築するための取組を積極的に推進することを旨として、行われなければならない。

3　サイバーセキュリティに関する施策の推進は、インターネットその他の高度情報通信ネットワークの整備及び情報通信技術の活用による活力ある経済社会を構築するための取組を積極的に推進することを旨として、行われなければならない。

4　サイバーセキュリティに関する施策の推進は、サイバーセキュリティに対する脅威への対応が国際社会にとって共通の課題であり、かつ、我が国の経済社会が国際的な密接な相互依存関係の中で営まれていることに鑑み、サイバーセキュリティに関する国際的な秩序の形成及び発展のために先導的な役割を担うことを旨として、国際的協調の下に行われなければならない。

5　サイバーセキュリティに関する施策の推進は、高度情報通信ネットワーク社会形成基本法の基本理念に配慮して行われなければならない。

6　サイバーセキュリティに関する施策の推進に当たっては、国民の権利を不当に侵害しないように留意しなければならない。

（国の責務）

第四条　国は、前条の基本理念（以下「基本理念」という。）にのっとり、サイバーセキュリティに関する総合的な施策を策定し、及び実施する責務を有する。

（地方公共団体の責務）
第五条　地方公共団体は、基本理念にのっとり、国との適切な役割分担を踏まえて、サイバーセキュリティに関する自主的な施策を策定し、及び実施する責務を有する。
（重要社会基盤事業者の責務）
第六条　重要社会基盤事業者は、基本理念にのっとり、そのサービスを安定的かつ適切に提供するため、サイバーセキュリティの重要性に関する関心と理解を深め、自主的かつ積極的にサイバーセキュリティの確保に努めるとともに、国又は地方公共団体が実施するサイバーセキュリティに関する施策に協力するよう努めるものとする。
（サイバー関連事業者その他の事業者の責務）
第七条　サイバー関連事業者（インターネットその他の高度情報通信ネットワークの整備、情報通信技術の活用又はサイバーセキュリティに関する事業を行う者をいう。以下同じ。）その他の事業者は、基本理念にのっとり、その事業活動に関し、自主的かつ積極的にサイバーセキュリティの確保に努めるとともに、国又は地方公共団体が実施するサイバーセキュリティに関する施策に協力するよう努めるものとする。
（教育研究機関の責務）
第八条　大学その他の教育研究機関は、基本理念にのっとり、自主的かつ積極的にサイバーセキュリティの確保、サイバーセキュリティに係る人材の育成並びにサイバーセキュリティに関する研究及びその成果の普及に努めるとともに、国又は地方公共団体が実施するサイバーセキュリティに関する施策に協力するよう努めるものとする。
（国民の努力）
第九条　国民は、基本理念にのっとり、サイバーセキュリティの重要性に関する関心と理解を深め、サイバーセキュリティの確保に必要な注意を払うよう努めるものとする。
（法制上の措置等）
第十条　政府は、サイバーセキュリティに関する施策を実施するため必要な法制上、財政上又は税制上の措置その他の措置を講じなければならない。
（行政組織の整備等）
第十一条　国は、サイバーセキュリティに関する施策を講ずるにつき、行政組織の整備及び行政運営の改善に努めるものとする。

## 第二章　サイバーセキュリティ戦略

第十二条　政府は、サイバーセキュリティに関する施策の総合的かつ効果的な推進を図るため、サイバーセキュリティに関する基本的な計画（以下「サイバーセキュリティ戦略」という。）を定めなければならない。
2　サイバーセキュリティ戦略は、次に掲げる事項について定めるものとする。
一　サイバーセキュリティに関する施策についての基本的な方針
二　国の行政機関等におけるサイバーセキュリティの確保に関する事項

三　重要社会基盤事業者及びその組織する団体並びに地方公共団体(以下「重要社会基盤事業者等」という。)におけるサイバーセキュリティの確保の促進に関する事項
　四　前三号に掲げるもののほか、サイバーセキュリティに関する施策を総合的かつ効果的に推進するために必要な事項
３　内閣総理大臣は、サイバーセキュリティ戦略の案につき閣議の決定を求めなければならない。
４　政府は、サイバーセキュリティ戦略を策定したときは、遅滞なく、これを国会に報告するとともに、インターネットの利用その他適切な方法により公表しなければならない。
５　前二項の規定は、サイバーセキュリティ戦略の変更について準用する。
６　政府は、サイバーセキュリティ戦略について、その実施に要する経費に関し必要な資金の確保を図るため、毎年度、国の財政の許す範囲内で、これを予算に計上する等その円滑な実施に必要な措置を講ずるよう努めなければならない。

## 第三章　基本的施策

　(国の行政機関等におけるサイバーセキュリティの確保)
第十三条　国は、国の行政機関、独立行政法人（独立行政法人通則法（平成十一年法律第百三号）第二条第一項に規定する独立行政法人をいう。以下同じ。）及び特殊法人（法律により直接に設立された法人又は特別の法律により特別の設立行為をもって設立された法人であって、総務省設置法（平成十一年法律第九十一号）第四条第十五号の規定の適用を受けるものをいう。以下同じ。）等におけるサイバーセキュリティに関し、国の行政機関及び独立行政法人におけるサイバーセキュリティに関する統一的な基準の策定、国の行政機関における情報システムの共同化、情報通信ネットワーク又は電磁的記録媒体を通じた国の行政機関の情報システムに対する不正な活動の監視及び分析、国の行政機関におけるサイバーセキュリティに関する演習及び訓練並びに国内外の関係機関との連携及び連絡調整によるサイバーセキュリティに対する脅威への対応、国の行政機関、独立行政法人及び特殊法人等の間におけるサイバーセキュリティに関する情報の共有その他の必要な施策を講ずるものとする。
　(重要社会基盤事業者等におけるサイバーセキュリティの確保の促進)
第十四条　国は、重要社会基盤事業者等におけるサイバーセキュリティに関し、基準の策定、演習及び訓練、情報の共有その他の自主的な取組の促進その他の必要な施策を講ずるものとする。
　(民間事業者及び教育研究機関等の自発的な取組の促進)
第十五条　国は、中小企業者その他の民間事業者及び大学その他の教育研究機関が有する知的財産に関する情報が我が国の国際競争力の強化にとって重要であることに鑑み、これらの者が自発的に行うサイバーセキュリティに対する取組が促進されるよう、サ

イバーセキュリティの重要性に関する関心と理解の増進、サイバーセキュリティに関する相談に応じ、必要な情報の提供及び助言を行うことその他の必要な施策を講ずるものとする。

2　国は、国民一人一人が自発的にサイバーセキュリティの確保に努めることが重要であることに鑑み、日常生活における電子計算機又はインターネットその他の高度情報通信ネットワークの利用に際して適切な製品又はサービスを選択することその他の取組について、サイバーセキュリティに関する相談に応じ、必要な情報の提供及び助言を行うことその他の必要な施策を講ずるものとする。

　　（多様な主体の連携等）

第十六条　国は、関係府省相互間の連携の強化を図るとともに、国、地方公共団体、重要社会基盤事業者、サイバー関連事業者等の多様な主体が相互に連携してサイバーセキュリティに関する施策に取り組むことができるよう必要な施策を講ずるものとする。

　　（犯罪の取締り及び被害の拡大の防止）

第十七条　国は、サイバーセキュリティに関する犯罪の取締り及びその被害の拡大の防止のために必要な施策を講ずるものとする。

　　（我が国の安全に重大な影響を及ぼすおそれのある事象への対応）

第十八条　国は、サイバーセキュリティに関する事象のうち我が国の安全に重大な影響を及ぼすおそれがあるものへの対応について、関係機関における体制の充実強化並びに関係機関相互の連携強化及び役割分担の明確化を図るために必要な施策を講ずるものとする。

　　（産業の振興及び国際競争力の強化）

第十九条　国は、サイバーセキュリティの確保を自立的に行う能力を我が国が有することの重要性に鑑み、サイバーセキュリティに関連する産業が雇用機会を創出することができる成長産業となるよう、新たな事業の創出並びに産業の健全な発展及び国際競争力の強化を図るため、サイバーセキュリティに関し、先端的な研究開発の推進、技術の高度化、人材の育成及び確保、競争条件の整備等による経営基盤の強化及び新たな事業の開拓、技術の安全性及び信頼性に係る規格等の国際標準化及びその相互承認の枠組みへの参画その他の必要な施策を講ずるものとする。

　　（研究開発の推進等）

第二十条　国は、我が国においてサイバーセキュリティに関する技術力を自立的に保持することの重要性に鑑み、サイバーセキュリティに関する研究開発及び技術等の実証の推進並びにその成果の普及を図るため、サイバーセキュリティに関し、研究体制の整備、技術の安全性及び信頼性に関する基礎研究及び基盤的技術の研究開発の推進、研究者及び技術者の育成、国の試験研究機関、大学、民間等の連携の強化、研究開発のための国際的な連携その他の必要な施策を講ずるものとする。

　　（人材の確保等）

第二十一条　国は、大学、高等専門学校、専修学校、民間事業者等と緊密な連携協力を図りながら、サイバーセキュリティに係る事務に従事する者の職務及び職場環境がその重要性にふさわしい魅力あるものとなるよう、当該者の適切な処遇の確保に必要な施策を講ずるものとする。

2　国は、大学、高等専門学校、専修学校、民間事業者等と緊密な連携協力を図りながら、サイバーセキュリティに係る人材の確保、養成及び資質の向上のため、資格制度の活用、若年技術者の養成その他の必要な施策を講ずるものとする。

　　（教育及び学習の振興、普及啓発等）

第二十二条　国は、国民が広くサイバーセキュリティに関する関心と理解を深めるよう、サイバーセキュリティに関する教育及び学習の振興、啓発及び知識の普及その他の必要な施策を講ずるものとする。

2　国は、前項の施策の推進に資するよう、サイバーセキュリティに関する啓発及び知識の普及を図るための行事の実施、重点的かつ効果的にサイバーセキュリティに対する取組を推進するための期間の指定その他の必要な施策を講ずるものとする。

　　（国際協力の推進等）

第二十三条　国は、サイバーセキュリティに関する分野において、我が国の国際社会における役割を積極的に果たすとともに、国際社会における我が国の利益を増進するため、サイバーセキュリティに関し、国際的な規範の策定への主体的な参画、国際間における信頼関係の構築及び情報の共有の推進、開発途上地域のサイバーセキュリティに関する対応能力の構築の積極的な支援その他の国際的な技術協力、犯罪の取締りその他の国際協力を推進するとともに、我が国のサイバーセキュリティに対する諸外国の理解を深めるために必要な施策を講ずるものとする。

## 第四章　サイバーセキュリティ戦略本部

　　（設置）

第二十四条　サイバーセキュリティに関する施策を総合的かつ効果的に推進するため、内閣に、サイバーセキュリティ戦略本部（以下「本部」という。）を置く。

　　（所掌事務等）

第二十五条　本部は、次に掲げる事務をつかさどる。

一　サイバーセキュリティ戦略の案の作成及び実施の推進に関すること。

二　国の行政機関及び独立行政法人におけるサイバーセキュリティに関する対策の基準の作成及び当該基準に基づく施策の評価（監査を含む。）その他の当該基準に基づく施策の実施の推進に関すること。

三　国の行政機関で発生したサイバーセキュリティに関する重大な事象に対する施策の評価（原因究明のための調査を含む。）に関すること。

四　前三号に掲げるもののほか、サイバーセキュリティに関する施策で重要なものの企画

に関する調査審議、府省横断的な計画、関係行政機関の経費の見積りの方針及び施策の実施に関する指針の作成並びに施策の評価その他の当該施策の実施の推進並びに総合調整に関すること。
2 本部は、サイバーセキュリティ戦略の案を作成しようとするときは、あらかじめ、高度情報通信ネットワーク社会推進戦略本部及び国家安全保障会議の意見を聴かなければならない。
3 本部は、サイバーセキュリティに関する重要事項について、高度情報通信ネットワーク社会推進戦略本部との緊密な連携を図るものとする。
4 本部は、我が国の安全保障に係るサイバーセキュリティに関する重要事項について、国家安全保障会議との緊密な連携を図るものとする。
（組織）
第二十六条　本部は、サイバーセキュリティ戦略本部長、サイバーセキュリティ戦略副本部長及びサイバーセキュリティ戦略本部員をもって組織する。
（サイバーセキュリティ戦略本部長）
第二十七条　本部の長は、サイバーセキュリティ戦略本部長（以下「本部長」という。）とし、内閣官房長官をもって充てる。
2 本部長は、本部の事務を総括し、所部の職員を指揮監督する。
3 本部長は、第二十五条第一項第二号から第四号までに規定する評価又は第三十条若しくは第三十一条の規定により提供された資料、情報等に基づき、必要があると認めるときは、関係行政機関の長に対し、勧告することができる。
4 本部長は、前項の規定により関係行政機関の長に対し勧告したときは、当該関係行政機関の長に対し、その勧告に基づいてとった措置について報告を求めることができる。
5 本部長は、第三項の規定により勧告した事項に関し特に必要があると認めるときは、内閣総理大臣に対し、当該事項について内閣法（昭和二十二年法律第五号）第六条の規定による措置がとられるよう意見を具申することができる。
（サイバーセキュリティ戦略副本部長）
第二十八条　本部に、サイバーセキュリティ戦略副本部長（以下「副本部長」という。）を置き、国務大臣をもって充てる。
2 副本部長は、本部長の職務を助ける。
（サイバーセキュリティ戦略本部員）
第二十九条　本部に、サイバーセキュリティ戦略本部員（次項において「本部員」という。）を置く。
2 本部員は、次に掲げる者（第一号から第五号までに掲げる者にあっては、副本部長に充てられたものを除く。）をもって充てる。
一　国家公安委員会委員長
二　総務大臣

三　外務大臣
四　経済産業大臣
五　防衛大臣
六　前各号に掲げる者のほか、本部長及び副本部長以外の国務大臣のうちから、本部の所掌事務を遂行するために特に必要があると認める者として内閣総理大臣が指定する者
七　サイバーセキュリティに関し優れた識見を有する者のうちから、内閣総理大臣が任命する者
　　（資料提供等）
第三十条　関係行政機関の長は、本部の定めるところにより、本部に対し、サイバーセキュリティに関する資料又は情報であって、本部の所掌事務の遂行に資するものを、適時に提供しなければならない。
2　前項に定めるもののほか、関係行政機関の長は、本部長の求めに応じて、本部に対し、本部の所掌事務の遂行に必要なサイバーセキュリティに関する資料又は情報の提供及び説明その他必要な協力を行わなければならない。
　　（資料の提出その他の協力）
第三十一条　本部は、その所掌事務を遂行するため必要があると認めるときは、地方公共団体及び独立行政法人の長、国立大学法人（国立大学法人法（平成十五年法律第百十二号）第二条第一項に規定する国立大学法人をいう。）の学長、大学共同利用機関法人（同条第三項に規定する大学共同利用機関法人をいう。）の機構長、日本司法支援センター（総合法律支援法（平成十六年法律第七十四号）第十三条に規定する日本司法支援センターをいう。）の理事長、特殊法人及び認可法人（特別の法律により設立され、かつ、その設立等に関し行政官庁の認可を要する法人をいう。）であって本部が指定するものの代表者並びにサイバーセキュリティに関する事象が発生した場合における国内外の関係者との連絡調整を行う関係機関の代表者に対して、資料の提出、意見の開陳、説明その他必要な協力を求めることができる。
2　本部は、その所掌事務を遂行するため特に必要があると認めるときは、前項に規定する者以外の者に対しても、必要な協力を依頼することができる。
　　（地方公共団体への協力）
第三十二条　地方公共団体は、第五条に規定する施策の策定又は実施のために必要があると認めるときは、本部に対し、情報の提供その他の協力を求めることができる。
2　本部は、前項の規定による協力を求められたときは、その求めに応じるよう努めるものとする。
　　（事務）
第三十三条　本部に関する事務は、内閣官房において処理し、命を受けて内閣官房副長官補が掌理する。
　　（主任の大臣）

第三十四条　本部に係る事項については、内閣法にいう主任の大臣は、内閣総理大臣とする。

（政令への委任）

第三十五条　この法律に定めるもののほか、本部に関し必要な事項は、政令で定める。

附　則

（施行期日）

第一条　この法律は、公布の日から施行する。ただし、第二章及び第四章の規定並びに附則第四条の規定は、公布の日から起算して一年を超えない範囲内において政令で定める日から施行する。

（本部に関する事務の処理を適切に内閣官房に行わせるために必要な法制の整備等）

第二条　政府は、本部に関する事務の処理を適切に内閣官房に行わせるために必要な法制の整備（内閣総理大臣の決定により内閣官房に置かれる情報セキュリティセンターの法制化を含む。）その他の措置を講ずるものとする。

2　政府は、前項の措置を講ずるに当たっては、専門的知識を有する者を内閣官房において任期を定めて職員又は研究員として任用すること、情報通信ネットワーク又は電磁的記録媒体を通じた国の行政機関の情報システムに対する不正な活動の監視及び分析並びにサイバーセキュリティに関する事象に関する国内外の関係機関との連絡調整に必要な機材及び人的体制の整備等のために必要な法制上及び財政上の措置等について検討を加え、その結果に基づいて必要な措置を講ずるものとする。

（検討）

第三条　政府は、武力攻撃事態等における我が国の平和と独立並びに国及び国民の安全の確保に関する法律（平成十五年法律第七十九号）第二十四条第一項に規定する緊急事態に相当するサイバーセキュリティに関する事象その他の情報通信ネットワーク又は電磁的記録媒体を通じた電子計算機に対する不正な活動から、国民生活及び経済活動の基盤であって、その機能が停止し、又は低下した場合に国民生活又は経済活動に多大な影響を及ぼすおそれが生ずるもの等を防御する能力の一層の強化を図るための施策について、幅広い観点から検討するものとする。

（高度情報通信ネットワーク社会形成基本法の一部改正）

第四条　高度情報通信ネットワーク社会形成基本法の一部を次のように改正する。

第二十六条第一項中「事務」の下に「（サイバーセキュリティ基本法（平成二十六年法律第百四号）第二十五条第一項に掲げる事務のうちサイバーセキュリティに関する施策で重要なものの実施の推進に関するものを除く。）」を加える。

# ●不正競争防止法（平成五年五月十九日法律第四十七号）（抄）

（定義）

**第二条** この法律において「不正競争」とは、次に掲げるものをいう。

一 （省略）

二 自己の商品等表示として他人の著名な商品等表示と同一若しくは類似のものを使用し、又はその商品等表示を使用した商品を譲渡し、引き渡し、譲渡若しくは引き渡しのために展示し、輸出し、輸入し、若しくは電気通信回線を通じて提供する行為

（省略）

九 その取得した後にその営業秘密について不正開示行為があったこと若しくはその営業秘密について不正開示行為が介在したことを知って、又は重大な過失により知らないでその取得した営業秘密を使用し、又は開示する行為

十二 不正の利益を得る目的で、又は他人に損害を与える目的で、他人の特定商品等表示（人の業務に係る氏名、商号、商標、標章その他の商品又は役務を表示するものをいう。）と同一若しくは類似のドメイン名を使用する権利を取得し、若しくは保有し、又はそのドメイン名を使用する行為

十三 商品若しくは役務若しくはその広告若しくは取引に用いる書類若しくは通信にその商品の原産地、品質、内容、製造方法、用途もしくは数量若しくはその役務の質、内容、用途若しくは数量について誤認させるような表示をし、又はその表示をした商品を譲渡し、引き渡し、譲渡若しくは引渡のために展示し、輸出し輸入し、若しくはその表示をして役務を提供する行為

十四 競争関係にある他人の営業上の信用を害する虚偽の事実を告知し、又は流布する行為

（省略）

（差止請求権）

**第三条** 不正競争によって営業上の利益を侵害され、又は侵害されるおそれがある者は、その営業上の利益を侵害する者又は侵害するおそれがある者に対し、その侵害の停止又は予防を請求することができる。

2 不正競争によって営業上の利益を侵害され、又は侵害されるおそれがある者は、前項の規定による請求をするに際し、侵害の行為を組成した物（侵害の行為により生じた物を含む。）第五条第一項において同じ。）の廃棄、侵害の行為に供した設備の除却その他の侵害の停止又は予防に必要な行為を請求することができる。

（損害賠償）

**第四条** 故意又は過失により不正競争を行って他人の営業上の利益を侵害した者は、これによって生じた損害を賠償する責めに任ずる。ただし、第十五条（消滅時効）の

規定により同条に規定する権利が消滅した後にその営業秘密を使用する行為によって生じた損害については、この限りでない。

（損害の額の推定等）

### 第五条

（省略）

2　不正競争によって営業上の利益を侵害された者が故意又は過失により自己の営業上の利益を侵害した者に対しその侵害により自己が受けた損害の賠償を請求する場合においてその者がその侵害の行為により利益を受けているときは。その利益の額は、その営業上の利益を侵害された者が受けた損害の額と推定する。

（適用除外等）

### 第十九条

第三条から第十五条まで、第二十一条（罰則）（第二項第七号に係る部分を除く。）及び第二十二条（同）の規定は、次の各号に掲げる不正競争の区分に応じて当該各号に定める行為については適用しない。

一　（省略）

五　第二条第一項第三号に掲げる不正競争

　イ　次のいずれかにおいて最初に販売された日から起算して三年を経過した商品について、その商品の形態を模倣した商品を譲渡し、貸し渡し、譲渡若しくは貸渡しのために展示し、輸出し、又は輸入する行為

　ロ　他人の商品の形態を模倣した商品を譲り受けた者（その譲り受けた時にその商品が他人の商品の形態を模倣した商品であることを知らず、かつ、知らないことにつき重大な過失がない者に限る。）がその商品を譲渡し、貸し渡し、譲渡若しくは貸渡しのために展示し、輸出し、又は輸入する行為

## ●特許法（昭和三十四年四月十三日法律第百二十一号）（抄）

（出願公開の効果等）

### 第六十五条

特許出願人は、出願公開があった後に特許出願に係る発明の内容を記載した書面を提示して警告をしたときは、その警告後特許権の設定の登録前に業としてその発明を実施した者に対し、その発明が特許発明である場合にその実施に対し受けるべき金銭の額に相当する額の補償金の支払を請求することができる。当該警告をしない場合においても、出願公開がされた特許出願に係る発明であることを知って特許権の設定の登録前に業と　してその発明を実施した者に対しては、同様とする。

2　前項の規定による請求権は、特許権の設定の登録があった後でなければ、行使することができない。

（差止請求権）

### 第百条

特許権者又は専用実施権者は、自己の特許権又は専用実施権を侵害する者又は

侵害するおそれがある者に対し、その侵害の停止又は予防を請求することができる。
2　特許権者又は専用実施権者は、前項の規定による請求をするに際し、侵害の行為を組成した物（物を生産する方法の特許発明にあっては侵害の行為により生じた物を含む。第百二条第一項において同じ。）の廃棄、侵害の行為に供した設備の除却その他の侵害の予防に必要な行為を請求することができる。

（侵害とみなす行為）

第百一条　次に掲げる行為は、当該特許権又は専用実施権を侵害するものとみなす。
一　特許が物の発明についてされている場合において、業として、その物の生産にのみ用いる物の生産、譲渡等若しくは輸入又は譲渡等の申出をする行為
二　特許が物の発明についてされている場合において、その物の生産に用いる物（日本国内において広く一般に流通しているものを除く。）であってその発明による課題の解決に不可欠なものにつき、その発明が特許発明であること及びその物がその発明の実施に用いられることを知りながら、業として、その生産、譲渡等若しくは輸入又は譲渡等の申出をする行為
三　（省略）
四　（省略）
五　（省略）
六　（省略）

（損害の額の推定等）

第百二条
1　（省略）
2　（省略）
3　特許権者又は専用実施権者は、故意又は過失により自己の特許権又は専用実施権を侵害した者に対し、その特許発明の実施に対し受けるべき金銭の額に相当する額の金銭を、自己が受けた損害の額としてその賠償を請求することができる。
4　（省略）

（特許権者の権利行使の制限）

第百四条の三　特許権者又は専用実施権者の侵害に係る訴訟において、当該特許が特許無効審判により　又は当該特許権の存続期間の延長登録が延長登録無効審判により無効にされるべきものと認められるときは、特許権者又は専用実施権者は、相手方に対してその権利を行使することができない。
2　前項の規定による攻撃又は防御の方法については、これが審理を不当に遅延させることを目的として提出されたものと認められるときは、裁判所は、申立てにより又は職権で、却下の決定をすることができる。

3 第百二十三条（特許無効審判）第二項の規定は、当該特許に係る発明について特許無効審判を請求することができる者以外の者が第一項の規定による攻撃又は防御の方法を提出することを妨げない。

（国際公開及び国内公表の効果等）

第百八十四条の十　国際特許出願の出願人は、日本語特許出願については国際公開があった後に、外国語特許出願については国内公表があった後に、国際特許出願に係る発明の内容を記載した書面を提示して警告をしたときは、その警告後特許権の設定の登録前に業としてその発明を実施した者に対し、その発明が特許発明である場合にその実施に対し受けるべき金銭の額に相当する額の補償金の支払を請求することができる。当該警告をしない場合においても、日本語特許出願については国際公開がされた国際特許出願に係る発明であることを知って特許権の設定の登録前に、外国語特許出願については国内公表された国際特許出願に係る発明であることを知って特許権の設定の登録前に、業としてその発明を実施した者に対しては、同様とする。

2　第六十五条（出願公開の効果等）第二項から第六項までの規定は、前項の規定により請求権を行使する場合に準用する。

## ●商標法（昭和三十四年四月十三日法律第百二十七号）（抄）

（定義等）

第二条　この法律で「商標」とは、人の知覚によって認識することができるもののうち、文字、図形、記号、立体的形状若しくは色彩又はこれらの結合、音その他政令で定めるもの（以下「標章」という。）であって、次に掲げるものをいう。

一　業として商品を生産し、証明し、又は譲渡する者がその商品について使用するもの

二　業として役務を提供し、又は証明する者がその役務について使用するもの（前号に掲げるものを除く。）

2　前項第二号の役務には、小売及び卸売の業務において行われる顧客に対する便益の提供が含まれるものとする。

3　この法律で標章について「使用」とは、次に掲げる行為をいう。

一　商品又は商品の包装に標章を付する行為

二　（省略）

三　（省略）

四　（省略）

五　（省略）

六　（省略）

七　電磁的方法（電子的方法、磁気的方法その他の人の知覚によって認識することができない方法をいう。次号において同じ。）により行う映像面を介した役務の提供に当た

りその映像面に標章を表示して役務を提供する行為
八 商品若しくは役務に関する広告、価格表若しくは取引書類に標章を付して展示し、若しくは頒布し、又はこれらを内容とする情報に標章を付して電磁的方法により提供する行為
九 （省略）
十 省略
4 （省略）
5 （省略）
6 （省略）
（商標登録の要件）
第三条　自己の業務に係る商品又は役務について使用をする商標については、次に掲げる商標を除き、商標登録を受けることができる。
一 その商品又は役務の普通名称を普通に用いられる方法で表示する標章のみからなる商標
二 その商品又は役務について慣用されている商標
三 その商品の産地、販売地、品質、原材料、効能、用途、形状（包装の形状を含む。第二十六条第一項第二号及び第三号において同じ。）、生産若しくは使用の方法若しくは時期その他の特徴、数量若しくは価格又はその役務の提供の場所、質、提供の用に供する物、効能、用途、態様、提供の方法若しくは時期その他の特徴、数量若しくは価格を普通に用いられる方法で表示する標章のみからなる商標
四 ありふれた氏又は名称を普通に用いられる方法で表示する標章のみからなる商標
五 極めて簡単で、かつ、ありふれた標章のみからなる商標
六 前各号に掲げるもののほか、需要者が何人かの業務に係る商品又は役務であることを認識することができない商標
2 前項第三号から第五号までに該当する商標であっても、使用をされた結果需要者が何人かの業務に係る商品又は役務であることを認識することができるものについては、同項の規定にかかわらず、商標登録を受けることができる。
（商標登録を受けることができない商標）
第四条　次に掲げる商標については、前条の規定に拘わらず、商標登録をうけることができない。
一 国旗、菊花紋章、勲章、褒章又は外国の国旗と同一又は類似の商標
二 （以下、六まで省略）
七 公の秩序又は善良の風俗を害するおそれがある商標
八 他人の肖像又は他人の氏名若しくは名称若しくは著名な雅号、芸名若しくは筆名若しくはこれらの著名な略称を含む商標（その他人の承諾を得ているものを除く。）
九 （省略）

十 他人の業務に係る商品若しくは役務を表示するものとして需要者の間に広く認識されている商標又はこれに類似する商標であって、その商品若しくは役務又はこれらに類似する商品若しくは役務について使用をするもの
十一 (以下、十五まで省略)
十六 商品の品質又は役務の質の誤認を生ずるおそれがある商標
十七 (以下、十八まで省略)
十九 他人の業務に係る商品又は役務を表示するものとして日本国内又は外国における需要者の間に広く認識されている商標と同一又は類似の商標であって、不正の目的(不正の利益を得る目的、他人に損害を加える目的その他の不正の目的をいう。以下同じ)をもって使用をするもの(前各号に掲げるものを除く)
2 (省略)
3 (省略)
(一商標一出願)
第六条 商標登録出願は、商標の使用をする一又は二以上の商品又は役務を指定して、商標ごとにしなければならない。
2 前項の規定は、政令で定める商品及び役務の区分に従ってしなければならない。
3 前項の商品及び役務の区分は、商品又は役務の類似の範囲を定めるものではない。
(商標権の効力が及ばない範囲)
第二十六条 商標権の効力は、次に掲げる商標(他の商標の一部となっているものを含む。)には、及ばない。
一 自己の肖像又は自己の氏名若しくは名称若しくは著名な雅号、芸名若しくは筆名若しくはこれらの著名な略称を普通に用いられる方法で表示する商標
二 (省略)
三 当該役務若しくはこれに類似する役務の普通名称、提供の場所、質、提供の用に供する物、効能、用途、態様、提供の方法若しくは時期その他の特徴、数量若しくは価格又は当該指定役務に類似する商品の効能、用途、形状、生産若しくは使用の方法若しくは時期その他の特徴、数量若しくは価格を普通に用いられる方法で表示する商標
四 (以下、一項第六号まで及び第三項まで省略)
(先使用による商標の使用をする権利)
第三十二条 他人の商標登録出願前から日本国内において不正競争の目的でなくその商標登録出願に係る指定商品若しくは指定役務又はこれらに類似する商品若しくは役務についてその商標又はこれに類似する商標の使用をしていた結果、その商標登録出願の際(第九条の四の規定により、又は第十七条の二第一項若しくは第五十五条の二第三項(第六十条の二第二項において準用する場合を含む。)において準用する意匠法第十七条の三第一項の規定にとり、その商標登録出願が手続補正書を提出した時

にしたものとみなされたときは、もとの商標登録出願の際又は手続補正書を提出した際）現にその商標が自己の業務に係る商品又は役務を表示するものとして需要者の間に広く認識されているときは、その者は、継続してその商品又は役務についてその商標の使用をする場合は、その商品又は役務についてその商標の使用をする権利を有する。当該業務を承継した者についても、同様とする。

2　当該商標権者又は専用使用権者は、前項の規定により商標の使用をする権利を有する者に対し、その者の業務に係る商品又は役務と自己の業務に係る商品又は役務との混同を防ぐのに適当な表示を付すべきことを請求することができる。

（差止請求権）

第三十六条　商標権者又は専用使用権者は、自己の商標権又は専用使用権を侵害する者又は侵害するおそれがある者に対し、その侵害の停止又は予防を請求することができる。

2　商標権者又は専用使用権者は、前項の規定による請求をするに際し、侵害の行為を組成した物の廃棄、侵害の行為に供した設備の除却その他の侵害の予防に必要な行為を請求することができる。

（侵害とみなす行為）

第三十七条　次に掲げる行為は、当該商標権又は専用使用権を侵害するものとみなす。

一　指定商品若しくは指定役務についての登録商標に類似する商標の使用又は指定商品若しくは指定役務に類似する商品若しくは役務についての登録商標若しくはこれに類似する商標の使用（以下、八号まで省略）

（商標登録取消しの審判）

第五十条　継続して三年以上日本国内において商標権者、専用使用権者又は通常使用権者のいずれもが各指定商品又は指定役務についての登録商標（書体のみに変更を加えた同一の文字からなる商標、平仮名、片仮名及びローマ字の文字の表示を相互に変更するものであって同一の称呼及び観念を生ずる商標、外観において同視される図形からなる商標その他の当該登録商標と社会通念上同一と認められる商標を含む。以下この条において同じ。）の使用をしていないときは、何人も、その指定商品又は指定役務に係る商標登録を取り消すことについて審判を請求することができる。

2　前項の審判の請求があった場合においては、その審判の請求の登録前三年以内に日本国内において商標権者、専用使用権者又は通常使用権者のいずれかがその請求に係る指定商品又は指定役務のいずれかについての登録商標の使用をしていることを被請求人が証明しない限り、商標権者は、その指定商品又は指定役務に係る商標登録の取消しを免れない。ただし、その指定商品又は指定役務についてその登録商標の使用をしていないことについて正当な理由があることを被請求人が明らかにしたときは、この限りでない。

3　第一項の審判の請求前三月からその審判の請求の登録の日までの間に、日本国内において商標権者、専用使用権者又は通常使用権者のいずれかがその請求に係る指定

商品又は指定役務についての登録商標の使用をした場合であって、その登録商標の使用がその審判の請求がされることを知った後であることを請求人が証明したときは、その登録商標の使用は第一項に規定する登録商標の使用に該当しないものとする。ただし、その登録商標の使用をしたことについて正当な理由があることを被請求人が明らかにしたときは、この限りでない。

# ●民法（明治二十九年四月二十七日法律第八十九号）（抄）

（基本原則）
第一条　私権は、公共の福祉に適合しなければならない。
2　権利の行使及び義務の履行は、信義に従い誠実に行わなければならない。
3　権利の濫用は、これを許さない。
（所有権の内容）
第二百六条　所有者は、法令の制限内において、自由にその所有物の使用、収益及び処分をする権利を有する。
（不当利得の返還義務）
第七百三条　法律上の原因なく他人の財産又は労務によって利益を受け、そのために他人に損失を及ぼした者（以下この章において、「受益者」という。）は、その利益の存する限度において、これを返還する義務を負う。
（悪意の受益者の返還義務）
第七百四条　悪意の受益者は、その受けた利益に利息を付して返還しなければならない。この場合において、なお損害があるときは、その賠償の責任を負う。
（不法行為による損害賠償）
第七百九条　故意又は過失によって他人の権利又は法律上保護される利益を侵害した者は、これによって生じた損害を賠償する責任を負う。
（財産以外の損害の賠償）
第七百十条　他人の身体、自由若しくは名誉を侵害した場合又は他人の財産権を侵害した場合のいずれであるかを問わず、前条の規定により損害賠償の責任を負う者は、財産以外の損害に対しても、その賠償をしなければならない。
（使用者等の責任）
第七百十五条　ある事業のために他人を使用する者は、被用者がその事業の執行について第三者に加え　た損害を賠償する責任を負う。ただし、使用者が被用者の選任及びその事業の監督について相当の注意をしたとき、又は相当の注意をしても損害が生ずべきであったときは、この限りではない。
2　使用者に代わって事業を監督する者も、前項の責任を負う。
3　前二項の規定は、使用者又は監督者から被用者に対する求償権の行使を妨げない。

（共同不法行為者の責任）
第七百十九条　数人が共同の不法行為によって他人に損害を加えたときは、各自が連帯してその損害を賠償する責任を負う。共同行為者のうちいずれの者がその損害を加えたかを知ることができないときも、同様とする。

（名誉毀損における原状回復）
第七百二十三条　他人の名誉を毀損した者に対しては、裁判所は、被害者の請求により、損害賠償に代えて、又は損害賠償とともに、名誉を回復するのに適当な処分を命ずることができる。

## ●刑法（明治四十年四月二十四日法律第四十五号）（抄）

（国内犯）
第一条　この法律は、日本国内において罪を犯したすべての者に適用する。
2　日本国外にある日本船舶又は日本航空機内において罪を犯した者についても、前項と同様とする。

（定義）
第七条　この法律において「公務員」とは、国又は地方公共団体の職員その他法令により公務に従事する議員、委員その他の職員をいう。
2　この法律において「公務所」とは、官公庁その他公務員が職務を行う所をいう。

第七条の二　この法律において、「電磁的記録」とは、電子的方式、磁気的方式その他人の知覚によっては認識することができない方式で作られる記録であって、電子計算機による情報処理の用に供されるものをいう。

（わいせつ物頒布等）
第百七十五条　わいせつな文書、図画、電磁的記録に係る記録媒体その他の物を頒布し、又は公然と陳列した者は、二年以下の懲役若しくは二百五十万円以下の罰金若しくは科料に処し、又は懲役及び罰金を併科する。電気通信の送信によりわいせつな電磁的記録その他の記録を頒布した者も、同様とする。
2　有償で頒布する目的で、前項の物を所持し、又は同項の電磁的記録を保管した者も、同項と同様とする。

（名誉毀損）
第二百三十条　公然と事実を摘示し、人の名誉を毀損した者は、その事実の有無にかかわらず、三年以下の懲役若しくは禁錮又は五十万円以下の罰金に処する。
2　死者の名誉を毀損した者は、虚偽の事実を摘示することによってした場合でなければ、罰しない。

（公共の利害に関する場合の特例）
第二百三十条の二　前条第一項の行為が公共の利害に関する事実に係り、かつ、その目的

が専ら公益を図ることにあったと認める場合には、事実の真否を判断し、真実であることの証明があったときは、これを罰しない。
2　前項の規定の適用については、公訴が提起されるに至っていない人の犯罪行為に関する事実は、公共の利害に関する事実とみなす。
3　前条第一項の行為が公務員又は公選による公務員の候補者に関する事実に係る場合には、事実の真否を判断し、真実であることの証明があったときは、これを罰しない。
（侮辱）
第二百三十一条　事実を摘示しなくても、公然と人を侮辱した者は、拘留又は科料に処する。
（信用毀損及び業務妨害）
第二百三十三条　虚偽の風説を流布し、又は偽計を用いて、人の信用を毀損し、又はその業務を妨害した者は、三年以下の懲役又は五十万円以下の罰金に処する。
（電子計算機損壊等業務妨害）
第二百三十四条の二　人の業務に使用する電子計算機若しくはその用に供する電磁的記録を損壊し、若しくは人の業務に使用する電子計算機に虚偽の情報若しくは不正な指令を与え、又はその他の方法により、電子計算機に使用目的に沿うべき動作をさせず、又は使用目的に反する動作をさせて、人の業務を妨害した者は、五年以下の懲役又は百万円以下の罰金に処する。
2　前項の罪の未遂は、罰する。
（電子計算機使用詐欺）
第二百四十六条の二　前条に規定するもののほか、人の事務処理に使用する電子計算機に虚偽の情報若しくは不正な指令を与えて財産権の得喪若しくは変更に係る不実の電磁的記録を作り、又は財産権の得喪若しくは変更に係る虚偽の電磁的記録を人の事務処理の用に供して、財産上不法の利益を得、又は他人にこれを得させた者は、十年以下の懲役に処する。
（器物損壊等）
第二百六十一条　前三条に規定するものの他、他人の物を損壊し、又は傷害した者は、三年以下の懲役又は三十万円以下の罰金若しくは科料に処する。

## ●著作権法（昭和四十五年五月六日法律第四十八号）

主要改正

　　　　昭和五十三年五月十八日法律第四十九号（レコード保護条約締結に伴う改正）
　　　　昭和五十九年五月二十五日法律第四十六号（貸与権の創設）
　　昭和六十年六月十四日法律第六十二号（コンピュータプログラムを著作物に入れた）
　　　　昭和六十一年五月二十三日法律第六十四号（データベースを著作物にいれた）

昭和六十三年十一月一日法律第八十七号(著作隣接権の保護期間を 20 年から 30 年に
延長した。海賊版を情を知り頒布目的所持を処罰へ)
平成元年六月二十八日法律第四十三号(実演家等保護条約締結に伴う改正)
平成三年五月二日法律第六十三号(著作隣接権保護期間を 30 年から 50 年に延長)
平成四年十二月十六日法律第百六号(私的録音録画に係る補償金制度導入)
平成六年十二月十四日法律第百十二号(世界貿易機関協定締結に伴う改正)
平成八年十二月二十六日法律第百十七号(写真の著作物の保護期間を
公表後 50 年から死後 50 年へ延長)
平成九年六月十八日法律第八十六号(自動公衆送信権、送信可能化権など
インターネット対応)
平成十一年六月二十三日法律第七十七号(技術的保護手段の回避について規制)
平成十二年五月八日法律第五十六号(視聴覚障害者のための改正)
平成十四年六月十九日法律第七十二号(放送事業者、有線放送事業者へ送信可能化権)
平成十五年六月十八日法律第八十五号(映画の著作物の保護期間を公表後 70 年へ延長)
平成十六年六月九日法律第九十二号(国外頒布目的レコードの環流防止措置)
平成十八年十二月二十二日法律第百二十一号(保守修理等について権利制限)
平成二十一年六月十九日法律第五十三号(インターネット利用者のための権利制限)
平成二十四年六月二十七日法律第四十三号(違法ダウンロードの刑事罰化)
平成二十六年五月十四日法律第三十五号(電子書籍に対応した出版権整備)

著作権法(明治三十二年法律第三十九号)の全部を改正する。

第一章　総則
　第一節　通則(第一条―第五条)
　第二節　適用範囲(第六条―第九条の二)
第二章　著作者の権利
　第一節　著作物(第十条―第十三条)
　第二節　著作者(第十四条―第十六条)
　第三節　権利の内容
　　第一款　総則(第十七条)
　　第二款　著作者人格権(第十八条―第二十条)
　　第三款　著作権に含まれる権利の種類(第二十一条―第二十八条)
　　第四款　映画の著作物の著作権の帰属(第二十九条)
　　第五款　著作権の制限(第三十条―第五十条)
　第四節　保護期間(第五十一条―第五十八条)
　第五節　著作者人格権の一身専属性等(第五十九条・第六十条)

第六節　著作権の譲渡及び消滅(第六十一条・第六十二条)
　　　第七節　権利の行使(第六十三条―第六十六条)
　　　第八節　裁定による著作物の利用(第六十七条―第七十条)
　　　第九節　補償金等(第七十一条―第七十四条)
　　　第十節　登録(第七十五条―第七十八条の二)
　　第三章　出版権(第七十九条―第八十八条)
　　第四章　著作隣接権
　　　第一節　総則(第八十九条・第九十条)
　　　第二節　実演家の権利(第九十条の二―第九十五条の三)
　　　第三節　レコード製作者の権利(第九十六条―第九十七条の三)
　　　第四節　放送事業者の権利(第九十八条―第百条)
　　　第五節　有線放送事業者の権利(第百条の二―第百条の五)
　　　第六節　保護期間(第百一条)
　　　第七節　実演家人格権の一身専属性等(第百一条の二・第百一条の三)
　　　第八節　権利の制限、譲渡及び行使等並びに登録(第百二条―第百四条)
　　第五章　私的録音録画補償金(第百四条の二―第百四条の十)
　　第六章　紛争処理(第百五条―第百十一条)
　　第七章　権利侵害(第百十二条―第百十八条)
　　第八章　罰則(第百十九条―第百二十四条)
　　附則

　第一章　総則
　　第一節　通則
　　　(目的)
第一条　この法律は、著作物並びに実演、レコード、放送及び有線放送に関し著作者の権利及びこれに隣接する権利を定め、これらの文化的所産の公正な利用に留意しつつ、著作者等の権利の保護を図り、もつて文化の発展に寄与することを目的とする。
　　　(定義)
第二条　この法律において、次の各号に掲げる用語の意義は、当該各号に定めるところによる。
一　著作物　思想又は感情を創作的に表現したものであつて、文芸、学術、美術又は音楽の範囲に属するものをいう。
二　著作者　著作物を創作する者をいう。
三　実演　著作物を、演劇的に演じ、舞い、演奏し、歌い、口演し、朗詠し、又はその他の方法により演ずること（これらに類する行為で、著作物を演じないが芸能的な性質を有するものを含む。)をいう。

四　実演家　俳優、舞踊家、演奏家、歌手その他実演を行う者及び実演を指揮し、又は演出する者をいう。

五　レコード　蓄音機用音盤、録音テープその他の物に音を固定したもの（音を専ら影像とともに再生することを目的とするものを除く。）をいう。

六　レコード製作者　レコードに固定されている音を最初に固定した者をいう。

七　商業用レコード　市販の目的をもつて製作されるレコードの複製物をいう。

七の二　公衆送信　公衆によつて直接受信されることを目的として無線通信又は有線電気通信の送信（電気通信設備で、その一の部分の設置の場所が他の部分の設置の場所と同一の構内（その構内が二以上の者の占有に属している場合には、同一の者の占有に属する区域内）にあるものによる送信（プログラムの著作物の送信を除く。）を除く。）を行うことをいう。

八　放送　公衆送信のうち、公衆によつて同一の内容の送信が同時に受信されることを目的として行う無線通信の送信をいう。

九　放送事業者　放送を業として行う者をいう。

九の二　有線放送　公衆送信のうち、公衆によつて同一の内容の送信が同時に受信されることを目的として行う有線電気通信の送信をいう。

九の三　有線放送事業者　有線放送を業として行う者をいう。

九の四　自動公衆送信　公衆送信のうち、公衆からの求めに応じ自動的に行うもの（放送又は有線放送に該当するものを除く。）をいう。

九の五　送信可能化　次のいずれかに掲げる行為により自動公衆送信し得るようにすることをいう。

　イ　公衆の用に供されている電気通信回線に接続している自動公衆送信装置（公衆の用に供する電気通信回線に接続することにより、その記録媒体のうち自動公衆送信の用に供する部分（以下この号及び第四十七条の五第一項第一号において「公衆送信用記録媒体」という。）に記録され、又は当該装置に入力される情報を自動公衆送信する機能を有する装置をいう。以下同じ。）の公衆送信用記録媒体に情報を記録し、情報が記録された記録媒体を当該自動公衆送信装置の公衆送信用記録媒体として加え、若しくは情報が記録された記録媒体を当該自動公衆送信装置の公衆送信用記録媒体に変換し、又は当該自動公衆送信装置に情報を入力すること。

　ロ　その公衆送信用記録媒体に情報が記録され、又は当該自動公衆送信装置に情報が入力されている自動公衆送信装置について、公衆の用に供されている電気通信回線への接続（配線、自動公衆送信装置の始動、送受信用プログラムの起動その他の一連の行為により行われる場合には、当該一連の行為のうち最後のものをいう。）を行うこと。

十　映画製作者　映画の著作物の製作に発意と責任を有する者をいう。

十の二　プログラム　電子計算機を機能させて一の結果を得ることができるようにこれに対する指令を組み合わせたものとして表現したものをいう。

十の三　データベース　論文、数値、図形その他の情報の集合物であつて、それらの情報を電子計算機を用いて検索することができるように体系的に構成したものをいう。

十一　二次的著作物　著作物を翻訳し、編曲し、若しくは変形し、又は脚色し、映画化し、その他翻案することにより創作した著作物をいう。

十二　共同著作物　二人以上の者が共同して創作した著作物であつて、その各人の寄与を分離して個別的に利用することができないものをいう。

十三　録音　音を物に固定し、又はその固定物を増製することをいう。

十四　録画　影像を連続して物に固定し、又はその固定物を増製することをいう。

十五　複製　印刷、写真、複写、録音、録画その他の方法により有形的に再製することをいい、次に掲げるものについては、それぞれ次に掲げる行為を含むものとする。

　イ　脚本その他これに類する演劇用の著作物　当該著作物の上演、放送又は有線放送を録音し、又は録画すること。

　ロ　建築の著作物　建築に関する図面に従つて建築物を完成すること。

十六　上演　演奏(歌唱を含む。以下同じ。)以外の方法により著作物を演ずることをいう。

十七　上映　著作物（公衆送信されるものを除く。）を映写幕その他の物に映写することをいい、これに伴つて映画の著作物において固定されている音を再生することを含むものとする。

十八　口述　朗読その他の方法により著作物を口頭で伝達すること（実演に該当するものを除く。）をいう。

十九　頒布　有償であるか又は無償であるかを問わず、複製物を公衆に譲渡し、又は貸与することをいい、映画の著作物又は映画の著作物において複製されている著作物にあつては、これらの著作物を公衆に提示することを目的として当該映画の著作物の複製物を譲渡し、又は貸与することを含むものとする。

二十　技術的保護手段　電子的方法、磁気的方法その他の人の知覚によつて認識することができない方法（次号において「電磁的方法」という。）により、第十七条第一項に規定する著作者人格権若しくは著作権又は第八十九条第一項に規定する実演家人格権若しくは同条第六項に規定する著作隣接権（以下この号、第三十条第一項第二号及び第百二十条の二第一号において「著作権等」という。）を侵害する行為の防止又は抑止（著作権等を侵害する行為の結果に著しい障害を生じさせることによる当該行為の抑止をいう。第三十条第一項第二号において同じ。）をする手段（著作権等を有する者の意思に基づくことなく用いられているものを除く。）であつて、著作物、実演、レコード、放送又は有線放送(次号において「著作物等」という。)の利用（著作者又は実演家の同意を得ないで行つたとしたならば著作者人格権又は実演家人格権の侵害となるべき行為を含む。）に際し、これに用いられる機器が特定の反応をする信号を著作物、実演、レコード若しくは放送若しくは有線放送に係る音若しくは影像とともに記録媒体に記録し、若しくは送信する方式又は当該機器が特定の変換を必要とするよう著作物、実演、

レコード若しくは放送若しくは有線放送に係る音若しくは影像を変換して記録媒体に記録し、若しくは送信する方式によるものをいう。
二十一　権利管理情報　第十七条第一項に規定する著作者人格権若しくは著作権又は第八十九条第一項から第四項までの権利(以下この号において「著作権等」という。)に関する情報であつて、イからハまでのいずれかに該当するもののうち、電磁的方法により著作物、実演、レコード又は放送若しくは有線放送に係る音若しくは影像とともに記録媒体に記録され、又は送信されるもの(著作物等の利用状況の把握、著作物等の利用の許諾に係る事務処理その他の著作権等の管理(電子計算機によるものに限る。)に用いられていないものを除く。)をいう。
　　イ　著作物等、著作権等を有する者その他政令で定める事項を特定する情報
　　ロ　著作物等の利用を許諾する場合の利用方法及び条件に関する情報
　　ハ　他の情報と照合することによりイ又はロに掲げる事項を特定することができることとなる情報
二十二　国内　この法律の施行地をいう。
二十三　国外　この法律の施行地外の地域をいう。
2　この法律にいう「美術の著作物」には、美術工芸品を含むものとする。
3　この法律にいう「映画の著作物」には、映画の効果に類似する視覚的又は視聴覚的効果を生じさせる方法で表現され、かつ、物に固定されている著作物を含むものとする。
4　この法律にいう「写真の著作物」には、写真の製作方法に類似する方法を用いて表現される著作物を含むものとする。
5　この法律にいう「公衆」には、特定かつ多数の者を含むものとする。
6　この法律にいう「法人」には、法人格を有しない社団又は財団で代表者又は管理人の定めがあるものを含むものとする。
7　この法律において、「上演」、「演奏」又は「口述」には、著作物の上演、演奏又は口述で録音され、又は録画されたものを再生すること(公衆送信又は上映に該当するものを除く。)及び著作物の上演、演奏又は口述を電気通信設備を用いて伝達すること(公衆送信に該当するものを除く。)を含むものとする。
8　この法律にいう「貸与」には、いずれの名義又は方法をもつてするかを問わず、これと同様の使用の権原を取得させる行為を含むものとする。
9　この法律において、第一項第七号の二、第八号、第九号の二、第九号の四、第九号の五若しくは第十三号から第十九号まで又は前二項に掲げる用語については、それぞれこれらを動詞の語幹として用いる場合を含むものとする。
　　(著作物の発行)
第三条　著作物は、その性質に応じ公衆の要求を満たすことができる相当程度の部数の複製物が、第二十一条に規定する権利を有する者又はその許諾(第六十三条第一項の規定による利用の許諾をいう。以下この項、次条第一項、第四条の二及び第六十三条を

除き、以下この章及び次章において同じ。)を得た者若しくは第七十九条の出版権の設定を受けた者若しくはその複製許諾(第八十条第三項の規定による複製の許諾をいう。第三十七条第三項ただし書及び第三十七条の二ただし書において同じ。)を得た者によつて作成され、頒布された場合(第二十六条、第二十六条の二第一項又は第二十六条の三に規定する権利を有する者の権利を害しない場合に限る。)において、発行されたものとする。

2 二次的著作物である翻訳物の前項に規定する部数の複製物が第二十八条の規定により第二十一条に規定する権利と同一の権利を有する者又はその許諾を得た者によつて作成され、頒布された場合(第二十八条の規定により第二十六条、第二十六条の二第一項又は第二十六条の三に規定する権利と同一の権利を有する者の権利を害しない場合に限る。)には、その原著作物は、発行されたものとみなす。

3 著作物がこの法律による保護を受けるとしたならば前二項の権利を有すべき者又はその者からその著作物の利用の承認を得た者は、それぞれ前二項の権利を有する者又はその許諾を得た者とみなして、前二項の規定を適用する。

(著作物の公表)

第四条 著作物は、発行され、又は第二十二条から第二十五条までに規定する権利を有する者若しくはその許諾(第六十三条第一項の規定による利用の許諾をいう。)を得た者若しくは第七十九条の出版権の設定を受けた者若しくはその公衆送信許諾(第八十条第三項の規定による公衆送信の許諾をいう。次項、第三十七条第三項ただし書及び第三十七条の二ただし書において同じ。)を得た者によつて上演、演奏、上映、公衆送信、口述若しくは展示の方法で公衆に提示された場合(建築の著作物にあつては、第二十一条に規定する権利を有する者又はその許諾(第六十三条第一項の規定による利用の許諾をいう。)を得た者によつて建設された場合を含む。)において、公表されたものとする。

2 著作物は、第二十三条第一項に規定する権利を有する者又はその許諾を得た者若しくは第七十九条の出版権の設定を受けた者若しくはその公衆送信許諾を得た者によつて送信可能化された場合には、公表されたものとみなす。

3 二次的著作物である翻訳物が、第二十八条の規定により第二十二条から第二十四条までに規定する権利と同一の権利を有する者若しくはその許諾を得た者によつて上演、演奏、上映、公衆送信若しくは口述の方法で公衆に提示され、又は第二十八条の規定により第二十三条第一項に規定する権利と同一の権利を有する者若しくはその許諾を得た者によつて送信可能化された場合には、その原著作物は、公表されたものとみなす。

4 美術の著作物又は写真の著作物は、第四十五条第一項に規定する者によつて同項の展示が行われた場合には、公表されたものとみなす。

5 著作物がこの法律による保護を受けるとしたならば第一項から第三項までの権利を有

すべき者又はその者からその著作物の利用の承諾を得た者は、それぞれ第一項から第三項までの権利を有する者又はその許諾を得た者とみなして、これらの規定を適用する。

（レコードの発行）

第四条の二　レコードは、その性質に応じ公衆の要求を満たすことができる相当程度の部数の複製物が、第九十六条に規定する権利を有する者又はその許諾（第百三条において準用する第六十三条第一項の規定による利用の許諾をいう。第四章第二節及び第三節において同じ。）を得た者によつて作成され、頒布された場合（第九十七条の二第一項又は第九十七条の三第一項に規定する権利を有する者の権利を害しない場合に限る。）において、発行されたものとする。

（条約の効力）

第五条　著作者の権利及びこれに隣接する権利に関し条約に別段の定めがあるときは、その規定による。

## 第二節　適用範囲

（保護を受ける著作物）

第六条　著作物は、次の各号のいずれかに該当するものに限り、この法律による保護を受ける。

一　日本国民（わが国の法令に基づいて設立された法人及び国内に主たる事務所を有する法人を含む。以下同じ。）の著作物

二　最初に国内において発行された著作物（最初に国外において発行されたが、その発行の日から三十日以内に国内において発行されたものを含む。）

三　前二号に掲げるもののほか、条約によりわが国が保護の義務を負う著作物

（保護を受ける実演）

第七条　実演は、次の各号のいずれかに該当するものに限り、この法律による保護を受ける。

一　国内において行なわれる実演

二　次条第一号又は第二号に掲げるレコードに固定された実演

三　第九条第一号又は第二号に掲げる放送において送信される実演（実演家の承諾を得て送信前に録音され、又は録画されているものを除く。）

四　第九条の二各号に掲げる有線放送において送信される実演（実演家の承諾を得て送信前に録音され、又は録画されているものを除く。）

五　前各号に掲げるもののほか、次のいずれかに掲げる実演

　イ　実演家、レコード製作者及び放送機関の保護に関する国際条約（以下「実演家等保護条約」という。）の締約国において行われる実演

　ロ　次条第三号に掲げるレコードに固定された実演

ハ　第九条第三号に掲げる放送において送信される実演（実演家の承諾を得て送信前に録音され、又は録画されているものを除く。）
六　前各号に掲げるもののほか、次のいずれかに掲げる実演
　　イ　実演及びレコードに関する世界知的所有権機関条約（以下「実演・レコード条約」という。）の締約国において行われる実演
　　ロ　次条第四号に掲げるレコードに固定された実演
七　前各号に掲げるもののほか、次のいずれかに掲げる実演
　　イ　世界貿易機関の加盟国において行われる実演
　　ロ　次条第五号に掲げるレコードに固定された実演
　　ハ　第九条第四号に掲げる放送において送信される実演（実演家の承諾を得て送信前に録音され、又は録画されているものを除く。）
（保護を受けるレコード）
**第八条**　レコードは、次の各号のいずれかに該当するものに限り、この法律による保護を受ける。
一　日本国民をレコード製作者とするレコード
二　レコードでこれに固定されている音が最初に国内において固定されたもの
三　前二号に掲げるもののほか、次のいずれかに掲げるレコード
　　イ　実演家等保護条約の締約国の国民（当該締約国の法令に基づいて設立された法人及び当該締約国に主たる事務所を有する法人を含む。以下同じ。）をレコード製作者とするレコード
　　ロ　レコードでこれに固定されている音が最初に実演家等保護条約の締約国において固定されたもの
四　前三号に掲げるもののほか、次のいずれかに掲げるレコード
　　イ　実演・レコード条約の締約国の国民（当該締約国の法令に基づいて設立された法人及び当該締約国に主たる事務所を有する法人を含む。以下同じ。）をレコード製作者とするレコード
　　ロ　レコードでこれに固定されている音が最初に実演・レコード条約の締約国において固定されたもの
五　前各号に掲げるもののほか、次のいずれかに掲げるレコード
　　イ　世界貿易機関の加盟国の国民（当該加盟国の法令に基づいて設立された法人及び当該加盟国に主たる事務所を有する法人を含む。以下同じ。）をレコード製作者とするレコード
　　ロ　レコードでこれに固定されている音が最初に世界貿易機関の加盟国において固定されたもの
六　前各号に掲げるもののほか、許諾を得ないレコードの複製からのレコード製作者の保護に関する条約（第百二十一条の二第二号において「レコード保護条約」という。）によ

り我が国が保護の義務を負うレコード

(保護を受ける放送)

**第九条** 放送は、次の各号のいずれかに該当するものに限り、この法律による保護を受ける。
一 日本国民である放送事業者の放送
二 国内にある放送設備から行なわれる放送
三 前二号に掲げるもののほか、次のいずれかに掲げる放送
　　イ 実演家等保護条約の締約国の国民である放送事業者の放送
　　ロ 実演家等保護条約の締約国にある放送設備から行われる放送
四 前三号に掲げるもののほか、次のいずれかに掲げる放送
　　イ 世界貿易機関の加盟国の国民である放送事業者の放送
　　ロ 世界貿易機関の加盟国にある放送設備から行われる放送

(保護を受ける有線放送)

**第九条の二** 有線放送は、次の各号のいずれかに該当するものに限り、この法律による保護を受ける。
一 日本国民である有線放送事業者の有線放送(放送を受信して行うものを除く。次号において同じ。)
二 国内にある有線放送設備から行われる有線放送

## 第二章 著作者の権利
### 第一節 著作物

(著作物の例示)

**第十条** この法律にいう著作物を例示すると、おおむね次のとおりである。
一 小説、脚本、論文、講演その他の言語の著作物
二 音楽の著作物
三 舞踊又は無言劇の著作物
四 絵画、版画、彫刻その他の美術の著作物
五 建築の著作物
六 地図又は学術的な性質を有する図面、図表、模型その他の図形の著作物
七 映画の著作物
八 写真の著作物
九 プログラムの著作物
2 事実の伝達にすぎない雑報及び時事の報道は、前項第一号に掲げる著作物に該当しない。
3 第一項第九号に掲げる著作物に対するこの法律による保護は、その著作物を作成するために用いるプログラム言語、規約及び解法に及ばない。この場合において、これら

の用語の意義は、次の各号に定めるところによる。
一　プログラム言語　プログラムを表現する手段としての文字その他の記号及びその体系をいう。
二　規約　特定のプログラムにおける前号のプログラム言語の用法についての特別の約束をいう。
三　解法　プログラムにおける電子計算機に対する指令の組合せの方法をいう。
　（二次的著作物）
第十一条　二次的著作物に対するこの法律による保護は、その原著作物の著作者の権利に影響を及ぼさない。
　（編集著作物）
第十二条　編集物（データベースに該当するものを除く。以下同じ。）でその素材の選択又は配列によつて創作性を有するものは、著作物として保護する。
2　前項の規定は、同項の編集物の部分を構成する著作物の著作者の権利に影響を及ぼさない。
　（データベースの著作物）
第十二条の二　データベースでその情報の選択又は体系的な構成によつて創作性を有するものは、著作物として保護する。
2　前項の規定は、同項のデータベースの部分を構成する著作物の著作者の権利に影響を及ぼさない。
　（権利の目的とならない著作物）
第十三条　次の各号のいずれかに該当する著作物は、この章の規定による権利の目的となることができない。
一　憲法その他の法令
二　国若しくは地方公共団体の機関、独立行政法人（独立行政法人通則法（平成十一年法律第百三号）第二条第一項に規定する独立行政法人をいう。以下同じ。）又は地方独立行政法人（地方独立行政法人法（平成十五年法律第百十八号）第二条第一項に規定する地方独立行政法人をいう。以下同じ。）が発する告示、訓令、通達その他これらに類するもの
三　裁判所の判決、決定、命令及び審判並びに行政庁の裁決及び決定で裁判に準ずる手続により行われるもの
四　前三号に掲げるものの翻訳物及び編集物で、国若しくは地方公共団体の機関、独立行政法人又は地方独立行政法人が作成するもの
　第二節　著作者
　　（著作者の推定）
第十四条　著作物の原作品に、又は著作物の公衆への提供若しくは提示の際に、その氏名若しくは名称（以下「実名」という。）又はその雅号、筆名、略称その他実名に代えて用

いられるもの（以下「変名」という。）として周知のものが著作者名として通常の方法により表示されている者は、その著作物の著作者と推定する。
（職務上作成する著作物の著作者）
第十五条　法人その他使用者（以下この条において「法人等」という。）の発意に基づきその法人等の業務に従事する者が職務上作成する著作物（プログラムの著作物を除く。）で、その法人等が自己の著作の名義の下に公表するものの著作者は、その作成の時における契約、勤務規則その他に別段の定めがない限り、その法人等とする。
2　法人等の発意に基づきその法人等の業務に従事する者が職務上作成するプログラムの著作物の著作者は、その作成の時における契約、勤務規則その他に別段の定めがない限り、その法人等とする。
（映画の著作物の著作者）
第十六条　映画の著作物の著作者は、その映画の著作物において翻案され、又は複製された小説、脚本、音楽その他の著作物の著作者を除き、制作、監督、演出、撮影、美術等を担当してその映画の著作物の全体的形成に創作的に寄与した者とする。ただし、前条の規定の適用がある場合は、この限りでない。

### 第三節　権利の内容
#### 第一款　総則
（著作者の権利）
第十七条　著作者は、次条第一項、第十九条第一項及び第二十条第一項に規定する権利（以下「著作者人格権」という。）並びに第二十一条から第二十八条までに規定する権利（以下「著作権」という。）を享有する。
2　著作者人格権及び著作権の享有には、いかなる方式の履行をも要しない。
#### 第二款　著作者人格権
（公表権）
第十八条　著作者は、その著作物でまだ公表されていないもの（その同意を得ないで公表された著作物を含む。以下この条において同じ。）を公衆に提供し、又は提示する権利を有する。当該著作物を原著作物とする二次的著作物についても、同様とする。
2　著作者は、次の各号に掲げる場合には、当該各号に掲げる行為について同意したものと推定する。
一　その著作物でまだ公表されていないものの著作権を譲渡した場合　当該著作物をその著作権の行使により公衆に提供し、又は提示すること。
二　その美術の著作物又は写真の著作物でまだ公表されていないものの原作品を譲渡した場合　これらの著作物をその原作品による展示の方法で公衆に提示すること。
三　第二十九条の規定によりその映画の著作物の著作権が映画製作者に帰属した場合　当該著作物をその著作権の行使により公衆に提供し、又は提示すること。

3 著作者は、次の各号に掲げる場合には、当該各号に掲げる行為について同意したものとみなす。

一 その著作物でまだ公表されていないものを行政機関(行政機関の保有する情報の公開に関する法律(平成十一年法律第四十二号。以下「行政機関情報公開法」という。)第二条第一項に規定する行政機関をいう。以下同じ。)に提供した場合(行政機関情報公開法第九条第一項の規定による開示する旨の決定の時までに別段の意思表示をした場合を除く。) 行政機関情報公開法の規定により行政機関の長が当該著作物を公衆に提供し、又は提示すること(当該著作物に係る歴史公文書等(公文書等の管理に関する法律(平成二十一年法律第六十六号。以下「公文書管理法」という。)第二条第六項に規定する歴史公文書等をいう。以下同じ。)が行政機関の長から公文書管理法第八条第一項の規定により国立公文書館等(公文書管理法第二条第三項に規定する国立公文書館等をいう。以下同じ。)に移管された場合(公文書管理法第十六条第一項の規定による利用をさせる旨の決定の時までに当該著作物の著作者が別段の意思表示をした場合を除く。)にあつては、公文書管理法第十六条第一項の規定により国立公文書館等の長(公文書管理法第十五条第一項に規定する国立公文書館等の長をいう。以下同じ。)が当該著作物を公衆に提供し、又は提示することを含む。)。

二 その著作物でまだ公表されていないものを独立行政法人等(独立行政法人等の保有する情報の公開に関する法律(平成十三年法律第百四十号。以下「独立行政法人等情報公開法」という。)第二条第一項に規定する独立行政法人等をいう。以下同じ。)に提供した場合(独立行政法人等情報公開法第九条第一項の規定による開示する旨の決定の時までに別段の意思表示をした場合を除く。) 独立行政法人等情報公開法の規定により当該独立行政法人等が当該著作物を公衆に提供し、又は提示すること(当該著作物に係る歴史公文書等が当該独立行政法人等から公文書管理法第十一条第四項の規定により国立公文書館等に移管された場合(公文書管理法第十六条第一項の規定による利用をさせる旨の決定の時までに当該著作物の著作者が別段の意思表示をした場合を除く。)にあつては、公文書管理法第十六条第一項の規定により国立公文書館等の長が当該著作物を公衆に提供し、又は提示することを含む。)。

三 その著作物でまだ公表されていないものを地方公共団体又は地方独立行政法人に提供した場合(開示する旨の決定の時までに別段の意思表示をした場合を除く。) 情報公開条例(地方公共団体又は地方独立行政法人の保有する情報の公開を請求する住民等の権利について定める当該地方公共団体の条例をいう。以下同じ。)の規定により当該地方公共団体の機関又は地方独立行政法人が当該著作物を公衆に提供し、又は提示すること(当該著作物に係る歴史公文書等が当該地方公共団体又は地方独立行政法人から公文書管理条例(地方公共団体又は地方独立行政法人の保有する歴史公文書等の適切な保存及び利用について定める当該地方公共団体の条例をいう。以下同じ。)に基づき地方公文書館等(歴史公文書等の適切な保存及び利用を図る施設として公文書管理

条例が定める施設をいう。以下同じ。)に移管された場合(公文書管理条例の規定(公文書管理法第十六条第一項の規定に相当する規定に限る。以下この条において同じ。)による利用をさせる旨の決定の時までに当該著作物の著作者が別段の意思表示をした場合を除く。)にあつては、公文書管理条例の規定により地方公文書館等の長(地方公文書館等が地方公共団体の施設である場合にあつてはその属する地方公共団体の長をいい、地方公文書館等が地方独立行政法人の施設である場合にあつてはその施設を設置した地方独立行政法人をいう。以下同じ。)が当該著作物を公衆に提供し、又は提示することを含む。)。

四 その著作物でまだ公表されていないものを国立公文書館等に提供した場合(公文書管理法第十六条第一項の規定による利用をさせる旨の決定の時までに別段の意思表示をした場合を除く。) 同項の規定により国立公文書館等の長が当該著作物を公衆に提供し、又は提示すること。

五 その著作物でまだ公表されていないものを地方公文書館等に提供した場合(公文書管理条例の規定による利用をさせる旨の決定の時までに別段の意思表示をした場合を除く。) 公文書管理条例の規定により地方公文書館等の長が当該著作物を公衆に提供し、又は提示すること。

4 第一項の規定は、次の各号のいずれかに該当するときは、適用しない。

一 行政機関情報公開法第五条の規定により行政機関の長が同条第一号ロ若しくはハ若しくは同条第二号ただし書に規定する情報が記録されている著作物でまだ公表されていないものを公衆に提供し、若しくは提示するとき、又は行政機関情報公開法第七条の規定により行政機関の長が著作物でまだ公表されていないものを公衆に提供し、若しくは提示するとき。

二 独立行政法人等情報公開法第五条の規定により独立行政法人等が同条第一号ロ若しくはハ若しくは同条第二号ただし書に規定する情報が記録されている著作物でまだ公表されていないものを公衆に提供し、若しくは提示するとき、又は独立行政法人等情報公開法第七条の規定により独立行政法人等が著作物でまだ公表されていないものを公衆に提供し、若しくは提示するとき。

三 情報公開条例(行政機関情報公開法第十三条第二項及び第三項の規定に相当する規定を設けているものに限る。第五号において同じ。)の規定により地方公共団体の機関又は地方独立行政法人が著作物でまだ公表されていないもの(行政機関情報公開法第五条第一号ロ又は同条第二号ただし書に規定する情報に相当する情報が記録されているものに限る。)を公衆に提供し、又は提示するとき。

四 情報公開条例の規定により地方公共団体の機関又は地方独立行政法人が著作物でまだ公表されていないもの(行政機関情報公開法第五条第一号ハに規定する情報に相当する情報が記録されているものに限る。)を公衆に提供し、又は提示するとき。

五 情報公開条例の規定で行政機関情報公開法第七条の規定に相当するものにより地方公

共団体の機関又は地方独立行政法人が著作物でまだ公表されていないものを公衆に提供し、又は提示するとき。
六 公文書管理法第十六条第一項の規定により国立公文書館等の長が行政機関情報公開法第五条第一号ロ若しくはハ若しくは同条第二号ただし書に規定する情報又は独立行政法人等情報公開法第五条第一号ロ若しくはハ若しくは同条第二号ただし書に規定する情報が記録されている著作物でまだ公表されていないものを公衆に提供し、又は提示するとき。
七 公文書管理条例（公文書管理法第十八条第二項及び第四項の規定に相当する規定を設けているものに限る。）の規定により地方公文書館等の長が著作物でまだ公表されていないもの（行政機関情報公開法第五条第一号ロ又は同条第二号ただし書に規定する情報に相当する情報が記録されているものに限る。）を公衆に提供し、又は提示するとき。
八 公文書管理条例の規定により地方公文書館等の長が著作物でまだ公表されていないもの（行政機関情報公開法第五条第一号ハに規定する情報に相当する情報が記録されているものに限る。）を公衆に提供し、又は提示するとき。

（氏名表示権）

**第十九条** 著作者は、その著作物の原作品に、又はその著作物の公衆への提供若しくは提示に際し、その実名若しくは変名を著作者名として表示し、又は著作者名を表示しないこととする権利を有する。その著作物を原著作物とする二次的著作物の公衆への提供又は提示に際しての原著作物の著作者名の表示についても、同様とする。
2 著作物を利用する者は、その著作者の別段の意思表示がない限り、その著作物につきすでに著作者が表示しているところに従つて著作者名を表示することができる。
3 著作者名の表示は、著作物の利用の目的及び態様に照らし著作者が創作者であることを主張する利益を害するおそれがないと認められるときは、公正な慣行に反しない限り、省略することができる。
4 第一項の規定は、次の各号のいずれかに該当するときは、適用しない。
一 行政機関情報公開法、独立行政法人等情報公開法又は情報公開条例の規定により行政機関の長、独立行政法人等又は地方公共団体の機関若しくは地方独立行政法人が著作物を公衆に提供し、又は提示する場合において、当該著作物につき既にその著作者が表示しているところに従つて著作者名を表示するとき。
二 行政機関情報公開法第六条第二項の規定、独立行政法人等情報公開法第六条第二項の規定又は情報公開条例の規定で行政機関情報公開法第六条第二項の規定に相当するものにより行政機関の長、独立行政法人等又は地方公共団体の機関若しくは地方独立行政法人が著作物を公衆に提供し、又は提示する場合において、当該著作物の著作者名の表示を省略することとなるとき。
三 公文書管理法第十六条第一項の規定又は公文書管理条例の規定（同項の規定に相当する規定に限る。）により国立公文書館等の長又は地方公文書館等の長が著作物を公衆に

(同一性保持権)

第二十条　著作者は、その著作物及びその題号の同一性を保持する権利を有し、その意に反してこれらの変更、切除その他の改変を受けないものとする。

2　前項の規定は、次の各号のいずれかに該当する改変については、適用しない。

一　第三十三条第一項（同条第四項において準用する場合を含む。）、第三十三条の二第一項又は第三十四条第一項の規定により著作物を利用する場合における用字又は用語の変更その他の改変で、学校教育の目的上やむを得ないと認められるもの

二　建築物の増築、改築、修繕又は模様替えによる改変

三　特定の電子計算機においては利用し得ないプログラムの著作物を当該電子計算機において利用し得るようにするため、又はプログラムの著作物を電子計算機においてより効果的に利用し得るようにするために必要な改変

四　前三号に掲げるもののほか、著作物の性質並びにその利用の目的及び態様に照らしやむを得ないと認められる改変

### 第三款　著作権に含まれる権利の種類

(複製権)

第二十一条　著作者は、その著作物を複製する権利を専有する。

(上演権及び演奏権)

第二十二条　著作者は、その著作物を、公衆に直接見せ又は聞かせることを目的として（以下「公に」という。）上演し、又は演奏する権利を専有する。

(上映権)

第二十二条の二　著作者は、その著作物を公に上映する権利を専有する。

(公衆送信権等)

第二十三条　著作者は、その著作物について、公衆送信（自動公衆送信の場合にあつては、送信可能化を含む。）を行う権利を専有する。

2　著作者は、公衆送信されるその著作物を受信装置を用いて公に伝達する権利を専有する。

(口述権)

第二十四条　著作者は、その言語の著作物を公に口述する権利を専有する。

(展示権)

第二十五条　著作者は、その美術の著作物又はまだ発行されていない写真の著作物をこれらの原作品により公に展示する権利を専有する。

(頒布権)

第二十六条　著作者は、その映画の著作物をその複製物により頒布する権利を専有する。

2　著作者は、映画の著作物において複製されているその著作物を当該映画の著作物の複

製物により頒布する権利を専有する。
　（譲渡権）
第二十六条の二　著作者は、その著作物（映画の著作物を除く。以下この条において同じ。）をその原作品又は複製物（映画の著作物において複製されている著作物にあつては、当該映画の著作物の複製物を除く。以下この条において同じ。）の譲渡により公衆に提供する権利を専有する。
2　前項の規定は、著作物の原作品又は複製物で次の各号のいずれかに該当するものの譲渡による場合には、適用しない。
一　前項に規定する権利を有する者又はその許諾を得た者により公衆に譲渡された著作物の原作品又は複製物
二　第六十七条第一項若しくは第六十九条の規定による裁定又は万国著作権条約の実施に伴う著作権法の特例に関する法律（昭和三十一年法律第八十六号）第五条第一項の規定による許可を受けて公衆に譲渡された著作物の複製物
三　第六十七条の二第一項の規定の適用を受けて公衆に譲渡された著作物の複製物
四　前項に規定する権利を有する者又はその承諾を得た者により特定かつ少数の者に譲渡された著作物の原作品又は複製物
五　国外において、前項に規定する権利に相当する権利を害することなく、又は同項に規定する権利に相当する権利を有する者若しくはその承諾を得た者により譲渡された著作物の原作品又は複製物
　（貸与権）
第二十六条の三　著作者は、その著作物（映画の著作物を除く。）をその複製物（映画の著作物において複製されている著作物にあつては、当該映画の著作物の複製物を除く。）の貸与により公衆に提供する権利を専有する。
　（翻訳権、翻案権等）
第二十七条　著作者は、その著作物を翻訳し、編曲し、若しくは変形し、又は脚色し、映画化し、その他翻案する権利を専有する。
　（二次的著作物の利用に関する原著作者の権利）
第二十八条　二次的著作物の原著作物の著作者は、当該二次的著作物の利用に関し、この款に規定する権利で当該二次的著作物の著作者が有するものと同一の種類の権利を専有する。
　　　第四款　映画の著作物の著作権の帰属
第二十九条　映画の著作物（第十五条第一項、次項又は第三項の規定の適用を受けるものを除く。）の著作権は、その著作者が映画製作者に対し当該映画の著作物の製作に参加することを約束しているときは、当該映画製作者に帰属する。
2　専ら放送事業者が放送のための技術的手段として製作する映画の著作物（第十五条第一項の規定の適用を受けるものを除く。）の著作権のうち次に掲げる権利は、映画製作

者としての当該放送事業者に帰属する。
一　その著作物を放送する権利及び放送されるその著作物について、有線放送し、自動公衆送信（送信可能化のうち、公衆の用に供されている電気通信回線に接続している自動公衆送信装置に情報を入力することによるものを含む。）を行い、又は受信装置を用いて公に伝達する権利
二　その著作物を複製し、又はその複製物により放送事業者に頒布する権利
3　専ら有線放送事業者が有線放送のための技術的手段として製作する映画の著作物（第十五条第一項の規定の適用を受けるものを除く。）の著作権のうち次に掲げる権利は、映画製作者としての当該有線放送事業者に帰属する。
一　その著作物を有線放送する権利及び有線放送されるその著作物を受信装置を用いて公に伝達する権利
二　その著作物を複製し、又はその複製物により有線放送事業者に頒布する権利

### 第五款　著作権の制限

（私的使用のための複製）

第三十条　著作権の目的となつている著作物（以下この款において単に「著作物」という。）は、個人的に又は家庭内その他これに準ずる限られた範囲内において使用すること（以下「私的使用」という。）を目的とするときは、次に掲げる場合を除き、その使用する者が複製することができる。
一　公衆の使用に供することを目的として設置されている自動複製機器（複製の機能を有し、これに関する装置の全部又は主要な部分が自動化されている機器をいう。）を用いて複製する場合
二　技術的保護手段の回避（第二条第一項第二十号に規定する信号の除去若しくは改変（記録又は送信の方式の変換に伴う技術的な制約による除去又は改変を除く。）を行うこと又は同号に規定する特定の変換を必要とするよう変換された著作物、実演、レコード若しくは放送若しくは有線放送に係る音若しくは影像の復元（著作権等を有する者の意思に基づいて行われるものを除く。）を行うことにより、当該技術的保護手段によつて防止される行為を可能とし、又は当該技術的保護手段によつて抑止される行為の結果に障害を生じないようにすることをいう。第百二十条の二第一号及び第二号において同じ。）により可能となり、又はその結果に障害が生じないようになつた複製を、その事実を知りながら行う場合
三　著作権を侵害する自動公衆送信（国外で行われる自動公衆送信であつて、国内で行われたとしたならば著作権の侵害となるべきものを含む。）を受信して行うデジタル方式の録音又は録画を、その事実を知りながら行う場合
2　私的使用を目的として、デジタル方式の録音又は録画の機能を有する機器（放送の業務のための特別の性能その他の私的使用に通常供されない特別の性能を有するもの及び録音機能付きの電話機その他の本来の機能に附属する機能として録音又は録画の機

能を有するものを除く。)であつて政令で定めるものにより、当該機器によるデジタル方式の録音又は録画の用に供される記録媒体であつて政令で定めるものに録音又は録画を行う者は、相当な額の補償金を著作権者に支払わなければならない。

（付随対象著作物の利用）

第三十条の二　写真の撮影、録音又は録画（以下この項において「写真の撮影等」という。）の方法によつて著作物を創作するに当たつて、当該著作物（以下この条において「写真等著作物」という。）に係る写真の撮影等の対象とする事物又は音から分離することが困難であるため付随して対象となる事物又は音に係る他の著作物（当該写真等著作物における軽微な構成部分となるものに限る。以下この条において「付随対象著作物」という。）は、当該創作に伴つて複製又は翻案することができる。ただし、当該付随対象著作物の種類及び用途並びに当該複製又は翻案の態様に照らし著作権者の利益を不当に害することとなる場合は、この限りでない。

2　前項の規定により複製又は翻案された付随対象著作物は、同項に規定する写真等著作物の利用に伴つて利用することができる。ただし、当該付随対象著作物の種類及び用途並びに当該利用の態様に照らし著作権者の利益を不当に害することとなる場合は、この限りでない。

（検討の過程における利用）

第三十条の三　著作権者の許諾を得て、又は第六十七条第一項、第六十八条第一項若しくは第六十九条の規定による裁定を受けて著作物を利用しようとする者は、これらの利用についての検討の過程（当該許諾を得、又は当該裁定を受ける過程を含む。）における利用に供することを目的とする場合には、その必要と認められる限度において、当該著作物を利用することができる。ただし、当該著作物の種類及び用途並びに当該利用の態様に照らし著作権者の利益を不当に害することとなる場合は、この限りでない。

（技術の開発又は実用化のための試験の用に供するための利用）

第三十条の四　公表された著作物は、著作物の録音、録画その他の利用に係る技術の開発又は実用化のための試験の用に供する場合には、その必要と認められる限度において、利用することができる。

（図書館等における複製等）

第三十一条　国立国会図書館及び図書、記録その他の資料を公衆の利用に供することを目的とする図書館その他の施設で政令で定めるもの（以下この項及び第三項において「図書館等」という。）においては、次に掲げる場合には、その営利を目的としない事業として、図書館等の図書、記録その他の資料（以下この条において「図書館資料」という。）を用いて著作物を複製することができる。

一　図書館等の利用者の求めに応じ、その調査研究の用に供するために、公表された著作物の一部分（発行後相当期間を経過した定期刊行物に掲載された個々の著作物にあつては、その全部。第三項において同じ。）の複製物を一人につき一部提供する場合

二　図書館資料の保存のため必要がある場合
三　他の図書館等の求めに応じ、絶版その他これに準ずる理由により一般に入手することが困難な図書館資料（以下この条において「絶版等資料」という。）の複製物を提供する場合
2　前項各号に掲げる場合のほか、国立国会図書館においては、図書館資料の原本を公衆の利用に供することによるその滅失、損傷若しくは汚損を避けるために当該原本に代えて公衆の利用に供するため、又は絶版等資料に係る著作物を次項の規定により自動公衆送信（送信可能化を含む。同項において同じ。）に用いるため、電磁的記録（電子的方式、磁気的方式その他人の知覚によつては認識することができない方式で作られる記録であつて、電子計算機による情報処理の用に供されるものをいう。以下同じ。）を作成する場合には、必要と認められる限度において、当該図書館資料に係る著作物を記録媒体に記録することができる。
3　国立国会図書館は、絶版等資料に係る著作物について、図書館等において公衆に提示することを目的とする場合には、前項の規定により記録媒体に記録された当該著作物の複製物を用いて自動公衆送信を行うことができる。この場合において、当該図書館等においては、その営利を目的としない事業として、当該図書館等の利用者の求めに応じ、その調査研究の用に供するために、自動公衆送信される当該著作物の一部分の複製物を作成し、当該複製物を一人につき一部提供することができる。

（引用）

第三十二条　公表された著作物は、引用して利用することができる。この場合において、その引用は、公正な慣行に合致するものであり、かつ、報道、批評、研究その他の引用の目的上正当な範囲内で行なわれるものでなければならない。
2　国若しくは地方公共団体の機関、独立行政法人又は地方独立行政法人が一般に周知させることを目的として作成し、その著作の名義の下に公表する広報資料、調査統計資料、報告書その他これらに類する著作物は、説明の材料として新聞紙、雑誌その他の刊行物に転載することができる。ただし、これを禁止する旨の表示がある場合は、この限りでない。

（教科用図書等への掲載）

第三十三条　公表された著作物は、学校教育の目的上必要と認められる限度において、教科用図書（小学校、中学校、高等学校又は中等教育学校その他これらに準ずる学校における教育の用に供される児童用又は生徒用の図書であつて、文部科学大臣の検定を経たもの又は文部科学省が著作の名義を有するものをいう。以下同じ。）に掲載することができる。
2　前項の規定により著作物を教科用図書に掲載する者は、その旨を著作者に通知するとともに、同項の規定の趣旨、著作物の種類及び用途、通常の使用料の額その他の事情を考慮して文化庁長官が毎年定める額の補償金を著作権者に支払わなければならない。

3　文化庁長官は、前項の定めをしたときは、これを官報で告示する。
4　前三項の規定は、高等学校（中等教育学校の後期課程を含む。）の通信教育用学習図書及び教科用図書に係る教師用指導書（当該教科用図書を発行する者の発行に係るものに限る。）への著作物の掲載について準用する。
　（教科用拡大図書等の作成のための複製等）
第三十三条の二　教科用図書に掲載された著作物は、視覚障害、発達障害その他の障害により教科用図書に掲載された著作物を使用することが困難な児童又は生徒の学習の用に供するため、当該教科用図書に用いられている文字、図形等の拡大その他の当該児童又は生徒が当該著作物を使用するために必要な方式により複製することができる。
2　前項の規定により複製する教科用の図書その他の複製物（点字により複製するものを除き、当該教科用図書に掲載された著作物の全部又は相当部分を複製するものに限る。以下この項において「教科用拡大図書等」という。）を作成しようとする者は、あらかじめ当該教科用図書を発行する者にその旨を通知するとともに、営利を目的として当該教科用拡大図書等を頒布する場合にあつては、前条第二項に規定する補償金の額に準じて文化庁長官が毎年定める額の補償金を当該著作物の著作権者に支払わなければならない。
3　文化庁長官は、前項の定めをしたときは、これを官報で告示する。
4　障害のある児童及び生徒のための教科用特定図書等の普及の促進等に関する法律（平成二十年法律第八十一号）第五条第一項又は第二項の規定により教科用図書に掲載された著作物に係る電磁的記録の提供を行う者は、その提供のために必要と認められる限度において、当該著作物を利用することができる。
　（学校教育番組の放送等）
第三十四条　公表された著作物は、学校教育の目的上必要と認められる限度において、学校教育に関する法令の定める教育課程の基準に準拠した学校向けの放送番組又は有線放送番組において放送し、若しくは有線放送し、又は当該放送を受信して同時に専ら当該放送に係る放送対象地域（放送法（昭和二十五年法律第百三十二号）第九十一条第二項第二号に規定する放送対象地域をいい、これが定められていない放送にあつては、電波法（昭和二十五年法律第百三十一号）第十四条第三項第二号に規定する放送区域をいう。以下同じ。）において受信されることを目的として自動公衆送信（送信可能化のうち、公衆の用に供されている電気通信回線に接続している自動公衆送信装置に情報を入力することによるものを含む。）を行い、及び当該放送番組用又は有線放送番組用の教材に掲載することができる。
2　前項の規定により著作物を利用する者は、その旨を著作者に通知するとともに、相当な額の補償金を著作権者に支払わなければならない。
　（学校その他の教育機関における複製等）
第三十五条　学校その他の教育機関（営利を目的として設置されているものを除く。）にお

いて教育を担任する者及び授業を受ける者は、その授業の過程における使用に供することを目的とする場合には、必要と認められる限度において、公表された著作物を複製することができる。ただし、当該著作物の種類及び用途並びにその複製の部数及び態様に照らし著作権者の利益を不当に害することとなる場合は、この限りでない。

2 公表された著作物については、前項の教育機関における授業の過程において、当該授業を直接受ける者に対して当該著作物をその原作品若しくは複製物を提供し、若しくは提示して利用する場合又は当該著作物を第三十八条第一項の規定により上演し、演奏し、上映し、若しくは口述して利用する場合には、当該授業が行われる場所以外の場所において当該授業を同時に受ける者に対して公衆送信（自動公衆送信の場合にあつては、送信可能化を含む。）を行うことができる。ただし、当該著作物の種類及び用途並びに当該公衆送信の態様に照らし著作権者の利益を不当に害することとなる場合は、この限りでない。

（試験問題としての複製等）

第三十六条　公表された著作物については、入学試験その他人の学識技能に関する試験又は検定の目的上必要と認められる限度において、当該試験又は検定の問題として複製し、又は公衆送信（放送又は有線放送を除き、自動公衆送信の場合にあつては送信可能化を含む。次項において同じ。）を行うことができる。ただし、当該著作物の種類及び用途並びに当該公衆送信の態様に照らし著作権者の利益を不当に害することとなる場合は、この限りでない。

2 営利を目的として前項の複製又は公衆送信を行う者は、通常の使用料の額に相当する額の補償金を著作権者に支払わなければならない。

（視覚障害者等のための複製等）

第三十七条　公表された著作物は、点字により複製することができる。

2 公表された著作物については、電子計算機を用いて点字を処理する方式により、記録媒体に記録し、又は公衆送信（放送又は有線放送を除き、自動公衆送信の場合にあつては送信可能化を含む。）を行うことができる。

3 視覚障害者その他視覚による表現の認識に障害のある者（以下この項及び第百二条第四項において「視覚障害者等」という。）の福祉に関する事業を行う者で政令で定めるものは、公表された著作物であつて、視覚によりその表現が認識される方式（視覚及び他の知覚により認識される方式を含む。）により公衆に提供され、又は提示されているもの（当該著作物以外の著作物で、当該著作物において複製されているものその他当該著作物と一体として公衆に提供され、又は提示されているものを含む。以下この項及び同条第四項において「視覚著作物」という。）について、専ら視覚障害者等で当該方式によつては当該視覚著作物を利用することが困難な者の用に供するために必要と認められる限度において、当該視覚著作物に係る文字を音声にすることその他当該視覚障害者等が利用するために必要な方式により、複製し、又は自動公衆送信（送信可能

化を含む。)を行うことができる。ただし、当該視覚著作物について、著作権者又はその許諾を得た者若しくは第七十九条の出版権の設定を受けた者若しくはその複製許諾若しくは公衆送信許諾を得た者により、当該方式による公衆への提供又は提示が行われている場合は、この限りでない。

（聴覚障害者等のための複製等）

第三十七条の二　聴覚障害者その他聴覚による表現の認識に障害のある者（以下この条及び次条第五項において「聴覚障害者等」という。）の福祉に関する事業を行う者で次の各号に掲げる利用の区分に応じて政令で定めるものは、公表された著作物であつて、聴覚によりその表現が認識される方式（聴覚及び他の知覚により認識される方式を含む。）により公衆に提供され、又は提示されているもの（当該著作物以外の著作物で、当該著作物において複製されているものその他当該著作物と一体として公衆に提供され、又は提示されているものを含む。以下この条において「聴覚著作物」という。）について、専ら聴覚障害者等で当該方式によつては当該聴覚著作物を利用することが困難な者の用に供するために必要と認められる限度において、それぞれ当該各号に掲げる利用を行うことができる。ただし、当該聴覚著作物について、著作権者又はその許諾を得た者若しくは第七十九条の出版権の設定を受けた者若しくはその複製許諾若しくは公衆送信許諾を得た者により、当該聴覚障害者等が利用するために必要な方式による公衆への提供又は提示が行われている場合は、この限りでない。

一　当該聴覚著作物に係る音声について、これを文字にすることその他当該聴覚障害者等が利用するために必要な方式により、複製し、又は自動公衆送信（送信可能化を含む。）を行うこと。

二　専ら当該聴覚障害者等向けの貸出しの用に供するため、複製すること（当該聴覚著作物に係る音声を文字にすることその他当該聴覚障害者等が利用するために必要な方式による当該音声の複製と併せて行うものに限る。）。

（営利を目的としない上演等）

第三十八条　公表された著作物は、営利を目的とせず、かつ、聴衆又は観衆から料金（いずれの名義をもつてするかを問わず、著作物の提供又は提示につき受ける対価をいう。以下この条において同じ。）を受けない場合には、公に上演し、演奏し、上映し、又は口述することができる。ただし、当該上演、演奏、上映又は口述について実演家又は口述を行う者に対し報酬が支払われる場合は、この限りでない。

2　放送される著作物は、営利を目的とせず、かつ、聴衆又は観衆から料金を受けない場合には、有線放送し、又は専ら当該放送に係る放送対象地域において受信されることを目的として自動公衆送信（送信可能化のうち、公衆の用に供されている電気通信回線に接続している自動公衆送信装置に情報を入力することによるものを含む。）を行うことができる。

3　放送され、又は有線放送される著作物（放送される著作物が自動公衆送信される場合

の当該著作物を含む。)は、営利を目的とせず、かつ、聴衆又は観衆から料金を受けない場合には、受信装置を用いて公に伝達することができる。通常の家庭用受信装置を用いてする場合も、同様とする。

4 公表された著作物(映画の著作物を除く。)は、営利を目的とせず、かつ、その複製物の貸与を受ける者から料金を受けない場合には、その複製物(映画の著作物において複製されている著作物にあつては、当該映画の著作物の複製物を除く。)の貸与により公衆に提供することができる。

5 映画フィルムその他の視聴覚資料を公衆の利用に供することを目的とする視聴覚教育施設その他の施設(営利を目的として設置されているものを除く。)で政令で定めるもの及び聴覚障害者等の福祉に関する事業を行う者で前条の政令で定めるもの(同条第二号に係るものに限り、営利を目的として当該事業を行うものを除く。)は、公表された映画の著作物を、その複製物の貸与を受ける者から料金を受けない場合には、その複製物の貸与により頒布することができる。この場合において、当該頒布を行う者は、当該映画の著作物又は当該映画の著作物において複製されている著作物につき第二十六条に規定する権利を有する者(第二十八条の規定により第二十六条に規定する権利と同一の権利を有する者を含む。)に相当な額の補償金を支払わなければならない。

(時事問題に関する論説の転載等)

第三十九条 新聞紙又は雑誌に掲載して発行された政治上、経済上又は社会上の時事問題に関する論説(学術的な性質を有するものを除く。)は、他の新聞紙若しくは雑誌に転載し、又は放送し、若しくは有線放送し、若しくは当該放送を受信して同時に専ら当該放送に係る放送対象地域において受信されることを目的として自動公衆送信(送信可能化のうち、公衆の用に供されている電気通信回線に接続している自動公衆送信装置に情報を入力することによるものを含む。)を行うことができる。ただし、これらの利用を禁止する旨の表示がある場合は、この限りでない。

2 前項の規定により放送され、若しくは有線放送され、又は自動公衆送信される論説は、受信装置を用いて公に伝達することができる。

(政治上の演説等の利用)

第四十条 公開して行われた政治上の演説又は陳述及び裁判手続(行政庁の行う審判その他裁判に準ずる手続を含む。第四十二条第一項において同じ。)における公開の陳述は、同一の著作者のものを編集して利用する場合を除き、いずれの方法によるかを問わず、利用することができる。

2 国若しくは地方公共団体の機関、独立行政法人又は地方独立行政法人において行われた公開の演説又は陳述は、前項の規定によるものを除き、報道の目的上正当と認められる場合には、新聞紙若しくは雑誌に掲載し、又は放送し、若しくは有線放送し、若しくは当該放送を受信して同時に専ら当該放送に係る放送対象地域において受信されることを目的として自動公衆送信(送信可能化のうち、公衆の用に供されている電気

通信回線に接続している自動公衆送信装置に情報を入力することによるものを含む。）を行うことができる。
3 前項の規定により放送され、若しくは有線放送され、又は自動公衆送信される演説又は陳述は、受信装置を用いて公に伝達することができる。
（時事の事件の報道のための利用）
**第四十一条** 写真、映画、放送その他の方法によつて時事の事件を報道する場合には、当該事件を構成し、又は当該事件の過程において見られ、若しくは聞かれる著作物は、報道の目的上正当な範囲内において、複製し、及び当該事件の報道に伴つて利用することができる。
（裁判手続等における複製）
**第四十二条** 著作物は、裁判手続のために必要と認められる場合及び立法又は行政の目的のために内部資料として必要と認められる場合には、その必要と認められる限度において、複製することができる。ただし、当該著作物の種類及び用途並びにその複製の部数及び態様に照らし著作権者の利益を不当に害することとなる場合は、この限りでない。
2 次に掲げる手続のために必要と認められる場合についても、前項と同様とする。
一 行政庁の行う特許、意匠若しくは商標に関する審査、実用新案に関する技術的な評価又は国際出願（特許協力条約に基づく国際出願等に関する法律（昭和五十三年法律第三十号）第二条に規定する国際出願をいう。）に関する国際調査若しくは国際予備審査に関する手続
二 行政庁若しくは独立行政法人の行う薬事（医療機器（医薬品、医療機器等の品質、有効性及び安全性の確保等に関する法律（昭和三十五年法律第百四十五号）第二条第四項に規定する医療機器をいう。）及び再生医療等製品（同条第九項に規定する再生医療等製品をいう。）に関する事項を含む。以下この号において同じ。）に関する審査若しくは調査又は行政庁若しくは独立行政法人に対する薬事に関する報告に関する手続
（行政機関情報公開法等による開示のための利用）
**第四十二条の二** 行政機関の長、独立行政法人等又は地方公共団体の機関若しくは地方独立行政法人は、行政機関情報公開法、独立行政法人等情報公開法又は情報公開条例の規定により著作物を公衆に提供し、又は提示することを目的とする場合には、それぞれ行政機関情報公開法第十四条第一項（同項の規定に基づく政令の規定を含む。）に規定する方法、独立行政法人等情報公開法第十五条第一項に規定する方法（同項の規定に基づき当該独立行政法人等が定める方法（行政機関情報公開法第十四条第一項の規定に基づく政令で定める方法以外のものを除く。）を含む。）又は情報公開条例で定める方法（行政機関情報公開法第十四条第一項（同項の規定に基づく政令の規定を含む。）に規定する方法以外のものを除く。）により開示するために必要と認められる限度において、当該著作物を利用することができる。

(公文書管理法等による保存等のための利用)
第四十二条の三　国立公文書館等の長又は地方公文書館等の長は、公文書管理法第十五条第一項の規定又は公文書管理条例の規定（同項の規定に相当する規定に限る。）により歴史公文書等を保存することを目的とする場合には、必要と認められる限度において、当該歴史公文書等に係る著作物を複製することができる。
2　国立公文書館等の長又は地方公文書館等の長は、公文書管理法第十六条第一項の規定又は公文書管理条例の規定（同項の規定に相当する規定に限る。）により著作物を公衆に提供し、又は提示することを目的とする場合には、それぞれ公文書管理法第十九条（同条の規定に基づく政令の規定を含む。以下この項において同じ。）に規定する方法又は公文書管理条例で定める方法（同条に規定する方法以外のものを除く。）により利用をさせるために必要と認められる限度において、当該著作物を利用することができる。

(国立国会図書館法によるインターネット資料及びオンライン資料の収集のための複製)
第四十二条の四　国立国会図書館の館長は、国立国会図書館法（昭和二十三年法律第五号）第二十五条の三第一項の規定により同項に規定するインターネット資料（以下この条において「インターネット資料」という。）又は同法第二十五条の四第三項の規定により同項に規定するオンライン資料を収集するために必要と認められる限度において、当該インターネット資料又は当該オンライン資料に係る著作物を国立国会図書館の使用に係る記録媒体に記録することができる。
2　次の各号に掲げる者は、当該各号に掲げる資料を提供するために必要と認められる限度において、当該各号に掲げる資料に係る著作物を複製することができる。
一　国立国会図書館法第二十四条及び第二十四条の二に規定する者　同法第二十五条の三第三項の求めに応じ提供するインターネット資料
二　国立国会図書館法第二十四条及び第二十四条の二に規定する者以外の者　同法第二十五条の四第一項の規定により提供する同項に規定するオンライン資料

(翻訳、翻案等による利用)
第四十三条　次の各号に掲げる規定により著作物を利用することができる場合には、当該各号に掲げる方法により、当該著作物を当該各号に掲げる規定に従つて利用することができる。
一　第三十条第一項、第三十三条第一項（同条第四項において準用する場合を含む。）、第三十四条第一項又は第三十五条　翻訳、編曲、変形又は翻案
二　第三十一条第一項第一号若しくは第三項後段、第三十二条、第三十六条、第三十七条第一項若しくは第二項、第三十九条第一項、第四十条第二項、第四十一条又は第四十二条　翻訳
三　第三十三条の二第一項　変形又は翻案

四　第三十七条第三項　翻訳、変形又は翻案
五　第三十七条の二　翻訳又は翻案
　　（放送事業者等による一時的固定）
**第四十四条**　放送事業者は、第二十三条第一項に規定する権利を害することなく放送することができる著作物を、自己の放送のために、自己の手段又は当該著作物を同じく放送することができる他の放送事業者の手段により、一時的に録音し、又は録画することができる。
2　有線放送事業者は、第二十三条第一項に規定する権利を害することなく有線放送することができる著作物を、自己の有線放送（放送を受信して行うものを除く。）のために、自己の手段により、一時的に録音し、又は録画することができる。
3　前二項の規定により作成された録音物又は録画物は、録音又は録画の後六月（その期間内に当該録音物又は録画物を用いてする放送又は有線放送があつたときは、その放送又は有線放送の後六月）を超えて保存することができない。ただし、政令で定めるところにより公的な記録保存所において保存する場合は、この限りでない。
　　（美術の著作物等の原作品の所有者による展示）
**第四十五条**　美術の著作物若しくは写真の著作物の原作品の所有者又はその同意を得た者は、これらの著作物をその原作品により公に展示することができる。
2　前項の規定は、美術の著作物の原作品を街路、公園その他一般公衆に開放されている屋外の場所又は建造物の外壁その他一般公衆の見やすい屋外の場所に恒常的に設置する場合には、適用しない。
　　（公開の美術の著作物等の利用）
**第四十六条**　美術の著作物でその原作品が前条第二項に規定する屋外の場所に恒常的に設置されているもの又は建築の著作物は、次に掲げる場合を除き、いずれの方法によるかを問わず、利用することができる。
一　彫刻を増製し、又はその増製物の譲渡により公衆に提供する場合
二　建築の著作物を建築により複製し、又はその複製物の譲渡により公衆に提供する場合
三　前条第二項に規定する屋外の場所に恒常的に設置するために複製する場合
四　専ら美術の著作物の複製物の販売を目的として複製し、又はその複製物を販売する場合
　　（美術の著作物等の展示に伴う複製）
**第四十七条**　美術の著作物又は写真の著作物の原作品により、第二十五条に規定する権利を害することなく、これらの著作物を公に展示する者は、観覧者のためにこれらの著作物の解説又は紹介をすることを目的とする小冊子にこれらの著作物を掲載することができる。
　　（美術の著作物等の譲渡等の申出に伴う複製等）
**第四十七条の二**　美術の著作物又は写真の著作物の原作品又は複製物の所有者その他のこ

れらの譲渡又は貸与の権原を有する者が、第二十六条の二第一項又は第二十六条の三に規定する権利を害することなく、その原作品又は複製物を譲渡し、又は貸与しようとする場合には、当該権原を有する者又はその委託を受けた者は、その申出の用に供するため、これらの著作物について、複製又は公衆送信（自動公衆送信の場合にあつては、送信可能化を含む。）（当該複製により作成される複製物を用いて行うこれらの著作物の複製又は当該公衆送信を受信して行うこれらの著作物の複製を防止し、又は抑止するための措置その他の著作権者の利益を不当に害しないための措置として政令で定める措置を講じて行うものに限る。）を行うことができる。

（プログラムの著作物の複製物の所有者による複製等）

第四十七条の三　プログラムの著作物の複製物の所有者は、自ら当該著作物を電子計算機において利用するために必要と認められる限度において、当該著作物の複製又は翻案（これにより創作した二次的著作物の複製を含む。）をすることができる。ただし、当該利用に係る複製物の使用につき、第百十三条第二項の規定が適用される場合は、この限りでない。

2　前項の複製物の所有者が当該複製物（同項の規定により作成された複製物を含む。）のいずれかについて滅失以外の事由により所有権を有しなくなつた後には、その者は、当該著作権者の別段の意思表示がない限り、その他の複製物を保存してはならない。

（保守、修理等のための一時的複製）

第四十七条の四　記録媒体内蔵複製機器（複製の機能を有する機器であつて、その複製を機器に内蔵する記録媒体（以下この条において「内蔵記録媒体」という。）に記録して行うものをいう。次項において同じ。）の保守又は修理を行う場合には、その内蔵記録媒体に記録されている著作物は、必要と認められる限度において、当該内蔵記録媒体以外の記録媒体に一時的に記録し、及び当該保守又は修理の後に、当該内蔵記録媒体に記録することができる。

2　記録媒体内蔵複製機器に製造上の欠陥又は販売に至るまでの過程において生じた故障があるためこれを同種の機器と交換する場合には、その内蔵記録媒体に記録されている著作物は、必要と認められる限度において、当該内蔵記録媒体以外の記録媒体に一時的に記録し、及び当該同種の機器の内蔵記録媒体に記録することができる。

3　前二項の規定により内蔵記録媒体以外の記録媒体に著作物を記録した者は、これらの規定による保守若しくは修理又は交換の後には、当該記録媒体に記録された当該著作物の複製物を保存してはならない。

（送信の障害の防止等のための複製）

第四十七条の五　自動公衆送信装置等（自動公衆送信装置及び特定送信装置（電気通信回線に接続することにより、その記録媒体のうち特定送信（自動公衆送信以外の無線通信又は有線電気通信の送信で政令で定めるものをいう。以下この項において同じ。）の用に供する部分（第一号において「特定送信用記録媒体」という。）に記録され、又は当該

装置に入力される情報の特定送信をする機能を有する装置をいう。)をいう。以下この条において同じ。)を他人の自動公衆送信等(自動公衆送信及び特定送信をいう。以下この条において同じ。)の用に供することを業として行う者は、次の各号に掲げる目的上必要と認められる限度において、当該自動公衆送信装置等により送信可能化等(送信可能化及び特定送信をし得るようにするための行為で政令で定めるものをいう。以下この条において同じ。)がされた著作物を、当該各号に定める記録媒体に記録することができる。

一　自動公衆送信等の求めが当該自動公衆送信装置等に集中することによる送信の遅滞又は当該自動公衆送信装置等の故障による送信の障害を防止すること　当該送信可能化等に係る公衆送信用記録媒体等(公衆送信用記録媒体及び特定送信用記録媒体をいう。次号において同じ。)以外の記録媒体であつて、当該送信可能化等に係る自動公衆送信等の用に供するためのもの

二　当該送信可能化等に係る公衆送信用記録媒体等に記録された当該著作物の複製物が滅失し、又は毀損した場合の復旧の用に供すること　当該公衆送信用記録媒体等以外の記録媒体(公衆送信用記録媒体等であるものを除く。)

2　自動公衆送信装置等を他人の自動公衆送信等の用に供することを業として行う者は、送信可能化等がされた著作物(当該自動公衆送信装置等により送信可能化等がされたものを除く。)の自動公衆送信等を中継するための送信を行う場合には、当該送信後に行われる当該著作物の自動公衆送信等を中継するための送信を効率的に行うために必要と認められる限度において、当該著作物を当該自動公衆送信装置等の記録媒体のうち当該送信の用に供する部分に記録することができる。

3　次の各号に掲げる者は、当該各号に定めるときは、その後は、当該各号に規定する規定の適用を受けて作成された著作物の複製物を保存してはならない。

一　第一項(第一号に係る部分に限る。)又は前項の規定により著作物を記録媒体に記録した者　これらの規定に定める目的のため当該複製物を保存する必要がなくなつたと認められるとき、又は当該著作物に係る送信可能化等が著作権を侵害するものであること(国外で行われた送信可能化等にあつては、国内で行われたとしたならば著作権の侵害となるべきものであること)を知つたとき。

二　第一項(第二号に係る部分に限る。)の規定により著作物を記録媒体に記録した者　同号に掲げる目的のため当該複製物を保存する必要がなくなつたと認められるとき。

(送信可能化された情報の送信元識別符号の検索等のための複製等)

**第四十七条の六**　公衆からの求めに応じ、送信可能化された情報に係る送信元識別符号(自動公衆送信の送信元を識別するための文字、番号、記号その他の符号をいう。以下この条において同じ。)を検索し、及びその結果を提供することを業として行う者(当該事業の一部を行う者を含み、送信可能化された情報の収集、整理及び提供を政令で定める基準に従つて行う者に限る。)は、当該検索及びその結果の提供を行うため

に必要と認められる限度において、送信可能化された著作物（当該著作物に係る自動公衆送信について受信者を識別するための情報の入力を求めることその他の受信を制限するための手段が講じられている場合にあつては、当該自動公衆送信の受信について当該手段を講じた者の承諾を得たものに限る。）について、記録媒体への記録又は翻案（これにより創作した二次的著作物の記録を含む。）を行い、及び公衆からの求めに応じ、当該求めに関する送信可能化された情報に係る送信元識別符号の提供と併せて、当該記録媒体に記録された当該著作物の複製物（当該著作物に係る当該二次的著作物の複製物を含む。以下この条において「検索結果提供用記録」という。）のうち当該送信元識別符号に係るものを用いて自動公衆送信（送信可能化を含む。）を行うことができる。ただし、当該検索結果提供用記録に係る著作物に係る送信可能化が著作権を侵害するものであること（国外で行われた送信可能化にあつては、国内で行われたとしたならば著作権の侵害となるべきものであること）を知つたときは、その後は、当該検索結果提供用記録を用いた自動公衆送信（送信可能化を含む。）を行つてはならない。
（情報解析のための複製等）

第四十七条の七　著作物は、電子計算機による情報解析（多数の著作物その他の大量の情報から、当該情報を構成する言語、音、影像その他の要素に係る情報を抽出し、比較、分類その他の統計的な解析を行うことをいう。以下この条において同じ。）を行うことを目的とする場合には、必要と認められる限度において、記録媒体への記録又は翻案（これにより創作した二次的著作物の記録を含む。）を行うことができる。ただし、情報解析を行う者の用に供するために作成されたデータベースの著作物については、この限りでない。
（電子計算機における著作物の利用に伴う複製）

第四十七条の八　電子計算機において、著作物を当該著作物の複製物を用いて利用する場合又は無線通信若しくは有線電気通信の送信がされる著作物を当該送信を受信して利用する場合（これらの利用又は当該複製物の使用が著作権を侵害しない場合に限る。）には、当該著作物は、これらの利用のための当該電子計算機による情報処理の過程において、当該情報処理を円滑かつ効率的に行うために必要と認められる限度で、当該電子計算機の記録媒体に記録することができる。
（情報通信技術を利用した情報提供の準備に必要な情報処理のための利用）

第四十七条の九　著作物は、情報通信の技術を利用する方法により情報を提供する場合であつて、当該提供を円滑かつ効率的に行うための準備に必要な電子計算機による情報処理を行うときは、その必要と認められる限度において、記録媒体への記録又は翻案（これにより創作した二次的著作物の記録を含む。）を行うことができる。
（複製権の制限により作成された複製物の譲渡）

第四十七条の十　第三十一条第一項（第一号に係る部分に限る。以下この条において同じ。）若しくは第三項後段、第三十二条、第三十三条第一項（同条第四項において準用

する場合を含む。)、第三十三条の二第一項若しくは第四項、第三十四条第一項、第三十五条第一項、第三十六条第一項、第三十七条、第三十七条の二（第二号を除く。以下この条において同じ。)、第三十九条第一項、第四十条第一項若しくは第二項、第四十一条から第四十二条の二まで、第四十二条の三第二項又は第四十六条から第四十七条の二までの規定により複製することができる著作物は、これらの規定の適用を受けて作成された複製物（第三十一条第一項若しくは第三項後段、第三十五条第一項、第三十六条第一項又は第四十二条の規定に係る場合にあつては、映画の著作物の複製物（映画の著作物において複製されている著作物にあつては、当該映画の著作物の複製物を含む。以下この条において同じ。)を除く。)の譲渡により公衆に提供することができる。ただし、第三十一条第一項若しくは第三項後段、第三十三条の二第一項若しくは第四項、第三十五条第一項、第三十七条第三項、第三十七条の二、第四十一条から第四十二条の二まで、第四十二条の三第二項又は第四十七条の二の規定の適用を受けて作成された著作物の複製物（第三十一条第一項若しくは第三項後段、第三十五条第一項又は第四十二条の規定に係る場合にあつては、映画の著作物の複製物を除く。)を、第三十一条第一項若しくは第三項後段、第三十三条の二第一項若しくは第四項、第三十五条第一項、第三十七条第三項、第三十七条の二、第四十一条から第四十二条の二まで、第四十二条の三第二項又は第四十七条の二に定める目的以外の目的のために公衆に譲渡する場合は、この限りでない。

(出所の明示)

第四十八条　次の各号に掲げる場合には、当該各号に規定する著作物の出所を、その複製又は利用の態様に応じ合理的と認められる方法及び程度により、明示しなければならない。

一　第三十二条、第三十三条第一項（同条第四項において準用する場合を含む。)、第三十三条の二第一項、第三十七条第一項、第四十二条又は第四十七条の規定により著作物を複製する場合

二　第三十四条第一項、第三十七条第三項、第三十七条の二、第三十九条第一項、第四十条第一項若しくは第二項又は第四十七条の二の規定により著作物を利用する場合

三　第三十二条の規定により著作物を複製以外の方法により利用する場合又は第三十五条、第三十六条第一項、第三十八条第一項、第四十一条若しくは第四十六条の規定により著作物を利用する場合において、その出所を明示する慣行があるとき。

2　前項の出所の明示に当たつては、これに伴い著作者名が明らかになる場合及び当該著作物が無名のものである場合を除き、当該著作物につき表示されている著作者名を示さなければならない。

3　第四十三条の規定により著作物を翻訳し、編曲し、変形し、又は翻案して利用する場合には、前二項の規定の例により、その著作物の出所を明示しなければならない。

(複製物の目的外使用等)

第四十九条　次に掲げる者は、第二十一条の複製を行つたものとみなす。
一　第三十条第一項、第三十条の三、第三十一条第一項第一号若しくは第三項後段、第三十三条の二第一項若しくは第四項、第三十五条第一項、第三十七条第三項、第三十七条の二本文（同条第二号に係る場合にあつては、同号。次項第一号において同じ。）、第四十一条から第四十二条の三まで、第四十二条の四第二項、第四十四条第一項若しくは第二項、第四十七条の二又は第四十七条の六に定める目的以外の目的のために、これらの規定の適用を受けて作成された著作物の複製物（次項第四号の複製物に該当するものを除く。）を頒布し、又は当該複製物によつて当該著作物を公衆に提示した者
二　第四十四条第三項の規定に違反して同項の録音物又は録画物を保存した放送事業者又は有線放送事業者
三　第四十七条の三第一項の規定の適用を受けて作成された著作物の複製物（次項第二号の複製物に該当するものを除く。）若しくは第四十七条の四第一項若しくは第二項の規定の適用を受けて同条第一項若しくは第二項に規定する内蔵記録媒体以外の記録媒体に一時的に記録された著作物の複製物を頒布し、又はこれらの複製物によつてこれらの著作物を公衆に提示した者
四　第四十七条の三第二項、第四十七条の四第三項又は第四十七条の五第三項の規定に違反してこれらの規定の複製物（次項第二号の複製物に該当するものを除く。）を保存した者
五　第三十条の四、第四十七条の五第一項若しくは第二項、第四十七条の七又は第四十七条の九に定める目的以外の目的のために、これらの規定の適用を受けて作成された著作物の複製物（次項第六号の複製物に該当するものを除く。）を用いて当該著作物を利用した者
六　第四十七条の六ただし書の規定に違反して、同条本文の規定の適用を受けて作成された著作物の複製物（次項第五号の複製物に該当するものを除く。）を用いて当該著作物の自動公衆送信（送信可能化を含む。）を行つた者
七　第四十七条の八の規定の適用を受けて作成された著作物の複製物を、当該著作物の同条に規定する複製物の使用に代えて使用し、又は当該著作物に係る同条に規定する送信の受信（当該送信が受信者からの求めに応じ自動的に行われるものである場合にあつては、当該送信の受信又はこれに準ずるものとして政令で定める行為）をしないで使用して、当該著作物を利用した者
2　次に掲げる者は、当該二次的著作物の原著作物につき第二十七条の翻訳、編曲、変形又は翻案を行つたものとみなす。
一　第三十条第一項、第三十一条第一項第一号若しくは第三項後段、第三十三条の二第一項、第三十五条第一項、第三十七条第三項、第三十七条の二本文、第四十一条又は第四十二条に定める目的以外の目的のために、第四十三条の規定の適用を受けて同条各

号に掲げるこれらの規定に従い作成された二次的著作物の複製物を頒布し、又は当該複製物によつて当該二次的著作物を公衆に提示した者
二　第四十七条の三第一項の規定の適用を受けて作成された二次的著作物の複製物を頒布し、又は当該複製物によつて当該二次的著作物を公衆に提示した者
三　第四十七条の三第二項の規定に違反して前号の複製物を保存した者
四　第三十条の三又は第四十七条の六に定める目的以外の目的のために、これらの規定の適用を受けて作成された二次的著作物の複製物を頒布し、又は当該複製物によつて当該二次的著作物を公衆に提示した者
五　第四十七条の六ただし書の規定に違反して、同条本文の規定の適用を受けて作成された二次的著作物の複製物を用いて当該二次的著作物の自動公衆送信（送信可能化を含む。）を行つた者
六　第三十条の四、第四十七条の七又は第四十七条の九に定める目的以外の目的のために、これらの規定の適用を受けて作成された二次的著作物の複製物を用いて当該二次的著作物を利用した者

（著作者人格権との関係）

第五十条　この款の規定は、著作者人格権に影響を及ぼすものと解釈してはならない。

### 第四節　保護期間

（保護期間の原則）

第五十一条　著作権の存続期間は、著作物の創作の時に始まる。

2　著作権は、この節に別段の定めがある場合を除き、著作者の死後（共同著作物にあつては、最終に死亡した著作者の死後。次条第一項において同じ。）五十年を経過するまでの間、存続する。

（無名又は変名の著作物の保護期間）

第五十二条　無名又は変名の著作物の著作権は、その著作物の公表後五十年を経過するまでの間、存続する。ただし、その存続期間の満了前にその著作者の死後五十年を経過していると認められる無名又は変名の著作物の著作権は、その著作者の死後五十年を経過したと認められる時において、消滅したものとする。

2　前項の規定は、次の各号のいずれかに該当するときは、適用しない。
一　変名の著作物における著作者の変名がその者のものとして周知のものであるとき。
二　前項の期間内に第七十五条第一項の実名の登録があつたとき。
三　著作者が前項の期間内にその実名又は周知の変名を著作者名として表示してその著作物を公表したとき。

（団体名義の著作物の保護期間）

第五十三条　法人その他の団体が著作の名義を有する著作物の著作権は、その著作物の公表後五十年（その著作物がその創作後五十年以内に公表されなかつたときは、その創作後五十年）を経過するまでの間、存続する。

2　前項の規定は、法人その他の団体が著作の名義を有する著作物の著作者である個人が同項の期間内にその実名又は周知の変名を著作者名として表示してその著作物を公表したときは、適用しない。
3　第十五条第二項の規定により法人その他の団体が著作者である著作物の著作権の存続期間に関しては、第一項の著作物に該当する著作物以外の著作物についても、当該団体が著作の名義を有するものとみなして同項の規定を適用する。
　（映画の著作物の保護期間）
第五十四条　映画の著作物の著作権は、その著作物の公表後七十年（その著作物がその創作後七十年以内に公表されなかつたときは、その創作後七十年）を経過するまでの間、存続する。
2　映画の著作物の著作権がその存続期間の満了により消滅したときは、当該映画の著作物の利用に関するその原著作物の著作権は、当該映画の著作物の著作権とともに消滅したものとする。
3　前二条の規定は、映画の著作物の著作権については、適用しない。
第五十五条　削除
　（継続的刊行物等の公表の時）
第五十六条　第五十二条第一項、第五十三条第一項及び第五十四条第一項の公表の時は、冊、号又は回を追つて公表する著作物については、毎冊、毎号又は毎回の公表の時によるものとし、一部分ずつを逐次公表して完成する著作物については、最終部分の公表の時によるものとする。
2　一部分ずつを逐次公表して完成する著作物については、継続すべき部分が直近の公表の時から三年を経過しても公表されないときは、すでに公表されたもののうちの最終の部分をもつて前項の最終部分とみなす。
　（保護期間の計算方法）
第五十七条　第五十一条第二項、第五十二条第一項、第五十三条第一項又は第五十四条第一項の場合において、著作者の死後五十年、著作物の公表後五十年若しくは創作後五十年又は著作物の公表後七十年若しくは創作後七十年の期間の終期を計算するときは、著作者が死亡した日又は著作物が公表され若しくは創作された日のそれぞれ属する年の翌年から起算する。
　（保護期間の特例）
第五十八条　文学的及び美術的著作物の保護に関するベルヌ条約により創設された国際同盟の加盟国、著作権に関する世界知的所有権機関条約の締約国又は世界貿易機関の加盟国である外国をそれぞれ文学的及び美術的著作物の保護に関するベルヌ条約、著作権に関する世界知的所有権機関条約又は世界貿易機関を設立するマラケシュ協定の規定に基づいて本国とする著作物（第六条第一号に該当するものを除く。）で、その本国において定められる著作権の存続期間が第五十一条から第五十四条までに定める著作

権の存続期間より短いものについては、その本国において定められる著作権の存続期間による。

## 第五節　著作者人格権の一身専属性等
（著作者人格権の一身専属性）
第五十九条　著作者人格権は、著作者の一身に専属し、譲渡することができない。
（著作者が存しなくなつた後における人格的利益の保護）
第六十条　著作物を公衆に提供し、又は提示する者は、その著作物の著作者が存しなくなつた後においても、著作者が存しているとしたならばその著作者人格権の侵害となるべき行為をしてはならない。ただし、その行為の性質及び程度、社会的事情の変動その他によりその行為が当該著作者の意を害しないと認められる場合は、この限りでない。

## 第六節　著作権の譲渡及び消滅
（著作権の譲渡）
第六十一条　著作権は、その全部又は一部を譲渡することができる。
2　著作権を譲渡する契約において、第二十七条又は第二十八条に規定する権利が譲渡の目的として特掲されていないときは、これらの権利は、譲渡した者に留保されたものと推定する。
（相続人の不存在の場合等における著作権の消滅）
第六十二条　著作権は、次に掲げる場合には、消滅する。
一　著作権者が死亡した場合において、その著作権が民法（明治二十九年法律第八十九号）第九百五十九条（残余財産の国庫への帰属）の規定により国庫に帰属すべきこととなるとき。
二　著作権者である法人が解散した場合において、その著作権が一般社団法人及び一般財団法人に関する法律（平成十八年法律第四十八号）第二百三十九条第三項（残余財産の国庫への帰属）その他これに準ずる法律の規定により国庫に帰属すべきこととなるとき。
2　第五十四条第二項の規定は、映画の著作物の著作権が前項の規定により消滅した場合について準用する。

## 第七節　権利の行使
（著作物の利用の許諾）
第六十三条　著作権者は、他人に対し、その著作物の利用を許諾することができる。
2　前項の許諾を得た者は、その許諾に係る利用方法及び条件の範囲内において、その許諾に係る著作物を利用することができる。
3　第一項の許諾に係る著作物を利用する権利は、著作権者の承諾を得ない限り、譲渡することができない。
4　著作物の放送又は有線放送についての第一項の許諾は、契約に別段の定めがない限り、

当該著作物の録音又は録画の許諾を含まないものとする。
5 著作物の送信可能化について第一項の許諾を得た者が、その許諾に係る利用方法及び条件（送信可能化の回数又は送信可能化に用いる自動公衆送信装置に係るものを除く。）の範囲内において反復して又は他の自動公衆送信装置を用いて行う当該著作物の送信可能化については、第二十三条第一項の規定は、適用しない。
　（共同著作物の著作者人格権の行使）
第六十四条　共同著作物の著作者人格権は、著作者全員の合意によらなければ、行使することができない。
2　共同著作物の各著作者は、信義に反して前項の合意の成立を妨げることができない。
3　共同著作物の著作者は、そのうちからその著作者人格権を代表して行使する者を定めることができる。
4　前項の権利を代表して行使する者の代表権に加えられた制限は、善意の第三者に対抗することができない。
　（共有著作権の行使）
第六十五条　共同著作物の著作権その他共有に係る著作権（以下この条において「共有著作権」という。）については、各共有者は、他の共有者の同意を得なければ、その持分を譲渡し、又は質権の目的とすることができない。
2　共有著作権は、その共有者全員の合意によらなければ、行使することができない。
3　前二項の場合において、各共有者は、正当な理由がない限り、第一項の同意を拒み、又は前項の合意の成立を妨げることができない。
4　前条第三項及び第四項の規定は、共有著作権の行使について準用する。
　（質権の目的となつた著作権）
第六十六条　著作権は、これを目的として質権を設定した場合においても、設定行為に別段の定めがない限り、著作権者が行使するものとする。
2　著作権を目的とする質権は、当該著作権の譲渡又は当該著作権に係る著作物の利用につき著作権者が受けるべき金銭その他の物（出版権の設定の対価を含む。）に対しても、行なうことができる。ただし、これらの支払又は引渡し前に、これらを受ける権利を差し押えることを必要とする。
　第八節　裁定による著作物の利用
　　（著作権者不明等の場合における著作物の利用）
第六十七条　公表された著作物又は相当期間にわたり公衆に提供され、若しくは提示されている事実が明らかである著作物は、著作権者の不明その他の理由により相当な努力を払つてもその著作権者と連絡することができない場合として政令で定める場合は、文化庁長官の裁定を受け、かつ、通常の使用料の額に相当するものとして文化庁長官が定める額の補償金を著作権者のために供託して、その裁定に係る利用方法により利用することができる。

2 前項の裁定を受けようとする者は、著作物の利用方法その他政令で定める事項を記載した申請書に、著作権者と連絡することができないことを疎明する資料その他政令で定める資料を添えて、これを文化庁長官に提出しなければならない。
3 第一項の規定により作成した著作物の複製物には、同項の裁定に係る複製物である旨及びその裁定のあつた年月日を表示しなければならない。
（裁定申請中の著作物の利用）
**第六十七条の二** 前条第一項の裁定（以下この条において単に「裁定」という。）の申請をした者は、当該申請に係る著作物の利用方法を勘案して文化庁長官が定める額の担保金を供託した場合には、裁定又は裁定をしない処分を受けるまでの間（裁定又は裁定をしない処分を受けるまでの間に著作権者と連絡をすることができるに至つたときは、当該連絡をすることができるに至つた時までの間）、当該申請に係る利用方法と同一の方法により、当該申請に係る著作物を利用することができる。ただし、当該著作物の著作者が当該著作物の出版その他の利用を廃絶しようとしていることが明らかであるときは、この限りでない。
2 前項の規定により作成した著作物の複製物には、同項の規定の適用を受けて作成された複製物である旨及び裁定の申請をした年月日を表示しなければならない。
3 第一項の規定により著作物を利用する者（以下「申請中利用者」という。）が裁定を受けたときは、前条第一項の規定にかかわらず、同項の補償金のうち第一項の規定により供託された担保金の額に相当する額（当該担保金の額が当該補償金の額を超えるときは、当該額）については、同条第一項の規定による供託を要しない。
4 申請中利用者は、裁定をしない処分を受けたとき（当該処分を受けるまでの間に著作権者と連絡をすることができるに至つた場合を除く。）は、当該処分を受けた時までの間における第一項の規定による著作物の利用に係る使用料の額に相当するものとして文化庁長官が定める額の補償金を著作権者のために供託しなければならない。この場合において、同項の規定により供託された担保金の額のうち当該補償金の額に相当する額（当該補償金の額が当該担保金の額を超えるときは、当該額）については、当該補償金を供託したものとみなす。
5 申請中利用者は、裁定又は裁定をしない処分を受けるまでの間に著作権者と連絡をすることができるに至つたときは、当該連絡をすることができるに至つた時までの間における第一項の規定による著作物の利用に係る使用料の額に相当する額の補償金を著作権者に支払わなければならない。
6 前三項の場合において、著作権者は、前条第一項又は前二項の補償金を受ける権利に関し、第一項の規定により供託された担保金から弁済を受けることができる。
7 第一項の規定により担保金を供託した者は、当該担保金の額が前項の規定により著作権者が弁済を受けることができる額を超えることとなつたときは、政令で定めるところにより、その全部又は一部を取り戻すことができる。

(著作物の放送)
第六十八条　公表された著作物を放送しようとする放送事業者は、その著作権者に対し放送の許諾につき協議を求めたがその協議が成立せず、又はその協議をすることができないときは、文化庁長官の裁定を受け、かつ、通常の使用料の額に相当するものとして文化庁長官が定める額の補償金を著作権者に支払つて、その著作物を放送することができる。

2　前項の規定により放送される著作物は、有線放送し、専ら当該放送に係る放送対象地域において受信されることを目的として自動公衆送信（送信可能化のうち、公衆の用に供されている電気通信回線に接続している自動公衆送信装置に情報を入力することによるものを含む。）を行い、又は受信装置を用いて公に伝達することができる。この場合において、当該有線放送、自動公衆送信又は伝達を行う者は、第三十八条第二項及び第三項の規定の適用がある場合を除き、通常の使用料の額に相当する額の補償金を著作権者に支払わなければならない。

(商業用レコードへの録音等)
第六十九条　商業用レコードが最初に国内において販売され、かつ、その最初の販売の日から三年を経過した場合において、当該商業用レコードに著作権者の許諾を得て録音されている音楽の著作物を録音して他の商業用レコードを製作しようとする者は、その著作権者に対し録音又は譲渡による公衆への提供の許諾につき協議を求めたが、その協議が成立せず、又はその協議をすることができないときは、文化庁長官の裁定を受け、かつ、通常の使用料の額に相当するものとして文化庁長官が定める額の補償金を著作権者に支払つて、当該録音又は譲渡による公衆への提供をすることができる。

(裁定に関する手続及び基準)
第七十条　第六十七条第一項、第六十八条第一項又は前条の裁定の申請をする者は、実費を勘案して政令で定める額の手数料を納付しなければならない。

2　前項の規定は、同項の規定により手数料を納付すべき者が国又は独立行政法人のうち業務の内容その他の事情を勘案して政令で定めるもの（第七十八条第六項及び第百七条第二項において「国等」という。）であるときは、適用しない。

3　文化庁長官は、第六十八条第一項又は前条の裁定の申請があつたときは、その旨を当該申請に係る著作権者に通知し、相当の期間を指定して、意見を述べる機会を与えなければならない。

4　文化庁長官は、第六十七条第一項、第六十八条第一項又は前条の裁定の申請があつた場合において、次の各号のいずれかに該当すると認めるときは、これらの裁定をしてはならない。

一　著作者がその著作物の出版その他の利用を廃絶しようとしていることが明らかであるとき。

二　第六十八条第一項の裁定の申請に係る著作権者がその著作物の放送の許諾を与えない

ことについてやむを得ない事情があるとき。
5 文化庁長官は、前項の裁定をしない処分をしようとするとき（第七項の規定により裁定をしない処分をする場合を除く。）は、あらかじめ申請者にその理由を通知し、弁明及び有利な証拠の提出の機会を与えなければならないものとし、当該裁定をしない処分をしたときは、理由を付した書面をもつて申請者にその旨を通知しなければならない。
6 文化庁長官は、第六十七条第一項の裁定をしたときは、その旨を官報で告示するとともに申請者に通知し、第六十八条第一項又は前条の裁定をしたときは、その旨を当事者に通知しなければならない。
7 文化庁長官は、申請中利用者から第六十七条第一項の裁定の申請を取り下げる旨の申出があつたときは、当該裁定をしない処分をするものとする。
8 前各項に規定するもののほか、この節に定める裁定に関し必要な事項は、政令で定める。

### 第九節　補償金等

（文化審議会への諮問）

第七十一条　文化庁長官は、第三十三条第二項（同条第四項において準用する場合を含む。）、第三十三条の二第二項、第六十七条第一項、第六十七条の二第四項、第六十八条第一項又は第六十九条の補償金の額を定める場合には、文化審議会に諮問しなければならない。

（補償金の額についての訴え）

第七十二条　第六十七条第一項、第六十七条の二第四項、第六十八条第一項又は第六十九条の規定に基づき定められた補償金の額について不服がある当事者は、これらの規定による裁定（第六十七条の二第四項に係る場合にあつては、第六十七条第一項の裁定をしない処分）があつたことを知つた日から六月以内に、訴えを提起してその額の増減を求めることができる。
2 前項の訴えにおいては、訴えを提起する者が著作物を利用する者であるときは著作権者を、著作権者であるときは著作物を利用する者を、それぞれ被告としなければならない。

（補償金の額についての異議申立ての制限）

第七十三条　第六十七条第一項、第六十八条第一項又は第六十九条の裁定又は裁定をしない処分についての行政不服審査法（昭和三十七年法律第百六十号）による異議申立てにおいては、その裁定又は裁定をしない処分に係る補償金の額についての不服をその裁定又は裁定をしない処分についての不服の理由とすることができない。ただし、第六十七条第一項の裁定又は裁定をしない処分を受けた者が著作権者の不明その他これに準ずる理由により前条第一項の訴えを提起することができない場合は、この限りでない。

（補償金等の供託）
第七十四条　第三十三条第二項（同条第四項において準用する場合を含む。）、第三十三条の二第二項、第六十八条第一項又は第六十九条の補償金を支払うべき者は、次に掲げる場合には、その補償金の支払に代えてその補償金を供託しなければならない。
一　著作権者が補償金の受領を拒み、又は補償金を受領することができない場合
二　その者が過失がなくて著作権者を確知することができない場合
三　その者がその補償金の額について第七十二条第一項の訴えを提起した場合
四　当該著作権を目的とする質権が設定されている場合（当該質権を有する者の承諾を得た場合を除く。）
2　前項第三号の場合において、著作権者の請求があるときは、当該補償金を支払うべき者は、自己の見積金額を支払い、裁定に係る補償金の額との差額を供託しなければならない。
3　第六十七条第一項、第六十七条の二第四項若しくは前二項の規定による補償金の供託又は同条第一項の規定による担保金の供託は、著作権者が国内に住所又は居所で知れているものを有する場合にあつては当該住所又は居所の最寄りの供託所に、その他の場合にあつては供託をする者の住所又は居所の最寄りの供託所に、それぞれするものとする。
4　前項の供託をした者は、すみやかにその旨を著作権者に通知しなければならない。ただし、著作権者の不明その他の理由により著作権者に通知することができない場合は、この限りでない。

### 第十節　登録
（実名の登録）
第七十五条　無名又は変名で公表された著作物の著作者は、現にその著作権を有するかどうかにかかわらず、その著作物についてその実名の登録を受けることができる。
2　著作者は、その遺言で指定する者により、死後において前項の登録を受けることができる。
3　実名の登録がされている者は、当該登録に係る著作物の著作者と推定する。
（第一発行年月日等の登録）
第七十六条　著作権者又は無名若しくは変名の著作物の発行者は、その著作物について第一発行年月日の登録又は第一公表年月日の登録を受けることができる。
2　第一発行年月日の登録又は第一公表年月日の登録がされている著作物については、これらの登録に係る年月日において最初の発行又は最初の公表があつたものと推定する。
（創作年月日の登録）
第七十六条の二　プログラムの著作物の著作者は、その著作物について創作年月日の登録を受けることができる。ただし、その著作物の創作後六月を経過した場合は、この限りでない。

2　前項の登録がされている著作物については、その登録に係る年月日において創作があつたものと推定する。
（著作権の登録）
第七十七条　次に掲げる事項は、登録しなければ、第三者に対抗することができない。
一　著作権の移転（相続その他の一般承継によるものを除く。次号において同じ。）若しくは信託による変更又は処分の制限
二　著作権を目的とする質権の設定、移転、変更若しくは消滅（混同又は著作権若しくは担保する債権の消滅によるものを除く。）又は処分の制限
（登録手続等）
第七十八条　第七十五条第一項、第七十六条第一項、第七十六条の二第一項又は前条の登録は、文化庁長官が著作権登録原簿に記載し、又は記録して行う。
2　著作権登録原簿は、政令で定めるところにより、その全部又は一部を磁気ディスク（これに準ずる方法により一定の事項を確実に記録しておくことができる物を含む。第四項において同じ。）をもつて調製することができる。
3　文化庁長官は、第七十五条第一項の登録を行つたときは、その旨を官報で告示する。
4　何人も、文化庁長官に対し、著作権登録原簿の謄本若しくは抄本若しくはその附属書類の写しの交付、著作権登録原簿若しくはその附属書類の閲覧又は著作権登録原簿のうち磁気ディスクをもつて調製した部分に記録されている事項を記載した書類の交付を請求することができる。
5　前項の請求をする者は、実費を勘案して政令で定める額の手数料を納付しなければならない。
6　前項の規定は、同項の規定により手数料を納付すべき者が国等であるときは、適用しない。
7　第一項に規定する登録に関する処分については、行政手続法（平成五年法律第八十八号）第二章及び第三章の規定は、適用しない。
8　著作権登録原簿及びその附属書類については、行政機関情報公開法の規定は、適用しない。
9　著作権登録原簿及びその附属書類に記録されている保有個人情報（行政機関の保有する個人情報の保護に関する法律（平成十五年法律第五十八号）第二条第三項に規定する保有個人情報をいう。）については、同法第四章の規定は、適用しない。
10　この節に規定するもののほか、第一項に規定する登録に関し必要な事項は、政令で定める。
（プログラムの著作物の登録に関する特例）
第七十八条の二　プログラムの著作物に係る登録については、この節の規定によるほか、別に法律で定めるところによる。

## 第三章　出版権

（出版権の設定）

第七十九条　第二十一条又は第二十三条第一項に規定する権利を有する者（以下この章において「複製権等保有者」という。）は、その著作物について、文書若しくは図画として出版すること（電子計算機を用いてその映像面に文書又は図画として表示されるようにする方式により記録媒体に記録し、当該記録媒体に記録された当該著作物の複製物により頒布することを含む。次条第二項及び第八十一条第一号において「出版行為」という。）又は当該方式により記録媒体に記録された当該著作物の複製物を用いて公衆送信（放送又は有線放送を除き、自動公衆送信の場合にあつては送信可能化を含む。以下この章において同じ。）を行うこと（次条第二項及び第八十一条第二号において「公衆送信行為」という。）を引き受ける者に対し、出版権を設定することができる。

2　複製権等保有者は、その複製権又は公衆送信権を目的とする質権が設定されているときは、当該質権を有する者の承諾を得た場合に限り、出版権を設定することができるものとする。

（出版権の内容）

第八十条　出版権者は、設定行為で定めるところにより、その出版権の目的である著作物について、次に掲げる権利の全部又は一部を専有する。

一　頒布の目的をもつて、原作のまま印刷その他の機械的又は化学的方法により文書又は図画として複製する権利（原作のまま前条第一項に規定する方式により記録媒体に記録された電磁的記録として複製する権利を含む。）

二　原作のまま前条第一項に規定する方式により記録媒体に記録された当該著作物の複製物を用いて公衆送信を行う権利

2　出版権の存続期間中に当該著作物の著作者が死亡したとき、又は、設定行為に別段の定めがある場合を除き、出版権の設定後最初の出版行為又は公衆送信行為（第八十三条第二項及び第八十四条第三項において「出版行為等」という。）があつた日から三年を経過したときは、複製権等保有者は、前項の規定にかかわらず、当該著作物について、全集その他の編集物（その著作者の著作物のみを編集したものに限る。）に収録して複製し、又は公衆送信を行うことができる。

3　出版権者は、複製権等保有者の承諾を得た場合に限り、他人に対し、その出版権の目的である著作物の複製又は公衆送信を許諾することができる。

4　第六十三条第二項、第三項及び第五項の規定は、前項の場合について準用する。この場合において、同条第三項中「著作権者」とあるのは「第七十九条第一項の複製権等保有者及び出版権者」と、同条第五項中「第二十三条第一項」とあるのは「第八十条第一項（第二号に係る部分に限る。）」と読み替えるものとする。

（出版の義務）

第八十一条　出版権者は、次の各号に掲げる区分に応じ、その出版権の目的である著作

物につき当該各号に定める義務を負う。ただし、設定行為に別段の定めがある場合は、この限りでない。
一　前条第一項第一号に掲げる権利に係る出版権者（次条において「第一号出版権者」という。）　次に掲げる義務
　　イ　複製権等保有者からその著作物を複製するために必要な原稿その他の原品若しくはこれに相当する物の引渡し又はその著作物に係る電磁的記録の提供を受けた日から六月以内に当該著作物について出版行為を行う義務
　　ロ　当該著作物について慣行に従い継続して出版行為を行う義務
二　前条第一項第二号に掲げる権利に係る出版権者（次条第一項第二号において「第二号出版権者」という。）　次に掲げる義務
　　イ　複製権等保有者からその著作物について公衆送信を行うために必要な原稿その他の原品若しくはこれに相当する物の引渡し又はその著作物に係る電磁的記録の提供を受けた日から六月以内に当該著作物について公衆送信行為を行う義務
　　ロ　当該著作物について慣行に従い継続して公衆送信行為を行う義務
（著作物の修正増減）
第八十二条　著作者は、次に掲げる場合には、正当な範囲内において、その著作物に修正又は増減を加えることができる。
一　その著作物を第一号出版権者が改めて複製する場合
二　その著作物について第二号出版権者が公衆送信を行う場合
２　第一号出版権者は、その出版権の目的である著作物を改めて複製しようとするときは、その都度、あらかじめ著作者にその旨を通知しなければならない。
（出版権の存続期間）
第八十三条　出版権の存続期間は、設定行為で定めるところによる。
２　出版権は、その存続期間につき設定行為に定めがないときは、その設定後最初の出版行為等があつた日から三年を経過した日において消滅する。
（出版権の消滅の請求）
第八十四条　出版権者が第八十一条第一号（イに係る部分に限る。）又は第二号（イに係る部分に限る。）の義務に違反したときは、複製権等保有者は、出版権者に通知してそれぞれ第八十条第一項第一号又は第二号に掲げる権利に係る出版権を消滅させることができる。
２　出版権者が第八十一条第一号（ロに係る部分に限る。）又は第二号（ロに係る部分に限る。）の義務に違反した場合において、複製権等保有者が三月以上の期間を定めてその履行を催告したにもかかわらず、その期間内にその履行がされないときは、複製権等保有者は、出版権者に通知してそれぞれ第八十条第一項第一号又は第二号に掲げる権利に係る出版権を消滅させることができる。
３　複製権等保有者である著作者は、その著作物の内容が自己の確信に適合しなくなつた

ときは、その著作物の出版行為等を廃絶するために、出版権者に通知してその出版権を消滅させることができる。ただし、当該廃絶により出版権者に通常生ずべき損害をあらかじめ賠償しない場合は、この限りでない。

**第八十五条** 削除

（出版権の制限）

**第八十六条** 第三十条第一項(第三号を除く。次項において同じ。)、第三十条の二第二項、第三十条の三、第三十一条第一項及び第三項後段、第三十二条、第三十三条第一項(同条第四項において準用する場合を含む。)、第三十三条の二第一項及び第四項、第三十四条第一項、第三十五条第一項、第三十六条第一項、第三十七条、第三十七条の二、第三十九条第一項、第四十条第一項及び第二項、第四十一条から第四十二条の二まで、第四十二条の三第二項並びに第四十六条から第四十七条の二までの規定は、出版権の目的となつている著作物の複製について準用する。この場合において、第三十条の二第二項、第三十条の三、第三十五条第一項、第四十二条第一項及び第四十七条の二中「著作権者」とあるのは、「出版権者」と読み替えるものとする。

2　前項において準用する第三十条第一項、第三十条の三、第三十一条第一項第一号若しくは第三項後段、第三十三条の二第一項若しくは第四項、第三十五条第一項、第三十七条第三項、第三十七条の二本文(同条第二号に係る場合にあつては、同号)、第四十一条から第四十二条の二まで、第四十二条の三第二項又は第四十七条の二に定める目的以外の目的のために、これらの規定の適用を受けて作成された著作物の複製物を頒布し、又は当該複製物によつて当該著作物を公衆に提示した者は、第八十条第一項第一号の複製を行つたものとみなす。

3　第三十条の二第二項、第三十条の三、第三十一条第三項前段、第三十二条第一項、第三十三条の二第四項、第三十五条第二項、第三十六条第一項、第三十七条第二項及び第三項、第三十七条の二（第二号を除く。)、第四十条第一項、第四十一条、第四十二条の二、第四十二条の三第二項、第四十六条、第四十七条の二並びに第四十七条の六の規定は、出版権の目的となつている著作物の公衆送信について準用する。この場合において、第三十条の二第二項、第三十条の三、第三十五条第二項、第三十六条第一項及び第四十七条の二中「著作権者」とあるのは「出版権者」と、第四十七条の六ただし書中「著作権」とあるのは「出版権」と読み替えるものとする。

（出版権の譲渡等）

**第八十七条** 出版権は、複製権等保有者の承諾を得た場合に限り、その全部又は一部を譲渡し、又は質権の目的とすることができる。

（出版権の登録）

**第八十八条** 次に掲げる事項は、登録しなければ、第三者に対抗することができない。

一　出版権の設定、移転(相続その他の一般承継によるものを除く。次号において同じ。)、変更若しくは消滅 (混同又は複製権若しくは公衆送信権の消滅によるものを除く。) 又

は処分の制限
二　出版権を目的とする質権の設定、移転、変更若しくは消滅（混同又は出版権若しくは担保する債権の消滅によるものを除く。）又は処分の制限
2　第七十八条（第三項を除く。）の規定は、前項の登録について準用する。この場合において、同条第一項、第二項、第四項、第八項及び第九項中「著作権登録原簿」とあるのは、「出版権登録原簿」と読み替えるものとする。

## 第四章　著作隣接権
### 第一節　総則
（著作隣接権）

第八十九条　実演家は、第九十条の二第一項及び第九十条の三第一項に規定する権利（以下「実演家人格権」という。）並びに第九十一条第一項、第九十二条第一項、第九十二条の二第一項、第九十五条の二第一項及び第九十五条の三第一項に規定する権利並びに第九十四条の二及び第九十五条の三第三項に規定する報酬並びに第九十五条第一項に規定する二次使用料を受ける権利を享有する。

2　レコード製作者は、第九十六条、第九十六条の二、第九十七条の二第一項及び第九十七条の三第一項に規定する権利並びに第九十七条第一項に規定する二次使用料及び第九十七条の三第三項に規定する報酬を受ける権利を享有する。

3　放送事業者は、第九十八条から第百条までに規定する権利を享有する。

4　有線放送事業者は、第百条の二から第百条の五までに規定する権利を享有する。

5　前各項の権利の享有には、いかなる方式の履行をも要しない。

6　第一項から第四項までの権利（実演家人格権並びに第一項及び第二項の報酬及び二次使用料を受ける権利を除く。）は、著作隣接権という。

（著作者の権利と著作隣接権との関係）

第九十条　この章の規定は、著作者の権利に影響を及ぼすものと解釈してはならない。

### 第二節　実演家の権利
（氏名表示権）

第九十条の二　実演家は、その実演の公衆への提供又は提示に際し、その氏名若しくはその芸名その他氏名に代えて用いられるものを実演家名として表示し、又は実演家名を表示しないこととする権利を有する。

2　実演を利用する者は、その実演家の別段の意思表示がない限り、その実演につき既に実演家が表示しているところに従つて実演家名を表示することができる。

3　実演家名の表示は、実演の利用の目的及び態様に照らし実演家がその実演の実演家であることを主張する利益を害するおそれがないと認められるとき又は公正な慣行に反しないと認められるときは、省略することができる。

4　第一項の規定は、次の各号のいずれかに該当するときは、適用しない。

一 行政機関情報公開法、独立行政法人等情報公開法又は情報公開条例の規定により行政機関の長、独立行政法人等又は地方公共団体の機関若しくは地方独立行政法人が実演を公衆に提供し、又は提示する場合において、当該実演につき既にその実演家が表示しているところに従つて実演家名を表示するとき。

二 行政機関情報公開法第六条第二項の規定、独立行政法人等情報公開法第六条第二項の規定又は情報公開条例の規定で行政機関情報公開法第六条第二項の規定に相当するものにより行政機関の長、独立行政法人等又は地方公共団体の機関若しくは地方独立行政法人が実演を公衆に提供し、又は提示する場合において、当該実演の実演家名の表示を省略することとなるとき。

三 公文書管理法第十六条第一項の規定又は公文書管理条例の規定（同項の規定に相当する規定に限る。）により国立公文書館等の長又は地方公文書館等の長が実演を公衆に提供し、又は提示する場合において、当該実演につき既にその実演家が表示しているところに従つて実演家名を表示するとき。

（同一性保持権）

**第九十条の三** 実演家は、その実演の同一性を保持する権利を有し、自己の名誉又は声望を害するその実演の変更、切除その他の改変を受けないものとする。

2 前項の規定は、実演の性質並びにその利用の目的及び態様に照らしやむを得ないと認められる改変又は公正な慣行に反しないと認められる改変については、適用しない。

（録音権及び録画権）

**第九十一条** 実演家は、その実演を録音し、又は録画する権利を専有する。

2 前項の規定は、同項に規定する権利を有する者の許諾を得て映画の著作物において録音され、又は録画された実演については、これを録音物（音を専ら影像とともに再生することを目的とするものを除く。）に録音する場合を除き、適用しない。

（放送権及び有線放送権）

**第九十二条** 実演家は、その実演を放送し、又は有線放送する権利を専有する。

2 前項の規定は、次に掲げる場合には、適用しない。

一 放送される実演を有線放送する場合

二 次に掲げる実演を放送し、又は有線放送する場合

　イ 前条第一項に規定する権利を有する者の許諾を得て録音され、又は録画されている実演

　ロ 前条第二項の実演で同項の録音物以外の物に録音され、又は録画されているもの

（送信可能化権）

**第九十二条の二** 実演家は、その実演を送信可能化する権利を専有する。

2 前項の規定は、次に掲げる実演については、適用しない。

一 第九十一条第一項に規定する権利を有する者の許諾を得て録画されている実演

二 第九十一条第二項の実演で同項の録音物以外の物に録音され、又は録画されているも

の

(放送のための固定)

**第九十三条** 実演の放送について第九十二条第一項に規定する権利を有する者の許諾を得た放送事業者は、その実演を放送のために録音し、又は録画することができる。ただし、契約に別段の定めがある場合及び当該許諾に係る放送番組と異なる内容の放送番組に使用する目的で録音し、又は録画する場合は、この限りでない。

2 次に掲げる者は、第九十一条第一項の録音又は録画を行なつたものとみなす。

一 前項の規定により作成された録音物又は録画物を放送の目的以外の目的又は同項ただし書に規定する目的のために使用し、又は提供した者

二 前項の規定により作成された録音物又は録画物の提供を受けた放送事業者で、これらをさらに他の放送事業者の放送のために提供したもの

(放送のための固定物等による放送)

**第九十四条** 第九十二条第一項に規定する権利を有する者がその実演の放送を許諾したときは、契約に別段の定めがない限り、当該実演は、当該許諾に係る放送のほか、次に掲げる放送において放送することができる。

一 当該許諾を得た放送事業者が前条第一項の規定により作成した録音物又は録画物を用いてする放送

二 当該許諾を得た放送事業者からその者が前条第一項の規定により作成した録音物又は録画物の提供を受けてする放送

三 当該許諾を得た放送事業者から当該許諾に係る放送番組の供給を受けてする放送(前号の放送を除く。)

2 前項の場合において、同項各号に掲げる放送において実演が放送されたときは、当該各号に規定する放送事業者は、相当な額の報酬を当該実演に係る第九十二条第一項に規定する権利を有する者に支払わなければならない。

(放送される実演の有線放送)

**第九十四条の二** 有線放送事業者は、放送される実演を有線放送した場合(営利を目的とせず、かつ、聴衆又は観衆から料金(いずれの名義をもつてするかを問わず、実演の提示につき受ける対価をいう。次条第一項において同じ。)を受けない場合を除く。)には、当該実演(著作隣接権の存続期間内のものに限り、第九十二条第二項第二号に掲げるものを除く。)に係る実演家に相当な額の報酬を支払わなければならない。

(商業用レコードの二次使用)

**第九十五条** 放送事業者及び有線放送事業者(以下この条及び第九十七条第一項において「放送事業者等」という。)は、第九十一条第一項に規定する権利を有する者の許諾を得て実演が録音されている商業用レコードを用いた放送又は有線放送を行つた場合(営利を目的とせず、かつ、聴衆又は観衆から料金を受けずに、当該放送を受信して同時に有線放送を行つた場合を除く。)には、当該実演(第七条第一号から第六号までに掲

げる実演で著作隣接権の存続期間内のものに限る。次項から第四項までにおいて同じ。)に係る実演家に二次使用料を支払わなければならない。
2 前項の規定は、実演家等保護条約の締約国については、当該締約国であつて、実演家等保護条約第十六条１（ａ）（ⅰ）の規定に基づき実演家等保護条約第十二条の規定を適用しないこととしている国以外の国の国民をレコード製作者とするレコードに固定されている実演に係る実演家について適用する。
3 第八条第一号に掲げるレコードについて実演家等保護条約の締約国により与えられる実演家等保護条約第十二条の規定による保護の期間が第一項の規定により実演家が保護を受ける期間より短いときは、当該締約国の国民をレコード製作者とするレコードに固定されている実演に係る実演家が同項の規定により保護を受ける期間は、第八条第一号に掲げるレコードについて当該締約国により与えられる実演家等保護条約第十二条の規定による保護の期間による。
4 第一項の規定は、実演・レコード条約の締約国（実演家等保護条約の締約国を除く。）であつて、実演・レコード条約第十五条（３）の規定により留保を付している国の国民をレコード製作者とするレコードに固定されている実演に係る実演家については、当該留保の範囲に制限して適用する。
5 第一項の二次使用料を受ける権利は、国内において実演を業とする者の相当数を構成員とする団体（その連合体を含む。）でその同意を得て文化庁長官が指定するものがあるときは、当該団体によつてのみ行使することができる。
6 文化庁長官は、次に掲げる要件を備える団体でなければ、前項の指定をしてはならない。
一 営利を目的としないこと。
二 その構成員が任意に加入し、又は脱退することができること。
三 その構成員の議決権及び選挙権が平等であること。
四 第一項の二次使用料を受ける権利を有する者（以下この条において「権利者」という。）のためにその権利を行使する業務をみずから的確に遂行するに足りる能力を有すること。
7 第五項の団体は、権利者から申込みがあつたときは、その者のためにその権利を行使することを拒んではならない。
8 第五項の団体は、前項の申込みがあつたときは、権利者のために自己の名をもつてその権利に関する裁判上又は裁判外の行為を行う権限を有する。
9 文化庁長官は、第五項の団体に対し、政令で定めるところにより、第一項の二次使用料に係る業務に関して報告をさせ、若しくは帳簿、書類その他の資料の提出を求め、又はその業務の執行方法の改善のため必要な勧告をすることができる。
10 第五項の団体が同項の規定により権利者のために請求することができる二次使用料の額は、毎年、当該団体と放送事業者等又はその団体との間において協議して定める

11　前項の協議が成立しないときは、その当事者は、政令で定めるところにより、同項の二次使用料の額について文化庁長官の裁定を求めることができる。

12　第七十条第三項、第六項及び第八項並びに第七十一条から第七十四条までの規定は、前項の裁定及び二次使用料について準用する。この場合において、第七十条第三項中「著作権者」とあるのは「当事者」と、第七十二条第二項中「著作物を利用する者」とあるのは「第九十五条第一項の放送事業者等」と、「著作権者」とあるのは「同条第五項の団体」と、第七十四条中「著作権者」とあるのは「第九十五条第五項の団体」と読み替えるものとする。

13　私的独占の禁止及び公正取引の確保に関する法律（昭和二十二年法律第五十四号）の規定は、第十項の協議による定め及びこれに基づいてする行為については、適用しない。ただし、不公正な取引方法を用いる場合及び関連事業者の利益を不当に害することとなる場合は、この限りでない。

14　第五項から前項までに定めるもののほか、第一項の二次使用料の支払及び第五項の団体に関し必要な事項は、政令で定める。

　　（譲渡権）

**第九十五条の二**　実演家は、その実演をその録音物又は録画物の譲渡により公衆に提供する権利を専有する。

2　前項の規定は、次に掲げる実演については、適用しない。

一　第九十一条第一項に規定する権利を有する者の許諾を得て録画されている実演

二　第九十一条第二項の実演で同項の録音物以外の物に録音され、又は録画されているもの

3　第一項の規定は、実演（前項各号に掲げるものを除く。以下この条において同じ。）の録音物又は録画物で次の各号のいずれかに該当するものの譲渡による場合には、適用しない。

一　第一項に規定する権利を有する者又はその許諾を得た者により公衆に譲渡された実演の録音物又は録画物

二　第百三条において準用する第六十七条第一項の規定による裁定を受けて公衆に譲渡された実演の録音物又は録画物

三　第百三条において準用する第六十七条の二第一項の規定の適用を受けて公衆に譲渡された実演の録音物又は録画物

四　第一項に規定する権利を有する者又はその承諾を得た者により特定かつ少数の者に譲渡された実演の録音物又は録画物

五　国外において、第一項に規定する権利に相当する権利を害することなく、又は同項に規定する権利に相当する権利を有する者若しくはその承諾を得た者により譲渡された実演の録音物又は録画物

（貸与権等）

第九十五条の三　実演家は、その実演をそれが録音されている商業用レコードの貸与により公衆に提供する権利を専有する。

2　前項の規定は、最初に販売された日から起算して一月以上十二月を超えない範囲内において政令で定める期間を経過した商業用レコード（複製されているレコードのすべてが当該商業用レコードと同一であるものを含む。以下「期間経過商業用レコード」という。）の貸与による場合には、適用しない。

3　商業用レコードの公衆への貸与を営業として行う者（以下「貸レコード業者」という。）は、期間経過商業用レコードの貸与により実演を公衆に提供した場合には、当該実演（著作隣接権の存続期間内のものに限る。）に係る実演家に相当な額の報酬を支払わなければならない。

4　第九十五条第五項から第十四項までの規定は、前項の報酬を受ける権利について準用する。この場合において、同条第十項中「放送事業者等」とあり、及び同条第十二項中「第九十五条第一項の放送事業者等」とあるのは、「第九十五条の三第三項の貸レコード業者」と読み替えるものとする。

5　第一項に規定する権利を有する者の許諾に係る使用料を受ける権利は、前項において準用する第九十五条第五項の団体によつて行使することができる。

6　第九十五条第七項から第十四項までの規定は、前項の場合について準用する。この場合においては、第四項後段の規定を準用する。

第三節　レコード製作者の権利

（複製権）

第九十六条　レコード製作者は、そのレコードを複製する権利を専有する。

（送信可能化権）

第九十六条の二　レコード製作者は、そのレコードを送信可能化する権利を専有する。

（商業用レコードの二次使用）

第九十七条　放送事業者等は、商業用レコードを用いた放送又は有線放送を行つた場合（営利を目的とせず、かつ、聴衆又は観衆から料金（いずれの名義をもつてするかを問わず、レコードに係る音の提示につき受ける対価をいう。）を受けずに、当該放送を受信して同時に有線放送を行つた場合を除く。）には、そのレコード（第八条第一号から第四号までに掲げるレコードで著作隣接権の存続期間内のものに限る。）に係るレコード製作者に二次使用料を支払わなければならない。

2　第九十五条第二項及び第四項の規定は、前項に規定するレコード製作者について準用し、同条第三項の規定は、前項の規定により保護を受ける期間について準用する。この場合において、同条第二項から第四項までの規定中「国民をレコード製作者とするレコードに固定されている実演に係る実演家」とあるのは「国民であるレコード製作者」と、同条第三項中「実演家が保護を受ける期間」とあるのは「レコード製作者が保護

を受ける期間」と読み替えるものとする。
3 　第一項の二次使用料を受ける権利は、国内において商業用レコードの製作を業とする者の相当数を構成員とする団体(その連合体を含む。)でその同意を得て文化庁長官が指定するものがあるときは、当該団体によつてのみ行使することができる。
4 　第九十五条第六項から第十四項までの規定は、第一項の二次使用料及び前項の団体について準用する。

（譲渡権）

第九十七条の二　レコード製作者は、そのレコードをその複製物の譲渡により公衆に提供する権利を専有する。
2 　前項の規定は、レコードの複製物で次の各号のいずれかに該当するものの譲渡による場合には、適用しない。
一　前項に規定する権利を有する者又はその許諾を得た者により公衆に譲渡されたレコードの複製物
二　第百三条において準用する第六十七条第一項の規定による裁定を受けて公衆に譲渡されたレコードの複製物
三　第百三条において準用する第六十七条の二第一項の規定の適用を受けて公衆に譲渡されたレコードの複製物
四　前項に規定する権利を有する者又はその承諾を得た者により特定かつ少数の者に譲渡されたレコードの複製物
五　国外において、前項に規定する権利に相当する権利を害することなく、又は同項に規定する権利に相当する権利を有する者若しくはその承諾を得た者により譲渡されたレコードの複製物

（貸与権等）

第九十七条の三　レコード製作者は、そのレコードをそれが複製されている商業用レコードの貸与により公衆に提供する権利を専有する。
2 　前項の規定は、期間経過商業用レコードの貸与による場合には、適用しない。
3 　貸レコード業者は、期間経過商業用レコードの貸与によりレコードを公衆に提供した場合には、当該レコード（著作隣接権の存続期間内のものに限る。）に係るレコード製作者に相当な額の報酬を支払わなければならない。
4 　第九十七条第三項の規定は、前項の報酬を受ける権利の行使について準用する。
5 　第九十五条第六項から第十四項までの規定は、第三項の報酬及び前項において準用する第九十七条第三項に規定する団体について準用する。この場合においては、第九十五条の三第四項後段の規定を準用する。
6 　第一項に規定する権利を有する者の許諾に係る使用料を受ける権利は、第四項において準用する第九十七条第三項の団体によつて行使することができる。
7 　第五項の規定は、前項の場合について準用する。この場合において、第五項中「第

九十五条第六項」とあるのは、「第九十五条第七項」と読み替えるものとする。

## 第四節　放送事業者の権利

（複製権）

第九十八条　放送事業者は、その放送又はこれを受信して行なう有線放送を受信して、その放送に係る音又は影像を録音し、録画し、又は写真その他これに類似する方法により複製する権利を専有する。

（再放送権及び有線放送権）

第九十九条　放送事業者は、その放送を受信してこれを再放送し、又は有線放送する権利を専有する。

2　前項の規定は、放送を受信して有線放送を行なう者が法令の規定により行なわなければならない有線放送については、適用しない。

（送信可能化権）

第九十九条の二　放送事業者は、その放送又はこれを受信して行う有線放送を受信して、その放送を送信可能化する権利を専有する。

2　前項の規定は、放送を受信して自動公衆送信を行う者が法令の規定により行わなければならない自動公衆送信に係る送信可能化については、適用しない。

（テレビジョン放送の伝達権）

第百条　放送事業者は、そのテレビジョン放送又はこれを受信して行なう有線放送を受信して、影像を拡大する特別の装置を用いてその放送を公に伝達する権利を専有する。

## 第五節　有線放送事業者の権利

（複製権）

第百条の二　有線放送事業者は、その有線放送を受信して、その有線放送に係る音又は影像を録音し、録画し、又は写真その他これに類似する方法により複製する権利を専有する。

（放送権及び再有線放送権）

第百条の三　有線放送事業者は、その有線放送を受信してこれを放送し、又は再有線放送する権利を専有する。

（送信可能化権）

第百条の四　有線放送事業者は、その有線放送を受信してこれを送信可能化する権利を専有する。

（有線テレビジョン放送の伝達権）

第百条の五　有線放送事業者は、その有線テレビジョン放送を受信して、影像を拡大する特別の装置を用いてその有線放送を公に伝達する権利を専有する。

## 第六節　保護期間

（実演、レコード、放送又は有線放送の保護期間）

第百一条　著作隣接権の存続期間は、次に掲げる時に始まる。

一　実演に関しては、その実演を行つた時
二　レコードに関しては、その音を最初に固定した時
三　放送に関しては、その放送を行つた時
四　有線放送に関しては、その有線放送を行つた時
2　著作隣接権の存続期間は、次に掲げる時をもつて満了する。
一　実演に関しては、その実演が行われた日の属する年の翌年から起算して五十年を経過した時
二　レコードに関しては、その発行が行われた日の属する年の翌年から起算して五十年（その音が最初に固定された日の属する年の翌年から起算して五十年を経過する時までの間に発行されなかつたときは、その音が最初に固定された日の属する年の翌年から起算して五十年）を経過した時
三　放送に関しては、その放送が行われた日の属する年の翌年から起算して五十年を経過した時
四　有線放送に関しては、その有線放送が行われた日の属する年の翌年から起算して五十年を経過した時

### 第七節　実演家人格権の一身専属性等

（実演家人格権の一身専属性）

**第百一条の二**　実演家人格権は、実演家の一身に専属し、譲渡することができない。

（実演家の死後における人格的利益の保護）

**第百一条の三**　実演を公衆に提供し、又は提示する者は、その実演の実演家の死後においても、実演家が生存しているとしたならばその実演家人格権の侵害となるべき行為をしてはならない。ただし、その行為の性質及び程度、社会的事情の変動その他によりその行為が当該実演家の意を害しないと認められる場合は、この限りでない。

### 第八節　権利の制限、譲渡及び行使等並びに登録

（著作隣接権の制限）

**第百二条**　第三十条第一項、第三十条の二から第三十二条まで、第三十五条、第三十六条、第三十七条第三項、第三十七条の二（第一号を除く。次項において同じ。）、第三十八条第二項及び第四項、第四十一条から第四十二条の四まで、第四十四条（第二項を除く。）並びに第四十七条の四から第四十七条の九までの規定は、著作隣接権の目的となつている実演、レコード、放送又は有線放送の利用について準用し、第三十条第二項及び第四十七条の十の規定は、著作隣接権の目的となつている実演又はレコードの利用について準用し、第四十四条第二項の規定は、著作隣接権の目的となつている実演、レコード又は有線放送の利用について準用する。この場合において、同条第一項中「第二十三条第一項」とあるのは「第九十二条第一項、第九十九条第一項又は第百条の三」と、同条第二項中「第二十三条第一項」とあるのは「第九十二条第一項又は第百条の三」と読み替えるものとする。

2　前項において準用する第三十二条、第三十七条第三項、第三十七条の二若しくは第四十二条の規定又は次項若しくは第四項の規定により実演若しくはレコード又は放送若しくは有線放送に係る音若しくは影像（以下「実演等」と総称する。）を複製する場合において、その出所を明示する慣行があるときは、これらの複製の態様に応じ合理的と認められる方法及び程度により、その出所を明示しなければならない。

3　第三十三条の二第一項の規定により教科用図書に掲載された著作物を複製することができる場合には、同項の規定の適用を受けて作成された録音物において録音されている実演又は当該録音物に係るレコードを複製し、又は同項に定める目的のためにその複製物の譲渡により公衆に提供することができる。

4　視覚障害者等の福祉に関する事業を行う者で第三十七条第三項の政令で定めるものは、同項の規定により視覚著作物を複製することができる場合には、同項の規定の適用を受けて作成された録音物において録音されている実演又は当該録音物に係るレコードについて、複製し、又は同項に定める目的のために、送信可能化を行い、若しくはその複製物の譲渡により公衆に提供することができる。

5　著作隣接権の目的となつている実演であつて放送されるものは、専ら当該放送に係る放送対象地域において受信されることを目的として送信可能化（公衆の用に供されている電気通信回線に接続している自動公衆送信装置に情報を入力することによるものに限る。）を行うことができる。ただし、当該放送に係る第九十九条の二第一項に規定する権利を有する者の権利を害することとなる場合は、この限りでない。

6　前項の規定により実演の送信可能化を行う者は、第一項において準用する第三十八条第二項の規定の適用がある場合を除き、当該実演に係る第九十二条の二第一項に規定する権利を有する者に相当な額の補償金を支払わなければならない。

7　前二項の規定は、著作隣接権の目的となつているレコードの利用について準用する。この場合において、前項中「第九十二条の二第一項」とあるのは、「第九十六条の二」と読み替えるものとする。

8　第三十九条第一項又は第四十条第一項若しくは第二項の規定により著作物を放送し、又は有線放送することができる場合には、その著作物の放送若しくは有線放送について、これを受信して有線放送し、若しくは影像を拡大する特別の装置を用いて公に伝達し、又はその著作物の放送について、これを受信して同時に専ら当該放送に係る放送対象地域において受信されることを目的として送信可能化（公衆の用に供されている電気通信回線に接続している自動公衆送信装置に情報を入力することによるものに限る。）を行うことができる。

9　次に掲げる者は、第九十一条第一項、第九十六条、第九十八条又は第百条の二の録音、録画又は複製を行つたものとみなす。

一　第一項において準用する第三十条第一項、第三十条の三、第三十一条第一項第一号若しくは第三項後段、第三十五条第一項、第三十七条第三項、第三十七条の二第二号、

第四十一条から第四十二条の三まで、第四十二条の四第二項、第四十四条第一項若しくは第二項又は第四十七条の六に定める目的以外の目的のために、これらの規定の適用を受けて作成された実演等の複製物を頒布し、又は当該複製物によつて当該実演、当該レコードに係る音若しくは当該放送若しくは有線放送に係る音若しくは影像を公衆に提示した者

二　第一項において準用する第四十四条第三項の規定に違反して同項の録音物又は録画物を保存した放送事業者又は有線放送事業者

三　第一項において準用する第四十七条の四第一項若しくは第二項の規定の適用を受けて同条第一項若しくは第二項に規定する内蔵記録媒体以外の記録媒体に一時的に記録された実演等の複製物を頒布し、又は当該複製物によつて当該実演、当該レコードに係る音若しくは当該放送若しくは有線放送に係る音若しくは影像を公衆に提示した者

四　第一項において準用する第四十七条の四第三項又は第四十七条の五第三項の規定に違反してこれらの規定の複製物を保存した者

五　第一項において準用する第三十条の四、第四十七条の五第一項若しくは第二項、第四十七条の七又は第四十七条の九に定める目的以外の目的のために、これらの規定の適用を受けて作成された実演等の複製物を用いて当該実演等を利用した者

六　第一項において準用する第四十七条の六ただし書の規定に違反して、同条本文の規定の適用を受けて作成された実演等の複製物を用いて当該実演等の送信可能化を行つた者

七　第一項において準用する第四十七条の八の規定の適用を受けて作成された実演等の複製物を、当該実演等の同条に規定する複製物の使用に代えて使用し、又は当該実演等に係る同条に規定する送信の受信（当該送信が受信者からの求めに応じ自動的に行われるものである場合にあつては、当該送信の受信又はこれに準ずるものとして政令で定める行為）をしないで使用して、当該実演等を利用した者

八　第三十三条の二第一項又は第三十七条第三項に定める目的以外の目的のために、第三項若しくは第四項の規定の適用を受けて作成された実演若しくはレコードの複製物を頒布し、又は当該複製物によつて当該実演若しくは当該レコードに係る音を公衆に提示した者

（実演家人格権との関係）

第百二条の二　前条の著作隣接権の制限に関する規定（同条第七項及び第八項の規定を除く。）は、実演家人格権に影響を及ぼすものと解釈してはならない。

（著作隣接権の譲渡、行使等）

第百三条　第六十一条第一項の規定は著作隣接権の譲渡について、第六十二条第一項の規定は著作隣接権の消滅について、第六十三条の規定は実演、レコード、放送又は有線放送の利用の許諾について、第六十五条の規定は著作隣接権が共有に係る場合について、第六十六条の規定は著作隣接権を目的として質権が設定されている場合について、

第六十七条、第六十七条の二(第一項ただし書を除く。)、第七十条(第三項及び第四項を除く。)、第七十一条から第七十三条まで並びに第七十四条第三項及び第四項の規定は著作隣接権者と連絡することができない場合における実演、レコード、放送又は有線放送の利用について、それぞれ準用する。この場合において、第六十三条第五項中「第二十三条第一項」とあるのは「第九十二条の二第一項、第九十六条の二、第九十九条の二第一項又は第百条の四」と、第七十条第五項中「前項」とあるのは「第百三条において準用する第六十七条第一項」と読み替えるものとする。

(著作隣接権の登録)

第百四条　第七十七条及び第七十八条(第三項を除く。)の規定は、著作隣接権に関する登録について準用する。この場合において、同条第一項、第二項、第四項、第八項及び第九項中「著作権登録原簿」とあるのは、「著作隣接権登録原簿」と読み替えるものとする。

## 第五章　私的録音録画補償金

(私的録音録画補償金を受ける権利の行使)

第百四条の二　第三十条第二項(第百二条第一項において準用する場合を含む。以下この章において同じ。)の補償金(以下この章において「私的録音録画補償金」という。)を受ける権利は、私的録音録画補償金を受ける権利を有する者(以下この章において「権利者」という。)のためにその権利を行使することを目的とする団体であつて、次に掲げる私的録音録画補償金の区分ごとに全国を通じて一個に限りその同意を得て文化庁長官が指定するもの(以下この章において「指定管理団体」という。)があるときは、それぞれ当該指定管理団体によつてのみ行使することができる。

一　私的使用を目的として行われる録音(専ら録画とともに行われるものを除く。以下この章において「私的録音」という。)に係る私的録音録画補償金

二　私的使用を目的として行われる録画(専ら録音とともに行われるものを含む。以下この章において「私的録画」という。)に係る私的録音録画補償金

2　前項の規定による指定がされた場合には、指定管理団体は、権利者のために自己の名をもつて私的録音録画補償金を受ける権利に関する裁判上又は裁判外の行為を行う権限を有する。

(指定の基準)

第百四条の三　文化庁長官は、次に掲げる要件を備える団体でなければ前条第一項の規定による指定をしてはならない。

一　一般社団法人であること。

二　前条第一項第一号に掲げる私的録音録画補償金に係る場合についてはイ、ハ及びニに掲げる団体を、同項第二号に掲げる私的録音録画補償金に係る場合についてはロからニまでに掲げる団体を構成員とすること。

イ　私的録音に係る著作物に関し第二十一条に規定する権利を有する者を構成員とする団体（その連合体を含む。）であつて、国内において私的録音に係る著作物に関し同条に規定する権利を有する者の利益を代表すると認められるもの
　　ロ　私的録画に係る著作物に関し第二十一条に規定する権利を有する者を構成員とする団体（その連合体を含む。）であつて、国内において私的録画に係る著作物に関し同条に規定する権利を有する者の利益を代表すると認められるもの
　　ハ　国内において実演を業とする者の相当数を構成員とする団体（その連合体を含む。）
　　ニ　国内において商業用レコードの製作を業とする者の相当数を構成員とする団体（その連合体を含む。）
　三　前号イからニまでに掲げる団体がそれぞれ次に掲げる要件を備えるものであること。
　　イ　営利を目的としないこと。
　　ロ　その構成員が任意に加入し、又は脱退することができること。
　　ハ　その構成員の議決権及び選挙権が平等であること。
　四　権利者のために私的録音録画補償金を受ける権利を行使する業務（第百四条の八第一項の事業に係る業務を含む。以下この章において「補償金関係業務」という。）を的確に遂行するに足りる能力を有すること。
　（私的録音録画補償金の支払の特例）
**第百四条の四**　第三十条第二項の政令で定める機器（以下この章において「特定機器」という。）又は記録媒体（以下この章において「特定記録媒体」という。）を購入する者（当該特定機器又は特定記録媒体が小売に供された後最初に購入するものに限る。）は、その購入に当たり、指定管理団体から、当該特定機器又は特定記録媒体を用いて行う私的録音又は私的録画に係る私的録音録画補償金の一括の支払として、第百四条の六第一項の規定により当該特定機器又は特定記録媒体について定められた額の私的録音録画補償金の支払の請求があつた場合には、当該私的録音録画補償金を支払わなければならない。
２　前項の規定により私的録音録画補償金を支払つた者は、指定管理団体に対し、その支払に係る特定機器又は特定記録媒体を専ら私的録音及び私的録画以外の用に供することを証明して、当該私的録音録画補償金の返還を請求することができる。
３　第一項の規定による支払の請求を受けて私的録音録画補償金が支払われた特定機器により同項の規定による支払の請求を受けて私的録音録画補償金が支払われた特定記録媒体に私的録音又は私的録画を行う者は、第三十条第二項の規定にかかわらず、当該私的録音又は私的録画を行うに当たり、私的録音録画補償金を支払うことを要しない。ただし、当該特定機器又は特定記録媒体が前項の規定により私的録音録画補償金の返還を受けたものであるときは、この限りでない。
　（製造業者等の協力義務）

第百四条の五　前条第一項の規定により指定管理団体が私的録音録画補償金の支払を請求する場合には、特定機器又は特定記録媒体の製造又は輸入を業とする者（次条第三項において「製造業者等」という。）は、当該私的録音録画補償金の支払の請求及びその受領に関し協力しなければならない。
　（私的録音録画補償金の額）
第百四条の六　第百四条の二第一項の規定により指定管理団体が私的録音録画補償金を受ける権利を行使する場合には、指定管理団体は、私的録音録画補償金の額を定め、文化庁長官の認可を受けなければならない。これを変更しようとするときも、同様とする。
2　前項の認可があつたときは、私的録音録画補償金の額は、第三十条第二項の規定にかかわらず、その認可を受けた額とする。
3　指定管理団体は、第百四条の四第一項の規定により支払の請求をする私的録音録画補償金に係る第一項の認可の申請に際し、あらかじめ、製造業者等の団体で製造業者等の意見を代表すると認められるものの意見を聴かなければならない。
4　文化庁長官は、第一項の認可の申請に係る私的録音録画補償金の額が、第三十条第一項（第百二条第一項において準用する場合を含む。）及び第百四条の四第一項の規定の趣旨、録音又は録画に係る通常の使用料の額その他の事情を考慮した適正な額であると認めるときでなければ、その認可をしてはならない。
5　文化庁長官は、第一項の認可をしようとするときは、文化審議会に諮問しなければならない。
　（補償金関係業務の執行に関する規程）
第百四条の七　指定管理団体は、補償金関係業務を開始しようとするときは、補償金関係業務の執行に関する規程を定め、文化庁長官に届け出なければならない。これを変更しようとするときも、同様とする。
2　前項の規程には、私的録音録画補償金（第百四条の四第一項の規定に基づき支払を受けるものに限る。）の分配に関する事項を含むものとし、指定管理団体は、第三十条第二項の規定の趣旨を考慮して当該分配に関する事項を定めなければならない。
　（著作権等の保護に関する事業等のための支出）
第百四条の八　指定管理団体は、私的録音録画補償金（第百四条の四第一項の規定に基づき支払を受けるものに限る。）の額の二割以内で政令で定める割合に相当する額を、著作権及び著作隣接権の保護に関する事業並びに著作物の創作の振興及び普及に資する事業のために支出しなければならない。
2　文化庁長官は、前項の政令の制定又は改正の立案をしようとするときは、文化審議会に諮問しなければならない。
3　文化庁長官は、第一項の事業に係る業務の適正な運営を確保するため必要があると認めるときは、指定管理団体に対し、当該業務に関し監督上必要な命令をすることがで

きる。
(報告の徴収等)
第百四条の九　文化庁長官は、指定管理団体の補償金関係業務の適正な運営を確保するため必要があると認めるときは、指定管理団体に対し、補償金関係業務に関して報告をさせ、若しくは帳簿、書類その他の資料の提出を求め、又は補償金関係業務の執行方法の改善のため必要な勧告をすることができる。
(政令への委任)
第百四条の十　この章に規定するもののほか、指定管理団体及び補償金関係業務に関し必要な事項は、政令で定める。

## 第六章　紛争処理

(著作権紛争解決あつせん委員)
第百五条　この法律に規定する権利に関する紛争につきあつせんによりその解決を図るため、文化庁に著作権紛争解決あつせん委員(以下この章において「委員」という。)を置く。
2　委員は、文化庁長官が、著作権又は著作隣接権に係る事項に関し学識経験を有する者のうちから、事件ごとに三人以内を委嘱する。
(あつせんの申請)
第百六条　この法律に規定する権利に関し紛争が生じたときは、当事者は、文化庁長官に対し、あつせんの申請をすることができる。
(手数料)
第百七条　あつせんの申請をする者は、実費を勘案して政令で定める額の手数料を納付しなければならない。
2　前項の規定は、同項の規定により手数料を納付すべき者が国等であるときは、適用しない。
(あつせんへの付託)
第百八条　文化庁長官は、第百六条の規定に基づき当事者の双方からあつせんの申請があつたとき、又は当事者の一方からあつせんの申請があつた場合において他の当事者がこれに同意したときは、委員によるあつせんに付するものとする。
2　文化庁長官は、前項の申請があつた場合において、事件がその性質上あつせんをするのに適当でないと認めるとき、又は当事者が不当な目的でみだりにあつせんの申請をしたと認めるときは、あつせんに付さないことができる。
(あつせん)
第百九条　委員は、当事者間をあつせんし、双方の主張の要点を確かめ、実情に即して事件が解決されるように努めなければならない。
2　委員は、事件が解決される見込みがないと認めるときは、あつせんを打ち切ることが

できる。
　　（報告等）
第百十条　委員は、あつせんが終わつたときは、その旨を文化庁長官に報告しなければならない。
2　委員は、前条の規定によりあつせんを打ち切つたときは、その旨及びあつせんを打ち切ることとした理由を、当事者に通知するとともに文化庁長官に報告しなければならない。
　　（政令への委任）
第百十一条　この章に規定するもののほか、あつせんの手続及び委員に関し必要な事項は、政令で定める。

## 第七章　権利侵害

　　（差止請求権）
第百十二条　著作者、著作権者、出版権者、実演家又は著作隣接権者は、その著作者人格権、著作権、出版権、実演家人格権又は著作隣接権を侵害する者又は侵害するおそれがある者に対し、その侵害の停止又は予防を請求することができる。
2　著作者、著作権者、出版権者、実演家又は著作隣接権者は、前項の規定による請求をするに際し、侵害の行為を組成した物、侵害の行為によつて作成された物又は専ら侵害の行為に供された機械若しくは器具の廃棄その他の侵害の停止又は予防に必要な措置を請求することができる。
　　（侵害とみなす行為）
第百十三条　次に掲げる行為は、当該著作者人格権、著作権、出版権、実演家人格権又は著作隣接権を侵害する行為とみなす。
一　国内において頒布する目的をもつて、輸入の時において国内で作成したとしたならば著作者人格権、著作権、出版権、実演家人格権又は著作隣接権の侵害となるべき行為によつて作成された物を輸入する行為
二　著作者人格権、著作権、出版権、実演家人格権又は著作隣接権を侵害する行為によつて作成された物（前号の輸入に係る物を含む。）を、情を知つて、頒布し、頒布の目的をもつて所持し、若しくは頒布する旨の申出をし、又は業として輸出し、若しくは業としての輸出の目的をもつて所持する行為
2　プログラムの著作物の著作権を侵害する行為によつて作成された複製物（当該複製物の所有者によつて第四十七条の三第一項の規定により作成された複製物並びに前項第一号の輸入に係るプログラムの著作物の複製物及び当該複製物の所有者によつて同条第一項の規定により作成された複製物を含む。）を業務上電子計算機において使用する行為は、これらの複製物を使用する権原を取得した時に情を知つていた場合に限り、当該著作権を侵害する行為とみなす。

3 次に掲げる行為は、当該権利管理情報に係る著作者人格権、著作権、実演家人格権又は著作隣接権を侵害する行為とみなす。
一 権利管理情報として虚偽の情報を故意に付加する行為
二 権利管理情報を故意に除去し、又は改変する行為(記録又は送信の方式の変換に伴う技術的な制約による場合その他の著作物又は実演等の利用の目的及び態様に照らしやむを得ないと認められる場合を除く。)
三 前二号の行為が行われた著作物若しくは実演等の複製物を、情を知つて、頒布し、若しくは頒布の目的をもつて輸入し、若しくは所持し、又は当該著作物若しくは実演等を情を知つて公衆送信し、若しくは送信可能化する行為
4 第九十四条の二、第九十五条の三第三項若しくは第九十七条の三第三項に規定する報酬又は第九十五条第一項若しくは第九十七条第一項に規定する二次使用料を受ける権利は、前項の規定の適用については、著作隣接権とみなす。この場合において、前条中「著作隣接権者」とあるのは「著作隣接権者(次条第四項の規定により著作隣接権とみなされる権利を有する者を含む。)」と、同条第一項中「著作隣接権」とあるのは「著作隣接権(同項の規定により著作隣接権とみなされる権利を含む。)」とする。
5 国内において頒布することを目的とする商業用レコード(以下この項において「国内頒布目的商業用レコード」という。)を自ら発行し、又は他の者に発行させている著作権者又は著作隣接権者が、当該国内頒布目的商業用レコードと同一の商業用レコードであつて、専ら国外において頒布することを目的とするもの(以下この項において「国外頒布目的商業用レコード」という。)を国外において自ら発行し、又は他の者に発行させている場合において、情を知つて、当該国外頒布目的商業用レコードを国内において頒布する目的をもつて輸入する行為又は当該国外頒布目的商業用レコードを国内において頒布し、若しくは国内において頒布する目的をもつて所持する行為は、当該国外頒布目的商業用レコードが国内で頒布されることにより当該国内頒布目的商業用レコードの発行により当該著作権者又は著作隣接権者の得ることが見込まれる利益が不当に害されることとなる場合に限り、それらの著作権又は著作隣接権を侵害する行為とみなす。ただし、国内において最初に発行された日から起算して七年を超えない範囲内において政令で定める期間を経過した国内頒布目的商業用レコードと同一の国外頒布目的商業用レコードを輸入する行為又は当該国外頒布目的商業用レコードを国内において頒布し、若しくは国内において頒布する目的をもつて所持する行為については、この限りでない。
6 著作者の名誉又は声望を害する方法によりその著作物を利用する行為は、その著作者人格権を侵害する行為とみなす。

(善意者に係る譲渡権の特例)

**第百十三条の二** 著作物の原作品若しくは複製物(映画の著作物の複製物(映画の著作物において複製されている著作物にあつては、当該映画の著作物の複製物を含む。)を除く。

以下この条において同じ。)、実演の録音物若しくは録画物又はレコードの複製物の譲渡を受けた時において、当該著作物の原作品若しくは複製物、実演の録音物若しくは録画物又はレコードの複製物がそれぞれ第二十六条の二第二項各号、第九十五条の二第三項各号又は第九十七条の二第二項各号のいずれにも該当しないものであることを知らず、かつ、知らないことにつき過失がない者が当該著作物の原作品若しくは複製物、実演の録音物若しくは録画物又はレコードの複製物を公衆に譲渡する行為は、第二十六条の二第一項、第九十五条の二第一項又は第九十七条の二第一項に規定する権利を侵害する行為でないものとみなす。

(損害の額の推定等)

**第百十四条** 著作権者、出版権者又は著作隣接権者(以下この項において「著作権者等」という。)が故意又は過失により自己の著作権、出版権又は著作隣接権を侵害した者に対しその侵害により自己が受けた損害の賠償を請求する場合において、その者がその侵害の行為によつて作成された物を譲渡し、又はその侵害の行為を組成する公衆送信(自動公衆送信の場合にあつては、送信可能化を含む。)を行つたときは、その譲渡した物の数量又はその公衆送信が公衆によつて受信されることにより作成された著作物若しくは実演等の複製物(以下この項において「受信複製物」という。)の数量(以下この項において「譲渡等数量」という。)に、著作権者等がその侵害の行為がなければ販売することができた物(受信複製物を含む。)の単位数量当たりの利益の額を乗じて得た額を、著作権者等の当該物に係る販売その他の行為を行う能力に応じた額を超えない限度において、著作権者等が受けた損害の額とすることができる。ただし、譲渡等数量の全部又は一部に相当する数量を著作権者等が販売することができないとする事情があるときは、当該事情に相当する数量に応じた額を控除するものとする。

2 著作権者、出版権者又は著作隣接権者が故意又は過失によりその著作権、出版権又は著作隣接権を侵害した者に対しその侵害により自己が受けた損害の賠償を請求する場合において、その者がその侵害の行為により利益を受けているときは、その利益の額は、当該著作権者、出版権者又は著作隣接権者が受けた損害の額と推定する。

3 著作権者、出版権者又は著作隣接権者は、故意又は過失によりその著作権、出版権又は著作隣接権を侵害した者に対し、その著作権、出版権又は著作隣接権の行使につき受けるべき金銭の額に相当する額を自己が受けた損害の額として、その賠償を請求することができる。

4 前項の規定は、同項に規定する金額を超える損害の賠償の請求を妨げない。この場合において、著作権、出版権又は著作隣接権を侵害した者に故意又は重大な過失がなかつたときは、裁判所は、損害の賠償の額を定めるについて、これを参酌することができる。

(具体的態様の明示義務)

**第百十四条の二** 著作者人格権、著作権、出版権、実演家人格権又は著作隣接権の侵害に

係る訴訟において、著作者、著作権者、出版権者、実演家又は著作隣接権者が侵害の行為を組成したもの又は侵害の行為によつて作成されたものとして主張する物の具体的態様を否認するときは、相手方は、自己の行為の具体的態様を明らかにしなければならない。ただし、相手方において明らかにすることができない相当の理由があるときは、この限りでない。
　（書類の提出等）
第百十四条の三　裁判所は、著作者人格権、著作権、出版権、実演家人格権又は著作隣接権の侵害に係る訴訟においては、当事者の申立てにより、当事者に対し、当該侵害の行為について立証するため、又は当該侵害の行為による損害の計算をするため必要な書類の提出を命ずることができる。ただし、その書類の所持者においてその提出を拒むことについて正当な理由があるときは、この限りでない。
2　裁判所は、前項ただし書に規定する正当な理由があるかどうかの判断をするため必要があると認めるときは、書類の所持者にその提示をさせることができる。この場合においては、何人も、その提示された書類の開示を求めることができない。
3　裁判所は、前項の場合において、第一項ただし書に規定する正当な理由があるかどうかについて前項後段の書類を開示してその意見を聴くことが必要であると認めるときは、当事者等（当事者（法人である場合にあつては、その代表者）又は当事者の代理人（訴訟代理人及び補佐人を除く。）、使用人その他の従業者をいう。第百十四条の六第一項において同じ。）、訴訟代理人又は補佐人に対し、当該書類を開示することができる。
4　前三項の規定は、著作者人格権、著作権、出版権、実演家人格権又は著作隣接権の侵害に係る訴訟における当該侵害の行為について立証するため必要な検証の目的の提示について準用する。
　（鑑定人に対する当事者の説明義務）
第百十四条の四　著作権、出版権又は著作隣接権の侵害に係る訴訟において、当事者の申立てにより、裁判所が当該侵害の行為による損害の計算をするため必要な事項について鑑定を命じたときは、当事者は、鑑定人に対し、当該鑑定をするため必要な事項について説明しなければならない。
　（相当な損害額の認定）
第百十四条の五　著作権、出版権又は著作隣接権の侵害に係る訴訟において、損害が生じたことが認められる場合において、損害額を立証するために必要な事実を立証することが当該事実の性質上極めて困難であるときは、裁判所は、口頭弁論の全趣旨及び証拠調べの結果に基づき、相当な損害額を認定することができる。
　（秘密保持命令）
第百十四条の六　裁判所は、著作者人格権、著作権、出版権、実演家人格権又は著作隣接権の侵害に係る訴訟において、その当事者が保有する営業秘密（不正競争防止法（平成

五年法律第四十七号)第二条第六項に規定する営業秘密をいう。以下同じ。)について、次に掲げる事由のいずれにも該当することにつき疎明があつた場合には、当事者の申立てにより、決定で、当事者等、訴訟代理人又は補佐人に対し、当該営業秘密を当該訴訟の追行の目的以外の目的で使用し、又は当該営業秘密に係るこの項の規定による命令を受けた者以外の者に開示してはならない旨を命ずることができる。ただし、その申立ての時までに当事者等、訴訟代理人又は補佐人が第一号に規定する準備書面の閲読又は同号に規定する証拠の取調べ若しくは開示以外の方法により当該営業秘密を取得し、又は保有していた場合は、この限りでない。

一　既に提出され若しくは提出されるべき準備書面に当事者の保有する営業秘密が記載され、又は既に取り調べられ若しくは取り調べられるべき証拠(第百十四条の三第三項の規定により開示された書類を含む。)の内容に当事者の保有する営業秘密が含まれること。

二　前号の営業秘密が当該訴訟の追行の目的以外の目的で使用され、又は当該営業秘密が開示されることにより、当該営業秘密に基づく当事者の事業活動に支障を生ずるおそれがあり、これを防止するため当該営業秘密の使用又は開示を制限する必要があること。

2　前項の規定による命令(以下「秘密保持命令」という。)の申立ては、次に掲げる事項を記載した書面でしなければならない。

一　秘密保持命令を受けるべき者
二　秘密保持命令の対象となるべき営業秘密を特定するに足りる事実
三　前項各号に掲げる事由に該当する事実

3　秘密保持命令が発せられた場合には、その決定書を秘密保持命令を受けた者に送達しなければならない。

4　秘密保持命令は、秘密保持命令を受けた者に対する決定書の送達がされた時から、効力を生ずる。

5　秘密保持命令の申立てを却下した裁判に対しては、即時抗告をすることができる。

(秘密保持命令の取消し)

**第百十四条の七**　秘密保持命令の申立てをした者又は秘密保持命令を受けた者は、訴訟記録の存する裁判所(訴訟記録の存する裁判所がない場合にあつては、秘密保持命令を発した裁判所)に対し、前条第一項に規定する要件を欠くこと又はこれを欠くに至つたことを理由として、秘密保持命令の取消しの申立てをすることができる。

2　秘密保持命令の取消しの申立てについての裁判があつた場合には、その決定書をその申立てをした者及び相手方に送達しなければならない。

3　秘密保持命令の取消しの申立てについての裁判に対しては、即時抗告をすることができる。

4　秘密保持命令を取り消す裁判は、確定しなければその効力を生じない。

5 　裁判所は、秘密保持命令を取り消す裁判をした場合において、秘密保持命令の取消しの申立てをした者又は相手方以外に当該秘密保持命令が発せられた訴訟において当該営業秘密に係る秘密保持命令を受けている者があるときは、その者に対し、直ちに、秘密保持命令を取り消す裁判をした旨を通知しなければならない。
　　（訴訟記録の閲覧等の請求の通知等）
第百十四条の八　秘密保持命令が発せられた訴訟（すべての秘密保持命令が取り消された訴訟を除く。）に係る訴訟記録につき、民事訴訟法（平成八年法律第百九号）第九十二条第一項の決定があつた場合において、当事者から同項に規定する秘密記載部分の閲覧等の請求があり、かつ、その請求の手続を行つた者が当該訴訟において秘密保持命令を受けていない者であるときは、裁判所書記官は、同項の申立てをした当事者（その請求をした者を除く。第三項において同じ。）に対し、その請求後直ちに、その請求があつた旨を通知しなければならない。
2　前項の場合において、裁判所書記官は、同項の請求があつた日から二週間を経過する日までの間（その請求の手続を行つた者に対する秘密保持命令の申立てがその日までにされた場合にあつては、その申立てについての裁判が確定するまでの間）、その請求の手続を行つた者に同項の秘密記載部分の閲覧等をさせてはならない。
3　前二項の規定は、第一項の請求をした者に同項の秘密記載部分の閲覧等をさせることについて民事訴訟法第九十二条第一項の申立てをした当事者のすべての同意があるときは、適用しない。
　　（名誉回復等の措置）
第百十五条　著作者又は実演家は、故意又は過失によりその著作者人格権又は実演家人格権を侵害した者に対し、損害の賠償に代えて、又は損害の賠償とともに、著作者又は実演家であることを確保し、又は訂正その他著作者若しくは実演家の名誉若しくは声望を回復するために適当な措置を請求することができる。
　　（著作者又は実演家の死後における人格的利益の保護のための措置）
第百十六条　著作者又は実演家の死後においては、その遺族（死亡した著作者又は実演家の配偶者、子、父母、孫、祖父母又は兄弟姉妹をいう。以下この条において同じ。）は、当該著作者又は実演家について第六十条又は第百一条の三の規定に違反する行為をする者又はするおそれがある者に対し第百十二条の請求を、故意又は過失により著作者人格権又は実演家人格権を侵害する行為又は第六十条若しくは第百一条の三の規定に違反する行為をした者に対し前条の請求をすることができる。
2　前項の請求をすることができる遺族の順位は、同項に規定する順序とする。ただし、著作者又は実演家が遺言によりその順位を別に定めた場合は、その順序とする。
3　著作者又は実演家は、遺言により、遺族に代えて第一項の請求をすることができる者を指定することができる。この場合において、その指定を受けた者は、当該著作者又は実演家の死亡の日の属する年の翌年から起算して五十年を経過した後（その経過す

る時に遺族が存する場合にあつては、その存しなくなつた後)においては、その請求をすることができない。

(共同著作物等の権利侵害)

第百十七条　共同著作物の各著作者又は各著作権者は、他の著作者又は他の著作権者の同意を得ないで、第百十二条の規定による請求又はその著作権の侵害に係る自己の持分に対する損害の賠償の請求若しくは自己の持分に応じた不当利得の返還の請求をすることができる。

2　前項の規定は、共有に係る著作権又は著作隣接権の侵害について準用する。

(無名又は変名の著作物に係る権利の保全)

第百十八条　無名又は変名の著作物の発行者は、その著作物の著作者又は著作権者のために、自己の名をもつて、第百十二条、第百十五条若しくは第百十六条第一項の請求又はその著作物の著作者人格権若しくは著作権の侵害に係る損害の賠償の請求若しくは不当利得の返還の請求を行なうことができる。ただし、著作者の変名がその者のものとして周知のものである場合及び第七十五条第一項の実名の登録があつた場合は、この限りでない。

2　無名又は変名の著作物の複製物にその実名又は周知の変名が発行者名として通常の方法により表示されている者は、その著作物の発行者と推定する。

## 第八章　罰則

第百十九条　著作権、出版権又は著作隣接権を侵害した者(第三十条第一項(第百二条第一項において準用する場合を含む。第三項において同じ。)に定める私的使用の目的をもつて自ら著作物若しくは実演等の複製を行つた者、第百十三条第三項の規定により著作権若しくは著作隣接権(同条第四項の規定により著作隣接権とみなされる権利を含む。第百二十条の二第三号において同じ。)を侵害する行為とみなされる行為を行つた者、第百十三条第五項の規定により著作権若しくは著作隣接権を侵害する行為とみなされる行為を行つた者又は次項第三号若しくは第四号に掲げる者を除く。)は、十年以下の懲役若しくは千万円以下の罰金に処し、又はこれを併科する。

2　次の各号のいずれかに該当する者は、五年以下の懲役若しくは五百万円以下の罰金に処し、又はこれを併科する。

一　著作者人格権又は実演家人格権を侵害した者（第百十三条第三項の規定により著作者人格権又は実演家人格権を侵害する行為とみなされる行為を行つた者を除く。)

二　営利を目的として、第三十条第一項第一号に規定する自動複製機器を著作権、出版権又は著作隣接権の侵害となる著作物又は実演等の複製に使用させた者

三　第百十三条第一項の規定により著作権、出版権又は著作隣接権を侵害する行為とみなされる行為を行つた者

四　第百十三条第二項の規定により著作権を侵害する行為とみなされる行為を行つた者

3 第三十条第一項に定める私的使用の目的をもつて、有償著作物等（録音され、又は録画された著作物又は実演等（著作権又は著作隣接権の目的となつているものに限る。）であつて、有償で公衆に提供され、又は提示されているもの（その提供又は提示が著作権又は著作隣接権を侵害しないものに限る。）をいう。）の著作権又は著作隣接権を侵害する自動公衆送信（国外で行われる自動公衆送信であつて、国内で行われたとしたならば著作権又は著作隣接権の侵害となるべきものを含む。）を受信して行うデジタル方式の録音又は録画を、自らその事実を知りながら行つて著作権又は著作隣接権を侵害した者は、二年以下の懲役若しくは二百万円以下の罰金に処し、又はこれを併科する。

第百二十条　第六十条又は第百一条の三の規定に違反した者は、五百万円以下の罰金に処する。

第百二十条の二　次の各号のいずれかに該当する者は、三年以下の懲役若しくは三百万円以下の罰金に処し、又はこれを併科する。

一　技術的保護手段の回避を行うことをその機能とする装置（当該装置の部品一式であつて容易に組み立てることができるものを含む。）若しくは技術的保護手段の回避を行うことをその機能とするプログラムの複製物を公衆に譲渡し、若しくは貸与し、公衆への譲渡若しくは貸与の目的をもつて製造し、輸入し、若しくは所持し、若しくは公衆の使用に供し、又は当該プログラムを公衆送信し、若しくは送信可能化する行為（当該装置又は当該プログラムが当該機能以外の機能を併せて有する場合にあつては、著作権等を侵害する行為を技術的保護手段の回避により可能とする用途に供するために行うものに限る。）をした者

二　業として公衆からの求めに応じて技術的保護手段の回避を行つた者

三　営利を目的として、第百十三条第三項の規定により著作者人格権、著作権、実演家人格権又は著作隣接権を侵害する行為とみなされる行為を行つた者

四　営利を目的として、第百十三条第五項の規定により著作権又は著作隣接権を侵害する行為とみなされる行為を行つた者

第百二十一条　著作者でない者の実名又は周知の変名を著作者名として表示した著作物の複製物（原著作物の著作者でない者の実名又は周知の変名を原著作物の著作者名として表示した二次的著作物の複製物を含む。）を頒布した者は、一年以下の懲役若しくは百万円以下の罰金に処し、又はこれを併科する。

第百二十一条の二　次の各号に掲げる商業用レコード（当該商業用レコードの複製物（二以上の段階にわたる複製に係る複製物を含む。）を含む。）を商業用レコードとして複製し、その複製物を頒布し、その複製物を頒布の目的をもつて所持し、又はその複製物を頒布する旨の申出をした者（当該各号の原盤に音を最初に固定した日の属する年の翌年から起算して五十年を経過した後において当該複製、頒布、所持又は申出を行つた者を除く。）は、一年以下の懲役若しくは百万円以下の罰金に処し、又はこれを併科する。

一　国内において商業用レコードの製作を業とする者が、レコード製作者からそのレコード（第八条各号のいずれかに該当するものを除く。）の原盤の提供を受けて製作した商業用レコード
二　国外において商業用レコードの製作を業とする者が、実演家等保護条約の締約国の国民、世界貿易機関の加盟国の国民又はレコード保護条約の締約国の国民（当該締約国の法令に基づいて設立された法人及び当該締約国に主たる事務所を有する法人を含む。）であるレコード製作者からそのレコード（第八条各号のいずれかに該当するものを除く。）の原盤の提供を受けて製作した商業用レコード

第百二十二条　第四十八条又は第百二条第二項の規定に違反した者は、五十万円以下の罰金に処する。

第百二十二条の二　秘密保持命令に違反した者は、五年以下の懲役若しくは五百万円以下の罰金に処し、又はこれを併科する。
2　前項の罪は、国外において同項の罪を犯した者にも適用する。

第百二十三条　第百十九条、第百二十条の二第三号及び第四号、第百二十一条の二並びに前条第一項の罪は、告訴がなければ公訴を提起することができない。
2　無名又は変名の著作物の発行者は、その著作物に係る前項の罪について告訴をすることができる。ただし、第百十八条第一項ただし書に規定する場合及び当該告訴が著作者の明示した意思に反する場合は、この限りでない。

第百二十四条　法人の代表者（法人格を有しない社団又は財団の管理人を含む。）又は法人若しくは人の代理人、使用人その他の従業者が、その法人又は人の業務に関し、次の各号に掲げる規定の違反行為をしたときは、行為者を罰するほか、その法人に対して当該各号に定める罰金刑を、その人に対して各本条の罰金刑を科する。
一　第百十九条第一項若しくは第二項第三号若しくは第四号又は第百二十二条の二第一項　三億円以下の罰金刑
二　第百十九条第二項第一号若しくは第二号又は第百二十条から第百二十二条まで　各本条の罰金刑
2　法人格を有しない社団又は財団について前項の規定の適用がある場合には、その代表者又は管理人がその訴訟行為につきその社団又は財団を代表するほか、法人を被告人又は被疑者とする場合の刑事訴訟に関する法律の規定を準用する。
3　第一項の場合において、当該行為者に対してした告訴又は告訴の取消しは、その法人又は人に対しても効力を生じ、その法人又は人に対してした告訴又は告訴の取消しは、当該行為者に対しても効力を生ずるものとする。
4　第一項の規定により第百十九条第一項若しくは第二項又は第百二十二条の二第一項の違反行為につき法人又は人に罰金刑を科する場合における時効の期間は、これらの規定の罪についての時効の期間による。

附　則　抄

（施行期日）

第一条　この法律は、昭和四十六年一月一日から施行する。

（適用範囲についての経過措置）

第二条　改正後の著作権法（以下「新法」という。）中著作権に関する規定は、この法律の施行の際現に改正前の著作権法（以下「旧法」という。）による著作権の全部が消滅している著作物については、適用しない。

2　この法律の施行の際現に旧法による著作権の一部が消滅している著作物については、新法中これに相当する著作権に関する規定は、適用しない。

3　この法律の施行前に行われた実演（新法第七条各号のいずれかに該当するものを除く。）又はこの法律の施行前にその音が最初に固定されたレコード（新法第八条各号のいずれかに該当するものを除く。）でこの法律の施行の際現に旧法による著作権が存するものについては、新法第七条及び第八条の規定にかかわらず、著作権法中著作隣接権に関する規定（第九十四条の二、第九十五条、第九十五条の三第三項及び第四項、第九十七条並びに第九十七条の三第三項から第五項までの規定を含む。）を適用する。

（国等が作成した翻訳物等についての経過措置）

第三条　新法第十三条第四号に該当する著作物でこの法律の施行の際現に旧法による出版権が設定されているものについては、当該出版権の存続期間内に限り、同号の規定は、適用しない。

（法人名義の著作物等の著作者についての経過措置）

第四条　新法第十五条及び第十六条の規定は、この法律の施行前に創作された著作物については、適用しない。

（映画の著作物等の著作権の帰属についての経過措置）

第五条　この法律の施行前に創作された新法第二十九条に規定する映画の著作物の著作権の帰属については、なお従前の例による。

2　新法の規定は、この法律の施行前に著作物中に挿入された写真の著作物又はこの法律の施行前に嘱託によつて創作された肖像写真の著作物の著作権の帰属について旧法第二十四条又は第二十五条の規定により生じた効力を妨げない。

（自動複製機器についての経過措置）

第五条の二　著作権法第三十条第一項第一号及び第百十九条第二項第二号の規定の適用については、当分の間、これらの規定に規定する自動複製機器には、専ら文書又は図画の複製に供するものを含まないものとする。

（公開の美術の著作物についての経過措置）

第六条　この法律の施行の際現にその原作品が新法第四十五条第二項に規定する屋外の場所に恒常的に設置されている美術の著作物の著作者は、その設置による当該著作物の展示を許諾したものとみなす。

（著作物の保護期間についての経過措置）
第七条　この法律の施行前に公表された著作物の著作権の存続期間については、当該著作物の旧法による著作権の存続期間が新法第二章第四節の規定による期間より長いときは、なお従前の例による。
（翻訳権の存続期間についての経過措置）
第八条　この法律の施行前に発行された著作物については、旧法第七条及び第九条の規定は、なおその効力を有する。
（著作権の処分についての経過措置）
第九条　この法律の施行前にした旧法の著作権の譲渡その他の処分は、附則第十五条第一項の規定に該当する場合を除き、これに相当する新法の著作権の譲渡その他の処分とみなす。
（合著作物についての経過措置）
第十条　この法律の施行前に二人以上の者が共同して創作した著作物でその各人の寄与を分離して個別的に利用することができるものについては、旧法第十三条第一項及び第三項の規定は、なおその効力を有する。
2　前項の著作物は、新法第五十一条第二項又は第五十二条第一項の規定の適用については、共同著作物とみなす。
（裁定による著作物の利用についての経過措置）
第十一条　新法第六十九条の規定は、この法律の施行前に国内において販売された商業用レコードに録音されている音楽の著作物の他の商業用レコードの製作のための録音については、適用しない。
2　旧法第二十二条ノ五第二項又は第二十七条第一項若しくは第二項の規定により著作物を利用することができることとされた者は、なお従前の例により当該著作物を利用することができる。
3　旧法第二十二条ノ五第二項又は第二十七条第二項の規定に基づき文化庁長官が定めた償金の額は、新法第六十八条第一項又は第六十七条第一項の規定に基づき文化庁長官が定めた補償金の額とみなして、新法第七十二条及び第七十三条の規定を適用する。
4　前項の場合において、当該償金の額について不服のある当事者が裁定のあつたことをこの法律の施行前に知つているときは、新法第七十二条第一項に規定する期間は、この法律の施行の日から起算する。
（登録についての経過措置）
第十二条　この法律の施行前にした旧法第十五条の著作権の登録、実名の登録及び第一発行年月日の登録に関する処分又は手続は、附則第十五条第三項の規定に該当する場合を除き、これらに相当する新法第七十五条から第七十七条までの登録に関する処分又は手続とみなす。
2　この法律の施行の際現に旧法第十五条第三項の著作年月日の登録がされている著作物

については、旧法第三十五条第五項の規定は、なおその効力を有する。
　（出版権についての経過措置）
**第十三条**　この法律の施行前に設定された旧法による出版権でこの法律の施行の際現に存するものは、新法による出版権とみなす。
2　この法律の施行前にした旧法第二十八条ノ十の出版権の登録に関する処分又は手続は、これに相当する新法第八十八条の登録に関する処分又は手続とみなす。
3　第一項の出版権については、新法第八十条から第八十五条までの規定にかかわらず、旧法第二十八条ノ三から第二十八条ノ八までの規定は、なおその効力を有する。
　（削除）
**第十四条**　削除
　（著作隣接権についての経過措置）
**第十五条**　この法律の施行前にした旧法の著作権の譲渡その他の処分で、この法律の施行前に行われた実演又はこの法律の施行前にその音が最初に固定されたレコードでこの法律の施行の日から新法中著作隣接権に関する規定が適用されることとなるものに係るものは、新法のこれに相当する著作隣接権の譲渡その他の処分とみなす。
2　前項に規定する実演又はレコードでこの法律の施行の際現に旧法による著作権が存するものに係る著作隣接権の存続期間は、旧法によるこれらの著作権の存続期間の満了する日が新法第百一条の規定による期間の満了する日後の日であるときは、同条の規定にかかわらず、旧法による著作権の存続期間の満了する日（その日がこの法律の施行の日から起算して五十年を経過する日後の日であるときは、その五十年を経過する日）までの間とする。
3　この法律の施行前に第一項に規定する実演又はレコードについてした旧法第十五条第一項の著作権の登録に関する処分又は手続は、これに相当する新法第百四条の著作隣接権の登録に関する処分又は手続とみなす。
4　附則第十条第一項及び第十二条第二項の規定は、第一項に規定する実演又はレコードについて準用する。
　（複製物の頒布等についての経過措置）
**第十六条**　この法律の施行前に作成した著作物、実演又はレコードの複製物であつて、新法第二章第三節第五款（新法第百二条第一項において準用する場合を含む。）の規定を適用するとしたならば適法なものとなるべきものは、これらの規定に定める複製の目的の範囲内において、使用し、又は頒布することができる。この場合においては、新法第百十三条第一項第二号の規定は、適用しない。
　（権利侵害についての経過措置）
**第十七条**　この法律の施行前にした旧法第十八条第一項若しくは第二項の規定に違反する行為又は旧法第三章に規定する偽作に該当する行為（出版権を侵害する行為を含む。）については、新法第十四条及び第七章の規定にかかわらず、なお旧法第十二条、第

二十八条ノ十一、第二十九条、第三十三条、第三十四条、第三十五条第一項から第四項まで、第三十六条及び第三十六条ノ二の規定の例による。
（罰則についての経過措置）
**第十八条** この法律の施行前にした行為に対する罰則の適用については、なお従前の例による。


附　則　（昭和五三年五月一八日法律第四九号）
　（施行期日）
1　この法律は、許諾を得ないレコードの複製からのレコード製作者の保護に関する条約が日本国について効力を生ずる日から施行する。
　（経過措置）
2　改正後の著作権法中著作隣接権に関する規定は、この法律の施行前にその音が最初に固定された著作権法第八条第六号に掲げるレコードについては、適用しない。


附　則　（昭和五九年五月二五日法律第四六号）
　（施行期日）
1　この法律は、昭和六十年一月一日から施行する。
　（暫定措置法の廃止）
2　商業用レコードの公衆への貸与に関する著作者等の権利に関する暫定措置法（昭和五十八年法律第七十六号。以下「暫定措置法」という。）は、廃止する。
　（暫定措置法の廃止に伴う経過措置）
3　この法律の施行前に暫定措置法の規定により商業用レコードの公衆への貸与について許諾を得た者は、改正後の著作権法第二十六条の二、第九十五条の二及び第九十七条の二の規定にかかわらず、その許諾に係る条件の範囲内において当該商業用レコードに複製されている著作物、実演及びレコードを当該商業用レコードの貸与により公衆に提供することができる。
4　この法律の施行前にした暫定措置法第四条第一項の規定に違反する行為については、暫定措置法（これに基づく政令を含む。）の規定は、なおその効力を有する。


附　則　（昭和六〇年六月一四日法律第六二号）抄
　（施行期日）
1　この法律は、昭和六十一年一月一日から施行する。ただし、第七十六条の次に一条を加える改正規定及び第七十八条第一項の改正規定並びに附則第六項の規定は、改正後の著作権法第七十八条の二に規定する法律の施行の日から施行する。
　（職務上作成する著作物についての経過措置）
2　改正後の著作権法第十五条の規定は、この法律の施行後に創作された著作物について

適用し、この法律の施行前に創作された著作物については、なお従前の例による。
(創作年月日登録についての経過措置)
3 改正後の著作権法第七十八条の二に規定する法律の施行の日前六月以内に創作されたプログラムの著作物に係る著作権法第七十六条の二第一項の登録については、その施行の日から三月を経過する日までの間は、同項ただし書の規定は、適用しない。
(プログラムの著作物の複製物の使用についての経過措置)
4 改正後の著作権法第百十三条第二項の規定は、この法律の施行前に作成されたプログラムの著作物の複製物であつて、改正後の著作権法第四十七条の二の規定を適用するとしたならば適法であり、かつ、保存し得るべきものとなるものについては、適用しない。
(罰則についての経過措置)
5 この法律の施行前にした行為に対する罰則の適用については、なお従前の例による。

附　則　(昭和六一年五月二三日法律第六四号)

(施行期日)
1 この法律は、昭和六十二年一月一日から施行する。
(有線放送のための映画の著作物の著作権の帰属についての経過措置)
2 この法律の施行前に創作された改正後の著作権法第二十九条第三項に規定する映画の著作物の著作権の帰属については、なお従前の例による。
(有線放送事業者又は実演家に係る著作隣接権についての経過措置)
3 著作権法中有線放送事業者又は実演家に係る著作隣接権に関する規定(第九十五条並びに第九十五条の三第三項及び第四項の規定を含む。)は、この法律の施行前に行われた有線放送又はその有線放送において送信された実演(同法第七条第一号から第三号までに規定する実演に該当するものを除く。)については、適用しない。
(罰則についての経過措置)
4 この法律の施行前にした行為に対する罰則の適用については、なお従前の例による。

附　則　(昭和六三年一一月一日法律第八七号)

(施行期日)
1 この法律は、公布の日から起算して二十日を経過した日から施行する。
(経過措置)
2 改正後の著作権法第百二十一条第二号の規定は、この法律の施行後に行われる次に掲げる行為については、適用しない。
一 国内において商業用レコードの製作を業とする者がレコード製作者からそのレコード(第八条各号のいずれかに該当するものを除く。)の原盤の提供を受けて製作した商業用レコード(次号において「特定外国原盤商業用レコード」という。)で、当該原盤に音

を最初に固定した日の属する年の翌年から起算して二十年を経過する日（次号において「改正前の禁止期間経過日」という。）がこの法律の施行前であるものを商業用レコードとして複製し、又はその複製物を頒布する行為
二　改正前の禁止期間経過日以前に特定外国原盤商業用レコードを複製した商業用レコードで、改正前の禁止期間経過日がこの法律の施行前であるものを頒布する行為

附　則　（平成元年六月二八日法律第四三号）
　（施行期日）
1　この法律は、実演家、レコード製作者及び放送機関の保護に関する国際条約が日本国について効力を生ずる日から施行する。
　（条約により保護の義務を負う実演等についての経過措置）
2　改正後の著作権法（以下「新法」という。）中著作隣接権に関する規定（第九十五条及び第九十七条の規定を含む。）は、次に掲げるものについては、適用しない。
一　この法律の施行前に行われた新法第七条第五号に掲げる実演
二　この法律の施行前にその音が最初に固定された新法第八条第三号に掲げるレコードで次項に規定するもの以外のもの
三　この法律の施行前に行われた新法第九条第三号に掲げる放送
3　この法律の施行前にその音が最初に固定された新法第八条第三号に掲げるレコードで許諾を得ないレコードの複製からのレコード製作者の保護に関する条約により我が国が保護の義務を負うものについては、なお従前の例による。
　（国内に常居所を有しない外国人であった実演家についての経過措置）
4　著作権法中著作隣接権に関する規定（第九十五条並びに第九十五条の三第三項及び第四項の規定を含む。）は、この法律の施行前に行われた実演に係る実演家で当該実演が行われた際国内に常居所を有しない外国人であったものについては、適用しない。ただし、著作権法の施行前に行われた実演で同法の施行の際現に旧著作権法（明治三十二年法律第三十九号）による著作権が存するものに係る実演家については、この限りでない。

附　則　（平成三年五月二日法律第六三号）
　（施行期日）
1　この法律は、平成四年一月一日から施行する。
　（経過措置）
2　著作権法第九十五条の三の規定は、著作権法の一部を改正する法律（平成元年法律第四十三号。次項第二号において「平成元年改正法」という。）の施行前に行われた著作権法第七条第五号に掲げる実演については、適用しない。
3　改正後の第九十七条の三の規定は、次に掲げるものについては、適用しない。

一 許諾を得ないレコードの複製からのレコード製作者の保護に関する条約（次号及び附則第五項第三号において「レコード保護条約」という。）により我が国が保護の義務を負うレコード（第八条第一号又は第二号に掲げるものを除く。）であって著作権法の一部を改正する法律（昭和五十三年法律第四十九号）の施行前にその音が最初に固定されたもの

二 第八条第三号に掲げるレコード（レコード保護条約により我が国が保護の義務を負うものを除く。）であって平成元年改正法の施行前にその音が最初に固定されたもの

4 最初に販売された日がこの法律の施行前である商業用レコード（第七条第一号から第四号までに掲げる実演が録音されているもの及び第八条第一号又は第二号に掲げるレコードが複製されているものに限る。）を実演家又はレコード製作者が貸与により公衆に提供する権利に関する第九十五条の三第二項に規定する期間経過商業用レコードに係る期間の起算日については、なお従前の例による。

5 改正後の第百二十一条の二の規定は、この法律の施行後に行われる次に掲げる行為については、適用しない。

一 国内において商業用レコードの製作を業とする者がレコード製作者からそのレコード（第八条各号のいずれかに該当するものを除く。）の原盤の提供を受けて製作した商業用レコード（次号において「特定外国原盤商業用レコード」という。）で、当該原盤に音を最初に固定した日の属する年の翌年から起算して二十年を経過する日（次号において「二十年の禁止期間経過日」という。）が著作権法の一部を改正する法律（昭和六十三年法律第八十七号。次号及び第三号において「昭和六十三年改正法」という。）の施行前であるもの（当該商業用レコードの複製物（二以上の段階にわたる複製に係る複製物を含む。）を含む。）を商業用レコードとして複製し、その複製物を頒布し、又はその複製物を頒布の目的をもって所持する行為

二 二十年の禁止期間経過日以前に特定外国原盤商業用レコードを複製した商業用レコードで、二十年の禁止期間経過日が昭和六十三年改正法の施行前であるものを頒布し、又は頒布の目的をもって所持する行為

三 著作権法の施行地外において商業用レコードの製作を業とする者が実演家、レコード製作者及び放送機関の保護に関する国際条約又はレコード保護条約の締約国の国民（これらの条約の締約国の法令に基づいて設立された法人及び当該締約国に主たる事務所を有する法人を含む。）であるレコード製作者からそのレコード（第八条各号のいずれかに該当するものを除く。）の原盤の提供を受けて製作した商業用レコードで、当該原盤に音を最初に固定した日の属する年の翌年から起算して二十年を経過する日が昭和六十三年改正法の施行前であるもの（当該商業用レコードの複製物（二以上の段階にわたる複製に係る複製物を含む。）を含む。）を商業用レコードとして複製し、その複製物を頒布し、又はその複製物を頒布の目的をもって所持する行為

6 この法律の施行前にした行為に対する罰則の適用については、なお従前の例による。

法　律　403

## 附　則　（平成四年一二月一六日法律第一〇六号）

（施行期日）

1　この法律は、公布の日から起算して六月を超えない範囲内において政令で定める日から施行する。ただし、目次の改正規定、第七章を第八章とし、第六章を第七章とし、第五章を第六章とし、第四章の次に一章を加える改正規定（第百四条の四、第百四条の五並びに第百四条の八第一項及び第三項に係る部分を除く。）及び附則第十七条の改正規定は、公布の日から施行する。

（経過措置）

2　改正後の著作権法（以下「新法」という。）の規定は、この法律の施行の日（以下「施行日」という。）前の購入（小売に供された後の最初の購入に限る。以下同じ。）に係る新法第百四条の四第一項の特定機器により施行日前の購入に係る同項の特定記録媒体に行われる新法第百四条の二第一項第一号の私的録音又は同項第二号の私的録画については、適用しない。

3　施行日前の購入に係る新法第百四条の四第一項の特定機器により施行日以後の購入に係る同項の特定記録媒体に新法第百四条の二第一項第一号の私的録音又は同項第二号の私的録画を行う場合には、当該特定機器は、新法第百四条の四第一項の規定により私的録音録画補償金が支払われたものとみなす。施行日以後の購入に係る同項の特定機器により施行日前の購入に係る同項の特定記録媒体に新法第百四条の二第一項第一号の私的録音又は同項第二号の私的録画を行う場合の当該特定記録媒体についても、同様とする。

## 附　則　（平成六年一二月一四日法律第一一二号）抄

（施行期日）

1　この法律は、世界貿易機関を設立するマラケシュ協定が日本国について効力を生ずる日の翌日から起算して一年を超えない範囲内において政令で定める日から施行する。

（著作隣接権に関する規定の適用）

2　第一条の規定による改正後の著作権法（以下「新法」という。）第七条第四号に掲げる実演）同条第一号から第三号までに掲げる実演に該当するものを除く。）で次に掲げるもの又は同条第五号に掲げる実演で次に掲げるものに対する著作権法中著作隣接権に関する規定（第九十五条の三第三項及び第四項の規定を含む。）の適用については、著作権法の一部を改正する法律（昭和六十一年法律第六十四号）附則第三項、著作権法の一部を改正する法律（平成元年法律第四十三号。以下「平成元年改正法」という。）附則第二項及び著作権法の一部を改正する法律（平成三年法律第六十三号。附則第四項において「平成三年改正法」という。）附則第二項の規定は、適用しない。

一　世界貿易機関の加盟国において行われた実演

二　次に掲げるレコードに固定された実演

イ　世界貿易機関の加盟国の国民（当該加盟国の法令に基づいて設立された法人及び当該加盟国に基づいて設立された法人及び当該加盟国に主たる事務所を有する法人を含む。以下同じ。）をレコード製作者とするレコード
　　　ロ　レコードでこれに固定されている音が最初に世界貿易機関の加盟国において固定されたもの
　三　次に掲げる放送において送信された実演（実演家の承諾を得て送信前に録音され、又は録画されたものを除く。）
　　　イ　世界貿易機関の加盟国の国民である放送事業者の放送
　　　ロ　世界貿易機関の加盟国にある放送設備から行われた放送
3　前項各号に掲げる実演に係る実演家で当該実演が行われた際国内に常居所を有しない外国人であったものに対する著作権法中著作隣接権に関する規定（第九十五条の三第三項及び第四項の規定を含む。）の適用については、平成元年改正法附則第四項の規定は、適用しない。
4　次に掲げるレコードに対する著作権法中著作隣接権に関する規定（第九十七条の三第三項から第五項までの規定を含む。）の適用については、平成元年改正法附則第二項及び第三項並びに平成三年改正法附則第三項の規定は、適用しない。
　一　新法第八条第三号に掲げるレコードで次に掲げるもの
　　　イ　世界貿易機関の加盟国の国民をレコード製作者とするレコード
　　　ロ　レコードでこれに固定されている音が最初に世界貿易機関の加盟国において固定されたもの
　二　著作権法第八条第五号に掲げるレコードで許諾を得ないレコードの複製からのレコード製作者の保護に関する条約（附則第六項において「レコード保護条約」という。）により我が国が保護の義務を負うもの
5　新法第九条第三号に掲げる放送で次に掲げるものに対する新法中著作隣接権に関する規定の適用については、平成元年改正法附則第二項の規定は、適用しない。
　一　世界貿易機関の加盟国の国民である放送事業者の放送
　二　世界貿易機関の加盟国にある放送設備から行われた放送
　　　（外国原盤商業用レコードの複製等についての経過措置）
6　新法第百二十一条の二の規定は、著作権法の施行地外において商業用レコードの製作を業とする者が世界貿易機関の加盟国の国民（実演家、レコード製作者及び放送機関の保護に関する国際条約又はレコード保護条約の締約国の国民（これらの条約の締約国の法令に基づいて設立された法人及び当該締約国に主たる事務所を有する法人を含む。）である場合を除く。）であるレコード製作者からそのレコード（新法第八条各号のいずれかに該当するものを除く。）の原盤の提供を受けて製作した商業用レコードで、当該原盤に音を最初に固定した日の属する年の翌年から起算して二十年を経過する日が著作権法の一部を改正する法律（昭和六十三年法律第八十七号）の施行前であるもの

(当該商業用レコードの複製物(二以上の段階にわたる複製に係る複製物を含む。)を含む。)を商業用レコードとして複製し、その複製物を頒布の目的をもって所持する行為であって、この法律の施行後に行われるものについては、適用しない。

附　則　(平成八年一二月二六日法律第一一七号)抄

(施行期日)
1　この法律は、公布の日から起算して三月を超えない範囲内において政令で定める日から施行する。

(写真の著作物の保護期間についての経過措置)
2　改正後の著作権法中著作物の保護期間に関する規定(次項において「新法」という。)は、写真の著作物については、この法律の施行の際現に改正前の著作権法による著作権が存するものについて適用し、この法律の施行の際現に改正前の著作権法による著作権が消滅している写真の著作物については、なお従前の例による。
3　この法律の施行前に創作された写真の著作物の著作権の存続期間は、当該写真の著作物の改正前の著作権法中著作物の保護期間に関する規定(以下「旧法」という。)による期間の満了する日が新法による期間の満了する日後の日であるときは、新法にかかわらず、旧法による期間の満了する日までの間とする。

附　則　(平成九年六月一八日法律第八六号)

(施行期日)
1　この法律は、平成十年一月一日から施行する。

(自動公衆送信される状態に置かれている著作物等についての経過措置)
2　改正後の著作権法(以下「新法」という。)第二十三条第一項、第九十二条の二第一項又は第九十六条の二の規定は、この法律の施行の際現に自動公衆送信される状態に置かれている著作物、実演(改正前の著作権法(以下「旧法」という。)第九十二条第二項第二号に掲げるものに限る。以下この項において同じ。)又はレコードを、当該自動公衆送信に係る送信可能化を行った者(当該送信可能化を行った者とこの法律の施行の際現に当該著作物、実演又はレコードを当該送信可能化に係る新法第二条第一項第九号の五の自動公衆送信装置を用いて自動公衆送信される状態に置いている者が異なる場合には、当該自動公衆送信される状態に置いている者)が当該自動公衆送信装置を用いて送信可能化する場合には、適用しない。
3　この法律の施行の際現に自動公衆送信される状態に置かれている実演(旧法第九十二条第二項第二号に掲げるものを除く。)については、同条第一項の規定は、この法律の施行後も、なおその効力を有する。

(罰則についての経過措置)
4　この法律の施行前にした行為に対する罰則の適用については、なお従前の例による。

附　則　（平成一一年六月二三日法律第七七号）抄

（施行期日）

1　この法律は、平成十二年一月一日から施行する。ただし、第二条第一項第十九号の次に二号を加える改正規定、第三十条第一項の改正規定、第百十三条の改正規定、第百十九条の改正規定、第百二十条の次に一条を加える改正規定、第百二十三条第一項の改正規定及び附則第五条の二の改正規定並びに附則第五項の規定は、平成十一年十月一日から施行する。

（経過措置）

2　改正後の著作権法第二十六条の二第一項、第九十五条の二第一項及び第九十七条の二第一項の規定は、この法律の施行の際現に存する著作物の原作品若しくは複製物、実演の録音物若しくは録画物又はレコードの複製物（著作権法第二十一条、第九十一条第一項又は第九十六条に規定する権利を有する者の権利を害さずに作成されたものに限り、出版権者が作成した著作物の複製物を除く。）の譲渡による場合には、適用しない。

3　改正後の著作権法第二十六条の二第一項の規定は、この法律の施行前に設定された出版権でこの法律の施行の際現に存するものを有する者が当該出版権の存続期間中に行う当該出版権の目的となっている著作物の複製物の頒布については、適用しない。

4　出版権（この法律の施行前に設定されたものに限る。）が消滅した後において当該出版権を有していた者が行う当該出版権の存続期間中に作成した著作物の複製物の頒布については、なお従前の例による。

5　平成十一年十月一日からこの法律の施行の日の前日までの間は、改正後の著作権法第百十三条第四項中「第九十五条の三第三項」とあるのは「第九十五条の二第三項」と、「第九十七条の三第三項」とあるのは「第九十七条の二第三項」とする。

6　行政機関の保有する情報の公開に関する法律の施行に伴う関係法律の整備等に関する法律（平成十一年法律第四十三号。以下「整備法」という。）の施行の日がこの法律の施行の日後となる場合には、整備法の施行の日の前日までの間は、改正後の著作権法第四十七条の三中「第四十二条、第四十二条の二」とあるのは「第四十二条」と、「、第四十二条又は第四十二条の二」とあるのは「又は第四十二条」とする。

7　この法律の施行前にした行為及び附則第四項の規定によりなお従前の例によることとされる場合におけるこの法律の施行後にした行為に対する罰則の適用については、なお従前の例による。

附　則　（平成一二年五月八日法律第五六号）

（施行期日）

1　この法律は、平成十三年一月一日から施行する。ただし、第一条中著作権法第五十八条の改正規定及び第二条の規定は、著作権に関する世界知的所有権機関条約が日本国

について効力を生ずる日から施行する。
(損害額の認定についての経過措置)
2　第一条の規定による改正後の著作権法第百十四条の四の規定は、この法律の施行前に、第二審である高等裁判所又は地方裁判所における口頭弁論が終結した事件及び簡易裁判所の判決又は地方裁判所が第一審としてした判決に対して上告をする権利を留保して控訴をしない旨の合意をした事件については、適用しない。
(罰則についての経過措置)

　　附　則　(平成一四年六月一九日法律第七二号)抄
(施行期日)
1　この法律の規定は、次の各号に掲げる区分に従い、当該各号に定める日から施行する。
一　第七条の改正規定、第八条の改正規定、第九十五条の改正規定、第九十五条の三の改正規定、第九十七条の改正規定、第九十七条の三の改正規定並びに附則第二項から第四項まで、第六項、第七項及び第九項の規定　実演及びレコードに関する世界知的所有権機関条約(以下「実演・レコード条約」という。)が日本国について効力を生ずる日
二　目次の改正規定(「第百条の四」を「第百条の五」に改める部分に限る。)、第八十九条第四項の改正規定、第九十九条の次に一条を加える改正規定、第四章第五節中第百条の四を第百条の五とし、第百条の三の次に一条を加える改正規定及び第百三条の改正規定　平成十五年一月一日
三　前二号に掲げる規定以外の規定　実演・レコード条約が日本国について効力を生ずる日又は平成十五年一月一日のうちいずれか早い日
(著作隣接権に関する規定の適用)
2　改正後の著作権法(以下「新法」という。)第七条第四号に掲げる実演(同条第一号から第三号までに掲げる実演に該当するものを除く。)で次に掲げるもの又は同条第五号に掲げる実演で次に掲げるものに対する新法中著作隣接権に関する規定(第九十五条並びに第九十五条の三第三項及び第四項の規定を含む。)の適用については、著作権法の一部を改正する法律(昭和六十一年法律第六十四号)附則第三項、著作権法の一部を改正する法律(平成元年法律第四十三号。以下「平成元年改正法」という。)附則第二項及び著作権法の一部を改正する法律(平成三年法律第六十三号。以下「平成三年改正法」という。)附則第二項の規定は、適用しない。
一　実演・レコード条約の締約国において行われた実演
二　次に掲げるレコードに固定された実演
　　イ　実演・レコード条約の締約国の国民(当該締約国の法令に基づいて設立された法人及び当該締約国に主たる事務所を有する法人を含む。以下同じ。)をレコード製作者とするレコード
　　ロ　レコードでこれに固定されている音が最初に実演・レコード条約の締約国におい

て固定されたもの
3 前項各号に掲げる実演に係る実演家で当該実演が行われた際国内に常居所を有しない外国人であったものに対する新法中著作隣接権に関する規定（第九十五条並びに第九十五条の三第三項及び第四項の規定を含む。）の適用については、平成元年改正法附則第四項の規定は、適用しない。
4 次に掲げるレコードに対する新法中著作隣接権に関する規定（第九十七条及び第九十七条の三第三項から第五項までの規定を含む。）の適用については、平成元年改正法附則第二項及び第三項並びに平成三年改正法附則第三項の規定は、適用しない。
一 新法第八条第三号に掲げるレコードで次に掲げるもの
　イ 実演・レコード条約の締約国の国民をレコード製作者とするレコード
　ロ レコードでこれに固定されている音が最初に実演・レコード条約の締約国において固定されたもの
二 新法第八条第四号に掲げるレコードで許諾を得ないレコードの複製からのレコード製作者の保護に関する条約により我が国が保護の義務を負うもの
（実演家人格権についての経過措置）
5 この法律の施行前にその実演家の許諾を得て作成された録音物又は録画物に固定されている実演については、新法第九十条の二第一項の規定及び第九十条の三第一項の規定は、適用しない。ただし、この法律の施行後、当該実演に表示されていた当該実演に係る実演家名の表示を削除し、若しくは改変した場合若しくは当該実演に新たに実演家名を表示した場合又は当該実演を改変した場合には、この限りでない。
（商業用レコードの二次使用についての経過措置）
6 実演家、レコード製作者及び放送機関の保護に関する国際条約（以下この項及び次項において「実演家等保護条約」という。）の締約国であり、かつ実演・レコード条約の締約国である国の国民をレコード製作者とするレコードに固定されている実演であって、実演家等保護条約が日本国について効力を生じた日より前に当該固定がされた実演に係る実演家についての新法第九十五条第一項の規定の適用については、同条第二項の規定にかかわらず、同条第四項の規定の例による。
7 実演家等保護条約の締約国であり、かつ実演・レコード条約の締約国である国の国民をレコード製作者とするレコードであって、実演家等保護条約が日本国について効力を生じた日より前にその音が最初に固定されたレコードに係るレコード製作者についての新法第九十七条第一項の規定の適用については、同条第二項の規定において準用する新法第九十五条第二項の規定にかかわらず、新法第九十七条第二項の規定において準用する新法第九十五条第四項の規定の例による。
（レコードの保護期間についての経過措置）
8 新法第百一条第二項第二号の規定は、この法律の施行の際現に改正前の著作権法による著作隣接権が存するレコードについて適用し、この法律の施行の際現に改正前の著

作権法による著作隣接権が消滅しているレコードについては、なお従前の例による。

附　則　（平成一五年六月一八日法律第八五号）
　（施行期日）
第一条　この法律は、平成十六年一月一日から施行する。
　（映画の著作物の保護期間についての経過措置）
第二条　改正後の著作権法（次条において「新法」という。）第五十四条第一項の規定は、この法律の施行の際現に改正前の著作権法による著作権が存する映画の著作物について適用し、この法律の施行の際現に改正前の著作権法による著作権が消滅している映画の著作物については、なお従前の例による。
第三条　著作権法の施行前に創作された映画の著作物であって、同法附則第七条の規定によりなお従前の例によることとされるものの著作権の存続期間は、旧著作権法（明治三十二年法律第三十九号）による著作権の存続期間の満了する日が新法第五十四条第一項の規定による期間の満了する日後の日であるときは、同項の規定にかかわらず、旧著作権法による著作権の存続期間の満了する日までの間とする。
　（罰則についての経過措置）
第四条　この法律の施行前にした行為に対する罰則の適用については、なお従前の例による。

附　則　（平成一六年六月九日法律第九二号）
　（施行期日）
第一条　この法律は、平成十七年一月一日から施行する。
　（商業用レコードの輸入等についての経過措置）
第二条　改正後の著作権法第百十三条第五項の規定は、この法律の施行前に輸入され、この法律の施行の際現に頒布の目的をもって所持されている同項に規定する国外頒布目的商業用レコードについては、適用しない。
第三条　改正後の著作権法第百十三条第五項に規定する国内頒布目的商業用レコードであってこの法律の施行の際現に発行されているものに対する同項の規定の適用については、同項ただし書中「国内において最初に発行された日」とあるのは「当該国内頒布目的商業用レコードが著作権法の一部を改正する法律（平成十六年法律第九十二号）の施行の際現に発行されているものである場合において、当該施行の日」と、「経過した」とあるのは「経過した後、当該」とする。
　（書籍等の貸与についての経過措置）
第四条　この法律の公布の日の属する月の翌々月の初日において現に公衆への貸与の目的をもって所持されている書籍又は雑誌（主として楽譜により構成されているものを除く。）の貸与については、改正前の著作権法附則第四条の二の規定は、この法律の施行

後も、なおその効力を有する。

附　則　（平成一八年一二月二二日法律第一二一号）抄
（施行期日）
第一条　この法律は、平成十九年七月一日から施行する。ただし、第一条及び附則第四条の規定は、公布の日から起算して二十日を経過した日から施行する。
（放送のための映画の著作物の著作権の帰属についての経過措置）
第二条　この法律の施行前に創作されたこの法律による改正後の著作権法（次条において「新法」という。）第二十九条第二項に規定する映画の著作物の著作権の帰属については、なお従前の例による。
（放送される実演の有線放送についての経過措置）
第三条　新法第九十四条の二の規定は、著作権法の一部を改正する法律（昭和六十一年法律第六十四号）附則第三項若しくは著作権法の一部を改正する法律（平成元年法律第四十三号。以下この条において「平成元年改正法」という。）附則第二項の規定の適用により新法中著作隣接権に関する規定の適用を受けない実演又は平成元年改正法附則第四項の規定の適用により新法中著作隣接権に関する規定の適用を受けない実演家に係る実演については、適用しない。
（罰則についての経過措置）
第四条　この法律(附則第一条ただし書に規定する規定については、当該規定）の施行前にした行為に対する罰則の適用については、なお従前の例による。

附　則　（平成二一年六月一九日法律第五三号）抄
（施行期日）
第一条　この法律は、平成二十二年一月一日から施行する。ただし、第七十条第二項、第七十八条、第八十八条第二項及び第百四条の改正規定並びに附則第六条の規定は、公布の日から起算して二年を超えない範囲内において政令で定める日から施行する。
（視覚障害者のための録音物の使用についての経過措置）
第二条　この法律の施行前にこの法律による改正前の著作権法（以下「旧法」という。）第三十七条第三項（旧法第百二条第一項において準用する場合を含む。）の規定の適用を受けて作成された録音物（この法律による改正後の著作権法（以下「新法」という。）第三十七条第三項（新法第百二条第一項において準用する場合を含む。）の規定により複製し、又は自動公衆送信（送信可能化を含む。）を行うことができる著作物、実演、レコード、放送又は有線放送に係るものを除く。）の使用については、新法第三十七条第三項及び第四十七条の九（これらの規定を新法第百二条第一項において準用する場合を含む。）の規定にかかわらず、なお従前の例による。
（裁定による著作物の利用等についての経過措置）

第三条　新法第六十七条及び第六十七条の二（これらの規定を新法第百三条において準用する場合を含む。）の規定は、この法律の施行の日以後に新法第六十七条第一項（新法第百三条において準用する場合を含む。）の裁定の申請をした者について適用し、この法律の施行の日前に旧法第六十七条第一項の裁定の申請をした者については、なお従前の例による。

（商業用レコードの複製物の頒布の申出についての経過措置）

第四条　新法第百二十一条の二の規定は、著作権法の一部を改正する法律（平成三年法律第六十三号）附則第五項又は著作権法及び万国著作権条約の実施に伴う著作権法の特例に関する法律の一部を改正する法律（平成六年法律第百十二号）附則第六項の規定によりその頒布又は頒布の目的をもってする所持について同条の規定を適用しないこととされる商業用レコードを頒布する旨の申出をする行為であって、この法律の施行後に行われるものについては、適用しない。

（罰則についての経過措置）

第五条　この法律の施行前にした行為に対する罰則の適用については、なお従前の例による。

附　則　（平成二四年六月二七日法律第四三号）抄

（施行期日）

第一条　この法律は、平成二十五年一月一日から施行する。ただし、次の各号に掲げる規定は、当該各号に定める日から施行する。

一　附則第七条、第八条及び第十条の規定　公布の日

二　第二条第一項第二十号並びに第十八条第三項及び第四項の改正規定、第十九条第四項に一号を加える改正規定、第三十条第一項第二号の改正規定、第四十二条の三を第四十二条の四とし、第四十二条の二の次に一条を加える改正規定、第四十七条の九の改正規定（「又は第四十六条」を「、第四十二条の三第二項又は第四十六条」に改める部分に限る。）、同条ただし書の改正規定（「第四十二条の二まで」の下に「、第四十二条の三第二項」を加える部分に限る。）、第四十九条第一項第一号の改正規定（「第四十二条の二」を「第四十二条の三」に、「第四十二条の三第二項」を「第四十二条の四第二項」に改める部分に限る。）、第八十六条第一項及び第二項の改正規定（「第四十二条の二まで」の下に「、第四十二条の三第二項」を加える部分に限る。）、第九十条の二第四項に一号を加える改正規定、第百二条第一項の改正規定（「第四十二条の三」を「第四十二条の四」に改める部分に限る。）、同条第九項第一号の改正規定（「第四十二条の二」を「第四十二条の三」に、「第四十二条の三第二項」を「第四十二条の四第二項」に改める部分に限る。）、第百十九条第一項の改正規定、同条に一項を加える改正規定並びに第百二十条の二第一号の改正規定並びに次条並びに附則第四条から第六条まで及び第九条の規定　平成二十四年十月一日

（経過措置）

第二条　この法律による改正後の著作権法（以下「新法」という。）第十八条第三項第一号から第三号までの規定は、前条第二号に掲げる規定の施行前に著作者が行政機関（行政機関の保有する情報の公開に関する法律（平成十一年法律第四十二号）第二条第一項に規定する行政機関をいう。）、独立行政法人等（独立行政法人等の保有する情報の公開に関する法律（平成十三年法律第百四十号）第二条第一項に規定する独立行政法人等をいう。）又は地方公共団体若しくは地方独立行政法人（地方独立行政法人法（平成十五年法律第百十八号）第二条第一項に規定する地方独立行政法人をいう。以下この項において同じ。）に提供した著作物でまだ公表されていないもの（その著作者の同意を得ないで公表された著作物を含む。）であって、公文書等の管理に関する法律（平成二十一年法律第六十六号。以下この項において「公文書管理法」という。）第八条第一項若しくは第十一条第四項の規定により国立公文書館等（公文書管理法第二条第三項に規定する国立公文書館等をいう。次項において同じ。）に移管されたもの又は公文書管理条例（地方公共団体又は地方独立行政法人の保有する歴史公文書等（公文書管理法第二条第六項に規定する歴史公文書等をいう。以下この項において同じ。）の適切な保存及び利用について定める当該地方公共団体の条例をいう。以下この項において同じ。）に基づき地方公文書館等（歴史公文書等の適切な保存及び利用を図る施設として公文書管理条例が定める施設をいう。次項において同じ。）に移管されたものについては、適用しない。

2　新法第十八条第三項第四号及び第五号の規定は、前条第二号に掲げる規定の施行前に著作者が国立公文書館等又は地方公文書館等に提供した著作物でまだ公表されていないもの（その著作者の同意を得ないで公表された著作物を含む。）については、適用しない。

第三条　この法律の施行の際現にこの法律による改正前の著作権法第三十一条第二項の規定により記録媒体に記録されている著作物であって、絶版等資料（新法第三十一条第一項第三号に規定する「絶版等資料」をいう。）に係るものについては、新法第三十一条第三項の規定により当該著作物の複製物を用いて自動公衆送信（送信可能化を含む。）を行うことができる。

（罰則の適用に関する経過措置）

第四条　この法律（附則第一条第二号に掲げる規定については、当該規定）の施行前にした行為に対する罰則の適用については、なお従前の例による。

（政令への委任）

第五条　前三条に規定するもののほか、この法律の施行に関し必要な経過措置は、政令で定める。

（国民に対する啓発等）

第七条　国及び地方公共団体は、国民が、新法第三十条第一項（新法第百二条第一項にお

いて準用する場合を含む。)に定める私的使用の目的をもって、有償著作物等（新法第百十九条第三項に規定する有償著作物等をいう。以下同じ。)の著作権又は著作隣接権を侵害する自動公衆送信（国外で行われる自動公衆送信であって、国内で行われたとしたならば著作権又は著作隣接権の侵害となるべきものを含む。)を受信して行うデジタル方式の録音又は録画を、自らその事実を知りながら行って著作権又は著作隣接権を侵害する行為（以下「特定侵害行為」という。)の防止の重要性に対する理解を深めることができるよう、特定侵害行為の防止に関する啓発その他の必要な措置を講じなければならない。

2　国及び地方公共団体は、未成年者があらゆる機会を通じて特定侵害行為の防止の重要性に対する理解を深めることができるよう、学校その他の様々な場を通じて特定侵害行為の防止に関する教育の充実を図らなければならない。

3　附則第一条第二号に掲げる規定の施行の日の前日までの間における第一項の規定の適用については、同項中「新法第三十条第一項（新法第百二条第一項において準用する場合を含む。)」とあるのは「著作権法第三十条第一項（同法第百二条第一項において準用する場合を含む。)」と、「新法第百十九条第三項に規定する有償著作物等」とあるのは「録音され、又は録画された著作物、実演、レコード又は放送若しくは有線放送に係る音若しくは影像（著作権又は著作隣接権の目的となっているものに限る。)であって、有償で公衆に提供され、又は提示されているもの（その提供又は提示が著作権又は著作隣接権を侵害しないものに限る。)」とする。

（関係事業者の措置）

第八条　有償著作物等を公衆に提供し、又は提示する事業者は、特定侵害行為を防止するための措置を講じるよう努めなければならない。

（運用上の配慮）

第九条　新法第百十九条第三項の規定の運用に当たっては、インターネットによる情報の収集その他のインターネットを利用して行う行為が不当に制限されることのないよう配慮しなければならない。

（検討）

第十条　新法第百十九条第三項及び附則第八条の規定については、この法律の施行後一年を目途として、これらの規定の施行状況等を勘案し、検討が加えられ、その結果に基づいて必要な措置が講じられるものとする。

附　則　（平成二六年五月一四日法律第三五号）

（施行期日）

第一条　この法律は、平成二十七年一月一日から施行する。ただし、第七条の改正規定及び次条の規定は、視聴覚的実演に関する北京条約（同条において「視聴覚的実演条約」という。)が日本国について効力を生ずる日から施行する。

(著作隣接権に関する規定の適用)

第二条　この法律による改正後の著作権法(以下この条において「新法」という。)第七条第四号に掲げる実演(同条第一号から第三号までに掲げる実演に該当するものを除く。)又は同条第五号に掲げる実演であって、視聴覚的実演条約の締約国の国民又は当該締約国に常居所を有する者である実演家に係るものに対する新法中著作隣接権に関する規定(第九十五条の三第三項及び第四項の規定を含む。)の適用については、著作権法の一部を改正する法律(昭和六十一年法律第六十四号)附則第三項、著作権法の一部を改正する法律(平成元年法律第四十三号。次項において「平成元年改正法」という。)附則第二項及び著作権法の一部を改正する法律(平成三年法律第六十三号)附則第二項の規定は、適用しない。

2　視聴覚的実演条約の締約国の国民又は当該締約国に常居所を有する者である実演家(当該実演家に係る実演が行われた際国内に常居所を有しない外国人であった者に限る。)に対する新法中著作隣接権に関する規定(第九十五条の三第三項及び第四項の規定を含む。)の適用については、平成元年改正法附則第四項の規定は、適用しない。

(出版権についての経過措置)

第三条　この法律の施行前に設定されたこの法律による改正前の著作権法による出版権でこの法律の施行の際現に存するものについては、なお従前の例による。

(政令への委任)

第四条　前二条に規定するもののほか、この法律の施行に関し必要な経過措置は、政令で定める。

　　　　　　　　　　　　　　　　　　　　　　　(主要改正の附則のみ掲載した。)

# 参考文献

1　(著者「題名」発行所又は○○新書・発行年月日、定価)の順に記した。
2　取り上げるべき文献があり、ご教示頂ければ、第2版発行の際、記入する。

▷ **1985年(昭和60年)**
　那野比古「コンピュータ・パニック」中公文庫、1985年、460円+税
▷ **1990年(平成2年)**
　名和小太郎「技術標準対知的所有権—技術開発と市場競争を支えるもの」中公新書・1990年2月25日、563円+税
▷ **1993年(平成5年)**
　児玉晴男「ハイパーメディアと知的所有権」信山社、1993年12月20日、2800円+税
▷ **1995年(平成7年)**
　中島洋「マルチメディア・ビジネス」ちくま新書、1995年9月20日、680円+税
▷ **1996年(平成8年)**
　中山信弘「マルチメディアと著作権」岩波新書、1996年1月22日、620円+税
▷ **1997年(平成9年)**
　岡村久道・近藤剛史「インターネットの法律実務」新日本法規出版、1997年5月15日、4600円+税
　山下幸夫「最前線インターネット法律問題Q&A集」㈱情報管理、1997年8月31日、1680円+税
　藤原宏髙編「サイバースペースと法規制」日本経済新聞社、1997年10月23日、2500円+税
▷ **1999年(平成11年)**
　名和小太郎「デジタル・ミレニアムの到来—ネット社会における消費者」丸善ライブラリー、1999年4月20日、760円+税
　田村善之編「情報・秩序・ネットワーク」北海道大学図書刊行会、1999年5月25日、6000円+税
　椙山敬士「ソフトウエアの著作権・特許権」日本評論社、1999年11月30日、2500円+税
▷ **2000年(平成12年)**
　加藤弘一「電脳社会の日本語」文春新書・2000年3月20日、710円+税
　岡村久道「インターネット訴訟2000」ソフトバンク・パブリッシング㈱、2000年7月1日、2400円+税
　㈳コンピュータソフトウエア著作権協会編「インターネットにおける著作権侵害」警察時報社、2000年9月1日、1429円+税

▷ **2001 年(平成 13 年)**

藤田英時「インターネット用語語源で納得！」㈱ナツメ社、2001 年 3 月 1 日、680 円＋税

ローレンス・レッシング著、山形浩生、柏木亮二訳「CODE ― インターネットの合法・違法・プライバシー」翔泳社、2001 年 3 月 27 日、2800 円＋税

糸井重里「インターネット的」PHP 新書、2001 年 7 月 27 日、660 円＋税

坂村健「情報文明の日本モデル ― TRON が拓く次世代 IT 戦略」PHP 新書、2001 年 10 月 29 日、660 円＋税

松尾和子・佐藤恵太編「ドメインネーム紛争」弘文堂、2001 年 12 月 15 日、3200 円＋税

小林雅一「グローバル・メディア産業の未来図 ― 米マスコミの現場から」光文社新書、2001 年 12 月 20 日、700 円＋税

▷ **2002 年(平成 14 年)**

飯田耕一郎編「プロバイダ責任制限法解説」三省堂、2002 年 9 月 20 日、1800 円＋税

ローレンス・レッシング著、山形浩生訳「コモンズ ― ネット上の所有権強化は技術革新を殺す」㈱翔泳社、2002 年 11 月 28 日、2800 円＋税

デジタル著作権を考える会（牧野二郎責任編集、岡村久道・尾崎孝良・河口洋一郎・城所岩生・曽利文彦・立山紘毅・名和小太郎・秦恒平・林紘一郎））「デジタル著作権」ソフトバンク・パブリッシング㈱、2002 年 12 月 22 日、2800 円＋税

▷ **2003 年(平成 15 年)**

岡村久道編「サイバー法判例解説別冊 NBL №.79」㈱商事法務、2003 年 4 月 17 日、3000 円＋税

石黒一憲「電子社会の法と経済」岩波書店、2003 年 11 月 27 日、2400 円＋税

▷ **2004 年(平成 16 年)**

名和小太郎「デジタル著作権 ― 二重標準の時代へ」みすず書房、2004 年 3 月 16 日、3500 円＋税

▷ **2005 年(平成 17 年)**

苗村憲司・小宮山宏之編「現代社会と著作権法 ― デジタルネットワーク社会の知的財産権」慶応義塾大学出版会、2005 年 5 月 20 日、2800 円＋税

ケンブリュー・マクロード著、田畑暁生訳「表現の自由 vs 知的財産権 ― 著作権が自由を殺す」青土社、2005 年 8 月 9 日、2800 円＋税

▷ **2006 年(平成 18 年)**

梅田望夫「ウエブ進化論 ― 本当の大変化はこれから始まる」ちくま新書、2006 年 2 月 10 日、740 円＋税

青柳武彦「サイバー監視社会―ユビキタス時代のプライバシー論」(財) 電気通信振興会・2006 年 5 月 1 日、2400 円＋税

湯浅顕人「ウィニー ― 情報流出との闘い」宝島新書、2006 年 6 月 5 日、700 円＋税

名和小太郎「情報の私有・共有・公有 ― ユーザーから見た著作権」NTT 出版㈱、2006 年 6 月 5 日、2500 円＋税

牧野和夫・西村博之共著「2 ちゃんねるで学ぶ著作権」㈱アスキー、2006 年 7 月 18 日、1300 円＋税

白田秀彰「インターネットの法と慣習 ― かなり奇妙な法学入門」ソフトバンク新書、2006 年 7 月 24 日、700 円＋税

森健「グーグル・アマゾン化する社会」光文社新書、2006 年 9 月 20 日、700 円＋税

石川温「Web・0 時代のケータイ戦争 ― 番号ポータビリティで激変する業界地図」角川 one テーマ 21、2006 年 10 月 10 日、686 円＋税

青柳武彦「個人情報『過』保護が日本を破壊する」ソフトバンク新書、2006 年 10 月 30 日、700 円＋税

松本肇・ぼうごなつこ「ホームページ泥棒をやっつける ― 弁護士不要・著作権・知的財産高等裁判所・強制執行」花伝社発行、共栄書房発売、2006 年 11 月 25 日、1500 円＋税

吉野次郎「テレビはインターネットがなぜ嫌いなのか」日経 BP 社、2006 年 12 月 4 日、1500 円＋税

▷ **2007 年（平成 19 年）**

歌川令三・湯川鶴章・佐々木俊尚・森健・スポンタ中村「サイバージャーナリズム論 ― 『それから』のマスメディア」ソフトバンク新書、2007 年 7 月 25 日、700 円＋税

荻上チキ「ウエブ炎上 ― ネット群衆の暴走と可能性」ちくま新書、2007 年 10 月 10 日、700 円＋税

山崎秀夫「Google vs セカンドライフ ― 3D ウエブ仮想社会の覇権争い」アスキー新書、2007 年 10 月 27 日、724 円＋税

梅田望夫「ウエブ時代をゆく ― いかに働き、いかに学ぶか」ちくま新書、2007 年 11 月 10 日、740 円＋税

▷ **2008 年（平成 20 年）**

田村善之編「新世代知的財産法政策学の創成」有斐閣、2008 年 2 月 29 日、6800 円＋税

岩戸佐智夫「著作権という魔物」アスキー新書、2008 年 5 月 10 日、724 円＋税

山本まさき・古田雄介「ウィキペディアで何が起こっているのか ― 変わり始めるソーシャルメディア信仰」九天社、2008 年 5 月 16 日、1900 円＋税

㈶知的財産研究所編集「デジタル・コンテンツ法のパラダイム」雄松堂出版、2008 年 5 月 30 日、6000 円＋税（執筆者、中山信弘、小塚壮一郎、安藤至大、岩倉正和、櫻井由章、小西透、小島立、村井麻衣子、紙谷雅子）

深見嘉明「ウエブは菩薩である ― メタデータが世界を変える」NTT 出版㈱、2008 年 7 月 8 日、1500 円＋税

藤原智美「検索バカ」朝日新書、2008 年 10 月 30 日、740 円＋税

▷ **2009 年（平成 21 年）**

西田宗千佳「クラウド・コンピューティング ― ウエブ 2.0 の先にくるもの」朝日新書、2009 年 1 月 30 日、740 円＋税

久保利英明監修、エンターテイメント・ローヤーズ・ネットワーク編「デジタルコンテンツ法の最前線 ― 発展するコンテンツビジネス」商事法務、2009 年 3 月 27 日、2300 円＋税

中川淳一郎「ウエブはバカと暇人のもの」光文社新書、2009 年 4 月 20 日、760 円＋税

佐々木俊尚「ニコニコ動画が未来を作る」アスキー新書、2009年10月10日、857円＋税

須藤慎一「パソコン・ケータイ安全の鉄則」朝日新書、2009年11月30日、780円＋税

▷ **2010年（平成22年）**

根岸智幸「Twitter使いこなし術 — パワーユーザー100人の『技』を公開」アスキー新書、2010年1月12日、743円＋税

福井健策「著作権の世紀」集英社新書、2010年1月20日、720円＋税

佐々木俊尚「ネットがあれば履歴書はいらない — ウエブ時代のセルフブランディング術」宝島新書、2010年1月23日、648円＋税

佐々木俊尚「マスコミは、もはや政治を語れない — 徹底検証：『民主党政権』で勃興する『ネット論壇』」講談社、2010年2月25日、1500円＋税

角川歴彦著、片方善治監修「クラウド時代と〈クール革命〉」角川oneテーマ21、2010年3月10日、705円＋税

岡嶋裕史「アップル、グーグル、マイクロソフト — クラウド、携帯電話戦争のゆくえ」光文社新書、2010年3月20日、740円＋税

アスキー書籍編集部・オフィス加減編「初・中級者のためのパソコン・IT・ネット用語辞典 — 基本＋最新キーワード1100」アスキー・メディアワークス、2010年3月26日、1680円＋税

佐々木俊尚「電子書籍の衝撃 — 本はいかに崩壊し、いかに復活するか」ディスカヴァー・トゥエンティワン、2010年4月15日、1100円＋税

明石昇二郎「グーグルに異議あり！」集英社新書、2010年4月21日、700円＋税

牧野和夫編著「知的財産法判例ダイジェスト」税務経理協会、2010年5月1日、4000円＋税

佐野正弘「SEO対策のウソ・ホント」マイコミ新書（毎日コミュニケーションズ）、2010年5月30日、780円＋税

山本達郎「中国巨大ECサイト・タオバオの正体」ワニブックス新書、2010年6月25日、800円＋税

名和小太郎「著作権2.0 — ウエブ時代の文化進展をめざして」NTT出版、2010年7月1日、1800円＋税

中山信弘編集代表、大淵哲也編「知的財産とソフトフロー」有斐閣、2010年7月15日、3000円＋税

佐々木俊尚「本当に使えるウエブサイトのすごい仕組み」日経ビジネス人文庫、2010年9月1日、667円＋税

大原ケイ「ルポ電子書籍大国アメリカ」アスキー新書、2010年9月10日、743円＋税

梅田望夫・飯吉透「ウエブで学ぶ — オープンエデュケーションと知の革命」ちくま新書、2010年9月10日、820円＋税

勝間和代・堀江貴文・西村博之「そこまで言うか！— ひろゆき×ホリエモン×勝間和代」㈱青志社、2010年9月11日、1500円＋税

小泉直樹「知的財産法入門」岩波新書、2010年9月17日、720円＋税

歌田明弘「電子書籍の時代は本当に来るのか」ちくま新書、2010年10月10日、820円＋税

野口祐子「デジタル時代の著作権」ちくま新書、2010年10月10日、820円＋税

中川淳一郎「ウエブで儲ける人と損する人の法則」ベスト新書（KKベストセラーズ）、2010年11月7日、714円＋税

西尾幹二「西尾幹二のブログ論壇」総和社、2010年12月18日、1524円＋税

▷ **2011年（平成23年）**

立入勝義「電子出版の未来図」PHP新書、2011年1月5日、720円＋税

菅原出「ウィキリークスの衝撃 ― 世界を揺るがす機密漏洩の正体」日経BP社 2011年3月7日、1600円＋税

上杉隆「ウイキリークス以後の日本」光文社新書、2011年3月20日、740円＋税

岸博幸「アマゾン、アップルが日本を蝕む ― 電子書籍とネット帝国主義」PHPビジネス新書、2011年4月1日、820円＋税

牧野武文「情報は貯めるだけ貯めなさい ― クラウド時代の逆転仕事術」㈱毎日コミュニケーションズ、2011年9月30日、830円＋税

野口悠紀雄「クラウド『超』仕事法 ― スマートフォンを制する者が、未来を制する」講談社、2011年11月24日、1500円＋税

岡田斗司夫・福井健策「なんでコンテンツにカネを払うのさ？ ― デジタル時代のぼくらの著作権入門」㈱阪急コミュニケーションズ、2011年12月7日、1400円＋税

高須次郎「グーグル日本上陸撃退記 ― 出版社の権利と流対協」論創社、2011年12月20日、1800円＋税

▷ **2012年（平成24年）**

小池良次「クラウドの未来―超集中と超分散の世界」講談社現代新書、2012年1月20日、740円＋税

山田順「本当は怖いソーシャルメデイア―2015年『メデイア融合時代』を考える」小学館101新書、2012年3月4日、720円＋税

北村行夫「アマゾン契約と電子書籍の課題」太田出版、2012年4月23日、2000円＋税

堀部政男監修「プロバイダ責任制限法実務と理論 ― 施行10年の軌跡と展望 ― 別冊NBL No.141」㈱商事法務、2012年7月30日、3800円＋税

福井健策「『ネットの自由』VS.著作権」光文社新書、2012年9月20日、740円＋税

田島正広編「インターネット新時代の法律実務第2版」日本加除出版、2012年10月1日、3500円＋税

（財）ソフトウエア情報センター編「クラウドビジネスと法」第一法規、2012年10月30日、3000円＋税

津田大介「ウエブで政治を動かす」朝日新書、2012年11月30日、820円＋税

北村行夫「原点から考えるオンライン出版」太田出版、2012年12月13日、2300円＋税

▷ **2013年（平成25年）**

興梠一郎「中国目覚めた民衆 ― 習近平体制と日中関係のゆくえ」NHK出版新書、2013年1月10日、780円＋税

柏原竜一「中国の情報機関 ― 世界を席巻する特務工作」祥伝社新書、2013年3月10日、800円+税

小泉直樹・奥邨弘司・駒田泰土・張睿暎・生貝直人・内田祐介「クラウド時代の著作権法 ― 激動する世界の状況」勁草書房、2013年7月20日、3500円

角川歴彦「グーグル、アップルに負けない著作権法」㈱KADOKAWA、2013年10月10日、1400円+税

田島正広監修・編集代表・編著「インターネット新時代の法律実務第2版」日本加除出版、2013年10月11日、3500円+税

河島伸子・生稲史彦編「変貌する日本のコンテンツ産業 ― 創造性と多様性の模索」ミネルヴァ書房、2013年10月30日、8000円+税

城所岩生「著作権法がソーシャルメディアを殺す」PHP新書、2013年12月2日、760円+税

▷ **2014年（平成26年）**

小林弘人「ウエブとはすなわち現実世界の未来図である」PHP新書、2014年4月1日、760円+税

グレン・グリーンウォルド著、田口俊樹・濱野大道・武藤陽生訳「暴露 ― スノーデンが私に託したファイル」新潮社、2014年5月13日、1700円+税

鳥飼重和監修「その『つぶやき』は犯罪です ― 知らないとマズいネットの法律知識」新潮新書、2014年5月20日、700円+税

ルーク・ハーディング著、三木俊哉訳「スノーデンファイル ― 地球上で最も追われている男の真実」日経BP社、2014年5月26日、1800円+税

福井健策編「インターネットビジネスの著作権とルール」著作権情報センター、2014年7月1日、2400円+税

久保田裕・小梶さとみ「人生を棒に振るスマホ・ネットトラブル」双葉社、2014年7月23日、1300円+税

福井健策「誰が『知』を独占するのか」集英社新書、2014年9月22日、760円+税

木村正人「見えない世界戦争 ― 『サイバー戦』最新報告」新潮新書、2014年10月20日、720円+税

川上量生監修「ネットが生んだ文化 ― 誰もが表現者の時代」㈱KADOKAWA、2014年10月25日、2500円+税（執筆者、川上量生、ばるぼら、佐々木俊尚、小野ほりでい、荻上チキ、伊藤昌亮、山田奨治、仲正昌樹）

▷ **2015年（平成27年）**

堀之内清彦「メディアと著作権」論創社、2015年1月10日、3800円+税

長尾真監修「デジタル時代の知識創造」㈱KADOKAWA、2007年1月25日、2500円+税

山谷剛史「中国のインターネット史 ― ワールドワイドウエブからの独立」星海社発行、講談社発売、2015年2月25日発行、840円+税

古谷経衡「インターネットは永遠にリアル社会を超えられない」㈱ディスカヴァー・トゥエンティワン、2015年2月25日、1000円+税

川上量生「コンテンツの秘密 ― ぼくがジブリで考えたこと」NHK出版新書、2015年4月10日、820円＋税

高野明彦監修「検索の新地平」㈱KADOKAWA、2015年4月25日、2500円＋税

神田和宏「ネット検索が怖い ―『忘れられる権利』の現状と活用」ポプラ新書（ポプラ社）、2015年5月7日、780円＋税

ジュリア・アングウィン著、三浦和子訳「ドラグネット　監視網社会」祥伝社、2015年5月10日、1650円＋税

愼武宏・河鐘基「ヤバいLINE」光文社新書、2015年5月20日、780円＋税

坂村健監修「コンピュータがネットと出会ったら」㈱KADOKAWA、2015年5月25日、2500円＋税

川上量生「鈴木さんにも分かるネットの未来」岩波新書、2015年6月19日、900円＋税

上野達弘・西口元編「出版をめぐる法的課題」日本評論社、2015年7月25日、5200円＋税

酒井崇匡「自分のデータは自分で使う ― マイビッグデータの衝撃」星海社、2015年7月23日、840円＋税

福井健策・二関辰郎「ライブイベント・ビジネスの著作権」著作権情報センター、2015年8月1日、2300円＋税

伊東寛「サイバー・インテリジェンス」祥伝社新書、2015年9月10日、780円＋税

福井健策編、内藤篤・升本喜郎「映画・ゲームビジネスの著作権（第2版）」著作権情報センター、2015年10月1日、2500円＋税

山本隆司「コンテンツ・セキュリティと法」商事法務、2015年10月27日、4800円＋税

附　録

# 日本著作権法の概要と最近の判例

# ●第1章　江戸時代

　徳川家康（1542-1616）が政権を執って以来、日本人は約270年の平和な江戸時代を過ごした。徳川家康は、学問好きで好奇心の旺盛な知識人であった。

　慶長5年（1600年）、九州大分県の海岸に漂着したイギリス人アダムス（三浦按針）を顧問として厚遇し、アダムスから西欧の数学、幾何学、地理学などの話を聞いている。

　江戸時代の初期、日本には、イエズス会のヴァリヤーノがもたらした活字印刷技術と、朝鮮からもたらされた銅活字技術が存在した。

　家康は出版にも関心があり、1599年（慶長4年）から1606年（慶長11年）までの8年間に、木活字を使用して「孔子家語」などを伏見で刊行させ、これは伏見版といわれた。1615年（元和元年）、「大蔵一覧集」などを銅活字で出版させ、これが駿河版と呼ばれている。

　1620年頃から、日本では整版印刷が行われる。

　板木に紙を貼り、彫刀で彫り、これに墨を塗って、紙を当てて、刷る――これを整版印刷（木版印刷）という。

　活字本と整版印刷による本の併存時代を経て、1630年頃、日本ではこの整版印刷が一般的に行われるようになった。

　1700年頃、出版社であり、本を販売する書店であり、場合によっては貸本屋も兼ねていた「本屋」が出現した。同時期、庶民を教育する寺子屋（小規模の学校）が各地にでき、多くの人々が文字を読めるようになり、挿絵のついたパンフレットのような本（草紙）を購入したり、貸本屋から借りるようになった。

　本屋が板木を所有し、板木の所有者が、板木による印刷物である書籍の複製権（複製についての許諾権）をもった。

　西尾幹二（1935-）は、江戸時代初期、日本に儒学者が多く出現したこと、彼らはそれぞれ、中国からの解釈を鵜呑みにせず自分で考えたとし、儒教が「日本化」したことを述べている[注1]。

　新井白石（1657-1725）は、6代将軍家宣、7代将軍家継に仕え、幕府の中枢にあった。シドッティ（1668-1714）に対し、何故、キリストは日本に現れな

かったのか、という質問をし、困惑させている。

伊藤仁斎（1627-1705）は、「論語」について朱子による注釈を採用せず、その本来の意義を直接に捉え、孔子の教えを日常生活の指針とするよう古義堂で講義している。

伊藤仁斎は富裕商人の出身で、板木を自ら所有し、板木の使用を本屋に許可し、賃借料を徴収している。通常、「本屋」という出版社が複製権をもっていた[注2]。

儒学者の荻生徂徠（1666-1728）も新井白石と同様、幕府の顧問 ─ 5代将軍綱吉 ─ のような地位に就いている。徂徠は、8代将軍吉宗に「政談」という著書を献上し、こう提言している。幕府は、本の出版を行っているが、板木を収納する場所がないためか、町人に出費させて出版し、その利益は町人のものになっている。中国では、政府機関である学校が板木を保有し、これで印刷した本を売り、代価を学校の経費に充てている。幕府も中国のやり方にならい、官板とすべき書籍は幕府がお金を貸して板木を刻ませ、板木を稽古所（学校）で売れば、借りた金は返済でき、稽古所の修理、書生達の宿舎も幕府に依存せずにすむ、と提案している[注3]。

ちなみに儒学者山崎闇斎（1618-1682）は、門弟6000人、弟子は崎門学派と呼ばれた。「孔子、孟子を我々は尊敬し、その学問に忠実であろうと勉学している。学問・文化の大恩人だが、孔子を総大将とし、孟子を参謀長とするシナの大軍が日本に攻めてきたらどうしたらよいか」という問いに、闇斎は、「日本国民は総力を挙げてその軍勢と戦い、木っ端みじんに撃退し、孔子と孟子を捕虜にして本国に送還すべきである。」と答えたという。

徳川幕府は、1720年頃、江戸、大坂、京都の3都市にそれぞれ1つずつ、本屋の自主的な組合を公認した。無断コピー本や企画の類似した本の出版の禁止取締まりを、この組合に委任した。本屋の数は制限されており、保護されていた。しかし、著作者は、本屋から最初に1度謝礼を受け取るのみで、印税制度はなかった。

1638年、キリスト教信者による島原の乱が起こり、幕府は、キリシタン宗を厳禁し、キリスト教関係外国書の輸入禁止令を出し、鎖国した。国民の、外国への出入国を禁止した。ただ、長崎だけを窓口にして、オランダ、中国とは

通商が行われ、医学書などは輸入されていた。

　1673年5月、新規の図書出版は、幕府担当部署（両御番所）の許可を得るよう指令を出した。1698年、本屋へ、出版の規制をする命令を発した。

　1722年、将軍吉宗の名で、次の「出版、書籍業取締令（町触れ）」が公布された[注4]。

　　「享保7寅年11月、新板書物之儀ニ付町触れ」
　　1, 新版の書物について。儒教仏教神道医学書歌書の場合、通常の説ならばいいが、猥りに異説を書いてはならない。
　　2, 好色本については、風俗のためによくないので、段々改めて、絶版にせよ。
　　3, 人の家の先祖のことをあれこれ書いて世間に流布してはならない。その子孫から訴えられれば、吟味する。為政者である大名の威信保持のためである。
　　4, どんな書物にも、今後、新に刷る書物には、作者と発行者の実名を奥付に記入せよ。
　　5, 権現様（徳川家康）のこと、徳川家のことを書いた本を刊行することは今後禁止する。理由があれば奉行所に訴え出て指図を受けること。」

　4,の出版の責任を明らかにするため、出版物に「作者、発行者を実名で奥付に明記せよ」とした条項は、明治、大正、昭和の出版条例、出版法に引き継がれ、1945年まで法律に明記された。戦後、出版法が廃止され、記載の義務はないが、読者、出版社に便利であり、現代においても奥付に著者、発行者等の記載が行われている。

　1790年頃から、山東京伝（1761-1816）、十返舎一九（1765-1831）、曲亭馬琴（1767-1848）らの作家が出現し、活躍しはじめた。曲亭馬琴は、「近世物之本江戸作者部類1」という著書で、最初に原稿料を得るようになったのは、山東京伝と曲亭馬琴であると記している[注5]。

　なお、1791年3月、山東京伝は、洒落本の出版により手鎖50日の処分を受けている。

1853年、アメリカの東インド艦隊司令長官ペリーが来日し、1858年、日米修好通商条約が結ばれ、日本は開国した。日本は、結局、欧米の15か国と条約を結んだ。この条約は、日本人と外国人の権利が対等でなく不平等な通商条約で、1, 日本の国内で外国人が不法行為をした場合、日本人に裁判権がなく、2, 関税について日本は自主的に決定できなかった。

　1860年（万延元年）、幕府の軍艦奉行木村喜毅は、随員として中津藩士福澤諭吉（1835-1901）を伴い、咸臨丸でアメリカに向かった。福澤は、帰国後、幕府の外務省相当の部署に勤務した。福澤は、1860年、ヨーロッパへ、1867年アメリカへ渡航した。福澤は、3回、先進国へ渡航し、現実に国会、鉄道、病院、工場を見学し、その都度書物を大量に購入した。福澤は、1866年「西洋事情・初編」を出版、欧米諸国の文物制度を国民に知らせた。この「西洋事情・外編巻之3」（1868年）において「コピライト」の言葉と、内容を紹介した。徳川幕府瓦解の直前、退任し、慶応義塾を開き、教育者になるとともに、著作に励んだ。福澤は、明治政府には仕官しなかった。

　福澤諭吉は、大阪の適塾で医師緒方洪庵（1810-1863）に学んだが、緒方は、1857年（安政元年）、ドイツのベルリン大学フーヘランド教授の「Enchiridion Medicum」（医学便覧）をオランダ語訳から日本語に翻訳、「扶氏経験遺訓」として刊行した。この翻訳書の板木の所有権を緒方家は所有し、洪庵の次男惟準の妻は、洪庵死後、「扶氏経験遺訓」の板木のおかげで、収入が入り助かったと惟準の孫富雄に語っている[注6]。板木の所有権（蔵板）の制度は、1887年（明治20年）頃までは続いていたようである。

注1）「江戸のダイナミズム」（文藝春秋・2007年）
注2）脇村義太郎「東西書肆街考」（岩波新書・1979年）12頁
　　　伊藤孝夫「近世日本の出版権利用関係とその解体」法学論叢・146巻5/6合併号121頁。大家重夫「日本著作権史素描―貸与権の創設まで」（高林龍・三村量一・竹中俊子編「現代知的財産法講座Ⅳ」（日本評論社・2012年）187頁以下、所収）
注3）尾藤正英「荻生徂徠『政談』」（講談社学術文庫・2013年）238頁
注4）長野伝蔵編著「わが国著作権法制の沿革」（著作権資料協会・1968年）3頁
注5）曲亭馬琴著、徳田武校注「近世物之本江戸作者部類」（岩波文庫・2014年）41頁

注6)「日本の医書出版過去・現在・未来を語る」『医書同業会八十周年誌』(医書同業会・1971年6月) 34頁の緒方富雄の発言。浅岡邦雄「〈著者〉の出版史―権利と報酬をめぐる近代」(森話社・2009年)64頁、231頁

## ●第2章　明治維新と1899年著作権法の内容

### 1. 出版条例

　1868年の明治維新により、政権は徳川幕府から明治天皇の新政権に移った。新政権は、前の政権が結んだ日米修好通商条約などを引き続き承認した。

　福沢諭吉は、教育者になり著作に励んだが、1868年、大量の自著の海賊版が発行されたことに愕然とした。明治政府と距離を置いていた福澤であるが、無断出版禁止の法制定をするよう陳情した。明治政府はこれに応え、1869年、「出版条例」を制定し、無断出版を処罰する条項をおいた。出版条例は、1,政治の機密漏洩、名誉毀損等の取り締まりと、2,図書出版者に「専売の利益」を認める規定をおき、3,図書出版者が、登録をせずに出版すれば罰すると規定した。

　1875年(明治8年)、出版条例は改正され、「図書を著作し、又は外国の図書を翻訳して出版したときは、30年間の専売の権利を与える。この専売の権利を『版権』という。」と規定した。「版権」は、1873年、福澤が東京府へ海賊版取締りを要望した際、造語した。今日、中華人民共和国でも用いられている。著作あるいは、翻訳をして、出版する場合、内務省への届け出は、義務づけられていたが、版権は希望するか、どうかは随意であった。希望する者は、願書を提出する必要があった。版権登録を希望しない場合、他人が同じ図書を出版しても違法とはならなかった。

　1875年出版条例は、外国人の著作権は認めず、日本人でも登録しなければ権利を認めなかった。日本在住の医師ヘボン(Hepburn)が作成した和英辞典は、日本人により無断複製され、ヘボンは取り締まりを陳情したが、1875年、政府は、版権の保護は外国人には及ばさない、と指令し、外国人著作の書籍の無断複製は放置された。

1887年（明治20年）12月28日、出版の取り締まりについて、出版条例、版権の保護については版権条例が制定された。版権条例は、日本で初めての著作権の単独法である。英国留学から帰国したばかりの末松謙澄内務省県治局長（1855-1920）が立案した。同日、脚本楽譜条例、写真版権条例、新聞紙条例も公布された。

版権条例においても、版権を登録するかどうかは自由であったが、版権を登録していない文書図画を著作者に無断で改変したり、表題を無断で変更したり、著作者の氏名を隠匿することを禁止し、罰則を規定した。

1893年、衆議院議員になった末松謙澄は版権条例の改正案を国会に提出、版権法として公布された。

1894年、英国は不平等条約の撤廃に応じ、日英新通商航海条約に調印し、以後、各国も不平等条約の撤廃に応じた。ただ交換条件として、1886年成立の、著作権のベルヌ条約と、1883年成立の特許権のパリ条約へそれぞれ加盟するよう強制した。不平等条約の改正は、明治政府にとって新政権成立以来の念願であり、著作権などの国際条約加盟は仕方がなかった。

日本は1899年、著作権法を制定し、ベルヌ条約にいやいやながら加盟した。それまで、西洋の書物の無断翻訳が合法であったから、一部の知識人（鳩山和夫）や書籍商はベルヌ条約加盟に反対であったが、大きな力にならなかった。

## 2. 1899年著作権法

1899年、ベルヌ条約に加盟するため、条約に適合する著作権法が制定されることになった。帝国大学出身の内務省の官僚、水野錬太郎（1868-1949）がヨーロッパに派遣され、水野はベルヌ同盟事務局、各国を訪問し、著作権法案を起草した。

その内容は次の通りである。

(1) 著作物を作れば著作権が発生するとし、それまでの登録主義を廃止した。
　　（ヨーロッパ諸国にならった。当時、米国はベルヌ条約に入らず、登録主義。）
(2) それまでは、日本人の著作物しか保護しなかったが、ベルヌ条約加盟国

の人の著作物も保護することにした。日本で最初に発行された外国人著作物も保護した。
(3) 保護する著作物の範囲を、文書、図画、写真、脚本、楽譜のほか彫刻、模型にも広げた。この時は「建築物」は保護せず、1910年改正法から保護した。
(4) 工業上の応用を目的とする趣美的意匠の創作の保護は意匠法の範囲で、著作権法の保護する著作物は美術の著作物に限った。
(5) 著作権の保護期間を、原則として著作者の生存間と死後30年とした。
(6) 原作者がもつ翻訳を許可する権利（翻訳権）を、著作者が原著作物発行の時から10年以内に原著作物が翻訳されず、他人に翻訳させていないならば、翻訳権が消滅する、という制度を採った（日本の当時の最大の関心事は欧米の著作物を翻訳することであり、1970年著作権法までこの「翻訳権10年留保制度」を維持した。）
(7) 著作者の人格的利益の保護を従前より広げた。
(8) 著作権の限界、制限規定を定めた。
(9) 版権法、脚本楽譜条例、写真版権条例は廃止された。

## 3. 浪花節「桃中軒雲右衛門」事件―大審院1914年7月4日判決

　レコード業者が、桃中軒雲右衛門という浪花節芸人と独占契約を結び、金銭を支払い、その「語り（口唱）」をレコードに収録したところ、そのレコードが無断複製され、安価で販売された。レコード業者は、無断複製した者を刑事告発した。1審、2審は、無断複製者が有罪であったが、大審院（最高裁判所）で、浪花節の口唱は著作物でないとし、無断複製業者が無罪とされた。1920年、鳩山一郎衆議院議員の提案により、浪花節の口唱、歌手の歌唱を著作物とし、レコードに他人の著作物を無断で録音する行為を著作権侵害とする改正が行われた。

## 4. 1931年および1934年の著作権法改正

　(1) 1931年、ベルヌ条約ローマ会議の結果に対応した著作権法法改正が行

われた。音楽の著作物について、全面的に内外人の作品を保護することになった。ヨーロッパ諸国は、日本で著作権使用料を取り立てることにし、1932年、ヨーロッパの音楽著作物の管理団体が、日本在住のドイツ人プラーゲ博士（1888-1969）（Dr.Wilhelm Plage）に、日本における音楽著作物の使用料の取り立てを委任し、プラーゲ博士は、放送局や演奏会、レコード会社から著作権使用料の取り立てを始めた。

(2) 1934年、日本政府は、NHKの陳情を受けて、生演奏は別だが、レコードによる音楽の放送は出所を明示すれば著作権者へ無断、無料で使用できる、という改正を行った。その結果、内外の著作権者は、1970年末まで不利益を蒙った。

(3) 1934年著作権法改正で、出版者と著者が「出版権」の設定契約を結べば、出版者は、契約期間は独占権をもち、無断で同一著作物を出版すれば、差止、損害賠償を請求できる「出版権」設定制度を定め、現在に至っている。

## 5. プラーゲ博士の事業を禁止し、大日本音楽著作権協会設立

1938年、プラーゲ博士は、大日本音楽作家出版者協会を設立し、作曲家山田耕筰の著作権を信託譲渡させ、ドイツから著作権使用料を徴収し、山田へ渡している。

日本で、外国人が、日本人のために著作権使用料を取り立てる事業を行うことは許せない、という意見が大勢に成り、日本人による著作権仲介業を行うことにした。

日本政府は、1939年、音楽等の著作権を仲介し管理する事業は政府の許可がなければ行えぬことにし、「著作権ニ関スル仲介業務ニ関スル法律」を作り、申請してきたプラーゲ博士には許可せず、音楽の分野については大日本音楽著作権協会にのみ許可した。

当時、日本はドイツ、イタリアと三国同盟締結（1940年9月）の直前であり、陸軍省の軍人（山県有光大佐）が内務省の担当官（国塩耕一郎）にプラーゲ博士にも著作権仲介業の実施の許可を与えるよう圧力をかけたが、内務省は拒絶した。プラーゲ博士は、奉天市（現・瀋陽市）に事務所を置き、仲介事業を継続したた

め、書類送検され、東京区裁判所は、1941年7月15日、罰金600円を命じた。同年12月下旬、プラーゲ博士は、日本を脱出した。

## ●第3章　第二次世界大戦敗戦と著作権法

### 1)敗戦

　1945年、日本は第2次世界大戦に敗れ、アメリカ合衆国等の連合国の占領下に置かれた。1948年のベルヌ条約ブラッセル改正会議には招かれず、条約、著作権法は機能せず、停止状態となった。「1905年東京にて調印、1906年批准、1906年公布の日米間著作権保護に関する条約」「著作権ニ関スル仲介業務ニ関スル法律」、旧著作権法7条(翻訳権10年留保)は無視された。

　総司令部GHQ (General Headquarters) は、フォルスター事務所、フランス著作権事務所、ブリティッシュ・リテラリー・エージェンシー、イタリア著作権協会の団体設立とその事業を認可した。

　占領下、海外の著作権は、一律に「50年フィクション」と呼ばれ、著作者の死後50年保護された。出版社は翻訳出版や海外出版物の輸入販売が禁止された。宮田昇「翻訳権の戦後史」(みすず書房・1999年) が詳しい。著作権仲介業の「大日本音楽著作権協会」は、「日本音楽著作権協会」と名称を変更した。

### 2)戦時加算

　1952年(昭和27年)、対日平和条約が発効し、日本は独立を回復した。対日平和条約に基づき、日本と戦った連合国の国民の著作物については、1941年の開戦時から、講和条約まで約10年の期間を加算する戦時加算制度を定めた「連合国及び連合国民の著作権の特例に関する法律」が作られた。最近、この制度を廃止する動きがある。

　1952年、ユネスコ主導の下に、万国著作権条約 (Universal Copyright Convention) が制定された。当時、アメリカ、南米諸国は、著作権の発生について、方式主義をとっていた。

　この条約は、方式主義国における方式を、ⓒ表示を付することによって簡略化し、これをもって、方式主義国において著作権の保護を受けうるものとした。

この条約に、ベルヌ条約加盟国である日本は加入した。1953年1月3日、パリで正式に署名手続きをし、1956年(昭和31年)1月28日に批准書を寄託した。

日本は、1906年（明治39年）、アメリカとの間に、「日米著作権保護に関する条約」を締結し、著作権の相互保護を図っており（アメリカ人は日本では登録なしだが、日本人は、アメリカで登録することが必要だった）、また、翻訳の自由を定めていたので翻訳は自由であったが、第二次世界大戦で、この条約の効力は停止した。その後、対日平和条約に基づく日米交換公文で規律させられた。このあと、日本は万国著作権条約に入り、1956年4月28日から万国著作権条約の効力が発生した。アメリカは1989年（平成元年）、ベルヌ条約に加盟し、方式主義をとる国は殆どなくなったため、万国著作権条約の重要性は低下した。2013年現在、ベルヌ条約に入っていないのは、台湾、ミャンマー、カンボジアである。

## ●第4章　1970年著作権法

### 1．1970年著作権法とその後の改正

(1) 著作権の保護期間を「著作者の死後50年」に、「法人、団体が著作の名義の著作物」は、「公表後50年」とした。

(2) 1934年に導入されたレコードによる放送について、著作権料を免除する条項(旧法30条1項8号)を廃止した。

(3) 歌唱などの実演、レコード、放送、有線放送などを、著作物に準じて保護する著作隣接権制度を新設した。

出版者の権利については、1934年の著作権法改正で定められた「出版権」制度をそのまま維持した。放送局やレコード会社に、無方式で発生する「著作隣接権」を与えたので、この時、出版社へも「著作隣接権」を与えるべきであったという意見もある。

(4) 翻訳権10年留保制度を廃止した。

(5) その後の主要改正事項は以下の通りである。

ア、1984年には、公衆に著作物、レコードを貸与することについて著作

権者に権利を付与した。すなわち「貸与権」を新設した。
イ、1985年、コンピュータ・プログラムを著作物とした。
ウ、2003年(平成15年)、映画の著作物は、「公表後70年」に延長した。
エ、2009年（平成21年）、デジタルコンテンツの流通促進のため、インターネットで情報検索サービス実施のための複製が自由になった（47条の6）等。
オ、2012年（平成24年）、「写り込み」「違法ダウンロード刑事罰化」が行われた。

## 2．1970年著作権法の主要内容
### (1)著作物
　著作物を作成した者は、著作者として、登録などの方式を踏むことなく、自動的に、財産権としての「著作権」と人格権である「著作者人格権」を取得する。
　「著作物」とは、「思想又は感情を創作的に表現したもの」と定義した。（2条1項1号）
　[美術の著作物]
　第2条2項において、「この法律にいう『美術の著作物』には、美術工芸品を含むものとする。」と規定し、第10条1項4号に「絵画、版画、彫刻その他の美術の著作物」を著作物の例示としてあげた。版画は、同じ作品が複数制作されるが、そのほかの作品は、原則として一品制作であると解される。大量生産の工業製品のデザインは、意匠法で保護される。意匠法の保護対象である「意匠」は、「物品(物品の部分を含む。第8条を除き、以下同じ)の形状、模様、若しくは色彩又はこれらの結合であって、視覚を通じて美感を起こさせるものをいう」(2条1項)という。意匠権は、「設定の登録の日から20年間」存続し、著作権は、著作者の生存間及び「死後50年」と長い(51条)。
　応用美術といわれる分野のものが、著作権で保護されるか争いがある。
　1)純粋美術として制作されたものを、そのまま実用品に利用するもの、2)既成の純粋美術の制作技法を実用品に応用するもの、3)大量生産の実用品に、純粋美術とみなしうる部分があったり、純粋美術の制作技法が応用されているも

のである。

こういう判例がある。

ア) 博多人形「赤とんぼ」事件において、長崎地裁佐世保支部昭和48年2月7日無体集5巻1号18頁に、「その姿態、表情、着衣の絵柄、色彩から観察して、これに感情の創作的表現を認めることことができ、美術工芸的価値としての美術性も備わっている。」「量産されて産業上利用されることを目的として制作され、現に量産されたということのみを理由としてその著作物性を否定すべきいわれはない。」「意匠法の保護の対象としての意匠登録が可能で」「両者の重畳的な存在を認めうる。」とある。

イ) 仏壇彫刻事件（神戸地裁姫路支部昭和54年7月9日判決無体集11巻2号371頁）は、こう述べている。

「実用品に利用されていても、そこに表現された美的表象を美術的に鑑賞することに主目的があるものについては、純粋美術と同様に評価して、これに著作権を付与するのが相当」「換言すれば、視覚を通じた美感の表象のうち、高度の美的表現を目的とするもののみ著作権法の保護対象とされ、その余のものは意匠法（場合によっては実用新案法等）の保護対象とされると解することが制度相互の調整及び公平の原則に照らし相当である。」

ウ) Tシャツ事件（東京地裁昭和56年4月20日判決無体集13巻1号432頁）

本件図案は、「全体として躍動感を感じさせる図案であり、思想又は感情を創作的に表現したものであって、客観的、外形的にみて、Tシャツに模様として印刷するという実用目的のために美の表現を追求して制作されたものと認められる。したがって、原画甲は、純粋美術として絵画と同視しうるものと認められ、著作権法上の美術の著作物に該当する。」とした。

[コンピュータ・プログラムの著作物]

1985年、「プログラムの著作物」を著作物とした。（10条1項9号）

「プログラム」とは、「電子計算機を機能させて一の結果を得ることができる

ようにこれに対する指令を組み合わせたものとして表現したものをいう。」と定義している。(2条1項10の2)

[編集著作物]

編集物(データベースの著作物を除く)で、その素材の選択又は配列によって、創作性を有するものは、著作物として保護する。(12条)

[データベースの著作物]

データベースで、その情報の選択又は体系的な構成によって、創作性を有するものは、著作物として保護する。(12条の2)

このように、データベースで著作権法12条の2に該当するものは、著作物とされる。なお、著作権法の定めるものに該当しなくても、民法の不法行為により保護されるという東京地裁2001年5月25日中間判決(翼システム事件)がある。

## (2) 二次的著作物

「著作物を翻訳し、編曲し、若しくは変形し、又は脚色し、映画化し、その他翻案することにより創作した著作物」を「二次的著作物」という (2条1項11号)。

著作権法27条は、(もとの原作品の) 著作者が、翻訳、編曲、映画化など翻案など創作することについて許諾権をもつと定める。(27条)。

その結果できた二次著作物について、原著作者が、「著作者と同一の種類の権利」をもつと定める。(28条)

最高裁2001年10月25日判決は、マンガの女性の画像キャンディ・キャンディは、文章で書いた原作者の作品の二次的著作物であるとして、マンガ家のみが複製を許諾する権利をもつのでなく、原作者も許諾権をもつとした。

## (3) 職務著作・法人著作

会社等の法人・団体の一員が職務上作成した著作物を、法人が著作者、著作権者になるかという観点から、「法人著作」といい、職務上作成した点に力点をおいて、「職務著作」ともいう。日本著作権法15条は、世界でも珍しく、一定の条件を充たせば、法人が著作者になると規定する。

法人格がなくても、代表者の定めがあれば、法人として取り扱う(2条6項)。
コンピュータ・プログラムの著作物について、1, 法人その他使用者の発意に基づき、2, その法人等の業務に従事する者が、3, 職務上作成する著作物で、4, その作成時に別段の契約等に定めのない場合、その著作物の著作者は、法人とする。一般の著作物の場合、「その法人等が自己の著作の名義の下に公表すること」を要件とする(15条1項)
プログラムの開発行為が企業活動に関連して創作され、公表されないこと、公表されても著作者名が公表されることが少ないことから、この条項が置かれた。
このように著作権法は、法人が著作者になりうると規定したが、特許法は異なる。
特許法35条は、発明者は、自然人に限り、法人は認めない。法人は譲渡をうけて特許権者にはなりうる、とされてきたが2015年改正で法人が就業規則等で定めておけば、企業の従業員が職務に関連して、発明をしたとき、法人の方にその特許権を帰属させることができるようになった。

［フランス］
フランスでは、原則として、著作者になれるのは自然人に限り、法人は著作者になれない。例外的に、百科事典やコンピュータ・プログラムなど集合著作物については、その著作物が法人の名前で公表された場合、その法人が著作者の権利を付与され、著作権の所有者になると定めている（知的所有権法典113の5条）。

「判例」
(ア) 大手の重機械メーカー新潟鉄工のコンピュータシステム部門の従業員数名が、退職して新会社設立をしたとき、ソフトウエアの著作権は、新潟鉄工か、従業員のものか争われた事件で、新潟鉄工と判断された（東京地裁1985年2月13日判決、東京高裁1985年12月4日判決（新潟鉄工事件））。
(イ) 龍渓書舎という出版社が、当時の大蔵省の外郭団体の著作名義の出版物は著作権がないと考え、復刻しようとした。国が訴え、勝訴した。

「本件著作物は、大蔵大臣および外務大臣の管理下に設置された国家機関たる在外財産調査会が発意し、常勤で、所定の給与の支給を受ける職員が職務上の分担作業として統一的な構想の下に報告書草案を執筆作成し、総務部会において一個の報告書に編纂して完成させたものであり、これにつき各職員個人を著作者とする旨の別段の約定も認められない本件においては、本件著作物の著作権は、国において原始的に取得したものと解する。」(東京高裁1982年4月22日判決無体例集14巻1号193頁)。

(ウ) 中国籍の香港のデザイナーは、平成5年に3回来日し、アニメーション等の企画・撮影する株式会社で作業し、会社が企画したアニメのキャラクターとして用いる図画を作成した。デザイナーは毎月、基本給名目で12万円を受け取った。

アニメーション作品が完成し、公開されたが、著作者としてデザイナーの氏名は表示されていない。デザイナーは、図画の著作者であるとして、著作権(財産権)及び著作者人格権(氏名表示権)に基づき、アニメ作品の頒布等の差止請求、損害賠償請求をした。

最高裁2003年(平成15年)4月11日判決判時1822号133頁は、本件企画は、会社とデザイナーの雇用契約に基づいて職務上作成したもので、著作権法15条1項により、著作者は会社であるとした。

最高裁は、法人等と著作物を作成した者との関係を実質的にみて、法人等の指揮監督下において労務を提供するという実態にあり、法人等がその者に対して支払う金銭が労務提供の対価であると評価できるか、業務態様、指揮監督の有無、対価の額、支払方法等具体的事情を総合的に判断したのである。

## (4)保護の対象(6条)

ア、日本国民、日本法人の著作物

イ、最初に日本で発行された著作物

ウ、ベルヌ条約などの条約により、日本が保護の義務を負う著作物

日本が加盟するベルヌ条約は、加盟国同士、内国民待遇をしあうこと、最初

にベルヌ条約加盟国で発行された著作物を互いに保護することを定めており、これを条文化した。

なお、日本は、北朝鮮の朝鮮人民共和国を承認していない。そのため北朝鮮の人の著作物は「条約により日本が保護の義務を負う著作物」に該当しない（東京地裁 2007 年 12 月 14 日判決、知財高裁 2008 年 12 月 24 日判決、最高裁 2011 年 12 月 8 日判決）。

## (5)著作権の発生―無方式主義

著作物を創作する者が、著作者である(2 条 1 項 2 号)。

著作者は、著作者人格権と著作権(財産権)を享有する(17 条 1 項)。

著作者人格権及び著作権の享有について、登録などの方式の履行を要しない(17 条 2 項)。これを無方式主義という。

著作物の原作品や著作物の複製物を公衆へ提供する際、著者として表示されている者は、その著作物の著作者と推定される。(14 条)。

## (6)著作者人格権

ア、公表権(18 条)著作者が、未公表の著作物を公表するかどうかを決定する権利である。

イ、氏名表示権(19 条)著作者が、自作の著作物に自分の氏名を表示するかどうかを決定する権利である。

ウ、同一性保持権(20 条)著作者は、その著作物及びその題号の同一性を保持する権利を有し、その意に反してこれらの変更、切除その他の改変を受けない権利である。

建築物の増築、改変、修繕又は模様替えによる改変（20 条 2 項 2 号）など、「著作物の性質並びにその利用の目的及び態様に照らしやむを得ないと認められる改変」は許される(20 条 2 項 4 号)。

著作者人格権は、一身に専属し、譲渡できない(59 条)。

著作者が存しなくなった後における人格的利益は保護される（60 条）。違反者には刑事罰がある（120 条）。民事手続きとして、遺族が人格的利益保護の請

求をなしうる(116条)。

### (7)著作権の支分権ーどういう行為に著作権が及ぶか

「著作権」とは、狭義の「著作権(財産権)」と「著作者人格権」を合わせた権利である。

この狭義の著作権は、次の複製権以下の権利の集まりである。

ア、複製権(21条)

「複製」とは、「印刷、写真、複写、録音、録画その他の方法により有形的に再製することをいい、次に掲げるものについては、それぞれ次に掲げる行為を含むものとする。イ、脚本その他これに類する演劇用の著作物については、当該著作物の上演、放送又は有線放送を録音し、又は録画すること、ロ、建築の著作物については、建築に関する図面に従って建築物を完成すること。」(2条1項15号)

デッドコピーをすれば、当然、複製権侵害であるが、文章で、少々、カナを振ったり、加筆削除した場合は、複製権侵害で、変更の程度が大きい場合、翻案権侵害になる。

ある著作物を作成したところ、偶然、先行の同じ著作物と同じものが出来上がった場合、著作権侵害にならない。「ワン・レイニー・ナイト・イン・トーキョー」事件において、最高裁判決はこういう。「著作物の複製とは、既存の著作物に依拠し、その内容および形式を覚知させるに足りるものを再製することをいうと解するべきであるから、既存の著作物と同一性のある作品が作成されても、それが既存の著作物に依拠して再製されたものではないときは、その複製をしたことにはあたらず、著作権侵害の問題を生ずる余地はない。」(最高裁1978年9月7日判決民集32巻6号1145頁)。

イ、上演・演奏権(22条)

日本音楽著作権協会（JASRAC）は、作詞家、作曲家から、作詞家等がもつこの演奏権を、管理のために譲渡（信託譲渡）して貰い、音楽を使用する放送局、バー、キャバレー、レコード会社などから使用料を徴収し、

作詞家等へ配分している。

カラオケ設備をおいているスナック店で、客が唄っている場合、JASRACは、演奏権に基づいて、音楽使用料をスナック店から徴収できるか。

最高裁は、スナック店における客の歌唱は、スナック店の管理の下で行われ、スナック店は、営業上の利益を得ているから、著作権法上、スナック店の歌唱であり、演奏権侵害であるとする（最高裁1988年3月15日判決（クラブキャッツアイ事件））。

ウ、上映権（22条の2）

エ、公衆送信権（23条）

著作者は、その著作物について、公衆送信（自動公衆送信にあっては、送信可能化を含む）を行う権利をもつ。2条に公衆送信（1項7の2）、自動公衆送信（9の4）、送信可能化（9の5）に定義がされている。

2項は、著作者は、公衆送信されるその著作物を受信装置を用いて「公に伝達」することについて、公に伝達する権利を有する、と定める。

オ、口述権（24条）

カ、展示権（25条）

著作者は、美術の著作者又は未発行の写真の著作物について、これらの原作品により公に展示する権利をもつ。

著作者が、その描いた絵画を売却した場合、買主又はその同意を得た者も「公に展示する」権利を有する（45条1項）。

キ、頒布権（26条）

「映画の著作物」について、「映画の効果に類似する視覚的又は視聴覚的効果を生じさせる方法で表現され、かつ、物に固定されている著作物を含む」（2条3項）とある。コンピュータの「ゲーム」は、プログラムの著作物であるとともに、映画の著作物である。劇場用の映画については、頒布権が与えられ、著作物の複製物を公衆に譲渡又は貸与することについて、許諾権があり、コントロールできる。

個人が、中古ゲームソフトを購入し、使用の後、中古店にいき、これを

売却するのは自由か。映画の著作物とすれば、著作者すなわち著作権者の許諾を要する筈である。

最高裁は、平成14年(2002年)4月25日判決で、「家庭用テレビゲーム機に用いられる映画の著作物の複製物を公衆に譲渡する権利は、一旦、適法に譲渡された複製物について消尽し、その効力は、当該複製物を公衆に提示することを目的としないで再譲渡する行為には及ばない」とした。

ク、譲渡権(26条の2)

映画の著作物を除いた著作物について、著作者には、著作物の複製物等の公衆への譲渡をコントロールすることができ、この権利を譲渡権という。この譲渡権は、権利者又はその許諾を得た者が、複製物等を譲渡した場合、その複製物等のそれ以降の譲渡には、権利が及ばない。

ケ、貸与権(26条の3)

この貸与権は、1975年頃、貸しレコード業が多く開業され、実演家、レコード会社の収入減少を契機として、1984年著作権法が改正された。また、この貸与権を根拠として、主として漫画家の書籍を有料で公衆へ貸与する貸本屋から、料金を徴収し、漫画家及び出版社へ配分する「出版物貸与権管理センター」があり、2014年度の1年間、約18億円を徴収し、配分を行ったという。

コ、翻訳権・翻案権(27条)

サ、二次的著作物の利用権(28条)

## (8)出版者の権利

ア、出版者(出版社)は、出版物を出版したから、当然に、その書籍を無断で複製されない権利をもつわけではない。出版者は、作家から、著作権の譲渡を受けるか、著作権法の定める「出版権」設定契約を結ばなければ、独占的で、対世間に対抗できる権利を持ち得ない。

著作者が著作物をある出版社から出版した場合、別段の契約を締結しなければ、著作者は、同じ著作物を他の出版者から出版できる。

先に出版した出版者がその著作物を独占的に発行を希望する場合、a、著作者は、他の出版者には同一著作物を出版させないという独占契約を結ぶか（債権的契約）、b、著作者との間に著作権法の定める「出版権設定契約」を結ぶことが可能である(物権的契約)。この出版権設定を行った出版者は、同一著作物を無断で発行した者に対して、直接、その著作物の発行を差止め、損害賠償を請求できる。

　このbの出版権の設定は、従来、複製権者が「文書又は図書として出版する場合」可能であったが、2014年著作権法改正で、「文書又は図画として出版する場合」のほか、電子計算機を用いてその映像面に文書又は図画として表示される、いわゆる「電子書籍」を行うことを引き受ける者に対し、出版権設定を認めた。

　出版権者は、ア、頒布目的で原作のまま印刷等により文書図画として複製する権利、イ、原作のままアの方式で、記録媒体に記録された当該著作物の複製物を用いて公衆送信を行う権利をもつ。

　出版、出版権についての重要な判例は、太陽風交点事件（東京地裁1984年3月23日判決、東京高裁1986年2月26日判決)である。

　作家Bは、出版者Aから短編集「太陽風交点」発行した。書面での契約はなかった。Aは、当然、この「太陽風交点」の文庫本をAから発行できると考えていた。

　Bは、出版者Cから、短編集「太陽風交点」の文庫本をCから発行するよう誘われ、これに応じた。BとCは、書面で出版権設定契約を結び、出版権設定の登録をした。Bは、それまで出版権設定契約と出版許諾契約の区別を知らなかった。

　BCに対し訴訟を提起したAは、こう主張した。1, AとBの間に、口頭であるが出版権設定契約が成立しているから、BとCの契約が成立する余地はない。2, AとB間で、A以外から発行しないという約束をし、Cは文庫本にできない。3, 単行本を先にある出版社が発行した場合、3年間は他の出版者は同じ著作物を発行しないという「不文律」があり、これは著作権法83条2項に根拠があり、また出版界の慣行である。

第4章　1970年著作権法　　　　　　　　　　　　　　445

　東京地裁1984年判決は、Aの主張を全部斥け、Aの請求を棄却した。
　東京高裁1986年判決も、Aの主張する商慣習 — 先にある著作物が発行されてから、他の出版者は3年間、同一著作物を発行できない、という商慣習は認められない、とし、AとBの間に、独占的な出版許諾契約があったという主張も認めなかった。
　イ、日本の出版社は、アメリカと違って、作家から著作権譲渡を受けていない。従って、グーグルが日本人の著作物を複製したいと言ってきても、出版社はそれに対して許諾あるいは拒絶できない。グーグル問題が発生以前、日本では、1990年、出版社に登録なしに自動的に発生する「版面権」を与えてはどうかという著作権審議会(第8小委員会)で意見が出されたが実現しなかった。
　電子書籍が普及する時代を目前にして、出版社に権利を与えてはどうか、という意見が再び起こっている。
　版面権は、台湾著作権法79条（製版権）に類似している。台湾の製版権は、保護期間が10年である。

## (9)保護期間

　ア、映画の保護期間は70年である(54条)
　　2003年、著作権法が改正され、映画の著作物のみの保護期間は、公表後70年となった（他の著作物は、死後50年か、公表後50年のままである）。改正法の施行日は、2004年1月1日である。
　　1953年公表の映画「シェーン」は、50年経過した2003年12月31日に保護期間が切れて、「70年」の規定は適用されないとされ（最高裁2007年12月18日判決民集61巻9号3460頁）、「ローマの休日」のDVDでの複製は自由であるとされた（東京地裁2006年7月11日決定判時1933号68頁）。
　イ、旧法時代の映画。東京地裁2007年9月14日判決平成19年(ワ)第8141号及び知財高裁2008年7月30日判決判タ1301号は、黒澤明監督の映画「羅生門」は、著作権をもつのは映画会社でなく、著作者である黒沢明であり、著作権者であるとして、この映画は、黒澤明の死亡の1998年

の翌年から起算し旧法規定の38年間存続する、即ち2036年まで存続し、その間、DVDやビデオにするには著作権者の許諾が必要とされた。
　ウ、写真の保護期間
　　1899年著作権法では、写真は、最初の発行から10年間（のち13年まで延長）で、1970年著作権法は公表後50年、1996年の著作権法改正で死後50年になった。

## (10) 権利の制限

　日本の著作権法は、1か条、フェアユースの規定をおき、具体的な事例をその都度当てはめるという考え方をとらず、次の1）から35）までの条文に合致する場合のみ、著作者に無断で、一般の利用者がその著作物を利用できるという限定列挙主義を採っている。
　1）　私的使用のための複製（30条1項）
　　著作権の目的となっている著作物を個人的又は家庭内（これに準ずる限られた範囲を含む）において、使用することを目的とする時は、その使用する者が複製することは許される。使用する本人が、自分の子、親、兄弟に依頼し、複製して貰うことは、いわば「手足」とみなされ、構わないと解されている。しかし、「複製を行う業者」に依頼すると、業者は、「手足」とは看做されず、複製を行う「主体」と看做され、30条1項は適用されない。「自炊」事件といわれる事件がある。紙の書籍を裁断し、スキャナーで読み取り、電子ファイルを作成し、これを収録したUBSメモリを機器に入れて、電子書籍とする行為は、全部自分1人で行えば「私的使用」として許されるが、事業者に代行を依頼すれば「私的使用」ではない、とされている（知財高裁2014年10月22日判決、平成25年（ネ）第1009号、判時2246号92頁）。
　　インターネット上で違法にアップロードされた音楽や映像について、違法と知りながらダウンロードすることは、私的利用目的であっても、30条1項の「複製」ではない、違法である。2012年著作権法改正により、「2年以下の懲役若しくは200万円以下の罰金に処し、又はこれを併科でき

る」(119条3項)とされた。
2) 付随対象著作物の利用 ― 写り込み(30条の2)
   2012年著作権法改正により、写真の撮影等の場合、背景に他人の著作物が写り込んだ場合、創作に伴って複製又は翻案が許されるとした。ただし、写り込んだ著作物の著作権者の利益を不当に害する場合はこの限りではないとしている。
3) 検討の過程における利用(30条の3)
   著作権者の許諾を得て、又は著作権法67条の定める裁定制度を使うなどして、著作物を利用しようとする者は、これらの利用についての検討の過程における利用に供することを目的とする場合には、その必要と認められる限度において、当該著作物を利用することができる。
4) 技術の開発又は実用化のための試験の用に供するための利用(30条の4)
   公表された著作物を、著作物の録音、録画その他の利用に係る技術の開発又は実用化のための試験の用に供する場合には、その必要とする限度において利用することができる。
5) 国会図書館及び政令で指定された図書館は、一定の場合、複製が許される(31条)
   国立国会図書館は、その所蔵図書を電子化できる(31条2項)。
6) 引用(32条)
   公表された著作物を、報道、批評、研究その他引用の目的上、正当な範囲内で、公正な慣行に合致する場合、著作者に無断で［引用］することができる。
   「引用」の名の下で、［複製権］を侵害することは許されない。だが三岸節子事件(知財高裁2010年10月13日判決判時2092号135頁)において、画家の絵画を縮小カラーコピーし、絵画を販売する際、真正であるとの鑑定証書に付する行為は「引用」であり、画家(又は遺族)に無断で行えるとの判決が出ている。
7) 教科書へ作家等の著作物を転載すること(33条)
   小学校、中学校、高等学校の文部科学省検定の教科書に、作家等の著作

物を転載することについて、作家等の著作者の許諾を得なくてもかまわない。しかし、教科書に転載する会社は、文化庁長官が毎年定める金額の補償金を作家等に支払う必要がある。

8) 教科用拡大図書等の作成のための複製等(33条の2)

視覚障害者のため、拡大した教科書を作成することを支援する規定である。

9) 学校教育番組の放送等(34条)

公表された著作物は、学校教育の目的上必要と認められる限度で、放送し、有線放送することができる。但し著作者へ通知し、相当額の補償金を支払う必要がある。

10) 学校その他の教育機関における複製(35条)

学校その他の教育機関では、授業の過程における使用に供することを目的とする場合、教育の担任する者及び授業を受ける者は、必要と認められる限度で複製できる。

11) 試験問題としての複製等(36条)

入学試験や学識技能に関する試験を行う場合、ある作家の著作物を複製して出題する場合、前もって許諾をとれば漏洩するおそれもあり、著作者に無断でできるよう定めた。

12) 視覚障害者等のための複製等(37条)

公表された著作物は、点字により複製することは自由である。

13) 聴覚障害者等のための複製等(37条の2)

聴覚障害者のために、聴覚障害者の福祉に関する事業を行う者が、①音声について、これを文字にすることにより複製し、又は自動公衆送信する、②専ら当該聴覚障害者向けの貸出用に供するため、複製することを許した規定である。

14) 営利を目的としない上演など(38条)

公表された著作物を、営利を目的とせず、聴衆・観衆から料金を徴収せず、実演家・歌手など出演者へ報酬を支払わない場合、著作者に無断で上演・演奏・上映・口述できる。

15) 時事問題に関する論説の転載(39条)

新聞、雑誌に掲載された政治上、経済上、社会上の時事問題に関する論説は、他の新聞、雑誌に転載し、放送し、有線放送し、自動公衆送信することができる。ただし、これらの利用を禁止する旨の表示があれば転載等は許されない。

16) 政治上の演説等の利用(40条)

公開して行われた政治上の演説・陳述、裁判手続における公開の陳述は、自由に利用できる。但し、ある1人の人物の発言を編集して利用する場合、その本人の許諾を要する。

17) 時事の事件の報道のための利用(41条)

写真、映画、放送その他の方法で、時事の事件を報道する場合、当該事件を構成し、又は当該事件の過程において見られ、若しくは聞かれる著作物は、報道の目的上正当な範囲内において、複製し、当該事件の報道に伴って利用することができる。

18) 裁判手続きにおける複製(42条)

裁判手続きのために必要と認められる場合、立法又は行政の目的のために内部資料として必要な場合、必要と認められる限度で複製できる。著作権者の利益を不当に害する場合は、別である。

19) 行政機関情報公開法等による開示のための利用(42条の2)
20) 公文書等の管理に関する法律に基づく利用に係る規定の整備(42条の3)
21) 国立国会図書館法によるインターネット資料及びオンライン資料の収集のための複製(42条の4)

国立国会図書館長は、インターネット資料、オンライン資料を収集するために必要と認められる限度で、インターネット資料、オンライン資料を国立国会図書館の記録媒体に記録できる。また、国立国会図書館法で定める者は、当該資料を提供するため、複製できる

22) 翻訳、翻案等による利用(43条)

30条の私的使用により、ある著作物を利用する者が、やはり私的使用で、これを翻訳物にすることも許される、などを規定している。

23) 放送事業者等による一時的固定(44条)

放送事業者は、公衆送信権(23条)を害することなく放送できる著作物を自己の放送のため、自己の手段等で一時的に録音し、録画することが許される(複製権侵害にはならない)という規定である。

24) 美術の著作物等の原作品の所有者による展示(45条)

美術作品を購入し、所有者となっても、著作者に展示権(25条)が残ったままでは、所有者になった意味がない。所有者又はその同意を得た者は、展覧会に展示するなど原作品を公に展示することができると定めた。

25) 公開の美術の著作物等の利用(46条)

美術の著作物で、屋外の場所に恒常的に設置されたもの又は建築の著作物について、「彫刻を増製し、又は増製物を譲渡して公衆に提供する」、「専ら美術の著作物の複製物の販売を目的として複製し、又はその複製物を販売する場合」などは、著作者の許諾を要するとした。

26) 美術の著作物等の展示に伴う複製(47条)

展覧会の会場で、観覧者のために美術作品の解説または紹介のため「小冊子」をつくり、ここに展覧会出品の美術作品を掲載することは、著作者に無断でかまわない。

藤田嗣治の絵画を展示した主催者が、展示した藤田作品を「小冊子」に掲載したが、著作権者藤田君代は、そのカタログは、立派な画集であり、「小冊子」とはいえないと主張、著作権者が勝訴した判例がある(東京地裁1985年10月18日判決判時1176号33頁)。

27) 美術の著作物等の譲渡等の申出に伴う複製(47条の2)

美術の著作物等の譲渡等をしようという場合、その申出のための複製、自動公衆送信を、一定の条件の下に権利者の許諾を不要とした。

国税庁が税金滞納者の絵画を差押さえて競売にかける場合や、業者が商業目的で絵画をオークションにかける場合、インターネット上に絵画を掲載し、公衆送信することやオークション用のカタログに絵画を掲載する行為を無断無料でできるようにした。ただし、絵画の大きさが50平方センチメートル、公衆送信の場合、影像を構成する画素数3万2400以下の場合に許すとした。

28) プログラムの著作物の複製物の所有者による複製等(47条の3)
   プログラムの著作物の複製物の所有者は、必要と認められる限度で、当該著作物を複製又は翻案できる。
29) 保守、修理等のための一時的複製(47条の4)
   インターネットサービスにおいて、事業者が行うバックアップ等のための複製が、権利者の許諾なく行えるようにした。
30) 送信の障害の防止等のための複製(47条の5)
   送信の障害の防止等のための複製を自由化した。
31) 送信可能化された情報の送信元識別符号の検索等のための複製等（47条の6)
   情報検索サービスのための複製。必要と認められる限度において、権利者の許諾を不要とした。インターネット上の公開情報の収集、整理に伴って、情報を複製することは複製権侵害となるため、国内にサーバーを置いて情報検索サービスを合法化するため、この改正が行われた。
32) 情報解析のための複製等(47条の7)
   情報解析を行う目的のための記録媒体への記録又は翻案を、権利者の許諾なく行われるようにした。
33) 電子計算機における著作物の利用に伴う複製(47条の8)
34) 情報通信技術を利用した情報提供の準備に必要な情報処理のための利用(47条の9)
35) 複製権の制限により作成された複製物の譲渡(47条の10)
36) 出所の明示(48条)
   私的使用のため複製した場合など、「その複製又は利用の態様に応じ合理的と認められる方法及び程度により」出所を明示するよう定めている。

(11)著作隣接権

著作権法は、主として著作権を規定しているが、著作権に準じた「著作隣接権」という権利を89条から104条までに規定している。

## I 実演家

実演家とは、「俳優、舞踊家、演奏家、歌手その他実演を行う者及び実演を指揮し、又は演出する者」と定義している(2条1項4号)。

ア、実演家は、人格権として、氏名表示権(90条の2)及び同一性保持権(90条の3)をもつ。

イ、歌手が作詞家、作曲家の歌を歌唱すると、その歌手(実演家)の歌唱(実演)には、著作隣接権が生じ(無方式主義)、誰も無断で、その歌唱を録音(複製)できない。

すなわち、

1) 実演家は、財産権として、実演につき、録音・録画を専有する(91条)。
2) 実演家は、放送、有線放送する権利を専有する(92条)。
3) 実演家は、その実演を送信可能化する権利を専有する(92条の2)。
4) 実演の放送について、実演家の許諾を得た放送事業者は、その実演を放送のために録音し、又は録画することができる(93条)。
5) 実演家は、その実演について放送することを許諾したときは、別段の契約がなければ、その録音物又は録画物による放送への許諾も含まれる(94条)。
6) 放送される実演を有線放送事業者が有線放送する場合、有線放送事業者は、実演家に対し、相当な報酬を支払わねばならない(94条の2)。
7) 放送事業者及び有線放送事業者は、商業用レコードを用いた放送、有線放送をした場合、実演家に二次使用料を支払わねばならない(95条)。
8) 実演家は、その実演をその録音物又は録画物の譲渡により公衆に提供する権利を専有する(95条の2)。
9) 実演家は、その実演の録音されている商業用レコード(発売後1年間)の貸与により公衆に提供する権利を専有する。すなわち1年間、承諾か拒絶の許諾権をもつ(95条)。

## II レコード製作者

レコード製作者とは、レコードに固定されている音を最初に固定した者をい

う(2条1項6号)。
1) レコード製作者は、そのレコードを複製する権利を専有する(96条)。
2) レコード製作者は、そのレコードを送信可能化する権利を専有する (96条の2)。
3) レコード製作者は、放送事業者が商業用レコードを放送した場合、放送事業者から、実演家とともに、二次使用料を受け取る(97条)。
4) レコード製作者は、そのレコードをその複製物の譲渡により公衆に提供する権利を専有する(97条の2)。
5) レコード製作者は、そのレコードをそれが複製されている商業用レコード(発売後1年内)の貸与により公衆に提供する権利を専有する(97条の3)。

## III 放送事業者

放送事業者とは、放送を業として行う者をいう(2条1項9号)。
1) 放送事業者は、複製権を専有する(98条)。
2) 放送事業者は、再放送権及び有線放送権を専有する(99条)。
3) 放送事業者は、送信可能化権を専有する(99条の2)。
4) 放送事業者は、テレビジョン放送又はこれを受信して行う有線放送を受信して、影像を拡大する特別の装置を用いてその放送を公に伝達する権利を専有する(100条)。

## IV 有線放送事業者

有線放送事業者とは、有線放送を業として行う者をいう(2条1項9号の3)。
1) 有線放送事業者は、複製権を専有する(100条の2)。
2) 有線放送事業者は、その有線放送を受信して、これを放送し、又は再有線放送する権利を専有する(100条の3)。
3) 有線放送事業者は、その有線放送を受信してこれを送信可能化する権利を専有する(100条の4)。
4) 有線放送事業者は、その有線テレビジョン放送を受信して影像を拡大す

る特別の装置を用いて、その有線放送を公に伝達する権利を専有する(100条の5)。

[保護期間]

著作隣接権の保護期間は、最初に行為が行われた時から、50年である(101条)。

実演家人格権は、一身専属で譲渡できない(101条の2)。

実演家の死後における人格的利益は保護される (101条の3)。遺族が人格的利益保護のため請求でき(116条)、刑事罰が定められている(120条)。

(12)裁定制度

公表された著作物の著作権者の所在が不明で、連絡が取れない場合、文化庁長官の裁定を受けて、その著作物を利用することができる(67条)。

(13)権利侵害

[損害賠償]

Aの著作物が、Bにより無断で複製された場合、Bは故意又は過失でAの権利(著作権)を侵害しているので、Bに損害賠償(民法709条)を請求できる。侵害を被ったAの方が、その損害の額を立証するのが民法の原則であるが、著作権法は、Aの労力を軽減させるために、侵害による損害額を「推定」できる規定をおいている(114条)。

[差止請求]

著作者、著作権者、出版権者、実演家、著作隣接権者は、著作権などの侵害をする者又は侵害するおそれのある者に対して、その侵害の停止又は予防の請求をすることができる(112条1項)。

すなわち、「差止請求」である。

損害賠償請求と差止請求が、著作権者などの大きな対抗手段である。

[名誉回復請求]

このほか、Aの著作物をBが故意も過失もなく無断出版した場合、不当利得返還請求Aは、不当利得返還請求ができる(民法703条、704条)。

著作者人格権、実演家が人格権を侵害された場合、侵害者へ「名誉回復措置」

の請求ができる(115条、116条)。

[著作権侵害とみなされる行為]

著作権法は、次の行為を、「侵害とみなす行為」とした(113条)。

1) 外国で作成された「海賊版」を国内に販売・配布目的で輸入する行為。
2) 著作権等侵害行為により作成された物であると「情を知って」頒布し、頒布目的で所持し、若しくは「頒布する旨の申出」をし、又は業として輸出し、若しくは業としての輸出の目的をもって所持する行為。

## (14) 刑事罰

著作権侵害、出版権侵害、著作隣接権侵害を行った者には、刑事罰が科されている。

10年以下の懲役又は1000万円以下の罰金である。ただし、多くは、親告罪である。

[違法ダウンロード]

従来から、映像や音楽を著作権者に無断で、違法にアップロードすることはは、著作権侵害で罰則の対象であった。

だが、違法にアップロードされた音楽や映像を違法と知りながらダウンロードすることは、私的使用のための複製に当たらない、としていた。そして、刑事罰の対象ではなかった。

2012年、国会議員による議員提案で、違法ダウンロードについて罰則が規定された。

この改正により、海賊版であることを知りながら「有償著作物等」をダウンロードした者に、2年以下の懲役もしくは200万円以下の罰金を科すことにした。119条に第3項を新設した。親告罪である(法123条)。

## 3. 著作権等管理事業法

1939年制定の「著作権に関する仲介業務に関する法律」では、著作権の仲介業務を行うこと、著作物の使用料額の決定などについては許可制をとっていた。この法律を廃止し、著作権等管理事業を行うことなどを届出制にした。

## 4. 映画の盗撮の防止に関する法律（2007年）

映画館等で有料上映中の映画について、私的使用の目的でも、著作権者の許諾なく、映画館等で映画の録画又は音声の録音を行うことはできない。2007年8月30日から施行された。

# ●第5章　最近の著作権判例

[美術]

1. 三岸節子事件（知財高裁2010年10月13日判決、東京地裁2008年5月19日判決）

画家三岸節子（1905-1999）作品は、画廊を経営する孫の三岸太郎が1作品あたり鑑定料5万円で、その真贋を鑑定している。

画商の集まりである株式会社東京美術倶楽部は、美術展を開催するほか、画家の絵画などの鑑定を行い、真作と認めた場合、1点6万円の鑑定料で鑑定している。2005年、東京美術倶楽部は、三岸節子の作品「花」について鑑定し、鑑定証書を作成し、その裏に、この絵を縮小カラーコピーしたものを貼り付けた。

三岸太郎は、東京美術倶楽部に対し、絵画の縮小カラーコピーを作成したことは、著作権のうちの複製権侵害である、として訴えた。

東京地裁は、原告の請求通り複製権の侵害と認め、被告が得た利益の総額は3万円の2点であり、6万円であるとして、6万円の損害賠償を命じた。

被告東京美術倶楽部は、控訴した。

2審の知財高裁は、鑑定証書の作成に際し、各絵画を複製した縮小コピーを貼付することは、その方法ないし態様としても、社会通念上、合理的な範囲内にとどまるものであり、著作権法32条1項の規定する「引用」として許される、とし被告側を勝たせた。


[彫刻、仏像]

2. 駒込観音像事件（東京地裁2009年5月28日判決、知財高裁2010年3月

25日判決）

　1697年、江戸（東京）の光源寺（こうげんじ）に11面観音の立像が信者により寄進された。寺の境内に置かれた観音像は、約8メートルの高さで、観音像の頭上に小さく9面が置かれ、さらに頂上に1面が置かれている。併せて11面である。

　この観音像は、「駒込大観音」と呼ばれ、約250年間、民衆に親しまれていた。

　1945年5月25日の米軍による東京大空襲によって、光源寺及び駒込大観音は焼失した。その後、光源寺は再建されたが、駒込大観音は約40年間、再建されなかった。

　1987年、当時の光源寺住職Aは、新しい駒込大観音の製作を仏像製作の専門家集団に依頼し、Cとその弟子のDが中心となって観音像が製作された。

　1993年、新しい観音像が公衆の閲覧に供され、信者や一般人も参拝しはじめた。

　1994年、A住職が死亡し、Bが新しい住職に就任した。Cも死亡した。

　B住職は、この観音像は、睨みつけるような目、驚いたような表情であること、檀家や一般参詣客が違和感をもっている、もっと慈悲深い表情にしてほしいとの声があるとして、観音像の首のすげ替えを決意し、Cの弟Eに伝えたが反対された。Dに依頼して、首の上をすげ替えて、新しい首に付け替えた。

　2006年、Cの弟Eは、首のすげ替えの事実を知った。Eは、彫刻家で、観音像の製作をした専門家集団の1員ではあったが、製作者というより補助者であった。

　Eは、首のすげ替えは、死者である兄CやEの人格的利益の侵害である、観音像の頭部を元に戻すよう請求し、光源寺（代表者B住職）及びDを訴えた。

　東京地裁2009年判決は、Eは、製作者ではないが、故Cの遺族として、原状回復措置を求めることができるとして、光源寺に原状回復するよう、すなわち以前の首に戻すように命じる判決を下した。この判決に不服の光源寺は、控訴した。

　知財高裁2010年判決は、1審被告光源寺及び1審被告Dは、原状回復は必要でない、しかし、毎日新聞と宗教専門紙である中外日報へ「新しい仏頭部を

製作したこと、故C製作の仏頭部も安置していること、故Cの名誉声望を回復するための適当な措置として、このことをお知らせする」という文面の広告を掲載せよ、との判決を下した。

Eは、不服で、最高裁へ上告した。

最高裁は、2010年12月7日、Eの上告を退ける決定をした。従って、知財高裁の2010年3月25日判決が確定した。

[絵画・カタログ]
3．オークション・カタログ事件（東京地裁2009年11月26日判決）
原告等は、現代美術の作家で、絵画等の作品（本件著作物）の著作権者である。
被告は、オークション等を業とする株式会社である。

被告は、原告の著作物の画像をフリーペーパー、パンフレット、冊子カタログに掲載し、その一部をインターネットで公開した。原告らは、原告等の複製権及び原告Xの公衆送信権を侵害したとして、不法行為に基づく損害賠償を請求した。

被告は、次のように主張した。a、引用（32条）である。b、展示に伴う複製であるから47条の「小冊子」である。c、被告は、オークションは香港で開催され、これは「時事の事件の報道」に当たる。d、オークションに先立ち、著作権者に無断でカタログが作成されることは、国際慣行である、原告の著作権行使は、権利濫用である。

裁判所は、a、原告著作物をフリーペーパー等に掲載し、文字の部分は、資料的事項を箇条書きにしているが、32条の「引用」に当たらない。b、47条は、観覧者のためのものであることが必要で、フリーペーパー等への掲載は、観覧者に限らない多数人に配布するから、「小冊子」に当たらない。c、本件パンフレットは、オークションの広告で、「時事の事件の報道」に当たらない。d、原告の著作権行使は、権利濫用に当たらない、とした。

結局、被告の抗弁は容れられず、原告の請求が概ね認められた。

なお、2010年1月1日施行の改正著作権法により、一定の要件を満たせば、権利者の許諾なしに、美術品、写真の譲渡等をしようとする場合、その申出の

ための複製又は自動公衆送信を行えるとした(47条の2)。

### [音楽・カラオケ]
4. クラブ・キャッツアイ事件(最高裁1988年3月15日判決)

音楽家を雇い、音楽の生演奏をさせていたクラブ・キャッアイというバーが、生演奏をやめ、カラオケ装置を置いて、客がカラオケで歌うようになった。

作詞家作曲家からその著作権を信託的譲渡されている日本音楽著作権協会(JASRAC)は、演奏権に基いて、著作権使用料を請求、経営者であるバーを訴えた。

バーは、カラオケで歌唱しているのは客であって、経営者は音痴で歌わないし、店にいないといって、責任主体はバーの経営者でないと主張した。

最高裁は、1. 客が歌っていたとしても、バーの管理下にあること、2. バーは、カラオケスナックとしての雰囲気を醸成し、客の来集を図り、営業上の利益の増大を意図していることを理由に、客による歌唱も、著作権法上の規律の観点から、バーの経営者による歌唱と同視しうる。著作権侵害について、侵害者と思われる者が直接、侵害していないとしても、その行為のなされる状況において、1, その仕組みが侵害者の管理下にあること、2, 侵害者が利得している場合、侵害とされる。この判例は「カラオケ法理」と呼ばれる。

### [音楽・カラオケ・カラオケリース事業]
5. カラオケ・リース業者事件(最高裁2001年3月2日判決)

カラオケ機器などの装置を貸与するリース業者は、日本音楽著作権協会(JASRAC)に対してどういう責任を負うかが争われた事件である。この事件のスナック、バーでは、カラオケ装置を個々の店舗が購入せず、カラオケ装置をリース業者からリース契約を結んで、カラオケ装置を店舗に置いていた。

カラオケ装置を置いて、カラオケにより客を集め、利益を得ているバー、スナックは、リース業者にリースの代金を支払うと共に、音楽の著作権者であるJASRACに使用料を支払わねばならない。JASRACは、当初から著作権使用料を支払わないか、途中から店を他に移転するか、店舗を別の名義にする等に

より、著作権料不払いの事例に悩まされた。

一方、リース業者は、リース料が支払われない場合は、カラオケ装置を機能させずリース契約を解除すればいいわけで、JASRACと違って、料金の不払いで困ることはない。

JASRACは、リース業者がバー、スナックの経営者へカラオケ装置を引き渡すときは、JASRACと著作物使用許諾契約を結ぶよう店主に伝えるよう求め、そうしなければ、店主による著作権侵害についての幇助犯にあたるとして、リース業者を訴えた。

最高裁2001年判決は、「カラオケ装置のリース業者は、カラオケ装置のリース契約を締結した場合において、当該装置が専ら音楽著作物を上映し又は演奏して公衆に直接見せ又は聞かせるために使用されるものであるときは、リース契約の相手方に対し、当該音楽著作物の著作権者との間で著作物使用許諾契約を締結すべきことを告知するだけでなく、上記相手方が当該著作権者との間で著作物使用許諾契約を締結し又は申込みをしたことを確認した上でカラオケ装置を引き渡すべき条理上の注意義務を負う」とし、JASRACを勝たせた。

[音楽・インターネット]

6. ナップスター型音楽ファイル交換事件（東京地裁2003年1月29日判決（中間判決）判時1810号29頁、東京地裁平成2003年12月17日判決判時1845号36頁平成14年(ワ)第4237号）（東京高裁2005年3月31日判決平成16年(ネ)第405号）

ピア・ツー・ピア技術を用い、中央サーバーを設置し、インターネットを経由して、利用者のパソコンに蔵置されている電子ファイルから他の利用者が好みの音楽のものを選択して、無料でダウンロードできる「ファイルローグ」事業を行っている業者YがX（日本音楽著作権協会・JASRAC）およびレコード会社から訴えられた。

Yは、Xの管理著作物をMP3形式（デジタル音声フォーマットの一種）の電子ファイルにし、これを送受信したのである。

Xは、自己の送信可能化権、自動公衆送信権を侵害するとし、訴えた。

東京地裁は、JASRAC 等のもつ「自動公衆送信権」「送信可能化権」の侵害であるとして損害賠償を命じている。
　被告のようなファイル交換サービス事業者は、単に電子ファイルの送受信に必要なファイル情報を提供しているに過ぎないが、管理性があり、営業上の利益を得ていることから、著作権、著作隣接権の侵害行為の主体であるとした。
　Y は控訴した。
　東京高裁 2005 年 3 月 31 日判決は、次のように述べ、控訴を棄却した。
　「本件サービスが、その性質上、具体的かつ現実的な蓋然性をもって特定の類型の違法な著作権侵害行為を惹起するものであり、Y がそのことを予想しつつ本件サービスを提供して、そのような侵害行為を誘発し、しかもそれについての Y の管理があり、Y がこれにより何らかの経済的利益を得る余地があるとみられる事実があるときは、Y はまさに自らコントロール可能な行為により侵害の結果を招いている者として、その責任を問われるべきことは当然であり、Y を侵害の主体と認めることができるというべきである」「以上の点を総合考慮すれば、Y は、本件サービスによる本件管理著作物の送信可能化権及び自動公衆送信権の侵害主体であると認めることができる。」

**参考文献**：岡村久道「間接侵害」(「著作権判例百選第 4 版」192 頁)
　　田中豊「著作権侵害と JASRAC の対応」(紋谷暢男編「JASRAC 概論」(日本評論社・2009 年)184 頁)
　　田中豊編「判例でみる音楽著作権訴訟の論点 60 講」(日本評論社・2010 年)における田中豊、市村直也論文に詳しい


[映画]
　7. 北朝鮮映画のニュース報道事件 (東京地裁 2007 年 12 月 14 日判決、知財高裁 2008 年 12 月 24 日判決、最高裁 2011 年 12 月 8 日判決)
　日本は、北朝鮮を国家として承認していない。
　北朝鮮の国民の著作物である映画 (2 時間を超える) の一部 (約 2 分 8 秒) を、2003 年 12 月 15 日、1 審被告であるフジテレビ (はじめ (株) フジ・メディア・ホールディングス、のち脱退し、フジテレビジョンが承継) が放送した。
　原告は、北朝鮮文化省の一機関である朝鮮映画輸出入社及び有限会社カナリ

オ企画である。原告は、日本著作権法により、著作権（公衆送信権）に基づいて、被告フジテレビへ映画の放映の差止を求めた。

さらに、1審原告の朝鮮映画輸出入社と、同映画について日本国内の利用等につき独占的な権利を有する1審原告カナリオ企画が、不法行為（著作権ないし著作物の利用許諾権の侵害）に基づき、フジテレビへ損害賠償（無断使用による損害500万円）及び弁護士費用50万円を求めた。

1審である東京地裁2007年判決は、北朝鮮の国民の著作物は、著作権法6条3号の日本が「保護の義務を負う著作物」に当たらないとして、原告等の請求を棄却した。

2審では、1,北朝鮮がベルヌ条約の加盟国であっても、著作権法6条3号の「条約によりわが国が保護の義務を負う著作物」に当たらないとして、北朝鮮の国民の著作物が日本の著作権法により保護されることを否定し、控訴人朝鮮輸出入社の差止は認めず、請求を棄却した。2,しかし、この映画の著作物が、著作権法の保護対象でなくても、控訴人カナリオ企画は、一般不法行為により保護を受け得るとし、民事訴訟法248条（損害額の認定）により、金10万円を損害として認め、弁護士費用2万円とした。

1審は、共同原告の朝鮮映画輸出入社とカナリオ企画に当事者能力を認め、2審は、カナリオ企画のみに認めた。2審はまた、未承認国の国民にも民法709条の保護を認め、12万円の限度で、不法行為責任を認めた。

最高裁2011年12月8日判決は、次のような判決を下した。

(1) 主位的請求について

　日本は、当該未承認国との間における当該条約に基づく権利義務関係を発生させるか否かを選択できる。日本は未承認国である北朝鮮との間において、ベルヌ条約に基づく権利義務関係は発生しないという立場をとっている。日本は、ベルヌ条約3条(1)(a)に基づき、北朝鮮の国民の著作物を保護する義務を負わない。本件各映画は、著作権法6条3号に定める著作物にあたらない。

(2) 予備的請求について

　著作権法6条に定める著作物に該当しない著作物の利用行為は、著作権

法が規律の対象とする著作物の利用による利益とは異なる、法的に保護された利益を侵害するなどの特段の事情がない限り、民法の不法行為を構成しない。この事件で、原告が主張する映画を利用することにより享受する利益は、著作権法が規律の対象とする日本国内における独占的な利用の利益をいうもので、映画が著作権法 6 条の著作物に該当しない以上、A 社の放送が原告に対する不法行為を構成しない。

[映画・ドラマ]

8. 「苦菜花」事件（知財高裁 2009 年 10 月 28 日判決、東京地裁 2009 年 4 月 30 日判決）

中国法人の原告 A（北京赤東文化伝播有限公司）は、自分が著作権を有すると主張する TV ドラマ「苦菜花」（本件ドラマ）を、放送事業者である日本法人・被告 B（亞太メディアジャパン）と日本法人・被告 C（スカパー JSAT）に著作権侵害されたとして損害賠償と放送の差止を求めた。

本件ドラマは、D（北京華録百納影視有限公司）と E（世紀英雄電影投資有限公司）が共同製作したもので、D が単独で著作権を有していた。

原告 A は、D から著作権の譲渡を受けたと主張した。

被告 B は、中国法人の E（湖南影視）と「番組提携契約書」を交わし、放送権を取得したと主張した。これについて原告 A は、E は D から非独占的利用権の「譲渡」を受けたに過ぎないと主張した。

東京地裁は、中国がベルヌ条約加盟国であること、日本の著作権法の保護があるとして、次のように判断した。① A は、D がその有する本件ドラマの日本に於ける著作権を、D から譲渡を受けたと認定した。② E は、「湖南地区」の放送権を得ていたに過ぎず、従って、被告 B は、日本における放送権を有していない。原告 A は、本件ドラマの著作権を登録していなくても、被告 B に対抗できるとして、被告の著作権侵害を認め、135 万円の損害賠償を命じた。被告 C に対しては、C に過失がないとして、請求を認めなかった。

原告は、1 審の損害賠償額が低額であること、及び被告 C に対する過失責任を認めなかった点を不服として控訴した。知財高裁は原判決を維持し、控訴を

棄却した。

## [テレビ番組・コマーシャル原版]

9. テレビコマーシャル原版事件（東京地裁 2011 年 12 月 14 日判決、知財高裁 2012 年 10 月 25 日判決）

原告 X は、広告代理店で、広告主の希望をきいてタレントを採用し、広告内容をきめて撮影し、テレビコマーシャル（CM）の原版を作成するなどの業務を行っている。

被告 Y1 も各種の広告企画、製作及び販売を行っている X と同様の会社である。

被告 Y2 は、原告 X 会社に従業員として入社し、5 年ののち、原告 X の取締役に就任したが約 2 年半勤務の後、退職した。原告 X は、広告主ケーズデンキ社、ブルボン社を見つけてきた。原告 X は、Y1、Y2、A と協力し、ケーズデンキ社及びブルボン社の CM 原版を作成した。A は、大手の広告代理店電通を退職し、被告 Y1 の監査役である。

(1) 原告 X は、被告である広告代理店 Y1 が、a、ア、原告が製作したケーズデンキ社の新店舗告知のテレビ原版（新店舗の名前の部分は空白の原版）について、被告 Y1 が、無断で当該原版を使用して、新たに新店舗告知のテレビ CM 原版（新店舗の名前を入れた完全版）を製作し、そのコピーであるプリントを作成したこと、イ、また、原告が製作した新店舗告知のテレビ CM 原版（完成版）について、被告 Y1 が原告に無断でそのプリントを作成したとし、これは著作権侵害（新店舗の名前が空白の原版の著作権（複製権）の侵害）であり、この不法行為に基づいて損害賠償を求めて訴えた。

次に、b、原告が製作したブルボン社の商品告知のテレビ CM 原版についても、被告 Y1 が無断でそのプリントを作成したと主張し、著作権侵害（テレビ CM 原版の複製権侵害）を理由とする不法行為による損害賠償を求めた。

(2) 次に、原告会社の取締役であった被告 Y2 に対し、上記の著作権侵害行

為をY1と共同で行ったとして、Y2に対しても、不法行為に基づく損害賠償を求めた。

(3) 裁判所の判断

東京地裁民事29部は、1,各CM原版(ケーズデンキ社の新店舗告知用のテレビCM原版とブルボン社のテレビCM原版)は、映画の著作物であるとした。2,これらの映画の著作物の著作者は、Aが、その全制作過程に関与し、CMのコンセプトを定め、出演タレントを決定、予算を策定、撮影、編集作業の指示をするなど、映画の著作物の全体的形成に創作的に寄与している。著作権法16条にいうこの映画の著作物(本件各CM原版)の著作者は、Aであると認定した。3,著作権法29条は、映画製作者が著作権を持つと規定しているが、本件各CM原版について、映画製作者とは、「映画の著作物を製作する意思を有し、同著作物の製作に関する法律上の権利・義務が帰属する主体であって、そのことの反映として同著作物の製作に関する経済的な収入・支出の主体ともなる者である。」とし、本件で著作権者は、広告代理店である電通か、広告主(ケーズデンキ社かブルボン社)として、原告は著作権を有するとは認められないとして、原告Xの請求を棄却した。

知財高裁民事1部も控訴を棄却した。

**[テレビ番組・集合住宅用機器]**

10.「選撮見録(よりどりみどり)」事件(大阪地裁2005年10月24日判決)

マンション専用のビデオ装置商品の販売は違法であるという事件である。

原告は、テレビ放送事業者である。被告は、「選録見録(よりどりみどり)」という商品名の、マンションなど集合住宅向けのハードディスクレコーダシステムを製造販売する者である。原告は、被告がその商品を販売し、集合住宅に装置すれば、原告らのテレビ番組の著作者として有する著作権(複製権、送信可能化権)の侵害に専ら用いられるものであると主張し、その装置の使用の差止、及び廃棄を求めた。

被告の装置は、マンション等の集合住宅の所有者や管理組合等が設置するも

ので、①テレビ放送受信用チューナー、②放送番組録画用ハードディスクを備えたサーバー、③各利用者用のビューワー、④これを操作するコントローラーから構成されている。サーバーは、集合住宅の管理人室等共用部分に置かれ、ビューワー及びコントローラーは、各居室に置かれる。利用者は、個別予約モードにより録画する番組を個々に指定でき、全局録画モードにより放送される全番組を録画できる。このモードの利用者は、1週間以内は録画された全番組を任意に再生して視聴可能である。

大阪地裁は、以下のように判断した。

1. 裁判所は、被告商品の使用時において被告商品のサーバーのハードディスクに放送番組を録画することは、放送を「送信可能化」するものとした。ビューワーは10個以上であり、「公衆」で建物の内部は区分され、建物の内部で「公衆送信」されている。
2. 次に被告は、複製行為ないし送信可能化行為の主体であるか、という点について、被告は、設置者が被告商品によって録画する行為の幇助者であって、集合住宅の設置者が、被告商品による複製行為あるいは送信可能化行為の全過程を管理・支配し、これにより利益を得ており、設置者が録画の主体であるとした。
3. 被告が、複製や送信可能化の主体でなくても、被告に対し、著作権法112条1項の類推により、被告商品の販売差止等を認められるとした。
被告商品の販売により、ほぼ必然的に原告らの著作隣接権侵害が行われ、侵害を差し止める手段はない。従って112条1項の類推を認めるとした。
4. 被告製品の使用による放送に係る音または映像の複製について、複製する主体は被告商品の設置者で、複製された放送に係る音の使用者は、ビューワーが設置された居室の入居者であり、著作権法102条1項が準用する同法30条1項の私的利用の複製ではない。
5. 原告らによるテレビ放送が受信できる地域で、被告商品の販売差止を認め、廃棄請求は認めなかった。

[テレビ番組・インターネット]

11. まねき TV 事件（東京地裁 2008 年 6 月 20 日判決、知財高裁 2008 年 12 月 15 日判決、最高裁 2011 年 1 月 18 日判決、知財高裁 2012 年 1 月 31 日判決）

海外の日本人がインターネット回線を通じて、日本のテレビ番組を鑑賞できるよう日本に居住する A が事業を始めた。

A は、コンピュータ、その付属機器の製造販売、電気通信事業法に基づく一般第 2 種電気通信事業等を目的とする会社である。

A は、「まねき TV」という名の、インターネット回線を通じてテレビ番組が視聴できるサービスを、入会金 3 万 1500 円、毎月 5040 円で提供しようとした。サービスとは、利用者が購入したソニー製の「ロケーション・フリー」という機器を A の事務所に置いて、インターネット回線に常時接続する専用モニター又はパソコンで、海外の利用者が、インターネット回線を通じてテレビ番組を視聴できるようにするものである。

ロケーションフリーという機器は、地上波アナログ放送のテレビチューナーを内蔵し、受信する放送をデジタル化し、このデータを自動的に送信する機能を有する機器（ベースステーション）を中核的なものとした機器である。

原告 B（NHK、TBS など）は、放送局である。B は、A の事業は、放送局（放送事業者）に無断で、そのテレビ番組を放送する権利、すなわち公衆送信権又は送信可能化権を侵害するとして、訴えた。

[東京地裁 2008 年 6 月 20 日判決]

1 審の東京地裁は B の請求を棄却し、A は勝訴した。

理由は、①ベースステーションが自動公衆装置に該当すれば送信可能化権侵害になるが、そのためには、送信者にとって当該送信行為の相手方が不特定または、特定多数の者に対する送信をする機能を有する装置が必要である。ところで、ベースステーションの所有者が利用者であり、サービスを構成する機器類は汎用品で、特別なソフトウエアは用いられていない。従って、ベースステーションによる送信行為は、各利用者によってなされるものである。ベースステーションは、1 対 1 の送信をする機能で、自動公衆送信装置に該当しない、送信可能化権侵害は認められない。

②自動公衆送信しうるのは、デジタル化された放送で、アナログ放送のままではインターネット回線で送信できない。アナログ放送をベースステーションに入力することは自動公衆送信し得るようにしたものでない。アンテナから利用者までの送信全体が公衆送信（自動公衆送信）に当たらず、公衆送信権侵害は認められないとし、原告の請求を棄却した。

［知財高裁 2009 年 1 月 27 日判決］

2 審の知財高裁は、1, 送信可能化とは、自動公衆送信装置の使用を前提とする。

本件では、各ベースステーションは、あらかじめ設定の単一の機器あてに送信する 1 対 1 の送信を行う機能を有するに過ぎない、自動公衆送信装置とはいえない。利用者がベースステーションに放送を入力するなどして、放送を視聴しうる状態に置くことは、放送の送信可能化に当たらず、送信可能化権侵害は認められない。2, ベースステーションが自動公衆送信装置に当たらないとすれば、本件サービスにおけるベースステーションからの送信が自動公衆送信としての公衆送信行為にも該当せず、ベースステーションについても送信可能化行為がなされているともいえない。公衆送信権侵害も認められない。

［最高裁 2011 年 1 月 18 日判決］

最高裁は、次のように述べて事件を知財高裁へ差し戻した。

1, 公衆の用に供されている電気通信回線に接続することにより、当該装置に入力される情報を受信者からの求めに応じ自動的に送信する機能を有する装置は、これがあらかじめ設定された単一の機器宛てに送信する機能しか有しない場合であっても、当該装置を用いて行われる送信が自動公衆送信であるといえるときは、自動公衆送信装置に当たる。

2, 自動公衆送信は、当該装置に入力される情報を受信者からの求めに応じ自動的に送信する機能を有する装置の使用を前提としているが、当該装置が受信者からの求めに応じて情報を自動的に送信することができる状態を作り出す行為を行う者が、その主体である。

当該装置が公衆の用に供されている電気通信回線に接続しており、これに継続的に情報が入力されている場合には、当該装置に情報を入力する者が送信の

主体である。

　2審では、1,ベースステーションを自動公衆送信装置と認めなかったが、最高裁は、自動公衆送信装置と認めた。2,2審では利用者が主体であるとしたが、最高裁は、ベースステーションをその事務所に置き、管理し、ベースステーションに放送の入力をしているAを主体とした。

［知財高裁2012年1月31日判決］

　知財高裁は、本件放送の送信可能化及び本件番組の公衆送信行為の各差止を求める原告(NHK、日本テレビ、TBS、フジテレビ、テレビ朝日、テレビ東京)らの請求には理由があり、被告に対し、著作権及び著作隣接権侵害による損害賠償の支払いを求める原告らの請求も一部理由があるとし、次の判決を下した。

「主文」

1, 原判決を取消す。
2, 被告は、別紙目録記載のサービス(まねきTV)において、別紙放送目録記載の放送(NHKなどが放送波を送信して行う地上波テレビ放送)を送信可能化してはならない。
3, 被告は、別紙サービス目録記載のサービスにおいて、別紙放送番組目録記載の番組(NHK「バラエティー生活百科」など)を公衆送信してはならない。
4, 被告は、原告NHKへ、50万9204円支払え。
5, 被告は、原告日本テレビ、原告TBS、原告テレビ朝日、原告テレビ東京へ、それぞれ24万663円支払え。
6, 被告は、原告フジテレビへ、20万6517円支払え。
7, 原告らのその余の請求をいずれも棄却する。

　知財高裁は、ベースステーションに本件放送の入力をしている者は被告であり、ベースステーションを用いて行われる送信の主体は被告であり、本件放送の送信可能化の主体は被告である。被告の本件サービスによる本件放送の送信可能化は、原告らの送信可能化(著作隣接権)侵害、本件番組の公衆送信は、原告らの公衆送信権(著作権)侵害であるとした。

**参考文献**：小池良次「クラウドの未来」(講談社新書・2012年)191頁以下

[テレビ番組・インターネット]

12. 録画ネット事件（東京地裁 2004 年 10 月 7 日決定、知財高裁 2005 年 11 月 15 日決定）

海外諸国へ転勤し、その外国で働く日本人は、日本で放映されている日本のテレビ番組をどうしても観たいと思っている。その希望を叶えたいと A という事業者が考えた。

A は、「録画ネット」の名称で、インターネット回線を通じて、テレビ番組の受信・録画機能を有するパソコンを操作して、日本で録画されたファイルを、海外の邦人の自宅等のパソコンに転送できる環境を提供する方法により、海外など遠隔地居住の日本人が日本のテレビ番組を視聴できるサービスを提供しようとした。

放送事業者（NHK など）は、A の行為は、NHK などの放送を複製するもので著作隣接権侵害であるとして、本件サービスによる放送の複製の差止を求める仮処分を求めた。裁判所は、NHK の請求を認容する仮処分決定をした。A は、この決定に対し異議を申し立てたが、この仮処分を認可する決定を行った。カラオケ法理（ア、管理支配の帰属、イ、利用による利益の帰属）によって、A（抗告人）は敗訴した。

[コンピュータ・ソフト]

13. ウイニー事件（京都地裁 2006 年 12 月 13 日判決、大阪高裁 2009 年 10 月 8 日判決、最高裁 2011 年 12 月 19 日決定）（刑事事件）。

元・東大助手 X は、2002 年 5 月、ファイル交換ソフト・ウイニーを開発し、ネット上に公開し、配布した。2003 年 11 月、A および B は、このウイニーを用いて米国映画、ゲームソフトを違法にコピーし、AB は、それぞれ著作権法違反で逮捕され、懲役 1 年、執行猶予 3 年の判決を受けた。開発者 X も逮捕された。

京都地裁 2006 年判決は、X を有罪とした。

X は、1, ウイニーによって、著作権侵害がインターネット上に蔓延することを積極的に企図したとまでは認められないが、2, 著作権侵害が起こること

を認識しながら不特定多数の者が入手できるようにホームページで公開しており、幇助罪に当たる。3, 社会に生じる弊害を十分知りつつ、ウイニーを公開しており、独善的かつ無責任で非難は免れないとして、罰金150万に処した。幇助罪の成立要件として「ウイニーの現実の利用状況やそれに対する認識、提供する際の主観的態様がどうかということになる」との基準をあげて、幇助犯成立とした。

Xは控訴した。

大阪高裁2009年判決は、Xを無罪とした。大阪高裁は、1, 著作権侵害の幇助犯の成立は、侵害する者が出る可能性があると認識していただけでなく、ソフトを侵害の用途に使用するようインターネット上で勧めていることが必要であるとし、2, 被告人Xは、侵害の可能性を認識していたが、ネット上での発言を見ても著作権侵害の用途で使うよう勧めていたとはいえない。3, 原審のように認めると、ソフトが存在する限り、無限に刑事責任を問われることになり、罪刑法定主義の観点から慎重に判断しなければならない、とした。

最高裁第3小法廷は、検察の上告の棄却決定をした。

ウイニーは、中立価値のソフトである。入手者のうち、例外的といえない範囲の人が著作権侵害に使う可能性を認容して、提供した場合に限って、幇助に当たる、とした。4人の裁判官のうち1人の裁判官(大谷剛彦)は、幇助犯が成立すると反対意見を述べた。

[インターネット]

14. 2ちゃんねる削除義務放置事件（東京地裁2004年3月11日判決、東京高裁2005年3月3日判決）

インターネットの運営者はどういう責任を負うか、という事件である。

書籍に掲載された対談記事(原告ら2名が著作権共有)が、ある利用者によりそのまま「2ちゃんねる」に転載され、送信可能化され、アクセスした者に自動公衆送信された。

対談者の1人が、「2ちゃんねる」の運営者に対し、「運営者は著作権侵害を行っている」との警告をし、対談記事の削除を求めて訴えた。

原告は対談記事の発言者、被告は「2ちゃんねる」の運営者である。
[1審]
(1) 裁判所は、自動公衆送信又は送信可能化差止請求について、相手方が、現に侵害行為を行う主体となっているか、あるいは侵害行為を主体として行うおそれのある者に限られる。被告は、書き込みの内容をチェックしたり、改変したりすることはできず、運営者である被告は侵害行為を行う主体でない、とした。
(2) 発言者から削除要請があるにも拘わらず、ことさら電子掲示板設置者が要請を拒絶したりすれば、著作権侵害の主体と観念され、差止請求も許容されようが、本件ではその事情はない。プロバイダー責任制限法に照らし、本件では、被告が送信防止装置を講じた場合、同法による発信者に対する損害賠償責任が免責される場合に当たらない、発信者から責任追及されるおそれがあり、また被告に送信可能化又は自動公衆送信を止める義務なし。

原告は敗訴した。
[2審] 2審では逆転し、原告が勝訴した。
(1) 電子掲示板の設置者は、書き込まれた発言が著作権侵害（公衆送信権侵害）に当たるとき、侵害行為を放置しているときは、放置自体が著作権侵害行為と評価すべき場合がある。電子掲示板の運営者は、著作権侵害となる書き込みがあったと認識した場合、適切な是正措置を速やかにとる義務がある。著作権侵害が極めて明白な場合、ただちに削除するなど、速やかに対処すべきである。本件の場合、被告は、本件発言がデッドコピーで、著作権侵害と容易に理解し得た。発言者に照会もせず、是正措置をとらなかった。被告は、故意過失により著作権侵害に加担したと評価できる。原告著作権者が、著作権侵害者の実名、メールアドレス等発信者情報を得ることはできず、削除要請が容易であるとは到底言えない。被告は、著作権の侵害者である、とした。

## [携帯電話用ゲームの画面表示の類似]

15. 釣りゲーム事件（東京地裁 2012 年 2 月 23 日判決、知財高裁 2012 年 8 月 8 日判決、最高裁 2013 年 4 月 16 日判決）

原告 X（グリー株式会社）は、インターネットを利用した情報サービス等を提供する株式会社である。インターネット上で、ソーシャル・ネットワーキング・サービス(コミュニテイ型サービス)を提供するインターネット・ウエブサイト「GREE」を携帯電話向け及びパソコン向けに運営している。

被告 Y1（株式会社ディー・エヌ・エー）は、インターネットを利用した各種情報処理サービス及び情報提供サービス、ソフトウエアの企画、開発等及びその代理業等を業とする会社である。携帯電話向け及びパソコン向けにインターネット・ウエブサイト「モバゲータウン」を運営している。

被告 Y2（株式会社 ORSO）は、インターネット、コンピュータ、携帯電話、テレビゲーム機器等のシステム開発、コンサルタント業務、ゲームソフトの企画制作、製造販売等を業とする株式会社である。

X は、2007 年、携帯電話向け GREE に、その会員に対し、釣りのゲームの作品「釣り★スタ」(X 作品)を公衆送信によって配信した。この X 作品は、トップ画面、釣り場選択画面、キャスティング画面、魚の引き寄せ画面、魚を釣り上げた釣果画面が存在する。

2009 年、Y1 および Y2 は、「釣りゲータウン」という携帯電話機用の釣りのインターネット・ゲーム(Y 作品)を共同で製作し、携帯電話機向けのモバゲータウンにおいて、その会員一般に、公衆送信による配信を開始した。この Y 作品にも、トップ画面、釣り場選択画面、キャスティング画面、魚の引き寄せ画面、釣果画面が存在する。

Y1 のモバゲータウンや、Y2 のホームページには、Y 作品が掲載されている。

X は、1, Y らによる Y 作品の製作及び公衆送信は、X 作品の著作権（翻案権、公衆送信権）および著作者人格権の侵害である、Y 作品の公衆送信の差止およびモバゲータウンなどウエブサイトから Y 作品を抹消すること、2, Y らが、Y 作品をウエブページに「魚の引き寄せ画面」の Y 影像を掲載することは、不正競争防止法 2 条 1 項 1 号所定の周知な商品等表示の混同惹起行為に当たるとして、Y 影像の抹消を求め、3, Y らが Y 作品を製作し、公衆に送信する行

為は、Xの法的保護に値する利益を侵害する民法の不法行為に当たると主張し、著作権侵害、不正競争防止法2条1項1号違反、共同不法行為に基づく損害賠償として9億4020万円、4,著作権法等に基づく謝罪広告を求めて訴えた。

東京地裁2012年2月23日判決は、Y作品の「魚の引き寄せ画面」が、X作品の「魚の引き寄せ画面」を翻案したものである、X作品にかかるXの著作権及び著作者人格権を侵害するとして、Y作品の公衆送信の差止、ウエブサイトの抹消、損害賠償の一部約2億3500万円の支払いを認めた。

この判決に不服のYらは控訴した。

知財高裁2012年8月8日判決は、「魚の引き寄せ画面」は、たしかに共通しているが、「ありふれた表現である」とし、(魚を引き寄せる決定キーを押すタイミングを魚影が同心円の一定の位置にきたときにする)ことにした点は、「アイデア」にすぎない、として、翻案権侵害を否定した。また、「魚の引き寄せ画面」は、不正競争防止法2条1項1号に該当せず、著作権侵害、不正競争行為に該当せず、民法の不法行為も構成しないとした。

東京地裁判決は、携帯電話向け釣りゲームのX作品は、従来にない新しいものとし、著作権法で保護しようとしたが、知財高裁は、X作品はありふれている、又は著作権法で保護するに値しない単なるアイデアであると判断した。

最高裁第三小法廷は、2013年4月16日、X側の上告を棄却する決定をした。

## [コンビニ用コミック本の作者への報酬]

16. コンビニ用コミック本事件(東京地裁2013年1月31日判決、知財高裁2013年6月27日判決)

定価500円程度で、表紙にカバーはなく、コンビニエンスストアにのみ配本するマンガ本を「コンビニコミック」という。

原告Xは、漫画家である。

被告Yは、出版社である。

被告は、Aが書いた物語「Aの都市伝説」をマンガにすることにして、これを「Aの都市伝説1」「Aの都市伝説2」…と6冊にして発行した。6冊にはそれぞれ3話あるいは4話が掲載され、2人ないし3人の漫画家が1冊中の1話あ

るいは2話を担当して、「Aの都市伝説」6冊が成り立っている。

原告Xは、6冊について、それぞれ漫画を描いた。その都度、Yから原稿1枚当たり、コミック1について1万円（のちコミック2ないし6について1万3000円）の報酬を受け取った。

XとYは、原稿料1枚いくらと決めただけで、その他のことは話をしなかった。

原告Xは、6冊の本のうち、2冊は3刷り、4冊は2刷りと売れているのに、その分の報酬は支払われていないので、増し刷り分の原稿料を支払うようYに求めた。

Yは、コンビニコミックは、1回払いで、印税制ではないと主張した。

裁判所は、状況から見て、Xは、Yが増刷して発行することについて、Xが利用許諾をしている、1回払いを了承していると認められるとして、Xの請求を棄却した。

1審判決に不服の漫画家Xは、原判決を取り消す、254万3000円を支払え等の判決を求めて控訴した。

知財高裁第4部の裁判長も、「本件控訴を棄却する。控訴費用は控訴人の負担とする。」と判決した。

裁判所は、控訴人Xと被控訴人Yとの合意には、作画原稿の1枚当たりの所定金額に枚数を乗じて算出されるもので、各コミックの発行部数は、その額を定めるための直接的な要素とされていない、とした。また、本件合意により生じた控訴人の利用許諾の効力は、本件コミックの初版の発行から約2週間程度に限定されず、その増刷分について及ぶとした。

[インターネット、為替相場情報]

17.「為替相場」情報無断コピー事件（東京地裁2015年4月24日判決）

原告Xは、東京に所在するインターネットによる投資相談、株式、海外投資など経済情報の提供を行う会社で、「○○△子の為替相場と楽しく付き合う方法」というブログサイトを管理運営している。

○○△子は、著名な都市銀行出身のコンサルタントで、為替相場の値動きの

予測、買売のアドバイスなどをXのブログに寄稿し、Xは毎月21万円を支払い、文章の著作権はXに帰属するとの契約をしていた。

被告Y1は、福岡に所在する投資情報会社で、投資に関するセミナーを開催したり、インターネット上で「アメーバブログ」を管理運営している。

被告Y2は、Y1の代表取締役である。

原告Xは、「○○△子の為替相場と楽しく付き合う方法」の記事5件を、被告Y1の「アメーバブログ」がそのまま無断で掲載していることを知った。

Xは、○○△子の文章は、「為替相場の動向を踏まえた値動きの予測に関するもので、思想感情を創作的に表現した著作物」であるとし、著作権侵害による損害額297万円を求めて訴えた。

被告Y1、Y2は、裁判の弁論期日に出頭せず、答弁書、準備書面も提出しなかった。

東京地裁は、被告Y1、Y2に対し、著作権侵害による損害金40万円、信用毀損による無形侵害50万円、弁護士費用10万円、合計100万円を支払うよう命じた。

[インターネット、漫画家]
18. 漫画家発信者情報開示請求事件(東京地裁2014年1月17日判決)
原告は、漫画家である。
被告は、電気通信事業者であるKDDI株式会社である。
原告の著作したマンガが、インターネット上のあるブログに、原告に無断でアップロードされ、リンク先で本の表紙の画像と共にマンガが掲載された。
原告は、マンガの著作者として、著作権(公衆送信権)が侵害されたとして、誰がブログに掲載したか、発信者の氏名住所などの発信者情報を開示せよ、とプロバイダであるKDDIを相手に訴えた。根拠の法律は、「特定電気通信役務提供者の損害賠償責任の制限及び発信者情報の開示に関する法律」である。その第4条1項はネットの流通で「自己の権利が侵害されたとする者」は、次の場合、発信者情報の開示を請求できる、と規定する。

1, 侵害情報の流通によって当該開示の請求をする者の権利が侵害されたこ

第 5 章　最近の著作権判例　　　　　　　　　　　　　　477

とが明らかであるとき。
2. 当該発信者情報が、当該開示の請求をする者の損害賠償請求権の行使のために必要である場合、その他発信者情報の開示を受けるべき正当な理由があるとき。

　東京地裁は、原告が発信者に対して損害賠償請求をするため、発信者の住所、氏名、メールアドレスの開示を受けるべき正当な理由があるとして、被告 KDDI に対し、開示するよう命じた。

### [製品写真の著作権、インターネット]
19. イケア事件（東京地裁 2015 年 1 月 29 日判決）

　原告 X（インター・イケア・システムズ・ビー・ヴィ）は、スウェーデンを発祥とする世界最大の家具販売店で、本社はオランダにある。非上場の会社で世界各国の従業員 10 万人以上、売上高 2 兆円以上。日本には 1974 年に進出し、1986 年撤退。2002 年、再び日本市場に参入した。約 10 店舗、従業員数 1300 人（日本法人）。

　日本のイケアでは、2012 年出店の福岡新宮店を除いてネット販売をせず、店頭販売のみである。イケアが店頭で購入した商品を配送サービスしない。そこで、イケアの関連会社を装い、勝手に「購入代行業者」を行う者が多数でてきた。イケア公式ウエブサイトに「IKEA と類似のブランド表示による通信販売サイトは、IKEA とは無関係です。イケア製品はイケアストアのみでの販売となります。」と記載した。

　この事件は、イケアが、勝手に購入代行業を行った者を訴えた事件である。
　被告 Y は、福岡市に在住する者である。
　Y は、2009 年頃から 2010 年 11 月 8 日まで、ウエブサイトを通じて消費者から X 製品の注文を募り、イケアストアで X 製品を購入し、梱包、発送し、注文した消費者へ転売する買い物代行業を勝手に営んでいた。2009 年頃までに、Y のサイト（「IKEASTORE」から「STORE」に改称）には、原告 X の製品写真を載せた。2010 年 7 月 29 日、被告サイトにタイトルタグとして、「〈title〉【IKEA】イケア通販〈/title〉」と記載し、メタタグとして、「〈meta namu ＝

"Description" content＝【IKEA STORE】IKEA 通販です。カタログにあるスウェーデン製輸入家具・雑貨イケアの通販サイトです。"/〉」と記載した。Yの行為により、検索エンジンで、「IKEA」「イケア」を検索すると上記Yのタイトルタグなどがでてきた。

東京地裁は、次の判決を下した。

原告 X は、被告に対し、

1, 別紙（1 製品写真目録 1 記載）の製品写真データ及び別紙（2 文章写真目録 1 記載）の文章写真データをウエブに掲載することの禁止。
2, 別紙（1 製品写真目録 1 記載）の製品写真データ及び別紙（2 文章写真目録 1 記載）の文章写真データを自動公衆送信又は送信可能化することの禁止。
3, その占有する別紙（1 製品写真目録 1 記載）の製品写真データ及び別紙（2 文章写真目録 1 記載）の文章写真データを廃棄せよ。
4, インターネット上のウエブサイトのトップページを表現するため、htmlファイルに別紙 3 標章目録 1 ないし 3 記載の標章をタイトルタグとして、並びに別紙 3 標章目録 1、2 及び 4 記載の標章をメタタグとして記載することの禁止。
5, ウエブサイト（http:// 以下略）の html ファイルの〈title〉から、別紙標章目録 2 及び 3 記載の標章を、並びに〈meta namu ＝ "Description" content＝ から別紙 3 標章目録 2 及び 4 記載の標章を、それぞれ除去せよ。

原告の 1373 万 7000 円の損害賠償請求に対し、著作物使用料相当額の合計 14 万円、弁護士費用 10 万円、合計 24 万円の損害賠償を命じた。

### [キャラクター・映画・裁判管轄]

20. ウルトラマン事件

(1) ウルトラマン事件（東京地裁 1999 年 1 月 28 日判決）

光線を発し、都市を踏みつぶす怪獣と戦い、地球の平和を守る正義の味方、巨大なヒーローであるウルトラマンというキャラクターを創造、この映像を特殊撮影し、映画を製作し、関連の商品を販売しているのが、(株)円谷プロダクション（以下、円谷プロ）である。

1995年6月2日、3代目の円谷プロ社長だった円谷皐(つぶらやのぼる)(1935-1995)が死去した。皐は、1973年から22年間、社長であった。葬儀のあと、4代目社長円谷一夫（皐社長の息子）の許に、タイ国人のソムポート・セエンドゥアンチャイ（以下、ソムポート又はY）が現れて、「1976年3月4日の契約書」を示した。これは、Yが「日本国を除く、全ての国・地域におけるウルトラマン関係の映画著作物(本件著作物)につき、独占的利用権を有していること、日本以外の国・地域の商品化事業の独占的利用権を有する」というものであった。Yは、日本に支店など持っていない。

Yは、X（円谷プロ）から利用許諾を受けてタイ国でウルトラマンの商品化事業を行っている訴外A会社に対して刑事告訴し、Xから商品化事業の許諾を受けている訴外Bに対し、それらの事業はソムポートの権利を侵害する旨の警告書を、香港の法律事務所訴外Cから警告書を発送させた。

X（円谷プロ）は、1, 日本国外における本件著作物の独占的利用権がYにあるという契約書は真正なものでない、という確認、2, 円谷プロが、タイ国内で本件著作物について著作権を有することの確認、3, Yが利用権を有しないことの確認、4, Yによる虚偽事実の陳述または流布の差止、5, 1000万円の損害賠償等を求めて訴えた。

また、Xは、タイ国でもYを訴えた。

東京地裁民事46部は、諸事情を総合すると、この訴訟で原告主張の不法行為地、財産所在地の何れに関してもこれを肯定できない。日本の国際裁判籍を否定すべき特段の事情があるとして、訴えを不適法であるとし、却下した。

(2)ウルトラマン事件（東京高裁2000年3月16日判決）

上記の東京地裁判決に不服のX（円谷プロ）は控訴した。

タイ国の裁判において、Yは、本件著作物の著作者である故円谷英二に対し、ウルトラマンのキャラクターの新しいアイデア（着想）及びコンセプト（構想）を提案したのであり、その結果、本件著作物の共同製作者で、従って、本件著作物について、Xと著作権を共有していると主張した。そこで、Xは、「2, 円谷プロが、タイ国内で本件著作物について著作権を有することの確認」を「2, Y

が、本件著作物について、日本国における著作権を有しないことの確認を求める旨」の訴えの変更を申し立てた。

東京高裁は、控訴を棄却した。

この裁判で、次のように述べている。(不法行為地の裁判籍の規定について) 不法行為の成立を肯定するためのすべての要件について、「一応の証明」という軽い証明が必要である。一応の証明がなされ、不法行為とされれば日本に裁判管轄があるとしたが、この事件では、不法行為の不存在の見込みが大きい。

その根拠は、1,「株式会社円谷エンタープライズの代表取締役円谷皐」のゴム印及び同社の代表取締役印が、真正と思われること、及び、2, 1996年7月23日付、ソムポート宛ての円谷一夫の書簡の存在で、その書簡が本件契約書が真正なものであることを前提に書かれていることである。

(3) ウルトラマン事件(最高裁 2001 年 6 月 8 日判決)

最高裁判所第二小法廷の5人の裁判官は、次のように判断した。

日本に住所等を有しない被告に対し提起された不法行為に基づく損害賠償請求訴訟について、民事訴訟法の不法行為地の裁判籍の規定(5条9号、旧民訴法 15 条)に依拠して、日本の裁判所の国際裁判管轄を肯定するためには、原則として、被告が日本においてした行為により、原告の法益について損害が生じたとの客観的事実関係が証明されれば足りる。

被上告人 Y(ソムポート)が、警告書を、日本にある上記各社の事務所にも差出し、到達した。警告書を各社に到達させたことにより上告人円谷プロの業務が妨害されたとの客観的事実関係は明らかで、日本の裁判所の国際裁判管轄を肯定すべきである。

原判決、一審判決を取り消し、1審裁判所に差し戻す判決を下した。

(4) ウルトラマン事件(東京地裁 2003 年 2 月 28 日判決)

原告 X(円谷プロ)は、被告 Y(ソムポート)に対し、次の請求を行った。

1) Y は、X に対し、金 1000 万円及びこれに対する平成 10 年 4 月 25 日(筆者注、最初の訴訟提起の日)から支払済みまで年 5 分の割合の金員を支

払え。
2) Yが、日本において別紙第二目録記載の各著作物についての著作権を有しないことを確認する。
3) Yが、日本以外の国において別紙第二目録記載の各著作物についての（著作権及びその利用権）を有しないことを確認する。（括弧は筆者）
4) Yは、日本国内において第三者に対し、別紙第二目録記載の各著作物につきYが日本国外における（独占的利用権者又は著作権者）である旨を告げてはならず、また、別紙第二目録記載の各著作物に関して日本国外においてXと取引をすることは、Yの（独占的利用権又は著作権）を侵害することになる旨を告げてはならない。

東京地裁民事第47部森義之裁判長の下した判決の「主文」は、次の通りである。
1) Yが、日本において別紙第二目録記載の各著作物についての著作権を有しないことを確認する。
2) Yが、日本以外の国において別紙第二目録記載の各著作物についての（著作権）を有しないことを確認する。（括弧は筆者）
3) Yは、日本国内において第三者に対し、別紙第二目録記載の各著作物につきYが日本国外における（著作権者）である旨を告げてはならず、また、別紙第二目録記載の各著作物に関して日本国外においてXと取引をすることは、Yの（著作権）を侵害することになる旨を告げてはならない。

すなわち、Xの請求の1) 1000万円請求を認めなかった。請求2) の日本における第二目録記載の著作物について、Xに著作権があることを、そのまま認めた。
　請求3) に対して、判決主文2) が対応するが、「日本以外の国」において、被告Yが（著作権及びその利用権）を有しないことをXが主張したが、（著作権）を有しない、とした（これは、Yが独占的利用権を有する意味）。
　請求4は、判決主文3) に対応するが、ここでも、Xが、日本国外の国で、Y

は、(独占的利用権者又は著作権者)と第三者に告げてはならず、Xと取引すれば、Yの(独占的利用権又は著作権)を侵害する、と請求したが、(Yは独占的利用権を有していることを認めて)、Yが著作権者として振る舞い、著作権侵害ということを許さず、日本国外で、Yが(独占的利用権者)と称すること、又は日本国外で誰でもXと取引すれば、Yの(独占的利用権)の侵害になる、ということは認めたのである。

この判決において、ソムポートが勝訴した。ここから、ソムポートは、(日本国外における利用権)を有することとなり、円谷プロは、日本国内においては著作権をもち、日本国外では著作権をもつが「利用権」を持たない、という事態が始まった。

(5) ウルトラマン事件 (東京高裁 2003 年 12 月 10 日判決)
1 審の判決に対し、1 審原告 X (円谷プロ) は、次のような判決を求めて控訴した。
1) 1000 万円の支払い。
2) 1 審被告 Y (ソムポート) が日本国以外の国において、別紙第二目録記載の各著作物についての著作権及びその利用権を有しないこと。
3) 1 審被告は、日本国内において第三者に対し、本件著作物につき 1 審被告が日本国外における独占的利用権者又は著作権者である旨を告げてはならず、また、本件著作物に関して日本国外において、1 審原告と取引をすることは、1 審被告の独占的利用権又は著作権を侵害することになる旨を告げてはならない。
4) 訴訟費用は、1・2 審とも 1 審被告の負担とする。

東京高裁第三民事部北山元章裁判長は、1 審原告の、1 審被告に対する本訴請求は、原判決が認容した限度で理由があり、その余は理由がないから原判決は相当であって、1 審原告及び 1 審被告の各本訴請求は理由がないから、これを棄却する。

1 審被告の当審における新たな反訴請求は、予備的請求は理由があるとした。
「判決主文」

1，1審原告及び1審被告の各控訴をいずれも棄却する。
2，1審被告の主位的反訴請求を棄却する。
3，1審被告が日本以外の国において別紙第二目録記載の各著作物についての独占的利用権を有することを確認する。
4，控訴費用（反訴費用を含む）は、これを2分し、その1を1審被告、その余を1審原告の負担とする。

1審被告は、予備的反訴請求が認められたから、「1審被告が日本以外の国において別紙第二目録記載の各著作物についての独占的利用権を有する」ことになった。

(6) ウルトラマン事件（最高裁2004年4月27日決定）
最高裁第三小法廷は、上告人円谷プロの上告を棄却する決定を下した。

(7) ウルトラマン事件（東京地裁2010年9月30日判決平成21年（ワ）第6194号譲受債権請求承継参加申立事件）
［タイ王国の裁判］
円谷プロは、1997年12月、タイ王国の国際貿易・知的財産中央裁判所に、ソムポート及びBほか2名を相手方として、1，ソムポートらがウルトラマン著作物（テレビ映画「ゴメスを倒せ」など）について、著作権を有していないこと、2，円谷プロから利用許諾も得ていないこと、3，本件契約書は偽造であるとし、著作権侵害行為の差止、損害賠償等を求め、訴訟を提起した。

国際貿易・知的財産中央裁判所は、2000年4月4日、刑事及び民事両事件について、円谷プロの告訴及び請求を却下する旨の判決をした。

円谷プロは、タイ王国最高裁判所に上告した。

タイ王国最高裁判所・国際貿易・知的財産部は、2008年2月5日判決を下した。

ソムポートと円谷プロの契約書は、偽造されたものであると認め、ソムポートがウルトラマンの共同著作者という主張も却下し、商品化権ビジネスの差止及び損害賠償1070万バーツ（約3466万円）を命じ、ソムポートの反訴請求（脱

退原告が日本以外の国において著作物についての著作権を有することの確認等を求めたもの)を棄却する判決を言い渡した。

　2008年、ソムポートは、日本にいき、知人である上松盛明と会談した。同年11月18日、上松盛明を代表者とするユーエム株式会社が東京都港区芝公園に設立登記された。

　目的は、(1)舞台・映像関係の企画デザイン・製作・配給・技術提供・管理・活用（以下、(10)まであるが省略）、資本金100万円、取締役上松盛明、同上松浩之、同ピラシャット・セエンドゥアンチャイ、同ティラナサワディ・タニサである(ピラシャット・セエンドゥアンチャイは、ソムポートの子息)。

[中華人民共和国の裁判]

　ソムポート、チャイヨプロダクション有限公司(チャイヨ社)、広州市鋭視文化伝播有限公司は原告となり、被告として円谷プロ、上海円谷企画有限公司、上海音像出版社、広州購書中心有限公司を相手に訴訟を提起した。

　広東省広州市中級人民法院2009年9月16日判決は、本件契約書は、真正に成立したとは認められず、ソムポートは本件著作物について著作権を有しないとして、ソムポート及びチャイヨ社の請求を棄却した。

　こういう背景の下で、また契約書を真正な本物とする日本の最高裁2004年判決の下で、東京地裁民事第47部阿部正幸裁判長は、次の判決を下した。

　「主文1, 被告（株式会社円谷プロダクション）は、参加人（ユーエム株式会社）に対し、1636万3636円及びこれに対する平成18年5月26日から支払い済みまで年5分の割合による金員を支払え。参加人のその余の請求をいずれも棄却する。（以下略）」

(8) ウルトラマン事件（知財高裁2011年7月27日判決平成22年（ネ）第10080号譲受債権請求承継参加申立控訴事件）

控訴人・被控訴人(第1審脱退原告承継参加人)は、ユーエム株式会社。

被控訴人・控訴人(第1審被告)は、株式会社円谷プロダクション。

上記参加人、株式会社バンダイ。

参加人ユーエム株式会社は、

1, 原判決中の参加人敗訴部分を取り消す。
2, 原判決中参加人敗訴部分である損害賠償金又は不当利得金8363万6364円及びこれに対する年6分の遅延損害金(不当利得返還請求の場合は年5分)の請求のうちの一部3400万円及びこれに対する年5分の金員の支払いを求めた。

被告円谷プロは、「原判決中被控訴人・控訴人(第1審被告)敗訴部分を取り消す」ことを求めた。

「判決主文」
1, 原判決中被控訴人・控訴人(第1審被告)敗訴部分を取り消す。
 控訴人・被控訴人(第1審脱退原告承継参加人)の請求を棄却する。
2, 控訴人・被控訴人(第1審脱退原告承継参加人)の控訴を棄却する。
3, 訴訟費用は第1、2審とも控訴人・被控訴人(第1審脱退原告承継人)の負担とする。

この裁判中、円谷プロの側に、株式会社バンダイが補助参加人として参加した。

バンダイは、1998年1月29日契約書(以下、「平成10年契約」)の存在を明らかにした。

「1, チャイヨ・シティ・スタジオ・リミテッド・パートナーシップ、ツブラヤ・チャイヨ・カンパニー・リミテッド及びソムポートは、以下の①②を約束し、その対価として、バンダイから1億円を受領した。

①チャイヨ、その関連会社、子会社は、本件契約書記載の一切の権利(以下、「チャイヨ権利」という)に関し、以下の通り、(ⅰ)現在又は将来に亘って、バンダイ・グループ(補助参加人、その関連会社、子会社、ライセンシー、サブライセンシー、契約者、製造業者、販売代理店、二次販売代理店、エージェント、代表者、役員、従業員、株主、権利承継人、譲受人、又はこれらのために仕事をしているその他一切の個人・法人を指す。以下、同じ)に対して想定されるいかなる権利の行使も放棄する。(第2.3条 権利の行使の放棄・免除)

②チャイヨは、平成10年契約の有効期間中、いかなる国・地域においてもチャイヨ権利をライセンスし、譲渡し、質入れし、その他の担保に供し又は処

分する行為をしないことを保証し表明する。(第 2.6 条 譲渡及び担保差入)」

知財高裁第 3 部飯村敏明裁判長は、「原判決が認容した部分を含め、参加人(ユーエム株式会社)の請求に理由がないとした」が、それは、脱退原告ソムポートが 1 億円を受け取り、損害が発生していない。ソムポートとバンダイの平成 10 年契約は、「補助参加人バンダイが、円谷プロ・チャイヨ間で争いになっている本件契約の有効性を確認するものではない。」 円谷プロは、ソムポートによる(バンダイ・グループに対する)権利放棄の法的効果を直接的にうけるものではないが、ソムポートには、補助参加人バンダイの行為による損害ないし損失が生じない結果として、ソムポートの円谷プロに対する請求権の根拠は失われた、ユーエム株式会社の円谷プロに対する本件契約の債務不履行に基づく損害賠償ないし不当利得請求は認められない、とした。

(9) ウルトラマン事件 (最高裁 2012 年 4 月 26 日決定)
第 1 審脱退原告(ソムポート)の承継参加人であるユーエム株式会社が、損害賠償を求めていた訴訟で、1 審勝訴、2 審敗訴したユーエム株式会社は、上告した。

最高裁第一小法廷(金築誠志裁判長)は、上告を受理しない決定をした。

### [タイプフェイス]

21. ゴナ U 事件 (大阪地裁 1997 年 6 月 24 日判決判タ 956 号 267 頁、大阪高裁 1998 年 7 月 17 日判決平成 9 年(ネ)第 1927 号、最高裁 2000 年 9 月 7 日判決判時 1730 号 123 頁)

原告 X(写研)は、1975 年、写真植字機用の書体「ゴナ U」「ゴナ M」を訴外デザイナー A(中村征宏)に委託して制作させ、その制作完成と同時に、A の持っていた「権利」を X へ移転させた。

被告 Y1(モリサワ)は、1989 年、訴外デザイナー B(小塚昌彦)に委託し、新書体「新ゴシック体 U」及び「新ゴシック体 L」を完成させ、これを登載したフロッピーディスクを製造販売した。Y1 は、その関連会社 Y2 (モリサワ文研)へこれを製造させ、販売させた。

1993 年、X は、Y1 の「新ゴシック体 U」は、X の「ゴナ U」の、Y1 の「新ゴシック体 L」は、X の「ゴナ M」の無断複製であるとし、主位的には、著作権法 112 条、予備的には民法 709 条に基づいて、1)「新ゴシック体 U」「新ゴシック体 L」等の書体を記録した記録媒体の製造禁止、販売禁止等を、2) Y2 には、写真植字機用文字盤の製造販売の禁止等、3) 損害賠償を請求し、訴訟を提起した。

大阪地裁の水野武裁判長は、「ゴナのような書体であってなお美術の著作物として著作権法の保護を受けるものがあるとすれば、それは、文字が本来有する情報伝達機能を失うほどのものであることまでは必要でないが、その本来の情報伝達機能を発揮するような形態で使用されたときの見易さ、見た目の美しさとは別に、当該書体それ自体として美的鑑賞の対象となり、これを見る平均的一般人の美的感興を呼び起こし、その審美感を満足させる程度の美的創作性を持ったものでない限り、美術の著作物としての著作権の保護を受けることができない」とし、「ゴナ U は、従来からあるゴシック体のデザインからそれほど大きく外れるものではない」「美的創作性を持っていない」とした。

予備的主張、民法 709 条について、「新ゴシック体は、形態がゴナ U とかなり似ている文字が少なからず存在し、被告らが新ゴシック体の制作にあたり、ゴナ U を参考にしたことが窺われるものの小塚及び森を中心とするスタッフがゴナ U を手元においてこれを模倣したとの証拠はない」とし、「被告らがゴナ U の特徴ある部分を 1 組の書体のほぼ全体にわたってそっくり模倣して新ゴシック体を制作、販売したとまでいうことはできない」とした。

大阪地裁は、1) X のゴナ U は、「美術の著作物」ではない、とし、著作権法の保護はないとした。つぎに、2)「小塚及び森を中心とするスタッフがゴナ U を手元においてこれを模倣し」つまり、「依拠して」、「被告らがゴナ U の特徴ある部分を 1 組の書体のほぼ全体にわたってそっくり模倣して新ゴシック体を制作」したのであれば、民法の不法行為に当たるとしたが、依拠しておらず、「ゴナ U の特徴ある部分を 1 組の書体のほぼ全体にわたってそっくり模倣して」いないので、民法の不法行為に当たらないとした。

2 審の大阪高裁は、これは応用美術であり、「実用面を離れて 1 つの完結した美術鑑賞の対象となりうると認められるもの、純粋美術と同視しうると認め

られるもの」は、「美術の著作物」とした。その上で、「これを見る平均的一般人の美的感興を呼び起こし、その審美感を満足させる程度の美的創作性を持ったものである必要がある」とし、ゴナUはこれに当たらないとして、1審判決を是認した。

最高裁は、「印刷用書体がここにいう著作物に該当するというためには、それが従来の印刷用に比して顕著な特徴を有するといった独創性を備えることが必要であり、かつ、それ自体が美術鑑賞の対象となり得る美的特性を備えていなければならないと解するのが相当である。」もし、印刷用書体について、独創性の要件を緩和し、又は、実用的機能の観点から見た美しさがあれば足りるとすると、(1) 小説論文等の印刷物について、印刷用書体の著作者の氏名表示、著作権者の許諾が必要となり、(2) 既存の印刷用書体に依拠して、類似の印刷用書体の制作改良ができなくなる、とした。また、印刷用書体を著作物とすると、「わずかな差異を有する無数の印刷用書体について著作権が成立することとなり、権利関係が複雑となり、混乱を招くことが予想される」とした。

最高裁は、ゴナU、ゴナMについて、「従来からあるゴシック体のデザインから大きく外れるものではない」、前記の独創性及び美的特性を備えているということができず、著作権法2条1項1号の著作物に当たるということはできない、とした。

## [タイプフェイス、デジタルフォント]

22. テレビ朝日事件（大阪地裁 2013 年 7 月 18 日判決平成 22 年（ワ）第 12214 号、大阪高裁 2014 年 9 月 26 日判決平成 25 年（ネ）第 2494 号、判時 2220 号 94 頁）

[1 審]

原告 X ((株) 視覚デザイン研究所) は従業員 3 人で、文字書体をコンピュータ上で創作し、これを販売している業者である。

被告 Y (テレビ朝日) は、東京にある大きなテレビ局である。

X は、テレビ画面用の文字書体（ディスプレイ画面用の文字書体）7 種類 35 書体を、コンピュータ上のデジタルフォントとして制作し、この書体のパッ

ケージにて包装し、購入者に対し、1)第三者へは無断で貸与しないこと、2)第三者へ無断で譲渡しないこと、3)テロップに使用する場合には特約を結ぶことを条件に、1パッケージを約1万9000円から約3万6000円で販売(使用許諾)していた。なお、こういうデジタルフォントを顧客に販売する場合、パッケージにせず、インターネットにより電送する方法もあるが、Xはこの方法は取っていない。

Xは、Y(テレビ朝日)のテレビを観覧していたところ、販売した覚えがないのに、Xのテレビ画面用の文字書体7書体が使用されていた。

Yは、Z((株)イマジカ)へフィルムの現像、焼き付け、録音合成、映像の電子的編集等の加工仕上げ等を依頼していた。

Xは、YおよびZを共同不法行為者として、(1) Yへは804万4575円を、(2)Zに対しては、被告Yと連帯して、729万3825円を支払うよう求めた。

大阪地裁谷有恒裁判長は、次のように判断して、Xの請求を棄却した。
1) Zのビデオセンター編集室は、Yのみならず多数の他の放送局が出入りする。
2) Zの編集室のパソコンに、被告Y、被告Z以外の第三者が持ち込み、保存、使用した可能性がある。
3) タイプフェイスについては、最高裁2000年9月7日判決(ゴナU事件)があり、また、最高裁2011年12月8日判決(北朝鮮映画事件)があり、Xのタイプフェイスに排他的権利はないとした。
4) Xが、購入者と使用許諾契約を結び、使用条件に制限を課しても、拘束されるのは相手方に限られ、別の法主体は拘束されないとした。
5) Xは、Yらの過失を主張するが、採用できないとした。
6) タイプフェイスには著作物としての排他的権利性が認められないとして、不当利得には当たらないとした。Xは、控訴した。

[2審]

大阪高裁は、控訴人の請求はいずれも理由がないからこれを棄却すべきであり、これと同旨の原判決は相当であるとして、控訴を棄却した。

【コメント】原告Xは、著作権法による保護を主張しなかったが、1審は、ゴ

ナU事件最高裁判決(ア、従来の書体に比し、顕著な特徴を有するといった独創性をもち、イ、それ自体が美術鑑賞の対象となりうる美的特性を備える印刷用文字書体のみが著作物である、とする)があること、著作権法による保護の対象とならないものの利用行為は、最高裁2011年12月8日判決(北朝鮮事件)により、保護がないとした。ゴナU事件最高裁判決は、タイプフェイスを著作権法によって保護しない、と解される厳しい基準の判決である。

北朝鮮映画最高裁判決は、知的財産権を与えるべき「対象物」が、現行知的財産法の体系下において、全て知的財産権を与えられ保護されていることを前提としている。このタイプフェイスもそうであるが、著作権法(に限らないが)の保護が与えられなくても、民法によって保護される余地を認めるべきである。北朝鮮事件判決はおかしい、思う。タイプフェイス(抽象的なもの)、デジタルフォント(具体的なもの)は、現在の知的財産法の体系の下で保護されていないが、「財産的価値」はあり、また創作物として「人格的価値」もあると考えられ、速やかな立法措置を講じるべきである。

本件において、被告側は、少なくとも誰かが落とした(あるいはコンピュータにいれておいた)ものを、拾って使った。刑事事件ならば、遺失物横領罪にあたる行為をしたわけで、この事件は、少なくとも被告側の過失はあると考えられ、原告Xの請求を全面的に否定した判決はおかしい。判決は、Zの編集室の乱雑さを叱責すべきである。

**参考文献**:2審判決について、牛木理一弁理士「特許ニュースNo.13889」(平成27年1月29日号)の批評がある。
1審判決について、大家重夫「美術作家の著作権」(里文出版・2014年)479頁。

[ファッションショー]

23. ファッションショー事件(東京地裁平成25年7月19日判決、知財高裁平成26年8月28日判決)

原告X1(有限会社マックスアヴェール)は、ファッションショーなどイベント等の企画制作コンサルティング業務等を行う会社である。

原告 X2 は、X1 が行うイベントの企画運営等の業務を受託して、これを行う者である。

被告 Y1 は、放送法に基づき設立された放送事業者 NHK である。

被告 Y2（株式会社ワグ）は、ブランド「Forever 21」（以下、フォーエバー 21）の日本におけるプロモーション代理店である。

X1 は、2009 年 6 月 6 日、フォーエバー 21 の衣裳等を使用したファッションショーを開催した。

Y1（NHK）は、2009 年 6 月 21 日、X1 に無断で、このファッションショーを放送した。被告 Y2 の従業員が介在し、NHK は、訴外株式会社 FJFCC から映像の提供を受けたものであった。

X1 は、本件ファッションショーにおける 1）モデルの化粧、髪型のスタイリング、2）衣服の選択、相互のコーディネート、3）アクセサリーの選択、相互のコーディネート、4）舞台上のポーズの振り付け、5）舞台上で衣服を脱ぐ動作の振り付け、6）これら化粧衣裳等のコーディネート、7）モデルの出演順序、背景映像等…は、いずれも「美術の範囲に属する著作物」に当たると主張し、X1 の著作権（公衆送信権）、著作隣接権（放送権）ならびに X2 の著作者及び実演家としての人格権（氏名表示権）を侵害したとし、被告らは連帯して、X1 に対し 943 万 4790 円を、X2 につき 110 万円を支払うよう求めた。

［1 審］

東京地裁民事 29 部の大須賀滋裁判長は、ファッションショーの映像部分に著作物性は、認められず、従って、公衆送信権侵害、氏名表示権侵害等も認められないとして、原告 X らの請求を全て棄却した。

X1 および X2 は控訴した。

［2 審］

控訴審では、1）ファッションショーは、舞踊の著作物である、2）使用された衣服等が大量販売が予定されている既製品であるか否かは創作性の判断に影響を及ぼさない、3）ポーズ又は動作の振り付けは、実演である等の主張をした。

知財高裁第三部設楽隆一裁判長は、原告・控訴人の主張を認めず、控訴を棄却した。

ただ、この知財判決は、「応用美術」について、次のように、大量生産の実用目的の美術工芸品でも、著作権法2条1項1号から見て、著作物性があれば保護するとした。

1)著作権侵害を主張するためには、当該作品等の全体において表現上の創作的表現があり、侵害を主張する部分に思想又は感情の創作的表現があり、当該部分が著作物性を有することが必要である。

上記の化粧、髪型、衣服及びアクセサリーを組み合わせたものは、美的創作物に該当するとしても、芸術作品等と同様の展示等を目的としたものでなく、あくまで実用に供されることを目的としたものと認められる。

「実用に供され、あるいは産業上利用されることが予定されている美的創作物（いわゆる応用美術）が美術の著作物に該当するかどうかについては、著作権法上、美術工芸品が美術の著作物に含まれることは明らかである（著作権法2条2項）ものの、美術工芸品等の鑑賞を目的とするもの以外の応用美術に関しては、著作権法上、明文の規定が存在せず、著作物として保護されるか否かが著作権法の文言上明らかでない。」

「応用美術に関するこれまでの多数の下級審裁判例の存在とタイプフェイスに関する最高裁の判例（最高裁平成10年（受）第332号同12年9月7日第一小法廷判決・民集54巻7号2481頁）によれば、まず、上記著作権法2条2項は、単なる例示規定であると解すべきであり、そして、一品制作の美術工芸品と量産される美術工芸品との間に客観的に見た場合の差異は存しないのであるから、著作権法2条1項1号の定義規定からすれば、量産される美術工芸品であっても、全体が美的鑑賞目的のために制作されるものであれば、美術の著作物として保護されると解すべきである。また、著作権法2条1項1号の上記定義規定からすれば、実用目的の応用美術であっても、実用目的に必要な構成と分離して、美的鑑賞の対象となる美的特性を備えている部分を把握できるものについては、上記2条1項1号に含まれることが明らかな『思想又は感情を創作的に表現した（純粋）美術の著作物』と客観的に同一なものとみることができるのであるから、当該部分を上記2条1項1号の美術の著作物として保護すべきであると解すべきである。他方、実用目的の応用美術であっても、実用目的

に必要な構成と分離して、美的鑑賞の対象となる美的特性を備えている部分を把握することができないものについては、上記2条1項1号に含まれる『思想又は感情を創作的に表現した（純粋）美術の著作物』と客観的に同一なものとみることはできないのであるから、これは同号における著作物として保護されないと解すべきである。」

### [椅子]

24. ニーチェア事件（最高裁1991年3月28日判決、大阪高裁1990年2月14日判決、京都地裁(年月日不明)）

原告新居猛（にい・たけし、1920-2007）は、徳島市出身の世界的に有名なインテリア・デザイナーで、1969年、ニーチェアXという椅子を制作した。

前後は、X字形のパイプの脚で、人が坐る座から背中にかけて、1枚のキャンパスシート地をおき、丸棒木材の肘掛けで構成する単純な構造で、折りたためる機能性のある椅子である。この椅子は、1974年、ニューヨーク近代美術館MOMAの収蔵品に選定された。

1969年、有限会社ニーファニチュアを設立し、代表取締役に就任している。

世界6カ国で、ニーチェアXは、パテントを取得し、輸出を含め年間80万本のニーチェアを徳島から出荷した。

被告Yは、ニーチェアXのコピー製品を台湾から輸入、通信販売のカタログに掲載し、通信販売を行った。この製品を購入した者から、椅子が粗悪であるとの苦情が新居の耳に入った。

新居は、1988年頃、著作権に基づいて、その製造販売禁止と謝罪広告を求めて、Yを京都地裁に訴えた。訴訟代理人なしの本人訴訟という。

京都地裁は、「量産される実用品である椅子に関するものであり、それ自体が実用面を離れて1つの完結した美術作品として美術鑑賞の対象となりうるものとはいえないから、意匠法による保護の対象となるものではあっても、美術の著作物として著作権法の保護の対象となるものではない」として、新居の請求を棄却した。

新居は、控訴した。

大阪高裁 1990 年 2 月 14 日判決は、次のように述べた。

「新居の椅子のデザインが、文芸、学術または音楽の範囲に属さないことは明らか」で、応用美術であっても著作権法上保護されるのは美術工芸品に限られ、美術工芸品とは、実用性はあるものの、その実用面及び機能面を離れて、それ自体として完結した美術作品として専ら美的鑑賞の対象とされるものをいう、とし、本件椅子のデザインは、著作権法 2 条 2 項の「美術工芸品」に該当せず、また、同法 10 条 1 項 4 号の「その他の美術の著作物ともいえず、2 条 1 項の「思想又は感情を創作的に表現したものであって、…美術の…範囲に属するもの」とはいえない、とし、著作物性を否定した。

新居は、本件椅子のデザインは、著作権法の「学術の範囲に属する著作物」であるとして、上告した。

最高裁は 1991 年 3 月 28 日、次の判決を下した。

「所論の点に関する原審の認定判断は、原判決挙示の証拠関係に照らし、正当として是認することができ、その過程に判断遺脱などの所論の違法はない。論旨は畢竟、原判決を正解しないでこれを非難するか、又は独自の見解に基づいて原判決を論難するものにすぎず、採用することはできない。」

【コメント】この判決は、判例集に未登載で、1 審判決年月日は不明である。

松尾和子弁護士の論考がある。「著作権判例百選(第 2 版)」30 頁、「著作権研究 21 号」(1994 年) 151 頁。

[椅子]

25. トリップ・トラップ椅子不正競争事件 (東京地裁 2010 年 11 月 18 日判決)

ノルウェー出身の工芸デザイナー、ピーター・オプスヴィック (1939-) は、子供の成長に合わせ、自由に調節できる子供用の椅子「トリップ・トラップ」をデザインした。

「トリップ・トラップ」は、北欧 3 国、フランス、ドイツで、著作権法で保護されている。

原告 X1 (ピーター・オプスヴィック・エイエス) は、ノルウェー法に基づき

設立された会社で、オプスヴィックに係る権利を承継し、保有している。

原告X2（ストッケ・エイエス）は、ノルウェー法に基づく法人で、家具の製造、販売、輸出等を業とする会社で、原告X1製品を製造し、販売している。

被告Yは、育児用品、子供用乗り物、家庭用品の開発、企画、設計、製造及び販売を業とする日本の会社である。

被告が子供用の椅子を製造し、販売した。

X1及びX2は、Yに対して、Y製品を製造、販売する行為は、1）X1が有する著作権の侵害である、として、Y製品の製造販売の差止、廃棄、2）X2の、X1製品に係る著作権の独占的利用権侵害であるとして、損害賠償ないし不当利得の返還を求め、3）原告等の周知な商品等表示である原告X1製品の形態を使用する不正競争行為であるとして、不正競争防止法に基づく、Y製品の製造販売等の差止及び廃棄並びに同法に基づく損害賠償、不当利得返還、謝罪文の掲載、4）X等の営業上の利益侵害であるとし、民法709条に基づく損害賠償を求め、訴えた。

東京地裁民事47部阿部正幸裁判長は、次のように判断した。

1) 本件（椅子の）デザインは、実用品のデザインであり」「外観において純粋美術や美術工芸品と同視し得るような美術性を備えていると認めることはできない」、被告Yの行為は、著作権侵害でなく、著作権の独占的利用権の侵害に当たらない。

2) 原告製品の形態が不正競争防止法2条1項1号の周知な「商品等表示」について、原告X2の周知な商品等表示であるとし、被告行為は、不正競争防止法2条1項1号の不正競争に当たるとした。被告製品の製造、販売、販売のための展示の禁止、被告製品の廃棄を命じた。

3) X2は、222万5333円の損害を被ったとして、その金額の損害賠償、弁護士費用22万円、合計244万5333円をX2へ支払うよう、Yに命じた。

【コメント】トリップ・トラップ椅子について、東京地裁2014年4月17日判決、知財高裁2015年4月14日判決がある。

この判例については、鈴木香織「TRIPP TRAPP事件」著作権研究39号264頁がある。

[椅子]

26. トリップ・トラップ椅子事件（東京地裁 2014 年 4 月 17 日判決平成 25 年(ワ)8040 号、知財高裁 2015 年 4 月 14 日判決平成 26 年(ネ)10063 号、判時 2267 号 91 頁）

原告 X1 は、ノルウェー王国オスロ在住のピーター・オプスヴィック・エイエス。

1972 年頃、デザイナー A（ピーター・オプスヴィック(1939-)）がデザインし、A は、そのデザインに係る著作権を X1 に譲渡している。A は、X1 の代表者である。

X1 は、X2 へ、その独占的利用を許諾している。

X2 により、A 創作の X1 作品は製造・販売・輸出されている。日本には、1974 年頃から現在まで、X 製品が輸入されている。

原告 X2 は、ノルウェー王国オースレンのストッケ・エイエス。

被告 Y は、愛知県犬山市の株式会社カトージ。

Y の製造・販売する Y 製品の形態が、X らの「TRIPP TRAPP」に酷似しているとして、X らは、

1) Y は、Y 製品を製造し、販売し、販売のため展示しないこと。
2) Y は、Y 製品を廃棄すること。
3) Y は、X1 へ、1592 万 6856 円及び年 5 分の遅延利息を支払うこと。
4) Y は、X2 へ、1 億 1945 万 1420 円及び年 5 分の遅延利息を支払うこと。
5) Y は、別紙 5「謝罪広告目録」記載の謝罪文を同目録記載の要領で、同目録記載の新聞に掲載せよ。

以上の請求を求める訴訟を提起した。

[1 審]

東京地裁民事第 46 部長谷川浩二裁判長は、次のように判断し、原告 X1 および原告 X2 の請求をいずれも棄却した。

1) 著作権又はその独占的利用権の侵害の有無について

   原告製品のデザインが著作物といえるためには、「実用的な機能を離れて見た場合に、それが美的鑑賞の対象となり得るような美的特性を備え

ていることを要する」が、これに当たらない。Xらの著作権又はその独占的利用権の侵害に基づく請求は理由がない。

2) 不正競争防止法2条1項1号該当性について
詳細に検討の上、被告製品が原告製品の商品等表示と類似のものに当たらず、原告の請求は理由がないとした。

3) 不正競争防止法2条1項2号該当性について
原告等は、2006年2月時点で「著名な商品等表示」になっていたと主張したが、認められないとし、この請求は理由がないとした。

4) 一般不法行為上の違法性の有無
被告製品の形態が、原告製品の形態に類似せず、取引者又は需要者において、出所に混同を来していると認められない、原告等の信用等が侵害されたと認められない。

[2審]

X1及びX2は、控訴した。1審の5名の訴訟代理人を替えて、三村量一、小原淳見、中島慧、澤田将史の4名を訴訟代理人にした。

知財高裁第2部清水節裁判長は、「控訴人らの控訴をいずれも棄却する」との判決を下した。控訴人製品と被控訴人製品は、著作物性が認められる部分は類似していない、被控訴人製品は控訴人製品を模倣したものと認められない、という理由で、結論は1審と同じであるから、控訴を棄却した。

ただ、この控訴審は、「応用美術」について、新しい判断をした。

「応用美術は、装身具等実用品自体であるものの、家具に施された彫刻等実用品と結合されたもの、染色図案等実用品の模様として利用されることを目的とするものなど様々で」「表現態様も多用であるから、応用美術に一律に適用すべきものとして、高い創作性の有無の判断基準を設定することは相当と言えず、個別具体的に、作成者の個性が発揮されているか否かを検討する。」

「控訴人ら主張に係る控訴人製品の形態的特徴は、①「左右1対の部材A」の2本脚であり、かつ、「部材Aの内側」に形成された「溝に沿って部材G（座面）及び部材F（足置き台）の両方を「はめ込んで固定し」ている点、②「部材A」が「部材B」前方の斜めに切断された端面でのみ結合されて直接床面に接している

点、及び両部材が約 66 度の鋭い角度を成している点において、作成者である控訴人オプスヴィック社代表者の個性が発揮されており、「創作的」な表現というべきである。」「控訴人製品は、前記の点において著作物性が認められ『美術の著作物』に該当する。」

「応用美術につき、他の表現物と同様に、表現に作成者の何らかの個性が発揮されていれば創作性があるものとして著作物性を認めても、一般社会における利用、流通に関し、実用目的又は産業上の利用目的の実現を妨げるほどの制約が生じる事態を招くことまでは、考え難い。」

「著作物性が認められる応用美術は、まず『美術の著作物』であることが前提である上、」「その実用目的又は産業上の利用目的にかなう一定の機能を発揮し得る表現でなければならないという制約が課されることから、著作物性が認められる余地が、応用美術以外の表現物に比して狭く、また、著作物性が認められても、その著作権保護の範囲は比較的狭いものにとどまるのが通常であって、被控訴人主張に係る乱立などの弊害が生じる現実的なおそれは、認め難い。」

なお、上記 23. ファッションショー事件の控訴審判決 (知財高裁三部設楽隆一裁判長)を参照のこと。

# キーワード索引

## ア
iモード　2012-5
ID　2009-2
アクセス制御機能　2005-4
アクセス制御システム　2015-1
アドレス　2014-8
アプリ　2015-4

## イ
イケア　2015-2
インターネット異性紹介事業　2014-1
インターネット異性紹介事業を利用して児童を誘引する行為に関する法律　2014-1
インターネットシステム　2014-20
イーアクセス　2013-4
イスラム教徒　2015-5
EU司法裁判所　2014-17
印刷物　2013-12
医師　2010-1
医療法人社団　2008-5
医療法人　2003-1
引用　2010-6, 2009-3

## ウ
ウイニー　2014-1, 2015-5
ウイルス　2011-3, 2011-4
ウエブページ　2014-23, 2013-2, 2012-6, 2012-7, 2010-11
ウエブサイト　2010-9, 2015-3, 2015-6, 2014-3, 2014-8, 2014-15, 2013-8, 2012-10, 2012-12, 2011-1, 2010-9, 2010-11, 2001-7
ウエブサイトの文章　2011-2

## エ
ADSL　2006-2
AOL　2015-9
HTML　2012-12
FTTH　2014-10
NTT　2015-8

NTTドコモ　2012-5, 2013-3, 2008-5, 2001-6
NTTコミュニケーションズ　2014-4, 2009-1, 2008-3
MP3　2005-5, 2002-2
SEO　2013-3
SNS　2015-1, 2015-11
SQL　2014-3
営業資料　2013-12
営業秘密　2014-20
映像の著作物　2014-6
映画の著作物　2013-5, 2013-8
演奏権　1988-1

## オ
OSU　2014-10
ONU　2014-10
OLT　2014-10
オークションカタログ　2009-3
音楽　2014-11, 2014-12, 2010-8, 2007-2, 2007-3, 1988-1

## カ
カメラマン　2014-7
カカクコム　2014-16
カラオケ法理　2012-2, 2007-3, 2005-10, 1988-1
会社法　2013-14
歌手　2013-16
画像処理ソフト　1999-1
開示関係役務提供者　2004-1
海賊版　2008-4
絵画カタログ　2009-3
為替相場情報　2015-7
仮処分　2014-2, 2006-4, 2005-1, 2005-10, 2003-5, 2001-6

## キ
虚偽メール　2013-7
行政書士　2013-9, 2013-13
器物損壊罪　2011-3

業務妨害　2008-6
企業秩序　2002-1
金利情報　2010-11

**ク**
グーグル　2014-17
クリニック　2013-2
グリー　2015-11, 2012-7
クレジットカード　2014-3
グヌーテラ　2014-12
クロスワープ　2014-12
組合　2013-2
苦情申告書　2013-9

**ケ**
KDDI　2015-4, 2014-2
ゲーム　2012-9, 2015-11
ゲームソフト　2011-6
携帯電話　2012-9, 2010-3, 2008-2, 2008-5, 2007-3, 2006-4, 2004-3, 2001-1
言論の応酬　2001-3
形態模倣　2013-17
契約　2013-3
刑法　2011-3, 2011-4, 2010-2, 2001-2, 2000-1, 1999-1, 1997-2, 1996-1
刑法 175 条　2014-21
芸能人　2014-4
経由プロバイダ　2015-8, 2015-9, 2014-2, 2013-4, 2010-3, 2003-5
検索エンジン　2013-3
憲法 21 条　2010-2
憲法　2010-2, 2015-5

**コ**
コピー　2015-6
コナミ　2015-11
公明党　2011-1
公衆送信権侵害　2013-5, 2005-9, 2003-6
公衆送信権　2015-11, 2014-15, 2014-22, 2012-3, 2012-11, 2010-8, 2009-3, 008-1, 2005-3, 2001-7, 2015-10
公衆送信　2007-4

公然陳列　2012-8, 2001-2, 1999-1, 1997-2, 1996-1
公正な論評　2010-1
国際(裁判)管轄　2010-9, 2013-14
国際テロ　2015-5
国家賠償法　2015-5
個人情報　2006-2, 2003-5, 1999-2, 2015-5
顧客情報　2006-2

**サ**
裁判管轄　2010-9
削除義務　2008-6, 2005-3, 2002-4, 2001-4
詐欺　2013-7

**シ**
シティバンク　2013-1
JASRAC　2010-8, 2007-3, 2005-5
JPNIC　2002-2
私的複製　2005-10
写真　2015-6, 2015-9, 2008-2, 2004-2
写真の著作物　2012-11, 2011-1, 2006-1
私用メール　2002-1, 2001-8
肖像写真　2015-8, 2011-1, 2004-2
肖像権　2013-8, 2005-8
宗教　2015-5, 2011-1
宗教団体　2015-8, 2014-6, 2013-4
宗教法人　2013-15
宗教法人法　2015-5
書籍　2014-5
人格権　2014-17
自炊行為　2014-19
自他識別機能　2013-16
自働公衆送信権　2005-5
出所表示機能　2013-16
小説家　2014-19, 2013-6
信用毀損　2015-10, 2010-7, 2008-5, 2006-3, 2005-2, 2003-1, 2003-3, 2002-1, 1999-2, 2013-14
侵害主体　2012-2, 2012-3, 2010-8, 2005-3, 1988-1
商標権侵害　2012-4, 2010-10, 2005-6
商標法　2014-13, 2013-16, 2012-4, 2012-6, 2012-7, 2011-6, 2010-5, 2010-10, 2009-2, 2005-6
商標　2014-13, 2011-6, 2010-5, 2010-10, 2009-2

商標権　2015-2, 2014-13, 2013-1, 2013-15, 2012-6, 2012-7, 2009-2
商標的使用　2010-10
商標登録　2001-5
実演家　2007-2
児童ポルノ　2012-8
児童買春　2012-8
児童ポルノに係る行為等の処罰及び児童の保護等に関する法律　2012-8
思想の自由　2010-2
情報　2010-2
情報流出　2007-1
情報漏洩　2006-2
情報をコントロールする権利　2014-16
条理上の義務　2008-6
条理上の削除義務　2001-4, 1999-3
条理上の削除義務請求権　2005-2, 1999-3
使用者責任　2007-1, 2000-1
所有権侵害　2001-2, 2001-6
就業規則　2002-1

## ス
スレッド　2012-1, 2012-5
図形の著作物　2010-11

## セ
セクハラ　2001-8
製品写真　2015-2
窃盗　2000-1
責任主体　1988-1
接続プロバイダ　2014-12
接続的約款　2014-10

## ソ
ソーシャル・ネット・ワーキング・サービス　2015-1
ソーシャル・ネット・ワーキング・サービス・ゲーム　2015-11
ソフトバンク　2014-9
ソフトバンクBB　2014-6, 2014-12, 2014-10
ソフトバンクテレコム　2014-10
ソースコード　2015-4

ソフトウエア　2015-4
ソースコード　2012-12
送信可能化権　2014-11, 2012-3, 2007-2, 2005-3, 2005-5, 2001-7
送信可能化権侵害　2003-6
創価学会　2015-8, 2014-6, 2013-15

## タ
タイトルタグ　2015-2
食べログ　2014-16
対抗言論　2001-3

## チ
著作権　2014-15　2013-8
著作物　2013-4, 2013-9, 2013-12, 2012-12, 2005-9, 2003-6, 2002-3
著作権法　2015-6, 2015-7, 2015-10, 2015-11, 2014-5, 2014-6, 2014-19　2013-5, 2013-9, 2013-11, 2013-12, 2012-2, 2012-3, 2012-9, 2011-2, 2010-6, 2010-8, 2009-3, 2008-1, 2008-2, 2008-4, 2007-3, 2007-4, 2006-1, 2005-3, 2005-9, 2005-10, 2004-2, 2003-6, 2002-3, 2001-7, 1988-1
著作権侵害　2015-10, 2014-5, 2013-11, 2013-12, 2012-2, 2012-3, 2012-9, 2011-2, 2010-6, 2004-2
著作隣接権　2007-2, 2005-10
著作隣接権譲渡契約　2007-2
著作隣接権侵害　2012-2, 2012-3
著作者人格権侵害　2015-10, 2014-5, 2013-11, 2012-9, 2011-2, 2010-6
著作者人格権　2013-8, 2001-7
調査費用　2012-1
著名な営業表示　2001-5

## テ
テレビ番組　2012-2, 2012-3, 2005-10
ディー・エヌ・エー　2012-9, 2015-11
データ復旧　2011-2
データベースの著作物　2010-11
出会い系サイト　2013-7, 2001-6
DVD　2014-7

電子書籍　2014-19, 2007-4
電子掲示板　2010-3, 2010-4, 2010-7, 2009-1, 2008-1, 2008-6, 2006-4, 2005-1, 2005-2, 2005-3, 2004-3, 2003-1, 2003-2, 2003-3, 2003-5, 2002-3, 2002-4, 2001-3, 2001-4, 1999-2
電子計算機損壊等業務妨害罪　1997-1
電話番号　1999-2
適切な職務行為　2006-3
電気通信事業法　2014-10

## ト

ドメイン名　2014-8, 2013-1
ドメイン　2014-23, 2013-10, 2002-2, 2001-1, 2001-5
動画　2014-6, 2014-7, 2013-15
動画投稿サイト　2010-8
登録商標　2012-4, 2011-6, 2010-10, 2005-6
登録商標の使用　2011-6, 2010-5
特許権　2015-1, 2015-3
特許権侵害　2010-9
同一性保持権　2008-2
東京国税局　2006-3
独占禁止法　2014-10

## ニ

ニュース　2005-9
ニコニコ動画　2014-6, 2013-5　2013-8
ニフテイ　1999-2
ニフテイサーブ　2001-3
日本レジストリーサービス　2013-1
日本ネットワークインフォメーションサービスセンター　2014-8, 2013-1, 2002-2, 2001-1, 2001-5
日本知的財産仲裁センター　2013-1, 2002-2
2ちゃんねる　2012-1, 2010-4, 2009-1, 2007-1, 2005-3, 2005-8, 2003-2, 2003-3, 2003-5, 2002-4

## ネ

ネットワーク　2014-13
ネット販売　2015-2
ネット広告　2015-3

## ハ

バイナリイメージ　2015-4
バンダイプログラム　2014-22
発信者情報　2015-8, 2015-9, 2014-2, 2014-4, 2014-9, 2014-11, 2014-22, 2014-23　2013-4, 2013-15, 2012-1, 2012-5, 2012-7, 2010-4, 2009-1, 2008-3, 2008-5, 2006-4, 2005-1, 2005-2, 2005-7, 2004-1, 2003-1, 2003-2, 2003-4, 2003-5
版面権　2008-4

## ヒ

P2P　2014-12
ピア・ツー・ピア　2005-5, 2004-1
光ファイバー　2014-10
誹謗中傷　2010-7, 2005-8, 2002-1
美術の著作物　2009-3
表現の自由　2001-3
比較広告　2014-18, 2014-23

## フ

ファッション　2005-8
ブログ　2015-7　2013-13
プロバイダ　2003-4
プログラム　2014-22
プロバイダ責任制限法　2015-8, 2015-9, 2014-2, 2014-4, 2014-6, 2014-9, 2014-11, 2014-12, 2014-18, 2014-23, 2013-4, 2013-15, 2012-5, 2012-7, 2010-3, 2010-4, 2008-3, 2008-5, 2006-4, 2005-1, 2005-2, 2005-5, 2005-7, 2004-1, 2004-3, 2003-1, 2003-4, 2003-5
プライバシー(権)侵害　2014-14　2014-17, 2013-6, 2010-6, 2009-1, 2008-3, 2007-1, 2006-4, 2005-2, 2004-3, 2003-4, 2002-1, 2001-8, 1999-2
フランチャイズ契約　2013-10
ファイルローグ　2005-5
ファイル交換ソフト　2011-4, 2015-8
ファイル交換サービス　2005-5
プラスリリース　2013-14
風景動画　2014-7
不正競争　2014-18, 2013-2, 2013-17, 2012-6

不正競争行為　2002-2
不法行為　2013-7, 2012-7, 2012-10, 2000-1, 2013-14
不正競争防止法　2015-2, 2015-11, 2014-18, 2014-20, 2014-23, 2013-10, 2013-13, 2013-17, 2012-4, 2012-6, 2012-7, 2012-9, 2005-9, 2002-2, 2002-1, 2001-5
不正アクセス行為の禁止に関する法律　2005-4
不正アクセス　2005-4
侮辱　2001-4
複製権　2014-15, 2014-22, 2013-1, 2012-11, 2008-1, 2001-7
複製権侵害主体　2007-3
複製主体　2005-10
複製権侵害　2006-1, 2005-9, 2003-6, 2002-3

## ヘ

弁護士　2013-9, 2013-13, 2005-7, 2003-5
弁護士法人　2015-6
編集著作物　2014-5, 2010-11, 2008-2

## ホ

ホームページ　2014-15, 2014-20, 2012-11, 2011-1, 2004-2, 1999-3
法人格濫用　2013-10
法の適用に関する通則法　2012-11
幇助犯　2011-4
翻案権　2015-11, 2014-22, 2001-7
翻案権侵害　2015-10, 2006-1, 2003-6
放送局　2005-10
放送　2004-2

## マ

マンガ化　2015-10
マンガ　2007-4
漫画家　2014-2, 2014-19, 2013-11, 2007-4

## ミ

ミクシィ　2015-1
民法　2015-10, 2013-3, 2013-6, 2013-7, 2013-11, 2012-4, 2012-10, 2010-6, 2010-7, 2009-1, 2008-3, 2008-4, 2008-6, 2006-2, 2006-3, 2005-8, 2003-2, 2003-3, 2002-1, 2002-4, 2001-4, 2001-8, 2000-1, 1999-2, 1999-3
民事訴訟法　2013-14
見出し　2005-9

## メ

メールアドレス　2015-9
メタタグ　2015-2
迷惑メール　2001-6
名簿　2007-1
名簿流出　2015-5, 2014-3, 2007-1, 2006-2
名誉毀損罪　2010-2
名誉毀損　2015-10, 2014-9 2014-14, 2013-6, 2013-8, 2013-11, 2012-1, 2012-5, 2012-10, 2010-1, 2010-7, 2009-1, 2008-3, 2008-4, 2008-5, 2008-6, 2006-3, 2006-4, 2005-2, 2005-7, 2004-3, 2003-1, 2003-2, 2003-3, 2003-4, 2002-1, 2002-4, 2001-4, 2001-3, 2001-8, 1999-3
名誉感情　2014-4, 2010-4, 2003-2, 2001-3, 2013-14
名誉権　2014-18　2013-8
名誉権侵害　2010-6
名誉声望　2013-11

## モ

モデル小説　2013-6
黙示の同意　2008-2

## ヤ

ヤフー知恵袋　2015-8
ヤフー・ジャパン　2014-14
ヤフー　2012-11, 2006-2
ヤフー株式会社　2005-7, 2004-3

## ユ

URL　2012-8

## ヨ

要約　2001-7
読売新聞社　2012-10, 2005-9

## ラ

楽天　2005-1
楽天市場　2013-17, 2012-4
LINE　2015-9, 2014-2

## リ

リンク　2013-8

## レ

レコード　2014-11, 2014-12
レコード製作者　2014-11, 2014-12, 2007-2

## ロ

労働法　2002-1, 2001-8, 2000-1

## ワ

忘れられる権利　2014-14, 2014-17
わいせつ電磁的記録等送信頒布罪　2014-21
わいせつ電磁的記録有償頒布目的保管罪　2014-21
わいせつ　2001-2, 1999-1
わいせつ画像　1997-1, 1997-2, 1996-1

# 判例総索引

1 「日本著作権法の概要と最近の判例」の判例も対象にし、概要○○頁とした。
2 判決月日の古い順から掲載した。

● 1909年(明治42年)
　器物損壊事件(刑事)(大審院明治42年4月16日刑録15巻452頁)　　　　125頁
● 1914年(大正3年)
　桃中軒雲右衛門事件(刑事)(大審院大正3年7月4日判決刑録20輯1360頁)　概要431頁
● 1973年(昭和48年)
　博多人形事件(長崎地裁佐世保支部昭和48年2月7日判決)　　　　　　概要436頁
● 1978年(昭和53年)
　ワンレニイナイト・イン・トーキョー事件(最高裁昭和53年9月7日判決)　概要441頁
● 1979年(昭和54年)
　仏壇彫刻事件(神戸地裁姫路支部昭和54年7月9日判決)　　　　　　　概要436頁
● 1981年(昭和56年)
　Tシャツ事件(東京地裁昭和56年4月20日判決)　　　　　　　　　　　概要436頁
　マレーシア航空事件(最高裁昭和56年10月16日判決)　　　　　　　　　150頁
● 1982年(昭和57年)
　龍渓書舎事件(東京高裁昭和57年4月22日判決)　　　　　164頁、概要438頁
● 1984年(昭和59年)
　太陽風交点事件(東京地裁昭和59年3月23日判決)　　　　　　　　　　概要444頁
● 1885年(昭和60年)
　新潟鐵工事件(刑事)(東京地裁昭和60年2月13日判決)　　　　　　　　概要438頁
　藤田嗣治小冊子事件(東京地裁昭和60年10月18日判決)　　　　　　　　概要450頁
　新潟鐵工事件(刑事)(昭和60年12月4日判決)　　　　　　　　　　　　概要438頁
● 1886年(昭和61年)
　太陽風交点事件(東京高裁昭和61年2月26日判決)　　　　　　　　　　概要444頁
● 1988年(昭和63年)
　クラブキャッツアイ事件(最高裁昭和63年3月15日判決)　239頁、概要442頁、459頁
● 1989年(昭和64年・平成元年)
　交通事故判例集事件(長野地裁飯田支部平成元年2月8日判決)　　　　52頁
● 1990年(平成2年)
　ニーチェア事件(大阪高裁平成2年2月14日判決)　　　　　　　　　　概要493頁
● 1991年(平成3年)
　ニーチェア事件(最高裁平成3年3月28日判決)　　　　　　　　　　　概要493頁
● 1996年(平成8年)
　わいせつ画像蔵置事件(刑事)(東京地裁平成8年4月22日判決)　　　　238頁

● 1997 年(平成 9 年)
　現代思想フォーラム事件(東京地裁平成 9 年 5 月 26 日判決)(1)　　　　　　　　　223 頁
　ゴナ U 事件(大阪地裁平成 9 年 6 月 24 日判決)　　　　　　　　　　　　概要 486 頁
　アルファネット事件(刑事)(京都地裁平成 9 年 9 月 24 日判決)(1)　　　　　　220 頁
　天気予報画像消去事件(刑事)(大阪地裁平成 9 年 10 月 3 日判決)　　　　　　236 頁
　自動車買付預託金事件(最高裁平成 9 年 11 月 11 日判決)　　　　　　　　　150 頁
　わいせつ画像マスク処理事件(刑事)(岡山地裁平成 9 年 12 月 15 日判決)　　237 頁
● 1998 年(平成 10 年)
　ゴナ U 事件(大阪高裁平成 10 年 7 月 17 日判決)　　　　　　　　　　　概要 486 頁
● 1999 年(平成 11 年)
　ウルトラマン事件(東京地裁平成 11 年 1 月 28 日判決)(1)　　　　　　　概要 478 頁
　あまちゅあふぉーとぎゃらりー事件(刑事)(大阪地裁平成 11 年 3 月 19 日判決)　233 頁
　電話番号ネット掲示板公表事件(神戸地裁平成 11 年 6 月 23 日判決)　　　　234 頁
　アルファネット事件(刑事)(大阪高裁平成 11 年 8 月 26 日判決)(2)　　　　　220 頁
　都立大学事件(東京地裁平成 11 年 9 月 24 日判決)　　　　　　　　　　　　235 頁
● 2000 年(平成 12 年)
　会社従業員ネガ窃盗事件(東京地裁平成 12 年 1 月 31 日判決)　　　　　　　232 頁
　ウルトラマン事件(東京高裁平成 12 年 3 月 16 日判決)(2)　　　　　　　概要 479 頁
　ウルトラマン事件(タイ王国国際貿易・知的財産中央裁判所平成 12 年 4 月 4 日判決)　概要 483 頁
　ゴナ U 事件(大阪高裁平成 12 年 9 月 7 日判決)　　　　　概要 486 頁、概要 492 頁
　ジャックス事件(富山地裁平成 12 年 12 月 6 日判決)(1)　　　　　　　220 頁、224 頁
● 2001 年(平成 13 年)
　カラオケ・リース業者事件(東京地裁平成 13 年 3 月 2 日判決)　　　　　概要 459 頁
　ジェイフォン事件(東京地裁平成 13 年 4 月 24 日判決)　　　　　　　219 頁、225 頁
　翼システム事件(東京地裁平成 13 年 5 月 25 日判決)　　　　　　　　　概要 437 頁
　ウルトラマン事件(最高裁平成 13 年 6 月 8 日判決)(3)　　　　　　150 頁、概要 480 頁
　アルファネット事件(刑事)　(最高裁平成 13 年 7 月 16 日判決)(3)　　　　　220 頁
　本と雑誌のフォーラム事件(東京地裁平成 13 年 8 月 27 日判決)　　　　　　221 頁
　現代思想フォーラム事件(東京高裁平成 13 年 9 月 5 日判決)(2)　　　　　　223 頁
　ジャックス事件(名古屋高裁金沢支部平成 13 年 9 月 10 日判決)(2)　　220 頁、224 頁
　キャンデイ・キャンデイ事件(最高裁平成 13 年 10 月 25 日判決)　　　　概要 437 頁
　迷惑メール仮処分事件(横浜地裁平成 13 年 10 月 29 日決定)　　　　　　　226 頁
　外資企業私用メール事件(東京地裁平成 13 年 12 月 3 日判決)　　　　　　　229 頁
　速読本舗事件(東京地裁平成 13 年 12 月 3 日判決)　　　　　　　　　　　　227 頁
● 2002 年(平成 14 年)
　日経クイック情報事件(東京地裁平成 14 年 2 月 26 日判決)　　　　　　　　210 頁
　ナップスター型音楽ファイル交換事件(東京地裁平成 14 年 4 月 11 日決定)　186 頁
　ホテル・ジャンキーズ事件(東京地裁平成 14 年 4 月 15 日判決)(1)　　　　215 頁
　中古ゲームソフト事件(最高裁平成 14 年 4 月 25 日判決)　　　　　　　概要 442 頁

動物病院対電子掲示板事件(東京地裁平成14年6月26日判決)(1) 217頁
「mp3.co.jp」事件(東京地裁平成14年7月15日判決) 213頁
ホテル・ジャンキーズ事件(東京高裁平成14年10月29日判決)(2) 215頁
動物病院対電子掲示板事件　(東京高裁平成14年12月25日判決)(2) 217頁

● 2003年(平成15年)
ナップスター型音楽ファイル交換事件(東京地裁平成15年1月29日中間判決)(1)
　　　　　　　　　　　　　　　　　　　　186頁、207頁、概要460頁
ウルトラマン事件(東京地裁平成15年2月28日判決)(4) 概要480頁
眼科医対電子掲示板事件(東京地裁平成15年3月31日判決) 202頁
アニメーションRGBアドベンチャー事件(最高裁平成15年4月11日判決) 概要439頁
羽田タートルサービス事件(東京地裁平成15年4月24日判決) 207頁
女流麻雀士対2ちゃんねる事件(東京地裁平成15年6月25日判決) 203頁
DHC名誉毀損事件(東京地裁平15年7月17日判決) 204頁
パワードコム発信者情報開示事件(東京地裁平成15年9月12日判決) 206頁
弁護士対経由プロバイダPRIN事件(東京地裁平成15年9月17日判決) 207頁
「就職情報」著作物事件(東京地裁平成15年10月22日判決) 209頁
ウルトラマン事件(東京高裁平成15年12月10日判決)(5) 概要482頁
ナップスター型音楽ファイル交換事件(東京地裁平成15年12月17日判決) 186頁、概要460頁

● 2004年(平成16年)
ソニーコミュニケーションネットワーク事件(東京地裁平成16年1月14日判決) 197頁
2ちゃんねる削除義務放置事件(東京地裁平成16年3月11日判決)(1)
　　　　　　　　　　　　　　　　　　　　182頁、概要471頁
YOLニュース見出し事件(東京地裁平成16年3月24日判決)(1) 192頁
ウルトラマン事件(最高裁平成16年4月27日決定)(6) 概要483頁
外務省デンバー元領事肖像写真無断放送事件(東京地裁平成16年6月11日判決) 198頁
エステティックサロン対楽天仮処分事件(東京地裁平成16年9月22日決定)(1) 179頁
「録画ネット」事件(東京地裁平成16年10月7日決定)(1) 195頁、概要470頁
ヤフー電子掲示板発信者事件(東京地裁平成16年11月24日判決) 200頁

● 2005年(平成17年)
マンション建設業者対電子掲示板事件(名古屋地裁平成17年1月21日判決) 181頁
エステティックサロン対楽天仮処分事件(東京地裁平成17年1月21日決定)(2) 179頁
2ちゃんねる削除義務放置事件(東京高裁平成17年3月3日判決)(2) 182頁、概要471頁
アクセス制御機能事件(刑事)(東京地裁平成17年3月25日判決) 183頁
ナップスター型音楽ファイル交換事件(東京高裁平成17年3月31日判決)(2)
　　　　　　　　　　　　　　　　　　　　186頁、207頁、概要460頁
スメルゲット事件(横浜地裁平成17年5月17日判決)(1) 174頁
「録画ネット」事件　(東京地裁平成17年5月31日決定) 195頁
IP FIRM商標事件(東京地裁平成17年6月21日判決) 157頁、188頁
弁護士発信者情報請求事件(東京地裁平成17年8月29日判決) 190頁

| | |
|---|---|
| 歩行女性無断ウエブ掲載事件(東京地裁平成17年9月27日判決) | 191頁 |
| YOLニュース見出し事件(知財高裁平成17年10月6日判決)(2) | 192頁 |
| 選ளங்見録事件(大阪地裁平成17年10月24日判決) | 概要465頁 |
| 「録画ネット」事件(知財高裁平成17年11月15日決定)(2) | 195頁、概要470頁 |

● 2006年(平成18年)

| | |
|---|---|
| スメルゲット事件(知財高裁平成18年3月29日判決)(2) | 174頁 |
| 個人情報流出事件(大阪地裁平成18年5月19日判決) | 175頁 |
| ワットシステム対東京国税局事件(東京地裁平成18年6月6日判決) | 177頁 |
| 有名ホスト電子掲示板名誉毀損事件(大阪地裁平成18年6月23日判決) | 178頁 |
| 「ローマの休日」事件(東京地裁平成18年7月11日決定) | 概要445頁 |
| ウイニー事件(刑事)(京都地裁平成18年12月13日判決) | 128頁、概要470頁 |

● 2007年(平成19年)

| | |
|---|---|
| エステティックサロン名簿流出事件(東京地裁平成19年2月8日判決) | 168頁 |
| ロックバンド「HEAT WAVE」事件(東京地裁平成19年4月27日判決) | 170頁 |
| MYUTA事件(東京地裁平成19年5月25日判決) | 171頁 |
| マンガ無断ネット配信事件(東京地裁平成19年9月13日判決) | 173頁 |
| 黒澤明映画事件(東京地裁平成19年9月14日判決) | 概要445頁 |
| ウイニー事件(刑事)(大阪高裁平成19年10月8日判決) | 128頁、概要470頁 |
| 花画像デジタル写真集事件(東京地裁平成19年12月6日判決)(1) | 160頁 |
| 北朝鮮映画事件(東京地裁平成19年12月14日判決) | 概要440頁、461頁 |
| 「シェーン」事件(最高裁平成19年12月18日判決) | 概要445頁 |

● 2008年(平成20年)

| | |
|---|---|
| ウルトラマン事件(タイ王国最高裁2008年2月5日判決) | 概要483頁 |
| 社保庁LAN電子掲示板事件(東京地裁平成20年2月26日判決) | 159頁 |
| ラーメン・チェーン店名誉毀損事件(刑事)(東京地裁平成20年2月29日判決)(1) | 133頁 |
| 三岸節子事件(東京地裁平成20年5月19日判決) | 概要456頁 |
| ロクラクⅡ事件(東京地裁平成20年5月28日判決)(1) | 100頁 |
| R学園長対電子掲示板事件(東京地裁平成20年6月17日判決)(1) | 138頁 |
| 「まねきテレビ」事件(東京地裁平成20年6月20日判決)(1) | 104頁、概要467頁 |
| 花画像デジタル写真集事件(知財高裁平成20年6月23日判決)(2) | 160頁 |
| 発信者情報NTT請求事件(大阪地裁平成20年6月26日判決) | 162頁 |
| 黒澤明映画事件(知財高裁平成20年7月30日判決) | 概要445頁 |
| 「海賊版」指摘名誉毀損事件(東京地裁平成20年8月29日判決) | 163頁 |
| 医療法人社団対NTTドコモ事件(東京地裁平成20年9月9日判決) | 165頁 |
| 「しずちゃん」経由プロバイダ事件(東京地裁平成20年9月19日判決)(1) | 136頁 |
| 産能ユニオン会議室事件(東京地裁平成20年10月1日判決) | 166頁 |
| R学園長対電子掲示板事件(東京高裁平成20年12月10日判決)(2) | 138頁 |
| 「まねきテレビ」事件(知財高裁平成20年12月15日判決)(2) | 104頁、概要467頁 |
| 北朝鮮映画事件(知財高裁平成20年12月24日判決)(2) | 概要440頁、461頁 |

● 2009 年(平成 21 年)
　児童ポルノ URL 事件(刑事)(大阪地裁平成 21 年 1 月 16 日判決)(1)　　　　　　113 頁
　電子掲示板書込名誉毀損事件(平成 21 年 1 月 21 日判決)　　　　　　　　　　　155 頁
　ロクラクⅡ事件(知財高裁平成 21 年 1 月 27 日判決)(2)　　　　　　　　　　　100 頁
　ラーメン・チェーン店名誉毀損事件(刑事)(東京高裁平成 21 年 1 月 30 日判決)(2)　133 頁
　「しずちゃん」経由プロバイダ事件(東京高裁平成 21 年 3 月 12 日判決)(2)　　136 頁
　アリカ商標事件(知財高裁平成 21 年 3 月 24 日判決)(1)　　　　　　　　　　　129 頁
　R 学園長対電子掲示板事件 (最高裁平成 22 年 4 月 13 日判決)(3)　　　　　　138 頁
　苦菜花事件(東京地裁平成 21 年 4 月 30 日判決)(1)　　　　　　　　　　　概要 463 頁
　駒込観音像事件(東京地裁平成 21 年 5 月 28 日判決)　　　　　　　　　　概要 456 頁
　アイディー商標事件(知財高裁平成 21 年 9 月 8 日判決)　　　　　　　　　　　156 頁
　ウルトラマン事件(中国広東省広州市中級人民法院平成 2009 年 9 月 18 日判決)　概要 484 頁
　ウイニー事件(刑事)(大阪高裁平成 21 年 10 月 8 日判決)(2)　　　　　　　概要 470 頁
　「新聞販売黒書」事件(さいたま地裁平成 21 年 10 月 16 日判決)(1)　　　　　　116 頁
　児童ポルノ URL 事件(刑事)(大阪高裁平成 21 年 10 月 23 日判決)(2)　　　　　113 頁
　苦菜花事件(東京地裁平成 21 年 4 月 30 日判決)(2)　　　　　　　　　　　概要 463 頁
　オークション・カタログ事件(東京地裁平成 21 年 11 月 26 日判決)　　　　概要 458 頁
　TV ブレイク事件(東京地裁平成 21 年 11 月 13 日判決)(1)　　　　　　　　　145 頁
　「モータ」ウエブ特許権侵害事件(大阪地裁平成 21 年 11 月 26 日判決)(1)　　148 頁
　オークションカタログ事件(東京地裁平成 21 年 11 月 26 日判決)　　　　　　　157 頁
　人材派遣会社対電子掲示板事件(東京地裁平成 21 年 11 月 27 日判決)　　　　　143 頁
● 2010 年(平成 22 年)
　大学院教授対医博作家海堂尊事件(東京地裁平成 22 年 1 月 18 日判決)　　　　132 頁
　ラーメン・チェーン店名誉毀損事件(刑事)(最高裁平成 22 年 3 月 15 日決定)(3)　133 頁
　駒込観音像事件(知財高裁平成 22 年 3 月 25 日判決)　　　　　　　　　　概要 456 頁
　「しずちゃん」経由プロバイダ事件(最高裁平成 22 年 4 月 8 日判決)(3)　19 頁、136 頁、209 頁
　R 学園長対電子掲示板事件(最高裁平成 22 年 4 月 13 日判決)(3)　　　　　　138 頁
　「クラブハウス」商標事件(知財高裁平成 22 年 4 月 14 日判決)　　　　　　　140 頁
　「新聞販売黒書」事件(東京高裁平成 22 年 4 月 27 日判決)(2)　　　　　　　　116 頁
　「がん闘病記」医師ネット転載事件(東京地裁平成 22 年 5 月 28 日判決)　　　　141 頁
　人材派遣会社対電子掲示板事件　　(東京高裁平成 22 年 8 月 26 日判決)　　　143 頁
　チュパチャプス対楽天市場事件(東京地裁平成 22 年 8 月 31 日判決)(1)　　　108 頁
　TV ブレイク事件(知財高裁平成 22 年 9 月 8 日判決)(2)　　　　　　　　　　145 頁
　「モータ」ウエブ特許権侵害事件(知財高裁平成 22 年 9 月 15 日判決)(2)　　　148 頁
　ウルトラマン事件(東京地裁平成 22 年 9 月 30 日判決)(7)　　　　　　　　概要 483 頁
　三岸節子事件(知財高裁 2010 年 10 月 13 日判決)(2)　　　　　　概要 447 頁、456 頁
　トリップ・トラップ椅子不正競争事件(東京地裁平成 22 年 11 月 18 日判決)　概要 494 頁
　学習塾登録商標事件(東京地裁平成 22 年 11 月 25 日判決)　　　　　　　　　　152 頁
　駒込観音像事件(最高裁平成 22 年 12 月 7 日決定)　　　　　　　　　　　概要 458 頁

| | |
|---|---|
| データSOS事件(東京地裁平成22年12月10日判決)(1) | 123頁 |
| 出会い系サイト規制法違反事件(刑事)(東京地裁平成22年12月16日判決) | 27頁 |
| 住宅ローン金利比較表事件(東京地裁平成22年12月21日判決) | 153頁 |

●2011年(平成23年)

| | |
|---|---|
| 「まねきテレビ」事件(最高裁平成23年1月18日判決)(3) | 104頁、概要467頁 |
| ロクラクⅡ事件(最高裁平成23年1月20日判決)(3) | 100頁 |
| 公明党都議肖像写真事件(東京地裁平成23年2月9日判決) | 122頁 |
| データSOS事件(知財高裁平成23年5月26日判決)(2) | 123頁 |
| 出会い系サイト規制法違反事件(刑事)(東京高裁平成23年6月14日判決) | 27頁 |
| イカタコウイルス事件(刑事)(東京地裁平成23年7月20日判決) | 125頁 |
| ウルトラマン事件(知財高裁平成23年7月27日判決)(8) | 概要484頁 |
| NHKテレビ海外インターネット送信事件(東京地裁平成23年9月5日判決) | 126頁 |
| 北朝鮮映画事件(最高裁平成23年12月8日判決)(3) | 195頁、概要440頁、概要461頁 |
| テレビコマーシャル原版事件(東京地裁平成23年12月14日判決) | 概要464頁 |
| ウイニー事件(刑事)(最高裁平成23年12月19日決定)(3) | 128頁、概要470頁 |
| アリカ商標事件(最高裁平成23年12月20日判決)(2) | 129頁 |

●2012年(平成24年)

| | |
|---|---|
| 2ちゃんねる名誉毀損事件(東京地裁平成24年1月31日判決) | 99頁 |
| ロクラクⅡ事件(知財高裁平成24年1月31日判決)(4) | 100頁 |
| 「まねきテレビ」事件(知財高裁平成24年1月31日判決) | 104頁、概要467頁 |
| チュパチャプス対楽天市場事件(知財高裁平成24年2月14日判決)(2) | 108頁 |
| 釣りゲーム事件(東京地裁平成24年2月23日判決)(1) | 114頁、概要473頁 |
| 「新聞販売黒書」事件(最高裁平成24年3月23日判決)(3) | 116頁 |
| iモードID事件(金沢地裁平成24年3月27日判決) | 109頁 |
| 「Shibuya Girls Collection」事件(東京地裁平成24年4月25日判決) | 110頁 |
| ウルトラマン事件(最高裁平成24年4月26日決定)(9) | 概要486頁 |
| 「出会い系サイト」不法行為事件(横浜地裁平成24年6月11日判決) | 76頁 |
| 「PLUS」発信者情報事件(東京地裁平成24年6月28日判決) | 112頁 |
| 児童ポルノURL事件(刑事)(最高裁平成24年7月9日判決)(3) | 113頁 |
| 釣りゲーム事件(知財高裁平成24年8月8日判決)(2) | 114頁、概要473頁 |
| 「新聞販売黒書」事件(東京高裁平成24年8月29日判決)(4) | 116頁 |
| わいせつ動画事件(刑事)(東京地裁平成24年10月23日判決) | 63頁 |
| テレビコマーシャル原版事件(東京地裁平成23年12月14日判決) | 概要464頁 |
| 弁護士対行政書士事件(東京地裁平成24年12月6日判決) | 87頁 |
| 「夕暮れのナパリ海岸」事件(東京地裁平成24年12月21日判決) | 118頁 |
| 「大道芸研究会」事件(東京地裁平成24年12月27日判決) | 120頁 |

●2013年(平成25年)

| | |
|---|---|
| コンビニ用コミック本事件(東京地裁平成25年1月31日判決) | 概要474頁 |
| シティバンク事件(東京地裁平成25年2月13日判決) | 68頁 |

| | |
|---|---|
| わいせつ動画事件(刑事)(東京高裁平成25年2月22日判決) | 63頁 |
| SEO債務不履行事件(大阪地裁平成25年3月5日判決) | 71頁 |
| クリニック情報事件(東京地裁平成25年3月6日判決) | 69頁 |
| メール著作物事件(東京地裁平成25年3月21日判決) | 73頁 |
| 釣りゲーム事件(最高裁平成25年4月16日判決)(3) | 概要473頁 |
| 映像作品無断送信事件(東京地裁平成25年5月17日判決) | 74頁 |
| 中村うさぎ「狂人失格」事件(大阪地裁堺支部平成25年5月30日判決) | 75頁 |
| 「出会い系サイト」不法行為事件(東京高裁平成25年6月19日判決) | 76頁 |
| ニコニコ動画事件(大阪地裁平成25年6月20日判決) | 78頁 |
| コンビニ用コミック本事件(東京地裁平成25年6月27日判決) | 概要474頁 |
| ウイッチーズキッチン事件(東京地裁平成25年6月27日判決)(1) | 96頁 |
| 苦情申告書ブログ掲載事件(東京地裁平成25年6月28日判決) | 80頁 |
| センチュリー21事件(東京地裁平成25年7月10日判決) | 81頁 |
| 漫画家佐藤秀峰事件(東京地裁平成25年7月16日判決) | 83頁 |
| プラスチック自動車部品事件(東京地裁平成25年7月18日判決) | 33頁 |
| テレビ朝日事件(大阪地裁平成25年7月18日判決)(1) | 概要488頁 |
| ファッションショー事件(東京地裁平成25年7月19日判決) | 概要490頁 |
| 山野草動画事件(東京地裁平成25年8月29日判決) | 35頁 |
| ナビキャスト事件(東京地裁平成25年9月12日判決) | 85頁 |
| 弁護士対行政書士事件(知財高裁平成25年9月25日判決) | 87頁 |
| 「自炊」事件(東京地裁平成25年9月30日判決) | 58頁 |
| 取締役会決議ネット公表事件(東京地裁平成25年10月21日判決) | 89頁 |
| 動画無断使用事件(東京地裁平成25年10月22日判決) | 93頁 |
| 風俗記事無断マンガ化事件(東京地裁平成25年11月28日判決) | 20頁 |
| プロ野球ドリームナイン事件(東京地裁平成25年11月29日判決) | 23頁 |
| 漫画家佐藤秀峰事件(知財高裁平成25年12月11日判決) | 83頁 |
| LADY GAGA事件(知財高裁平成25年12月17日判決) | 94頁 |
| 毎日オークション事件(東京地裁平成25年12月20日判決) | 158頁 |
| ウイッチーズキッチン事件(知財高裁平成25年12月26日判決)(2) | 96頁 |

●2014年(平成26年)

| | |
|---|---|
| イスラム教徒情報流出事件(東京地裁平成26年1月15日判決) | 9頁 |
| 出会い系サイト規制法違反事件(刑事)(最高裁平成26年1月16日判決) | 27頁 |
| 発信者情報開示請求事件(東京地裁平成26年1月16日判決) | 40頁 |
| 漫画家発信者情報開示請求事件(東京地裁平成26年1月17日判決) | 28頁、概要476頁 |
| カード情報流出事件(東京地裁平成26年1月23日判決) | 30頁 |
| 芸能人発信者情報開示請求事件(東京地裁平成26年1月27日判決) | 31頁 |
| プラスチック自動車部品事件(知財高裁平成26年2月19日判決) | 33頁 |
| 呪われしモザイク事件(東京地裁平成26年3月14日判決) | 34頁 |
| トリップ・トラップ椅子事件(東京地裁平成26年4月17日判決) | 概要496頁 |

|  |  |
|---|---|
| 山野草動画事件(知財高裁平成26年4月23日判決) | 35頁 |
| 「モーゲージプランナー」団体ドメイン事件(東京地裁平成26年5月23日判決) | 39頁 |
| 発信者情報開示請求事件(東京高裁平成26年5月28日判決) | 40頁 |
| ソフトバンク対NTT東西事件(東京地裁平成26年6月19日判決) | 42頁 |
| レコード送信可能化KDDI事件(東京地裁平成26年6月25日判決) | 47頁 |
| レコード送信可能化ソフトバンクBB事件(東京地裁平成26年7月31日判決) | 48頁 |
| 「ネットワークおまかせサポート」事件(知財高裁平成26年8月6日判決) | 50頁 |
| 検索サイト表示差止請求事件(京都地裁平成26年8月7日判決) | 51頁 |
| 小動物サプリメント事件(東京地裁平成26年8月28日判決) | 53頁 |
| ファッションショー事件(知財高裁平成26年8月28日判決) | 概要490頁 |
| ミクシイ事件(大阪地裁平成26年9月4日判決) | 3頁 |
| 「食べログ」サイト事件(札幌地裁平成26年9月4日判決) | 54頁 |
| ネット広告システム事件(東京地裁平成26年9月25日判決) | 6頁 |
| テレビ朝日事件(大阪高裁平成26年9月26日判決)(2) | 概要488頁 |
| グーグル検索サイト削除決定事件(東京地裁平成26年10月9日決定) | 56頁 |
| 塗装屋口コミランキング事件(東京地裁平成26年10月15日判決) | 57頁 |
| 「自炊」事件(知財高裁平成26年10月22日判決) | 58頁、概要446頁 |
| サイト構築作業請負事件(大阪地裁平成26年10月23日判決) | 61頁 |
| わいせつ動画事件(刑事)(最高裁平成26年11月25日決定) | 63頁 |
| 色切り替えパッチ事件(東京地裁平成26年11月26日判決) | 65頁 |
| 家庭用脱毛器事件(東京地裁平成26年12月18日判決) | 66頁 |

● 2015年(平成27年)

|  |  |
|---|---|
| ミクシイ事件(知財高裁平成27年1月22日判決) | 3頁 |
| イケア事件(東京地裁平成27年1月29日判決) | 4頁、概要477頁 |
| ネット広告システム事件(知財高裁平成27年2月26日判決) | 6頁 |
| スマートフォン事件(東京地裁平成27年2月27日判決) | 7頁 |
| トリップ・トラップ椅子事件(知財高裁平成27年4月14日判決) | 概要496頁 |
| イスラム教徒情報流出事件(東京高裁平成27年4月15日判決) | 9頁 |
| 弁護士法人ウエブサイト写真無断使用事件(東京地裁平成27年4月15日判決) | 13頁 |
| 「為替相場」情報無断コピー事件(東京地裁平成27年4月24日判決) | 14頁、概要475頁 |
| 肖像写真投稿者情報開示請求事件(東京地裁平成27年4月27日判決) | 15頁 |
| 「爆サイ中傷被害者の会」事件(東京地裁平成27年5月15日判決) | 17頁 |
| 風俗記事無断マンガ化事件(知財高裁平成27年5月21日判決) | 20頁 |
| プロ野球ドリームナイン事件(知財高裁平成27年6月24日判決) | 23頁 |

■著者紹介

**大家 重夫**（おおいえ しげお）
　　1934年生まれ、福岡県出身。京大法卒、旧文部省に27年間勤務、文化庁著作権課著作権調査官等を経て、1988年から久留米大学法学部教授。現在、久留米大学名誉教授。株式会社インタークロスIT企業法務研究所客員研究員

**主要著書**
「肖像権」新日本法規・1979年5月
「ニッポン著作権物語」出版開発社・1981年5月
「最新　肖像権関係判例集」ぎょうせい・1989年4月
「最新　企業秘密ノウハウ関係判例集」（河野愛氏と共編）ぎょうせい・1989年5月
「宗教関係判例集成」第一書房・全10巻・1994年7月
「最新　著作権関係判例集」（共編）ぎょうせい・全10巻・1995年5月
「改訂版ニッポン著作権物語」青山社・1999年1月
「タイプフェイスの法的保護と著作権」成文堂・2000年8月
「著作権を確立した人々―福沢諭吉先生、水野錬太郎博士、プラーゲ博士…第2版」成文堂・
　　2004年4月
「唱歌『コヒノボリ』『チューリップ』と著作権―国文学者藤村作と長女近藤宮子とその時代」
　　全音楽譜出版社・2004年9月
「肖像権　改訂新版」太田出版・2011年8月
「美術作家の著作権―その現状と展望」（福王寺一彦氏と共著）里文出版・2014年2月
「ウルトラマンと著作権―海外利用権・円谷プロ・ソムポート・ユーエム社」（上松盛明氏と
　　共編）青山社・2014年12月

カバーデザイン：葛本京子（かつもと　きょうこ）

---

インターネット判例要約集 ―附・日本著作権法の概要と最近の判例

2015年12月20日　第1刷発行

著　者　　大家　重夫　　©Shigeo Ohie, 2015
発行者　　池上　淳
発行所　　株式会社 青山社
　　　　〒252-0333　神奈川県相模原市南区東大沼2-21-4
　　　　TEL　042-765-6460（代）　　　FAX　042-701-8611
　　　　振替口座　00200-6-28265　　　ISBN　978-4-88359-341-5
　　　　URL　http://www.seizansha.co.jp　　E-mail　info@seizansha.co.jp

印刷・製本　モリモト印刷株式会社

落丁・乱丁本はお取り替えいたします。　　　　　　　　　　　　　　Printed in Japan
本書の内容の一部あるいは全部を無断で複写複製（コピー）することは
法律で認められた場合を除き、著作者および出版社の権利の侵害となります。

# ウルトラマンと著作権
― 海外利用権・円谷プロ・ソムポート・ユーエム社

編著：
ユーエム株式会社　代表取締役社長　上松盛明
久留米大学名誉教授　大家重夫

A5版・第1版535頁、第2版545頁
2015年2月23日　第2版発行
定価：本体4,500円＋税
ISBN 978-4-88359-328-6

円谷プロには何故円谷一族がいないのか、ウルトラマン海外利用権をめぐり、日本国、タイ王国、中国でどのような裁判が行われたか。判決文を収集、丹念に追跡、解説する。

第Ⅰ部　意見と解説
　　　　ウルトラマンと裁判と私（円谷英明）
　　　　タイ王国人ソムポート氏と円谷プロと私（上松盛明）
　　　　ウルトラマンと著作権（大家重夫）
　　　　ウルトラマン海外利用権事件を中心とする裁判について（大家重夫）
第Ⅱ部　ウルトラマン海外利用権事件判例集 - 大家重夫編
　　　　日本国／タイ王国／中華人民共和国
第Ⅲ部　資料 - 上松盛明・大家重夫編
　　　　(1) 1976(昭和51)年契約書
　　　　(2) 1996(平成8)年ソムポート・サンゲンチャイあて円谷一夫書簡
　　　　(3) ソムポート氏からユーエム株式会社への権利譲渡証書
　　　　(4) ウルトラマン関係年表

---

株式会社　青山社
〒252-0333　神奈川県相模原市南区東大沼2-21-4
TEL 042-765-6460（代）　FAX 042-701-8611
URL http://www.seizansha.co.jp　E-mail info@seizansha.co.jp